KB041722

죄형법정원칙과 법원 I

한국형사법학회

KOREAN CRIMINAL LAW ASSOCIATION

박영사

머리말

올해 2023년은 형법제정 70주년이 되는 해입니다. 대한민국 형법은 1953년 9월 18일 법률 제293호로 제정되어 10월 3일부터 시행되고 있습니다. 그동안 23차례 개정되었습니다.

우리 한국형사법학회는 오랜 역사와 전통을 가지고 있습니다. 1957년 5월 22일 창립되었으니, 올해가 학회창립 66주년입니다.

형법은 '사람을 처벌하는 법'입니다. '범죄' 때문이 아니라 '형벌' 때문에 존재하는 법입니다. '형벌'이라는 특수한 강제력을 사용하는, '수단의 특수성'이 있는 법입니다. 형벌권은 국가가 갖습니다. 즉 형법은 '공형벌(公刑罰) 체계'를 제도화한 법입니다. 그러므로 형법은 마지막 수단으로 사용해야 합니다. 형법은 이처럼 절제되어야 할 가치체계인 것입니다. 개인은 형법의 제1차 수신자가 아닙니다. 국가가 형법의 제1차 수신자입니다. 형벌 권력의 속성을 우리는 항상 명심해야 합니다.

죄형법정주의 · 죄형법정원칙

형법의 기본원리는 「죄형법정주의」·「죄형법정원칙」입니다.* 죄형법정원칙

---

* 「죄형법정원칙」: 국립국어원의 『우리말샘』 사전에 따르면, 「~주의」란 '굳게 지키는 주장이나 방침'을, 「~원칙」이란 '(어떤 행동이나 이론 따위에서) 한결같이 지켜야 하는 기본적인 규칙이나 법칙'을 뜻합니다. 여기서 「주의」가 '하나의 세계관을 갖고 모든 사물을 그에 맞추어 보는 것으로 예외가 허용되지 않는 것'을 뜻한다면, 「원칙」은 '기본적인 법칙으로 그 예외가 허용되는 것'을 뜻합니다('예외 없는 원칙은 없다'). 즉 「원칙」이란 말에는, 개념·정신의 정원은 지속성·안정성이 있지만, 그 주변은 예외가 인정되는 신축성이 있다는 의미가 내포되어 있습니다. 그런데 대륙법과 그 이론을 계수하는 과정에서 이루어진 외국(일본학자)의 번역용어인 「죄형법정주의」라는 표현이 그대로 통용되고 있지만, 「주의」라는 용어는 자칫 이데올로기화될 위험이 높은데다가, 개념상 예외를 인정하는 신축성을 매우 불편하게 생각한다는 점입니다.
  판례가 죄형법정주의라는 표현 외에 '죄형법정주의 원칙'이라는 모순적인 표현을 함께 쓰는 것도

은 헌법의 원칙이자 가장 중요한 형법의 법치국가원칙이며, 형법해석의 기본원칙입니다.

"법률 없으면 범죄도 형벌도 없다"(nullum crimen, nulla poena sine lege)

이 법언은 죄형법정원칙의 상징이고 깃발입니다. 근대 형법의 상징을 누구나 알고 있습니다. 국가형벌권 남용으로부터 개인의 자유와 안전을 보장해야 합니다. 이것이 법치국가(法治國家)의 헌법상 요청이며 삼권분립(三權分立)에 기초한 죄형법정원칙의 본질적 내용입니다.

죄형법정원칙은 형법의 팽창과 과도한 형벌 욕구를 제약하는 작용을 담당합니다. 형법의 입법자를 구속하는 원칙입니다. 무엇보다도 형법의 해석적용자·법원을 구속하는 원칙입니다. 만일 법원이 형법 해석과정에서 법해석이라는 미명하에, 마치 입법자처럼 입법영역을 잠식하고, 준입법자 마냥 법창조를 감행한다면, 개인은 자유의 이익을 그만큼 잃게 됩니다. 자유의 보루인 법원에 의해 오히려 자유의 이익을 잃게 된다는 것은 역설이자 모순이 아닐 수 없습니다. 법원은 자유를 지키는 최후의 보루입니다.

이러한 역설은 다른 법과 달리 형벌이라는 특수한 수단을 사용하는 형법에서는 결코 허용되지 않습니다. 형사재판에서 법원은 '국가형벌권을 행사하는 주체'가 아닙니다. 다만 '공형벌'을 다루는 헌법기관입니다. 즉 국가형벌권을 대리하는 국가기관(검사)에 대한 관계에서, 법원은 '인권의 최후 보루'라는 헌법 책무를 수행하는 헌법기관입니다.

죄형법정원칙은 개인의 인권보장을 위한 핵심 원칙입니다. 헌법재판소도 역시 "국가형벌권의 자의적 행사로부터 개인의 자유와 권리를 보장하려는 법치국가 형법의 기본원리"(헌재 1991.7.8. 91헌가4)라고 밝히고 있습니다.

물론 실체형법에서 양대 축은 범죄자와 피해자입니다. 그리고 형법은 피해자 보호를 위한 과제를 '보호 과제', 범죄자의 인권보장을 위한 과제를 '보장 과제'라

그러한 불편함을 부지불식간에 드러낸 것 아닐까요? 그래서 법의 세계에서 흔히 쓰는 「원칙」이라는 말을 붙여 「죄형법정원칙」으로 책의 제목을 정해 보았습니다. 하지만 관행상 「죄형법정주의」라는 표현도 많이 쓰고 있기 때문에 책의 본문에서는 그대로 섞어 쓰도록 합니다.

고 합니다. 양자의 '균형'이 형법의 궁극적인 목적입니다. 그런데 여기서 피해자는 실제 범죄피해자(과거 피해자)가 아니라 일반화된 피해자 즉 일반인(미래 피해자)을 뜻합니다(형사소송에서 피해자는 실제 피해자이지만, 실체형법에서 피해자는 일반인이라는 뜻입니다). 현대 형벌론의 목적에 따르면 범죄자를 처벌하는 것은 장래의 범죄예방을 위해 필요하기 때문이며, 공형벌은 어떠한 경우에도 개인(현실의 피해자)을 위해 활동하는 것이 아니기 때문입니다.

만일 (일반인을 위한) 오늘의 '보호' 과제를 강조하고 우선한다면, 이것은 (범죄자를 위한) 오늘의 '보장' 과제를 그만큼 위협·약화시킨다는 것을 의미합니다. 보호와 보장은 마치 동전의 양면과 같습니다. 더구나 '보장'의 약화는 단지 오늘의 보장을 그만큼 허물어뜨리는 것뿐만 아니라 나아가 내일의 보장까지도 그렇게 만든다는 것을 의미합니다. 그런데 문제는 범죄자와 일반인이 고정되어 있는 것이 아니며 그 구별이 상대적인 것이라는 데에 있습니다. 오늘의 일반인도 얼마든지 내일에는 범죄자·범죄의심자 집단에 속할 수도 있기 때문입니다. 그렇다면 (일반인에 대한) '오늘의 보호 우선'은 곧바로 (오늘의 일반인에 대한) '내일의 침해가능성 확대'를 그 대가로 요구한다는 것을 의미합니다. 보호 목적의 상대적 우위가 광풍처럼 지배하는 현실에서 '보장 기능의 강화'를 외치는 것은, 흔히 오해하는 것과는 달리, 오늘의 범죄자를 위한 것은 아닙니다. 형벌 권력에 대한 관계에서 일반인의 내일을 위해서 그렇게 하는 것입니다. 즉, '오늘의 보장'은 정확하게 (오늘의 일반인에 대한) '내일의 보호'를 위한 수단이 될 수 있다는 것입니다. 결국 보장은 보호를 위한 수단입니다. 이러한 모순적 성격은 형법이 법익을 보호하기 위해 형벌이라는 법익박탈 수단을 사용하는 특수성 때문입니다.

전문가라면 누구나 알고 있는 사실이지만, 전문가가 아니라도 오늘의 젊은 세대는 물론 우리 모두 적어도 이 사실만큼은 똑바로 직시해야 합니다. 이러한 보장 과제는 당연히 법원에게 그 헌법상 책무가 맡겨져 있습니다.

『죄형법정원칙과 법원』

뜻깊은 형법제정 제70주년을 맞이하여, 많은 원로 형법학자들께서 한 목소리로 의견을 주셨습니다. 학회 차원에서 죄형법정원칙의 실현을 위한 법원의 노력과 성과를 평가하고, 판례 법리의 올바른 방향을 모색하는 특단의 작업이 필요하다고 역설하셨습니다(법원은 '인권의 최후 보루'인가 아니면 죄형법정원칙의 '적'인가? 가히 '분노 아닌 분노'를 일부 피력하시기도 하였습니다). 그래서 학회 차원에서 2023년 1월 이사회, 2월 상임이사회를 거쳐 『죄형법정원칙과 법원』 발간을 기획하고 《판례연구위원회》 안에 《간행위원회》를 꾸렸습니다.

우선, 주제는 논란의 중심에 선 대법원 판례 총 26개를 엄선하고, 2개의 총설을 더하였습니다. 1개 주제당 200자 원고지 기준 100장 정도의 분량을 원칙으로 하였고, 일관된 형식(포맷)을 추구하였습니다. 2023년 3월 24일, 4월 14일 및 21일 대면회의를 개최하는 등 준비과정을 거쳐, 5월 말까지 주제 선정·집필진 선정·집필 의뢰를 완료하였습니다. 그 후 8월 말까지 원고를 수합하고 10월 말까지 2번에 걸쳐 편집·교정을 경유하였습니다.

둘째, 집필진은 학계의 여망을 담아 그야말로 그 대부분을 평생 한국 형법 연구에 헌신하신 원로 형법학자 분들로 모셨습니다. 형법에 진심이신 정말 많은 원로 형법학자들께서 한국 형법 현실의 문제점에 대해 적극 공감하시고, 판례 법리의 올바른 방향을 모색한다는 대의(大義)에 기꺼이 동참해 주셨습니다. 흔쾌히 집필에 동의하시고 뜨거운 여름 원고 집필에 말 그대로 최선을 다해 주신 원로 형법교수님들을 비롯하여, 의견제시와 집필에 참여한 모든 형법학자들께 이 자리를 빌려 다시 한번 깊이 감사의 말씀을 드립니다. 따라서 이 책의 편저자는 단지 개인이나 소수의 집단이 아니라 한국형사법학회이고, 넓게는 '한국 형법학계 전체'라고 말할 수 있겠습니다.

셋째, 글의 형식은 논문형 글쓰기를 지양하였습니다. 판례 법리의 노력과 성과를 평가하고, 나아가 판례 법리의 문제점을 지적함과 동시에 그 올바른 방향을 모색하는 것이라면, 비판·제안·비유·은유 등 모두 가능하다는 점을 공유하였습니다. 전체를 조망하면서 핵심 내용을 전달하고 설득력을 높이기 위한 다양한 시도였습니다.

넷째, 이 책의 주된 독자층은 물론 법원·변호사 등 형사실무에 종사하는 법률가·실무가들입니다. 그러나 법학전문대학원·대학 과정에서 법학을 전공하는 학생들, 형법 현실에 대한 이해 내지 문제의식이 있는 일반인들도 당연히 염두에 두었습니다. 단지 법학자와 법률가만을 위해 만든 것이 아니라는 점입니다. 한국사회를 위해 기획·출간하는 작업인 만큼, 이 책이 실무와 학계의 가교 역할이 되어 주기를 염원하였습니다. 형법이론적 근거를 실무가들이 재판에 반영하는 데 기여하기를 기대합니다. 또한 학생·젊은 세대·일반인에게 단지 법의 기술(skill)이 아니라 통찰(insight)을 줄 수 있는 형법 서적이 되기를 기대합니다.

다섯째, 이 책은 그저 단발성에 그치는 것이 아닙니다. 앞으로 집필진의 범위를 넓혀서 이번에 포함되지 않은 주제에 대한 추가적인 분석을 확장, 지속적으로 발간할 작업도 계획하고 있습니다. 이러한 지속적인 과정을 통하여 논란이 있는 형법 판례에 관한 공론의 장이 크게 확산하기를 소망합니다. 판례 법리가 헌법원칙인 죄형법정원칙에 부합하는 방향으로 제대로 확립되고 헌법합치적 형법이 정확하게 구현되기를 진정 소망합니다.

감사인사

마지막으로 원로 형법학자 두 분의 말씀을 직접 인용하고자 합니다.

"표어적으로 말하자면 '법률 저편에서 펄럭이는 추상적 정의의 깃발은 공허하고, 죄형법정원칙의 요구를 허물면서 강행되는 추상같은 정의는 더 이상 실체적인 정의가 될 수 없다.' 법원이 피고인의 인권의 최후 보루(Bollwerk)라는 지칭을 자랑스럽게 여긴다면, 죄형법정원칙이 오래 간직해 온 범죄인의 자유와 안전을 위한 이 구체적인 정의를 늘 중심에 새기고, 그 길로 지향해 나가기를 바란다." – 김일수 교수

"사법부는 사회 전반에 걸친 범죄예방을 일차적 목표로 해서는 안 된다. 법원의 판결을 통하여 이러한 정책적 목표가 달성되기도 어렵다. 형사사법에서 사법부의 임무는 부당한 형사처벌로부터 개인을 보호하는 것이다. 사법부는 개인을 희생해서라도 범죄로부터 일반인을 보호해야 한다는 잘못된 신념을 가져서는 안 된다. 최근 언론과 입법부의 엄벌화 경향에 대해 좀 더 강력한 제동을 걸어야 한다." – 오영근 교수

참여해 주신 형법학자들의 노고에 다시 한번 심심한 사의를 표합니다. 출판에 애쓰신 창립 70년 박영사 여러분께도 감사드립니다. 이 책의 의미를 공감하고 성원을 아끼지 않은 그리고 않을 여러분께도 깊이 감사드립니다.

이 책은 형벌을 확장하려는 동기와 충동에 맞서서, 한국의 형사법학계가 형법이론적 관점에서 오늘의 법원과 한국 사회를 향해 던지는 '분명한 문제제기'이자 '확고한 외침'입니다. 냉엄한 질책과 힘찬 응원을 담았습니다.

2023년 11월 11일

사단법인 한국형사법학회 第38대 회장 이주원 드림

목 차

제 1 장

총 설

1. 죄형법정원칙의 기능과 법원의 역할 — 3
김일수 명예교수(고려대학교 법학전문대학원)

2. 죄형법정주의에 대한 대법원판례의 성과 — 36
오영근 명예교수(한양대학교 법학전문대학원)

제 2 장

형법총칙

3. 형법 제1조 제2항의 적용 범위 문제 — 55
이승호 교수(건국대학교 법학전문대학원)

4. 보안처분의 소급효 문제
—보안처분과 소급효금지의 원칙— — 71
김태명 교수(전북대학교 법학전문대학원)

5. 외국에서의 미결구금과 형의 산입 문제 — 86
전지연 교수(연세대학교 법학전문대학원)

6. 부진정 결과적 가중범과 고의범의 죄수 문제
—부진정 결과적 가중범과 중한 결과에 대한 고의범의 죄수— 104
손동권 명예교수(건국대학교 법학전문대학원)

7. 부진정부작위범에서 작위의무의 발생근거와 한계 문제 121
허일태 명예교수(동아대학교 법학전문대학원)

8. 협애한 정당방위 성립범위의 문제
—싸움 상황과 정당방위를 중심으로— 137
최석윤 교수(한국해양대학교 해양경찰학부)

9. 양해와 승낙의 문제 146
이정원 명예교수(영남대학교 법학전문대학원)

10. 형법 제10조의 규범구조 오해와 '심신장애'의 의미 문제 163
김성돈 교수(성균관대학교 법학전문대학원)

11. 위법성조각사유 전제사실의 착오 체계 문제 183
하태영 교수(동아대학교 법학전문대학원)

12. 형법 제16조와 법률의 부지 문제
—형법 제16조의 적용대상에서 법률의 부지를 배제하는 것— 209
문채규 교수(부산대학교 법학전문대학원)

13. 공모공동정범 문제 224
하태훈 명예교수(한국형사·법무정책연구원 원장, 고려대학교 법학전문대학원)

14. 공동정범과 예견가능성 문제 244
이용식 명예교수(서울대학교 법학전문대학원)

15. 소극적 신분과 모해목적의 신분(형법 제33조)규정 적용 문제 262
김혜정 교수(영남대학교 법학전문대학원)

16. 집행유예기간 중의 집행유예 허용 여부 문제 280
신동운 명예교수(서울대학교 법학전문대학원)

17. 상상적 경합과 실체적 경합의 구별 문제 ——— 292
류전철 교수(전남대학교 법학전문대학원)

제 3 장

형법각칙

18. 상해죄 동시범 특례규정의 적용 범위 문제 ——— 309
강동범 명예교수(이화여자대학교 법학전문대학원)

19. 명예훼손죄의 공연성 판단기준 문제
—전파가능성 이론— ——— 323
원혜욱 교수(인하대학교 법학전문대학원)

20. 폭력범죄에서 '위험한 물건을 휴대하여'의 문제 ——— 336
노수환 교수(성균관대학교 법학전문대학원)

21. 사자(死者)의 점유 문제 ——— 352
신양균 명예교수(전북대학교 법학전문대학원)

22. 특수강도 중 야간주거침입강도죄 실행의 착수시기 문제 ——— 379
최준혁 교수(인하대학교 법학전문대학원)

23. 배임죄의 법적 성격 및 손해 발생의 구체적 위험
판단기준 문제 ——— 394
김재윤 교수(건국대학교 법학전문대학원)

24. 부동산 이중매매의 배임죄 인정 문제 ——— 414
박광민 명예교수(성균관대학교 법학전문대학원)

25. 사전자기록등위작죄에서 '위작'에 무형위조 포함 문제 ——— 431
류부곤 교수(경찰대학 법학과)

26. 직권남용죄의 '직권 없이 남용 없다'는 해석 문제 ——— 447
김혜경 교수(계명대학교 경찰행정학과)

27. 범인의 자기은닉 · 도피 교사, 범인의 자기범죄증거 인멸 교사 문제 ——— 462
김재봉 교수(한양대학교 법학전문대학원)

28. 양벌규정의 역적용 문제
—해석을 통한 수범자 범위의 확대— ——— 479
서보학 교수(경희대학교 법학전문대학원)

대상판결 목록 ——— 499

제 1 장

총　설

1. 죄형법정원칙의 기능과 법원의 역할
2. 죄형법정주의에 대한 대법원판례의 성과

1. 죄형법정원칙의 기능과 법원의 역할

김일수 명예교수(고려대학교 법학전문대학원)*

Ⅰ. 프롤로그

이미 잘 알려진 바와 같이 한국형법은 1953년 9월 18일 법률 제293호로 제정·공포되어 같은 해 10월 3일부터 시행되었다. 어느새 70주년을 맞이하게 된 셈이다. 한국전쟁이라는 절체절명의 국가위기 와중에서 제정 작업이 진행되고 마무리되었으니 당시 우리 입법자들의 산고가 어떠했을지는 지금 우리가 미루어 짐작할 수 없을 정도였으리라. 그런 상황 속에서 탄생한 우리형법전은 당시의 헌법 이해와 사법관행, 비교할 수 있는 인접국들의 유사 형법전이나 당대의 형법이론을 폭넓게 살펴 모범적인 형법전의 면모를 두루 갖추기에는 한계가 있었으리라 사료된다.

흔히 헌법이나 민법, 형법 같은 기본적인 법률의 제정은 그 시대의 지적·정신적 수준을 반영한 것이라는 의미에서 그 시대의 자식이라고 일컬어지기도 한다. 1948년 7월 17일 새로운 독립국가로서 출범한 우리나라의 기본질서와 정신을 담은 헌법이 제정·공포되었다. 거기에는 형사사법의 요체를 포함한 각종 기본권 조항과 입법, 사법, 행정 등 통치기구에 관한 기본 틀이 포함되어 있었다. 형법의 기본원칙 중 하나인 죄형법정원칙이 헌법에 명시된 점은 앞으로 있을 헌법의 구체화규범인 형법의 제정과 해석적용에 중요한 준거와 방향을 제시한 것으로 보인

* 김일수 고려대학교 명예교수는 사법연수원 제2기를 수료하고 독일 Müchen대학교에서 법학박사 학위를 받았으며, 한국형사법학회 회장, 한국보호관찰학회 회장, 검·경 수사권조정위원회 위원장, 국가경찰위원회 위원장, 한국형사정책연구원 원장 등을 역임하였다.

다. 그럼에도 불구하고 이른바 제1공화국 출범 이후 제5공화국 종료에 이르기까지 오랜 권위주의 통치기간을 겪으면서, 정치권력에 의해 휘둘리고 왜곡될 수 있는 법 우리는 현실을 생생히 경험할 수 있었다.

헌법이 법질서에서 최고규범의 자리에 앉아 실제로 중요한 기능을 하게 된 것은 1987년 10월 29일 전면개정 공포된 현행헌법에서부터라 하겠다. 이 헌법 제6장에 헌법기관의 하나로 헌법재판소관련 규정이 들어왔고, 이에 따라 헌법재판소법이 제정되어, 법원의 제청에 의한 법률의 위헌여부 심판(헌법 제111조 1항 1호), 헌법에 보장된 기본권의 침해를 받은 국민이 직접 그 권리를 구제받기 위해 제기한 헌법소원에 관한 심판(헌법 제111조 1항 5호)을 통해 법질서의 체계적 통일성과 국민의 기본권신장의 대로가 열리게 된 때문이다. 이로써 국민의 인권의식과 인권감수성은 권위주의 시대와 비교할 수 없을 정도로 높아졌다. 더불어 형사사법실무에서도 개인의 자유를 보다 더 유리하게 확보해 줄 새로운 물길이 열린 셈이다.

II. 형법에 대한 법치국가적 제한원칙들

형법을 통한 범죄통제는 사회통제의 최후수단이라고 한다. 다른 법 분과에 의해서도 사회질서가 충분히 지켜질 수 있다면 형법은 자기자리를 양보해야한다. 이것이 법치국가형법이 지니는 최후수단·보충성의 원리요, 또 형법이 단편적 성격을 지니는 이유이다.

형법의 임무와 목적은 보충적인 법익보호를 통한 평화로운 공동생활의 질서확립이다. 이를 위하여 형법은 먼저 보호할 가치가 있는 기본적인 법익들을 정선하고, 이를 위해(危害)하는 사회유해적인 행위들을 선별하여 사전에 미리 실질적 의미의 형법에다 정해 놓는다. 이들 범죄행위들은 형법 각칙 내지 특별형법규정에 명시적으로 규정된 구체적인 개별범죄의 성립에 필요한 구성요건에 해당한다. 하지만 그 구성요건유형은 규범론의 형식에 따라 금지 또는 명령규범의 코드로 읽게끔 되어있다. 그러므로 형법상 범죄행위는 법익위해행위이자 동시에 규범위반행위인 셈이다.

이 형법규범위반행위, 즉 범죄행위에 대해서는 법정형으로 정해진 형사제재가 함께 예고되어 있다. 이 형사제재는 민사법과 행정법분야의 제재와 성격을 달리하는 것으로서 사회윤리적인 비난이 뒤따르게 마련이다. 이런 의미에서 형사제재는 다른 법 분야의 제재와 비교할 수 없을 정도로 인간의 실존에 큰 수치와 고통으로 다가온다. 그리하여 헌법과 형법질서에는 형사입법, 형사재판, 형사제재의 법집행 등 일련의 형법실현 전 과정에 걸쳐 다른 법 분야와 달리 그 실행을 제한하는 죄형법정원칙, 책임원칙, 비례성원칙, 보충성원칙과 같은 제도적 장치들을 두고 있다.

형법을 둘러싸고 있는 이들 제한원칙의 촘촘한 그물망은 일찍이 자유법치국가의 이념과 함께 발전해 온 것들로서 이를 '형법에 대한 법치국가적 제한'이라고 부른다.[1] 이러한 제한원칙들은 형식적·실질적 법치국가의 이념과 밀접하게 연관되어 있다.

형식적인 법치국가는 개인의 **법적안정성**을 이념으로 한다. 국가권력의 남용으로부터 개인의 자유와 안전을 최대한 보장하는 데 역점을 둔 것이다. 형법과 관련하여서는 **성문법 우위, 법률유보, 죄형법정원칙, 법률에 따른 법관의 재판에 의한 형의 확정과 그 집행의 원칙**[2] 등이 작용하고 있다.

실질적인 법치국가는 인간의 존엄 및 자유와 평등을 보장하고 실현함으로써 인권과 정의가 구가되는 국가질서 확립을 목표로 삼는다. 형법질서와 관련한 내용으로는 개인의 의사와 활동의 자유를 최대한 존중하는 방향에서, **사회의 안전에 필요한 최소한도의 형벌권행사의 원칙(필요 없이 형벌 없다), 잔인하거나 가혹한 형벌배제의 원칙, 책임원칙(불법 없이 형벌 없고, 책임 없이 형벌 없다), 평등의 원칙(과잉금지, 과소금지), 자의적·감정적인 판결금지의 원칙**, 형법의 내용적 적정성과 형사소송절차의 공정성을 위한 **적법절차의 원칙, 전과자라는 사실로 인한 사회적 차별대우금지** 등이 열거된다.[3]

법치국가란 그의 모든 권력행사에서 실질적·형식적으로 정당한 법과 법률유보에 의해 제한되고, 그 제한을 통해 정당화된 국가이다. 형법에서 죄형법정원칙

1) 김일수, 한국형법 I ,개정판, 1996, 172면.
2) K.Hesse, Grundzüge des Verfassungsrechts der BRD, 20.Aufl., 1995, 77f., 195f.
3) H.H.Jescheck, AT, 4.Aufl., 1988, §22.

의 기능은 제일의적으로 국가의 형벌권을 제한함으로써 거기에 정당성을 부여하는데 있다. 이 제한을 통해 근거지어진 형벌권만이 정당하며, 이렇게 정당화된 국가형벌권만이 사실상의 국가폭력과 구별되는 것이다.

Ⅲ. 죄형법정원칙의 의미내용

1. 본래의 의미

법률 없이 범죄 없고, 형벌 없다(nullum crimen, nulla poena sine lege)는 공식으로 요약되는 죄형법정원칙은 어떤 행위가 비난의 대상이 될 만큼 사회적으로 매우 유해하더라도 국가는 그것이 실정법률(lex)에 의해 사전에 범죄로 규정되고 그에 상응한 형벌이 예정되어 있을 때에만 처벌할 수 있다는 것이다.

이처럼 실정법만이 형법으로부터 자유로운 생활영역과 형법적으로 규율해야 할 생활영역을 가르는 결정적인 한계표지가 된다. 죄와 벌이 한 인간의 삶에 미칠 수 있는 사회윤리적인 비난성의 강도를 고려하면, 형법에서 죄목설정은 완벽하기보다 오히려 빈틈 내지 단편성을 지닐 때 자유법치국가 이념에 더 합치한다. 법치국가시민은 원칙적으로 자유 안에서 자신의 삶을 자기책임에 따라 영위할 수 있는 주체이기 때문이다. 따라서 자유로운 삶의 영역이 원칙이고 형법을 통한 범죄통제는 예외에 속한다.

이런 의미에서 우리 헌법 제13조제1항은 "모든 국민은 행위 시의 법률에 의하여 범죄를 구성하지 아니하는 행위로 소추되지 아니 한다"고 천명한다. 형법 제1조 제1항도 "범죄의 성립은 행위 시의 법률에 의한다"고 하여, 행위시법원칙을 공언하고 있지만 이 원칙 안에는 "법률 없이 범죄 없다"는 뜻도 함께 중첩되어 있는 셈이다.

죄형법정원칙은 가벌성뿐만 아니라 형의 종류와 정도도 범죄행위 이전에 법률로 확정해 놓을 것을 요구한다. 범죄구성요건과 함께 모든 형사제재규정도 범행 이전에 미리 확정되어 있어야 한다. 이렇게 함으로써 시민의 법질서에 대한 예측가능성을 보장하고 동시에 법적 안정성에 대한 시민의 신뢰를 보호할 수 있기 때문이다.

만일 "법률 없이 형벌 없다"(nulla poena sine lege)는 원칙이 "형벌 없는 범죄 없다"(nullum crimen sine poena)는 공식으로 비틀리면 나치즘의 정치형법에서처럼 "형법전이 범죄행위로 정하고 있거나 형법의 기본사상 및 건전한 국민감정에 의해 처벌받아 마땅한 행위를 한 자는 처벌된다. 그 범행에 대해 직접 적용될 확정된 법률이 발견되지 않을 때에는 그 범행에 가장 잘 어울리는 기본사상을 지닌 법률에 따라 처벌한다."(1935.6.28. 독일제국형법 제2조)고 하는 수준까지 죄형법정원칙은 추락한다.[4] 법치국가는 형벌권행사에 백지위임장을 주는 이런 유(類)의 입법을 해서는 안 된다.

그런 의미에서 우리 헌법은 "누구든지 … 법률과 적법한 절차에 의하지 아니하고는 처벌·보안처분 … 을 받지 아니 한다"(제12조 1항), "법관은 헌법과 법률에 의하여 그 양심에 따라 독립하여 심판한다"(제103조)고 규정하여 이 원칙을 지지하고 있다.

2. 네 가지 정신사적 뿌리

죄형법정원칙의 이념은 근대 자유주의·합리주의적 계몽사상에 뿌리를 두고 있다. 그의 정신사적·법사상사적 뿌리는 정치적 자유주의(Locke), 민주주의와 권력분립사상(Rousseau/Montesquieu,), 심리강제설에 의한 위하적 일반예방(v.Feuerbach), 책임원칙(Beccaria/Hommel/Hobbes) 등이다. 물론 근대 이후 정치적 자유주의와 민주주의적 권력분립론은 국가법적 원리로, 소극적 일반예방사상과 책임원칙은 형법특유의 원리로 발전한 것은 사실이지만, 이들 정신적 토양에서 자라난 형법상 죄형법정원칙은 먼저 국가법적 뿌리에서 출발하여 점차 내용적인 구체화 과정을 거치면서 형법사상들과 결합한 것으로 보인다.[5]

4) 카이 암보스, 나치형법(2019), 신동일/박경규 공역, 2022, 46면 이하; 구 소련형법(1922) 제10조 및 스탈린형법(1926) 제16조에 영향을 받은 사회주의 초기의 북한형법(1950) 제9조도 "범죄적 행위로서 그에 직접 해당하는 규정이 본법에 없는 것에 대하여는 본법 중 그 중요성과 종류에 있어서 가장 비슷한 죄에 관한 조항에 준거하여 그 책임의 기초와 범죄 및 형벌을 정한다"고 하여 유추적용의 일반적 허용규정을 두었다.

5) Köhler, Strafrecht At, 1997,76

사람의 지배 대신 법의 지배라는 원리의 확립은 시민계급이 절대왕권과 벌인 피나는 투쟁 끝에 쟁취한 정치적 자유주의와 민주적 법치국가사상의 전리물이라고 해도 지나침이 없을 것이다. 이러한 원리는 본래 국가권력에 대한 오랜 불신에서 비롯된 것이었다. 국민에 의해 선출된 국민대표자들을 통한 자기지배의 원리, 권력분립에 의한 견제와 균형의 원리, 작은 제한정부의 원리는 모두 초기 자유주의적 입헌주의 국가관의 표현이었다. 그에 상응한 국가목적설정에서는 언제나 개인의 자유와 행복추구가 우위를 점했다. 더 나아가 시민에 대한 모든 국가권력의 행사는 엄격히 법률에 의해야 하고(법률유보) 또한 법률에 의한 제한을 받아야 했다. 이 점은 모두 오늘날 자유민주적 법치국가에서는 거역할 수 없는 시대정신이요 인류보편적인 법문화의 자랑스러운 유산으로 통한다.

이것은 또한 국가형벌권행사를 정당한 법률에 의해 제한하고 그 제한을 통해 정당성을 부여하고자 하는 형법상 죄형법정원칙이 요구하는 본질적 내용이기도 하다. 죄형법정원칙의 법치국가성에 대한 가장 인상적인 언술은 지난 세기 가장 위대한 형사정책가로 칭함 받기에 합당한 리스트(v.Liszt)의 다음과 같은 말이다: "형법은 국가형벌권의 법적 제한장치다. 즉 그 전제와 내용에 따른 법적 제한이요 개인의 자유이익 안에서(필자 주: 개인의 법익보호를 위한 한계 안에서) 법적 제한이다. "nullum crimen sine lege, nulla poena sine lege." 이 두 명제는 국가의 모든 권력에 대한 국가시민의 보루이다: 그것은 다수의 분별없는 권력과 괴수(Leviathan)에 맞서서 개인을 보호한다. 역설적으로 들릴지 모르지만, 형법전은 범죄인의 magna charta이다. 형법전은 범죄인에게 단지 법률의 전제와 법률적인 한계 안에서만 처벌받을 권리를 문서로 작성해 준 것이다."[6)]

3. 실천적 기능

(1) 개인의 자유·안전보장 기능

국가의 임무와 기능에서 개인의 자유와 안전의 보장을 최우선 순위에 두는 것이 자유법치국가의 질서관이다. 전체주의와 독재체제의 국가관을 극복한 자유

6) v.Liszt, Die dererministischen Gegner der Zweckstrafe, in: Strafrechtliche Aufsätze und Vorträge, Bd.2, 1905, 60.

민주주의 국가의 헌법적 질서원리는 사회적 법치국가·복지국가·문화국가 등을 표방한다 해도, 개인의 자유와 안전이라는 가치관을 출발과 목표로 삼는 점에 요지부동이다. 인간이 국가를 위해 존재하는 것이 아니라 국가가 인간을 위해 존재한다는 원리는 인간의 존엄과 가치의 실현을 최상위 목표로 삼는 모든 나라들의 기본원리에 해당하기 때문이다.

개인의 자유와 안전을 국가의 형벌권남용으로부터 보장해야 할 필요성은 자유법치국가의 헌법질서로부터 직접 도출되는 요청이다. 이를 위해 권력분립의 원칙이 확립되었다. 이에 따르면 입법자는 무엇이 범죄인지, 그에 대한 처벌은 어떠한지를 사전에 미리 명확하게 법문을 통해 정해 놓아야 하고, 사법종사자들은 법과 양심 그리고 적법절차에 따라 실체적 진실을 밝히고, 정의실현을 지향하여 불법과 책임에 합당한 형벌을 과해야 하며,[7] 그 집행 및 교도·교화 작업은 법무행정작용의 손에 맡겨진다.

죄형법정원칙은 바로 이러한 개인의 자유·안전보장기능과 밀접한 연관을 맺고 있다. 자유와 안전을 실질적으로 이해하든 형식적으로 이해하든 국가형벌권발동의 조건과 정도가 명확한 법률의 형식으로 미리 법정되어 있을 때에만, 국가권력의 자의적인 행사에 대해 개인은 법적인 방어권을 행사할 수 있고, 국가시민의 자유와 안전에 관한 인권과 기본권은 더 실효적으로 보장될 수 있다. 이점은 죄형법정원칙의 변함없는 실천적 기능이다. 죄형법정원칙의 하부구조적 세칙의 요구는 장구한 세월을 지나면서 물론 그 세세한 내용과 관점에 변화가 없지 않다. 그러나 헌법과 법률로써 국가형벌권발동의 조건과 정도, 절차 등을 미리 정해 놓음으로써 국가형벌권의 남용가능성을 실천적으로 억지하는 기능의 중요성은 아무리 강조해도 지나침이 없을 것이다.

(2) 적극적 일반예방 기능

범행 이전에 무엇이 처벌받아 마땅한 범죄이며 또 이에 대한 제재로서 어떠한 형벌이 과하여질 것인가를 미리 성문화된 법률로써 확정·공포해 놓는다면, 일반시민들도 그것을 직접·간접으로 사회적인 체험을 통해 알 수 있을 것이다. 그

---

7) Eberhard Schmidt, Die Sache der Justiz, 1961,12ff.

렇게 되면 어떤 사회적인 갈등상황에 직면하게 될 때, 자기소견에 따라 범죄적인 방법으로 문제를 해결하려하지 않고, 각자 규범이 요구하는 바에 따라 규범합치적인 방법으로 문제해결에 접근할 수 있을 것이다. 이를 형법의 사회교육적인 학습효과라 부른다.

이 학습효과에서 더 나아가 국가가 형벌권의 적정한 실현을 통해 규범을 위반한 범죄를 진압하고 형법의 규범력을 회복·안정시키면, 사회일반인에게 정의로운 법질서에 대한 신뢰를 제고시키는 신뢰효과도 낳을 것이다. 또한 형법이 적정하게 실현되어 범인에게 죗값에 상당한 형벌이 가해질 때 범죄피해자는 물론 잠재적 피해자인 일반인도 그 결과에 만족하게 되는 만족효과도 기대할 수 있다. 형법이 이러한 ① 사회교육적인 학습효과, ② 신뢰효과, ③ 만족효과를 통하여 ④ 규범내면화를 통한 규범안정화를 기대할 수 있다는 점에서 근자에는 많은 학자들이 이를 형법의 '적극적 일반예방기능' 또는 '사회통합기능'이라 칭하기도 한다.[8)]

죄형법정원칙의 요구에 맞추어 죄와 벌의 분명한 실정화 및 그 적용·집행이 적정하게 이루어진다면 **규범내면화를 통한 규범안정화**라는 형법의 적극적 일반예방기능은 점차 강화될 것이다. 물론 후기현대사회에 이르러 각종 처벌 법률과 규제 법률이 양산되어 사회내의 규범생태계가 교란지경에 처한 게 사실이다. '법률의 폭발', '법률의 홍수'로 인해 보통사람들은 법의 물길을 쉽게 가늠할 수 없어, 오히려 규범의 요구에 둔감해지는 역류현상을 지적하는 목소리도 높다.[9)] 특히 근래 복합적인 위험사회에 접어들면서 규범의 양적 증가는 불가피한 측면이 없지 않으나, 적극적 일반예방의 관점에서 볼 때, 적정한 수위조절을 위한 새로운 법률 제정 못지않게 낡은 법률의 폐기도 좀 더 기동성 있고 과감하게 추진할 필요가 있어 보인다.

오늘날 일반예방사상은 잠재적 범죄인에 대한 위하(威嚇)라는 소극적 기능을 넘어서 사회의 규범안정화라는 적극적 기능을 중시하면서, 죄형법정원칙도 전통적으로 지녀온 개인의 자유·안전보장의 기능 외에 사회통합이라는 정책적이고 적극적인 기능을 덧입게 되었다. 이 적극적 일반예방기능을 전통적인 인권보장기능에 더하여 '죄형법정원칙의 현대적 기능'이라 불러도 무방하리라.[10)]

8) 김일수, 형법질서에서 사랑의 의미, 2013, 57면.
9) 김일수, 「전환기의 법학 및 형법학의 과제」, 법·인간·인권, 제3판, 1996, 524면.

4. 죄형법정원칙의 네 가지 세부원칙

죄형법정원칙은 네 가지 금지 또는 요구를 내포하는 세부원칙에 의해 형법 일반의 임무, 즉 '보충적인 법익보호를 통한 평화로운 사회질서 유지'를 넘는 **형법팽창**과 과도한 **처벌욕구**를 제약하는 작용을 한다.[11] 즉 ① 소급효금지, ② 불명확한 형법 금지, ③ 유추적용금지, ④ 실정형법의 원칙(관습법금지)이 그것이다. 그중에서 대체로 앞에 열거한 두 가지는 주로 형법입법자를 구속하는 반면, 뒤에 열거한 두 가지는 형법해석적용자를 구속하는 원칙이라고도 한다.[12] 하지만 양자의 경계는 상대적이어서 이 개별원칙들은 구체적인 경우 입법자와 해석적용자 모두에게 미칠 수 있고, 또한 원칙들 간에 상호내재적인 연관성을 지니는 경우(②와 ③ 및 ②와 ④)가 많다.

Ⅳ. 소급효금지의 원칙(Gebot der lex praevia)

1. 의의 및 제도의 취지

소급효금지원칙에는 입법자에 대한 소급입법금지와 해석적용자에 대한 소급적용금지가 내포되어 있다.

소급입법금지란 사후입법에 의하여 범죄와 형벌을 행위자에게 불리하게 소급적으로 미치게 해서는 안 된다는 것을 뜻한다. 이 경우 침해되는 것은 우선 개인의 자유와 안전이다. 또한 국가·사회적으로는 법적 안정성과 규범안정성의 흔들림이다. 이것은 헌법상 자유법치국가원리인 죄형법정원칙의 보장기능, 사회통합적인 예방기능에 대한 위험신호가 아닐 수 없다.

반면에 비 범죄화하거나 형벌을 완화하는 법률은 범죄자에게 불리한 것이 아니므로 소급적용을 위한 사후 입법조치도 괜찮다(형법 제1조 2항, 3항). 죄형법정

10) 김일수, 형법상 소급효금지의 원칙과 시간적 정의의 문제, 2020, 34면 이하.

11) 이런 의미에서 죄형법정원칙, 책임원칙, 비례성원칙을 형법에 대한 법치국가적 제약의 3원칙(Trias)이라 칭하기도 한다.

12) H.H.Jescheck(주3), 100.

원칙의 자유보장기능에 비추어볼 때 이러한 결론은 규범논리에 비추어 당연하다.

소급적용금지는 범죄와 형벌·보안처분의 신설 및 가중에 대한 법률규정은 다만 그 법률시행 이후 장래에 대해서만 적용되고, 그 법률시행 이전에 저질러진 범행에 대해서까지 소급적용해서는 안 된다는 것이다. 이것은 특히 형법의 해석적용자에게 지향된 것이다. 따라서 형법실현의 전 과정 중 형사사건을 수사하는 검·경 수사기관과 공소제기 및 공소유지를 전담하는 검찰 그리고 형사재판에서 유죄의 사실 확증과 그에 상응한 형벌을 정하는 법관까지 이것이 말하는 의미를 유념해야할 수범자(受範者)들이다.

두말할 것도 없이 범죄와 형벌 및 보안처분은 행위 시의 법률에 의해 해석적용되어야 하고, 행위자에게 불리한 재판시의 법률을 사후적으로 소급적용해서는 안 된다는 요구이다. 이미 언급한 바와 마찬가지로 이 요구는 책임원칙을 근거로 한 자유법치국가의 인권보장기능을 실현하기 위한 것이다. 특히 재판사무를 담당하는 법관의 자의적인 법해석·적용으로부터 개인의 자유와 안전을 보장하기 위한 취지이다.

2. 구체적 적용범위

(1) 원론적인 출발점

소급입법금지는 원래 실체법상의 가벌성과 형사제재에 관한 일체의 조건에만 관련될 뿐 절차법상의 문제나 형벌이 아닌 보안처분 등에 대해서 당연히 관련된 것이 아니었다. 그러나 인간의 존엄과 자유가 헌법질서의 최고 가치로 등장하면서 가능한 한 최대한으로 이 가치를 구현하기 위해 소급입법금지의 적용범위는 종래에 비해 확장된 게 사실이다. 오늘날 인권국가를 지향하는 여러 나라 시민들의 인권감수성과 공감능력의 연대적인 확산을 고려하면, 그 확대경향은 더욱 활발해질 것으로 전망된다.

소급입법의 대상이 실정형법의 범죄와 형벌에 관한 것인 한, 위법성조각사유의 소급적인 폐지나 제한, 객관적 처벌조건이나 인적처벌조각사유 등을 소급적으로 행위자에게 불리하게 변경하는 것, 형벌의 부수효과, 기타 자격상실 또는 자격

정지, 몰수, 선고유예 또는 집행유예의 조건 등을 행위자에게 불리하게 소급 변경시키는 것 등은 허용되지 않는다.

소급적용금지는 우선 형법각칙에 규정된 각 범죄구성요건을 대상으로 한다. 이 범죄구성요건에는 불법요소, 객관적 처벌조건 및 특별한 책임표지 등도 포함되어 있다. 이들 형법각칙상의 모든 범죄구성요건의 해석적용에 있어서 소급적용은 금지된다. 더 나아가 특별형법(형사특별법)이나 부수형법에서 규율하고 있는 가벌성의 모든 조건에 관해서도 이 원칙이 적용된다.

더 나아가 형법총칙 규정 중 범행 시에 적용되는 정당화(위법성조각)사유가 사후적으로 폐지된 경우, 가벌적인 미수의 범위가 확대된 경우, 가벌적인 예비·음모의 범위가 확대된 경우, 지금까지 처벌되지 않던 공범형태의 처벌을 새로 도입하는 경우, 이에 관한 형법총칙규정은 장래를 향해서만 적용할 수 있을 뿐, 소급적용해서는 안 된다.

새로 도입된 형벌 또는 보안처분에 관한 규정도 법관은 소급적으로 적용해서는 안 된다. 형벌 또는 보안처분을 확장하는 신설규정을 소급적용하는 것도 금지된다. 처벌감경에 관한 새로운 규정은 범인에게 불리하지 않으므로 소급적용해야 하나, 신설된 처벌 및 가중처벌규정의 소급적용금지는 형법각칙의 모든 범죄구성요건에 적용된다.

(2) 공소시효의 연장 문제

공소시효를 소급적으로 연장시키는 것이 소급효금지원칙에 반하는지 여부가 최근까지도 각국의 형법과 형사소송법에서 자주 논란된다. 쟁점을 분명히 할 목적으로 소급입법에 의한 공소시효의 연장문제를 관례대로 진정소급효와 부진정소급효 두 유형으로 나누어 살펴보기로 한다.

먼저 일단 만료된 공소시효의 연장·재개(진정소급효)는 어떤 경우에도 허용될 수 없다. 왜냐하면 이때 범죄자는 공소시효의 완성으로 이미 처벌을 면한 상태에 놓여 있기 때문이다. 만일 사후의 소급입법에 의해 공소시효를 재개·연장한다면 기존의 법 상태에 대한 법적 신뢰 및 규범안정성의 보호와 모순·충돌하고 자유법치국가 헌법원리와 죄형법정원칙의 기능과도 합치하지 않는다.

문제는 공소시효기간이 만료하기 전에 그 기간을 다시 연장하는 조치(부진정

소급효)가 소급효금지원칙과 상충할까하는 점이다. 부진정소급효는 소급입법금지의 원칙에 반하지 않는다는 견해가 독일 형법학계에서는 통설이고 우리나라에서도 대다수의 학자들이 이 입장에 동조하고 있다. 공소시효는 단지 소추조건일 뿐이고 범죄와 형벌은 이미 행위 시에 법률로 확정되어 있었기 때문이라고 한다. 범죄자에 대한 인권보장의 필요성은 본래 범죄와 형벌의 존부·정도에 미치는 것이므로, 공소시효의 진행·완성에 관한 신뢰보호는 이미 공소시효정지제도가 법정되어 있는 한(형소법 제253조), 애당초 상대적인 보호에 불과하다는 것이다.

물론 이에 대해 반대하는 소수의 주장에도 경청할 만한 가치가 있다. 공소시효가 아무리 소송법규정이라 해도 형법실현의 전체과정으로부터 조망할 때, 입법자가 의도하고 있는 범죄의 처벌필요성과 직접 관련된 문제이기 때문이라는 것이다.[13] 무엇보다도 순 형식적인 절차규정이 아닌 한 처벌과 관련된 모든 형사소송법규정과 형법 제1조 1항의 행위시법규정은 다 헌법상의 소급효금지규정의 구체화규정으로 봐야하기 때문에 범죄자에게 불리하게, 범행 후 국가형벌권이 확대적용 되도록 해서는 안 된다는 것이다.[14] 왜냐하면 형법과 형소법의 형식논리적인 구분이나 가벌성과 소추가능성의 단순한 구별은 소급효금지에 관한 헌법규정(헌법 제13조 1항)의 근본취지, 즉 범죄자 개인에게 더 많은 자유와 더 확실한 안전을 보장한다는 취지에 비추어 볼 때, 구속력이 없는 사고유희의 일종이라는 것이다.[15]

생각건대 공소시효가 형법의 실현과 무관하게, 단지 형소법상의 기술적인 규정에 불과하다는 관점은, 오늘날 문명세계의 보편적 규범으로까지 발전한 범죄인 인권보장과 세계문화시민들의 인권감수성에 비추어 볼 때 설득력이 약해 보인다. 공소시효가 우리 법제에서는 절차법인 형사소송법에 규정되어 있으나 형벌의 실현조건과 밀접한 관계가 있다는 점을 염두에 둔다면,[16] 그것이 실체형법의 실현

13) 강구진, 「죄형법정주의와 적법절차의 원칙」, 고시연구 1983.6, 116면; 손해목, 앞의 논문,122면; 이 정원, 형법총론, 제2판, 2001, 19면; H.H.Jescheck(주3), 125; H.Welzel, Das Deutsche Strafrecht AT, 1969(11판), 24.

14) Jakobs,Strafrecht AT,1991(2판), Rn.4/57; H.L.Schreiber, Zur Zulässigkeit der rückwirkenden Verlängerung von Verjährungsfristen früher begangener Delikte, ZStW 80(1968), 365f.

15) G.Dannecker, Das intertemporale Strafrecht, 1993, 332f.

16) 입법례를 보면 독일이나 중국처럼 공소시효를 형법에 규정하는 경우도 있다. 범행의 가벌성과 소추가능을 구별하면서 후자에게는 죄형법정원칙이 적용되지 않는다고 한 독일 헌법재판소결정(BVerfGE 25,287)의 입장에 반대하여, 19C에는 공소시효규정이 실체법에 편입돼 있었기에, 역사적으로도 공소시효는 죄형법정원칙의 적용 하에 놓였다는 점에 관한 강조로는

과정에서도 중요한 의미를 갖는다는 점을 부인할 수 없기 때문이다.[17] 따라서 형사소송법이나 형법이 똑같이 헌법의 구체화 규범이라는 점을 감안하면, 진정소급효의 위헌성은 말할 것도 없고, 소위 부진정소급효도 개인의 자유에 대한 불안감을 제거하고 법적안정성을 확고히 다지는 방향에서 좀 더 실체적으로 이해하는 편이, 인권감수성이 높아진 현대사회에서 자유법치국가헌법체계와 이념에 더 합치하지 않을까 사료된다.[18]

(3) 판례의 변경과 소급적용의 문제

법원이 어느 범죄구성요건에 관하여 전원합의체판결에 의하여 변경된 해석을 그 변경 이전에 저질러진 범행에 그대로 적용하거나, 범행 시에 관행화되었던 법률의 해석에 따르면 벌하지 않던 행위를 판례의 변경에 의해 가벌적인 범행으로 판단하는 것이 소급적용금지의 원칙에 반하지 않는가 하는 점도 문제된다.

이점에 관해 판례 자체는 법률이 아니고 법원성(法源性)도 가질 수 없기에, 법률에 의한 국가형벌권행사와 형사사법작용을 제한하려는 죄형법정원칙의 전통적인 의미에 비추어 볼 때, 소급효금지를 판례에까지 적용할 것은 아니라는 견해가 유력하다.[19] 이 입장에서는 만일 행위자가 관행화된 종전 판례의 입장을 신뢰하여 자신의 행위가 불법행위가 될 줄 전혀 몰랐다면, 당해 사건은 금지착오(제16

B.Schünemann, Nulla poena sine lege?, 1978, 25, Fn.88 참조.

17) 공소시효의 본질에 관해서는 ① 실체법설, ② 절차법설, ③ 신소송법설, ④ 결합설 등이 있다(이주원, 형사소송법, 2019, 219면). 형법의 실현을 전체적으로 보면, 형법입법 → 형사재판 → 형의 집행에 걸친 전과정이 변증론적·유기적으로 진행된다. 따라서 형사실체법과 형사절차법을 일도양단식으로 준별하는 것은 오늘날 이른바 총체적형법체계(Das gesamte Strafrechtssystem)의 흐름과도 맞지 않는다(E.Hilgendorf,System－u.Begriffsbildung im Strafrecht, in: Hilgendorf/Kudlich/Valerius(Hg.), Handbuch des Strafrechts, Bd.2 Strafrecht AT Ⅰ,2020, §27Rn.13). 특히 공소시효가 갖는 형사실체법적 성격은 공소시효의 기간이 범죄의 경중 및 입법자가 정한 법정형의 높낮이에 맞추어 길거나 짧게 규정된다는 점이다. 이점을 염두에 두고, 좀 더 깊은 주의를 기울인다면, 공소시효도 헌법 제13조 제1항 및 형법 제1조 제1항에 명시된 바, 소급효금지의 원칙에 따른 범죄인의 자유보장책, 즉 범죄인의 자유에 불리하게 어떤 범행을 둘러싼 시간적 조건들을 소급입법의 형식이나 해석적용을 통해 함부로 조작할 수 없다는 사실이 더욱 분명히 이해될 것이다(Th.Fischer,StGB mit Nebengesetzen, 66.Aufl. 2019, Rn.7a; G.Dannecker, Zeitlicher Geltungsbereich(주15), §30 Rn.49).

18) 김영환, 「공소시효와 형벌불소급의 원칙」, 자유적 법치국가, 2018, 374면 이하; 오영근, 형법총론(보정판), 2005, §3/38 참고; Il－Su Kim, Der Gesetzlichkeitsgrundsatz im Lichte der Rechtsidee, FS－Roxin, 2001, 119ff.; 김일수(주10), 43면.

19) H.J.Rudolphie, SK, §1Ⅱ Rn.8; 이재상, 전게서, 18면.

조)에 해당되어 처벌을 면할 수 있을 뿐이라고 한다. 그러나 당해사건에 무죄를 선고하면서 종전에 무죄로 취급되어 온 판례입장을 변경한다는 것은 논리적·기술적으로 어색해 보인다.

이에 반해 이미 확립된 판례를 피고인에게 불리하게 변경하여 소급적용한다면 사후입법에 의한 소급처벌과 같이 피고인의 법적 신뢰 및 규범안정성을 해쳐 결국 죄형법정원칙에 반하게 될 것이라는 견해가 있다.[20] 이 입장에 따르면 판례를 변경한 결과 피고인에게 불리하게 될 경우에는 그 효력을 당해 사건에 대해서가 아니라 적어도 그 판결이후에 저질러질 장래의 사건에 대해서만 적용하도록 하고, 당해사건의 피고인에 대해서는 마찬가지로 금지착오로 인한 무죄판결을 선고해야 할 것이다.

생각건대 판례의 변경이 구체적인 법실현의 과정으로서 법률을 보충하는 법적 견해의 변경일 때에는 법률 밖에서 행해지는 법관의 자유로운 법 발견 내지 법 창조활동에 해당하므로, 이 경우에는 피고인의 법과 불법에 대한 신뢰보호를 위해 소급적용이 금지되어야 할 것이다.[21] 그 밖에 가능한 문언의 한계 안에서 이루어진 판례의 변경은 기껏 객관적 법상황의 변경에 기인하여 새로운 사안을 그 법률문언에 포섭하는 법률의 구체화 작업 내지 법률문언의 의미한계 안에서의 법 발견과정에 지나지 않는다. 이때에는 법관의 활동이 이미 현존하는 법률의 가능한 한 올바른 의미와 바람직한 법상태에 적합한 결과를 도출하는 것을 목표로 삼는 보조적인 법 발견활동에 불과하므로 판례의 소급적 변경·적용이 소급적용 금지의 원칙과 충돌하지 않는다.[22]

그러자면 여기에도 죄형법정원칙의 현대적 기능에 맞추어 선결돼야할 제도적인 보완장치가 필요하다. 첫째, 당해사건의 판결이유에 판례변경의 당위적인 이유를 부기하는 이른바 **판례변경예고제**(obiter dictum)의 도입필요성이다.[23] 도로교

---

20) W.Naucke, NJW 1968, S.758; Straßburg, ZStW 1970,948ff; H.L.Schreiber, JZ 1973, 713; 정성근, 형법총론, 개정판, 1988, 56면; 손해목, 앞 논문, 121면; 이형국, 형법총론연구Ⅰ,1984, 63면.

21) 김일수, 한국형법Ⅰ, 187면; 배종대, 전게서, 74면.

22) 대판 1983.12.13.,83도2330(1인회사의 주주 겸 대표이사의 업무상 배임). 이 판례에 대한 평석은 김일수, 1인회사의 주주 겸 대표이사의 업무상배임, 판례연구 제4집(고려대법학연구소), 1987, 41－81면.

23) 외국의 판결문화에서처럼 장래를 향하여 판례변경을 예고하는 취지를 판결이유에 부기(obiter dictum)하는 방식을 도입하면 문제가 해결될 수 있을 것이다. 헌재의 한정합헌형식도 좋은 참

통신호체계상 녹색신호에서 적색신호로 바뀔 때 중간에 황색신호를 둠으로써 교통안전과 신뢰도를 높이듯 말이다. 둘째, 재심 시 무죄판결의 공시제도를 본뜬 **판례변경예고공시제의 도입필요성이다**. 물론 당해사건은 금지착오로 인해 책임비난을 할 수 없어 무죄가 인정된다할지라도, 불법비난의 평가에서 판례변경의 필요가 있다면 이를 판례변경예고사유로 판결문에 부기하고, 공시하여 일반에 널리 알리는 것이다. 변경될 판례가 적용될 사건은 이 공고일 이후 발생한 유사·동종사건이리라는 점은 췌언을 요하지 않는다.

(4) 처벌법령의 변경과 추급적용의 문제

형법의 시적 적용에 관한 형법 제1조 제1항과 제2항의 문언에서 도출되는 시적정의(時的正義)의 방향은 분명하다. **행위시법원칙(제1조 1항 구법적용 원칙)과 그에 대한 예외로서 재판시법(제1조 2항 신법적용)은 형식상으로 원칙과 예외 관계에 놓여 있지만, 제1항의 원칙과 제2항의 예외 모두 행위자의 자유에 유리한 방향으로만 지향**하고 있다는 점이다. 즉 행위자의 자유에 유리한 방향으로 원칙규범을 정해 놓고, 법률의 변경과 같은 사정변경이 있었을 때에는 행위자의 자유에 유리하도록 예외적인 조치에 따르도록 한 것이다.[24)]

위 형법 제1조 2항 전단에서 "법률의 변경"이란 가벌성의 존부와 정도를 규율하는 모든 법 상태, 즉 전체법령은 물론 백지형법에서 보충규범에 해당하는 행정처분이나 조례, 고시까지를 포함하여 죄형법규의 개폐가 있는 경우를 말한다. 한시법(限時法)의 유효기간경과로 이 법이 실효된 경우도 법률의 '변경'에 해당한다.

더 나아가 "범죄를 구성하지 아니하는" 경우란 형법각칙 범죄구성요건의 폐지뿐만 아니라 정당화사유, 면책사유, 형사책임연령, 미수의 가벌성 등 형법총칙상의 규정변경에 의해 가벌성이 없어지는 경우도 포함한다. 가벌성이 폐지되어 범죄를 구성하지 않는 경우 외에도 단지 가벌성의 전제조건들이 행위자에게 유리하게 변경되었을 뿐인 경우에도 형법 제1조 2항의 해석상 행위자의 자유에 유리하도록 앞의 예와 같이 신법이 적용돼야한다.

고가 될 것이다. 김일수,「판례변경예고제의 도입」, 법은 강물처럼, 2002, 203면 참조.

24) 김일수(주10), 97면.

이런 해석과 달리 종래 우리 대법원은 모든 형법상 시적 적용에서 1963.1.31.선고 62도257판결부터 2016.10.27.선고 2016도9954판결까지 일관되게 "형법 제1조 제2항의 규정은 죄형법규제정사유가 된 법률이념의 변천에 따라 과거에 범죄로 보던 행위에 대하여 그 평가가 달라져 이를 범죄로 인정하고 처벌하는 자체가 **부당**하였거나 과형이 **과중**했다는 **반성적 고려**에서 법령을 개폐한 경우에 한해 적용할 것"이라고 판시했다. 강학상 동기설이라고도 불리는 일련의 대법원판결의 입장은 형법 제1조 제2항의 적용범위를 문언의 의미를 벗어나 가외의 조건을 붙여 임의로 제한한 것으로서, 특히 죄형법정원칙의 자유보장이념에 비추어 바람직한 관점이라고 공감하기 어려웠다.

변화는 2022.12.22.선고 2020도16420 전원합의체 판결에서 일어났다. 즉 종전처럼, 법령의 부당과 과중한 처벌에 대한 반성적 고려에 따라 변경된 것인지 여부를 따지지 않고, 해당 죄형법규에 따른 범죄의 성립 및 처벌에 관한 **형사법적 관점의 변화**, 다시 말해 행위자에게 유리한 법령의 변경이 있으면 형법 제1조 제2항과 형소법 제326조 제4호가 바로 적용된다는 것이다. **다수의견**은 다만 **한시법**에 대해서는 법령의 변경이 아니라고 보아 행위자에게 불리한 행위시법의 **추급효**를 인정하는 종전입장을 고수한다. 물론 이에 반대하여 한시법의 유효기간이 도과한 경우도 법령개폐경우와 본질적인 차이가 없다는 관점에서 행위자에게 유리한 재판시법이 적용된다는 **소수의견**이 있다(대법관 노태악, 천대엽의 입장). 필자는 이 소수의견에 동감하는 바이다.

형법의 시적 적용에서 시간적 정의의 관점을 비추어 보면 추급적용부정설이 타당해 보인다. 형사정책적인 처벌필요성 보다 범죄행위자와 잠재적 범죄자를 포함한 각 사람의 현실적인 자유에 유리하도록 형법의 시적 적용문제를 다루어야 한다는 것은 근세 계몽주의 이래 시민의 자유의 대헌장으로서 형법이 걸어온 역사적 발전방향과 일치하는 것이다. 형법에서 시적 정의의 핵심은 피의자·피고인의 자유의 가능성을 확장하고 그 자유이익이 실질적으로 확보되도록 도모하는데 있다.[25] 이 점에서 위 판례의 변화는 다수견해의 한시법차단막에 걸려 아직 미완이라고 해도 좋을 것 같다.

---

25) 김일수(주10),100면.

V. 법률명확성의 원칙(Gebot der lex certa)

1. 의의 및 제도의 취지

이 원칙은 우선 입법자로 하여금 형사입법을 할 때 무엇이 범죄이고 그에 대한 처벌은 어떠한지를 되도록 명확하게 규정할 것을 요구하고 있다. 특히 구성요건을 형성하는 범죄표지는 구체적이고 명확히 기술되어 있어서 그 문언의 의미가 해석에 의해 분명해질 수 있을 만큼 확정되어 있어야 한다. 무엇보다 수범자인 일반시민들이 그 법률을 대할 때 어떤 행위가 금지되어 있는지를 일상언어적으로 분명히 이해할 수 있을 정도에 이를수록 좋다. 형법이 귀에 걸면 귀걸이, 코에 걸면 코걸이 식으로 불분명·불확정할 때 책임원칙 및 죄형법정원칙의 적극적 일반예방기능을 충족시키기 어렵다.

법률명확성원칙은 국가형벌권의 자의적 행사로부터 시민의 자유와 안전을 보장하기 위해 정치적 자유주의가 요구하는 '지배자의 법률에 의한 자기구속'의 기반을 강화하고, 수사·소추기관과 법관에게 독단적인 해석의 가능성을 미리 차단함으로써 개개시민에게 형법에 대한 예견가능성을 높이고 규범내면화를 촉진시켜 책임비난의 기초를 다지기 위한 것이다.

이 요구는 상당히 발달한 입법기술과 전문가인력을 구비한 오늘날의 입법부와 다방면의 의견수렴과 검토를 거치는 입법과정을 감안할 때 중요성이 떨어지는 요구처럼 보인다. 그러나 명령과 규칙에 의해 처벌을 가능하게 하는 **포괄적 위임입법**, 형벌만 정해 놓고 가벌성의 요건에 관해서는 다른 법령이나 행정처분 또는 고시 등에 일임하여 보충하게 하는 **백지형법**, 다의적인 보편개념을 내포하는 **일반조항**이나 절대적인 **포괄구성요건**(Auffangtatbestand), **절대적인 부정기형**과 같은 형식의 형사법은 가급적 최소화해야한다는 요구는 여전히 시의성을 갖는다. 이런 유(類)의 죄형법규에 대해서는 단지 그 방면의 전문가들만이 가벌성여부와 처벌수위를 예측할 수 있기 때문이다. 이 점에 비추어 보면 이 원칙은 권력분립원칙에 입각하여 입법부의 입법권이 사실상 사법부나 행정부로 이양되지 않도록 함으로써 견제와 균형의 원리에 입각하여 개인의 자유·안전을 실효성 있게 보장하려는 취지임이 분명하다.

물론 법률명확성의 담보기능은 오늘날 우리나라 헌법체계 아래서 법무부나 법제처 또는 사법부보다 헌법재판소의 헌법소원제도에 의해 더욱 활력을 얻고 있다. 그동안 각종 특별법상의 양벌규정, 국가보안법, 노동관계법, 집시법, 형법 및 특별형법 등 많은 분야에서 가벌성한계가 불분명했던 법률들이 헌재의 위헌 내지 헌법불합치결정에 의해 속속 무효화 내지 부분 개폐되었고 앞으로도 개폐될 것이기 때문이다.

그 밖에도 법률명확성의 요구는 입법자의 입법영역을 넘어서 법관의 판결에까지 미친다는 점이다. 이를테면 판결에서 행위자에게 유리한 원칙규정과 예외규정을 행위자에게 불리하게 돌아갈 수 있는 가외의 조건을 덧붙여 제한해석을 시도하거나,[26] 구성요건의 한계를 속이 보이지 않는 늪으로 끌고 들어가 허우적거리게 만들 정도의 확대해석을 내놓지 말라는 것이다. 예컨대 노상에서 마스크를 쓰고 묵언으로 연좌데모를 하는 사람들을 강요죄의 폭행·협박에 포섭시키는 것은 이 요구에 반한다.[27]

2. 입법기술적인 한계

문제는 형법의 모든 조항이 현실적으로 언제나 주도면밀하게 명확성의 요구를 충족시킬 수준에 이를 수 없다는 점이다. 구성요건표지엔 사실을 기술하는 표지뿐만 아니라 규범적 표지를 사용해야 할 때가 많기 때문이다. 예컨대 "공공의 위험","위험한 물건","공연히 음란한 행위","기타 방법","정당한 이유 없이"[28]등과 같은, 가치충전을 필요로 하는 규범적 구성요건표지가 그것이다. 우리의 생활사실에 비추어 이러한 규범적 가치개념이 명확성을 위해 전부 형사입법에서 배제돼야 한다고 주장할 수는 없다. 만일 그렇게 되면 법률자체가 매우 단조로워져 시민생활의 다양한 문제 상황이나 개개 사례의 특수성에 적합한 해결책을 내놓기 어렵

26) 종래 형법 제1조 2항은 법률의 개폐가 입법자의 반성적 고려에서 기인한 경우에 한하여 적용할 것이라고 판시한 사례들이 그것이다(대판 1997.12.9. 97도2682; 대판 2016.10.27. 2016도9954 등).

27) Roxin, Strafrecht AT, Bd. Ⅰ, 4.Aufl. 2006, §5 Rn.17.

28) 김일수, 군사기밀보호법 제6조, 제7조, 제10조의 위헌여부(1992.2.25.헌재89헌가104),형법연습,1997, 453-462면.

기 때문이다.

반면 '쓰여지지 않은 구성요건표지'의 문제이다. 이들 표지는 형법 도그마틱상 확립된 것으로서 각 구성요건에 공통된 요소이기 때문에 입법기술상 총칙에 규정하거나 아예 전부 생략함으로서 기술되지 않은 경우(결과범에서 인과관계와 객관적 귀속, 구성요건고의 등) 또는 불법유형에서 빼놓을 수 없는 요소인데 입법자의 편집상의 실수나 입법의 미비로 기술되지 못한 경우이다(공무집행방해죄에서 직무의 적법성,[29] 사기죄에서 기망행위와 피기망자의 교부행위 사이의 인과관계, 절도죄에서 위법영득의사, 사기죄·배임죄에서 위법이득의 의사 등).

어떤 표지가 기술되지 않은 표지인지를 결정하는 확립된 기준은 없다. 개별적인 구성요건에서 상정된 불법유형에 비추어 그 불법유형에 필요한 요소가 생략되거나 빠져있느냐가 관건이다. 상정된 불법유형은 해당구성요건에 대한 실제적인 해석적용에서 터득된 도그마틱적인 지식, 판례에 의해 축적된 경험이나 비교법적인 통찰을 통해 개략적인 윤곽이 잡힐 수 있다.[30]

그밖에 주목할 점은 오늘날 생활사태의 복잡성 증대와 변화에 상응하여 시의적절한 형법적 규율을 할 목적으로 각종 경제통제법령, 전염병예방이나 재난방지법, 환경보호법령 등 부수형법에 백지형법 형식이 자주 출몰한다는 점이다. 백지형법의 여백을 채울 보충규범도 법률 명확성의 요구를 충족시켜야 한다. 보충규범의 내용이 불분명하거나 보충규범을 발해야 할 수임기관 자체가 불분명하거나 또는 가벌성의 조건과 처벌의 종류에 관한 위임의 내용·목적이 명확하지 않을 때에도 법률 명확성의 요구에 반한다. 백지형법에서 이런 요건을 갖춘 보충규범의 개폐도 형법 제1조 제2항 전단 '법률의 변경'에 해당한다.[31]

3. 법률명확성과 불명확성의 판단기준

이 판단기준은 실무적으로 중요한 과제이지만 개별사례에 비추어 판단해야

29) 김일수, 공무집행방해죄에서 직무집행의 적법성, 이명구 박사 화갑기념논집, 1996,575면 이하.
30) 김일수, 한국형법Ⅰ, 296면 이하.
31) 이에 관한 다양한 견해에 대하여는 졸저 형법상 소급효금지의 원칙과 시간적 정의의 문제, 102면 이하 참조 바람.

할 경우가 많으므로 일반론으로 논하는 데 한계가 있는 게 사실이다.

첫째, 법문의 의미가 좀 모호한 형법조항이라도 전통적인 해석원칙들과 법원의 판결에 의해 그 의미가 구체화되어 명확성이 충분히 확보될 수 있는 경우에는 헌법상 법치국가성의 요구를 충족시킬 수 있어 유효한 법률조항이 된다는 견해이다.[32] 이 견해는 형법에 본래 단편성과 빈틈이 많은 점을 고려할 때, 당해 사안에 적합한 해결책을 찾기 위해 법관의 현명한 법해석적인 법발견에 비중을 둔 책략으로 보인다.

물론 이것을 입법부가 대충 설익은 법안들을 양산해도 좋다는 신호로 오인하게 해서는 안 된다. 입법자들에게 설익은 인기영합 형법의 남발을 경계해야 하는 한편, 타면으로 법관들에게 마치 준(準)입법자의 자리가 편리하게 느껴지도록 방임해서는 안 되기 때문이다.[33] 3권분립원칙 하에서 사법권이 입법영역을 잠식할수록 법관의 유추적용이 실제 빈번해지고 범죄자는 불명확한 법률의 무효화와 재정비시까지 걸리는 시간이익(자유)을 잃게 된다는 점, 주의해야 할 일이다.

둘째, 입법자는 법률을 제정할 때 가능한 한 명확성을 구현해야 하며, 만일 입법자에게 더 넓은 구체화의 가능성이 있었음에도 그것을 다하지 아니하고 가치충전이 필요한 개념을 남발하여 사용했다면, 그 조항은 위헌이라는 견해이다.[34]

이 입장에 대해서는 일면 불명확한 형법규범의 확산을 통제할 구체적 기준이 되기 어렵고, 타면 규범적 구성요건표지를 가진 다소 불명료한 가치개념들을 손쉽게 위헌으로 판단할 가능성도 엿보인다는 비판이 가능해 보인다.

셋째, 구성요건표지 안에 일부 가치충전을 필요로 하는 불명확한 문언이 들어있더라도 명확한 문언의 점용비율이 개략적인 평가에 따라 원칙적으로 우세하고 불확정한 문언이 예외적이라고 판단되면 법률명확성의 요구가 무시된 것이 아니라는 견해이다.[35] 법문 전체 속에 들어 있는 문언별 명료·불명료의 점용비율을 가지고 그 전체를 일도양단 식으로 재단하기 어려운 게 사실이다. 결정적인 의미

32) BVerfGE 14, 245; 26,41.

33) Il－Su Kim, FS－Roxin, 129.

34) Kohlmann, Der Begriff des Staasgeheimnisses und das verfassungsrechtliche Gebot der Bestimmtheit vun Stragesetzen, 1969, 247f.; Lenckner, Wertausfüllungsbedürftige Begriffe im Strafrecht und der Satz 'nullum crimen sine lege', JuS(1968), 395; 정성근교수는 '평균인이 그 형벌법규를 이해하지 못할 경우는 불명확하여 위헌'이라 한다(총론, 55면).

35) Schünemann, nulla poena sine lege?, 1978, 35f.

의 중요성은 어떤 문언이 법문의 텍스트 내지 컨텍스트 속에서 차지하는 비중에 따라 해석학적으로도 달리 평가될 수 있기 때문이다.

넷째, 형법해석의 다양한 방법의 틀 안에서 문제해결의 길을 모색하는 견해이다. 형법규정은 각각 입법취지와 목적을 갖고 있고, 해석방법들이 문언을 자의적으로 확장해석하지 못하도록 일정한 한계를 설정할 수 있으면, 비록 불명료한 가치개념이 일부 있더라도 명확성의 요구를 충족시켜줄 수 있다는 것이다. 예컨대 다소 불분명한 가치개념이 해석방법에 따라 명료한 핵심개념의 범위 안에 들 때 불명확한 법규가 될 수 없으나, 법문 전체의 비중으로 보아 불명료한 가치개념이 명료한 핵심개념으로 치환될 수 없을 경우에는 확정성의 요구에 반한다. 이를테면 '타인의 기분을 상하게 한 자' 또는 '건전한 국민감정에 반한 자' 따위가 후자의 예이다.

결론적으로 다음과 같이 말할 수 있겠다. 구체적인 형법조항의 문언이 법률명확성의 요구에 반하느냐의 여부는 먼저 그 법문의 전체구조와 입법취지를 고려해서, 여기에 사용된 문언들이 형법해석의 여러 방법[36]에 의해서도 가벌성과 처벌에 관해 해석적용자를 제약할 수 없을 만큼 불명확할 경우에는 명확성의 요구를 침해한 조항으로 판단해야 할 것이다.

Ⅵ. 유추적용금지(Gebot der lex stricta)

1. 의의 및 제도의 취지

유추적용금지는 실정법규의 내용을 '법문의 가능한 의미한계'를 넘어서 유사한 사례에까지 적용하지 말라는 것이다. 예컨대 사담(私談)을 엿들으며 그 타인의 비밀을 캐내는 행위를 비밀침해죄(제316조 1항)로 포섭하는 것과 같다. 원래 법률은 제정되면 고정되는 속성이 있는 반면, 규율할 생활사태는 다양하게 변하기 때

36) 종래 법이론에서 문리적·역사적·체계적·목적론적 해석방법이 동등한 비중으로 나란히 취급되기도 했다. 혹자는 문리해석에 비중을 두고, 혹자는 목적론적 해석에 비중을 두기도 한다. 해석의 출발점은 문리해석이고 지향점은 목적론적 해석이며, 나머지는 필요에 따라 함께 고려하는 방법다원론도 있다. 이에 관하여는 졸저, 형법연습(주28), 16 참조.

문에 입법 시 입법자가 미처 예상하지 못했던 유사사태들은 생기게 마련이다. 하지만 당장 새로운 법률을 만들려면 절차과정상 쉽지 않아, 해석적용자의 합리적인 법해석과 법발견을 통해 해결하기를 기대할 수도 있다.[37]

순 법이론적으로 유추는 가능한 법발견 방법의 하나이고 또한 다른 법영역, 특히 사법분야에서는 법발견 수단으로 널리 통용되지만, 형법에서는 범죄자의 자유와 안전을 위해, 그것이 범죄자에게 불리하게 작용하는 한 규범적·실천적으로 금지된다. 유추적용금지는 '법관의 법률에의 구속'이라는 헌법상의 요청과[38] 형법 도그마틱 및 전통적인 해석의 기준에 비추어 법문의 의미가 정처 없이 떠도는 부유물이 되는 것을 용인하지 않는다. 만일 법문의 가능한 의미 기준을 넘어 개별 유사사안에 형법을 적용하면 가벌성이 명확히 법정되어 있지 않음에도 처벌하는 것과 다를 바 없다. 실제 법률 명확성의 요구는 유추적용금지와 내용적으로 밀접한 관계를 맺는다. 만약 형사법관에게 행위자에게 불리한 유추적용을 허용한다면 법률명확성의 요구는 공염불이 되고, 죄형법정원칙도 물거품이 되기 십상이다. 형법적 관점에서 유추적용은 규범해석이 아니라 규범생성이고, 법해석이 아니라 법형성이다. 그러므로 유죄선고를 택한 법관의 권한은 해석의 한계에 곧 멈춰서야 한다.[39]

형법적으로 허용된 해석 내지 법발견과 금지된 유추 내지 법창조는 **법문의 가능한 의미한계** 내에 있느냐 여부에 달려 있다. 법문의 의미를 밝힌다고 그 한계를 넘어가면 문언의 의미는 표류하고 해석적용의 푯대도 사라지게 된다. 이해의 해석학이론으로 말하자면 해석자도 텍스트 해석을 위해 어느 정도 창의적인 활동을 필요로 한다. 왜냐하면 해석은 저자자신의 자기이해보다 저자를 더 잘 이해하는 일이기 때문이다.[40]그러나 개인의 자유보장, 예견가능성과 신뢰보호를 위해 죄형법정원칙은 법관이 이 한계를 벗어나 입법자처럼 법창조적인 활동으로 나가는 것을 금한다.

계몽기 초기만 해도 법전의 완벽성에 대한 환상에 사로잡힌 당시의 자유사

37) 형법해석과 법발견에 관하여는 김일수, 형법각론연구의 방법론적 서설, 박정근박사 화갑기념논집, 1990, 586-621; 동 국가모독죄, 경사 이회창 화갑기념논집, 1995; 동 형법연습(주28), 11-21; 신동운 외4인, 법률해석의 한계, 2000; 김일수, 형법해석의 한계-허용된 해석과 금지된 유추의 상관관계, 이재상교수 화갑기념논집, 2002, 46-68; 변종필, 형법해석과 논증, 2012 등등.

38) 김영환, 형법상 해석과 유추의 한계, 신동운 외4인(주36), 97, 104면 이하.

39) Il-Su Kim, FS-Roxin, 125f.

40) 티슬턴, 해석의 새로운 지평(1997), 최승락 역, 2015, 283면.

상가들은 법관은 법률을 해석할 필요 없이 단지 법률의 일의적인 문언에 사안을 포섭하는 포섭기계이면 족하다고 보았다.[41] 법관에 대한 불신을 배경으로 한 이러한 기계적인 법관상은 현실적으로 관철될 수 없었다. 법률에서 사용하는 모든 개념은 수치를 제외하고는 대체로 다의적이기 때문이다. 때문에 법관은 법문의 다양한 의미의 폭에서 문자적, 언어적, 상황적, 역사적, 시간적 흐름의 의미영역을 숙고하여 문제해결에 적합한 문언의 의미를 구체화하는 작업(해석)을 해야 한다. 법문의 가능한 의미 안에서 역사적인 입법자의 의사, 법률의 체계적인 관점, 법률의 객관화된 목적, 가장 좁거나 넓은 어의(語義)의 폭, 법률의 헌법합치 내지 헌법바라보기, 일반적으로 결과가 미칠 영향 내지 형벌의 종류와 범위가 미칠 영향고려,[42] 비교법적 관점과 및 구체적 사안을 좌우로 두루 살피면서 해당사건의 해결을 둘러싼 규범영역을 확정해야한다.

2. 유추적용금지에 대한 반론들

형법입법자가 해석적용자에게 규율의 폭으로 준 한계선은 법률의 문언이다. 입법자는 법률문언으로써 말하고 있기 때문이다. 여기서 법률문언의 한계란 '자연적인 어의, 문언과 관련된 의미와 문장의 의미', '가능한 어의', '일상언어사용례의 외적 한계', '사실적이거나 자연적인 어의로 현실에서 사용하는 언어', '일상언어적으로 가능한 의미', '일반시민의 관점에서 규정될 어의' 등등이 거론되고 있다.[43] 이들 다양한 언술에도 불구하고 유추금지 지지자들의 일치된 견해는 모든 해석은 이 법문이 허용하는 가능한 의미를 넘어가서는 안 된다는 점이다.

하지만 유추적용금지에 대한 반론은 다양한 법이론에서 제기되고 있다. 주된 원인은 앞에서 이미 언급했듯이, 본래 불확실성의 요소들을 안고 있는 언어의 특성에서 비롯된 것이다. 형법에서 사용되는 언어는 그것이 일상언어이건 전문언어

41) Montesquieu는 '법의 정신'(1748)에서 법관은 법률문언을 대변하는 입에 불과하다했고, Beccaria는 '범죄와 형벌'(1764)에서 법률의 해석은 악이며, 그 해석을 불가피하게 만드는 법률의 불명확성도 또 다른 악이라 했다.

42) Kudlich, Die Auslegung von Strafgesetzen, in:Hilgendorf/Kudlich/Valerius(Hg.),Handbuch des Strafrechts Bd.1, 2019,§3 Rn.73f.

43) Il-Su Kim, FS-Roxin, 130.

이건 다의적이고, 또한 법률조항들 속에 흠결과 상호 모순된 경우도 종종 발견되기 때문이다.

유추의 엄격한 금지에 반대하는 이론가들 중 일부는 일찍이 해석학적 선회를 추종하는 이론가들이고(Kaufmann/Hassemer),[44] 다른 일부는 목적론적 관점(Sax) 또는 체계이론에 따른 기능적 관점(Jakobs)에 서있는 이론가들이다. 이들의 공통된 견해는 해석과 유추를 양적으로나 질적으로 구별할 수 있는 잣대가 없다는 것이다. 법개념에 대한 모든 해석은 유추이고, 해석과 유추는 구조적으로 동일하다는 것이다.[45] 문언의 한계기준도 언어의 다의성 때문에 실용가능한 도구인지가 의심스럽다는 것이다.[46]

또한 주로 언어철학적 선회를 추종하는 다른 반대론자들은 법문의 어의가 갖는 한계를 싸잡아 유추금지를 비판한다. 새로운 해석학을 지향하는 법이론은 해석에서 법률에의 구속성을 '열린 목적론'의 관점에서 이미 버렸지만, 언어철학적으로 정향된 법이론은 논리적인 의미론이든 분석적 법이론이든, 이 문제를 아직도 논의의 중심으로 삼는다. 이 경우 의사소통이론,[47] 어의론, 수사학, 화용론, 논증이론,[48] 구조적 법이론 등 다양한 착상들이 있지만,[49] 서로 일치하는 한 가지 점은 법문의 가능한 의미한계가 논증에 앞서 결정할 논리적 한계일 수 없고, 단지 법학적인 환상일 뿐이라는 것이다.

3. 반론에 대한 비판

이 현란한 언어유희에도 불구하고 과연 그럴까? 법문의 가능한 의미한계가 지니는 본래취지는 해석학적, 언어학적, 논리적, 사회학적 법 획득 방법론의 지평

44) 이상돈 교수도 이 진영에서 매우 주목할 만한 연구 성과들을 내놓았다. 특히 Yi, Wortlautgrenze, Intersubjektivität und Kontexteinbettung, 1993, 300 이하.

45) AT－StGB－Hassemer(1990),§1Rn.95,98.

46) Sax, Das strafrechtliche"Analogieverbot",94ff; Kaufmann, Natur der Sache(2.Aufl.).1977, 3ff (허용된 유추 안에서 불법유형에 따라 확장억제시도); Jakobs, StGB AT(2.Aufl.),1993, 6/14.

47) 이상돈, 형법해석의 한계, 신동운 외4인, 2000, 41면 이하, 특히 56, 76면.

48) 변종필, 형법해석과 논증, 2012, 133, 323면 이하.

49) Busse, Juristische Semantik, 1993, 99ff, Müller/Christensen/Sokolowski, Rechtstext und Textarbeit, 1997, 15ff.

에 놓여있는 것이 아니다. 오직 그것은 범죄인의 자유와 안전을 위해 형법의 해석적용자가 함부로 넘어가서는 안 될 심리적인 마지노선으로 설정된 법치국가헌법·형법의 규범적·실천적 전제이다.[50] 법관도 물론 개별사건의 판결에서 법문의 내용을 더 명료하게 해석하고 구체화할 수 있다. 그러나 해석적용자에게 당해사건의 판결에서 이 해석의 한계를 초월하여 범죄자에게 불리한 법제정 권한을 행사하는 것과 같은 지경까지 가도록 허용하지는 않는다. 특히 언어공동체에서 사용하는 일상언어의 의미를 기초로 한 '문언의 가능한 의미한계'를 넘어가는 판결은 그것을 통해서 다른 법규범을 창설한 것과 유사하므로 유추금지의 요구뿐만 아니라 법률명확성의 요구에도 반한다. 그러므로 유추금지의 원칙은 형법해석에서 형사법관들의 권한이 범죄인의 자유에 대한 위협이 아니라 오히려 그에게 보장된 자유와 정의의 실현을 도모하는데 쓰임받기 위하여 엄격해석(strenge Gesetzesauslegung)의 입장을 견지할 것을 요구하는 것이다.[51]

4. 확장해석과 유추적용의 구별

확장해석을 유추적용의 일종으로 보아 형법상 금지하여야 한다는 견해도 있다.[52]그러나 확장해석은 어의의 최대한의 한계 안에서 지금까지 구성요건해석에 포섭되지 않던 대상을 보호객체의 기능적인 측면과 법익보호의 목적론적 견지에서 가능한 한 넓게 해석 적용하는 것일 뿐, 아직 구성요건상의 어의한계를 벗어난 것이 아니어서 허용된 해석의 일종으로 간주한다.[53] 이에 비해 유추적용은 법문의 어의에 포섭될 수 없는 사례를 구성요건상 상정된 사안과 유사성이 있다고 판단하여 같은 사안으로 취급하는 것이다. 그러나 이 경우는 구성요건상의 어의의 한계를 넘어서 적용범위를 확대한 것이기 때문에, 실제 법제정과 같은 성격을 지

50) Roxin(주27), §5 V Rn.36; Sch/Sch/Eser, 1991(24판), §1Rn.55; Schünemann(주35), 20; 김영환(주36).

51) Eb.Schmidt(주7), 40f.

52) 이재상, 총론(4판), 26면.

53) 대판 1989.9.12., 87도506(복사 문서가 원본에 대신하는 증명기능을 더해가고 있는 실정에 비추어 이에 대한 사회적 신용보호의 면에서 사진 복사한 문서의 사본은 문서위조 및 동행사죄의 객체인 문서에 해당한다고 본 사례). 이에 관한 상세한 분석은 김일수(주 22), 복사문서도 문서위조·동 행사죄의 객체인 문서인가, 478면 이하.

니게 된다. 이처럼 해석의 범주로서 허용된 확장해석과 금지된 유추적용의 한계선은 문제된 법규의 '어의의 최대한의 한계'(Die weiteste Wortlautgrenze)이다.[54]

보통사람들이 이해할 수 있는 일상언어적인 의미의 최대한의 범위 안에서 법률을 구체화(해석)하는 경우엔 법공동체의 구성원들에게 범법위험의 신호체계에 따른 일반예방의 효과가 증대될 것이다. 그러나 유추에 의해 일상언어의 의미를 법률적으로 조작하는 경우엔 일반시민들의 규범의식을 내면적으로 동기지어 주기는커녕, 오히려 거기에 무언가 자의가 개입된 게 아닌가하는 의구심을 불러일으키기 쉽다.

5. 적용범위

유추금지는 형법각칙의 모든 범죄구성요건과 형법총칙의 모든 가벌성의 조건에 적용된다. 범죄에 대한 실패된 교사(제312조 2항)나 효과 없는 교사(제31조 3항)를 방조범에 유추적용하는 것은 허용되지 않는다. 또한 총칙규정에 의해 각칙상 범죄구성요건의 가벌성을 확장한 경우, 예컨대 미수, 공동정범, 공범 등에도 유추금지가 적용된다. 특히 공동정범이론에서 지배범의 공동정범구조인 기능적 범행지배구조는 공무원범죄와 같은 의무범의 공동정범구조에 여과 없이 적용하면 유추적용이 되기 쉽다. 의무범의 정범구조는 특별히 법적·사회적으로 주어진 의무위배이다. 범행지배와 같은 다른 표지는 불필요하다. 예컨대 공무원과 그 가족이 공모하여 뇌물을 수령한 경우에 신분자인 공무원은 수뢰죄의 정범이지만, 신분 없는 가족은 정범성의 의무표지를 결한 때문에 기껏 수뢰죄교사 또는 방조가 될 뿐이다. 형법 제33조 본문은 비신분자에게도 공동정범성립을 인정하지만, 사물논리상 의무범의 특성을 우선 고려하여 공무원신분 없는 자는 청렴의무가 없기 때문에 그 적용범위를 목적론적으로 제한(해석)하여 수뢰죄의 공동정범 아닌 교사·방조에 처할 일이다.[55] 부진정 부작위범에서 보증인적 지위 내지 의무는 법률 또는 계약에만 한정되지 않고 선행행위 등의 이유로도 발생할 수 있기 때문에, 이와 관련하여 부득이 유추적용 가능성이 상존한다.

---

54) Larenz, Methodenlehre der Rechtswissenschaft,1979(4판), 39.
55) 김일수, 한국형법Ⅱ, 1997(개정판), 250면; 한국형법Ⅵ, 1997(개정판), 534면.

백지형법의 보충규정에 대해서도 유추적용금지가 적용된다. 즉 보충규정의 조건과 내용을 법문의 가능한 의미한계를 넘어 확대적용하면 해석이 아닌 유추에 해당한다. 그 밖에 형법상의 개념이 사법 등 다른 법영역에 의존하여 있을 때, 형법상 법문 밖에서 발전된 개념의 확장범위는 그대로 적용될 수 있어 유추적용금지의 대상이 안 된다. 예컨대 횡령죄나 손괴죄의 보호객체는 타인의 재물인바, 자기가 소유하던 재물에 관하여 그 소유권을 타인에게 담보목적으로 넘겨주고 그 점유는 계속하는 경우(양도담보), 타인의 재물이 되므로 이에 대한 점유자의 횡령죄·손괴죄 성립이 가능하다.

위법성조각사유에 관하여는 지금까지 법률명확성의 요구나 유추금지가 적용되지 않는다는 견해가 지배적이다. 그 결과 정당방위·긴급피난·정당행위 등외의 관습법적 정당화사유도 법관의 법형성 내지 법관법에 의한 발전이 가능했다. 이를 제한할 수 있는 규제원칙은 법문에 드러난 문언이 아니라 정당화사유들이 정초하고 있는 몇 가지 실질적인 질서원칙들이기 때문이다.[56] 따라서 정당화사유에서 문언의 한계는 해석과 유추를 구분 짓는 기준이 못된다. 여기에서는 법질서의 통일성 관점 하에서 법률의 목적 내지 그 규제원칙들에 구속될 뿐이다. 이 목적론적 제한의 한계를 벗어난 '자유로운 법발견'만이 금지된 유추가 된다.[57]

그러나 위법성조각사유에 대해서도 한 걸음 더 나아가 **확장적 유추**와 **제한적 유추**를 구별해 고찰할 필요가 있다. 전자의 경우 비록 제3자의 수인(受忍)범위는 확대되어도 행위자의 가벌성 범위는 축소되어 결국 행위자에게 유리한 유추적용이 되어 법치국가적으로 문제될 것 없다. 반면 후자의 경우 비록 제3자의 수인범위는 축소되어도 행위자의 가벌성범위는 확대되어 결국 행위자에게 불리한 우추적용이 되어 법치국가적으로 문제된다. 이 점은 가능한 문언의 의미를 넘어 범죄구성요건을 유추하는 것과 결과에서 다를 바 없기 때문이다. 따라서 형법에 규정된 정당화 사유를 그 문언의 한계를 넘어 제한유추하는 것은 허용될 수 없다. 물론 이러한 제한유추금지는 형법전에 명시된 정당화사유에 대해서만 적용될 뿐이고, 형법전 밖에서 고려할 수 있는 정당화사유, 즉 민법적 정당화사유나 관습법적 정당화사유에 대해서는 적용되지 않는다. 죄형법정원칙에서 문제되는 법(lex)은

56) 이에 관한 상세는 록신, 형사정책과 형법체계(2.판 1973), 김일수 역(재판), 1996, 45면 이하 참조.
57) Krey, Studien zum Gesetesvorbehalt im Strafrecht, 1976, 21ff.

실정화된 형법을 지칭하기 때문이다.[58]

Ⅶ. 관습법적용의 금지(Gebot der lex scripta)

1. 의의 및 제도의 취지

형법에서 관습법적용금지는 성문(실정)형법의 요구에서 나온 것으로, 관습법에 의해 가벌성을 인정하거나 형을 가중해서는 안 된다는 것이다. 민법에서는 관습법도 독립된 법원(法源)으로 인정된다(민법 제1조). 역사법학파의 영향과 Puchta의 법원론을 답습한 19세기 독일형법학자 Köstlin은 일부 형법은 성문법이 아닌 관습법형태로 행사될 수 있다는 주장을 폈다. 원칙적으로 관습법은 성문법과 동일한 생명력을 지니기 때문이라는 것이다.[59] 이런 방식으로 법체계에서 법관에게 실정법률의 구속으로부터 좀 더 넓은 자유가 주어지게 된다면, 규범적 제한에 걸려있던 유추, 소급효, 관습법적용이 더 이상 금지목록에 열거될 일이 없을 것이다.[60]

그러나 역사학파가 성했던 당대에도 형법에서 다수의견은 관습법의 법원성을 부인했고, 관습법의 제한 없는 적용을 반대했다. 죄형법정원칙에서 법(lex)은 공식적인 성문법이고, 이 성문법주의에 이미 국가형벌권을 제한하는 중요한 기능이 있음을 인정했기 때문이었다. 이런 의미에서 행위자에게 불리한 관습법적용금지는 법률 명확성요구와 부즉불리의 관계라 할 수 있다.

이 제도는 형법적 규율에서 시민의 법적안전성을 확보해 주는 기능을 한다. 그것은 자유법치국가의 보장적 기능에서 나오는 논리적 귀결이며 또한 권력분립에서 나오는 법률유보의 논리적 귀결이기도 하다. 관습법적용금지, 바꾸어 말하자면 분명한 실정형법의 제정과 해석적용의 요구는 위에 언급한 기능과 함께 결과적으로 형법의 적극적 일반예방기능에도 기여할 몫이 있다.[61]

---

58) Hirsch, Rechtfertigungsgründe und Analogieverbot, GS－Zong Uk Tjong, 1985, 59f.
59) Köstlin, System des deutschen Strafrechts, 1855, 49.
60) Schreiber, Gesetz und Recht, 1976, 154.
61) Schünemann(주35),23: Krey, Keine Strafe ohne Gesetz, 1983, 130f.

2. 적용범위

관습법금지는 형법각칙의 모든 범죄구성요건과 형사제재에 적용된다. 형법총칙상 가벌성의 일반조건에 관한 이론은 실정형법에서 별도 명문규정을 안 둔 경우에는 관습법적 지위를 차지하게 되고, 비록 그것이 범죄자에게 불리한 효과를 미칠지라도 적용될 수 있다는 견해가 있다.62) 가벌성의 일반이론(Dogmatik)으로는 인과관계와 객관적 귀속이론, 고의와 과실 및 착오에 관한 이론, 부진정부작위범에서 보증인지위에 관한 이론, 부진정결과적가중범, 결과적가중범의 미수,63) 간접정범의 성립범위에 관한 이론, 과실범의 공동정범이론,64) 경제공동체 또는 정치공동체론에 근거한 공모공동정범이론의 확장, 허위공문서작성죄의 간접정범과 사인간의 공모공동정범관계,65) 현장외인의 합동범에 대한 공모공동정범관계,66) 위법성조각사유의 전제되는 사실에 관한 착오이론, 원인에서 자유로운 행위의 가벌성의 근거에 관한 이론 등을 들 수 있다.

형법입법자는 형법일반이론에서 학설의 논쟁이 심할 때 이를 비켜서 중립적인 입법을 하는 경향이 있다. 이는 법률로써 학문이론의 발전을 차단하지 않고 오히려 더 자유로운 담론의 장을 열어두는 한편, 법원의 개별적인 판결을 통해 문제의 사건에서 구체적인 정의가 실현되게끔 하는 게 더 현명한 처사라고 본 때문이다. 그러나 형법총칙상 가벌성에 관한 일반이론 및 판례는 어디까지나 해석의 결과임을 알아야 할 것이다. 비록 계속 판례가 일정한 방향으로 축적되고 또 어떤 이론이 통설의 지위를 차지한다 할지라도 그것만으로 결코 관습법의 규범적 구속력을 가질 수 없다.67) 대개 일반형법이론은 견해의 대립이 심하여 관습법형성에 필요한 사회일반의 법적확신을 획득하기 어렵기 때문이다.

그런데 지속적인 관행에 이른 일반이론 및 판례가 실무에서 법률과 비슷한

62) Tröndle,LK(10판),§1 Rn..26f; Maurach/Zipf, Strafrecht, AT/ I (7판),1987, 116
63) 변종필,'결과적 가중범에서 기본범죄가 미수인 경우의 법해석', 형법해석과 논증, 2012, 26면 이하.
64) 심재우, 과실범의 공동정범, 판례연구제3집(고대법학연구소),1984, 107면 이하.
65) 김일수, 허위공문서작성죄·동행사죄의 간접정범과 그 공모공동정범, 판례연구제18권2호(2004), 226면.
66) 김일수, 공모합동범에 관한 비판적 고찰, 고려대 법학논집 제34집, 1998,325면 이하.
67) Schreiber,SK.Bd.1,1988, §1 Rn.20; Stratenwerth, Strafrecht AT(3판),1981, 47.

잣대로 사용되는 것은 사실이다. 그러나 이때에도 법원은 마치 실정법에 구속되듯 선례나 지배적인 학설에 구속되는 것이 아니라 언제나 이와 다른 견해를 취할 수 있으므로, 이러한 실무관행도 관습법으로 이해할 필요는 없다. 다만 유추금지에서 언급한 바와 같이 형법상의 법개념이 다른 법영역에서 관습법적으로 확장된다면 형법상의 개념도 그에 따라 확장될 수 있다. 예컨대 수리방해죄(제184조)의 수리권은 원래 사법상의 권리인바, 거기에서 관습법적으로 확장되면 형법 제184조의 적용범위도 확대될 수 있다.

정당화사유에서는 유추금지와 마찬가지로 관습법금지가 적용되지 않는다. 따라서 관습법에 의한 새로운 정당화사유의 등장도 충분히 예상할 수 있다. 동서양의 학교현장에서 교사의 학생체벌은 서당교육(동양) 내지 라틴어교육(서양)의 회초리 전통과 맞물려 관습법적 정당화사유로 인정되어 오다가, 독일의 경우 아동인권의식의 변화로 인한 교육법개정, 학생인권조례 등의 영향을 받은 법원의 판례변경으로 오래전 역사의 뒤안길로 사라졌다.[68]

관습법적 정당화사유의 확장은 범죄자에게 유리한 결과가 되어 법치국가적으로 문제될 것이 없다. 범죄자에게 불리한 결과를 가져올 수 있는 관습법적 정당화사유의 축소·제한도 정당화사유 자체가 법질서의 통일성 관점에서 관습법적 창설·변경 가능성을 널리 수용하는 입장이기 때문에 문제될 게 없다. 정당화사유의 관습법적 축소·제한이 있을 경우에 그 제한범위만큼 관습법에 의한 가벌성의 인정과 같은 결과가 발생하는 셈이지만, 법질서의 통일성 관점에서 감내해야 할 일이다. 특히 형법 제20조(정당행위) 중 “기타 사회상규에 위배되지 아니하는 행위”는 판결문에 자주 등장하는 ‘사회통념’만큼이나 불분명한 언어이지만, 그것을 최대한 분명한 언어로 구체화하는 작업은 형법 도그마틱과 판례가 풀어야할 과제이다. 이 문언의 적용대상들은 관습법을 비롯하여 초법규적 정당화사유 일반을 포괄하는 것이지만, 도그마틱의 관점에서 대체로 ① 이익충돌의 경우, ② 정당화적 의무충돌의 경우, ③ 갈등상황에서 정당화적 허용된 위험,[69] ④ 비교적 경미한 법익충돌의 경우 등의 사례 군으로 세분해 볼 수 있다.[70]

---

68) 김일수, 교사의 학생 체벌권과 정당화사유, 판례연구 제3집(고대법학연구소), 1984, 161면 이하.
69) 여기에는 주로 관습법적 정당화사유인 추정적 승낙과 정당한 이익옹호의 일례인 명예훼손죄에서 사실의 증명(제310조)이 속한다.

그 밖에도 면책사유, 인적처벌조각사유, 객관적 처벌조건에 해당하는 사유도 관습법에 의해 적용이 확대되거나 창설된다면 범죄자에게 유리한 결과가 되므로, 관습법금지가 적용되지 않는다. 예컨대 면책적 의무충돌의 경우는 관습법적 면책사유로서 책임의 성립을 배제한다. 더 나아가 친고죄의 고소나 반의사불벌죄에서 불가벌의 명시적 의사 요구를 어떤 관습법적 이유로 제거하고, 이들 소추조건 없이 처벌에 이르게 하는 것은 허용될 수 없다.

Ⅷ. 에필로그

법학과 법 사고에서 절대적인 것과 영원한 것의 실체가 있다면 하이데거의 말대로 어쩌면 '말로 할 수 없는'(Unsagbar) 그 무엇이리라. 오늘날 규범의 최종근거를 논하기도 하고 법에서 처분할 수 없는 그 무엇을 말하기도 하지만, 우리는 은연중 상대적인 것에 친숙해 있고 또 순간적인 것에 매력을 느끼며 살아갈 때가 많은 것 같다. 그럼에도 불구하고 절대적인 것과 영원한 것을 사모하는 마음의 불씨가 꺼지지 않는 것은 한번 주어진 우리의 삶을 그냥 아무렇게나 해체와 허무 속에 던져버리지 말고, 진실한 것, 선한 것, 거룩한 것의 부름 앞에 응답할 수 있는 인간존재의 특별함이 우리 모두에게 주어져있기 때문이 아닐까 한다. 그래서 우리는 처분할 수 없는 법의 절대성을 신의 형상을 닮은 존귀한 인간존재의 존엄성으로부터 추론하기도 하고. 또한 지속되는 시간 속에서 발견되는 법존재의 시간적 차원의 보편성을 법의 영원성이라고 지칭하기도 한다.[71)]

1953년은 해방 이듬해에 태어난 필자에겐 잊을 수 없는 해이다. 가까이 다가오는 휴전을 앞두고 동부전선에선 고지탈환에 여념이 없던 때, 우리는 초등학교에 입학했다. 그 전쟁 통에 무슨 경황이 있었으랴만, 4월 초에 입학한 지 일주일이 안 되어 학교에서 한 아름 가득 예쁜 교과서를 받았던 감격이 새롭다. 그해 7월 정전협정, 교장선생님이 조회시간에 알려주었다. 그리고 10월 3일 형법이 시

---

70) 이에 관한 상세는 김일수, 한국형법 I (주1), 627면 이하.

71) Opocher Recht und Zeit,in:Arth.Kaufmann(Hg), Die ontologische Begründung des Rechts, 1965, 322

행된 것이다. 그건 아무도 말해 주지 않았다.

형법이 나의 생각과 시야에 어렴풋이 들어온 것은 중학교에 입학하면서부터였다. 학교와 지척지간에 있는 강릉지원 덕분에 나는 가끔 점심휴식시간을 틈타, 형사재판의 끝 무렵 장면들을 가서 지켜볼 수 있었다. 인간들의 비극이 거기 얽혀 있다는 인상을 얻기에 충분했었다.

알지 못하는 길을 따라 나는 형법을 배우고 가르치고 연구하는 자리까지 이르렀다. 죄형법정원칙을 접하면서 '법률 없이 범죄 없다'는 원칙으로부터 형법의 최후수단성, 형법의 보충성이 추론되었다. 자유사회가 형법으로부터 원칙적으로 자유로운 바다라면, 형법으로 규율될 범죄영역은 남쪽 바다에 듬성듬성 떠 있는 섬들 같이 보였다. 그래서 그 해석적용도 '대충 또는 될 수 있는 대로 형법이라는 생각'보다 그것을 되도록 '최소한으로 또는 의심스러울 때는 시민의 자유에 유리하게'라는 길이 정도임을 알게 되었다. 더 나아가 '법률 없이 형벌 없다'는 원칙으로부터도 '될 수 있는 대로 처벌 또는 엄벌'이라는 시각보다는 범죄인의 처지에다 자신을 세워놓고 연민의 마음으로 형벌을 다시 생각해보는 관점으로 나는 이끌림을 받았다. 이 같은 가르침을 베풀어 주신 남흥우 선생님과 나의 박사학위논문 지도교수인 록신(Roxin) 교수님의 무게가 언제나 크게 느껴진다. 더불어 이 뜻깊은 기념논집에 존경하는 여러 동료·동학 교수님들과 자리를 함께할 수 있어서 너무 행복하다.

모든 체계에는 권력과 정치가 작동하고 있다는 사실을 우리는 한시도 잊어서는 안 된다. 형법체계와 사법체계도 그 예외일 수 없다. 범죄통제에 앞서 권력의 남용을 통제하기 위해 국가형벌권행사는 엄격히 법률유보하에 두어야 한다. 법치국가는 모든 권력행사가 법률에 매여 있어야 하고 법률을 통해 제한되어야한다는 의미에서 우선 국민 각자의 안전을 보장하는 안전국가여야 한다. 더 나아가 법치국가는 이 법의 지배한계 안에서 실체적인 정의를 실현해야 한다. 여기에서 실질적인 정의는 일찍이 마이호퍼(Maihofer)교수가 성찰했던 바대로, 또 나의 잊을 수 없는 은사이신 심재우 선생님이 늘 깨우쳐 주신 대로, 오직 인간의 존엄성의 존중과 보호이다.

이런 맥락에서 보면 인간의 존엄성은 오직 개인의 자유와 안전을 보장하기 위해 국가권력을 제한하는 최상위의 법원칙이다. 같은 맥락으로 형법실현에서 정의도 흔히 오해하듯 단지 과거에 이미 저질러진 해악를 수사하고 소추하여 응징하는 수단이 아니라, 도리어 헌법과 형법 및 그 가운데 확립된 법원칙에 의해 미리 정해진 한도에 맞추어 현재보다 더 나은 미래를 위해 법을 실현하는 수단으로 기능해야만 한다. 표어적으로 말하자면 "법률 저편에서 펄럭이는 추상적 정의의 깃발은 공허하고, 죄형법정원칙의 요구를 허물면서 강행되는 추상 같은 정의는 더 이상 실체적인 정의가 못된다." 법원이 피고인의 인권의 최후보루(Bollwerk)라는 지칭을 자랑스럽게 여긴다면, 진실발견과 함께 죄형법정원칙이 오래 간직해온 범죄인의 자유와 안전을 위한 이 구체적인 정의를 늘 중심에 새기고 그 길로 지향해 나가기를 바란다.

2. 죄형법정주의에 대한 대법원판례의 성과

오영근 명예교수(한양대학교 법학전문대학원)*

Ⅰ. 서 론

죄형법정주의의 배경사상으로 삼권분립은 사법부로 하여금 입법부와 행정부를 견제하는 임무 수행을 요구하고 있다. 입법부와 행법부는 정책을 결정·수행하는 거시적인 문제들에 주로 관심을 갖는다. 이때에는 다수인의 의사나 이익을 존중하게 되고, 구체적 개인들의 의사나 이익은 큰 관심의 대상이 되지 못한다. 사회의 복잡화와 급속한 변화에 따라 입법부와 행정부의 권한 및 기능은 확대되고, 이 과정에서 권한을 남용하거나 일탈하는 현상이 벌어지게 된다. 그 결과 소수의 국민이나 국민 개인이 억울하게 불이익을 받을 수 있다.

사법부는 입법부와 행정부의 권한 남용이나 일탈에 따른 개별적인 피해자들의 구제에 초점을 맞춰야 한다. 정책결정을 하는 입법부나 행정부는 사회 전반을 바라보는 넓은 시야를 가져야 하지만, 사법부 특히 형사사법에서 사법부의 시야는 사회 전반이 아니라 국가형벌권행사의 대상이 되어 있는 개개인으로 좁혀야 하고, 그 개인들이 정당한 법의 대우를 받느냐에 초점을 맞춰야 한다. 사법부는 사회 전반에 걸친 범죄예방을 일차적 목표로 해서는 안 되고 사법부의 판결을 통해 이러한 정책적 목표가 달성되기도 어렵다.[1] 형사사법에서 사법부의 임무는 형

* 오영근 한양대학교 명예교수는 서울대학교에서 법학박사학위를 받았고, 한국형사법학회, 한국피해자학회, 한국형사판례연구회, 한국교정학회, 한국소년정책학회 회장 및 제1기 국선변호정책심의위원장 및 한양대학교 법학전문대학원 원장 등을 역임하였다.

1) 예를 들어 과속운전으로 과태료를 납부한 경험이 있는 운전자라도 운전만 하면 과속운전을 한

사절차에서 부당한 피해를 입을 수 있는 개인을 보호하고, 피고인에게 유죄가 확정된 경우에도 부당한 형사처벌로부터 개인을 보호하는 것이라고 할 수 있다. 이것이 죄형법정주의의 정신이라고 할 수 있다.

이하에서는 위와 같은 관점에서 죄형법정주의와 관련하여 필자가 임의로 선정한 대법원판례들을 소개하고 평가하기로 한다.

Ⅱ. 성문법률주의

-대법원 2017. 2. 16. 선고 2015도16014 전원합의체 판결-

1. 판결요지

구 의료법 제41조는 각종 병원에 응급환자와 입원환자의 진료 등에 필요한 당직의료인을 두어야 한다고만 규정하고 있을 뿐, 각종 병원에 두어야 하는 당직의료인의 수와 자격에 아무런 제한을 두고 있지 않고 이를 하위 법령에 위임하고 있지도 않다. … 의료법 제41조가 "환자의 진료 등에 필요한 당직의료인을 두어야 한다."라고 규정하고 있을 뿐인데도 시행령 조항은 당직의료인의 수와 자격 등 배치기준을 규정하고 이를 위반하면 의료법 제90조에 의한 처벌의 대상이 되도록 함으로써 형사처벌의 대상을 신설 또는 확장하였다. 그러므로 시행령 조항은 위임입법의 한계를 벗어난 것으로서 무효이다.

2. 평가

초창기 죄형법정주의의 성문법주의에서는 관습법배제의 원칙이 강조되었지만,[2] 오늘날에는 법률주의 즉, 범죄와 형벌은 국회가 제정한 법률에 규정되어야

다. 그러다 단속카메라 앞에서는 일제히 준법운전을 한다. 이 때문에 고전학파 이래 일반예방은 무거운 형벌을 규정하고 선고하는 것보다 단속의 확실성, 신속성, 공평성에 의해 달성된다는 것이 지배적 견해이다. 오영근, 형법총론, 제6판, 박영사, 2021, 10-11면.

2) 다만, 오늘날에도 피고인에게 유리한 관습법은 배제되지 않을 것이다. 이에 대해, 이기헌, "죄형

하고, 명령·규칙·자치법규 등 하위법규에 범죄와 형벌을 규정하지 말아야 한다는 원칙이 강조된다. 위임입법은 국회가 직무를 유기까지 하는 것은 아니라도 행정부 등에 직무를 전가하는 것이고, 법률에 비해 하위법규에서는 국민의 의사가 반영되기 어려운 반면 행정부 등의 권한은 비대해진다는 점에서 바람직하지 않다. 특히 형사법에서는 더욱 위임입법을 제한해야 한다.

그럼에도 불구하고 범죄와 형벌의 내용을 하위법규에 위임해야 할 경우가 있는데, 이 때에도 대법원은 "특히 긴급한 필요가 있거나 미리 법률로써 자세히 정할 수 없는 부득이한 사정이 있는 경우에 한하여 수권법률(위임법률)이 구성요건의 점에서는 처벌대상인 행위가 어떠한 것인지 이를 예측할 수 있을 정도로 구체적으로 정하고, 형벌의 점에서는 형벌의 종류 및 그 상한과 폭을 명확히 규정하는 것을 전제로 위임입법이 허용되며, 이러한 위임입법은 죄형법정주의에 반하지 않는다"고 한다.[3] 또한 하위법규에 위임을 하더라도 하위법규들이 위임범위를 벗어나 형사처벌의 대상을 확장하거나 형벌을 강화하는 것은 허용되지 않는다고 한다.[4]

대상판결은 위와 같은 종전의 입장을 재확인하고 있다.[5] 대상판결에는 별개의견이 있었다. 다수의견과 별개의견의 차이는 예를 들어 당직의료인을 전혀 두지 않은 경우 당시 법률에 의해 처벌할 수 있는가에 대해 별개의견은 처벌긍정, 다수의견은 처벌부정의 입장을 취하는 것으로 보인다. 구 의료법 제41조와 제90조를 하나의 조문으로 구성한다면 "각종 병원이 응급환자와 입원환자의 진료 등에 필요한 당직의료인을 두지 않은 때에는 300만원 이하의 벌금에 처한다"가 될 텐데, 이것은 구성요건의 명확성에 반한다고 할 수 있다. 이러한 의미에서 별개의견보다는 다수의견이 법률주의와 구성요건의 명확화라는 죄형법정주의에 좀 더 충실한 입장이라고 평가할 수 있다. 죄형법정주의는 입법부가 형벌법규를 좀 더

법정주의에 관한 판례 고찰", 사회과학논총, 제9집, 명지대학교, 1994, 142-144면 및 149면; 신양균, "죄형법정주의에 관한 한국판례의 동향", 동북아법연구, 제3권 제2호, 전북대 동북아법연구소, 2009, 437면 등.

3) 대법원 2002. 11. 26. 선고 2002도2998 판결.

4) 대법원 1998. 10. 15. 선고 98도1759 전원합의체 판결; 대법원 1999. 2. 11. 선고 98도2816 전원합의체 판결 등.

5) 대상판결에 평석으로, 이용식, "2017년 분야별 중요판례분석(8) 형법총칙", 법률신문 제4596호, 12-13면; 정승환, "2017년 형법 중요 판례", 인권과 정의, 제473호, 2018, 9-11면; 오영근, "2017년도 형법판례 회고", 형사판례연구, 제26권, 2018, 559-560면.

신중하고 세심하게 규정하도록 사법부가 견제할 것을 요구하기 때문이다.

대상판결의 선고되기 이전인 2016. 12. 20. 개정 의료법은 제41조 제2항을 신설하여 “제1항에 따른 당직의료인의 수와 배치기준은 병원의 종류, 입원환자의 수 등을 고려하여 보건복지부령으로 정한다”라고 규정하여 대법원판례들의 취지를 따랐다.[6)]

Ⅲ. 명확성 원칙 및 엄격해석의 원칙

-대법원 2023. 5. 18. 선고 2022도10961 판결-

1. 판결요지

[1] 어떠한 법규범이 명확한지 여부는 그 법규범이 수범자에게 법규의 의미내용을 알 수 있도록 공정한 고지를 하여 예측가능성을 주고 있는지 여부 및 그 법규범이 법을 해석·집행하는 기관으로 하여금 자의적인 해석이나 집행을 하지 못하게 하는지 여부, 다시 말하면 예측가능성 및 자의적 법집행 배제가 확보되는지 여부에 따라 이를 판단할 수 있다. 나아가 법규범의 의미내용은 그 문언뿐만 아니라 입법목적이나 입법 취지, 입법 연혁, 그리고 법규범의 체계적 구조 등을 종합적으로 고려하는 해석방법에 의하여 구체화하게 되므로, 결국 법규범이 명확성의 원칙에 위배되는지 여부는 위와 같은 해석방법에 의하여 그 의미내용을 합리적으로 파악할 수 있는 해석기준을 얻을 수 있는지 여부에 달려 있다고 할 것이다.

[2] 「농수산물의 원산지 표시에 관한 법률」(이하 ‘원산지표시법’) 제14조 제2항에서 정한 ‘제1항의 죄로 형을 선고받고 그 형이 확정된 후’란, 원산지표시법 제6조 제1항 또는 제2항을 위반하여 7년 이하의 징역형, 1억 원 이하의 벌금형, 징역

6) https://likms.assembly.go.kr/bill/billDetail.do?billId=PRC_G1E6N1T1R0M4P1T7B5F8H1Y8E3N1V4 (국회의안정보시스템)을 보면, 국회 보건복지위원회, 법제사법위원회 및 본회의에서 제41조 제2항의 신설 이유에 대한 언급은 전혀 없었다. 짐작컨대, 위임입법에 대한 지식이 있었던 개정법률안 담당자가 무죄를 선고한 원심판결인 대구지법 2015. 9. 25. 선고 2014노4356 판결을 염두에 두었기 때문으로 보인다.

형에 벌금형이 병과되어 그 형이 확정된 경우를 의미하고, 확정된 벌금형에는 공판절차에서 형을 선고받아 확정된 경우뿐만 아니라 약식절차에서 벌금형의 약식명령을 고지받아 확정된 경우까지 포함된다고 보아야 한다.

2. 평가

대법원 종합법률정보 사이트에서 형사판결을 명확성으로 검색하면[7] 명확성원칙 위반을 부정한 판결이 대부분이고, 긍정한 판결은 그리 많지 않다.[8]

명확성 원칙 위반을 인정한 대법원판결로는「복표발행, 현상기타사행행위단속법」제9조 및 제5조,[9] 주택건설촉진법상 주택의 최초공급일을 전매금지 기간의 시기가 아니라 단지 위 종기를 계산하는 기준시점일 뿐이라고 해석하는 것,[10] 외국환관리규정에 규정된 '도박 기타 범죄 등 선량한 풍속 및 사회질서에 반하는 행위',[11] 자동차관리법에서 어떤 자동차가 화물자동차이면서 동시에 승용 또는 승합자동차일 수 있다고 해석하는 것,[12] 지방세법 제84조 제1항의 일괄적 준용규정만으로 원천징수의무자에 대한 처벌규정인 조세범처벌법 제11조를 지방세법상 도축세 특별징수의무자에 대하여 그대로 적용하는 것,[13] 공직선거법상 과태료 부과대상이 되는 물품에 대해 형사처벌규정을 적용하는 것,[14] 구 전략물자수출입공고 제48조의 '국제평화와 지역안전을 저해할 우려가 있는 지역',[15] 유신정권의 계

7) https://glaw.scourt.go.kr/wsjo/panre/sjo060.do#1689892923191.

8) 헌법재판소의 위헌 결정은 https://isearch.ccourt.go.kr/search.do?category=00 참조. 그러나 여기에 소개되는 결정들은 모두 명확성원칙에 위배되어 위헌이라는 입장은 아니다. 예를 들어 헌재 2015. 2. 26. 2009헌바17등 결정에서 종용이나 유서의 개념이 명확하지 않아 위헌이라는 의견을 제시한 재판관도 있지만, 과잉금지원칙 위배로 위헌이라는 것이 공통적 의견이다.

9) 대법원 1991. 2. 13. 선고 판결. 문제된 동법의 규정은 다음과 같다. 제5조 (실시상 필요한 규정) 제3조제1항의 규정에 의하여 허가를 받은 자의 당해행위 실시에 관한 업무의 범위, 처리절차, 주최자와 참가자의 관계 기타 실시상 필요한 규정과 단속상 필요한 규정은 본법에 규정한 것을 제외하고는 각령으로써 정한다. 제9조 (동전) 제5조의 규정에 의한 각령의 규정에 위반한 행위로서 각령에서 본조의 벌칙을 적용할 것을 정한 조항에 해당한 자와 제7조의 규정에 의한 처분에 위반한 자는 1년 이하의 징역, 15만환 이하의 벌금, 구류 또는 과료에 처한다.

10) 대법원 1991. 4. 23. 선고 90도1287 판결.

11) 대법원 1998. 6. 18. 선고 97도2231 전원합의체 판결.

12) 대법원 2004. 11. 18. 선고 2004도1228 전원합의체 판결.

13) 대법원 2006. 10. 19. 선고 2004도7773 전원합의체 판결.

14) 대법원 2007. 4. 27. 선고 2006도8136 판결.

엄포고 제1호의 '유언비어를 날조·유포하는 일체의 행위'[16] 등이 명확성 원칙에 반한다고 한 판결들을 찾아볼 수 있다.

위의 판결들을 보면 어떤 법률의 문언 그 자체가 명확성 원칙에 반하다고 한 것도 있고, 법률의 문언 그 자체가 명확성 원칙에 반하는 것은 아니지만 그것을 문언보다 넓게 해석·적용하는 것이 명확성 원칙 혹은 형법해석의 엄격성 원칙에 반한다고 한다. 다시 말해 "건전한 상식과 통상적 법감정을 가진 사람으로 하여금 자신의 행위를 결정해 나가기에 충분한 기준이 될 정도의 의미와 내용을 가지고 있다고 볼 수 없는 형벌법규는 죄형법정주의의 명확성 원칙에 위배되어 위헌이 될 수 있으므로, 불명확한 규정을 헌법에 맞게 해석하기 위해서는 이 점을 염두에 두어야 한다. 그리고 형벌법규의 해석은 엄격하여야 하고, 문언의 가능한 의미를 벗어나 피고인에게 불리한 방향으로 해석하는 것은 죄형법정주의의 내용인 확장해석금지에 따라 허용되지 않는다"[17]라고 하여 명확성 원칙을 형법해석의 엄격성 원칙과 관련하여 언급한다.[18]

법해석에서 가장 바람직한 것은 문리해석이라고 할 수 있다. 그러나 추상적 법규범의 성격상 모든 구체적 사실을 모두 문언에 담을 수는 없다. 어떤 법문언도 명확할 수는 없고 해석을 필요로 하는 정도의 불명확성은 지니고 있다. 이 때문에 명확성 원칙은 명확성 '유무'보다는 명확성의 '정도'의 문제이다. 법규정을 해석할 때에는 그 문언, 문맥, 입법 동기, 개정과정 등 여러 가지 요소들을 고려한다. 어떤 법규정은 상대적으로 명확하기 때문에 이러한 해석작업이 덜 필요한 반면 어떤 법규정은 덜 명확하거나 모호하기 때문에 좀 더 많은 해석작업이 필요하다. 대법원판례들이 명확성 원칙을 형법해석의 엄격성 원칙과 관련해 언급하는 이유는 엄격해석을 할수록 피고인에게 불리한 결과가 덜 초래되어 죄형법정주의의 정신을 살릴 수 있기 때문이라고 할 수 있다.

15) 대법원 2010. 12. 23. 선고 2008도4233 판결.

16) 대법원 2018. 11. 29. 선고 2016도14781 판결 외 다수 판결 및 결정.

17) 대법원 2022. 11. 17. 선고 2022도7290 판결; 대법원 2021. 1. 28. 선고 2020도2642 판결 외 다수판결. 대법원 2016. 7. 21. 선고 2013도850 전원합의체 판결의 반대의견 중에서도 명확성 원칙을 형법해석의 엄격성 원칙과 관련하여 설명한다.

18) 대법원 2006. 10. 19. 선고 2004도7773 전원합의체 판결은 "형벌법규의 명확성의 원칙에 위배되는 것이거나 형벌법규를 지나치게 확장·유추해석하는 것으로서 죄형법정주의에 반하여 허용될 수 없다"고 한다. 대법원 2005. 8. 19. 선고 2005도2690 판결도 마찬가지이다.

대상판결의 원심판결은 원산지표시법 제14조 제1, 2항의 벌금형을 '공판절차에 따라 선고된 벌금형'으로 축소해석한다. 이것은 통설, 판례[19]가 형법 제35조 제1항의 누범의 요건 중 '금고 이상의 형을 선고받아'라는 요건을 축소해석하여 실형만을 의미한다고 하는 입장과 유사하다. 왜냐하면 누범의 형은 장기의 2배까지 가중되고(제2항) 동종의 범행을 저지를 것을 요하지도 않으므로, 누범의 요건을 실형으로 축소해석해야 할 필요가 있기 때문이다.

약식명령으로 벌금형을 선고받고 동종의 죄를 다시 저지른 사람에게 누범의 경우처럼 형벌의 경고기능을 무시하여 불법이나 비난가능성이 높아지는지 의문이 있는 것은 사실이다. 그러나 원산지표시법 제14조 제2항에 의한 형벌가중은 동종의 범행을 요건으로 하고, 가중의 정도도 누범가중보다는 낮다. 또한 대상판결이 지적하는 것처럼 축소해석을 할 경우 약식명령으로 벌금형을 받은 사람의 정식재판청구에 장애를 초래하는 문제점도 있을 수 있다.

이러한 의미에서 원산지표시법 제14조 제1, 2항을 축소해석하지 않고 문리해석하는 대상판결의 입장은 타당하다. 결론이 논리적이라고 하더라도 피고인에게 불리한 유추해석은 금지된다. 그러나 피고인에게 유리한 축소해석이 금지되지 않는다고 하여 그것이 반드시 타당한 해석이라고 할 수는 없다. 이 때문에 법해석에서 가능한 한 문리해석에 접근하려는 노력은 필요하다. 대상판결은 형법해석의 균형을 유지하려는 노력을 보여주는 것이라고 평가할 수 있다.

Ⅳ. 법률불소급의 원칙

1. 판례의 변경과 소급효 – 대법원 1999. 9. 17. 선고 97도3349 판결 –

(1) 판결요지

형사처벌의 근거가 되는 것은 법률이지 판례가 아니고, 형법 조항에 관한 판

19) 대법원 1970. 9. 22. 선고 70도1627 판결.

례의 변경은 그 법률조항의 내용을 확인하는 것에 지나지 아니하여 이로써 그 법률조항 자체가 변경된 것이라고 볼 수는 없으므로, 행위 당시의 판례에 의하면 처벌대상이 되지 아니하는 것으로 해석되었던 행위를 판례의 변경에 따라 확인된 내용의 형법 조항에 근거하여 처벌한다고 하여 그것이 헌법상 평등의 원칙과 형벌불소급의 원칙에 반한다고 할 수는 없다.

(2) 평가

대상판결 이전의 대법원 1999. 7. 15. 선고 95도2870 전원합의체 판결은 '실제 행위자를 처벌하는 규정이 없으면 양벌규정에 의해 실제 행위자를 처벌할 수 없다'는 종래의 입장을 변경하고, '실제 행위자를 처벌하는 규정이 없더라도 양벌규정에 의해 실제 행위자를 처벌할 수 있다'고 하였다. 이것은 피고인에게 불리하게 변경된 판례의 소급효를 인정한 것인데, 대상판결은 이 점을 명확하게 표현하고 있다.

피고인에게 불리한 판례의 소급효 부정설의 주요논거는 일관되게 이어온 대법원판례는 사실상 구속력이 있는 법률해석으로 자리잡게 되는데, 이것을 국민에게 불이익한 방향으로 변경하고 소급적용하는 것은 법적안정성과 예측가능성을 보장하기 위해 소급입법금지의 원칙을 선언하고 있는 헌법의 정신에 반한다는 것이다.[20]

이에 대해 소급효 인정설의 주요논거는 i) 판례가 '법률'은 아니고, ii) 상급법원의 판단은 당해 사건에 대해서만 하급심을 기속할 뿐이므로(법원조직법 제8조) 대법원판례는 사실상의 구속력이 있더라도 법률상 구속력은 없고, iii) 판례를 변경하면서 그 판례의 취지를 장래의 사건에만 적용하도록 하는 것은 현행법상 불가능하고, iv) 종전의 판례를 신뢰한 피고인들에게는 법률의 착오를 적용하는 등 개인의 보호방안을 모색하면 된다는 것이다.[21]

소급효 부정설은 대법원판례가 사실상 구속력이 있으므로 대법원판례에 대

20) 대법원 1999. 7. 15. 선고 95도2870 전원합의체 판결의 반대의견; 소급효 부정설의 다양한 논거를 소개한 것으로, 허일태, "피고인에게 불리한 판례의 변경과 소급효금지원칙", 형사판례연구, 제9권, 2001, 136－142면.

21) 소급효 긍절설, 부정설 및 절충설 등을 자세히 소개하고, 소급효긍정설을 비판한 것으로, 조기영, "판례변경과 소급효금지의 원칙", 동북아법연구, 제11권 제1호, 2017, 140－144면.

해 헌법상 법률불소급조항을 유추적용하자는 것이라고 할 수 있다. 그러나 법률은 일반적 적용을 전제로 하는 것이므로 이른바 구체적, 개별적 사건에 대한 '처분법률'은 금지된다. 이에 비해 판례는 구체적, 개별적 사건을 전제로 한다. 이러한 의미에서 법률에서의 신뢰보호와 판례에서의 신뢰보호[22]는 그 의미가 같다고 할 수 없다. 이렇게 성격상 전혀 다른 법률에 대한 헌법의 규정을 판례에 유추적용하는 것이 타당한지 의문이다. 소급효부정설에 의하면, 하급심이 종전의 대법원 판례보다 피고인에게 불리하게 판결해야 할 것으로 판단하더라도 무죄판결을 해야 하는데, 이것은 의문이고, 만약 이것을 긍정한다면 법관의 재판상 독립을 해할 우려가 있다.

따라서 판례의 소급효를 인정하되, 법률의 착오 등과 같이 종래의 판례를 신뢰한 구체적, 개별적 피고인에 대한 구제방안을 모색하는 것이 더욱 현실적이라고 할 수 있다.[23] 이러한 의미에서 대상판결 등이 피고인들의 개별적 구제방안에 대해 방론으로라도 언급하였으면 더 좋았겠지만, 판례에는 소급효금지원칙이 적용되지 않는다고 한 것은 타당하다고 할 수 있다.

2. 보안처분과 소급효 - 대법원 1997. 6. 13. 선고 97도703 판결 -

(1) 판결요지

개정 형법 제62조의2 제1항 … 에서 말하는 보호관찰은 형벌이 아니라 보안처분의 성격을 갖는 것으로서, 과거의 불법에 대한 책임에 기초하고 있는 제재가 아니라 장래의 위험성으로부터 행위자를 보호하고 사회를 방위하기 위한 합목적적인 조치이므로, 그에 관하여 반드시 행위 이전에 규정되어 있어야 하는 것은 아니며, 재판시의 규정에 의하여 보호관찰을 받을 것을 명할 수 있다고 보아야 할 것이고, 이와 같은 해석이 형벌불소급의 원칙 내지 죄형법정주의에 위배되는 것

22) 신뢰보호의 요구가 강한 판례와 그렇지 않은 경우를 구별해 놓은 것으로, 김성돈, "판례의 의의와 '판례변경판례'의 소급효", 형사법연구, 제27권 제4호, 2015, 107－115면.

23) 법률의 착오 원용설에 대하여는 '주관적・심리적 신뢰'와 '객관적・법치국가적 신뢰'를 구분하지 못한다는 견해가 있다(조기영, 앞의 논문, 136면). 그러나 형법 제16조의 정당한 이유라는 요건을 과실의 유무 보다 넓게 해석한다면, 그러고 과실의 유무라고 해석하더라도, 그것 역시 객관적, 법치국가적 신뢰를 바탕으로 하고 있는 것이라고 할 수 있다.

이라고 볼 수 없다.

(2) 평가

대상판결은 1995년 개정형법에서 새로 도입된 보호관찰이라는 형사제재가 보안처분이라고 한 최초의 판결이다. 또한 보안처분임을 근거로 보호관찰에는 소급효가 인정된다고 한다. 이후 대법원은 새로운 형사제재들이 생겨날 때마다 그 제재들을 보안처분이라고 한다. 즉, 대법원은 형법상 사회봉사명령과 수강명령,[24)]「특정 성폭력범죄자에 대한 위치추적 전자장치 부착에 관한 법률」에 의한 전자감시제도,[25)]「특정 범죄자에 대한 위치추적 전자장치 부착 등에 관한 법률」에 의한 전자감시제도,[26)]「아동·청소년의 성보호에 관한 법률」상의 신상공개명령[27)]이나 취업제한명령,[28)]「성폭력범죄의 처벌 등에 관한 특례법」상의 신상정보의 공개명령 및 고지명령,[29)]「성폭력범죄자의 성충동 약물치료에 관한 법률」상의 약물치료명령,[30)]「아동·청소년의 성보호에 관한 법률」상의 수강명령 또는 성폭력 치료프로그램의 이수명령,[31)]「장애인복지법」상의 취업제한명령[32)] 등을 보안처분이라고 하고, 이들에 대해서는 법률불소급의 원칙이 적용되지 않는다고 한다.[33)]

그러나 이와 같은 대법원판례의 입장은 다음과 같은 문제점이 있다.

첫째, 치료감호나 과거 사회보호법상의 보호감호, 보호관찰 등이 보안처분이라고 하는 데에는 별 의문이 없다. 그러나 형법상의 보호관찰에 대해서는 보안처분설, 변형된 형벌집행설, 제3의 제재설 등이 대립하고 있다. 형법에는 형벌의 종

---

24) 대법원 2008. 4. 11. 선고 2007도8373 판결,
25) 대법원 2009. 5. 14. 선고 2009도1947, 2009전도5 판결.
26) 대법원 2011. 7. 28. 선고 2011도5813, 2011전도99 판결.
27) 대법원 2011. 3. 24. 선고 2010도14393, 2010전도120 판결.
28) 대법원 2019. 10. 17. 선고 2019도4192 판결.
29) 대법원 2011. 9. 29. 선고 2011도9253, 2011전도152 판결.
30) 대법원 2014. 2. 27. 선고 2013도12301, 2013전도252, 2013치도2 판결.
31) 대법원 2014. 8. 20. 선고 2014도3390 판결.
32) 대법원 2019. 10. 17. 선고 2019도11728 판결.
33) 예외적으로「가정폭력범죄의 처벌 등에 관한 특례법」상의 사회봉사명령은 보안처분이지만, 형사처벌 대신 부과되는 것으로서, 가정폭력범죄를 범한 자에게 의무적 노동을 부과하고 여가시간을 박탈하여 실질적으로는 신체적 자유를 제한하게 되므로 형벌불소급의 원칙이 적용된다고 한 것으로, 대법원 2008. 7. 24. 자 2008어4 결정.

류로서 징역과 금고가 규정되어 있기 때문에 징역형과 금고형의 집행유예나 선고유예 및 보안처분으로, 집행유예나 선고유예의 부가조건인 보호관찰을 보안처분이라고 볼 근거는 매우 박약하다. 다른 새로운 형사제재들도 마찬가지이다.

둘째, 보호관찰을 보안처분으로 본다 하더라도, 통설은 보안처분도 형사제재의 일종이므로 소급효금지원칙이 적용되어야 한다고 한다. "… 법률과 적법한 절차에 의하지 아니하고는 처벌·보안처분 또는 강제노역을 받지 아니한다"(제12조 제1항), "… 행위시의 법률에 의하여 범죄를 구성하지 아니하는 행위로 소추되지 아니하며"(제13조 제1항)라고 한 헌법규정에 비추어도 보안처분에도 피고인에게 불리한 소급효는 인정되지 않는다고 해야 한다.

셋째, 19세기말, 20세기 초에 무심코 받아들였던 보안처분과 형벌의 구별도 오늘날에는 낡은 사고가 되었다고 할 수 있다. 보안처분은 장래 재범예방을 위한 합목적조치로서 형벌과 구별된다고 하지만, 형벌도 수형자의 교정교화와 건전한 사회복귀를 도모하는(「형의 집행 및 수용자 처우에 관한 법률」 제1조) 합목적적 조치로서의 성격을 지니고 있고, 보안처분도 형벌에 못지 않거나 더한 고통을 수반하고 있다.

대법원판례도 성폭력처벌법,[34] 장애인복지법,[35] 청소년성보호법[36]상의 취업제한명령은 "형벌 그 자체가 아니라 보안처분의 성격을 가지는 것이지만, 실질적으로 직업선택의 자유를 제한하는 것이다", 청소년성보호법상의 수강명령 또는 성폭력 치료프로그램의 이수명령[37]은 "형벌 그 자체가 아니라 보안처분의 성격을 가지는 것이지만, 성폭력 치료프로그램의 의무적 이수를 받도록 함으로써 실질적으로는 신체적 자유를 제한하는 것이 된다"라고 한다.[38] 이와 같이 형벌과 보안처분 사이에 실질적 차이가 없다는 것을 인정한다면, 보안처분, 그중에서도 형벌을 대체하지 않고 형벌에 병과되는 보안처분은 이른바 '명칭사기' 혹은 '간판사

34) 대법원 2019. 10. 17. 선고 2019도11540 판결; 대법원 2019. 10. 17. 선고 2019도4192 판결.
35) 대법원 2019. 10. 17. 선고 2019도11728 판결.
36) 대법원 2014. 8. 20. 선고 2014도3390 판결.
37) 대법원 2012. 9. 27. 선고 2012도8736 판결; 대법원 2012. 9. 27. 선고 2012도8736 판결.
38) 보안처분인 보호감호도 신체의 자유를 박탈하는 수용처분이라는 점에서 형벌과 매우 유사한 측면이 있으므로 형사보상법의 규정을 유추적용하여 보호감호의 집행에 대한 보상을 청구할 수 있다고 해석하는 것이 헌법정신에도 부합한다고 한 것으로, 대법원 2004. 10. 18. 자 2004코1(2004오1) 결정.

기'(Etikettenschwindel)라고 할 수 있다.

대법원이 새로운 형사제재를 보안처분이라고 하는 것은 보안처분의 소급효를 인정하기 위한 것으로 보인다. 보안처분이 자유와 권리를 제한하는 불이익이 아니라 범죄인의 재범예방을 위한 혜택이나 이익을 제공하는 처분이라고 한다면 소급효를 인정할 수 있고, 인정하는 것이 바람직하다. 그러나 특히 최근 도입된 새로운 제재의 대부분은 '분노형법'이라 일컫는 엄벌화 경향에 따른 것인데, 여기에 소급효까지 인정하는 것은 부당하다고 할 수 있다.[39] 여기에서 소개한 보안처분에 관한 대법원판례들은 죄형법정주의와 관련하여 가장 부정적으로 평가할 수밖에 없다.

3. 형사절차법과 소급효 – 대법원 1997. 4. 17. 선고 96도3376 전원합의체 판결 –

(1) 판결요지

「5·18민주화운동등에 관한 특별법」(이하 '5·18민주화운동법') 제2조는 그 제1항에서 그 적용대상을 '1979년 12월 12일과 1980년 5월 18일을 전후하여 발생한 「헌정질서파괴범죄의 공소시효등에 관한 특례법」 제2조의 '헌정질서파괴범죄행위'라고 특정하고 있으므로, 그에 해당하는 범죄는 민주화특별법의 시행 당시 이미 형사소송법 제249조에 의한 공소시효가 완성되었는지 여부에 관계없이 모두 그 적용대상이 됨이 명백하다고 할 것인데, 위 법률 조항에 대하여는 헌법재판소가 1996. 2. 16. 선고 96헌가2, 96헌마7, 13 사건에서 위 법률 조항이 헌법에 위반되지 아니한다는 합헌결정을 하였으므로, 위 법률 조항의 적용범위에 속하는 범죄에 대하여는 이를 그대로 적용할 수밖에 없다.

(2) 평가

위 판결은 대법원이 전두환, 노태우 등 신군부의 군사구테타에 대한 공소시효의 정지를 규정한 5·18민주화운동법 제2조[40]에 대한 헌법재판소 결정[41]의 합

39) 유사한 견해로, 서보학 "전자장치부착 명령 소급규정의 위헌성," 경희법학, 제48권, 제4호, 2013, 112–124면.

헌의견을 받아들인 것이다. 위 결정에서 헌법재판소는 진정소급입법도 예외적으로 허용될 수 있다고 하고, "진정소급입법이 허용되는 예외적인 경우로는 일반적으로, 국민이 소급입법을 예상할 수 있었거나, 법적 상태가 불확실하고 혼란스러웠거나 하여 보호할 만한 신뢰의 이익이 적은 경우와 소급입법에 의한 당사자의 손실이 없거나 아주 경미한 경우, 그리고 신뢰보호의 요청에 우선하는 심히 중대한 공익상의 사유가 소급입법을 정당화하는 경우를 들 수 있다"고 하였다.[42] 이러한 헌법재판소 결정과 대상판결과 관련하여 학계에서도 많은 논란이 있었다.[43]

원칙적으로 형사절차법에서도 진정소급효를 인정하는 것은 헌법 제13조의 전체적 취지에 반한다고 할 수 있다. 다만, 12·12 군사구테타와 같이 헌법질서 자체를 극심하게 부정하는 행위는 헌법의 보호대상이 아니므로 헌법 제13조가 적용되지 않는다고 할 수도 있다. 또한 헌법 제13조 제1항은 '행위시 범죄가 되지 않는 행위'에 대한 소추금지 및 이중처벌금지를 규정하고 있는데, 12·12 군사구테타는 행위시 범죄가 되는 행위여서 제13조의 적용대상이 아니므로 공소시효 문

40) 제2조 (공소시효의 정지) ①1979년 12월 12일과 1980년 5월 18일을 전후하여 발생한 헌정질서파괴범죄의공소시효등에관한특례법 제2조의 헌정질서파괴범죄행위에 대하여 국가의 소추권행사에 장애사유가 존재한 기간은 공소시효의 진행이 정지된 것으로 본다. ②제1항에서 "국가의 소추권행사에 장애사유가 존재한 기간"이라 함은 당해 범죄행위의 종료일부터 1993년 2월 24일까지의 기간을 말한다.

41) 헌재 1996. 2. 16. 선고 96헌가2, 96헌마7, 13 등.

42) 그리고 "반란행위 및 내란행위자들은 우리 헌법질서의 근간을 이루고 있는 자유민주적 기본질서를 파괴하였고, … 국민에게 끼친 고통과 해악이 너무도 심대하여 공소시효의 완성으로 인한 이익은 단순한 법률적 차원의 이익이고, 헌법상 보장된 기본권적 법익에 속하지 않는 반면, … 우리 헌정사에 다시는 그와 같은 불행한 사태가 반복되지 않도록 자유민주적 기본질서의 확립을 위한 헌정사적 이정표를 마련하여야 할 공익적 필요는 매우 중대한 반면, 이 사건 반란행위자들 및 내란행위자들의 군사반란죄나 내란죄의 공소시효 완성으로 인한 법적 지위에 대한 신뢰이익이 보호받을 가치가 별로 크지 않다는 점에서, 이 법률조항은 위 행위자들의 신뢰이익이나 법적 안정성을 물리치고도 남을 만큼 월등히 중대한 공익을 추구하고 있다고 평가할 수 있어, …"라고 하였다.

43) 진정소급효가 인정될 수 있다는 견해로, 김선택, "과거청산과 법치국가" 법학논집, 제31권, 고려대학교 법학연구원, 1995, 126-133면; 진정소급효는 인정하지 말고 공소시효의 기산점 문제로 해결하면 된다는 견해로, 김성돈, "공소시효제도와 소급금지원칙", 법학논고, 제11권, 경북대 법학연구소, 1995, 207-208면. 동법이 헌법상 소급금지원칙과 무관하다는 견해로, 김승환, "5.18에 대한 규범적 평가: 형법효력불소급의 원칙과 공소시효제도", 민주법학, 제10권, 1996, 114-116면. 동법이 공소시효 정지를 확인한 법률이므로 합헌이라는 견해로, 오호택, "5.18 특별법과 공소시효", 안암법학, 제4권, 1996, 176면; 노기호, "5·18 특별법의 위헌여부 : 5·18특별법 제2조의 위헌심판에 관한 헌법재판소판례평석을 겸하여", 한양법학, 제7집, 1996, 246면.

제는 법률적 차원의 문제이고 헌법적 차원의 문제는 아니라고 해석할 수도 있다. 헌법 제1조에서 헌법 제13조의 적용을 배제할 수 있는 논리도 찾을 수 있을 것이다. 12·12 군사구테타와 같이 국민과 국가에 전대미문의 극심한 피해를 초래한 행위의 처벌은 기존의 법논리에 구속될 것이 아니라 새로운 법논리의 창조가 요구되는 문제라고 할 수 있다.

이러한 의미에서 헌법재판소의 결정과 이를 그대로 받아들인 대상판결의 입장은 타당하다고 할 수 있다.

Ⅴ. 유추해석[44)]금지의 원칙

-대법원 2022. 12. 22. 선고 2020도16420 전원합의체 판결-

1. 동기설 부분 판결이유

형법 제1조 제2항과 형사소송법 제326조 제4호는 범죄 후 피고인에게 유리하게 법령이 변경된 경우 행위시법이 아니라 피고인에게 유리한 재판시법을 적용한다는 취지임이 문언상 명백하다. … 형법 제1조 제2항과 형사소송법 제326조 제4호에서 말하는 법령의 변경에 관하여 문언의 명확한 개념과 다르게 종래 대법원판례와 같이 반성적 고려에 따른 것인지에 따라 그 해당 여부를 달리하여야 하는 근거를 찾기가 어렵다.

법령 변경의 동기가 반성적 고려에 따른 경우에만 형법 제1조 제2항과 형사소송법 제326조 제4호를 적용하는 해석론은 결국 법문에 없는 추가적인 적용 요건을 설정하는 것으로서 목적론적 축소해석에 해당한다고 볼 수 있다. 그러나 법문을 기초로 한 엄격해석의 원칙은 형사법 해석의 기본 원칙으로서 최대한 존중되어야 하고, 목적론적 해석도 문언의 통상적인 의미를 벗어나서는 아니 된다. 특

44) 유추해석은 해석이 아니므로 유추라고 불러야 한다는 견해가 있다. 그러나 우리나라에서는 전통적으로 유추해석이라는 용어를 사용하였고, 법적용자가 자기 나름대로는 타당한 결론을 내리기 위한 해석과정에서 유추해석을 하게 되므로 유추해석이라는 용어가 법의 해석·적용자에게 경고적 기능을 하는 데에 더 유용하다.

히 형법 제1조 제2항과 형사소송법 제326조 제4호의 적용 여부는 개별 사건에서 해당 피고인에 대한 형사처벌 여부와 법정형을 곧바로 결정하는 중요한 문제이다. 피고인에게 유리한 형법 제1조 제2항과 형사소송법 제326조 제4호를 축소해석하는 것은 결국 처벌 범위의 확장으로 이어지게 되므로, 목적론적 관점에서 이를 제한적으로 해석하는 것에는 신중을 기하여야 한다.

2. 평가

대법원은 "유추해석금지의 원칙은 모든 형벌법규의 구성요건과 가벌성에 관한 규정에 준용되는데, 위법성 및 책임의 조각사유나 소추조건 또는 처벌조각사유인 형면제 사유에 관하여도 그 범위를 제한적으로 유추적용하게 되면 행위자의 가벌성의 범위는 확대되어 행위자에게 불리하게 되는바, 이는 가능한 문언의 의미를 넘어 범죄구성요건을 유추적용하는 것과 같은 결과가 초래되므로 죄형법정주의의 파생원칙인 유추해석금지의 원칙에 위반하여 허용될 수 없다"고 한다.[45]

형법 제1조 제2항은 "범죄 후 법률이 변경되어 그 행위가 범죄를 구성하지 아니하게 되거나 형이 구법보다 가벼워진 경우에는 신법에 따른다."고 규정하고 있는데, 동기설은 "… 가벼워진 경우에는 '법률변경의 동기에 따라' 신법에 따른다"라고 해석하는 것이다. 형법 제1조 제2항은 피고인에게 유리한 규정인데 여기에 '법률변경의 동기에 따라'라는 문언을 추가하는 해석하는 것은 제1조 제2항의 가능한 문언의 의미를 넘어 그 적용범위를 제한하는 것이다. 이것은 대법원판례의 입장에서도 죄형법정주의의 파생원칙인 유추해석금지원칙에 위반하여 허용될 수 없다. 따라서 대상판결이 한시법을 넘어 형법 제1조 제2, 3항의 적용원리로 원용하던 동기설을 포기한 것은, 만시지탄의 감은 있지만, 매우 긍정적으로 평가할 수 있다.[46]

---

45) 대법원 1997. 3. 20. 선고 96도1167 전원합의체 판결; 대법원 2010. 9. 30. 선고 2008도4762 판결.

46) 대상판결 이후 헌법재판소도 "헌법소원심판 절차에서도 형법 제1조 제2항의 명문규정을 따르는 것이 입법자의 의사에 부합하는 해석인 점, … 기소유예처분 후 형벌법규가 행위자에게 유리하게 변경되었다면 기소유예처분의 취소를 구하는 헌법소원심판 결정 당시 시행 중인 신법을 기준으로 기소유예처분의 위헌 여부를 판단함이 타당하다"고 한다(헌재 2023. 2. 23. 2020헌마1739 결정).

대상판결이 i) 제1조 제2항의 '법률(령)의 변경'이란 '범죄의 성립 및 처벌과 직접적으로 관련된 형사법적 관점의 변화를 주된 근거로 하는 변경만을 의미하고, ii) 경과규정을 두는 경우에는 제1조 제2항의 적용을 배제할 수 있고, iii) 한시법의 폐지는 법률(령)의 변경에 해당되지 않는다고 하는 것은 여전히 형법 제1조 제2항을 축소해석하는 것은 아닌지 의문이 있다.[47)]

그럼에도 불구하고 동기설을 포기하고,[48)] 특히 독일형법 규정에 대한 해석론으로 제시된 동기설은 법문이 다른 우리 형법의 해석론에 그대로 원용하기 어렵다고 한 것과 가능한 문언의 의미 안에서라도 피고인에게 불리한 목적론적 축소해석에는 신중을 기하여야 한다고 명시한 것은 죄형법정주의의 정신을 적극적으로 구현하려는 입장으로서 높이 평가할 수 있다.

Ⅵ. 맺음말

개인은 국가형벌권 행사의 대상이 되는 순간부터 국가기관, 언론, 여론 등으로부터 성급한 그리고 과도한 비난까지 받게 된다. 헌법적으로는 무죄가 추정되지만 현실에서는 유죄가 추정되거나 간주된다. 실제 보다 악랄한 범죄동기를 가진 것으로 보도되고, 사이코패스, 소시오패스 등이라고 인격모욕도 당하게 된다. 언론은 사이비 학자들의 입을 빌려 엄벌을 요구한다.

사법부는 이러한 외부의 부당한 압력으로부터 개인을 보호해야 한다. 사법부가 외부의 압력에 굴복하면 우리 사회는 사회적 약자들을 희생양으로 하여 문제를 해결하였던 원시사회로 퇴보한다. 사법부는 개인을 희생해서라도 범죄로부터 일반인을 보호해야 한다고 하는 잘못된 신념을 가져서는 안 된다. 죄형법정주의

47) 이러한 지적으로, 이승준, "동기설 폐기의 타당성 – 대법원 2022. 12. 22. 선고 2020도16420 전원합의체 판결을 기초로 –", 법조, 제72권 제2호, 2023, 92–102면; 지은석, "형법 제1조 제2항에서 '법률의 변경'의 해석 – 대법원 2022. 12. 22. 선고 2020도16420 전원합의체 판결 –", 홍익법학, 제24권 제1호, 2023, 229면; 조충영, "형법의 시간적 적용범위 – 대법원 2022. 12. 22. 선고 2020도16420 전원합의체 판결을 중심으로 –", 연세법학, 제41권, 637면–639면; 이주원, "2022년 중요판례분석 ⑨ 형법총칙", 법률신문, 제5080호, 18–19면.

48) 동기설 포기를 긍정적으로 평가하는 데에는 견해가 일치한다. 이승준, 위의 논문, 103면; 지은석, 위의 논문, 229면; 조충영, 위의 논문, 637면; 이주원, 위의 논문 등,

는 바로 이러한 정신을 반영하는 것이라고 할 수 있다.

죄형법정주의에 관한 대법원판례를 살펴보면, 이전에 비해 죄형법정주의를 충실히 실현하려고 노력하고 있음을 알 수 있다. 판결의 결론에 이르는 과정에서 이전에 비해 많은 그리고 세련된 논의과정을 거치고 있는 점도 발견할 수 있다. 다만, 최근 언론과 입법부의 엄벌화 경향에 좀 더 강력한 제동을 걸어야 한다는 학계의 희망을 충분히 만족시키지는 못한다는 아쉬움은 있다.

대법원은 우리나라 실정법을 최종적으로 유권해석하는 기관이다. 이를 위해서는 외국의 해석론들을 참고해야 하지만, 반드시 우리의 법률문언에 맞는 해석론을 찾아야 한다. 대법원판례들을 살펴보면 이전에 비해 우리 법규정과 법현실에 맞는 해석론을 제시하기 위해 다양한 노력을 하고 있음도 알 수 있다. 앞에서 언급한 동기설의 포기를 대표적인 예로 들 수 있다.

오늘날 대법원이 교육적 기능도 분담해야 할 때가 되고 말았다. 로스쿨에서는 대법원 판례와 학설들에 대한 비판적 분석을 통해 법적 사고를 형성하는 교육과 공부는 거의 불가능하게 되었고, 대법원 판례를 암기하는 교육과 공부를 할 뿐이다. 이와 같이 대법원 판례를 중심으로 교육이 이루어지므로, 대법원 판례의 교육적 기능도 신경써야 한다. 좀 더 많은 전원합의체판결을 통해 사건의 쟁점에 대한 다양한 견해들을 제시해서 로스쿨학생들로 하여금 법적 사고를 함양시켜야 할 필요가 생겨났다. 이 짐이 무겁겠지만, 학계가 져야 할 부담을 어쩔 수 없이 대법원에게 넘겨야 하는 형법학자들의 마음은 더 무겁다.

제 2 장
형법총칙

3. 형법 제1조 제2항의 적용 범위 문제
4. 보안처분의 소급효 문제
5. 외국에서의 미결구금과 형의 산입 문제
6. 부진정 결과적 가중범과 고의범의 죄수 문제
7. 부진정부작위범에서 작위의무의 발생근거와 한계 문제
8. 협애한 정당방위 성립범위의 문제
9. 양해와 승낙의 문제
10. 형법 제10조의 규범구조 오해와 '심신장애'의 의미 문제
11. 위법성조각사유 전제사실의 착오 체계 문제
12. 형법 제16조와 법률의 부지 문제
13. 공모공동정범 문제
14. 공동정범과 예견가능성 문제
15. 소극적 신분과 모해목적의 신분(형법 제33조) 규정 적용 문제
16. 집행유예기간 중의 집행유예 허용 여부 문제
17. 상상적 경합과 실체적 경합의 구별 문제

3. 형법 제1조 제2항의 적용 범위 문제

이승호 교수(건국대학교 법학전문대학원)*

[대상판결]

대법원 2022. 12. 22. 선고 2020도16420 전원합의체 판결

[대상판결]: 범죄의 성립과 처벌에 관하여 규정한 형벌법규 자체 또는 그로부터 수권 내지 위임을 받은 법령의 변경에 따라 범죄를 구성하지 아니하게 되거나 형이 가벼워진 경우, 종전 법령이 범죄로 정하여 처벌한 것이 부당하였다거나 과형이 과중하였다는 반성적 고려에 따라 변경된 것인지를 따지지 않고 원칙적으로 형법 제1조 제2항과 형사소송법 제326조 제4호가 적용된다.

(사실관계) 피고인은 도로교통법 위반(음주운전)죄로 4회 처벌받은 전력이 있는 자로서, 2020. 1. 5. 혈중알코올농도 0.209%의 술에 취한 상태로 전동킥보드를 운전하였다. 그런데 범행 후인 2020. 6. 9. 도로교통법이 개정되어 피고인에 대한 처벌이 '2년 이상 5년 이하의 징역이나 1천만 원 이상 2천만 원 이하의 벌금'에서 '20만 원 이하의 벌금이나 구류 또는 과료'로 경하게 변경되었다. 개정된 도로교통법은 2020. 12. 10. 시행되었는데, 원심의 재판은 2020. 11. 5. 선고되었으므로 개정 전의 도로교통법을 적용하였지만, 상고심의 재판은 개정된 도로교통법이 시행된 후에 진행되었다.

(대법원의 판단) 도로교통법이 개정되어 원심판결 선고 후에 개정 도로교통법이 시행되면서 법정형이 종전보다 가볍게 변경되면서 경과규정을 두지 않은 경우, 이러한 법률 개정은 형벌법규 자체의 개정에 따라 형이 가벼워진 경우에 해당함이 명백하므로, 종전 법령이 반성적 고려에 따라 변경된 것인지를 따지지 않고 형법 제1조 제2항에 따라 신법이 규정한 경한 법정형의 범위 내에서 처벌할 수 있을 뿐이다.

* 이승호 건국대학교 법학전문대학원 교수는 서울대학교에서 법학박사학위를 받았고, 건국대학교 법학연구소장, 건국대학교 법학전문대학원 원장 및 한국형사정책학회 부회장을 역임하였다.

Ⅰ. 문제점

형법은 제1조 제1항에서 행위시법주의를 원칙으로 선언한다. 행위 시와 재판 시 사이에 법률이 변경된 경우, "범죄의 성립과 처벌은 행위 시의 법률에 따른다"라고 규정하는 것이다. 그러면서도 제1조 제2항은[1] "범죄 후 법률이 변경되어 그 행위가 범죄를 구성하지 아니하게 되거나 형이 구법보다 가벼워진 경우에는 신법에 따른다"라고 규정한다. 예외 규정으로서,[2] 재판 시의 법이 행위자에게 유리하면 그것이 행위자에게 적용할 법이 된다는 내용이다. 따라서 별도의 경과규정이 없는 한 법의 변경은 행위자에게는 좋은 일이 된다. 불리하게 변경되면 적용되지 않을 것이고, 유리한 변경이라면 적용될 것이기 때문이다. 이는 형법의 입법자가 내린 결단이다. 제1조 제2항은 입법자가 수범자에게 수여한 통 큰 보너스인 셈이다.

하지만 그동안 판례는 입법자의 보너스를 수범자에게 그대로 전달하지 않았다. 제1조 제2항의 적용에 조건을 붙임으로써, 선택적으로 보너스를 전달하였다. 소위 '동기설'이 그것이다. 범죄와 처벌에 관한 법이 행위자에게 유리하게 변경되더라도 그것이 단순한 '사정의 변화'에 따른 것이면 변경된 법을 적용하지 않으며, 종전의 법에 대한 '반성적 고려'에 의한 것이라고 법원이 판단한 경우에만 변경된 법의 적용이라는 보너스의 수혜를 허용한다는 법리이다. 이러한 선택적 적용에 대해서는 당연히 비판이 제기되었다. 입법이 내린 결단을 사법이 배제하는 셈이기 때문이다. 입법권 침해라는 지적이 있었지만,[3] 대법원은 수십 년간 동기

1) 이하에서 제1조 제2항이라 함은 형법 제1조 제2항을 말한다.

2) 제1조 제2항이 제1항과의 관계에서 예외 규정이라는 관점(김성돈, 형법총론(8판), SKKUP, 2022, 101면; 김일수/서보학, 형법총론(13판), 박영사, 2018, 25면); 임웅, 형법총론(13판), 법문사, 2022, 76면)과 보완 규정이라는 관점(박상기, 형법총론(9판), 박영사, 2012, 47면)이 있으나, 큰 차이는 없다. 예외 규정이라고 보면 제1조 제2항이 좁게 해석될 가능성이 있다는 지적도 있으나(이승준, "동기설 폐기의 타당성 – 대법원 2022. 12. 22. 선고 2020도16420 전원합의체 판결을 기초로 –", 법조 제72권 제2호, 2023, 81면), 반드시 그런 것은 아니다. 예외 규정이어도 행위자에게 유리한 내용이면 문언의 의미를 좁혀서 축소해석하는 것은 죄형법정주의에 반할 가능성이 있다.

3) 서보학, "법령의 개폐와 형법 제1조 제2항의 적용", 대한변호사협회, 인권과 정의 제335호, 2004, 163–164면; 이승호, "형법의 시간적 적용범위에 관한 동기설의 문제점", 형사판례연구회, 형사판례연구 제6권, 박영사, 1998, 26면

설을 고수하였다.

그러던 대법원이 2022년 12월, 대상 판결을 통해 태도를 바꾸었다. 동기설의 폐기를 선언한 것이다. 대상 판결의 사안은 간단하다. 음주운전의 전과가 있는 피고인이 음주 상태에서 전동킥보드를 운전했다는 내용이다. 문제는 음주운전의 처벌에 관한 도로교통법의 규정이 경하게 변경되었다는 데에 있다. 종전 같으면 관련 규정의 변경이 '사정의 변화'에 따른 것인지 '반성적 고려'에 의한 것인지 따졌을 텐데, 대상 판결은 그럴 필요가 없다고 판시한다. 동기의 구별 없이 제1조 제2항이 적용된다는 것이다. 따라서 경하게 변경된 신법, 즉 재판 시의 법이 적용할 법이 된다. 그러면서 대상 판결은 동기설을 취했던 그동안의 대법원판결들을 모두 변경한다는 점까지 확실하게 명시하였다.

여기까지로 끝났더라면 대상 판결은 그동안의 논란을 깔끔하게 해결할 수 있었다. 동기설을 폐기하면서, 입법이 제1조 제2항을 통해 수범자에게 베푼 보너스를 조건 없이 전달하겠다고 판시하였다면, 논란이 제기될 여지가 없었을 것이다. 하지만 대상 판결은 동기설을 폐기하면서도, 유형에 따라 제1조 제2항의 적용 여부가 달라질 수 있다는 새로운 법리를 제시하였다. 유형은 4가지로 나뉜다: 첫째, 형벌 법령의 변경, 둘째, 고시 등의 변경, 셋째, 다른 법령의 변경, 넷째, 한시법의 실효. 그러면서 첫째와 둘째 유형에서는 제1조 제2항을 전면 적용하겠지만, 셋째 유형에서는 '형사법적 관점의 변화'라는 새로운 기준을 제시하면서 제1조 제2항의 적용에 조건을 붙였고, 넷째 유형에는 제1조 제2항을 적용하지 않는다고 판시하였다. 비유하여 정리하면, 제1조 제2항의 보너스를 첫째와 둘째 유형에는 그대로 전달하겠지만, 셋째 유형에는 전달 여부를 독자적으로 판단할 것이고, 넷째 유형에는 전달하지 않겠다는 법리로 설명된다.

결국 동기설은 폐기하였지만, 사법의 입법 관여라는 종래의 노선을 완전히 거두어들이지는 않은 셈이다. 따라서 논란은 계속될 수밖에 없다. 과연, 제1조 제2항의 적용에서 법원이 별개 기준을 내세워 독자적으로 판단하는 것이 허용될 수 있는가? 향후 전개될 논란의 핵심적 논제인바, 이것이 이 글의 검토사항이다. 대상 판결이 제시하는 4가지 유형의 법리를 정리한 후, 차례대로 검토해 보고자 한다. 첫째와 둘째의 유형은 법리가 같으므로 합하여 정리한다.

Ⅱ. 쟁점 및 검토

1. 형벌 법령의 변경 및 고시 등의 변경

(1) 사안 – 첫째 유형과 둘째 유형 –

첫째 유형은 형벌법규 자체 또는 그로부터 수권 내지 위임을 받은 법규명령이 행위자에게 유리하게 변경된 경우이고, 둘째 유형은 형벌법규로부터 수권 내지 위임받은 (법규명령이 아닌) 고시 등 행정규칙이나 행정명령 및 조례 등이 행위자에게 유리하게 변경된 경우이다. 대상 판결의 사안은 첫째 유형, 그중에서도 형벌법규 자체가 행위자에게 유리하게 변경된 경우에 해당한다.

(2) 다수의견

형벌 법령 등이 행위자에게 유리하게 변경된 경우, 종래의 동기설은 '반성적 고려'에 의한 변경으로 판단되어야 제1조 제2항을 적용하였다. 대상 판결은 그러한 동기설을 폐기하였고, 다수의견은 첫째 유형과 둘째 유형의 경우 어떤 조건도 붙이지 않고 제1조 제2항의 적용을 인정하였다.

(3) 별개의견1[4)]

별개의견1은 다수의견이 유형별로 법리를 제시함에 반대한다. 행위자에게 유리한 법의 변경이 '형사법적 관점의 변화'에 따른 것이면 제1조 제2항을 적용한다는 일반적인 기준을 제시하면 충분하다는 것이 별개의견1의 설명이다. 이에 따르면, 첫째 유형 중에서 형벌법규의 변경은 당연히 '형사법적 관점의 변화'일 것이므로 제1조 제2항이 적용된다. 하지만 법규명령의 변경은 다르다. 형벌법규로부터 수권 내지 위임을 받은 법규명령이 행위자에게 유리하게 변경되는 경우에는 그러한 변경이 '형사법적 관점의 변화'로 인정되어야 제1조 제2항이 적용되는 것이다. 둘째 유형도 마찬가지이다. 고시 등이 행위자에게 유리하게 변경된 경우,

4) 대법관 조재연과 대법관 안철상이 별개의견1을 제시하였다.

그러한 변경이 '형사법적 관점의 변화'인지 여부에 따라 제1조 제2항의 적용 여부가 결정된다는 것이다.

2. 다른 법령의 변경

(1) 사안 - 셋째 유형 -

셋째 유형은 해당 형벌법규로부터 수권 내지 위임을 받은 법령이 아닌 다른 법령의 변경으로 형벌법규의 가벌성이 행위자에게 유리하게 변경된 경우를 말한다. 대상 판결이 구체적인 사안을 제시하고 있지는 않다. 기존의 문헌에서 거론되는 사안을 소개하면, 존속살해죄에서 직계존·비속의 범위에 영향을 미치는 민법의 변경이라든지[5] 횡령죄에서 소유권을 결정하는 다른 법률이 변경되는 경우[6] 등을 들 수 있다.

(2) 대상 판결의 법리

셋째 유형의 해결을 위해 대상 판결의 다수의견은 '형사법적 관점의 변화'라는 새로운 기준을 제시한다. 다른 법령의 변경이 해당 형벌법규에 따른 범죄의 성립 및 처벌과 직접적으로 관련된 형사법적 관점의 변화를 주된 근거로 한 것이어야 제1조 제2항이 적용된다는 것이다. 따라서 해당 형벌법규와 수권 내지 위임관계에 있지 않고 보호목적과 입법취지를 달리하는 민사적·행정적 규율의 변경은 제1조 제2항의 적용 대상에서 배제된다.[7] 형사처벌에 관한 규범적 가치판단의 요소가 배제된 극히 기술적인 규율의 변경으로 해당 형벌법규가 간접적인 영향을

5) 임웅, 형법총론(13정판), 법문사, 2022, 77면

6) 신동운, 형법총론(13판), 법문사, 2021, 42-43면

7) 이 법리에 따라 제1조 제2항의 적용을 배제한 판결이 바로 나왔다. 법무사인 행위자가 개인회생·파산사건 관련 법률사무를 위임받아 처리함으로써 변호사법 제109조 제1호 위반행위를 한 이후, 2020. 2. 4. 법무사법 제2조 제6호에 개인의 파산사건 및 개인 회생사건의 대리가 법무사의 업무로 추가되었고, 그 이후 행위자가 재판받게 된 사건인데, 대법원은 행위자에게 유리한 개정 법무사법을 적용하지 않았다. 법무사법 제2조는 변호사법 제109조 제1호로부터 수권 내지 위임을 받은 법령이 아닌 별개의 다른 법령에 불과하고, 기본적으로 형사법과 무관한 행정적 규율에 관한 내용이므로, 법무사법 제2조의 개정은 형사법적 관점의 변화에 근거한 법령의 변경이 아니어서, 형법 제1조 제2항이 적용되지 않는다는 것이 대법원의 설명이다(2023. 2. 23. 선고 2022도6434 판결).

받음에 불과한 경우도 마찬가지로 제1조 2항이 적용되지 않는다.

셋째 유형의 해결에서는 다수의견의 법리에 별개의견1과 별개의견2도 동의하는 것으로 확인된다. 후 2자는 '형사법적 관점의 변화'를 형법 제1조 제2항 적용의 보편적인 판단기준으로 제시하기도 한다. 별개의견1은 유형별 법리가 필요하지 않다고 주장하며, 별개의견2는 넷째 유형에서 다수의견과 결론을 달리할 뿐이다. 결국 셋째 유형의 해결에 관한 한 전원의 대법관이 의견을 같이하는 셈이며, 그 법리의 핵심은 '형사법적 관점의 변화'이다.

3. 한시법의 실효

(1) 사안 – 넷째 유형 –

넷째 유형은 전형적인 한시법의 사안이다. 유효기간을 구체적인 일자나 기간으로 특정하여 효력의 상실을 예정하고 있던 법령이 그 유효기간을 경과함으로써 더 이상 효력을 갖지 않게 된 경우에도 제1조 제2항을 적용할 것인지가 넷째 유형의 논제가 된다.

(2) 다수의견

대상 판결의 다수의견은 한시법의 실효가 제1조 제2항의 적용 대상에서 배제된다고 설명한다. 주요 논거는 법령 제정 당시부터 유효기간이 예정된 법령이 그 기간의 경과로 실효된 것은 제1조 제2항의 '변경'에 해당하지 않는다는 것이다. 제1조 제2항이 요구하는 '변경'은 일반적인 법령의 개정이나 폐지를 의미한다는 전제 설명도 붙어 있다. 변경과 실효는 의미가 다르다는 인식이다. 덧붙이는 부수적인 논거로서, 한시법의 실효는 형사법적 관점의 변화를 의미하지 않는다는 점과 유효기간의 예정은 특별한 사정이 없는 한 유효기간 경과 전의 법령 위반행위를 유효기간 경과 후에도 처벌하려는 취지로 보는 것이 합리적이라는 설명도 추가되어 있다.

(3) 별개의견2[8)]

별개의견2는 한시법의 실효에도 제1조 제2항이 적용되어야 한다고 주장한다. '변경'의 문언적 의미에서 실효를 제외할 이유가 없을 뿐 아니라, 피고인에게 유리하게 형벌법규가 변경되었다는 관점에서 보면 법령이 개정·폐지된 경우와 법령의 유효기간이 경과된 경우는 본질적인 차이가 없다는 점 등이 주된 논거이다. 그러면서 유효기간의 경과로 법령이 실효된 경우는 해당 형벌법규에 따른 처벌에 관한 형사법적 관점의 변화를 당연히 전제한다는 설명을 붙인다. 또한 대상 판결의 판례변경은 종래의 동기설을 폐기하면서 제1조 제2항의 적용 범위를 확대하려는 취지임에도, 한시법의 실효를 아예 제1조 제2항의 적용 대상에서 배제하면, 이는 한시법에 관한 한 오히려 종래의 동기설보다 제1조 제2항의 적용 범위가 축소된다는 점도 지적하고 있다.

4. 검토

(1) 유형별 처리

위 쟁점들을 검토하기 전에 먼저 정리할 문제가 있다. 별개의견1이 제기한 논제이다. 대상 판결의 사안은 형벌법규가 행위자에게 유리하게 변경된 경우인바, 이를 해결하기 위한 기본 법리를 제시함에 그칠 것을 별개의견1은 주장한다.[9)] 하지만 동기설을 폐기하면서 사안 해결에 필요한 기본 법리만 제시하면, 동기설의 가장 큰 문제점인 판단기준의 불명확성이 여전히 남게 된다. 따라서 판례변경의 취지를 살리기 위해서는 법령 변경의 유형을 망라하여 해결의 법리를 제시하는 것이 적절하다고 이 글은 판단한다. 다수의견에 첨부된 보충의견도[10)] 이 점을 설명하고 있다. 종래의 판례를 변경하여 새로운 법리를 제시하는 상황에서는 법령의 변경이 문제되는 대표적인 사안들을 정리하고 그에 적용할 구체적인 법리를

8) 대법관 노태악과 대법관 천대엽이 별개의견2를 제시하였다.
9) 별개의견1은 대상 판결의 사안과 직접 관계가 없는 법리는 판결로서 효력이 없다는 주장도 한다. 이에 대한 분석과 검토는 이승준, 앞의 논문, 92-93 참조
10) 다수의견에 대한 보충의견은 대법관 이동원이 제시하였다.

제시할 필요가 있다는 것이다. 그러면서 법령 변경의 4가지 유형을 제시하였다. 항을 바꾸어 각 유형별 쟁점을 검토하기로 한다.

(2) 동기설의 폐기

동기설은 그동안 사법의 월권을 보여주는 대표적인 법리였다.[11)12)] 그것이 월권이었음은 대상 판결의 보충의견에서도 확인된다. 보충의견은 종래의 동기설이 행위자에게 유리하게 법령을 변경하는 입법의 결정을 그대로 받아들이지 않고, '반성적 고려'라는 불명확한 기준으로 사법이 독자적 판단을 함으로써, 수범자의 법적 안정성과 예측 가능성을 훼손하였음을 인정한다. 그러면서 그럴 수밖에 없었음을 변명하기도 한다. 동기설은 "1960년대[13)] 입법절차와 입법환경이 충분히 성숙하지 못한 상황에서 경과규정의 흠결로 인하여 입법의도와 다르게 처벌의 공백이 발생하는 것을 방지하기 위한 해석론으로 고안"되었다는 것이다. 하지만 이제는 입법의 시스템도 발전하였으니 동기설을 폐기한다는 설명이다.

대상 판결이 인정하는 대로, 동기설의 폐기는 '정상의 회복'이다. 사법(司法)이 사건의 해결에 적용할 법은 입법(立法)이 결정한다. 이것이 법치주의의 대원칙이며, 법의 내용이 범죄와 형벌에 관한 것일 때에는 죄형법정주의의 명령이 된다. 그동안 사법은 동기설을 앞세워 적용할 법을 독자적으로 선택해 왔다. 입법이 수범자에게 유리하게 법을 변경하여도 그렇게 변경된 법을 적용할 것인지는 사법이 결정한 것이다. 이는 법치주의와 죄형법정주의에 대한 도전이다. 그러한 비정상을 정상으로 돌리는 데 60년이 걸린 셈이다. 만시지탄(晩時之歎), 대상 판결의 동기설

11) 동기설은 한시법에만 적용한 법리가 아니다. 그동안 사법은 범죄와 형벌을 규정한 법 일반을 대상으로 동기설을 작동시켰다(서보학, 앞의 논문, 153면; 이승호, 앞의 논문, 17면; 정승환, "독일의 형법 및 형법학과 한국의 형법이론", 한국형사법학회, 형사법연구 제28권 제4호, 2016, 47-50면). 즉, 동기설은 제1조 제2항을 전면적으로 제한하는 도구였던 셈이다.

12) 참고로, 원래 동기설은 독일에서 발전된 이론이다. 독일은 형법 제2조 제4항이 한시법의 추급효 인정을 명문으로 규정하고 있는바, 이를 제한하기 위하여 동기설이 제안되었다(Fischer, Strafgesetzbuch, C.H.Beck, 2021, §2 Rn. 13; Schoenke/Schroeder, Strafgesetzbuch Kommentar(30 Aufl.), C.H.Beck, 2019, §2 Rn. 36). 따라서 독일에서 발전한 동기설은 가벌성을 제한하는 법리이다. 그런데 우리는 그와 반대로 동기설이 가벌성을 확대하는 기능을 하였다는 점에서 독일의 동기설과는 본질이 다르다. 독일의 동기설과 우리의 동기설을 기능 면에서 비교한 문헌으로는 이경렬, "법령의 개폐와 대법원 동기설의 의미", 성균관대학교 법학연구원, 성균관법학 제20권 제2호, 2008, 355-361면 참조

13) 처음의 판결은 대법원 1963. 1. 31. 선고 62도257 판결로 확인된다.

폐기에 대한 평가는 한마디로 이것이다.

(3) 새로운 기준 - 형사법적 관점의 변화 -

1) 내용과 용도

대상 판결은 동기설을 폐기하면서, '형사법적 관점의 변화'라는 새로운 기준을 제시한다. 행위자에게 유리하게 변경된 법령이 행위자에게 적용되기 위해서는 그것이 '형사법적 관점의 변화'를 의미하는 변경이어야 한다는 판시이다. 여기서 '형사법적 관점의 변화'가 무엇인지 설명이 필요한데, 대상 판결은 그에 대하여 직접적인 설명을 하고 있지는 않다. 다만, 다수의견과 별개의견의 논의를 검토하면, '형사법적 관점의 변화'라는 판단기준은 동기설이 요구하는 '반성적 고려'와는 다르다는 점을 알 수 있다. 후자가 규범적 평가의 변경을 뜻한다면, 전자는 탈가치적이다. 처벌의 여부와 정도에 관한 규정이 행위자에게 유리하게 변경되었다면, 변경에 가치적 의미가 있는지 묻지 않고 변경 자체로 형사법적 관점의 변화가 인정된다. 따라서 동기설이 구별하는 '사정의 변경'과 '반성적 고려'가 모두 '형사법적 관점의 변화'에 흡수될 가능성이 생긴다. 동기설보다는 제1조 제2항의 요청을 적극적으로 수용한 진전된 법리라고 자평하는 근거도 여기에 있는 것으로 이해된다.

'형사법적 관점의 변화'라는 새로운 기준을 제시함에는 대법관 전원의 의견이 일치하는 것으로 확인되지만, 새로운 기준의 용도를 어떻게 설정할 것인지에 대해서는 다수의견과 별개의견이 차이를 보인다. 우선 별개의견1과 별개의견2는 '형사법적 관점의 변화'를 제1조 제2항 적용의 일반적 기준으로 명시한다. 즉, 모든 유형에서 '형사법적 관점의 변화'가 있는지 검토되어야 한다는 것이다. 특히 별개의견1은 첫째 유형(형벌 법령의 변경)과 둘째 유형(고시 등의 변경)에서도 '형사법적 관점의 변화'가 인정되지 않는 경우가 발생할 수 있음을 주장한다. 반면에 별개의견2는 넷째 유형(한시법의 실효)을 '형사법적 관점의 변화'가 인정되는 경우라고 주장한다. 하지만 대상 판결의 다수의견은 '형사법적 관점의 변화'라는 새로운 판단기준을 셋째 유형(다른 법령의 변경)에 한정하여 요구한다. 첫째 유형과 둘째 유형은 그 자체로서 제1조 제2항이 적용되며, 넷째 유형은 나머지 유형들과 본질을 달리하므로 제1조 제2항이 적용되지 않는다고 설명한다.

여기서, '형사법적 관점의 변화'라는 새로운 기준이 과연 제1조 제2항의 적용에서 필요한지, 셋째 유형을 나머지 유형들과 달리 취급하는 다수의견의 법리가 타당한지, 의문이 제기된다. 결론적으로 이 글은 두 논제에 모두 부정의 답을 주고자 한다. 항을 나누어서 설명한다.

2) 새로운 기준의 불필요

우선, 제1조 제2항의 법문을 확인해 보자. "범죄 후 법률이 변경되어 그 행위가 범죄를 구성하지 아니하게 되거나 형이 구법보다 가벼워진 경우에는 신법에 따른다." 이 규정이 재판 시의 법인 신법의 적용을 위해 요구하는 사항은 단순하다. 행위 시의 법률이 변경되었는데, 그 내용이 행위자에게 유리하면, 변경된 법률을 적용하여 재판하라는 것이다. 서두에서도 이야기하였지만, 이는 입법의 결단이다. 이러한 지침에는 당연히 입법론적인 반론이 제기될 수 있다. 행위자는 행위 시의 법률 체계하에서 범죄를 행하였다. 따라서 이후 법률이 행위자에게 유리하게 변경되더라도 행위 시의 법률로 처단해야 법질서가 바로 선다는 주장이다. 하지만 제1조 제2항은 그러한 주장에 힘을 실어주지 않았다. 어차피 행위자에게 유리하게 법률을 변경하였다면, 변경된 법률의 시행 전에 행위를 하였거나 시행 후에 행위를 하였거나 같게 취급해도 무방하다는 것이다. 양자를 구별하려면 변경한 법률에 부칙 규정을 두면 된다. 입법이 행위 시의 법률을 적용한다는 부칙 규정을 두지 않았다면, 변경한 법률을 적용하여 행위자에게 유리하게 재판하라는 것이 입법이 제1조 제2항을 통해 내린 결단이다.

입법이 그렇게 결단하였다면, 제1조 제2항의 적용에서 사법이 별도의 판단기준을 추가하는 것은 용납될 수 없다. 제1조 제2항은 행위자에게 유리한 규정인바, 사법이 독자적인 판단기준을 내세워 이를 제한 적용하는 것은 입법권의 침해이자 죄형법정주의에 반하는 것이기 때문이다. 그동안 동기설에 대하여 제기된 비판의 핵심도 바로 이것이었다. 그래서 대상 판결은 동기설을 폐기한다는 것인데, 그러면서 다시 새로운 기준을 제시하는 것은 종래 동기설이 보였던 '선을 넘는 태도'를 여전히 버리지 못한 것으로 생각된다.

동기설이 요구했던 '반성적 고려'와 비교하여 대상 판결의 '형사법적 관점의 변화'는 인정의 범위가 넓어지는 것이 사실이다. 하지만 그것 역시 사법의 판단에 재량을 주는 별도의 기준이어서, 이를 통해 제1조 제2항의 적용을 사법이 독자적으로 제한할 수 있는 여지는 당연히 생겨난다. 별개의견1은 그러한 여지를 숨기지 않고 보여준다. 첫째 유형(형벌 법령의 변경)과 둘째 유형(고시 등의 변경)에서도 '형사법적 관점의 변화'가 인정되지 않는 경우가 얼마든지 있을 수 있다고 주장하는 것이다. 그렇게 될 때, '형사법적 관점의 변화'는 '반성적 고려'를 대체하는 사법의 신(新)무기가 된다. 사안에 적용할 법을 정하는 일에서까지 사법이 재량적으로 판단하려는 것은 사법의 본질에 반한다. '반성적 고려'가 되었든 '형사법적 관점의 변화'가 되었든 제1조 제2항의 적용에 추가적인 판단기준은 필요하지 않다. 법문에 충실하여, 범죄 후 법률이 변경되었는데, 그 내용이 행위자에게 유리하면, 변경된 법을 적용하여 재판해야 하는 것이다. 이것이 입법이 사법에 대하여 내리는 명령이다.

3) 셋째 유형의 취급

대상 판결의 다수의견은 셋째 유형(다른 법령의 변경)을 다른 유형들과 달리 취급한다. 형벌법규로부터 수권 내지 위임을 받지 않은 법령의 변경이므로 형법과 직접적으로 관련된 사항이 아니라는 설명이다. 그래서 첫째와 둘째의 유형은 제1조 제2항이 적용되더라도, 셋째 유형은 그 내용이 '형사법적 관점의 변화'여야 제1조 제2항이 적용된다고 판시하는 것이다.

하지만 셋째 유형을 달리 취급하는 다수의견의 법리는 제1조 제2항의 법문 어디에도 근거가 없다. 제1조 제2항은 '법률'이 행위자에게 유리하게 변경되면 변경된 법률을 적용한다고 명시하고 있을 뿐이다. 따라서 형벌법규의 내용이 행위자에게 유리하게 변경되는 것이라면, 그 변경의 방법이 무엇인지는 따질 필요가 없는 것이다.[14] 민법의 계모자관계 규정은 형벌법규로부터 수권 내지 위임을 받은 법령이 아니다. 하지만 그 규정이 개정되어, 계모와 전처의 출생자가 직계존비속의 관계였다가 그렇지 않은 것으로 변경되면,[15] 존속살해죄의 성립범위에 영향

---

14) 같은 취지로, 홍영기, "2022년도 형사법분야 대법원 주요판례와 평석", 안암법학회, 안암법학 제66호, 2023, 144면은 "다른 법률에 속해 '간접적'인 규범력만 미친다고 하더라도 개별적·실질적으로 형벌부과의 전제조건을 형성하여 형벌목적에 기여한다는 점에서는 마찬가지"라고 설명한다.

을 미친다. 전처의 출생자가 계모를 살해한 사안에서, 민법의 계모자관계 규정이 개정되기 전이라면 존속살해죄에 해당하지만, 개정 후라면 살인죄가 될 뿐이다. 이는 행위자(전처의 출생자)에게 유리하게 형법의 존속살해죄 성립범위가 변경된 경우인바, 변경 전에 행위를 한 행위자가 변경 후에 재판받는다면, 그 사안에 제1조 제2항의 적용을 배제할 이유가 없는 것이다. 제1조 제2항은 법률의 내용이 행위자에게 유리하게 변경될 것을 적용의 요건으로 요구하고 있을 뿐이기 때문이다. 존속살해죄의 성립범위가 행위자에게 유리하게 변경되었다면, 이는 당연히 범죄와 형벌에 관한 '법률'의 변경이다. 민법의 계모자관계 규정의 개정이 '형사법적 관점의 변화'인지 아닌지는 따질 필요가 없다. 그로 인해 존속살해죄의 성립범위가 행위자에게 유리하게 축소되는 방향으로 '법률'의 내용이 변경되었다는 것이 핵심이다. 따라서 제1조 제2항의 적용에 부족함이 없다. 주지하는 바와 같이, 죄형법정주의는 행위자에게 불리한 유추해석을 금지한다. 범죄와 형벌에 관한 '법률'이 행위자에게 유리하게 변경되었음에도, 변경의 방법이 형벌법규로부터 수권 내지 위임을 받지 않은 법령의 개정이라는 이유로 제1조 제2항의 적용을 배제하는 것은 행위자에게 불리한 유추해석에 해당한다.[16]

(4) 한시법의 배제

1) 한시법의 개념과 논제

그동안 한시법의 개념과 관련하여 협의의 한시법, 광의의 한시법 등이 제시되었다. 협의의 한시법은 유효기간이 명시되어 있는 법을 말함에 반하여, 광의의 한시법은 법의 목적이나 내용이 일시적인 특수사정에 대응하기 위한 것이어서 유효기간이 사실상 제한되는 법을 일컫는 개념이다. 이러한 한시법에서는 과연 제1조 제2항을 그대로 적용하는 것이 타당한지 논란이 있고, 이를 따져보는 것이 한시법의 논제이다. 그런데 종래 판례는 한시법을 넘어서까지 제1조 제2항의 적용 여부를 구체적으로 판단해 왔다. 동기설의 판단 대상을 일반법으로까지 넓힌 것이다. 그러다 보니, 한시법의 개념이 모호해지고 그 특수성도 가려지는 경향이 있

15) 1990. 1. 13. <민법 제773조(계모자 관계로 인한 친계와 촌수) 전처의 출생자와 계모 및 그 혈족, 인척 사이의 친계와 촌수는 출생자와 동일한 것으로 본다.>가 삭제되었다.

16) 신동운, 형법총론(13판), 법문사, 2021, 44면

었다. 사실, 실정법은 영구적일 수 없다는 점에서, 대부분 법의 변경이 한시법의 논제에 포섭되었다고 할 수 있다.

따라서 대상 판결의 동기설 폐기는 한시법의 논제를 제대로 부각할 계기가 된다. 대상 판결의 다수의견 역시 한시법을 일반법과 구별하여 제1조 제2항의 적용 여부가 따로 검토되어야 한다고 판시한다. 그러면서 그 대상은 협의의 한시법에 국한하는 것으로 독해된다. "법령 제정 당시부터 또는 폐지 이전에 스스로 유효기간을 구체적인 일자나 기간으로 특정하여 효력의 상실을 예정하고 있던 법령"에 대해서는 제1조 제2항의 적용 여부를 별도로 논해야 한다고 판시하는 것이다. 이러한 다수의견의 설명은 한시법의 개념과 논제를 정상화한 것으로 평가받을만하다. 한시법은 유효기간이 명시되어 있다는 점에서 제1조 제2항의 적용 여부에 논란이 제기될 수 있는 것이 사실이다. 바로 이러한 한시법의 논제가 그동안 동기설의 지배로 묻혀 있다가, 대상 판결을 통해 부활하여 본격적인 논의의 장에 등장한 것이다. 하지만 문제는 논의의 결론이다. 대상 판결의 다수의견은 한시법을 제1조 제2항의 적용 대상에서 제외하지만, 이 글은 그러한 결론에 반대한다. 항을 바꾸어 설명한다.

2) 추급효 인정의 방법

한시법은 일반법과 달리 실효 시기가 미리 정해져서 공지되기 때문에 법적 안정성이 해쳐질 가능성이 높다. 특히 폐지의 시가 가까울수록 법 위반의 행위가 속출할 수 있다. 그래서 한시법에는 추급효를 인정하자는 주장도 제기된다. 문제는 추급효의 인정이 제1조 제2항에 배치된다는 점이다.

주지하듯이, 외국의 입법례 중에는 한시법에 추급효를 인정하는 규정을 형법에 두는 경우가 있다. 대표적으로 독일 형법 제2조 제4항이 그러하다.[17] 하지만 우리 형법에는 그런 규정이 없으므로, 한시법의 추급효 인정은 제1조 제2항에 정면으로 배치되어 형법 체계 내에서는 허용되지 않는다.

따라서 이 문제를 해결하는 정석의 방법은 한시법 자체에 부칙 규정을 두는 것이다. 한시법은 유효기간을 대부분 부칙에 명시하는바, 그 기간 내의 행위에 대

17) 독일 형법 제2조 제4항: 일정기간에 한하여 유효한 법률은 실효된 경우에도 그 유효기간 중에 범한 행위에 대하여 이를 준용한다. 법률이 달리 규정하고 있는 경우에는 이를 적용하지 아니한다.

해서는 기간 후에 재판받더라도 그 법을 적용한다는 경과규정도 같이 부칙에 두는 방법이다.[18] 법에 유효기간을 미리 정하여 한시적 실행을 공지하는 것은 입법의 결정 사항이므로, 그러한 결정과 더불어 입법이 경과규정을 두는 것은 어렵지 않다. 입법이 한시법의 부칙에 추급효 부여의 경과규정을 두게 되면 폐지의 시가 가까워도 위반행위가 속출하는 등 법적 안정성이 흔들리는 부작용은 말끔히 해결된다.

3) 입법의 존중

문제는 한시법의 부칙에 경과규정이 없는 경우이다. 이 사안의 해결에 관해 종래 (a) 추급효 부정설과[19] (b) 추급효 인정설이[20] 대립하였으며, 판례는 (c) 동기설이라는 독자적인 법리를 제시하였다.[21] 하지만 동기설은 대상 판결이 폐기하였고, 따라서 추급효를 인정할 것인지 부정할 것인지의 양자택일만 남았다. 그런데 다수의견은 추급효 인정을 판시함에 반하여, 별개의견2는 추급효의 부정을 주장한 것이다.

다수의견이 제시하는 추급효 인정의 근거는 제1조 제2항의 해석이다. 제1조 제2항의 법률의 '변경'은 법률의 개정 또는 폐지를 의미하는바, 한시법의 실효는 유효기간을 규정한 입법자의 의사가 변경 없이 그대로 실현된 것에 불과하므로 범죄 후 법률의 변경이 아니라는 설명이다.

하지만 이러한 다수의견의 해석은 제1조 제2항의 적용 범위를 의도적으로

18) 대표적으로, 「2013 평창 동계스페셜올림픽 세계대회 지원법」의 부칙 규정을 들 수 있다. 옮겨 보면 다음과 같다.
부칙 제2조(유효기간) 이 법은 2014년 12월 31일까지 효력을 가진다.
부칙 제6조(벌칙에 관한 경과조치) 이 법 시행 당시 종전의 행위에 대한 벌칙의 적용에 있어서는 행위당시의 규정을 적용한다.

19) 김성돈, 형법총론(8판), SKKUP, 2022, 107면; 김일수/서보학, 형법총론(13판), 박영사, 2018, 29면; 박상기, 형법총론(9판), 박영사, 2012, 50면; 배종대, 형법총론(17판), 홍문사, 2023, 86면; 신동운, 형법총론(13판), 법문사, 2021, 63면; 오영근, 형법총론(6판), 박영사, 2021, 51면; 이용식, 형법총론(2판), 박영사, 2020, 20면

20) 강구진, "형법의 시간적 적용범위에 관한 고찰", 형사법학의 제문제: 권문택교수 화갑기념논문집, 1983, 11면; 유기천, 형법학〔총론강의〕, 일조각, 1980, 37면

21) 대법원 1985. 5. 28. 선고 81도1045 판결; 대법원 1994. 12. 9. 선고 94도221 판결; 대법원 2016. 2. 18. 선고 2015도18636 판결. 참고로, 이재상/장영민/강동범, 형법총론(11판), 박영사, 2022, 45-47면은 동기설을 지지한다.

축소하는 것이다. 제1조 제2항이 요구하는 법률의 '변경'은 범죄와 형벌에 관한 법률의 내용이 "다르게 바꾸어 새롭게 고침"을 의미한다. '변경'이라는 단어의 문언적 의미가 그러하다.[22] 그러한 변경이 어떤 방법으로 행해지는지 여부는 제1조 제2항이 추가적인 요건으로 규정하고 있지 않다. 따라서 변경의 방법이 개정 혹은 폐지인지, 정해진 유효기간의 경과로 실효된 것인지는 제1조 제2항의 적용에 영향을 주지 않는다. 대상 판결의 별개의견2가 "피고인에게 유리하게 형벌법규가 변경되었다는 관점에서 보면 법령이 개정·폐지된 경우와 법령의 유효기간이 경과된 경우는 본질적인 차이가 없다."라고 설명한 것도 이와 같은 인식으로 이해된다. 반면에 다수의견은 제1조 제2항의 법률의 변경에 한시법의 실효가 포함되지 않는다고 해석하는바,[23] 이는 한시법의 추급효를 인정하기 위한 인위적인 해석으로 생각된다.

이렇게 볼 때, 한시법에 추급효를 인정하는 다수의견의 법리는 제1조 제2항의 예외를 판례가 설정한다는 점에서 동기설이 안고 있는 문제점을 여전히 가지고 있다. 독일 형법의 추급효 인정 규정과 유사한 것을 판례가 도입하는 셈이다. 이렇게 입법의 소관 사항을 침범하는 다수의견의 판시는 사법의 본질에 반한다. 다수의견은 동기설을 폐지하면서 이제는 "입법자가 종전 법령 위반행위에 대한 처벌의 유지 여부를 숙고하여 변경 대상 법령의 취지와 형식에 따라 적법하고 적절한 형태로 경과규정을 둘 수 있는 여건이 충분히 갖추어졌다고 보인다."라고 판시하였지만, 한시법의 추급효 문제에서는 "적절한 경과규정이 누락되어 처벌의 공백이 발생할 수 있다는 현실적 고려"를 여전히 하는 것으로 보인다. 하지만 이제는 한시법의 추급효 문제도 그 해결을 입법에 맡기는 사법의 태도가 필요해 보인다.[24] 입법이 한시법을 제정하면서 추급효 인정의 경과규정을 두지 않았다면,

---

22) 국립국어원 표준국어대사전 참조

23) 이러한 다수의견의 해석을 지지하는 문헌도 있다. 지은석, "형법 제1조 제2항에서 '법률의 변경'의 해석 －대법원 2022. 12. 22. 선고 2020도16420 전원합의체 판결－", 홍익대학교 법학연구소, 홍익법학 제24권 제1호, 2023, 219－220면은 '변경'의 개념 요소에 '사후성(事後性)'이 들어간다고 주장하면서, 예정된 유효기간의 경과로 인한 효력의 상실은 '사전적(事前的)'으로 정해진 기존의 내용이 실현된 것에 불과하므로 변경에 해당하지 않는다고 설명한다. 하지만 '사후성'이 변경의 개념 요소라는 주장은 다수의견을 뒷받침하기 위한 인위적 의미 구축이다. 변경의 문리적 의미는 "다르게 바꾸어 새롭게 고침"일 뿐이다.

24) 같은 의견: 이주원, 형법총론(2판), 박영사, 2023, 35면; 이형국/김혜경, 형법총론(6판), 법문사, 2021, 67－68면; 임웅, 형법총론(13정판), 법문사, 2022, 83면

이는 입법의 결함이 아니라 입법의 결정이다. 입법이 할 일을 사법이 관여하는 것은 배려가 아니라 간섭이고 월권이라는 것이 이 글의 기본 인식이다.

Ⅲ. 맺으며

근대형법은 죄형법정주의에서 출발하고, 죄형법정주의는 형법의 구성요건 규정을 수범자에게 불리하게 유추해석 해서는 안 된다고 한다. 하물며 제1조 제2항은 단순한 구성요건 규정이 아니라 사안에 적용할 법의 버전을 정하는 규정이다. 개별 구성요건의 규정보다 상위에 위치하는 메타 규정이라고 할 수 있다. 이러한 규정을 유추해석 하는 것은 죄형법정주의에 정면으로 반하는 처사이고, 근대형법의 근간을 흔드는 일이다. 그동안 사법은 동기설이라는 법리로 제1조 제2항의 입법 취지를 형해화(形骸化)하였다. 이제라도 동기설을 폐기한다면, 제1조 제2항은 완전히 복원되어야 한다. 그런데 대상 판결은 절반의 복원에 그친 것이다. 대상 판결이 새롭게 제시하는 '형사법적 관점의 변화'라는 기준은 아직도 사법이 입법 관여에 미련을 버리지 못했음을 의미한다.

아울러 한시법에 관한 한, 대상 판결은 동기설에서보다 더 후퇴한 것으로 평가된다. 동기설은 한시법에 대해서도 실효의 동기를 판단하여 추급효를 부정할 가능성을 열어두었다. 물론 대부분의 한시법은 사정 변화에 따른 실효로 판단되어 추급효가 인정될 테지만, 적어도 이론상으로는 추급효 부정의 여지가 있었다는 이야기이다. 하지만 대상 판결은 한시법을 일괄하여 추급효 인정의 특수 영역에 편입시키고 있다. 한시법의 실효는 제1조 제2항의 적용 대상이 아니라고 하는 것이다. 이는 제1조 제2항의 예외 규정을 사법이 창설하는 것으로서 입법에 대한 정면의 도전이다. 다시 한번의 판례변경을 통해 제1조 제2항의 입법 취지를 완전히 복원시키고, 사법이 자신의 영역에서 본연의 업무에 충실하기를 요청한다.

4. 보안처분의 소급효 문제
—보안처분과 소급효금지의 원칙—

김태명 교수(전북대학교 법학전문대학원)*

[대상판결]

대법원 1997. 6. 13. 선고 97도703 판결

1995.12.29. 법률 제5057호로 개정·신설되어 1997.1.1.부터 시행된 개정 형법 제62조의2 제1항에 의하면 형의 집행을 유예를 하는 경우에는 보호관찰을 받을 것을 명할 수 있고, 같은 조 제2항에 의하면 제1항의 규정에 의한 보호관찰의 기간은 집행을 유예한 기간으로 하고, 다만 법원은 유예기간의 범위 내에서 보호관찰의 기간을 정할 수 있다고 규정되어 있는바, 위 조항에서 말하는 보호관찰은 형벌이 아니라 보안처분의 성격을 갖는 것으로서, 과거의 불법에 대한 책임에 기초하고 있는 제재가 아니라 장래의 위험성으로부터 행위자를 보호하고 사회를 방위하기 위한 합목적적인 조치이므로, 그에 관하여 반드시 행위 이전에 규정되어 있어야 하는 것은 아니며 재판시의 규정에 의하여 보호관찰을 받을 것을 명할 수 있다고 보아야 할 것이고, 이와 같은 해석이 형벌불소급의 원칙 내지 죄형법정주의에 위배되는 것이라고 볼 수 없다.

Ⅰ. 문제의 제기

헌법 제13조 제1항과 제2항은 "모든 국민은 행위 시의 법률에 의하여 범죄를 구성하지 아니하는 행위로 소추되지 아니…한다", "모든 국민은 소급입법에

---

* 김태명 전북대학교 법학전문대학원 교수는 서울대학교에서 법학박사학위를 받았고, 한국경찰법학회 회장 및 한국형사법학회 상임이사의 직을 맡고 있다.

의하여 참정권의 제한을 받거나 재산권을 박탈당하지 아니한다"고 규정함으로써 소급효금지의 원칙을 선언하고 있다. 그리고 형법 제1조 제1항은 "범죄의 성립과 처벌은 행위시의 법률에 의한다"라고 규정함으로써 이를 구체화하고 있다.

범죄의 성립과 관련해서는 소급효금지의 원칙상 사후적으로 법률을 변경하여 구성요건(범죄유형)을 신설하거나 기존구성요건의 적용범위를 확대하거나 또는 위법성조각사유 또는 책임조각사유를 축소·폐지함으로써 처벌범위를 확장하는 것은 허용되지 않는다. 예를 들어 2012.12.18. 전부개정된 성폭법(법률 제11556호, 2013.6.19. 시행) 제20조와 아청법(법률 제11572호, 2013.6.19. 시행) 제19조는 음주 또는 약물로 인한 심신장애 상태에서 성폭력범죄 또는 아동·청소년에 대한 성폭력범죄를 범한 때에는 형법 제10조 제1항·제2항 및 제11조를 적용하지 아니할 수 있도록 하였으나, 부칙에서 경과규정을 두어 이들 규정은 개정법률의 시행 후에 행해진 범죄에 대해서만 적용되도록 하였다.

범죄의 처벌과 관련해서는 사후입법에 의하여 법률개정 전에 행해진 행위에 대하여 가중된 형벌을 적용하는 것은 소급효금지의 원칙에 반한다. 2018.10.16. 개정 형법(법률 15793호, 2018.10.16. 시행)은 업무상위계·위력에 의한 간음죄(형법 제303조 제1항)와 피구금자간음죄(같은 조 제2항)의 법정형을 각각 '5년 이하의 징역 또는 1,500만원 이하의 벌금'과 '7년 이하의 징역'에서 '7년 이하의 징역 또는 3,000만 원 이하의 벌금'과 '10년 이하의 징역'으로 상향조정하였는데, 개정 형법의 시행 전의 행위에 대하여 가중된 형벌을 적용하는 것은 죄형법정주의에 반한다.

그런데 법정형의 상향조정 이외에 예컨대 노역장유치 기간의 연장, 선고유예·집행유예·가석방 요건의 엄격화, 형의 시효기간의 연장 또는 폐지, 부정기형 선고연령의 축소 등 처벌과 관련된 일련의 요건에 대해서도 소급효금지의 원칙이 적용될 것인지에 대해서는 불명확한 점이 적지 않다. 게다가 위의 대상 판결에서 볼 수 있듯이 판례는 보안처분에 대해서는 원칙적으로 형벌불소급의 원칙이 적용되지 않는다는 입장을 취하고 있다. 그러면서도 일부 판례에서는 실질적으로 신체적 자유를 제한하는 처분에 대해서는 소급효금지의 원칙이 적용된다는 입장을 취하고 있다.

헌법은 범죄의 성립과 처벌에 관한 실체법의 영역은 물론 소추와 같은 절차법의 영역에도 소급효금지의 원칙이 적용됨을 선언하고 있고, 형법의 해석상 비단 법정형뿐만 아니라 형의 선고(선고유예, 부정기형)와 집행(집행유예, 가석방, 노역장 유치와 같은 환형처분) 등의 범죄의 처벌에 관한 일련의 요건에 대해서도 소급효금지의 원칙이 적용될 수 있음에도 불구하고, 위와 같이 판례가 소급효금지 원칙의 적용범위에 관하여 소극적인 태도를 취하고 있는 것은 헌법의 이념에 부합한다고 보기 힘들다.

아래에서는 범죄의 처벌에 관한 소급효금지 원칙의 적용과 관련된 입법과 판례를 살펴 본 다음 대상판결의 문제점을 지적하고 올바른 해결방안에 대해 제시하기로 한다.

Ⅱ. 범죄의 처벌에 관한 소급효금지 원칙의 적용과 관련된 입법과 판례

1. 처벌 여부 및 형벌과 관련된 소급효금지 원칙의 적용

법령과 판례는 처벌 여부 및 처벌의 정도와 관련해서는 비교적 엄격하게 소급효금지 원칙을 적용하고 있다고 말할 수 있다.

소급효금지의 원칙상 사후적으로 법률을 변경하여 구성요건(범죄유형)을 신설하거나 기존구성요건의 적용범위를 확대하거나 또는 위법성조각사유 또는 책임조각사유를 축소·폐지함으로써 처벌범위를 확장하는 것은 허용되지 않는다. 예를 들어 2012.12.18. 전부개정된 성폭법(법률 제11556호, 2013.6.19. 시행) 제20조와 아청법(법률 제11572호, 2013.6.19. 시행) 제19조는 음주 또는 약물로 인한 심신장애 상태에서 성폭력범죄 또는 아동·청소년에 대한 성폭력범죄를 범한 때에는 형법 제10조 제1항·제2항 및 제11조를 적용하지 아니할 수 있도록 하였으나, 부칙에서 경과규정을 두어 이들 규정은 개정법률의 시행 후에 행해진 범죄에 대해서만 적용되도록 하였다.

또한 사후입법에 의하여 법률개정 전에 행해진 행위에 대하여 가중된 형벌을 적용하는 것은 소급효금지의 원칙에 반한다. 2012.12.18. 개정 형법(법률 11574

호, 2012.12.18. 시행)은 상습으로 강간(제297조), 유사강간(제297조의2), 강제추행(제298조), 준강간·준유사강간·준강제추행(제299조)업, 미성년자등간음·추행(제302조), 업무상위력등에 의한 간음(제303조), 의제강간(제305조)의 죄를 범한 자를 가중처벌하는 규정(제305조의2)를 두었는데, 이 규정이 시행되기 전에 행한 강간 등의 범행은 상습으로는 가중처벌할 수 없고 행위시법에 기초하여 강간 등의 죄로 처벌할 수 있을 따름이다(대법원 2016.1.28. 선고 2015도15669 판결 참조).

판례는 형벌불소급의 원칙에서 의미하는 '처벌'은 형법에 규정되어 있는 형식적 의미의 형벌 유형에 국한되지 않으며, 범죄행위에 따른 제재의 내용이나 실제적 효과가 신체의 자유를 박탈하거나 이에 준하는 정도로 신체의 자유를 제한하는 경우에도 적용된다고 본다. 벌금을 납입하지 아니하는 자는 1일 이상 3년 이상의 기간 노역장에 유치하여 작업에 복부하게 하는데(형법 제69조 제2항), 노역장유치는 그 실질이 신체의 자유를 박탈하는 것으로서 징역형과 유사한 형벌적 성격을 가지고 있으므로 형벌불소급원칙의 적용대상이 된다. 수백억 원 또는 수천억 원의 벌금형을 선고받은 경우에도 노역장 유치기간은 최장 3년이므로 벌금을 노역장유치로 환산하면 일당이 수억 원에 달하는 이른바 '황제노역'이 문제되자 2014.5.14. 형법을 개정(법률 12575호, 2014.5.14. 시행)하여 선고하는 벌금이 1억 원 이상 5억 원 미만인 경우에는 300일 이상, 5억 원 이상 50억 원 미만인 경우에는 500일 이상, 50억 원 이상인 경우에는 1,000일 이상의 유치기간을 정하도록 하였다(형법 제70조 제2항). 당시 부칙조항은 노역장유치조항의 시행 전에 행해진 범죄행위에 대해서도 공소제기의 시기가 노역장유치조항의 시행 이후이면 이를 적용하도록 하였는데(부칙 제2조), 헌법재판소는 개정 노역장유치조항은 1억원 이상의 벌금형을 선고받는 자에 대하여 유치기간의 하한을 중하게 변경시킨 것으로 이는 형벌불소급의 원칙에 위반된다고 결정하였다(헌법재판소 2017.10.26. 선고 2015헌바239 결정 참조). 이에 2020.10.20. 형법 부칙을 개정(법률 제17511호, 2020.12.18. 시행)하여 노역장유치에 관한 개정 조항은 개정 형법의 시행 후 최초로 저지른 범죄부터 적용하도록 하였다.[1)]

1) 자세한 내용은 양랑해, "노역장유치기간의 변경과 형벌 불소급원칙 – 헌법재판소 2017. 10. 26. 선고 2015헌바239, 2016헌바177 결정 및 대법원 2018. 2. 13. 선고 2017도17809 판결 –". 동북아법연구 16권 1호(2022.4). 293면 이하 참조.

2. 형벌의 집행과 관련된 소급효금지원칙의 적용

처벌여부 및 처벌의 정도와 비교해 볼 때 법령과 판례는 형벌의 집행과 관련해서는 비교적 소급효금지 원칙을 완화하여 적용하고 있다고 말할 수 있다.

판례는 형벌 자체를 가중하는 것뿐만 아니라 형벌 가중·감경의 방법, 선고유예, 집행유예, 가석방, 형의 시효 등 형의 선고나 집행의 조건을 피고인에게 불리하게 변경하는 것도 원칙적으로 소급입법금지의 원칙에 반한다고 하면서, 개정 전의 형법을 적용하면 집행유예 결격사유에 해당하지 않지만 개정 후 형법을 적용하면 집행유예 결격사유에 해당하게 되는 경우에는 개정 전의 형법을 적용하는 것이 피고인에게 유리하므로 그 법률을 적용하여야 한다고 판시한 바 있다(대법원 2008.3.27. 선고 2007도7874 판결 참조).

형을 선고받은 사람이 형의 집행을 받지 아니하고 일정한 기간을 경과하면 그 형의 집행이 면제되는 형의 시효(형법 제77조부터 제80조까지)과 관련하여 2014.5.14. 개정형법(법률 12575호, 2014.5.14. 시행)은 형이 확정된 후 그 형의 집행을 받지 아니한 자가 형의 집행을 면할 목적으로 국외에 있는 기간 동안 형의 시효가 진행되지 않도록 하는 규정을 신설하였다(형법 제79조 제2항). 이에 2014.5.14. 개정 형법은 부칙에 개정 형법이 시행된 후 저지른 범죄부터 개정규정을 적용하도록 하였다(부칙 제2조).

이와는 달리 가석방과 소년에 대한 부정기형의 선고의 요건과 관련해서는 소급효금지 원칙을 엄격하지 적용하지 않으려는 경향이 있다.

2010.4.15. 개정 형법(법률 10259호, 2010.10.15. 시행)은 유기형의 상한을 15년에서 30년으로 높이고 유기형을 가중할 때의 상한은 25년에서 50년으로 하며(제42조), 사형에 대한 감경을 '10년 이상'에서 '20년 이상 50년 이하'로 높이고(제55조 제1항 제1호), 무기형에 대한 감경을 '7년 이상'에서 '10년 이상 50년 이하'로 높이며(같은 조항 제2호) 무기형의 가석방요건을 '10년'에서 '20년'으로 하는 등(제72조 제1항) 형의 가중·감경의 방법과 가석방의 요건을 피고인에게 불리하게 변경하였다. 형벌불소급의 원칙에 따라 이러한 규정들은 개정형법이 시행된 이후에 행해진 범죄에 대해서만 적용하여야 할 것인데도, 2010.4.15. 개정 형법은 무기형의 가석방에 관한 규정(제72조 제1항)은 개정형법 시행 당시에 수용된 사람에게도 적

용된다고 규정함으로써(부칙 제2조) 개정형법의 시행 전에 범한 죄로 교정시설에 수용 중인 사람에게도 강화된 가석방의 요건을 적용하도록 하고 있다.

또한 2007.12.21. 소년법(법률 제8722호, 2008.6.22. 시행)이 개정되어 소년의 범위가 20세 미만에서 19세 미만으로 축소되었는데, 판례는 부정기형에 관한 소년법 제60조 제2항의 적용대상인 '소년'인지의 여부도 심판시, 즉 사실심판결 선고시를 기준으로 판단되어야 한다는 이유로 2007.12.21. 개정 소년법이 시행되기 전에 범행을 저지르고 저지른 범행이라고 할지라도 판결 선고시에 19세 이상인 때에는 부정기형을 선고할 수 없고 정기형을 선고하여야 한다고 보았다(대법원 2009.5.28. 선고 2009도2682 판결 참조).

3. 보안처분과 관련된 소급효금지 원칙의 적용

판례는 보안처분과 관련해서는 소급효금지 원칙의 적용 여부에 관해 일관된 입장을 취하고 있지 않는 가운데, 전체적으로 볼 때 소급효금지 원칙의 적용에 대하여 부정적인 입장을 취하고 있다.

지난 1995.12.29. 개정형법(법률 제5057호, 1996.7.1. 시행)은 선고유예, 집행유예 또는 가석방시 보호관찰, 수강명령 또는 사회봉사명령을 부과할 수 있도록 하였는데, 대법원은 "보호관찰은 형벌이 아니라 보안처분의 성격을 갖는 것으로서, 과거의 불법에 대한 책임에 기초하고 있는 제재가 아니라 장래의 위험성으로부터 행위자를 보호하고 사회를 방위하기 위한 합목적적인 조치이므로, 그에 관하여 반드시 행위 이전에 규정되어 있어야 하는 것은 아니며, 재판시의 규정에 의하여 보호관찰을 받을 것을 명할 수 있다"고 판시한 바 있다(대법원 1997.6.13. 선고 97도703 판결 참조).[2)]

성폭법, 아청법은 성폭력범죄에 대한 대책으로 성폭력범죄자 신상정보의 등록·공개·고지, 위치추적전자장치부착 등의 제도를 도입하면서 법률시행 전에 범한 성폭력범죄에 대해서도 이러한 조치를 취할 수 있도록 하였다. 이에 대해 대법

2) 이에 대해서는 김병운, "개정 형법 시행 이전에 죄를 범한 자에 대하여 개정 형법에 따른 보호관 찰을 명할 수 있는지 여부", 형사재판의 제문제 제3권(2002), 25면 이하; 김혜정, "보호관찰과 형벌불소급의 원칙", 형사판례의 연구 I (지송 이재상 교수화갑기념논문집), 2003, 25면 이하; 이재홍, "보호관찰과 형벌불소급의 원칙", 형사판례연구 7호(1999), 18면 이하 참조.

원과 헌법재판소는 신상정보공개·고지명령 및 위치추적전자장치부착명령은 성범죄자에 대한 응보 목적의 형벌과 달리 성범죄의 사전예방을 위한 보안처분적 성격이 강한 점 등을 이유로 법률시행 전에 범한 성폭력범죄에 대해 적용하더라도 소급입법금지의 원칙에 반하지 않는다는 입장을 취하고 있다(대법원 2011.3.24. 선고 2010도14393 판결; 대법원 2011.9.29. 선고 2011도9253 판결; 헌법재판소 2012.12.27. 2010헌가82 결정; 헌법재판소 2015.9.24. 2015헌바35 결정; 헌법재판소 2016.3.31. 2013헌마585 등 결정; 헌법재판소 2016.12.29. 2015헌바196 결정 등 참조).[3)]

그런데 대법원은 가정폭력처벌법상 사회봉사명령에 대해서는 "가정폭력범죄를 범한 자에 대하여 환경의 조정과 성행의 교정을 목적으로 하는 것으로서 형벌 그 자체가 아니라 보안처분의 성격을 가지나, 한편으로 이는 가정폭력범죄행위에 대하여 형사처벌 대신 부과되는 것으로서, 가정폭력범죄를 범한 자에게 의무적 노동을 부과하고 여가시간을 박탈하여 실질적으로는 신체적 자유를 제한하게 되므로, 이에 대하여는 원칙적으로 형벌불소급의 원칙에 따라 행위시법을 적용함이 상당하다"고 판시하였다(대법원 2008.7.24. 선고 2008어4 결정 참조).

한편 2012.12.18. 개정된 전자장치부착법(법률 제11558호, 2012.12.18. 시행)은 부착명령청구 요건 및 부착기간 하한 가중 요건을 완화·확대하면서 이 규정의 소급적용에 관하여는 명시적인 경과규정을 두지 않았는데, 이에 대해 대법원은 전자장치 부착명령에 관하여 피고인에게 실질적인 불이익을 추가하는 내용의 법 개정이 있고, 그 규정의 소급적용에 관한 명확한 경과규정이 없는 한 그 규정의 소급적용은 이를 부정하는 것이 피고인의 권익 보장이나 부칙에서 일부조항을 특정하여 소급적용에 관한 경과규정을 둔 입법자의 의사에 부합한다고 판시하였다(대법원 2013.7.25. 선고 2013도6181 판결; 대법원 2013.7.26. 선고 2013도6220 판결 참조).

---

3) 자세한 내용은 송영지, "신상정보 공개·고지명령 제도의 소급효", 형사정책연구 22권 4호(2011 겨울호), 220면 이하; 박찬걸, "위치추적 전자감시제도의 소급적용에 대한 비판적 고찰", 헌법논총 24집(2013), 349면 이하; 이창섭, "위치추적 전자장치 부착명령의 법적 성격과 형벌불소급의 원칙", 형사정책 23권 2호(2011.12). 187면 이하; 장연화, 위치추적 전자장치 부착제도의 법적 성격과 소급효금지원칙의 적용에 관한 연구", 보호관찰 10권 2호(2010), 137면 이하; 정신교, "위치추적 전자감시의 소급효", 법학연구 10권 9호(2011.8)> 387면 이하; 정철호·권영복, "전자감시제도의 확대와 소급형벌금지의 원칙", 한국위기관리논집 9권 11호(2013.11). 309면 이하; 김혜정, "형 집행 종료 후의 전자장치 부착명령과 소급효금지원칙과의 관계", 고시계 2013년 11월호, 167면 이하 참조.

4. 소추조건(친고죄 및 반의사불벌죄)와 관련된 소급효금지원칙의 적용

소급효가 문제되는 것이 고소가 있어서 공소를 제기할 수 있는 범죄, 즉 친고죄에서의 고소이다. 친고죄에서 고소가 없거나 또는 고소가 취소된 때에는 공소를 제기할 수 없으며 공소가 제기되더라도 법원은 공소기각판결을 선고하여야 한다(형소법 제327조).

2012.12.18.에 전부개정된 성폭법(법률 제11556호, 2013.6.16. 시행)은 그동안 친고죄로 규성하고 있었던 업무상위계·위력추행죄(제10조 제1항), 공중밀집장소추행죄(제11조), 통신매체이용음란행위죄(제11조)를비친고죄로 변경하였는데, 부칙에서 경과조치로서 개정법률 시행 전에 행해진 범죄에 대해서는 종전의 규정을 적용하도록 하였다. 또한 지난 2012.12.18. 형법이 개정(법률 제11574호, 2013.6.18. 시행)되면서 기존의 친고죄였던 강간죄(제297조), 강제추행죄(제298조), 준강간·강제추행죄(제299조), 미성년자간음·추행죄(제302조), 업무상위계·위력 간음죄(제303조), 미성년자 간음·추행죄(제305조) 등이 비친고죄로 전환되었다(제296조, 제306조 참조). 이와 함께 부칙에서 개정규정은 개정형법 시행 후 최초로 저지른 범죄부터 적용하도록 하였다(부칙 제2조). 따라서 2012.12.18. 개정 형법이 시행되기 전에 행한 강제추행에 대하여 고소가 없거나 고소가 취소된 때에는 검사는 공소를 제기할 수 없고, 그럼에도 불구하고 검사가 공소를 제기하였다면 때에는 그 공소제기는 법률의 규정에 위반하여 무효인 때에 해당하므로 법원은 공소기각판결을 선고하여야 한다(대법원 2016.1.28. 선고 2015도15669 판결 참조).

친고죄의 고소기간을 범인을 알게 된 날로부터 6개월이다(형소법 제230조 제1항). 성폭법은 고소기간에 대한 특례를 인정하여 성폭력범죄 중 친고죄의 고소기간을 '범인을 알게 된 날부터 1년'으로 규정하고 있었다가(제18조 제1항) 2013.4.5. 성폭법을 개정(법률 제11729호, 2013.6.19. 시행)하여 특례조항을 삭제하였다. 그런데 2013.4.5. 개정 성폭법은 부칙에서 특례조항 삭제에 관련된 경과규정을 두고 있지 않아 그 시행일 이전에 저지른 친고죄인 성폭력범죄의 고소기간에 특례조항이 적용되는지 여부가 문제되었다. 판례는 개정 성폭법 시행일 이전에 저지른 친고죄인 성폭력범죄의 고소기간은 개정 전 특례조항에 따라서 '범인을 알게 된 날부터 1년'이라고 보는 것이 타당하다고 판시하였다(대법원 2018.6.28. 선고 2014도13504 판결 참조).

2000.2.3. 제정된 청소년성보호법(법률 제6261호, 2000.7.1. 시행)은 청소년에 대한 강간, 강제추행, 준강간, 준강제추행 및 위계·위력 간음·추행의 죄를 별도로 처벌하는 규정(제10조)을 두었는데, 당시 형법상 이들 범죄가 친고죄였기 때문에 판례는 이들 죄도 친고죄로 보아야 한다고 판시하였다(대법원 2001.6.15. 선고 2001도1017 판결 참조). 이에 정부는 2007.8.3. 청소년성보호법(법률 제8634호, 2008.2.4. 시행)을 전부개정하여 이들 죄를 비롯하여 아동·청소년에 대한 업무상 위계·위력에 의한 추행죄를 반의사불벌죄로 규정하고, 2009.6.9. 청소년성보호법을 아청법(법률 제9765호, 2010.10.1. 시행)으로 전부개정한 이후에도 여전히 반의사불벌죄로 유지하였으나 2010.4.15. 아청법(법률 제10260호, 2010.4.15. 시행)을 개정하여 아동청소년에 대한 성폭법 제10조 제1항(업무상 위계·위력에 의한 추행), 제11조(공중밀집장소추행), 제12조(통신매체이용음란)만을 반의사불벌죄로 남겨두고 나머지 아동청소년에 대한 성폭력범죄는 모두 일반범죄로 변경하였다. 그 이후 아청법은 2012.2.1.과 2012.12.18. 두 차례 개정을 거치면서 이들 죄들도 모두 반의사불벌죄가 아닌 일반범죄로 변경되었다.

이처럼 아동·청소년에 대한 성폭력범죄는 수차례 청소년성보호법과 아청법의 제개정 과정을 거치면서 친고죄에서 반의사불벌죄로 그리고 다시 반의사불벌죄에서 일반범죄로 변경되었는데, 각 개정법은 부칙에서 개정법 시행 후 최초로 아동·청소년대상 성범죄를 범한 자부터 적용한다는 경과규정을 두어 소급효금지원칙에 저촉되는 문제를 입법적으로 해결하였다(2010.4.15. 법률 제10260호 부칙 제2조, 2012.2.1. 법률 제11287호 부칙 제2조, 2012.12.18. 법률 제11572호 부칙 제9조 참조).

5. 공소시효와 관련된 소급효금지원칙의 적용

소급입법금지의 원칙은 실체법인 형법에만 적용되는가 또는 절차법인 형사소송법에도 적용되는가가 문제된다. 일반적으로 실체법과는 달리 절차법은 처벌의 여부나 정도가 아니라 처벌의 절차를 규정하고 있으므로 죄형법정주의가 적용되지 않는다고 설명된다. 헌법재판소도 "헌법이 규정한 형벌불소급의 원칙은 형사소추가 '언제부터 어떠한 조건 하에서' 가능한가의 문제에 관한 것이고, '얼마

동안' 가능한가의 문제에 관한 것은 아니다. 다시 말하면 형벌불소급의 원칙은 '행위의 가벌성'에 관한 것이기 때문에, 소추가능성에만 연관될 뿐 가벌성에는 영향을 미치지 않는 공소시효에 관한 규정은 원칙적으로 그 효력범위에 포함되지 않는다"고 판시한 바 있다(헌법재판소 1996.2.16. 96헌가2 등 결정 참조).

헌법재판소는 법률을 개정하여 공소시효를 폐지 또는 연장하더라도 개정법률 시행 당시 아직 공소시효가 완성되지 아니한 범죄에 대해서 피고인에게 불리한 개정법률을 적용하는 것은 소급효금지원칙에 반하지 않는다. 헌법재판소는 공소시효를 폐지하고 나아가 소급적용을 인정한 대표적인 법률인 「5·18민주화운동 등에 관한 특별법」과 관련하여, 공소시효가 완성된 후 공소시효를 연장 또는 폐지하는 것(진정소급효)은 원칙적으로 소급입법금지의 원칙에 반하지만 공소시효가 아직 완성되지 아니한 범죄에 대한 공소시효를 법률의 개정으로 연장 또는 폐지하는 것(부진정소급효)은 반드시 소급입법 금지의 원칙에 반한다고 볼 수 없다는 입장을 취하고 있다(헌법재판소 1996.2.16. 96헌가2 등 결정 참조).[4)]

그러나 절차법이라고 하여 무조건 죄형법정주의의 적용이 배제되는 것으로 볼 수는 없다. 형벌불소급의 원칙은 범죄의 성립과 처벌에 있어서 사후입법의 소급적용을 금지하는 것으로, 행위시법의 절차법에 의하면 처벌이 불가능함에도 불구하고 사후입법에 의해 처벌이 가능하도록 하는 것은 결국 형벌불소급 원칙의 취지에 반하기 때문이다. 특히 공소시효는 피고인의 처벌여부와 직결되어 있다. 범죄행위가 종료한 때로부터 정지사유 없이 일정한 기간이 경과함으로써 공소시효가 완성되며(형소법 제252조 제1항, 제249조 제1항) 공소시효가 완성된 때에는 피고인에 대하여 면소판결을 선고해야 하기 때문이다. 공소시효는 절차법적 제도로서 실체법에서 정해진 형벌권의 존부를 결정하는 것은 아니지만, 피고인의 입장에서는 공소시효에 따라 형벌의 유무가 달라지는 결과를 가져오고 공소시효가 배제·연장됨에 따라 실질적인 불이익을 입는 점과 헌법상 죄형법정주의의 파생원칙인 형사법의 엄격해석의 원칙을 고려하면, 형법 제1조를 유추적용하여 개정 전후를 비교하여 피고인에게 유리한 공소시효 기간에 따라야 한다고 보는 것이 옳

4) 조국, "반인권적 국가범죄'의 공소시효의 정지·배제와 소급효금지의 원칙". 형사법연구 17호(2002), 1면 이하; 김남진, "5·18 민간인학살과 반인도적 범죄: 공소시효와 소급효금지원칙을 중심으로", 민주주의와 인권(제21권 3호), 235면 이하; 허일태, 권위주의시대의 반인륜적 범죄행위와 소급효금지원칙", 동아법학 31호(2002), .99면 이하 참조.

다(광주고법 2015.1.7. 선고 2014노99 판결 참조). 지난 2007.12.21. 형사소송법 제249조가 개정되어 공소시효 기간이 일률적으로 연장되었는데, 개정 형소법(법률 제8730호, 2007.12.21. 시행)은 "이 법 시행 전에 범한 죄에 대하여는 종전의 규정을 적용한다"(부칙 제3조)고 규정함으로써 형벌불소급의 문제를 입법적으로 해결하였다.

그리고 지난 2015.7.31. 형소법(법률 제13454호, 2015.7.31. 시행)이 개정되어 사람을 살해한 범죄(종범은 제외함)로 사형에 해당하는 범죄에 대해서는 공소시효가 적용되지 않게 되었는데, 개정 형소법은 그 시행 전에 범한 범죄로 아직 공소시효가 완성되지 아니한 범죄에 대해서도 적용한다고 규정하여(부칙 제2조), 아직 공소시효가 완성되지 아니한 경우에는 개정 법률 시행 전에 범한 범죄라고 하더라도 개정법률을 적용하도록 하였다.

2010.4.15.에 제정된 성폭법(법률 제10258호, 2010.4.15. 시행)은 미성년자에 대한 성폭력범죄의 공소시효는 성폭력범죄로 피해를 당한 미성년자가 성년에 달한 날부터 진행하도록 하고, 디엔에이(DNA)증거 등 그 죄를 증명할 수 있는 과학적인 증거가 있는 때에는 공소시효가 10년 연장하는 특례를 두면서, 그 시행 전에 행하여진 성폭력범죄로 아직 공소시효가 완성되지 아니한 경우에도 특례를 적용하도록 하였고(부칙 제3조), 2016.12.20. 개정된 성폭법(법률 제14412호, 2016.12.20. 시행)은 강도강간미수범에 대한 공소시효를 연장하고 2019.8.20. 개정된 성폭법(법률 제16445호, 2019.8.20. 시행)은 장애인에 대한 강간·강제추행 등에 대한 공소시효를 배제하면서 부칙에 마찬가지로 개정 법률의 시행 전에 행하여진 범죄로서 아직 공소시효가 완성되지 아니한 것에 대해서는 개정법률을 적용하도록 하였다.

그런데 공소시효를 연장 또는 폐지하면서 경과규정을 두지 않은 경우에 개정법률의 시행 전에 행한 범죄로서 아직 공소시효가 완성되지 않은 것에 대하여 개정법률을 적용할 수 있는가가 문제된다. 2011.11.17. 개정된 성폭법(법률 제11088호, 2011.11.17. 시행)은 제20조 제3항에서 "13세 미만의 여자 및 신체적인 또는 정신적인 장애가 있는 여자에 대하여 형법 제297조(강간) 또는 제299조(준강간, 준강제추행)의 죄를 범한 경우에는 제1항과 제2항에도 불구하고 형소법 제249조부터 제253조까지…에 규정된 공소시효를 적용하지 아니한다"고 규정하여 공소시효 배제조항을 신설하면서도 이에 대하여는 경과규정을 두지 아니하였다. 이에 대해 대법원은 특별법에 소급적용에 관한 명시적인 경과규정이 없는 경우에는 피고인에게 유리한 종전 규정을 적용하여야 한다고 판시하였다(대법원 2015.5.28. 선고 2015도1362 판결 참조).[5] 한편 2014.1.28. 제정 아동학대처벌법(법률 제12341호, 2014.9.29. 시행) 아동학대범죄의 공소시효는 아동학대범죄의 피해아동이 성년에 달한 날부터 진행하도록 규정하고 있었는데, 이에 대해서 대법원은 아동학대처벌법의 시행 당시에는 범죄행위가 종료되었으나 아직 공소시효가 완성되지 아니한 아동학대범죄에 대하여도 적용된다고 보았다(대법원 2016.9.28. 선고 2016도7273 판결, 대법원 2021.2.25. 선고 2020도3694 판결 참조).[6]

Ⅲ. 대상판결의 문제점 및 올바른 해결방안

1. 문제점

이상에서 헌법상 소급효금지의 원칙이 형법과 형사소송법 그리고 판례에서 어떻게 구현되어 있는지에 대해 살펴 보았다. 소급효금지의 원칙은 헌법에 명시된 원칙임에도 불구하고 역사의 전환점에서는 항상 민주주의를 앞세운 도전에 직면하였다.[7]

소급효와 관련된 입법과 판례를 살펴보면 범죄의 성립과 처벌에 대해서면 비교적 엄격하게 소급효금지의 원칙을 적용할 뿐 처벌의 절차에 관한 소추조건(친고죄, 반의사불벌죄)과 공소시효와 관련해서는 많은 예외를 인정하고 있고 특히

5) 이 판례에 대한 평석으로는 이창섭, "공소시효 정지·연장·배제조항과 부진정소급효", 법조 최신판례분석 2016·12(760호), 608면 이하 참조.

6) 위 두 판례에 대한 평석으로는 강동범, "공소시효의 정지·연장·배제와 소급효", 형사법의 신동향58호(2018).3), 299면 이하 참조.

7) 소급효를 인정한 대표적인 법률로는 「반민족행위자처벌법」(1948), 「부정선거관련자처벌법」(1960), 「부정축재처리법」(1961), 「정치활동정화별법」(1962), 「정치풍토쇄신을 취한 특별조치법」(1980) 「헌정질서파괴범죄의공소시효등에관한특례법」·「5·18민주화운동 등에 관한 특별법」(1995), 「친일반민족행위자 재산의 국가귀속에 관한 특별법」(2005) 등이 있다. 이러한 법률의 내용과 문제점에 대해서는 임윤수·김웅, "형벌불소급원칙의 예외적 허용에 대한 헌법적 근거의 필요성 연구", 법학연구 제16권 제2호(2016), 159면 이하 ; 오현석, "특수범죄처벌에관한특별법이 소급형법임에도 여전히 위헌이라 할 수 없다는 견해의 오류에 관한 연구", 사법 1권 23호(2013), 243면 이하 참조.

형벌이 아닌 보안처분에 대해서는 소급효를 금지하지 않는 것이 원칙이라고 할 수 있을 만큼 광범위한 예외를 인정하고 있다. 판례는 각종의 보안처분에 대해 소급효금지의 원칙이 적용되지 않는 이유와 관련해서는, 위 대상판결에서 볼 수 있는 것과 "보호관찰은 형벌이 아니라 보안처분의 성격을 갖는 것으로서, 과거의 불법에 대한 책임에 기초하고 있는 제재가 아니라 장래의 위험성으로부터 행위자를 보호하고 사회를 방위하기 위한 합목적적인 조치이므로, 그에 관하여 반드시 행위 이전에 규정되어 있어야 하는 것은 아니며, 재판 시의 규정에 의하여 보호관찰을 받을 것을 명할 수 있다고 보아야 할 것이다."고 설명하고 있고, 이러한 법리는 보호관찰뿐만 아니라 모든 유형의 보안처분에 대해 소급효금지 원칙을 적용하지 않는 근거로 활용되고 있다.

그러나 이는 형벌과 구분하여 보안처분에 대해서 소급효를 인정하고 있는 각종 입법과 판례에 것에 대한 이론적 설명에 불과할 뿐, 형벌과 보안처분을 구분하여 원칙적으로 전자에 대해서만 소급효금지 원칙을 적용하고 후자에 대해서는 부정할 수 있는 법치국가적 근거가 아니다. 헌법은 제13조 제1항과 제2항에서 "모든 국민은 행위 시의 법률에 의하여 범죄를 구성하지 아니하는 행위로 소추되지 아니 … 한다", "모든 국민은 소급입법에 의하여 참정권의 제한을 받거나 재산권을 박탈당하지 아니한다"고 규정하고 있는바, 형벌과 보안처분에 대해 차별적으로 소급효금지 원칙을 적용할 수 있는 근거를 그 어디에서도 찾아볼 수 없다.

이 뿐만 아니라 헌법 제12조 제1항은 "모든 국민은 … 적법한 절차에 따르지 아니하고는 처벌, 보안처분 또는 강제노역을 받지 아니한다"고 규정함으로써, 형벌 뿐만 아니라 보안처분에 대해서도 명시적으로 적법절차 원칙이 적용됨을 선언하고 있다. 적법절차 원칙은 신체의 자유를 포함하여 국민의 인권을 보장하기 위한 기본원리로서, 형사소송절차뿐만 아니라 모든 국가작용, 입법작용 전반에 대하여 문제된 법률의 실체적 내용이 합리성과 정당성을 갖추고 있는지 여부를 판단하는 기준이 된다.[8] 이처럼 헌법이 적법절차 원칙과 소급효금지 원칙의 적용에 관하여 형벌과 보안처분을 구분하지 않음에도 불구하고, 판례가 이를 구분하여 적용하는 것은 부당하다.

---

8) 헌법재판소 1992.12.24. 선고 92헌가8 결정.

그리고 위 대상판례는 형벌과 보안처분의 실질적 성격이 다르다고 보고 있으나, 형벌과 보안처분은 모두 자유박탈적 제재수단이라는 점에서 실질적 차이가 없다.[9] 판례도 이 점을 인정하고 있다. 대법원은 가정폭력처벌법상 사회봉사명령에 대해서는 형벌 그 자체가 아니라 보안처분의 성격을 가지나 가정폭력범죄를 범한 자에게 의무적 노동을 부과하고 여가시간을 박탈하여 실질적으로는 신체적 자유를 제한한다는 이유로 형벌불소급의 원칙이 적용된다고 판시하고 있다(대법원 2008.7.24. 선고 2008어4 결정 참조). 그리고 전자장치 부착명령은 피고인에게 실질적인 불이익을 추가한다는 이유로 소급적용에 관한 명확한 경과규정이 없는 한 소급적용을 부정하는 것이 피고인의 권익 보장에 부합한다고 판시하고 있다(대법원 2013.7.25. 선고 2013도6181 판결; 대법원 2013.7.26. 선고 2013도6220 판결 참조). 이러한 판례에서 볼 수 있듯이 대법원이 스스로 보안처분이 피고인의 신체적 자유와 인권을 제한하는 제재임을 인정하고 있으면서, 형벌과 보안처분의 법적 성격이 다르다는 이유로 소급효금지 원칙의 적용에 차등을 두는 것은 모순이 아닐 수 없다.

2. 올바른 해결방안

따라서 보안처분이 피고인의 신체적 자유를 제한하고 인권을 제한하는 제재인 이상 헌법상 적법절차 원칙 및 소급효금지 원칙의 적용을 받아야 한다. 다만 국민의 자유와 권리는 국가안정보장, 질서유지 또는 공공복리를 위하여 필요한 경우에는 법률로 제한될 수 있으므로, 예외적인 경우에는 소급효가 인정될 수 있다. 그러나 그 예외를 허용하는 것은 기존의 법을 변경하여야 할 공익적 필요는 심히 중대한 반면에 그 법적 지위에 대한 개인의 신뢰를 보호하여야 할 필요가 상대적으로 정당화될 수 없는 경우로 제한되어야 하고, 이 경우에도 반드시 법률에 명문을 규정을 두어야 한다.[10] 특히 기존의 법에 의하여 형성되어 이미 굳어진 개인의 법적 지위를 사후입법을 통하여 박탈하는 것 등을 내용으로 하는 진정소급입법은 개인의 신뢰보호와 법적 안정성을 내용으로 하는 법치국가원리에 의

9) 형벌과 보안처분의 성격의 차이를 전제로 한 소급효금지 원칙의 차별적 적용을 비판한 글로는 윤상민, "형사제재와 소급효금지의 원칙", 법학연구 38집(2018.5), 200면 이하 참조.

10) 헌법재판소 1996. 2. 16 자 96헌가2 결정; 헌법재판소 1989.3.17. 선고, 88헌마1 결정; 헌법잻나소 1989.12.18. 선고, 89헌마32·33 결정 등 참조

하여 헌법적으로 허용되지 않는다.

헌법상 적법절차 원칙 및 소급효원칙은 비단 형벌에 한정되지 않고 실질적으로 피고인의 신체적 자유와 인권을 제한하는 보안처분에 대해서도 적용되어야 한다. 물론 형벌과 보안처분의 신체적 자유와 인권을 제한 정도에 차이가 있을 수 있으나, 이는 예외의 허용여부를 판단함에 있어 고려해야 할 요소일 뿐 형벌과 보안처분의 성격이 다르다는 이유로 보안처분에 대한 적법절차 원칙 및 소급효원칙의 적용을 배제해야 할 것은 아니다. 이러한 이유에서 보안처분에 대한 소급효금지 원칙의 적용을 배제하는 리딩케이스가 되고 있는 대법원 1997.6.13. 선고 97도703 판결은 마땅히 폐기되어야 한다고 본다.

5. 외국에서의 미결구금과 형의 산입 문제

전지연 교수(연세대학교 법학전문대학원)*

[대상판결]

대법원 2017. 8. 24. 선고 2017도5977 전원합의체 판결

[판결요지] [1] 형법 제7조는 "죄를 지어 외국에서 형의 전부 또는 일부가 집행된 사람에 대해서는 그 집행된 형의 전부 또는 일부를 선고하는 형에 산입한다."라고 규정하고 있다. 그런데 여기서 '외국에서 형의 전부 또는 일부가 집행된 사람'이란 문언과 취지에 비추어 '외국 법원의 유죄판결에 의하여 자유형이나 벌금형 등 형의 전부 또는 일부가 실제로 집행된 사람'을 말한다고 해석하여야 한다. 따라서 형사사건으로 외국 법원에 기소되었다가 무죄판결을 받은 사람은, 설령 그가 무죄판결을 받기까지 상당 기간 미결구금되었더라도 이를 유죄판결에 의하여 형이 실제로 집행된 것으로 볼 수는 없으므로, '외국에서 형의 전부 또는 일부가 집행된 사람'에 해당한다고 볼 수 없고, 그 미결구금 기간은 형법 제7조에 의한 산입의 대상이 될 수 없다.

[2] 외국에서 이루어진 미결구금을 형법 제57조 제1항에서 규정한 본형에 당연히 산입되는 미결구금과 같다고 볼 수 없다. 결국 미결구금이 자유박탈이라는 효과 면에서 형의 집행과 일부 유사하다는 점만을 근거로, 외국에서 형이 집행된 것이 아니라 단지 미결구금되었다가 무죄판결을 받은 사람의 미결구금 일수를 형법 제7조의 유추적용에 의하여 그가 국내에서 같은 행위로 인하여 선고받는 형에 산입하여야 한다는 것은 허용되기 어렵다.

[3] 피고인이 외국에서 기소되어 미결구금되었다가 무죄판결을 받은 이후 다

* 전지연 연세대학교 법학전문대학원 교수는 독일 Göttingen대학교에서 법학박사학위를 받았고, 한국형사법학회 회장, 법무부검찰개혁위원회 위원, 검찰총장추천위원회 위원, 연세대학교 법학전문대학원 원장 등을 역임하였다.

시 그 행위로 국내에서 처벌받는 경우, 공판 과정에서 외국에서의 미결구금 사실이 밝혀진다면, 양형에 관한 여러 사정들과 함께 그 미결구금의 원인이 된 사실과 공소사실의 동일성의 정도, 미결구금 기간, 해당 국가에서 이루어진 미결구금의 특수성 등을 고려하여 필요한 경우 형법 제53조의 작량감경 등을 적용하고, 나아가 이를 양형의 조건에 관한 사항으로 참작하여 최종의 선고형을 정함으로써 적정한 양형을 통해 피고인의 미결구금에 따른 불이익을 충분히 해소할 수 있다.

(사실관계) 피고인은 피해자의 권유로 필리핀 소재 여행사에 입사하여 근무하던 중, 피해자를 살해하기로 마음먹고 식칼로 피해자의 가슴과 복부를 찔러 살해한 후 도주하였다. 피고인은 필리핀 경찰에 체포되어, 필리핀 법원에 살인죄로 기소되어 구금상태에서 재판을 받다가 증거불충분으로 검사의 기소를 기각하는 판결을 선고받아 석방되었다. 이후 귀국하여 동일한 범죄로 국내에서 기소되었다. 피고인은 제1심법원(서울중앙지방법원 2016. 11. 8. 선고 2016고합587 판결)과 항소법원(서울고등법원 2017. 4. 21. 선고 2016노3678 판결)으로부터 동일한 범죄사실로 징역 10년을 선고받자 필리핀에서 미결상태로 구금된 5년 1개월의 기간에 대하여 '외국에서 집행된 형의 산입' 규정인 형법 제7조가 적용되어야 한다고 주장하였다.

(참고판결) 헌법재판소 2015.5.28. 선고 2013헌바129 전원재판부(구 형법 제7조 위헌소원)

입법자는 외국에서 형의 집행을 받은 자에게 어떠한 요건 아래, 어느 정도의 혜택을 줄 것인지에 대하여 일정 부분 재량권을 가지고 있으나, 신체의 자유는 정신적 자유와 더불어 헌법이념의 핵심인 인간의 존엄과 가치를 구현하기 위한 가장 기본적인 자유로서 모든 기본권 보장의 전제조건이므로 최대한 보장되어야 하는바, 외국에서 실제로 형의 집행을 받았음에도 불구하고 우리 형법에 의한 처벌 시 이를 전혀 고려하지 않는다면 신체의 자유에 대한 과도한 제한이 될 수 있으므로 그와 같은 사정은 어느 범위에서든 반드시 반영되어야 하고, 이러한 점에서 입법형성권의 범위는 다소 축소될 수 있다.

입법자는 국가형벌권의 실현과 국민의 기본권 보장의 요구를 조화시키기 위하여 형을 필요적으로 감면하거나 외국에서 집행된 형의 전부 또는 일부를 필요적으로 산입하는 등의 방법을 선택하여 청구인의 신체의 자유를 덜 침해할 수 있음에도, 이 사건 법률조항과 같이 우리 형법에 의한 처벌 시 외국에서 받은 형의 집행을 전혀 반영하지 아니할 수도 있도록 한 것은 과잉금지원칙에 위배되어 신체의 자유를 침해한다.

Ⅰ. 문제점

1. 외국에서의 미결구금이 '외국에서 집행된 형'에 포함되는지 여부

대상판결에 의하면 외국에서 이루어진 미결구금은 형법 제7조의 외국에서 집행된 형에 해당하지 않는다는 것이다. 형법 제7조는 '외국에서 집행된 형의 산입'이라는 제목으로 "죄를 지어 외국에서 형의 전부 또는 일부가 집행된 사람에 대해서는 그 집행된 형의 전부 또는 일부를 선고하는 형에 산입한다."라고 규정하고 있다. 여기서'외국에서 형의 전부 또는 일부가 집행된 사람'이란 그 문언과 취지에 비추어 보면 외국 법원의 유죄판결에 의하여 자유형이나 벌금형 등 형의 전부 또는 일부가 실제로 집행된 사람을 말한다고 해석한다. 따라서 형사사건으로 외국 법원에 기소되었다가 무죄판결을 받은 사람은, 설령 그가 무죄판결을 받기까지 상당 기간 미결구금 되었더라도 이를 유죄판결에 의하여 형이 실제로 집행된 것으로 볼 수는 없다는 것이다. 결국 미결구금된 사람은 '외국에서 형의 전부 또는 일부가 집행된 사람'에 해당한다고 볼 수 없고, 그 미결구금 기간은 형법 제7조에 의한 산입의 대상이 될 수 없다는 것이다.

2. 외국에서의 미결구금을 '판결선고전 구금일수의 통산'(제57조)의 적용 가능 여부

대상판례에 의하면 형법 제57조 제1항은 미결구금일수의 전부를 형에 산입하도록 규정하고 있으나 외국에서의 미결구금은 본조의 미결구금에 포함되지 않는다는 것이다. 미결구금은 형의 집행은 아니지만 공소의 목적을 달성하기 위한 불가피한 강제처분이며, 신체의 자유를 박탈하는 점에서 자유형과 유사하기 때문에 인권보호의 관점에서 본형에 산입하는 것이다.[1] 그러나 외국에서 무죄판결을 받고 석방되기까지의 미결구금은 국내에서의 형벌권 행사가 외국에서의 형사절차와는 별개의 것인 만큼 공소의 목적을 달성하기 위하여 필수불가결하게 이루어진

1) 대법원 2003. 2. 11. 선고 2002도6606 판결; 박상기/전지연, 형법학(제5판), 2021, 362면.

강제처분으로 볼 수 없기 때문에 '본형에 당연히 산입되는 미결구금'과 같다고 볼 수 없다.

3. 외국에서의 미결구금을 양형요소로서 반영

피고인이 외국에서 기소되어 미결구금되었다가 무죄판결을 받은 이후 다시 그 행위로 국내에서 처벌받는 경우, 형법 제53조의 작량감경 등을 적용하고, 나아가 이를 양형의 조건에 관한 사항으로 참작하여 최종의 선고형을 정함으로써 적정한 양형을 통해 피고인의 미결구금에 따른 불이익을 충분히 해소할 수 있다고 본다.

II. 쟁점 및 검토

1. 형법 제7조의 직접 적용(?)

형법 제7조의 '외국에서 형의 전부 또는 일부가 집행된 사람'에서 외국에서 형의 집행이 아닌 '미결구금'의 경우도 형의 집행을 받은 사람이라고 해석할 수 있는가이다. 일부에서는 외국에서 이루어진 미결구금의 경우에도 형법 제7조의 직접 적용을 통하여 산입가능하다고 해석한다.[2] 이 견해에 의하면 형법 제57조 제1항에 판결선고전 구금일수 전부를 본형에 산입하도록 규정하고 있으므로 미결구금은 사실상 형과 같다는 취지라고 이해한다. 이에 따라 외국에서 미결구금 되었다가 무죄판결을 받은 사람이 다시 국내에서 재판받을 경우에도 그 미결구금을 본형에 산입하는 것이 가능하다고 이해한다. 왜냐하면 형법 제7조에 규정된 '외국에서 집행된 형'은 반드시 외국에서 유죄판결을 받아 실제로 집행된 형의 경우뿐만 아니라 외국에서 체포되어 수사나 재판을 받다가 형사사법공조에 의해 국내로 이송된 경우, 처음부터 형사사법공조에 따라 해외이송을 위한 미결구금의 경우, 외국에서 무죄판결을 받은 피고인의 미결구금의 경우 등도 포함할 수 있는 개념

2) 최석윤, 외국에서 집행된 형의 산입, 법조, 2017/12(제726호), 488-489면 참조.

이기 때문이라는 것이다.

형사판결은 국가주권의 일부인 형벌권 행사에 기초한 것이므로 원칙적으로 외국의 형사판결은 우리나라 법원을 기속할 수 없고 기판력도 인정되지 않으므로 일사부재리의 원칙이 적용되지 않는다.[3] 그럼에도 불구하고 동일한 범죄사실로 이미 외국에서 형의 집행을 받았음에도 불구하고 이를 국내에서 다시 처벌하는 경우에는 해당 범죄인에게는 실질적인 불이익이 발생한다. 형법 제7조는 이러한 불이익을 완화시켜주기 위하여 외국에서 집행된 형의 전부 또는 일부를 산입하도록 규정한 것이다. 여기서 '외국에서 형의 전부 또는 일부가 집행된 사람'이란 그 문언의 명시적인 표현에 비추어 보면 외국에서 형의 전부 또는 일부가 집행되어야 한다. 미결구금이 형에 포함될 수 있는가에 대하여 미결구금 전부를 형에 산입하는 형법의 취지에서 보면 형과 미결구금이 신체의 자유를 침해한다는 측면에서 동일하게 평가되고 있다는 점은 이해할 수 있다. 그러나 형은 그 종류가 법률에 특별히 규정되어 있으며, 미결구금은 형의 종류에 해당하지 않는다. 제7조에서 의미하는 형이 집행된 사람은 외국 법원의 유죄판결에 의하여 자유형이나 재산형 등과 같은 형의 전부 또는 일부가 실제로 집행된 사람을 말한다고 해석하여야 한다. 그리고 형의 집행을 받은 사람이어야 하므로 외국에서 유죄판결을 받았으나 집행유예, 집행면제, 형의 선고유예와 같이 그 형을 집행 받지 아니한 경우는 여기에 해당하지 않는다.[4] 따라서 형사사건으로 외국 법원에 기소되었다가 무죄판결을 받은 사람은 무죄판결을 받기까지 상당 기간 미결구금 되었더라도 이를 유죄판결에 의하여 형이 실제로 집행된 것으로 볼 수는 없다.[5] 따라서 제7조를 직접 적용하여 외국에서 이루어진 미결구금을 선고하는 형에 산입하는 것은 타당하지 않다.

---

3) 대법원 1983. 10. 25. 선고 83도2366 판결; 헌재결 2015. 5. 28, 2013헌바129.

4) 전지연, 외국형에 대한 형법 제7조의 구체적 개정방안, 법학연구 제26권 제3호(2016), 112면; 주석 형법/조의연, 총칙(1), 제3판, 2020, 104면.

5) 대상판결의 다수의견과 소수의견 모두 이 점에 대하여는 동일한 입장이다.

2. 형법 제57조 제1항의 직접 적용(?)

형법 제57조 제1항은 판결선고전의 구금일수를 산입하도록 규정하고 있다. 이것은 미결구금은 피고인 또는 피의자를 구금하는 강제처분이므로 형의 집행은 아니지만 신체의 자유를 박탈하는 점에서 자유형의 집행과 유사하기 때문에 인권보호의 관점이 반영된 것이다. 여기서 미결구금의 일부가 아닌 전부가 산입되어야 하는 것은 헌법상의 무죄추정의 원칙에 따라 유죄판결이 확정되기 전에 피고인이나 피의자를 죄 있는 자에 준하여 취급함으로써 법률적·사실적 측면에서 유형·무형의 불이익을 주어서는 안 된다는 점을 반영한 것이다.[6)]

문제는 판결선고전의 구금일수에 외국에서 이루어진 미결구금의 경우도 포함되는가이다. 조문은 명시적으로 '판결선고전'의 구금일수라고 표현하고 있으므로 '판결선고전'인 한에는 해당 구금이 국내에서 이루어진 것인지 국외에서 이루어진 것인지에 대한 제한은 없기 때문에 외국에서 행해진 미결구금도 포함된다고 해석할 수도 있다. 이에 따라 외국에서 범죄 혐의로 체포된 후 강제로 출국될 때까지의 구금기간도 국내의 수사나 재판절차를 위한 구금기간과 마찬가지로 국가의 형벌권을 행사하기 위하여 부득이 신체를 구속한 기간으로 볼 수 있기 때문에 본형 산입의 대상에 포함시키는 것이 타당하다는 견해도 있다.[7)] 또한 일부에서는 외국에서 형에 산입받지 못한 미결구금일수의 경우 '판결선고전의 구금일수'에 국내의 사법절차에서 이루어진 구금기간뿐만 아니라 외국의 사법절차에서 이루어진 구금기간도 당연히 포함된다고 해석할 수 있다고 한다.[8)]

그러나 제57조 제1항의 미결구금에 외국에서 이루어진 미결구금이 당연히 포함되는 것으로 해석하는 주장에는 다음 몇 가지 점에서 동의하기 어렵다.

첫째, 판결선고전의 구금일수를 산입하는 이유는 피고인에게 무죄추정의 원칙이 적용됨에도 불구하고, 국내에서 공소를 제기하여 형벌권을 행사하는 과정에서 신체의 자유를 침해하기 때문에 이를 고려한 것이다.[9)] 따라서 여기서의 '판결

6) 대법원 2003. 2. 11. 선고 2002도6606 판결; 헌재결 2009. 6. 25, 2007헌바25.

7) 최석윤, 앞의 논문, 488면.

8) 박찬걸, 미결구금일수의 통산에 따른 개선방안에 대한 검토, 교정연구, 제56호(2012), 152면; 이승호, 외국에서 집행된 형 이외 구금의 처리방안에 대한 소고, 형사판례연구[27], 2019, 75면.

9) 헌재결 2009. 6. 25, 2007헌바25: "헌법상 무죄추정의 원칙에 따라 유죄판결이 확정되기 전에

선고전'은 한국 법원이 판결을 선고하기 이전이면 국내외에서의 구금을 가리지 않고 언제든지 산입되는 구금을 의미하는 것이 아니라 판결을 선고하기 이전에 우리나라의 형벌권 행사를 위하여 우리의 형사사법절차에서 행해진 미결구금을 의미한다.[10)]

둘째, 본형에 전부 포함되는 미결구금에 국내의 미결구금뿐만 아니라 외국의 미결구금을 포함하는 것으로 해석하는 경우 한편으로는 우리나라와 외국과의 미결구금에 대한 차이, 다른 한편으로는 미결구금과 형의 집행간의 차이를 고려하지 못한다는 문제가 있다. ① 미결구금과 관련하여 국가마다 형사절차에서 미결구금이 이루어지는 목적, 미결구금의 집행 방법 및 피구금자에 대한 처우, 미결구금에 대한 법률적 취급 등이 상이한 상황에서 국내의 미결구금과 외국의 미결구금을 전적으로 동일하게 평가하는 것은 수긍하기 어렵다. ② 판결선고전의 구금일수에 당연히 외국의 미결구금을 포함한다고 해석하여 미결구금일수 전부를 본형에 산입하는 것은 외국의 미결구금을 우리나라의 자유형과 동일하게 평가하는 결과를 가져온다는 점에서 적절하지 못하다. 형법 제57조 제1항에서 미결구금을 형에 산입하는 것은 단순히 피고인의 신체를 구속한다는 점이 동일하다는 이유만 있는 것이 아니라, 우리나라에서는 미결구금과 자유형의 집행이 현실적으로 크게 다르지 않다는 점[11)]도 그 근거가 되는 것이다. 그러나 외국에서의 미결구금과 우리나라의 자유형이 동일하게 평가될 수 있을지는 의문이다. 외국에서의 미결구금으로 인해 피고인이 받는 신체적 자유 박탈에 따른 불이익의 양상과 정도 역시 국내에서의 미결구금이나 형의 집행과 그 효과 면에서 서로 같거나 유사하다고

피의자 또는 피고인을 죄 있는 자에 준하여 취급함으로써 법률적·사실적 측면에서 유형·무형의 불이익을 주어서는 아니 되고, 특히 미결구금은 신체의 자유를 침해받는 피의자 또는 피고인의 입장에서 보면 실질적으로 자유형의 집행과 다를 바 없으므로, 인권보호 및 공평의 원칙상 형기에 전부 산입되어야 한다. 따라서 형법 제57조 제1항 중 "또는 일부 부분"은 헌법상 무죄추정의 원칙 및 적법절차의 원칙 등을 위배하여 합리성과 정당성 없이 신체의 자유를 침해한다."

10) 여기에서 대법원은 범행 후 미국으로 도주하였다가 미국과의 범죄인인도조약에 따라 체포되어 인도절차를 밟는 과정에서 행해진 구금기간을 본형에 산입될 미결구금일수에 해당하지 않는다고 보았다(대법원 2004. 4. 27. 선고 2004도482 판결). 그러나 이 경우 미결구금이 비록 국외에서 이루어지기는 하였지만 우리의 형사사법절차를 진행하는 과정에서 이루어진 구금이므로 본형에 산입하여야 할 것이다.

11) 미결구금의 경우 이를 형에 일부 산입이 아닌 전부 산입을 요구하는 헌법재판소의 판단이나 판결선고전 구금일수의 1일은 징역·금고·벌금이나 과료에 의한 유치 또는 구류의 기간의 1일로 계산하는 형법 제57조 제2항의 규정은 이러한 특성을 반영한 것으로 이해할 수 있다.

단정할 수 없기 때문이다.

셋째, 본형에 산입되는 미결구금에 외국에서의 미결구금이 당연히 포함된다고 해석하는 경우 외국에서 형의 집행을 받은 자와 단순히 미결구금을 당하였던 자 사이의 법적용과 처벌의 불균형을 피할 수 없다. 즉 외국에서 형의 집행을 받은 자에게는 형법 제7조가 적용되고, 외국에서 구금되어 재판을 받아 무죄판결을 받은 피고인에게는 형법 제57조가 적용된다. 이에 따라 외국에서 형의 집행을 받은 자는 집행된 형의 전부 또는 일부를 선고하는 형에 산입하나, 외국에서 미결구금 되었던 자는 구금일수를 모두 산입하는 결과가 된다. 왜 외국에서의 미결구금일수는 모두 산입함에 반하여 외국에서 집행된 형은 전부 또는 일부만 산입하는가에 대한 차별적 취급의 합리적인 이유를 발견하기 어렵다. 더 나아가 외국에서 형의 집행을 받으면서 해당 국가에서 미결구금 되었던 기간을 형의 집행에 전부 산입하였던 경우, 일부만 산입하였던 경우, 전혀 산입하지 아니하였던 경우 등 입법례에 따라 다양한 유형들이 존재하는 상황에서[12] 형법 제57조는 외국에서의 미결구금 기간을 어떻게 산입할 것인가에 대한 해결이 용이하지 않다.

따라서 형법 제57조 제1항을 직접 적용하여 외국에서 이루어진 미결구금 역시 본형에 당연히 산입되는 미결구금에 해당한다고 해석하는 것은 타당하다고 볼 수 없다.

3. 외국에서의 미결구금을 양형사유로 인정(?)

다수의견은 외국에서 미결구금 되었다가 무죄판결을 받은 후 다시 국내에서 처벌받는 경우 법원은 형법 제7조를 유추 적용할 필요 없이 이러한 사정을 피고인에 대한 형을 정함에 있어 유리한 양형인자로 참작하거나 작량감경 하는 것으로 충분하다고 파악한다. 그러나 외국의 미결구금을 양형사유로 파악하는 것은 다음과 같은 점에서 적절하지 못하다.

첫째, 미결구금의 문제는 양형의 문제가 아니라 형의 집행과 관련한 문제이다.[13] 대법원은 구 형법 제57조 제1항이 판결선고전 구금일수의 '전부 또는 일

12) 외국에서 유죄판결을 받은 자의 미결구금 산입여부에 대한 설명은 이승호, 앞의 논문, 67-68면.
13) 형법 제7조의 유추적용이 가능하지 않다는 입장에서도 미결구금의 문제가 '양형'의 문제로 이해

부'를 본형에 산입하도록 규정하고 있는 것은 형의 내용을 정하는 것이 아니라 형의 집행에 관한 것이라 보았고,[14] 판결선고 후 확정 전 구금일수의 본형 산입을 규정한 형사소송법 제482조는 '재판의 집행' 편에 규정되어 있어 구금일수와 관련한 문제는 형의 집행에 관한 것임이 명백하다. 또한 구 형법 제7조는 동일한 범죄로 외국에서 이미 형의 전부 또는 일부가 집행된 경우 종래 이를 국내에서 선고될 형의 임의적 감면사유로 규정하여 양형사유로 고려하였으나, 형법개정을 통하여 외국에서 집행된 형의 전부 또는 일부를 선고되는 형에 산입하도록 규정함으로써 형의 집행에 관한 문제로 다루고 있다. 이러한 현행법 체계에 비추어 보면, 판결확정 전의 구금은 형의 내용을 정하는 양형단계에서가 아니라 형의 집행 단계에서 고려하여야 할 사항이라는 것이 입법자의 결단이라 할 수 있다. 외국에서의 미결구금 역시 판결확정 전의 구금에 해당하고, 나아가 외국에서의 미결구금이 외국에서의 형의 집행과 본질적으로 차이가 없으므로 외국에서의 미결구금 역시 이를 양형사유로 고려하기보다는 형의 집행 문제로 해결하는 것이 타당하다.

둘째, 외국에서의 미결구금을 양형단계에서 반영한다면, 한편으로는 외국에서의 미결구금에 대한 반영 여부와 그 정도를 정확히 파악하는 것이 어려운 경우도 존재하여 피고인의 인권보호에 미흡할 수 있으며, 다른 한편으로는 미결구금의 일수와 정도에 관계없이 일률적인 형의 감경이 될 가능성이 있다. 미결구금을 양형에서 고려한다면 결국 법관의 작량감경을 통하여 형을 감경하게 될 것이다. 선고형에 작량감경이 되었는지, 되었다면 어느 정도 미결구금이 반영되었는지를 확인하기가 어렵다. 또한 작량감경의 경우 감경의 정도와 방법에 대하여 직접적인 규정은 없으나,[15] 학설과 판례는 작량감경의 정도를 법률상 감경과 동일한 수준과 내용으로 형벌을 감경할 수 있다고 이해한다.[16] 따라서 미결구금일수의 정도와 관계없이 미결구금의 경우를 감경하는 경우에는 모두 동일한 정도로 감경한

하기 보다는 '형의 집행' 문제라고 이해하는 것이 타당하다고 보는 것은 조성용, 외국에서의 미결구금일수를 국내 선고형에 산입해야 하는지 여부, 법조, 2018/2(제727호), 821－822면.

14) 대법원 1999. 4. 15. 선고 99도357 전원합의체 판결.

15) 일본 형법은 제71조에서 작량감경을 할 때에도 법률상의 감경의 예에 의한다고 명시하고 있다.

16) 전지연, 형의 가중·감경제도의 형법이론과 형사실무, 비교형사법연구, 제18권 제3호(2016), 117면; 대판 1959.4.24., 4292형상72; 대판 1964.10.28., 64도454.

다는 점에서 미결구금의 다양한 구금상황을 고려하지 못하며, 단순히 감경할 것인가 안할 것인가의 여부만 결정하게 된다. 형법 제7조를 직접 적용하거나 유추적용하는 경우에는 선고형이 결정된 후 외국에서의 미결구금일수 중 형기에 산입될 부분을 판결의 주문에 명확히 특정하여 기재하게 되므로 이러한 문제가 발생할 여지는 거의 없다. 결국 국내외에서의 이중처벌에 따른 피고인의 불이익을 완화시킨다는 취지를 고려하면 외국에서의 미결구금을 양형인자의 하나로 보아 법관의 양형판단에 의존하는 방식보다 형법 제7조의 적용을 통하여 형을 산입하는 방식이 더 적절하다.[17)]

셋째, 미결구금을 양형사유로 판단하여 작량감경하는 경우 다른 형벌감경사유와 비교하여 타당한지 의문이다. 형법에 규정된 형벌감면사유들을 보면 일반적으로 범행과 관련한 불법이나 책임을 감경시키거나 배제시키는 경우(심신미약, 중지미수, 종범, 불능미수, 과잉방위 등), 자수나 자백, 인질의 석방과 같이 범행 후 자발적인 사유로 인하여 범죄의 예방목적이 탈락하거나 완화되는 경우 또는 자발적인 행위에 대한 은사적 조치에 해당하는 경우이다. 법원이 정상에 참작할 만한 사유가 존재하는 경우 형을 감경할 수 있는 작량감경의 경우에도 형법 제51조에 규정된 범인의 연령·성행·지능과 환경, 피해자에 대한 관계, 범행의 동기·수단과 결과, 범행 후의 정황과 같은 양형사유가 그 기준이 된다.[18)] 그러나 외국에서의 미결구금은 외국에서 구금되어 재판받았다는 비자발적 사실일 뿐이다. 외국에서 미결구금을 당하였다는 사실은 범죄와 관련하여 피고인의 불법이나 책임에 직접적인 영향을 미칠 수 있는 요소도 아니고, 범행 당시의 상황에 대한 것도 아니며, 범행 후에 나타난 범인의 행동과 같은 자발적인 것도 아니다.[19)] 이러한 의미에서 외국에서 미결구금을 받았다는 사실은 다른 형벌감경사유들과는 본질적으로 상이한 것으로 이를 양형요소로 파악할 수 있는가는 의문이다.

---

17) 비슷한 취지로 이승호, 앞의 논문, 71면.

18) 전지연, 앞의 논문(각주 16)), 122면; 대법원 2002. 10. 25. 선고 2002도4298 판결.

19) 외국에서 집행받은 형을 양형사유로 판단하였던 구 형법에 대해 동일한 취지의 비판은 김기준, 일사부재리원칙의 국제적 전개, 2013, 288면 참조.

4. 형법 제7조의 유추 적용

외국에서 행해진 미결구금에 대하여 이를 직접 적용할 명문의 규정이 없다면 외국에서 집행된 형을 규정한 형법 제7조를 유추 적용할 수 있는가이다.

원칙적으로 유추 적용은 금지되나 피고인에게 유리한 경우에는 합리적인 근거가 존재하는 경우에는 유추 적용이 가능하다.[20] 형법 제7조의 취지는 피고인이 외국에서 형의 집행을 받은 경우 동일한 범죄에 대하여 국내에서 기소되어 처벌받을 때 이를 전혀 고려하지 않는다면 신체의 자유에 대한 과도한 침해가 되기 때문에 반드시 선고하는 형에 산입하는 방식으로 고려하도록 한 것이다.

일반적으로 미결구금은 도주나 증거인멸을 방지하여 수사·재판 또는 형의 집행이라는 공소 목적을 달성하기 위해 무죄추정의 원칙에도 불구하고 불가피하게 피고인 또는 피의자를 일정기간 구금시설에 놓아두는 재판확정 전의 강제처분이라는 점에서 형의 집행은 아니다. 그러나 미결구금은 신체의 자유를 박탈하고 고통을 준다는 점에서 형의 집행과 유사하다.[21] 즉 신체의 자유에 대한 침해라는 측면에서 보면 형의 집행과 미결구금은 실질적인 차이가 없다. 또한 미결구금 상태에서 겪게 되는 긴장이나 불안을 감안하면 미결구금이 유죄판결에 기한 형의 집행보다 완화된 구금이라 보기도 어렵다. 미결구금과 형의 집행은 판결선고 이전과 이후라는 차이가 있을 뿐 신체의 자유를 박탈한다는 점에서는 본질적으로 차이가 없는 것이다.

또한 외국에서 이루어진 미결구금 역시 외국에서 집행된 형과 다르지 않다. 이에 반하여 일부에서는 미결구금의 목적, 미결구금의 집행방법 및 피구금자의 처우, 미결구금에 대한 법률적 취급 등이 국가별로 상이하다는 점에서 외국에서의 미결구금과 형의 집행을 동일시하는 것에 대하여 의문을 제기하기도 한다.[22] 예컨대 독일과 같은 경우 미결구금일수의 전부를 본형에 산입하는 것을 원칙으로 하나 범행 후 피고인의 행위에 비추어 산입하는 것이 정당화될 수 없는 경우에는

---

20) 형법상 유추 적용의 가능성에 대하여는 전지연, 외국에서 행해진 미결구금의 국내형에 산입여부와 개정방안, 형사법연구, 제30권 제2호(2018), 128-130면 참조.

21) 김태명, 미결구금시설로서의 경찰서 유치장 제도, 형사정책연구, 제15권 제3호(2004), 45면; 박찬걸, 앞의 논문, 138면.

22) 조성용, 앞의 논문(2018), 812면.

미결구금일수의 전부 또는 일부를 산입에서 제외할 수 있다는 점[23)]에서 미결구금과 형의 집행이 동일시되지 않는다는 것이다. 즉 미결구금을 본형에 산입하는 이유는 '선취된 형의 집행'이라는 의미가 아니라 '희생에 대한 보상'[24)]이라는 생각에 기초한 것이다. 여기서 희생에 대한 보상은 본형에 산입하는 형태로 이루어지며, 피보상자의 귀책사유에 의하여 제한되기 때문에 피보상자에게 귀책사유가 있으면 본형에 일부만 산입된다는 것이다.[25)] 또한 미결구금의 목적은 오로지 형사절차의 실행 및 형 집행의 확보에 있으나 형의 집행은 응보나 예방과 같은 실체형법적인 목적을 가지고 있다는 점에서 미결구금과 형의 집행을 같은 것으로 취급하는 것은 형법체계에 반한다는 것이다.[26)]

그러나 미결구금과 형의 집행을 동일시한다는 취지는 미결구금과 형의 집행이 가지는 목적, 기능 또는 제도의 기본사상이 유사하다는 것을 의미하는 것이 아니다. 또한 미결구금일수와 형의 집행일수가 동일시되어야 한다는 것을 의미하는 것도 아니다. 미결구금과 형의 집행이 실질적으로 미결구금자와 수형자의 신체의 자유를 침해한다는 점에서 동일시할 수 있다는 것이다. 우리나라의 경우에는 미결구금일수를 모두 산입하므로 미결구금과 형의 집행이 그 집행의 일수 측면에서 동일하게 계산되나, 독일의 경우에는 미결구금일수를 본형에 일부만 산입할 수도 있으므로 미결구금과 형의 집행 일수가 동일하지 않을 수 있다. 그러나 이것은 중요하지 않다. 우리나라의 경우와 같이 미결구금 일수를 전부 산입하여야 하고 미결구금 1일이 형의 집행 1일로 계산된다는 점과 같이 모든 나라의 미결구금과 형의 집행이 반드시 1 : 1로 대응하여야만 하는 것은 아니다. 외국에서 형의 집행이 이루어진 경우 집행된 형의 전부 또는 일부를 선고하는 형에 산입하는 것과 같이 외국에서 이루어진 미결구금 역시 전부 또는 일부를 선고하는 형에 산입하면 된다는 취지이다. 예를 들면 외국에서 1개월 집행된 형을 20일로 환산하여 산입하여 주면, 동일한 국가에서의 1개월의 미결구금이 이루어

23) BGHSt 23, 307f.; Fischer, StGB, 69.Aufl., 2022, §51 Rn.11.

24) Dencker, Die Anrechnung der Untersuchungshaft, MDR 1971, 627; Fischer, StGB, 69.Aufl., 2022, §51 Rn.2; MK/Maier, StGB, Bd.2, 4.Aufl., 2020, §51 Rn.3.

25) MK/Maier, StGB, Bd.2, 4.Aufl., 2020, §51 Rn.36f.; 조성용, 미결구금일수 일부산입 위헌결정에 대한 평석, 형사정책연구, 제20권 제4호(2009), 264-265면; 조성용, 앞의 논문(2018), 815면.

26) 조성용, 앞의 논문(2018), 814면.

진 경우 마찬가지로 20일을 선고형에 산입하여 주면 충분하다는 취지이다. 외국에서의 형의 집행에 대하여 전부를 산입할지 일부를 산입할지 여부는 법원의 재량에 해당하기 때문에 미결구금의 경우에도 전부 산입과 일부 산입 여부는 역시 법원의 재량에 해당한다. 따라서 외국에서의 미결구금의 경우에도 외국에서의 형의 집행에 대한 형법 제7조를 유추 적용하는 것에 대한 합리적인 근거를 인정할 수 있다.

또한 일부에서는 형법 제57조 제1항에 의하여 본형에 산입되는 국내에서의 판결선고 전 구금일수는 공소의 목적을 달성하기 위하여 어쩔 수 없이 이루어진 강제처분기간에 한정된다는 것이 대법원의 일관된 태도이므로[27] 이러한 해석과의 균형을 위하여, 형법 제7조의 유추 적용으로 선고하는 형에 산입할 외국에서의 미결구금은 외국에서 공소의 목적을 달성하기 위하여 이루어진 것에 한정하여야 할 것이라고 이해한다.[28]

그러나 미결구금 일수의 일부가 아닌 전부를 산입하는 취지는 헌법상의 무죄추정의 원칙과 적법절차의 원칙에 따라 미결구금에 의한 신체의 자유에 대한 침해는 그 전부를 고려하여야 한다는 점이다. 따라서 기존의 판례에서 공소제기의 목적달성을 위한 미결구금의 경우만으로 한정하여 해석하였으나, 일부 산입이 허용되지 않는다는 점에서 보면 국가기관의 공소제기 목적의 여부는 미결구금의 산입기준이 될 수 없다.[29] 따라서 형법 제57조 제1항의 취지에 따라 미결구금을 산입하여야 한다는 점에는 동의하나, 외국에서의 미결구금 역시 공소제기의 목적으로 한정하는 것은 타당하지 않다.

오히려 외국에서의 미결구금에 대하여 형법 제7조의 유추 적용을 부정하여 외국에서 집행된 미결구금을 산입하지 않는 경우 외국에서 유죄로 형의 집행을 받은 피고인과 외국에서 미결구금 후 무죄판결을 받은 피고인 사이에 불합리함이 나타난다. 즉 외국에서 미결구금 상태에서 유죄판결을 받아 미결구금일수가 산입

27) 대법원 2003. 2. 11. 선고 2002도6606 판결; 대법원 2005. 10. 28. 선고 2005도5822 판결.

28) 최석윤, 앞의 논문, 489면.

29) 이러한 의미에서 범죄인인도조약에 의한 이송구금의 경우 본형에 산입될 수 없는 미결구금에 해당한다는 취지의 판례(대법원 2009. 5. 28. 선고 2009도1446 판결; 대법원 21004. 4. 27. 선고 2004도482 판결)가 있으나, 우리나라의 요청에 따라 이루어지는 이송구금은 형법 제57조의 본형에 산입되는 미결구금에 해당한다고 보아야 할 것이다(동일한 취지로 박찬걸, 앞의 논문, 150면).

된 형이 집행된 피고인에 대하여는 그 집행된 형의 전부 또는 일부를 국내에서 선고하는 형에 산입해 준다. 이에 반하여 외국에서 미결구금 상태로 무죄판결을 받은 피고인이 국내에서 형을 선고받는 경우 이를 전혀 산입하여 주지 않는다면 형평성에 어긋난다. 외국에서 미결구금 상태로 무죄판결을 받은 경우와 외국에서 미결구금 상태로 유죄판결을 받은 경우를 동등하게 취급할 필요가 있으며, 외국에서 유죄판결을 받았는지 무죄판결을 받았는지에 따라 차이를 두는 것은 타당하지 아니하다. 이러한 점에서 피고인이 외국에서 미결구금 되었다가 무죄판결을 받은 경우에도 형법 제7조를 유추 적용하는 것이 타당하다.

5. 소결

외국에서의 미결구금에 대하여 형법 제7조나 제57조 제1항을 직접 적용하여 미결구금일수를 선고하는 형에 산입하는 것은 타당하지 않다. 또한 산입이 불가능하다는 이유로 이를 양형사유로 고려하는 것 역시 양형요소들이 가지는 특성에 비추어 적절하지 못하다. 오히려 형법 제7조의 규정이 가지는 취지를 고려하여 외국에서의 미결구금을 '외국에서 집행된 형'에 준하는 것으로 유추 적용하는 것이 현재의 입장에서는 가장 적절하다.

Ⅲ. 맺으며 - 개정방안

1. 일사부재리원칙의 적용

일사부재리의 원칙은 국내의 사법기관에 의하여 유·무죄의 실체판결이나 면소판결이 확정되면 동일한 범죄사실에 대하여 다시 국내의 사법기관이 심리·판단하는 것이 허용되지 않는다는 원칙이다.[30] 외국의 미결구금의 경우 이러한 일사부재리원칙을 채택한다는 것은 형벌권 내지는 형법의 국제주의적 관점을 수용

30) Ambos, Internationales Strafrecht, 5. Aufl., 2018, 4/4; 이은모/김정환, 형사소송법(제8판), 2021, 782면.

하는 것이며, 국제적 차원에서의 일사부재리의 효력을 인정하는 것이다.[31)]

전면적인 일사부재리원칙의 적용은 국제사회에서 우리 형사사법의 개방성과 다른 국가의 사법에 대한 신뢰를 보여준다는 점에서는 긍정적이다. 그러나 우리 형법은 이미 제7조에 외국에서 집행된 형을 국내에서의 형의 선고에 산입하도록 규정하여 명시적으로 일사부재리원칙의 적용을 부정하고 있다. 또한 대한민국과 우리 국민들이 모든 타 국가의 형사사법에 대하여 신뢰를 가지고 있다고 말하기는 어렵다는 점에서 현실적으로 전면적인 일사부재리원칙을 적용하기는 사실상 불가능하다.

전면적 일사부재리원칙을 적용할 수 없다면 일사부재리원칙을 제한적으로 적용하는 방안을 생각해 볼 수 있다. 외국에서 유죄판결을 받아 형의 집행을 받은 경우는 형법 제7조가 규정하고 있으므로, 일사부재리원칙의 적용을 외국에서 무죄판결이나 면소판결을 받은 경우로 제한하는 방안이다. 그러나 이와 같은 일사부재리원칙의 제한적 적용 역시 문제가 있다: 첫째, 왜 외국에서의 무죄판결의 경우는 수용하면서 유죄판결의 경우에는 이를 수용하지 않는가에 대한 차별적 취급의 합리적인 근거를 찾기 어렵다. 둘째, 외국의 무죄판결이나 면소판결의 경우 일사부재리원칙의 적용은 외국의 형사사법에 대한 전적인 신뢰에 기초한다. 여기서 외국 형사사법절차에서 행위자를 특별히 고려하여 행위자에게 불처벌의 확정판결을 내리는 방법을 이용하여 국내의 형사절차를 회피하는 수단으로 외국의 확정판결이 오·남용될 위험성도 존재한다. 이러한 의미에서 외국에서의 미결구금 문제를 해결하기 위하여 제한적으로 일사부재리원칙을 명문화하는 것은 적절한 방안이 아닌 것으로 판단된다.[32)]

31) 외국에서 집행된 형의 경우 일사부재리원칙의 국제적 적용은 김성규, 일사부재리의 원칙과 형법 제7조의 의미, 성균관법학, 제14권 제1호, 172면.

32) 피의자가 외국에서 동일한 범죄행위로 인하여 무죄의 확정판결을 받은 경우에는 검사가 제반사정을 참작하여 공소를 제기하지 아니할 수 있다는 취지의 규정을 신설할 것을 제안한다(김기준, 일사부재리원칙의 국제적 전개, 2013, 314면). 그러나 이 제안은 검사의 소추재량에 해당하여 기소하는 경우에는 여전히 미결구금의 문제가 발생한다.

2. 미결구금의 산입규정 신설

일사부재리원칙을 통한 미결구금의 고려는 처음부터 우리의 형사사법의 영역에 들어오는 것을 배제하거나 제한하는 방안이다. 이러한 방안이 적절하지 못하다면 결국 우리의 형사사법 영역에 포섭하여 미결구금을 고려하는 방안이다. 외국에서 형의 집행이 이루어진 경우를 규정한 형법 제7조와 같이 외국에서의 미결구금을 규정하는 방안이다. 다수의 국가에서 외국에서 집행된 형에 대하여 이를 명시적으로 고려하며, 그 방식은 선고하는 형에 산입하거나(산입주의), 형을 감면하는 방식을 취한다. 우리 형법은 제7조에서 산입주의를 취하고 있다. 따라서 미결구금의 경우 이를 감면하는 방식은 제7조와 비교하여 부적절하다.

외국에서 유죄판결을 받아 집행된 형을 규정한 형법 제7조와 상응하게 외국에서 미결구금 후 무죄판결을 받은 경우 해당 미결구금을 선고하는 형에 산입하는 방안이 적절하다. 문제는 산입주의를 취하는 경우에도 이를 어디에 위치시킬 것인가이다. 형법 제7조에 규정하는 방안과 형법 제57조에 규정하는 방안의 두 가지 방안을 생각해 볼 수 있다. 첫째, 형법 제7조에 규정하는 방안은 현재의 제7조의 조문을 제7조 제1항으로 하고 제2항을 신설하는 방안이다. 이 방안은 개정안 제7조가 외국에서의 판결에 대한 내용을 규정하며, 제1항은 외국에서 유죄판결을 받고 집행된 형에 대한 고려를, 제2항은 외국에서 무죄나 면소판결을 받은 경우 외국에서의 미결구금에 대한 고려를 규정하는 것이다. 둘째, 미결구금일수를 규정한 형법 제57조에 외국에서의 미결구금을 규정하는 방안이다.[33] 이 개정방안은 이미 형법 제57조에서 판결선고 전의 미결구금일수의 산입을 규정하고 있으므로, 동 규정에 해당 판결선고 전의 미결구금에 외국에서의 미결구금을 포함하도록 규정하는 방안이다. 개정방안은 미결구금이라는 동일한 내용을 규정하며, 다만 현행 규정은 국내의 미결구금만을 포섭하도록 한 내용을

33) 독일 형법이 이와 같은 방식으로 규정하고 있다. 즉 형법 제51조에서 '산입'이라는 표제 하에 제1항과 제2항에서는 국내에서의 미결구금일수의 산입을 규정하고, 제3항 전단은 형의 선고를 받은 자가 이미 동일한 범죄로 인해 국외에서 처벌받은 경우에는 국외에서 받은 형은 그 집행이 종료된 경우에 한하여 새로운 형에 산입된다는 취지의 규정을 두고, 제3항 후단은 국외에서 선고받은 기타의 자유박탈에 대해서도 제1항이 동일하게 적용되도록 하여 외국판결의 산입을 규정하고 있다.

외국에서의 미결구금도 포섭하도록 개정하는 방안이라는 점에서 용이한 개정방안으로 파악한다.

3. 제7조의 개정으로

개인적으로는 형법 제7조를 개정하는 방안이 더 적절할 것으로 판단된다. 형법 제57조를 개정하여 외국에서의 미결구금을 포섭하는 경우에는 외국에서 집행된 형과 외국에서 집행된 미결구금의 경우가 균형을 이루지 못하는 문제가 있다. 즉, 외국에서 집행된 형의 경우에는 제7조에 따라 집행된 형의 전부 또는 일부가 형의 선고에 산입되나, 외국에서의 미결구금은 제57조의 개정방안에 의하여 전부가 산입된다. 따라서 형이 집행된 것인가 미결구금이 이루어진 것인가에 의하여 구금되었던 기간이 전부 또는 일부가 산입되든가 아니면 전부가 산입되는 차이를 나타내고 있다. 또한 외국에서 형의 선고를 받으면서 미결구금이 고려되어 형의 집행을 받은 경우와 단순히 미결구금만을 받은 경우의 두 경우에 대하여 미결구금을 고려하는 기준이 상이하게 되어 형평성의 문제를 발생시킬 수 있다. 더 나아가 외국에서의 미결구금을 일률적으로 우리나라의 미결구금과 동일하게 구금일수 전부를 산입하게 하는 것은 부적절할 수 있다. 즉 국가별 구금시설의 상황, 구금조건, 구금시설 내의 처우, 형의 집행과 미결구금의 차이 등 미결구금과 관련한 다양한 측면에서 상이함이 존재함에도 불구하고 이를 무조건적으로 동일시하는 것은 적절하지 못하다. 따라서 외국에서 이루어진 미결구금일수의 전부 또는 일부를 산입할 것인가에 대하여는 해당 국가의 구금상황을 고려하여[34] 법원이 결정하는 것이 적절할 것으로 판단된다.

외국에서 집행된 것이 형벌이든 미결구금이든 이를 국내 법원이 이를 전혀 고려하지 않는다면 신체의 자유에 대한 과도한 침해가 존재한다는 점에서 양자는 동일하다. 또한 대부분 국가에서 형의 집행과 미결구금이 법적·이론적 측면에서는 엄격히 구별되기는 하나, 형의 집행과 미결구금의 실행을 통하여 당사자의 신

34) 여기서 개별적으로 고려될 수 있는 미결구금 관련 요소들로 구금시설(공간의 크기와 수용인원 등), 의복, 급식상황, 면회, 외부와의 소통, 건강복지, 자유시간, 구금동료와 감독관에 의한 범행, 외부적 안전성을 들 수 있다고 한다(Dennis Bock, Zur transnationalen Wirkung ausländischer Strafe oder Freiheitsentziehung gem. § 51 Abs.3, Abs.4 S.2 StGB, ZIS 7-8/2010, 486-488).

체의 자유를 제한한다는 현실적 측면에서는 크게 차이가 없다. 따라서 형법 제7조의 개정을 통하여 미결구금을 포섭하는 것이 적절하다고 생각하며, 이러한 개정안을 도표로 나타내면 다음과 같다:

현행 규정	개정안
제7조(외국에서 집행된 형의 산입) 죄를 지어 외국에서 형의 전부 또는 일부가 집행된 사람에 대해서는 그 집행된 형의 전부 또는 일부를 선고하는 형에 산입한다.	**제7조(외국에서 집행된 형·미결구금의 산입)** ① 죄를 지어 외국에서 형의 전부 또는 일부가 집행된 사람에 대해서는 그 집행된 형의 전부 또는 일부를 선고하는 형에 산입한다. ② 외국에서 동일한 범죄사실로 기타 구금을 겪었던 사람에 대해서도 제1항과 동일하다.

6. 부진정 결과적 가중범과 고의범의 죄수 문제

—부진정 결과적 가중범과 중한 결과에 대한 고의범의 죄수—

손동권 명예교수(건국대학교 법학전문대학원)*

[대상판결]

대법원 2008. 11. 27. 선고 2008도7311 판결

[대상판결] 1. 기본범죄를 통하여 고의로 중한 결과를 발생하게 한 경우에 가중처벌하는 부진정결과적 가중범에서, 고의로 중한 결과를 발생하게 한 행위가 별도의 구성요건에 해당하고 그 고의범에 대하여 결과적 가중범에 정한 형보다 더 무겁게 처벌하는 규정이 있는 경우에는 그 고의범과 결과적 가중범이 상상적 경합관계에 있지만, 위와 같이 고의범에 대하여 더 무겁게 처벌하는 규정이 없는 경우에는 결과적 가중범이 고의범에 대하여 특별관계에 있으므로 결과적 가중범만 성립하고 이와 법조경합의 관계에 있는 고의범에 대하여는 별도로 죄를 구성하지 않는다.

2. 직무를 집행하는 공무원에 대하여 위험한 물건을 휴대하여 고의로 상해를 가한 경우에는 특수공무집행방해치상죄만 성립할 뿐, 이와는 별도로 (*구) 폭력행위 등 처벌에 관한 법률 위반(집단·흉기 등 상해)죄를 구성하지 않는다.

(사실관계) 피고인은 2008. 3. 24. 21:30경 승용차를 운전하던 중 고양경찰서 소속 경찰관인 공소외인으로부터 음주단속을 당하자, 이를 피하기 위하여 도주하다가 공소외인이 순찰차로 추격하여 피고인의 승용차를 따라잡은 후 같은 날 21:50경 순찰차에서 내려 피고인에게 승용차에서 하차할 것을 요구하자 이에 불응하여 위험한 물건인 승용차를 운전하여 공소외인이 서 있는 방향으로 진행하여 승용차로 안경차를 들이받아 공소외인의 공무집행을 방해함과 동시에 공

* 손동권 건국대학교 명예교수는 독일 Bonn대학교에서 법학박사학위를 받았고, 한국형사정책학회 회장, 한국형사법학회 회장, 건국대학교 법학전문대학원 원장 및 법무부 형법·형사소송법 개정위원 등을 역임하였다.

소외인에게 약 6주간의 치료를 요하는 상해를 입게 하였다. 검사는 피고인의 행위가 (*구)폭력행위 등 처벌에 관한 법률 위반(집단·흉기 등 상해)죄와 특수공무집행방해치상죄를 구성하고 두 죄는 상상적 경합관계에 해당하는 것으로 보아 공소를 제기하였다.

(대법원의 판단) 피고인의 행위는 특수공무집행방해치상죄를 구성할 뿐, (*구) 폭력행위 등 처벌에 관한 법률 위반(집단·흉기 등 상해)죄는 특수공무집행방해치상죄에 흡수되어 별도로 죄를 구성하지 않는다고 보아 폭력행위등처벌에관한법률위반(집단·흉기등상해)죄에 관하여 무죄이다.

Ⅰ. 문제점

상기한 대상판결의 판결요지는 형법 제144조 제2항의 특수공무방해치상죄를 부진정 결과적 가중범(규정)임을 전제하고서 시작하고 있다.[1] 참고로, 우리나라 대법원 판례에 의해 부진정결과적 가중범으로 해석되는 또 다른 대표적 예로는 형법 제164조 제2항의 현주건조물방화치사상죄가 있다.[2] 원래 (진정한) 결과적 가중범(규정)은 고의의 기본범죄와 가중결과에 대한 과실범이 결합된 것만을 말한다 (형식적 죄명은 "~지사상죄"). 그런데 중한 결과가 과실뿐 아니라 고의에 의해서 발생한 경우에도 결과적 가중범의 규정을 적용하여야 한다면 그 결과적 가중범은 이론적으로 부진정 결과적 가중범(unechtes erfolgsqualifiziertes Delikt)으로 불리게 된다.[3] 이러한 부진정 결과적 가중범을 실제로 인정할 수 있는지에 대해서는 학계에서 부정설과 긍정설의 견해 대립이 있다. 상기한 대상판결을 포함한 우리나

1) 동일 취지의 다른 판례로는 대법원 1995.1.20. 선고 94도2842 판결; 특수공무방해'치사죄'(참고로, 초기에는 그 법정형이 치사상의 결과에 대해 공통으로 무기 또는 3년 이상의 징역이었지만, 1995년 법 개정 후부터는 특수공무방해 "치상"은 3년 이상의 징역, "치사"는 무기 또는 5년 이상의 징역임)에 대해서도 부진정 결과적 가중범을 인정한 대법원 1990.6.26. 선고 90도765 판결

2) 현주건조물방화치사상죄에 대해서도 부진정 결과적 가중범이라고 판시한 대법원 1983.1.18. 선고 82도2341 판결; 대법원 1996.4.26. 선고 96도485 판결; 대법원 1996.4.12. 선고 96도215 판결

3) 역으로 형법각칙 상 형식적 죄명은 고의범 모습에 가깝지만 진정 및 부진정의 모두를 포함하는 (부진정) 결과적 가중범 규정으로 해석해야 하는 것으로는 중상해죄(제258조) 등이 있음(손동권/김재윤, 새로운 형법각론, 율곡출판사 2022, 42면). 참고로, 중상해를 규정하고 있는 독일형법 제226조는 진정 결과적 가중범으로서의 중상해죄(제1항)와 고의범으로서의 중상해죄(제2항)를 나누어(차등적 법정형으로) 규정하고 있음.

라 대법원 판례와 학계의 다수설은 긍정설에 해당하는 것이다. 그리고 상기한 대상판결을 포함한 대법원 판례의 태도는 가중결과에 대한 고의범 구성요건의 법정형이 부진정 결과적 가중범의 법정형보다 더 무거운 경우에만 양 죄의 상상적 경합을 인정하고, 그렇지 않은 경우에는 가중결과에 대한 고의범죄는 부진정 결과적 가중범에 흡수되어(즉, 특별관계의 법조경합으로서) 부진정 결과적 가중범의 단순일죄로 귀결된다는 것이다.

이러한 대상판결의 태도에 대해서는 몇 가지 문제점이 제기될 수 있다. 먼저 대상판결은 무엇을 근거로 특수공무방해치상죄를 부진정 결과적 가중범으로 보는지에 대한 명확한 설시가 없다. 그렇기 때문에 본고에서는 우선적으로 학계에서 견해 대립이 있는 부진정 결과적 가중범의 인정 여부 그 자체와 대상판례와 같이 인정한다면 그 이론적 근거가 무엇인지가 더 구체적으로 논증되어야 할 것이다. 다음으로 그 이론적 근거와 관련하여 가중결과에 대한 고의범의 법정형이 더 무거운 경우에도 －기본범죄가 아닌－ 부진정 결과적 가중범의 성립까지 인정하면서 양 죄의 상상적 경합으로 처리한 대상판결의 타당성이 상당히 의문시된다. 더 나아가 가중결과에 대한 고의범의 법정형이 더 무겁지 않은 경우(즉 법정형이 동일하거나 더 가벼운 경우) 단순일죄(부진정 결과적 가중범)만 인정하는 대상판결의 타당성 여부도 함께 검토될 필요가 있다. 공소장에 기재되는 죄명이 진정 결과적 가중범의 외관을 가진 특수공무방해 "치상의 죄"임에도 고의범인 특수상해죄가 거기에 완전 흡수 처리되는 것의 타당성이 상당히 의문시되기 때문이다. 이러한 문제점에 대해 아래에서 차례로 연구 검토하기로 한다.

Ⅱ. 쟁점 및 검토

1. 부진정 결과적 가중범(개념)의 인정 여부와 그 이론적 근거

(1) 부정설(소수설)

부진정 결과적 가중범을 실제로 인정할 수 있는지에 대해서 학계에서는 부정설과 긍정설의 견해 대립이 있다. 소수설에 해당하는 부정설은 가중결과가 고의로 야기된 경우 형법각칙에 고의와 고의의 결합범 구성요건이 존재한다면 그 규정을 적용하여야 할 것이고, 그러한 결합범 구성요건이 존재하지 않으면 양 죄(즉 "기본범죄"와 가중결과에 대한 고의범)의 상상적 경합으로 처리하여야 한다는 것이다. 즉 가중결과가 고의로 야기된 경우에 고의와 과실이 결합된 것을 예정한 (진정) 결과적 가중범 규정을 적용할 수는 없다는 것이다.[4] 가중결과를 고의로 행한 경우 기본범죄와의 상상적 경합범으로 처리하여야 하는 것은 죄형법정주의의 엄격 해석의 원리에 의하여 불가피한 것이고, 그로부터 파생되는 형의 불균형 문제 등은 고의와 고의가 결합된 결합범의 구성요건을 입법화하여 해결하여야 한다는 것이다.[5]

(2) 긍정설

1) 다수설과 판례의 태도

긍정설은 상응하는 고의와 고의의 결합범 구성요건이 존재하지 않는다면 불가피하게 부진정 결과적 가중범(개념)을 인정할 수밖에 없다는 견해이다. 긍정설의 근거로는 형법 제15조 제2항의 결과적 가중범 규정이 우선적으로 원용된다. 형법 제15조 제2항은 "그 결과의 발생을 예견할 수 없었을 때에는 무거운 죄로 벌하지 아니 한다."라고 '소극적'으로만 규정하였기 때문에[6] 가중결과에 대해 예견가능성이 있는 과실의 경우뿐만 아니라(진정 결과적 가중범에 해당), 더 나아가 가중결과에 대해 고의가 있었던 경우에도 결과적 가중범 규정을 적용할 수 있다는 것이다(부진정 결과적 가중범에 해당).[7] 다만 가중결과에 대해 고의가 있은 경우에는

4) 권오걸, 스마트 형법총론, 형설출판사 2011, 383면 이하; 신양균, 주석 형법[총칙], 한국사법행정학회 2011, § 15의 2항 347면; 하태훈, 현주건조물방화치상죄와 부진정 결과적 가중범, 고시계(1998.5.), 90면.

5) 고의와 고의의 결합범 구성요건 이외에 (부진정) 결과적 가중범 규정의 법정형을 낮추는 입법에 의해서도 형의 불균형 문제를 해결할 수 있다는 오영근, 형법각론(제5판), 박영사 2019, § 29/33; 배종대, 형법총론(제13판), 홍문사 2017, [158]/6.

6) 반면에 결과적 가중범을 규정한 독일 형법총칙 제18조는 "적어도 과실(wenigstens Fahrlaessigkeit)"의 문언을 "적극적" 성립요소로서 규정하고 있음.

7) 형법 제15조 제2항에 대한 이러한 해석론이 논리적으로 타당한가에 대해서도 견해 대립이 있을 수 있겠지만 본고에서는 논술을 생략하기로 함. 자세한 설명으로는 김성룡, "현행 형법의 해석론으로서 결과적 가중범의 유형과 죄수에 관한 판례 학설의 비판적 검토", 비교형사법연구 제9권 제1호(2007년), 62면 이하.

상응하는 고의와 고의의 결합범 구성요건이 형법 각칙에 없을 때에만 부진정 결과적 가중범의 개념으로서 해당 형법각칙의 결과적 가중범 규정을 적용할 수 있다는 것이다.[8] 우리나라 대법원 판례도 "형법 제164조 후단이 규정하는 현주건조물방화치사상죄는 그 전단에 규정하는 죄에 대한 일종의 가중처벌규정으로서 불을 놓아 사람의 주거에 사용하거나 사람이 현존하는 건조물을 소훼함으로 인하여 사람을 사상에 이르게 한 때에 성립되며 동 조항이 사형, 무기 또는 7년 이상의 징역의 무거운 법정형을 정하고 있는 취의에 비추어 보면 과실이 있는 경우뿐만 아니라 고의가 있는 경우도 포함된다고 볼 것이므로"라고 설시하였을 뿐만 아니라(대법원 1983.1.18. 선고 82도2341 판결), "특수공무집행방해치상죄는 원래 결과적 가중범이기는 하지만, 이는 중한 결과에 대하여 예견가능성이 있었음에 불구하고 예견하지 못한 경우에 벌하는 진정결과적 가중범이 아니라 그 결과에 대한 예견가능성이 있었음에도 불구하고 예견하지 못한 경우뿐만 아니라 고의가 있는 경우까지도 포함하는 부진정 결과적 가중범이다."라고 판시하여(대법원 1995.1.20. 선고 94도2842 판결), 일단 부진정 결과적 가중범 긍정설의 입장을 취하였다.

2) 일반적 긍정과 한정적(예외적) 긍정의 견해 대립

긍정설 중에는 고의와 고의의 결합범 구성요건이 형법각칙에 없을 때 형법 제15조 제2항에 근거하여 부진정 결과적 가중범을 일반적으로 인정할 것인가, 아니면 불가피한 형사정책적 필요성이 있는 경우에만 한정하여 인정할 것인가의 관점이 대립될 수 있다. 학설의 다수설은 후자에 해당한다. 부진정 결과적 가중범을 불가피하게 인정해야 하는 이유는 부정설에 의하면 형의 불균형 문제가 발생하기 때문이라는 것이다. 기본범죄를 통하여 고의로 중한 결과를 발생케 한 경우 고의와 고의의 결합범 구성요건이 존재하지 않으면 부정설에 따르면 양 죄(즉, 기본범

---

8) 독일 형법총칙 제18조도 가중결과의 과실을 "적어도(wenigstens)"로서만 요구할 뿐이기 때문에 이를 초과하는 고의가 있는 경우에도 결과적 가중범을 인정할 수 있다는 해석이 우리나라에서와 동일하게 가능할 것임. 그러나 독일에서는 형법각칙 자체가 "적어도 경솔하게(wenigstens leichtfertig)"의 문언이 있는 경우에만 미필적 고의를 포함시킬 수 있는 것으로 제한 해석함(Roxin, AT, § 10 VIII Rn. 109). 참고로, 이러한 문언이 있는 독일형법 각칙 상 구성요건으로는 제176d조의 어린이 성폭행 치사죄(Sexualler Misbrauch von Kinderen mit Todesfolge)와 제239a조 제3항의 적어도 경솔하게 사망결과를 야기한 인질강요죄(Erpresserischer Menschenraub)가 있음.

죄와 가중결과에 대한 고의범)의 상상적 경합으로 처리하여야 하는데, 이 경우 중한 죄로만 처벌되기 때문에 가중결과를 과실로 야기한 경우에 적용되는 결과적 가중범보다 오히려 가볍게 처벌되어 형의 불균형 상태가 발생할 것이고, 이러한 형의 불균형 문제를 해결하기 위해서는 불가피하게 부진정 결과적 가중범 영역을 긍정하여야 한다는 것이다.[9] 예컨대 현주건조물에 있는 (일반) 사람을 살해할 고의로 방화하여 그를 살해한 경우에 행위자를 현주건조물방화치사죄의 결과적 가중범 규정(사형, 무기, 7년 이상의 징역)으로 처벌하지 않고 부정설에 따라서 현주건조물방화죄(3년 이상의 징역)와 살인죄(사형, 무기, 5년 이상의 징역)의 상상적 경합으로 처리하여야 한다면(즉, 중한 살인죄로서만 처벌될 것임), 과실로 사망의 결과를 야기하여 결과적 가중범 규정이 적용되는 것보다 오히려 고의로 사망의 결과를 야기한 자가 경하게 처벌되어 형의 불균형으로 부당하다는 것이다.[10] 국내 학자의 대부분은 이러한 관점에서 부진정 결과적 가중범을 한정적으로만 인정한다.[11]

그런데 대상판결을 포함한 우리나라 대법원 판례의 태도는 다소 불명확하지만 −상응하는 결합범 구성요건이 형법각칙에 없는 경우− 부진정 결과적 가중범을 일반적으로 인정하려는 전자의 입장에 있는 것으로 판단된다.[12] 왜냐하면

9) 고의 범죄와 고의 범죄의 실체적 경합범으로 처벌될 경우(즉 경합범 가중 처벌)에는 형의 불균형 문제가 거의 발생하지 않기 때문에 (부진정) 결과적 가중범의 규정을 적용할 필요성도 거의 없게 된다. 판례에 따르면 "불을 놓은 집에서 빠져 나오려는 피해자들을 막아 소사케 한 행위는 1개의 행위가 수개의 죄명에 해당하는 경우라고 볼 수 없고, 위 방화행위와 살인행위는 법률상 별개의 범의에 의하여 별개의 법익을 해하는 별개의 행위라고 할 것이니, 현주건조물방화죄와 살인죄는 실체적 경합관계에 있다."(대법원 1983.1.18. 선고 82도2341 판결). 참고로, 별개 행위의 실체적 경합을 인정한 판례 태도를 비판하면서 이 사례에서도 현주건조물방화치사죄의 부진정 결과적 가중범 규정을 적용하여야 한다는 김태명, 판례 형법총론(제2판), PNC미디어 2016, 230면.

10) 특수공무방해치상죄의 법정형(3년 이상의 징역) 보다 현행 형법상 특수상해죄(구 폭처법의 당해 규정은 폐지되었음)의 법정형(1년 이상 10년 이하의 징역)이 상당히 가볍기 때문에 여기서도 부정설에 따르면 형의 불균형 문제가 발생할 것임.

11) 김성돈, 형법총론(제7판), SKKUP 2021, 453면; 김일수/서보학, 새로쓴 형법총론(제13판), 박영사 2018, 337면; 박상기, 형법총론(제8판), 박영사 2009, 291면; 손동권/김재윤, 새로운 형법총론, 율곡출판사 2019, § 21/5; 신동운, 형법총론(제12판), 법문사 2019, 272면 이하; 오영근, 형법각론(제5판), 박영사 2019, § 29/33; 이재상/장영민/강동범, 형법총론(제11판), 박영사 2022, § 15/7; 임웅, 형법총론(제13정판), 법문사 2022, 580면; 정성근/박광민, 형법총론(전정3판), SKKUP 2020, 358면

12) 학자 중에는 김성룡, "현행 형법의 해석론으로서 결과적 가중범의 유형과 죄수에 관한 판례·학설의 비판적 검토", 비교형사법연구 제9권 제1호(2007년), 61면 이하.

형의 불균형 문제는 가중결과에 대한 고의범의 법정형이 결과적 가중범의 법정형보다 무겁지 않을 때(특히 가벼울 때)에만 발생할 것인데, 판례는 가중결과에 대한 고의범의 법정형이 더 무거운 경우에도 "부진정 결과적 가중범"의 독립적 성립을 (가중결과에 대한 고의범과의 상상적 경합으로서) 긍정하였기 때문이다.

(3) 소결

판단컨대, 부정설은 가중결과에 대한 고의범의 법정형이 결과적 가중범의 법정형 보다 가벼운 경우 '기본범죄'와 가중결과에 대한 고의범의 상상적 경합으로 처리함으로써 발생할 수 있는 현실적인 형의 불균형 문제를 합리적으로 해결할 수 없을 뿐만 아니라, 형법 제15조 제2항의 소극적 규정 방식이 가중결과에 대한 고의까지 포함할 수 있는 해석 여지가 있음을 전혀 고려하지 않는 것이기 때문에 취할 바가 아닌 것 같다. 그리고 긍정설 중에서는 형의 불균형 문제를 해결하기 위한 불가피한 필요성이 있는 경우에만 부진정 결과적 가중범의 영역을 인정하는 한정적 긍정설이 타당한 것으로 판단된다. 형법각칙(입법취지)은 대부분 고의와 고의의 결합범(대개 가중결과 부분에 대해서 '살해 또는 상해한'의 문구가 사용됨)과 고의와 과실의 (진정) 결과적 가중범(대개 가중결과 부분에 '사망 또는 상해에 이르게 한'의 문구가 사용됨)의 규정을 함께 규정하고 있을 뿐만 아니라(이 경우에는 부진정 결과적 가중범의 인정근거가 없을 것임),[13] 형법 제144조 제2항의 특수공무방해치사상죄에 사용된 '사망 또는 상해에 이르게 한'의 문구를 고의로 살해 또는 상해하는 것까지 포함시켜 해석하는 것은 불가피한 최후의 예외수단으로 해석하는 것이 엄격해석을 지향하는 죄형법정주의와 형의 불균형 문제 해소라는 형사정책적 관점을 함께 고려하는 것으로서 가장 합당하기 때문이다. 불가피한 필요성 없이 '사망 또는 상해에 이르게 한'의 문구를 고의로 살해 또는 상해한 것까지 포함시켜 일반화하는 것은 죄형법정주의에 반할 소지가 큰 것이다. 여하튼 부진정 결과적 가중범의 개

13) 형법 각칙은 대개 결합범과 (진정) 결과적 가중범 규정을 별개로(그리고 법정형은 차등적으로) 규정하고 있는데, 특이하게도 형법 제301조는 강간상해와 강간치상에 대해, 형법 제337조는 강도상해와 강도치상에 대해 그 법정형을 동일하게 규정하고 있다. 이렇게 가중결과가 상해 또는 치상의 여부에 차등 없이 동일한 법정형을 부과하는 것은 실질상 부진징 결과적 가중범(긍정설)과 같은 모습을 띄는 것이지만, 구성요건의 문언 자체에서 양 자를 나누어 표현하고 있기 때문에 가중결과가 상해인 것은 결합범으로, 치상인 것은 "진정" 결과적 가중범으로 각각 성격을 부여하여야 할 것임(즉 여기서는 부진정 결과적 가중범의 문제는 발생할 여지가 없을 것임).

념을 긍정한다면, 가중결과를 고의로 야기한 경우에 (부진정)결과적 가중범과 가중결과에 대한 고의범 사이의 죄수 문제가 대두되는 것이다(아래).

2. 결과에 대한 고의범의 법정형이 더 무거운 사례에서의 대상판례의 태도에 대하여

(1) 대상판결의 태도

대상판결은 특수공무집행방해에 의해 고의로 가중결과(상해)를 야기하는 경우의 죄수 문제를 둘러싸고 "고의로 중한 결과를 발생하게 한 행위가 별도의 구성요건에 해당하고 그 고의범에 대하여 결과적 가중범에 정한 형보다 더 무겁게 처벌하는 규정이 있는 경우에는 그 고의범과 결과적 가중범이 상상적 경합관계에 있지만"이라는 취지로 판시하였다. 즉 대상판결은 가중결과에 대한 고의범의 법정형이 부진정 결과적 가중범의 그것보다 무거운 경우에는 (기본범죄가 아닌) 부진정 결과적 가중범과 가중결과에 대한 고의범의 상상적 경합을 인정하는 것이다. 이에 따라 또 다른 과거의 대법원 판례는 특수공무집행방해치상죄와 (*구) 폭력행위등처벌에관한법률 제3조 제2항 및 제1항 위반죄(즉 "야간" 흉기휴대상해; 판시 당시의 법정형은 5년 이상의 징역)의 상상적 경합범으로 처단한 제1심판결을 그대로 유지한 원심의 조치는 정당하고, 거기에 결과적 가중범 및 상상적 경합범에 관한 법리를 오해한 잘못이 없다고 판시하였던 것이다(대법원 1995.1.20. 선고 94도2842 판결).[14] 그리고 존속살해죄(1995년 개정 전 법정형은 사형 또는 무기징역이었음)와 현주건조물방화치사죄는 상상적 경합범관계에 있으므로, 법정형이 중한 존속살인죄로 의율 함이 타당하다고 판시하기도 하였다(대법원 1996.4.26. 선고 96도485 판결).

그런데 법정형이 무거웠던 야간 특수상해의 폭처법 규정은 현재 폐지되었고 이를 대체한 형법상 특수상해죄의 법정형은 특수공무방해치상죄의 법정형보다 오히려 낮아졌으며, 존속살해죄의 법정형도 사형, 무기 또는 7년 이상의 징역으

14) 구 폭처법은 집단 흉기 휴대의 특수상해에 대해서는 제3조 제1항이 3년 이상의 징역으로, 제2항이 야간에 이를 행한 경우에는 5년 이상의 징역으로 규정하였음. 그러나 양 조항은 모두 입법 폐지되었음(제2항은 1995년, 제1항은 2015년에 각각 폐지). 따라서 현재는 형법 제258조의2 특수상해의 죄(제1항의 특수상해죄는 1년 이상 10년 이하의 징역, 제2항의 특수중상해죄는 2년 이상 20년 이하의 징역)와의 죄수 문제가 될 것임.

로 개정되어 종래보다 낮아져 현주건조물방화치사죄보다 더 무겁지 않게 되었다.[15] 그렇기 때문에 특수상해죄와 존속살해죄와의 죄수 문제에서 법 개정 전의 과거 판례와 같은 상상적 경합으로의 귀결은 현행법하에서는 불가능하게 되었다. 그러나 현행법 하에서도 재물을 강취한 후 살인의 고의로 방화하여 사람을 사망하게 한 경우는 (부진정) 결과적 가중범인 현주건조물방화치사죄의 법정형(사형, 무기 또는 7년 이상의 징역)보다 강도살인죄(형법 제338조, 사형 또는 무기징역)의 법정형이 더 무겁게 규정되어 있는 사례가 된다. 그렇기 때문에 판례는 "피고인들이 피해자들의 재물을 강취한 후 그들을 살해할 목적으로 현주건조물에 방화하여 사망에 이르게 한 경우, 피고인들의 행위는 강도살인죄와 현주건조물방화치사죄에 모두 해당하고 그 두 죄는 상상적 경합범관계에 있다."라고 판시하였다.[16] 그리고 형법 제144조 제2항의 특수공무방해"치사죄"와 관련하여서도 피해공무원이 직계존속인 경우에는 가중결과에 대한 고의범인 존속살해죄(사형, 무기 또는 7년 이상의 징역)가 부진정 결과적 가중범인 특수공무방해치사죄(무기 또는 5년 이상의 징역)보다 그 법정형이 무거운 사례가 될 것이다. 이 사례가 실제로 발생한다면 대법원 판례는 부진정 결과적 가중범인 특수공무방해치사죄와 존속살해죄의 상상적 경합으로 처리하였을 것이다(아래에서는 편의상 이 가상사례를 예로 들어 설명하기로 함).

(2) 비판적 검토

1) 가장 중한 죄가 살아남는 상상적 경합의 타당성

판단컨대, 판례가 가중결과에 대한 고의범(가상사례에서의 존속살해죄)의 법정형이 부진정 결과적 가중범(특수공무방해치사죄)의 그것보다 더 중한 경우에는 상상적 경합범을 인정하여 종국적으로 중한 법정형의 죄(즉 존속살해죄)로 처벌할 수 있도록 한 것은 이론적 관점에서도 타당하다. 죄수이론에 따르면 하나의 행위로 두 개의 범죄가 외관상 성립할 경우 양 죄가 법조경합으로 평가되어 단순일죄가

---

15) 존속살해죄의 법정형이 처음 사형 또는 무기 징역에서 1995년 12월 사형, 무기 또는 7년 이상의 징역으로 개정되었음. 현행법 하에서는 존속살해죄의 경우 자격상실을 병과 할 수 있는 것(제256조) 이외에는 현주건조물방화치사죄와 그 법정형이 동일함.

16) 대법원 1998. 12. 8. 선고 98도3416 판결

되지 않는 이상 양 죄는 상상적 경합으로 처리되어야 한다. 그런데 법정형에 경중이 있는 양 죄의 경우 죄수이론을 통해 중한 법정형의 범죄만으로 귀결되는 법조경합의 단순일죄는 인정될 수 있겠지만, 그 반대로 중한 법정형의 죄가 경한 법정형의 죄에 흡수되어 경한 법정형의 죄만으로 법조경합의 단순일죄가 될 수는 없는 것이다. 즉 죄수판단은 양 죄의 보호법익, 구성요건 체계 등은 물론이고 법정형의 크기도 함께 종합적으로 고려되어 결정되어야 하는 것이다. 따라서 외관상 성립된 여러 범죄 중에서 가장 법정형이 무거운 범죄(가상사례에서 존속살해죄)는 죄수론 평가를 거치더라도 일단 살아남아 성립되는 것으로 귀결되어야 하는 것이다.[17)]

2) 부진정 결과적 가중범 또는 "기본범죄"와의 상상적 경합 여부에서 후자의 타당성

상기한 가상 사례가 실제 발생하였을 경우 취할 것으로 판단되는 판례 태도의 문제점은 가중결과에 대한 고의범(즉 존속살해죄)을 '부진정 결과적 가중범(즉 특수공무방해치사죄)'과의 상상적 경합으로 처리하는 것에 있다. 죄수 평가를 위해서는 우선 외관상 성립하는 범죄가 무엇인지를 선행 확정하여야 한다. 상기한 가상 사례에서는 특수공무방해죄(제144조 제1항), 특수공무방해치사죄(제144조 제2항), 존속살해죄(제253조)의 외관상 성립이 문제될 수 있을 것이고, 이 중에서 특수공무방해죄와 존속살해죄의 외관상 성립은 다툼 없이 인정될 것이다. 상기한 가상 사례에서 외관상 성립이 명백히 인정되는 특수공무방해죄와 존속살해죄 사이의 죄수는 국가적 법익(특수공무방해죄)과 개인적 법익(존속살해죄)에 관한 범죄 사이의 죄수 문제로서 그 보호법익 서로 다르기 때문에 양 자 모두가 독자적으로 성립하면서 상상적 경합으로 처리될 수 있는 것이다(특히 개인적 법익에 관한 죄의 법정형이 더 큰 경우). 남은 문제는 가상 사례에서 특수공무방해치사죄의 성립을 인정할 수 있는가에 있다. 만약 특수공무방해치사죄의 성립을 긍정한다면 대상판결과 같이 부진정결과적 가중범으로서의 특수공무방해치사죄와 존속살해죄의

---

17) 그러나 죄수판단에 법정형의 크기는 고려요소가 아니라는 전제에서 법정형이 더 중한 존속살해의 사례에서도 부진정결과적 가중범의 단순일죄만을 인정하여야 한다는 김성룡, "현행 형법의 해석론으로서 결과적 가중범의 유형과 죄수에 관한 판례 학설의 비판적 검토", 비교형사법연구 제9권 제1호(2007년), 69면

상상적 경합으로 처리하는 것은 이론상으로도 타당할 것이다(이 경우 외관상 성립한 기본범죄로서의 특수공무방해죄는 특수공무방해치사죄에 당연히 흡수될 것임). 그러나 전술한 바와 같이, 부진정 결과적 가중범은 양형의 불균형 문제를 해소하기 위해서만 예외적으로 인정하는 것이 이론적으로 타당하다(한정적 긍정설). 그런데 결과에 대한 고의범의 법정형이 결과적 가중범 규정의 법정형 보다 중한 경우에는 양형의 불균형 문제가 발생하지 않는다. 즉, 이 경우에는 과실로 가중결과를 야기한 진정 결과적 가중범보다 중한 가중결과에 대한 고의범으로 피고인을 중하게 처벌할 수 있기 때문에 형의 불균형 문제가 발생하지 않는 것이다. 따라서 법정형이 더 무거운 존속살해죄가 성립된다면 그 보다 경한 특수공무방해지사죄는 부진정 결과적 가중범으로 해석하여야 할 예외적 필요성이 인정되지 않기 때문에[18] 진정 결과적 가중범으로만 평가해야 하는 것이다. 그렇다면 가상사례에서는 직계존속을 고의로 살인하였기 때문에 진정 결과적 가중범으로 평가되어야 할 특수공무방해치사죄는 아예 별개로 성립될 수가 없다. 그렇다면 가상사례에서는 가중결과에 대한 고의범(예컨대 존속살해죄)은 (부진정 결과적 가중범인 특수공무방해치사죄가 아니라) "기본범죄(특수공무방해죄)"와의 상상적 경합을 인정하여야 하는 것이다.[19]

18) 동일한 취지에서 특수공무방해치사죄의 경우에는 형이 더 무거운 (보통) 살인죄가 있기 때문에 부진정 결과적 가중범으로 볼 필요가 없다는 정성근/박광민, 형법각론(전정판), SKKUP 2013, 870면; 판단컨대, 존속살해죄(사형, 무기 또는 7년 이상의 징역)가 더 무거운 범죄인 것은 명백하지만, 보통살인죄의 경우는 그 법정형이 사형, 무기 또는 5년 이상의 징역이기 때문에 이 중에서 "사실상 폐지"된 사형을 제외하면 특수공무방해치사죄의 법정형과 동일하다.

19) 가중결과에 대한 고의범의 법정형이 더 무거운 경우 부진정 결과적 가중범과의 상상적 경합을 인정하면 하나의 고의가 이중으로 평가되는 것이기 때문에 양형이론 상 부당하므로 "기본범죄"와의 상상적 경합을 인정하여야 한다는 오영근, 형법각론(제5판), § 46/118; 재물을 강취한 후 살해할 목적으로 현주건조물에 방화하여 사람을 사망케 한 판례 사례에서 -부진정 결과적 가중범인 현주건조물방화치사죄와의 상상적 경합을 인정하는 판례 태도와는 다르게- 고의의 이중평가를 피하기 위하여 "현주건조물방화죄(기본범죄)"와 강도살인죄의 상상적 경합을 인정하여야 한다고 서술한 § 29/40

판단컨대, 고의의 이중 평가를 피하기 위하여 기본 범죄와의 상상적 경합을 인정하려는 태도는 방법론상의 오류에 해당하는 것 같음(상상적 경합은 독자적으로 성립하는 여러 죄 중에서 법 규정에 따라 가장 중한 죄에 해당하는 하나를 적용범죄로서 결정하는 것에 그치고, 더 나아가 법정 사유를 또 다시 양형에 반영하는 이중 평가를 내리려는 것이 아님). 기본범죄와의 상상적 경합을 인정해야 하는 이유는 오히려 위에서 밝힌 바와 같이 -가중결과에 대한 고의범의 법정형이 더 무거운 경우- 부정설에 의하더라도 형의 불균형 문제가 발생하지 않으므로 해당 결과적 가중범 규정에 대해서는 "진정" 결과적 가중범으로만 해석하여야 함에 있는 것임.

3. 결과에 대한 고의범의 법정형이 더 무겁지 않은 사례에서의 대상판례의 태도에 대하여

(1) 대상판결의 태도

상기한 대상판결은 "고의로 중한 결과를 발생하게 한 행위가 별도의 구성요건에 해당하고 그 고의범에 대하여 결과적 가중범에 정한 형보다 더 무겁게 처벌하는 규정이 있는 경우에는 그 고의범과 결과적 가중범이 상상적 경합관계에 있지만, 고의범에 대하여 더 무겁게 처벌하는 규정이 없는 경우에는 결과적 가중범이 고의범에 대하여 특별관계에 있으므로 결과적 가중범만 성립하고 이와 법조경합의 관계에 있는 고의범에 대하여는 별도로 죄를 구성하지 않는다. 따라서 직무를 집행하는 공무원에 대하여 위험한 물건을 휴대하여 고의로 상해를 가한 경우에는 특수공무집행방해치상죄만 성립할 뿐, 이와는 별도로 (구) 폭력행위 등 처벌에 관한 법률 위반(집단·흉기 등 상해)의 죄를 구성한다고 볼 수 없다."고 판시하였는데(대법원 2008.11.27. 선고 2008도7311 판결), 이는 "사람을 살해할 목적으로 현주건조물에 방화하여 사망에 이르게 한 경우에는 현주건조물방화치사죄(제164조)로 의율 하여야 하고 이와 더불어 보통살인죄와의 상상적 경합으로 의율할 것은 아니다"고 판시한(대법원 1983.1.18. 선고 82도2341 판결) 다른 판례의 태도를 그대로 유지한 것이다. 즉 판례는 가중결과에 대한 고의범이 (부진정) 결과적 가중범과 비교하여 그 법정형이 더 무겁지 않은 경우에는 가중결과에 대한 고의범 적용은 배제되고 부진정 결과적 가중범의 단순일죄(특별관계의 법조 경합)로 귀결된다는 것이다.

(2) 비판적 검토

1) 실체법적 관점에 한정된 타당성

전술한 바와 같이, 가중결과에 대한 고의범(현행 형법상 특수상해죄는 1년 이상 10년 이하의 징역)이 결과적 가중범(특수공무방해치상죄는 3년 이상의 징역)과 비교하여 그 법정형이 더 무겁지 않은 경우(특히 경한 경우) 부진정 결과적 가중범 부정설에 의하면 형의 불균형 문제가 발생하기 때문에 특수공무방해 시 고의로 상해한 사례의 경우 일단 특수공무방해치상죄를 부진정 결과적 가중범으로 해석하여 일단 이의 성립을 먼저 긍정하여야 할 것이다(외관상 성립한 기본범죄인 특수공무방해죄는 당연히 여기에 흡수될 것임). 문제는 대상판결와 같이 부진정결과적 가중범의 단순일죄만을 인정할 것인가 학설상 상당히 주장되고 있는 특수상해죄와의 상상적 경합을 인정할 것인가에 있다.

위에서 언급한 바와 같이, 하나의 행위로 두 개의 범죄가 외관상 성립할 경우 양 죄가 법조경합으로 평가되어 단순일죄가 되지 않는 이상 양 죄는 상상적 경합으로 처리되어야 한다. 따라서 죄수 결정 방법론상으로는 양 죄가 법조경합이 되는지를 먼저 심사하여야 한다. 대상판결 사례에서는 현행법하에서는 특수공무방해죄(제144조 제1항, 단순 공무집행방해죄의 법정형인 5년 이하의 징역에 대한 1/2 가중), 특수공무방해치상죄(제144조 제2항, 3년 이상의 징역), 특수상해죄(형법 제258조의2 특수상해죄는 1년 이상 10년 이하의 징역)가 외관상 성립할 것이다. 이 중에서 가장 중한 특수공무방해치상죄(부진정 결과적 가중범로서)는 일단 성립으로 처리되어야 할 것이다. 그렇다면 기본범죄(특수공무방해죄)는 당연히 법조경합으로 여기에 흡수될 것이고, 남은 문제는 경한 법정형의 특수상해죄도 법조경합으로 그 성립을 배제할 수 있는가에 있을 것이다. 전술한 바와 같이 가장 중한 존속살해죄(개인적 법익에 관한 범죄)가 일단 성립하는 경우 그보다 법정형이 경하다고 하여 특수공무방해(치사)죄와 같은 국가적 법익에 관한 범죄가 법조 경합으로 흡수될 수는 없다(즉 상상적 경합으로 처리하여야 할 것임). 그러나 그 반대로 가장 중한 특수공무방해치상죄(국가적 법익에 관한 범죄)가 일단 성립하는 경우 그 보다 법정형이 경한 개인적 법익에 관한 범죄는 죄수이론을 통해 얼마든지 법조 경합으로 그 성립을 배제시킬 수 있다. 현행 형법상 특수상해죄와 특수공무집행방해치상죄의 관계는 전자가 "흉기 기타 위험한 물건을 휴대하여 상해죄를 범한 경우"를 말하고, 후자는 "위험한 물건을 휴대하여 직무를 집행하는 공무원을 폭행 또는 협박하여 상해를 가하거나 상해를 입게 한 경우"를 말하는 것으로서, 후자의 구성요건은 전자의 구성요건의 모든 요소를 포함하는 이외에 그 피해자가 직무집행 중인 공무원일 것을 요하므로, 후자는 전자의 특별구성요건에 해당하는 죄이고, 또한 보호법익의 측면에서 볼 때, 원래 공무집행방해죄의 보호법익이 공무원에 의하여 집행되는 공무 그 자체를 보호하기 위한 것이기는 하나, 특수공무집행방해치상죄의 경우에는 공무 그 자체뿐만 아니라 해당 공무원 개인의 신체의 안전성 또한 보호법익으로 한다고 봄이 상당하기 때문에 이 경우 특수공무집행방해치상죄의 보호법익은 특수상해죄의 보호법익 또한 함께 포함하는 것임을 알 수 있으므로 특별관계의 법조경합으로서 특수공무집행방해치상죄의 단순일죄만을 실체법 논리상 인정할 수 있는 것이다.[20] 만약 부진정 결과적 가중범에 상응하는 "특수"공무방해"상해죄"라는 결합범의 구성요건이 형법 각칙에 실제로 존재한다면 특수상해죄는 당연히 특별관계의 법조경합으로 인해 그 성립이 배제되어야 하는 것과 동일한 맥락에서 이해될 수 있는 것이다.

다음 문제는 대상판결의 판시 당시 (구)폭처법상 흉기등상해죄와 특수공무방해치상죄(부진정 결과적 가중범) 사이의 법정형이 동일한 경우의 죄수 처리가 될 것이다. 이 경우에도 (구)폭처법상 흉기등상해죄는 법조경합으로 인해 그 성립이 배제될 수 있을 것이다. 왜냐하면 부진정 결과적 가중범으로서의 특수공무집행방해치상죄가 (구)폭처법상 흉기등상해죄보다 구성요건요소를 더 많이 담고 있기 때문이다(즉 흉기 상해 행위 이외에 공무집행방해 행위도 담고 있음). 결국 가장 중한 범죄인 특수공무방해치상죄(부진정 결과적 가중범)의 단순일죄(특별관계의 법조경합)만을 인정하는 대상판결의 태도는 실체법적 관점에 한정하여 평가한다면 일단 타당하다고 할 것이다.

2) 상상적 경합의 소송법상 특수기능의 고려

그러나 대상판결의 태도는 절차법적 관점에서 볼 때 다소 아쉬움이 남는다. 즉 공소장의 필요적 기재사항인 죄명(적용법조)을 특수공무방해"치상죄"로만 쓴다면 그것이 진정 결과적 가중범으로서 적용한 것인지 부진정 결과적 가중범으로 적용한 것인지는 외관상 나타나지 않는다. 그리고 치사상의 객체가 보통 사람인지 존속인지의 여부도 알 수 없게 된다. 더 나아가 상해결과가 보통상해인지 중상해 인지의 여부, 상해고의에 의한 상해결과인지 살인고의가 미수에 그쳐 발생된

20) 특별관계란 어느 구성요건이 다른 구성요건의 모든 요소를 포함하는 외에 다른 요소를 구비하여야 성립하는 경우로서, 특별관계에 있어서는 특별법의 구성요건을 충족하는 행위는 일반법의 구성요건을 충족하지만 반대로 일반법의 구성요건을 충족하는 행위는 특별법의 구성요건을 충족하지 못한다(대법원 2006. 5. 26. 선고 2006도1713 판결, 대법원 2003. 4. 8. 선고 2002도6033 판결).

상해결과인지의 여부도 알 수 없게 한다. 이들 차이를 공소장에 나타내 주는 방법이 특수공무집행방해치상죄(부진정 결과적 가중범)와 해당하는 가중결과에 대한 고의범의 상상적 경합을 인정하는 것이다. 이러한 기능이 소위 '상상적 경합의 명시기능(Die Klarstellungsfunktion der Idealkonkurenz)'인 것이다.[21] 상응하는 고의와 고의의 결합범 구성요건이 없기 때문에 불가피하게 예외적으로 특수공무방해치상죄를 "부진정" 결과적 가중범으로 이해하여야 하는 현행법 체계 하에서는 이러한 상상적 경합의 명시기능을 추가로 고려하는 죄수 판단을 내리는 것이 더욱 합리적인 것으로 판단된다.[22] 결국, 대상판결의 태도와는 달리 특수상해죄를 특수공무방해치상죄(부진정 결과적 가중범)와의 상상적 경합으로 표시하는 죄수 판단이 절차법적 관점까지 고려한다면 더욱 합리적인 사법조치가 될 것이다.[23] 그리고 상상적 경합의 명시기능을 강조하는 것은 검사에 대한 공소장 기재 이외에도 법관에게는 가중결과를 고의로 야기하였다는 합리적 양형 판단의 지침이 될 수 있을 것이고(과실로 결과를 야기한 것보다 고의로 결과를 야기한 것이 피고인에 대한 양형에 있어 상대적으로 더 무겁게 결정되어야 할 것임), 종국적으로는 피해자의 보호 정책(과실로 결과가 야기된 사례보다 고의로 결과가 야기된 사례의 피해자가 상대적으로 더 두텁게 보호되어야 할 것임)에서도 유리하게 될 것이다.

21) 이에 대한 자세한 설명으로는 한상훈, "상상적 경합의 명시기능과 이중평가금지의 상충 여부", 비교형사법연구 제8권 제1호(2006년), 97면 이하

22) 이러한 상상적 경합의 명시기능을 강조한 손동권/김재윤, 새로운 형법총론, 율곡출판사 2019, § 21/ 6; 새로운 형법각론(제2판), 율곡출판사 2022, 816면

23) 상상적 경합을 인정하면 살인의 고의를 이중으로 평가하는 것이므로 부당하다는 견해로는 오영근, 형법각론(제5판), § 29/37; 그러나 이를 고의 이중평가금지의 관점에서 바라보는 것 자체가 오히려 방법론상 타당하지 않은 것 같음. 위에서 이미 서술한 바와 같이 고의의 이중성과는 상관없이 일단 외관상 성립하는 범죄 모두(예컨대, 고의 특수공무집행방해죄, 고의로 야기한 특수공무방해치상죄, 고의 특수상해죄)를 추출하고서 그 보호법익, 구성요건체계, 법정형 등을 종합적으로 고려하여 종국적으로 죄수 판단을 결정하는 것임. 즉 고의의 이중성 때문에 원천적으로 상상적 경합을 부정하는 것은 죄수론의 관점에서 결코 타당하지 않음(동일한 취지에서 상상적 경합의 명시기능과 양형에서의 이중평가금지 원칙은 서로 충돌되는 것이 아니라는 한상훈, 앞의 글, 116면).

Ⅲ. 맺으며

위에서 연구 검토된 결론을 요약하면 다음과 같다: (1) 결과에 대한 고의범의 법정형이 더 무겁지 않은(특히 경한) 경우에도 상상적 경합의 명시기능의 유용성을 고려하여 −부진정 결과적 가중범의 단순일죄만을 인정하는 대상판결의 태도와는 달리− 부진정 결과적 가중범(특수공무방해치상죄)과 가중결과에 대한 고의범(특수상해죄)의 상상적 경합으로 처리하는 것이 더욱 바람직할 것이다. 다만 부진정 결과적 가중범의 단순일죄를 인정하는 대상판결의 태도를 굳이 변경하라고 촉구할 개인적 의도는 없다. 왜냐하면 부진정 결과적 가중범의 일죄만을 인정하는 죄수 처리도 실체법적 양형이론과 엄격해석을 지향하는 죄형법정주의에 비추어서 결코 부당하지 않기 때문이다. 다만 상상적 경합의 명시기능과 유사한 효과를 가지도록 검사가 공소장의 필요적 기재사항인 죄명과 적용 법조에 있어서 적어도 가중결과를 고의로 야기하였다는 표현이 되도록 <특수공무방해치상죄“(부진정결과적 가중범)”, 제144조 제2항>의 방식으로 기재하면 좋을 것이다.[24]

(2) 가중결과에 대한 고의범의 법정형이 부진정 결과적 가중범 보다 더 무거운 경우(예컨대 특수공무방해치사죄와 존속살해죄 사이; 대판 1998.12.8. 97도3416의 판례사례에 해당하는 현주건조물방화치사죄와 강도살인죄 사이)에 양 자의 상상적 경합을 인정하는 판례의 태도는 앞으로 “기본범죄”와 가중결과에 대한 고의범의 상상적 경합으로 변경 처리될 것을 촉구하고자 한다.[25] 왜냐하면 이 경우에는 부진정 결과적 가중범 부정설에 의하더라도 형량의 불균형 문제가 발생하지 않으므로 해당 결과적 가중범 규정을 진정 결과적 가중범만으로 해석하여야 하기 때문이다(즉 이 경우에는 부진정 결과적 가중범으로 해석할 불가피한 필요성이 없음). 이러한 경우까지

24) 그러나 이러한 방식도 가중결과가 보통상해 또는 중상해(제256조의 중상해죄) 인지의 여부, 피해 객체가 일반인 또는 직계존속(제257조 제2항의 존속상해죄) 인지의 여부, 가중결과가 상해고의에 의한 상해인지 살인고의가 미수에 그친 상해(실체는 살인미수죄)인지는 여전히 표현할 수 없는 한계를 가질 것임.

25) 필자는 “부진정 결과적 가중범”과 가중결과에 대한 고의범의 상상적 경합으로 처리하더라도 종국적으로 가장 중한 죄(즉 가중결과에 대한 고의범)로서 처벌할 수 있기 때문에(즉 처벌의 결론 자체는 타당하기 때문에) 기존 판례의 태도를 별 다른 비판 없이 그대로 수용하였지만(손동권/김재윤, 새로운 형법각론, 816면), 본고에서는 판례 변경을 촉구하고자 그 논지를 달리하기로 함.

부진정 결과적 가중범으로 해석하는 것은 엄격 해석의 원리를 담고 있는 죄형법정주의의 정신에 배치되는 것이다.

끝으로, 부진정 결과적 가중범을 둘러싼 여러 문제점은 종국적으로는 입법조치를 통해 해결되어야 할 것이다. 그 입법 방식으로는 특수공무방해"상해죄"와 같은 결합범의 구성요건을 형법각칙에 별도로(그리고 법정형에서도 특수공무방해치상죄 보다는 상대적으로 무겁게) 신설하거나, 적어도 형법 제301조의 강간상해·치상죄, 형법 제337조의 강도상해·치상죄와 같은 구성요건(즉 특수공무방해상해·치상죄, 여기서는 결과가 상해인 경우에는 상해와 치상의 법정형이 동일함)을 설정하면 될 것이다.

7. 부진정부작위범에서 작위의무의 발생근거와 한계 문제

허일태 명예교수(동아대학교 법학전문대학원)*

[대상판결]

1. 대법원 1996. 9. 6. 선고 95도2551 판결
2. 대법원 2015. 11. 12. 선고 2015도6809 전원합의체 판결

[대상판결 1] "**작위의무는 법적인 의무이어야 하므로** 단순한 도덕상 또는 종교상의 의무는 포함되지 않으나 작위의무가 법적인 의무인 한 성문법이건 불문법이건 상관이 없고 또 공법이건 사법이건 불문하므로, 법령, 법률행위, 선행행위로 인한 경우는 물론이고 기타 **신의성실의 원칙이나 사회상규 혹은 조리상 작위의무가 기대되는 경우**에도 법적인 작위의무는 있다."

[대상판결 2] "부진정 부작위범의 경우에는 보호법익의 주체가 법익에 대한 침해위협에 대처할 보호(방어)능력이 없고, 부작위행위자에게 침해위협으로부터 법익을 보호해 주어야 할 법적 작위의무가 있을 뿐 아니라, 부작위행위자가 그러한 보호적 지위에서 법익침해를 일으키는 사태를 지배하고 있어 작위의무의 이행으로 결과발생을 쉽게 방지할 수 있어야 부작위로 인한 법익침해가 작위에 의한 법익침해와 동등한 형법적 가치가 있는 것으로서 범죄의 실행행위로 평가될 수 있다. 다만 여기서의 **작위의무는 법령, 법률행위, 선행행위로 인한 경우는 물론, 신의성실의 원칙이나 사회상규 혹은 조리상 작위의무가 기대되는 경우에도 인정된다.**"

* 허일태 동아대학교 명예교수는 독일 Würzburg대학교에서 법학박사학위를 받았고, 한국형사법학회 회장, 한국비교형사법학회 회장, 한국형사정책학회 회장 및 법무부 정책위원회 위원, 한국사형폐지협의회 회장, 국제엠네스티 한국지부 법률가위원회 위원장 등을 역임하였다.

Ⅰ. 문제점

부작위범을 규율한 형법 제18조는 "위험의 발생을 방지할 의무가 있거나 자기의 행위로 인하여 위험발생의 원인을 야기한 자가 그 위험발생을 방지하지 아니한 때에는 그 발생된 결과에 의하여 처벌한다."고 명시하고 있다. 이는 "위험한 결과의 발생에 관한 방지의무를 부담한 행위자임에도 부작위에 의해 위험의 발생을 방지하지 않았다면 처벌받게 된다."는 의미이다. 그러므로 형법 제18조는 첫째로 "부작위에 의해서도 범죄구성요건을 실현할 수 있는 행위자의 자격 기준은 무엇이며", 둘째로 "그런 자격을 갖춘 행위자가 어떤 경우에 처벌될 수 있는지"를 보여주고 있다.

그런데 위험한 결과발생에 대한 방지의무를 부담하는 행위자의 자격 기준에 관해 형법 제18조는 '위험의 발생을 방지할 의무'를 부담한 자와 "선행행위로 위험의 발생을 야기한 자"라고 제시하고 있으며, 선행행위로 인한 경우를 제외하고는 누가 위험의 발생을 방지할 의무를 부담하고 있는지를 구체적으로 언급하지 않고 있다. 그러기에 부작위범에서 이러한 방지의무를 부담하는 행위자는 누가 될 수 있는지를 구성하는 요소를 '기술되지 아니한 구성요건 징표'라고 부른다. 형법 제18조가 위험한 결과 발생의 방지의무를 부담하는 자와 자기의 선행행위로 인한 위험을 야기한 자를 명시하고 있기에, 학계뿐만 아니라 판례조차도 부작위범의 행위자를 선행행위로 인한 위험의 야기자이거나 위험을 방지할 법적 의무를 지고 있는 자로 한정하고, 단순히 도덕적이거나 종교적인 의무자일 수 없다고 하는 데 의견의 일치를 보고 있다. 즉 판례에 따르면, "(부작위범의) <u>**작위의무는 법적 의무여야 하므로**</u> **단순한 도덕상 또는 종교상의 의무는 포함되지 않으나 작위의무가 법적 의무인 한** 성문법이건 불문법이건 상관이 없고 또 공법이건 사법이건 불문하므로, 법령, 법률행위, 선행행위로 인한 경우는 물론이(라)고" 판시하고 있다. 법원의 이러한 해석은 죄형법정주의 원칙상 당연하다.

그런데도 [대상판결 1]과 [대상판결 2]에서 대법원은 **작위의무의 근거를** 법적 의무와 선행행위뿐만 아니라 <u>**신의성실의 원칙이나 사회상규 혹은 조리에 의해서도**</u> 발생한다고 판시하고 있다. 판례의 이와 같은 태도가 죄형법정주의의 원칙으로 하는 형법에서 정당한 것인지 문제이다.

Ⅱ. 쟁점 및 검토

1. 쟁점

(1) 형법 제18조와 부작위범의 행위자 자격

형법 제18조는 부작위범이 성립하기 위해서는 행위주체에게 위험의 발생을 방지할 작위의무의 부담을 요구하고 있다. 그런데 부작위에 의한 범죄구성요건의 실현은 통상적인 일반인일 수 없고, 특정한 위험의 발생을 방지할 작위의무를 부담하고 있는 특별한 지위자, 즉 결과발생의 회피의무를 부담한 자에 국한된다.

이런 작위의무의 부담자는 부진정부작위범의 경우 특정한 법익과 특수하고도 밀접한 관계를 맺고 있어서 보호해야 할 법익의 침해를 방지해야 할 특별한 방지의무의 부담자이다. 그러므로 작위의무는 특정한 결과 발생의 방지의무라는 직무를 실행해야 할 특별한 지위를 전제하고 있으며, 그러한 지위에 없는 자는 부진정부작위범의 행위주체가 될 수 없다.

신분범은 특정한 행위주체만이 특정 범죄구성요건을 실행할 수 있거나 행위주체의 특별한 자격이 형벌의 가중을 가져오는 경우이다. 부진정부작위범의 경우 행위주체가 작위의무를 부담할 특별한 지위를 가져야 한다는 점에서 신분범과 유사하나, 신분범은 행위주체가 범죄구성요건에서 구체적으로 법정(法定)되어 있음에 반해, 부진정부작위범의 행위주체(작위의무자)는 이와 달리 누구라도 형법상 범죄구성요건을 충족할 수 있는 행위자의 자격을 갖추었으면 인정된다.

(2) 법적 작위의무자

이러한 행위주체의 자격은 형법 제18조에 의하여 법적 작위의무를 부담하거나 선행행위로 인하여 발생한다. 여기서 법적 작위의무는 타인의 법익보호를 위한 의무의 이행을 직접적으로 요구하는 일체의 법규정이라는 점에서 이의가 없어 보인다. 따라서 민법상 부부간의 부양의무(민법 제826조), 친권자나 후견인의 부양의무(민법 제913조, 제928조), 친족간의 부양의무(민법 제974조)로 인해 부부나 친권자 혹은 후견인 등은 피부양의무자에 관한 법익침해의 결과발생을 방지해야 할 작위의무를 부담한다. 다만 형식적으로 법률상 부양의무를 지고 있더라도 실질적으로 부양하지 않고 있다면 작위의무를 진다고 볼 수 없을 것이다.

또한 공법에서 작위의무를 직접적으로 규정한 것도 있다. 교통사고운전자의 피해자구조의무(도로교통법 제54조 제1항), 경찰관의 요보호자에 대한 보호조치의무(경찰관직무집행법 제4조), 의사의 진료와 응급조치의무(의료법 제16조) 및 진료기록부에의 기록의무(의료법 제21조) 등이 그것이다. 그러므로 국가공무원법 제56조(성실의무)의 적용을 받은 모든 공무원은 이러한 법적 작위의무를 무조건 부담하는 것은 아니다. 그러나 공무원은 자신의 직무와 밀접하게 관련된 구체적 사안에 관해 작위의무를 부담할 수 있다. 이런 경우 공무원은 자신의 직무영역 내에서 타인의 법익이 침해되지 않도록 직무를 수행할 작위의무가 있기 때문이다.

판례도 이를 인정하고 있다: "법원의 입찰사건에 관한 제반 업무를 주된 업무로 하는 공무원이 자신이 맡고 있는 입찰사건의 입찰보증금이 계속적으로 횡령되고 있는 사실을 알았다면, 담당 공무원으로서는 이를 제지하고 즉시 상관에게 보고하는 등의 방법으로 그러한 사무원의 횡령행위를 방지해야 할 법적인 작위의무를 지는 것이 당연하[다]."[1)]

(3) 계약 등 법률행위

계약 등 법률행위에 의하여 보호의무나 감독의무를 지는 사람은 계약 등에 관련된 사항에 대해 보호의무가 생긴다. 또한 위험발생을 방지할 의무를 인수한 경우에도 작위의무가 발생한다. 왜냐하면 다른 사람을 감독할 지위나 책임을 인수한 사람은 감독받는 사람으로부터 발생할 수 있는 위험을 방지할 의무를 부담하기 때문이다. 예컨대 정신병원의 의사는 조현병자가 다른 사람의 침해를 방지해야 할 의무를 진다.

판례도 계약에 의한 작위의무 부담을 긍정하고 있다. 예컨대 압류된 골프장 시설물을 보관하는 회사의 대표이사는 압류시설의 사용 및 봉인의 훼손을 방지할

1) 대법원 1996. 9. 6. 선고 95도2551 판결.

수 있도록 적절한 조치를 취할 위임계약 … 상의 작위의무가 존재한다고 판시하였다.[2)]

(4) 긴밀한 신뢰관계에 의한 보호의무

극지탐험이나 등산대원 등 위험공동체뿐만 아니라 혼인과 유사한 생활공동체 등 일정한 목적을 지향하고, 이에 근거하여 상호 간의 두터운 신뢰관계(특히 위험한 상황에 부닥쳤을 때 상호 구조나 보호하려는 관계)가 자신들의 목적 달성을 위한 필수적 관계일 때 이들 중의 누군가 목적 달성을 위한 과정에서 전형적으로 발생한 위험상황에 처했다면 상호 간에 위험한 결과 발생의 방지의무를 부담케 해야 한다.

다만 독일처럼 선한 사마리아인의 법(이른바 '긴급구조불이행죄')을 직접적으로 인정하고 있다면, 위난에 처한 자를 쳐다보면서도 구조하지 않고 지나간 행인은 긴급 구조행위의 불이행으로 처벌될 수 있다.[3)] 그러나 우리나라에는 이런 긴급구조법이 없으며, 응급의료행위와 관련하여 응급구호자의 면책사유로 간접적으로 적용하고 있을 뿐이다.[4)] 그럼에도 위험발생의 방지역할에 두터운 신뢰관계가 바탕이 된 극지탐험 등 위험공동체의 경우 대원 상호 간은 그냥 스쳐 가는 행인일 수 없다. 왜냐하면 이들 대원 상호 간 위험에 처한 동료를 신속히 구조해야 깊은 신뢰관계가 형성되어 있기 때문이다. 그러므로 깊은 샘에 빠진 다른 대원을 어느 대원이 우연히 발견했다고 하더라도 샘물에 빠진 대원은 그 순간 자신이 구조될 수 있다고 믿고, 일반인도 그 대원은 구조될 것으로 믿기 마련이다. 위험공동체의 대원 상호 간의 신뢰관계에서 이처럼 구조될 수 있다는 믿음이 객관적으로 확보될 때 대원 상호 간에는 구조해야 할 작위의무가 발생하게 된 것이다.

---

2) 대법원 2005. 7. 22. 선고 2005도3034 판결.

3) 독일 형법 제323c조: "사고, 공공위험 또는 긴급상황 발생 시, 필요하고 제반 사정에 비추어 기대 가능한 구조행위, 특히 자신에 대한 현저한 위험 및 기타 중요한 의무의 위반 없이도 가능한 구조행위를 이행하지 아니한 자는 1년 이하의 자유형 또는 벌금에 처한다."

4) 우리나라에서는 2008년 6월 13일 '응급의료에 관한 법률(구호자보호법)'의 일부 개정을 통해 응급환자에게 응급처치하다 본의 아닌 과실로 인해 환자를 사망에 이르게 했거나 손해를 입힌 경우 민·형사상의 책임을 감경 또는 면제한다는 내용이 반영되면서 선한 사마리아인 법이 간접적으로 도입됐다.

(5) 선행행위

선행행위를 작위의무의 근거로 인정함은 다음과 같은 가치판단에 따른 것이다. 예컨대 행위자가 자신의 행위로 타인에게 중상을 입혀 사망할 위험까지 발생시켰으나, 의료 조치를 곧바로 취하는 바람에 그 피해자가 살 수 있었다면, 그는 살인을 범하지 않았고, 과실치사도 범하지 아니한 것이다. 이처럼 선행행위로 나타난 위험한 결과의 발생을 작위의무 이행을 통하여 미연에 방지할 수 있다면, 피해자의 운명은 행위자의 태도 여하에 달린 것이다. 왜냐하면 행위자가 즉시 구조행위를 통해 피해자를 살릴 수 있는 반면에, 이와 달리 자신의 선행행위로 야기된 위험스러운 상태의 방치는 타인에게 치명적인 위험한 결과를 발생하게 할 수 있기 때문이다. 그러므로 선행행위자가 자신의 원인행위로 인하여 발생한 위험한 결과를 방치하였다면, 행위자는 그 피해자에 끼친 치명적인 위험에 대한 형사책임을 부담하는 것은 당연하다.

2. 검토

특정한 법규정에 근거하거나 형법상 인정된 선행행위와 상호 간의 깊은 긴밀한 신뢰관계에 의해 구축된 위험공동체의 경우를 제외하고는 작위의무를 인정하는 것은 타당하지 않다. 왜냐하면 신의성실의 원칙이나 사회상규 혹은 조리는 원칙적으로 어떤 행위가 정당한 것인지 여부를 평가하는 기준으로서 의미를 갖는 것이지, 처벌할 행위주체가 누구인지를 고려하지 않기 때문이다.

그런데도 판례는 부진정부작위범에서 행위주체를 결정짓는 작위의무의 근거를 '신의성실의 원칙이나 사회상규 혹은 조리'에 의해서도 발생한다고 본다. 이러한 판례의 태도가 정당한 것인지 아래에서 개별적으로 살펴보자.

(1) 형법 개념의 독자성과 형법상 행위주체의 자격

판례는 형사법 해석의 경우에도 민사법의 원리나 해석방식을 따르는 경우가 적지 않다. 예컨대 판례가 신의성실의 원칙이나 사회상규 역시 형법상 작위의무의 근거로 이해하여 처벌의 범위를 확장하고 있다. 판례의 이러한 민사법적 태도가 형법에 그대로 적용됨이 정당한지 의문스럽다. 다음과 같은 이유 때문이다.

첫째로 형법은 기본적으로 형법 독자의 기준에 근거하여 형법상 조문을 해석해야 하므로 어떤 경우라도 형법상 전문용어나 조문은 형법의 취지와 그 기본정신에 충실한 해석을 해야 한다. 그래서 형법상의 용어가 다른 법역, 특히 민법이나 행정법에서 사용되고 있는 개념과는 다른 독자적 개념으로 사용되고 있음을 자주 본다. 예를 들면 형법상의 점유개념을 비롯해 소유권의 개념[5]과 인간의 시기(始期)도 그렇다. 이런 점에서 형법상 법원리나 법률개념은 민사법과 언제나 같을 수 없고,[6] 때로는 그 고유의 성격에 따라 독자적 개념이나 성격을 갖고 있음이 분명하다.[7]

둘째로 형법은 죄형법정주의의 원칙에 철저해야 한다. 그러기에 형법 제1조 제1항은 "범죄의 성립과 처벌은 행위 시의 법률에 의한다."고 명시하고 있다. 그래서 행위시법에 따르는 형법의 성격은 정적인 민법과 달리 동적이고 현실적이다. 민법상 간접점유는 가능하지만, 형법은 원칙적으로 간접점유를 인정하지 않는 것이 그 전형적인 예이다. 이처럼 형법은 동적인 성격을 지니고 있기에, 행위 주체가 실행행위 당시 어떠한 신분을 갖추고 있는지 혹은 작위의무의 부담 여부는 중요한 판단의 지점이 된다.

셋째로 사적자치를 기반으로 하는 민법의 경우 명시적 규정은 매우 제한되어 있으며, 이를 보충하기 위해 민법 제1조는 관습법과 조리를 법원으로 인정한

5) 예컨대 형법상 '위탁금전과 관련한 소유권' 문제도 민법상 소유권 개념으로는 온전한 해명을 할 수 없고, 형법상 독자적인 소유권 개념이 있어야 한다. 이에 관해서는 필자, "위탁금전과 소유권 개념", 『비교형사법연구』 제5권 제1호, 한국비교형사법학회(2003).

6) 형법의 경우 타인의 재물을 훔친 자에게는 그 즉시 절도죄가 성립되고, 사후에 그 재물을 소유자에게 반환하더라도 결과가 달라지지 않는다. 사적 자유를 원칙으로 하는 민법은 채무이행을 제때에 하지 못하고 연기하여 추후에 이행하더라도 관련된 비용의 추가부담 등으로 해결될 수 있다.

7) 예컨대 형법상 점유개념은 민법과 온전히 일치할 수 없다. '형법해석의 독자성'에 관한 문헌으로는 김신, "채무부담행위와 배임죄의 손해", 『법조』 통권 제733호, 법조협회(2019), 108쪽 이하 참조; 김도균, "우리 대법원 법해석론의 전환: 로널드 드워킨의 눈으로 읽기 – 법의 통일성을 향하여 –", 『법철학연구』 제13권 제1호, 한국법철학회 (2010); 변종필, "해석근거로서의 법질서 통일성과 형법의 독자성", 『비교형사법연구』 제13권 제2호, 한국비교형사법학회 (2011); 조병선, "환경형법을 계기로 새로이 전개된 형법해석학적 이론들 – 감독책임, 행정종속론, 공무원가벌성론, 인과관계론 –", 『법학논집』, 청주대학교 법학연구소(1992); 오세혁, "법체계의 통일성", 『법학연구』 제4권, 홍익대학교 법학연구소(2002).

다. 또한 민법 제2조 제1항은 권리의 행사와 의무의 이행은 신의성실의 원칙에 따라야 한다고 천명하고 있다. 이 신의성실의 원칙은 민법상 법률행위를 지배하는 원리로서 작동하며, 권리자와 의무자가 누구인지를 불문으로 한다. 즉 이 신의성실의 원칙은 당사자 사이의 계약 등 법률행위가 법률행위에 위배되었는지의 여부를 평가하는 기준으로 작용할 뿐이지, 누가 권리나 의무의 주체인지에 관해 평가하지 않는다.

넷째로 죄형법정주의가 원칙인 형법은 누가 범죄구성요건의 행위주체로 인정될 것인지에 관해 법적 규율에 따라야 한다. 이에 따라 심지어 민법상 법원으로 인정되고 있는 관습법이나 조리조차도 형법의 법원으로 인정할 수 없으며,[8] 관습법이나 조리에 근거하여 형법상 행위주체를 결정하는 것은 죄형법정주의에 반한다.

다섯째로 모든 법조문은 모두 일의적으로 해석되어야 마땅하다. 특히 형법상 법률용어는 어떤 경우에도 상황에 따라 달리 해석될 수 없다. 죄형법정주의의 성격상 형법의 해석은 문언에 더욱 엄격해야 하기 때문이다. 형법 제20조가 명시하는 '사회상규' 개념은 "어느 행위가 비록 범죄구성요건에 해당하더라도 그 행위가 정당화될 수 있는지를 따지는 데 사용된다."는 점에서 어느 행위의 정당화를 평가하는 개념으로 국한된다. 즉 구성요건적 행위가 정당화될 수 있느냐의 평가 기준일뿐, 누구를 구성요건적 행위자로 규정하는 개념일 수 없다.

여섯째로 부진정부작위범의 행위주체도 정범이 될 수 있다. 형법상 정범이란 범죄구성요건의 실현을 자신의 의사로 지배할 수 있는 자이다. 그러므로 부진정부작위범의 정범도 부작위에 의해 범죄구성요건의 실현을 지배할 수 있는 자여야 한다. 이는 한편으로 행위자의 부작위가 작위와 동가치로 금지규범에 위반될 수 있어야 하고, 다른 한편으로 부진정부작위범의 행위주체는 작위범의 행위주체와 동가치의 지위를 가져야 함을 의미한다.

일곱째로 [대상판결 1]과 [대상판결 2]에서 다투는 문제는 부진정부작위범의 행위주체가 인정되기 위한 자격이나 지위에 관한 것이다. 그런데 어느 행위자의

8) 다만 어느 한쪽의 당사자가 상호 간의 깊은 신뢰관계에서 다른 쪽의 당사자를 관행적으로 보호하는 지위에 있었다면, 그에게 다른 타인을 위한 작위의무를 인정할 수 있을 것이다. 그러나 이는 관습법에 의한 것이라기보다는 타인의 법익보호를 신뢰관계 속에서 인수한 것이라고 봄이 옳다.

행위가 신의성실의 원칙이나 사회상규나 조리에 반한 것인지 여부는 형법상 행위자의 자격을 문제 삼는 것이 아니라, 행위자의 행위가 사회적으로 용납하거나 허용할 수 있느냐를 따지는 문제이다. 그래서 사회상규에 반하는 행위, 조리에 반하는 행위 혹은 신의성실의 원칙에 반하는 행위라고 부르지, 사회상규에 반하는 행위자, 조리에 반하는 행위자 혹은 신의성실의 원칙에 반하는 행위자라고 말하지 않는다.

(2) 신의성실의 원칙

"권리의 행사와 의무의 이행은 신의에 좇아 성실히 하여야 한다."는 신의성실의 원칙은 민법상 권리자와 의무자의 행동강령에 속하지만, 그 자체가 법원(法源)일 수 없다. 그러기에 이러한 신의성실의 원칙을 근거로 권리나 의무가 직접적으로 창설될 수 없으며, 다만 권리의 행사와 의무의 이행 과정에서 계약 등 법률행위의 정당성 여부를 평가하는 기준으로 작용한다. 따라서 신의성실의 원칙은 자체적으로 작위의무를 낳게 하지 못한다. 예컨대 사기죄의 성립에 있어서 당사자 간의 공정한 계약 관계를 위반할 수 있는 기만행위가 사기죄의 핵심 행위인데, 신의성실의 원칙은 이때 기망행위에 해당하느냐의 여부를 따지는 평가 기준에 속할 뿐이다. 왜냐하면 신의성실의 원칙에 걸맞은 권리의무의 행사란 누가 그렇게 행사했는지 여부를 따지지 않고, 행사자의 행위가 그 원칙에 부합하였느냐 여부를 결정하는 데 사용되기 때문이다. 즉 신의성실의 원칙은 행위의 부당성 여부를 결정하는데 작용하는 것이지, 누가 행위자가 되어야 하는지를 결정하는 요소가 아니다.

그러므로 예컨대 계약과 관련된 어느 행위자가 거래상의 신의성실의 원칙에 반할 정도로 자기의 상대를 묵시적으로 속였다면, 이는 묵시적 기망행위에 해당하느냐의 문제일 뿐이다. 그런데 묵시적 기망행위는 행위자가 설득력 있는 행위로 거짓 인상을 주는 것으로 족하고, 이러한 묵시적 기망행위 역시 작위에 속할 수 있음은 물론이다. 즉 묵시적 기망행위로 인하여 피해자가 비로소 착오에 빠진 경우는 작위에 의한 기망행위에 속한다. 다만 행위자의 묵시적 기망행위가 사기죄로 인정되려면, 단순한 기망행위에 그칠 것이 아니라, 거래상 신의성실의 원칙에 반하는 정도의 기망행위여야 한다.

기망행위는 부작위에 의해 행해질 수도 있다. 묵시적 기망행위는 작위에 의한 기망행위이기 때문에 행위자의 작위의무를 논할 필요가 없다. 그러나 부작위에 의한 기망행위[9]의 경우 행위자는 일정한 사유를 고지할 작위의무를 부담하고, 이를 불고지함으로써 이루어진다. 그런데 묵시적 기망행위와 부작위에 의한 기망행위와의 구별은 그리 명확하지 않지만, 그럼에도 이에 관한 구별기준은 피해자의 착오가 행위자의 행위와 무관하게 빠졌느냐의 여부를 통해서 가능하다. 작위에 의한 기망행위로 볼 수 있는 것은 행위자의 묵시적 기망행위를 통해서 착오에 빠졌을 때이고, 부작위에 의한 기망은 행위자의 행위와 관계없이 피해자가 착오에 빠져 있음에도 고지의무를 실행하지 않는 경우이다.[10] 다만 묵시적 기망행위인지, 아니면 부작위에 의한 기망행위인지가 의심스러운 경우 부작위에 의한 기망행위로 파악하는 것이 형법 해석상 정당해 보인다.

따라서 계약이 체결되지 않을 정도의 신의성실의 위반이 있는 행위자의 묵시적 기망행위로 비로소 피해자가 착오에 빠진 경우라면 행위자의 부작위(고지의무의 위반)에 의한 기망행위라기보다는 작위인 묵시적 기망행위로 사기죄가 성립될 수 있는 것이다. 이 경우 행위자는 신의성실의 원칙에 반하는 행위로 작위의무를 부담하게 될 수 있는 것이 아니라, 오히려 계약이 체결되지 않을 정도의 신의성실의 원칙에 반하는 묵시적 기망행위라는 작위로 인하여 사기죄로 처벌될 수 있다. 그러나 이에 반해 행위자의 (묵시적) 기망행위와 관계없이 피해자가 착오에 빠진 경우라면, 행위자는 고지의무를 부담하는 자만이 사기죄가 성립할 수 있다.

이와 관련하여 "사채업자가 대출희망자로부터 대출을 의뢰받은 다음 대출희망자가 자동차의 실제 구입자가 아니어서 자동차할부금융의 대상이 되지 아니함에도 그가 실제로 자동차를 할부로 구입하는 것처럼 그 명의의 대출신청서 등 관련 서류를 작성한 후 이를 할부금융회사에 제출하여 자동차할부금융으로 대출금을 받은 경우, 할부금융회사로서는 사채업자가 할부금융의 방법으로 대출의뢰인들 명의로 자동차를 구입하여 보유할 의사 없이 단지 자동차할부금융대출의 형식을 빌려 자금을 융통하려는 의도로 할부금융대출을 신청하였다."는 사안에 관해 대법원은 "사기죄의 요건으로서의 기망은 … 거래의 상대방이 일정한 사정에 관

9) 부작위에 의한 기망행위에 관한 자세한 연구는 필자, '형법연구 VI' 349쪽 이하 참조.
10) 오영근, 형법각론, 제8판, 박영사, 2023, 313~314쪽 참조.

한 고지를 받았더라면 당해 거래에 임하지 아니하였을 것이라는 관계가 인정되는 경우는 그 거래로 인하여 재물을 수취하는 자에게는 신의성실의 원칙상 사전에 상대방에게 그와 같은 사정을 고지할 의무가 있다 할 것이고, 그럼에도 불구하고 이를 고지하지 아니한 것은 고지할 사실을 묵비함으로써 상대방을 기망한 것이 되어 사기죄를 구성한다."[11]고 판시하였다. 즉 대법원은 거래의 상대방이 일정한 사정에 관한 고지를 받았더라면, 당해 거래에 임하지 아니하였을 것이라는 관계가 인정되는 경우로 국한하여 신의성실의 원칙에 위반한 고지의무를 인정하고, 이를 근거로 부작위에 의한 기망행위에 의한 사기죄를 인정하고 있다.[12] 즉 대법원은 신의성실의 원칙을 부진정부작위범의 행위자 자격인 작위의무의 발생 근거 중 하나로 판시하고 있다. 대법원의 이러한 판시는 치명적인 실수를 범했다. 왜냐하면 구성요건적 행위가 신의성실의 원칙에 반하면 반할수록 행위주체는 작위의무를 부담할 수 있다고 일반화할 수 있기 때문이다.

판례의 이러한 입장은 아마도 일본 판례를 상당 부분 모방한 덕분이 아닌가 싶다. 일본 판례는 일찍이 신의성실의 원칙에 근거한 고지의무를 인정하여 사기죄를 인정하였기 때문이다. ① "신용으로 거래함이 도저히 어렵다는 사정을 알고 있음에도 불구하고, 이를 무시하고 침묵함은 신의성실을 취지로 하는 거래통념상 고지의무를 위반하여 사기죄의 기망행위가 된다."[13] ② "저당권설정등기가 되어 있는 부동산을 매각할 때 저당권의 부담을 지고 있음을 묵비하였다면, 신의성실의 취지상 법률상의 고지의무를 위반한 것이므로 사기죄가 성립한다."[14]

그러나 이러한 판례의 태도는 옳지 않다. 왜냐하면 신의성실의 원칙은 통상적으로 거래상의 관계에서 행위자의 권리 행사나 의무 이행의 정당성을 따지는 데 중점을 두고 있을 뿐이고, 상호 법적인 관계 속에 동참하고 있는 한쪽의 참여자는 다른 쪽의 참여자에게 오해를 불식시켜줄 법적인 설명의무나 고지의무를 발생케 할 수 없기 때문이다. 즉 거래상의 행위가 신의성실의 원칙에 반할 정도에 이르게 되었을 때 비로소 형법상 범법행위로 인정될 수 있다. 그런데도 불구하고

11) 대법원 2004. 4. 9. 선고 2003도7828 판결.

12) 이를 부작위에 의한 기망행위로 파악하고, 계약위반에 의한 고지의무의 발생을 인정하는 학자로는 오영근, 형법총론, 제6판, 박영사, 2021, 175쪽; 김성돈, 형법총론(제2판), 522쪽 참조.

13) 大審 大正 13년 2월 28일 刑1判·大正 13년(れ) 1284号.

14) 大審 昭和 4년 3월 7일 형2판·昭和 3년(れ) 1912号.

신의성실의 원칙을 중하게 반한 행위자는 한편으로 거래상의 범법행위를 범한 것이고, 다른 한편으로 부진정부작위범의 보증인적 지위를 가지게 된다고 인정한다면, 신의성실의 원칙은 이중적 기능을 가지게 된다. 그러나 판례의 이러한 태도는 형법해석상 용납될 수 없다.

다만 예외가 있을 수 있다. 만일 참여자 상호 관계의 동참이 서로 특별한 신뢰를 바탕으로 이루어지고 있는 경우라면, 이들은 서로 간에 법적인 설명의무나 고지의무가 발생할 수 있다. 예컨대 컨설팅 계약은 계약당사자들에게 특정 정보를 제공해야 할 해명 의무 내지 고지의무가 있음을 전제로 하고 있다는 점에서 어느 한쪽이 어떤 사실에 관한 상황이나 정보를 제대로 고지하지 않음으로써 그 상대방을 얼마든지 쉽게 기망할 수 있기 때문이다. 이처럼 특별한 신뢰관계를 바탕으로 하는 작위의무 내지 고지의무가 발생할 수 있음을 감안할 때, 이런 신뢰관계를 아예 맺고 있지 않거나 상법 제651조의 고지의무를 부담하지 않은 경우라면 신의성실의 원칙을 근거로 하여 작위의무가 인정될 수 없다.

(3) 사회상규

'사회상규'라는 법률용어는 형법 제20조와 '부정청탁 및 금품 등 수수의 금지에 관한 법률' 등에서도 찾아볼 수 있다.[15] 형법 제20조에서 '사회상규'가 의미하는 바는 판례도 인정한 바와 같이 '사회상규'에 위배되지 아니한 행위는 정당행위가 된다[16]는 점에서, '사회상규'는 정당행위의 일종으로서 위법성 조각의 근거로 작용한다. 또한 '부정청탁 및 금품 등 수수의 금지에 관한 법률'에서도 '사회상규'의 의미 역시 형사처벌을 면하는 '정당행위'의 일종으로서 이용되고 있을 뿐이다.[17]

---

15) 그 외에 '공무원 행동강령', '국회 공무원 행동강령'과 '선거공무원 행동강령' 등에서도 '사회상규'라는 용어를 사용하고 있으며, 이때에도 '사회상규'는 사회적으로 용납할 수 있는 정당행위의 일종으로 쓰이고 있다.

16) 대표적으로 대법원 2021. 12. 30. 선고 2021도9680 판결: "사회상규에 위배되지 아니하는 행위란 법질서 전체의 정신이나 그 배후에 놓여 있는 사회윤리 내지 사회통념에 비추어 용인될 수 있는 행위를 말[한다]."

17) '부정청탁 및 금품등 수수의 금지에 관한 법률' 제5조 제2항 제7호(그밖에 사회상규에 위배되지 아니하는 것으로 인정되는 행위) 및 제8조 제3항 제8호(그밖에 다른 법령·기준 또는 사회상규에 따라 허용되는 금품 등).

판례는 이와 같은 사회상규의 의미를 배임수재죄의 경우 '부정한 청탁'의 성립 여부를 평가하는 근거로 활용하고 있다.[18] 즉 '부정한 청탁'은 '사회상규'에 반하는 청탁행위라는 것인데, 이때의 사회상규에 반하는 행위는 형법 제20조 '사회상규에 반하지 아니한 행위'의 다른 표현에 불과하다. 그렇다면 판례가 언급한 배임수재죄에서 '사회상규'의 개념은 형법 제20조의 의미와 다르지 않아 보인다. 그리고 이러한 사회상규 개념은 구성요건을 실현하는 행위자의 신분을 결정짓는 요소가 아니라, 실행행위 자체를 평가하는 요소에 불과하다.

그런데도 대법원은 [대상판결 1]과 [대상판결 2]에서 볼 수 있는 바와 같이 '사회상규'도 형법상 작위의무의 근거로써 명시하고 있다. 다시 말해 판례는 '사회상규'의 의미를 부진정부작위범의 신분을 구성하는 요소로 이해한다. 판례의 이러한 태도는 '사회상규'의 개념에 관한 형법 제20조나 배임수재죄의 '부정한 청탁'의 뜻을 규명할 때와는 전혀 다른 입장이며, 서로 모순된다. 형법상 사회상규가 어느 행위의 불법성이나 위법성 여부를 평가하는 의미로 형법 제20조에서 명시하고 있음에도, 판례가 이런 사회상규 개념을 부진정부작위범의 행위주체를 결정하는 핵심적 요소로 판시하는 것은 크게 잘못되었다.

(4) 조리(條理)

조리란 사물의 본성, 사물필연(事物必然)의 도리, 인간 이성에 의하여 승인된 공통적 생활의 원리, 사회통념, 경험법칙, 사회적 타당성, 공서양속, 신의성실, 정의와 형평으로 표현된다. 또한 자연법과 같은 의미로 사용하여 실정법의 존립 근거, 평가척도라는 의미로 이해하기도 한다. 이러한 의미의 조리는 민법 제1조에서 법원(法源)으로 인정되고 있지만, 그렇다고 조리가 형법상 보호법익을 방지하기 위한 작위의무를 창설한다고 보기 어렵다. 왜냐하면 형사처벌은 죄형법정주의에 근거해야 하는데, 조리가 작위의무의 근거로 인정하게 되면 도의적 윤리 내지 사회윤리에 의해 야기되는 당연히 해서는 안 될 일을 범한 자에 대해서도 처벌될 수 있게 되기 때문이다. 이는 처벌범위에 관한 명확성의 원칙에 반하며, 처벌의 범위와 정도가 사회적 윤리 내지 법감정에 의해 좌우될 수 있게 한다.

---

18) 대법원 2021. 9. 30. 선고 2019도17102 판결.

그런데도 판례는 조리에 의한 작위의무를 인정한다. 왜냐하면 [대상사건 1]과 [대상사건 2]에서도 조리에 의한 작위의무 발생가능성을 제시하고 있을 뿐만 아니라, 조리상의 작위의무를 직접적으로 인정한 판례도 찾아볼 수 있다.[19] 이 판례에 의하면 "인터넷 포털 사이트 내 오락채널 총괄팀장과 위 오락채널 내 만화사업의 운영 직원인 피고인들에게, 콘텐츠제공업체들이 게재하는 음란만화의 삭제를 요구할 조리상의 의무가 있다."

그러나 판례가 조리에 근거하여 작위의무를 인정하는 것은 죄형법정주의의 원칙을 사문화하기에, 판례의 이러한 입장은 반드시 극복되어야 한다. 물론 우리나라는 예로부터 사회생활 관계에서 조리를 존중하여 왔다. 고대사회에서는 사회생활의 질서를 유지하기 위한 모든 실정법을 구축하지 않았기에, 그 빈자리를 조리에 근거하여 재판하였을 것이다. 당시에는 해당한 법이 존재하지 않는다는 이유로 재판을 거부하지 않았기 때문이다. 이러한 전통은 조선시대 사회에서도 근본적으로 바뀌지 않았다. 특히 조선시대에 적용되었던 대명률[20]뿐만 아니라 1905년 형법대전 제678조에서도 '불응위율(不應爲律)'을 명시하여 처벌하였다.[21] 이 '불응위율'이란 "당연히 해서는 안 될 일을 범한 자"를 처벌하는 조문으로서 조리에 의한 작위의무를 인정한 전형적인 경우이다.

이처럼 형법상 조리에 의한 작위의무를 인정하게 되면, 사회 윤리적으로 마땅히 이행하여야 할 행위를 이행하지 않았다고 해서 처벌될 수 있게 되는데, 이는 대명률의 '불응위율'과 다를 바 없게 된다. 이는 우리가 그렇게도 죄형법정주의를 철저히 준수하라는 당위 명령을 철저히 무시하는 꼴이다. 죄형법정주의를 원칙으로 천명하고 있는 우리 형법이 관습법조차 법원으로 인정할 수 없을 때, 조리를 작위의무의 창설 근거로 인정한다는 것은 더더욱 용납할 수 없기 때문이다.

이런 점에서 조리에 근거하여 부진정부작위범의 작위의무가 발생하고, 이에 따라 행위주체가 인정된다는 판례의 입장은 죄형법정주의의 원칙을 사문화하고 처벌의 범위를 극도로 넓힌다는 점에서 부정되어야 마땅하다.

19) 대법원 2006. 4. 28. 선고 2003도4128 판결.
20) 刑律 (不應爲) 凡不應得爲而爲之者 苔 四十, 事理 重者 杖 八十.
21) 不應爲律 "應爲치 못ᄒᆞᆯ 事ᄅᆞᆯ 爲ᄒᆞᆫ 者는 苔 四十이며 事理 重ᄒᆞᆫ 者ᄂᆞᆫ 苔 八十에 處ᄒᆞᆷ이라."

Ⅲ. 맺으며

판례는 부진정부작위범의 행위주체를 신의성실의 원칙, 사회상규나 조리에 의하여 인정할 수 있음을 천명하고 있는바, 이러한 판례의 태도는 잘못되었다.

첫째로 신의성실의 원칙은 권리의 행사와 의무의 이행에 관한 것이고, 권리의 행사와 의무의 이행은 행위자가 누구든 따지지 않고, 권리와 의무에 따른 행위 자체를 문제 삼는다. 왜냐하면 민법 제2조에 의하면 행위자의 권리의무 행사는 신의성실의 원칙에 따라야 하는바, 이 원칙에 걸맞은 권리의무의 행사란 누가 그렇게 행사했는지 여부를 따지지 않고, 행사자의 행위가 그 원칙에 부합하였느냐 여부를 결정하는 데 사용되기 때문이다. 즉 신의성실의 원칙은 행위의 정당성 여부를 결정하는 평가 기준으로 작용하는 것이지, 누가 행위자가 되어야 하는지를 결정하는 요소가 아니다. 그래서 상호 사적자치가 지배하는 계약 등의 관계 속에 동참하고 있는 한쪽의 참여자는 다른 쪽의 참여자에게 오해를 불식시켜 줄 법적인 설명의무나 고지의무의 부담은 신의성실의 원칙의 위배 여부로 무조건 결정될 수 없다. 그런데도 판례는 신의성실의 원칙을 근거로 예컨대 거짓말이 기망행위가 되는지 등을 판단하고, 다시금 기망행위 등이 신의성실의 원칙을 중하게 반하기 때문에 작위의무를 부담한다고 판시한다. 판례처럼 신의성실의 원칙을 중하게 반한 기망행위자는 다시금 보증인적 지위를 가지게 된다고 인정한다면, 신의성실의 원칙은 이중적 기능을 가진다고 해야 하는데, 판례의 이러한 태도는 형법해석상 용납될 수 없다. 왜냐하면 이런 입장은 전형적인 사법적극주의의 태도이자 죄형법정주의에 어긋나며 처벌의 범위가 지나치게 확대될 수 있기 때문이다.

둘째로 판례가 사회상규에 의한 작위의무의 인정은 형법 제20조에서 명시한 '사회상규'의 개념과 서로 모순된다. 형법 제20조의 사회상규 개념은 위법성을 조각하는 정당행위의 일종으로 파악하고 있음에 반해, [대상판결 1]과 [대상판결 2]의 판례에서 판시하고 있는 '사회상규'의 개념은 부진정부작위범의 행위주체를 인정하는 근거로써 사용되고 있기 때문이다. 형법상의 전문용어는 획일적으로 사용되어야 한다는 점에서 대상판결에서 실행행위의 정당성 여부를 판단하는 데 사용되는 사회상규 개념을 부진정부작위범의 작위의무 근거로 삼고 있는 태도는 부정되어야 마땅하다.

셋째로 조리에 의한 형법상의 작위의무를 인정하게 되면, 사회 윤리적으로 마땅히 이행하여야 할 행위를 이행하지 않았다고 해서 처벌될 수 있게 되는데, 이는 대명률의 '불응위율'과 다를 바 없게 된다. 이는 우리가 그렇게도 죄형법정주의를 철저히 준수하라는 당위 명령을 철저히 무시하는 꼴이다.

[대상판결 1]의 경우는 행위자는 국가공무원법 第56조(성실의무)의 적용 대상인 공무원이고, 그가 자신의 직무와 밀접하게 관련된 구체적 사안에 관해 타인의 법익이 침해되지 않도록 직무를 수행할 공법상 작위의무가 있다. 그러므로 그는 법률에 근거하여 고지해야 할 작위의무를 부담한다고 하여도 전혀 이상하지 않다.[22] [대상판결 2]의 경우 행위자의 구조 불이행의 의무는 여객선 선장으로서 행위자의 선행행위에 기인한다고 봄이 타당해 보인다.

이처럼 [대상판결 1]과 [대상판결 2]의 경우 행위자의 작위의무 근거를 공법상이나 선행행위에서 찾을 수 있음에도, 판례는 이를 무시하고 신의성실의 원칙이나 사회상규 혹은 조리에 근거하여 작위의무를 인정하고 있다. 이것이 무서운 이유는 판례가 부진정부작위범의 보증인적 지위를 신의성실의 원칙이나 사회상규 또는 조리에 근거하면 할수록 일종의 신분범적 성격을 가진 부진정부작위범의 범위를 무한정 확대하게 된다는 점에서 죄형법정주의에 반하며, 마땅히 시정되어야 할 것이다.

22) 같은 입장으로 오영근, 앞의 형법총론, 175쪽.

8. 협애한 정당방위 성립범위의 문제
—싸움 상황과 정당방위를 중심으로—

최석윤 교수(한국해양대학교 해양경찰학부)*

[대상판결]

대법원 2000. 3. 28. 선고 2000도228 판결

(사실관계) 피고인은 처남인 피해자의 집에서 피해자의 왼쪽 허벅지를 길이 21㎝ 가량의 과도로 1회 찔러 피해자에게 약 14일간의 치료를 요하는 좌측대퇴외측부 심부자상 등을 가하였지만, 피해자가 술에 만취하여 누나와 말다툼을 하다가 누나의 머리채를 잡고 때렸으며, 당시 피고인이 이를 목격하고 화가 나서 피해자와 싸우게 되었는데, 그 과정에서 몸무게가 85kg 이상이나 되는 피해자가 62kg의 피고인을 침대 위에 넘어뜨리고 피고인의 가슴 위에 올라타 목부분을 누르자 호흡이 곤란하게 된 피고인이 안간힘을 쓰면서 허둥대다가 그 곳 침대 위에 놓여있던 과도로 피해자에게 상해를 가하였다.

(대법원의 판단) 피고인의 행위는 피해자의 부당한 공격을 방위하기 위한 것이라기보다는 서로 공격할 의사로 싸우다가 먼저 공격을 받고 이에 대항하여 가해하게 된 것이라고 봄이 상당하고, 이와 같은 싸움의 경우 가해행위는 방어행위인 동시에 공격행위의 성격을 가지므로 정당방위 또는 과잉방위행위라고 볼 수 없다.

Ⅰ. 문제점

대법원은 원칙적으로 싸움 상황에서 정당방위의 성립을 인정하지 않는다. 그

* 최석윤 한국해양대학교 해양경찰학부 교수는 고려대학교에서 법학박사학위를 받았고, 대법원 양형위원회 전문위원, 한국비교형사법학회 회장, 영남형사판례연구회 회장, 한국해사법학회 회장 등을 역임하였다.

런데 [대상판결]에서 대법원은 사건의 경위와 상황에 대한 면밀한 검토 없이 성급하게 피고인의 행위를 '싸움 상황에서 발생한 가해행위'로 보아 "정당방위 또는 과잉방위에 해당할 수 없다."고 판결하였다. 즉 "피고인의 행위는 피해자의 부당한 공격을 방위하기 위한 것이라기 보다는 서로 공격할 의사로 싸우다가 먼저 공격을 받고 이에 대항하여 가해하게 된 것이라고 봄이 상당하고, 이와 같은 싸움의 경우 가해행위는 방어행위인 동시에 공격행위의 성격을 가지므로 정당방위 또는 과잉방위행위라고 볼 수 없다."는 것이다. 이와 같은 대법원의 판결은 두 가지 문제점 내지 쟁점을 내포하고 있는 것으로 볼 수 있다.

첫째, 대법원이 피고인의 행위를 '싸움 상황에서 발생한 가해행위'로 판단한 것에 심각한 문제점이 있는 것으로 보인다. 왜냐하면 대법원은 사건의 경위와 상황에 대한 면밀한 검토 없이 성급하게 싸움 상황에서 발생한 가해행위로 판단하였기 때문이다. 사건의 경위와 상황을 좀 더 구체적으로 살펴보면, 처음에는 피고인이 처남인 피해자의 집에서 피고인의 처가 피해자로부터 폭행을 당하는 장면을 목격하고 화가 나서 개입하게 된 것이다(이하 '개입행위'라고 한다). 그리고 이러한 과정에서 건장한 체격의 피해자가 왜소한 체격의 피고인을 침대에 넘어뜨리고 가슴에 올라타 목부분을 누르자 호흡이 곤란하게 된 피고인이 안간힘을 쓰면서 허둥대다가 생명 또는 신체의 안전에 위협을 느낀 나머지 마침 침대 위에 있던 과도로 피해자의 허벅지를 찔러 상해를 입힌 것이다(이하 '상해행위'라고 한다). 그런데 대법원은 '피고인이 이를 목격하고 화가 나서 피해자와 싸우게 되었는데'라고 하여 피고인의 개입행위를 싸움 상황으로 판단하고, 이러한 상황에서 발생한 피고인의 상해행위는 정당방위 또는 과잉방위에 해당할 수 없다고 판단한 것이다. 여기서 피고인의 개입행위를 싸움 상황으로 판단한 것에 결정적인 결함이 있는 것으로 볼 수 있다. 왜냐하면 피고인의 개입행위는 싸움 상황이 아니라 타인을 위한 정당방위로 볼 여지가 있고, 피고인의 개입행위가 타인을 위한 정당방위가 된다면 피고인의 상해행위에 대한 평가도 달라질 수 있기 때문이다.

둘째, 대법원이 피고인의 상해행위를 싸움 상황에서 발생한 가해행위로 보더라도 자세한 검토 없이 성급하게 '정당방위 또는 과잉방위'에 해당할 수 없다고 판단한 것에도 문제점이 있는 것으로 보인다. 왜냐하면 대법원과 같이 피고인의 상해행위를 '싸움 상황에서 발생한 가해행위'라고 가정하더라도 여전히 예외적으로 정당방위 또는 과잉방위가 성립할 여지가 있기 때문이다.

이하에서는 이와 같은 두 가지 쟁점에 대해 검토하고자 한다.

Ⅱ. 쟁점 및 검토

1. 싸움 상황과 정당방위

[대상판결]과 관련된 쟁점에 대한 검토에 앞서 일반적인 싸움 상황 및 싸움 상황과 정당방위의 관계에 대해 간략히 살펴볼 필요가 있는 것으로 보인다.

사전적 의미에서 싸움은 말이나 힘이나 무기 따위로 상대를 이기기 위해 다투는 것을 의미하지만, 이 가운데서도 정당방위와 관련하여 논의되는 싸움은 주로 맨몸으로 힘을 겨루는 격투를 의미한다고 볼 수 있다. [대상판결]과 마찬가지 대법원도 대체로 '서로 공격할 의사로' '방어행위인 동시에 공격행위의 성격'을 가지는 가해행위를 주고받는 것을 싸움으로 보고 있다.[1] 그런데 이러한 싸움은 대부분 명시적이든 묵시적이든 상호 간의 합의나 양해하에 이루어진다. 이처럼 상호 간의 합의나 양해 하에 벌어진 싸움의 경우 쌍방은 당연히 예상되는 침해를 서로 양해하였기 때문에 그로 인하여 야기된 일방의 피해는 누구에게도 귀속될 수 없다.[2] 그러한 경우에는 일반적으로 정당방위상황이 존재하지 않는 것으로 볼 수 있다.

이와 같은 싸움 상황에서도 상호 공격의 위법성은 있지만 어느 편이 정당하고 부당하다고 판단을 내릴 수 없기 때문에 정당방위가 성립하지 않는다거나 쌍방의 부당한 침해는 인정되지만 방위의사의 결여 또는 정당방위의 제한에 의해 정당방위가 성립하지 않는다는 견해도 있다. 그러나 당연히 예상되는 침해를 서로 양해한 싸움의 경우에는 부당한 침해 내지 위법한 침해가 없기 때문에 정당방

1) 예컨대 대법원 1984. 5. 22. 선고 83도3020 판결은 "피고인과 피해자 사이에 상호시비가 벌어져 싸움을 하는 경우에는 그 투쟁행위는 상대방에 대하여 방어행위인 동시에 공격행위를 구성하며, 상대방의 행위를 부당한 침해라고 하고 피고인의 행위만을 방어행위라고는 할 수 없다."고 한다.

2) 상호 간의 합의나 양해 하에 벌어진 싸움의 경우 당연히 예상되는 범위의 공격 내지 침해는 쌍방 간 피해자의 승낙에 의해 위법성이 조각되는 것으로 볼 수 있다.

위상황이 존재하지 않아 정당방위가 성립하지 않는다고 보아야 할 것이다. 그런데 외형상 싸움 상황으로 보이는 경우도 전후 사정을 자세히 살펴보면 매우 다양한 형태로 발생하며, 당연히 예상되는 침해를 서로 양해한 싸움은 오히려 극히 드문 예외적 사례이고 일방적인 공격에 대항하는 사례가 대부분이라고 할 수 있다. 이러한 사정은 경기남부경찰청이 2018년 쌍방폭행 146건에 대해 경찰청의 상당히 엄격한 지침에 따라[3] 정당방위로 판단하여 불기소 의견으로 검찰에 송치하였고 검찰은 그중 97건을 정당방위로 인정하여 불기소처분을 하였던 것에서도 알 수 있다.

요컨대 외형상 싸움 상황으로 보이지만 실제로는 일방적인 공격에 대항하는 경우에는 당연히 정당방위가 성립할 수 있고, 서로 양해한 싸움 상황에서도 당연히 예상되는 침해의 정도를 초과한 경우, 일방이 다른 일방에 대한 싸움을 분명히 포기한 후에 다른 일방이 계속 구타한 경우, 맨몸으로 격투를 벌이다가 일방이 흉기를 사용한 경우 등에서는 정당방위가 성립할 수 있다.

2. '싸움 상황에서 발생한 가해행위' 여부

우선 대법원이 피고인의 개입행위를 '싸움 상황에서 발생한 가해행위'라고 판단한 것은 적절하지 않은 것으로 보인다. 왜냐하면 대법원의 판결에서 피고인의 개입행위 및 개입행위와 상해행위의 관계에 대한 검토가 결여되었고, 피고인의 개입행위에서 타인을 위한 정당방위의 성립 여부가 문제될 수 있으며, 이에 대한 검토 결과에 따라 피고인의 상해행위에 대한 평가가 달라질 수 있기 때문이다.

피고인이 처남인 피해자의 집에서 피고인의 처가 피해자로부터 폭행을 당하는 장면을 목격하고 화가 나서 개입한 것은 전형적인 타인을 위한 정당방위에 해

3) 정당방위의 인정기준에 대한 경찰청의 지침은 ① 상대방의 부당한 침해가 있었을 것, ② 침해행위가 저지되거나 종료된 후에는 폭력행위를 하지 않았을 것, ③ 침해행위에 대해 방어하기 위한 행위일 것, ④ 위법하게 침해행위를 유발하지 않았을 것, ⑤ 폭력행위의 수단이 침해행위의 방위(방어)에 필요한 범위 내였을 것, ⑥ 상대방이 침해하려는 법익보다 방위행위로 침해한 법익이 현저히 크지 않을 것 등을 내용으로 하고 있다. 그런데 이러한 지침은 정당방위의 인정기준으로 너무 엄격한 것으로 볼 수 있다. 왜냐하면 예컨대 과실에 의한 도발의 경우나 상대방이 침해하려는 법익보다 방위행위로 침해한 법익이 현저히 큰 경우에도 불가피한 상황에서는 정당방위가 성립할 수 있기 때문이다.

당하는 것으로 볼 수 있다. 왜냐하면 피고인의 처이자 피해자의 누나가 피해자로부터 말다툼 끝에 일방적으로 폭행을 당하고 있는 상황은 전형적인 타인을 위한 정당방위 상황에 해당하고, 피고인이 그 장면을 보고 '화가 나서' 개입하였더라도 타인의 법익을 방위하기 위한 방위의사가 충분히 인정될 수 있으며,[4] 방위행위의 적합성과 필요성도 인정될 수 있기 때문이다. 이와 같이 피고인의 개입행위를 타인을 위한 정당방위로 본다면 피해자는 이에 대해 수인의무를 부담하기 때문에 대항할 수 없다. 그럼에도 불구하고 피해자가 갑자기 피고인을 밀치며 넘어뜨린 후 피고인의 가슴 위에 올라 타 피고인의 목부분을 누른 행위는 이제 피고인의 법익에 대한 현재의 부당한 침해가 된다. 이와 같은 피해자의 부당한 침해에 대항하여 자기의 생명 또는 신체의 완전성을 방위하기 위해 우연히 손에 잡힌 과도로 피해자의 허벅지를 찌른 것은 '싸움 상황에서 발생한 가해행위'가 아니라 전형적인 정당방위에 해당한다고 볼 수 있다.

요컨대 피고인의 행위를 전체적으로 본다면, 피고인의 개입행위는 타인을 위한 정당방위에 해당하고, 이에 대해 피해자가 수인의무를 부담함에도 불구하고 갑자기 피고인을 공격한 것은 이제 피고인의 법익에 대한 현재의 부당한 침해가 되기 때문에 정당방위상황에 해당하며, 이러한 상황에서 발생한 피고인의 상해행위는 '싸움 상황에서 발생한 가해행위'가 아니라 자기의 생명 또는 신체의 완전성을 방위하기 위한 적합하고 필요한 행위로서 전형적인 정당방위에 해당하는 것으로 볼 수 있다.[5]

4) 방위의사는 정당방위 상황에 대한 인식뿐만 아니라 방위행위를 실현하는 것에 대한 인식도 필요하지만, 방위의사가 방위행위의 동기가 되거나 유일한 요소가 되어야 하는 것은 아니다. 따라서 증오, 분노, 복수 등과 같은 다른 동기나 목적이 방위의사에 수반되어도 정당방위의 성립에 지장이 없다.

5) 방위행위가 상당한 이유가 있는 것이 되기 위해서는 우선 자기 또는 타인의 법익에 대한 현재의 부당한 침해를 방위하는 데 적합한 수단이어야 한다. 그러나 공격을 '즉시, 종국적으로 그리고 확실히' 막을 수 있는 최적의 방위행위뿐만 아니라 공격을 약화시키거나 지연시키는 경우에도 적합성이 인정될 수 있다. 그리고 필요성원칙에 따라 방위자는 방위에 적합한 여러 수단 가운데 침해자에게 가장 피해가 적고 가장 덜 위험한 수단을 선택하여야 한다. 그런데 가장 경미한 수단은 구체적 상황의 사정에 따라 결정된다. 한편으로는 침해의 강도와 침해자의 위험성이 고려되어야 하고, 다른 한편으로는 방위자의 방위가능성이 고려되어야 한다. 침해가 강력하고 위험할수록 방위자는 그만큼 더 단호한 방위수단을 선택할 수 있다. 예컨대 주먹으로 공격하는 침해자에 대해서는 칼로 위협하는 보호방위만 가능하지만, 흉기로 무장한 침해자에 대해서는 그 칼을 사용하여 찌르는 공격방위도 가능하다. 필요성원칙은 여러 가지 수단 가운데 가장 경미한 수단을 선택할 것(예컨대 총이나 칼 대신 주먹)을 요구할 뿐만 아니라 가장 경미한 방법으로

3. '싸움 상황에서 발생한 가해행위'의 정당방위 성립가능성

앞에서 살펴본 바와 같이 대법원은 피고인의 개입행위 및 개입행위와 상해행위의 관계를 검토하지 않고 성급하게 피고인의 상해행위에 대해서만 '싸움 상황에서 발생한 가해행위'라고 판단하는 오류를 범한 것으로 보인다. 아무튼 대법원의 판결처럼 피고인의 행위를 '싸움 상황에서 발생한 가해행위'라고 가정할 경우에도 여전히 정당방위 또는 과잉방위의 성립가능성에 대한 검토가 필요한 것으로 보인다. 왜냐하면 싸움의 경우에도 예외적으로 정당방위나 과잉방위가 인정될 수 있기 때문이다.

싸움의 경우에 대법원은 원칙적으로 정당방위의 성립을 인정하지 않는다. 그런데 그 구체적 이유를 살펴보면 부당한 침해가 없다는 이유,[6] 방위의사를 인정할 수 없다는 이유,[7] 침해를 유발한 것이라는 이유[8] 등 매우 다양하다. 그리고 [대상판결]에서 대법원은 "피고인의 행위는 피해자의 '부당한 공격을 방위하기 위

사용할 것(예컨대 칼을 사용하는 것이 불가피한 경우에도 심장부 대신 복부를 찌르는 것)을 요구하기도 한다. 그러나 이러한 원칙도 방위자가 불충분한 수단을 투입하는 것에 의한 위험을 감수할 필요가 없다는 사실에 의해 다시 제한을 받는다. 따라서 정당방위의 수단은 순수한 방어에 그치는 보호방위에 국한되지 않고, 강력하고 확실한 공격방위가 일반적으로 허용된다. 예컨대 맨주먹으로 공격하는 침해자를 방위자가 맨주먹으로 물리치는 데 역부족이라면 비록 침해자가 무기를 들고 공격하지 않았더라도 방위자는 무기를 사용할 수 있다. 대법원도 "정당방위의 성립 요건으로서의 방어행위에는 순수한 수비적 방어뿐 아니라 적극적 반격을 포함하는 반격방어의 형태도 포함된다."고 하였다(대법원 2023. 4. 27. 선고 2020도6874 판결). 더 나아가 방위행위에 의해 불가피한 중한 결과가 발생한 경우에도 방위행위의 필요성이 인정되면 정당방위가 성립할 수 있다. 즉 선택의 여지가 없을 때에는 더 큰 피해를 야기한 방위행위도 필요성이 인정될 수 있다. 대법원도 인적이 드문 심야에 골목길에서 폭행을 가하며 강제로 키스하는 남자의 혀를 물어뜯어 절단한 여성의 방위행위에 대해 정당방위를 인정하였다(대법원 1989. 8. 8. 선고 89도358 판결). 여기서 혀를 깨물어 공격을 격퇴한 행위는 위험을 피하기 위한 필요한 방위수단이었을 뿐만 아니라 남겨져 있는 유일한 수단이었다고 볼 수 있다. 그리고 정당방위는 '부정 대 정'의 관계일 뿐만 아니라 정당방위상황은 방위자가 보호이익과 침해이익을 사려 깊게 저울질하여 행동할 수 있을 만큼 여유 있는 상황이 아니기 때문에 법익균형성원칙을 요구하지 않는다는 것이 대다수 형사법학자의 일치된 견해이다. 다만 보호법익과 침해법익 사이에 극단적인 불균형이 있는 경우는 상당성을 초과하여 과잉방위에 해당할 수 있다. "방위행위가 상당한 것인지는 침해행위에 의해 침해되는 법익의 종류와 정도, 침해의 방법, 침해행위의 완급, 방위행위에 의해 침해될 법익의 종류와 정도 등 일체의 구체적 사정들을 참작하여 판단하여야 한다."는 것(대법원 2023. 4. 27. 선고 2020도6874 판결)도 같은 맥락에서 이해할 수 있다.

6) 대법원 1984. 5. 22. 선고 83도3020 판결.

7) 대법원 2000. 3. 28. 선고 2000도228 판결.

8) 대법원 1984. 6. 26. 선고 83도3090 판결.

한 것'이라기보다는 서로 공격할 의사로 싸우다가 먼저 공격을 받고 이에 대항하여 가해하게 된 것이라고 봄이 상당하고, 이와 같은 싸움의 경우 가해행위는 방어행위인 동시에 공격행위의 성격을 가지므로 정당방위 또는 과잉방위행위라고 볼 수 없다."고 하여 '방위의사'가 인정되지 않기 때문에 정당방위나 과잉방위에 해당하지 않는다고 판단한 것으로 보인다. 그러나 정당방위와 관련하여 논의되는 싸움은 대부분 명시적이든 묵시적이든 상호간의 합의나 양해 하에 맨몸으로 힘을 겨루는 격투를 의미한다고 볼 수 있다. 이처럼 상호 간의 합의나 양해 하에 벌어진 싸움의 경우 쌍방은 당연히 예상되는 침해를 서로 양해하였기 때문에 그러한 침해는 부당한 침해라고 볼 수 없고, 정당방위 상황도 인정되지 않는다고 볼 수 있다. 따라서 대법원의 판결처럼 피고인의 행위를 '싸움 상황에서 발생한 가해행위'로 보고 피해자의 행위를 당연히 예상되는 범위의 침해라고 가정한다면 방위의사가 부정되기 이전에 정당방위 상황이 인정되지 않기 때문에 정당방위나 과잉방위가 성립하지 않는다고 보아야 할 것이다. 그러나 피고인의 행위는 '싸움 상황에서 발생한 가해행위'가 아니라 정당방위로 볼 수 있고, 더 나아가 싸움 상황이라고 가정하더라도 피해자의 행위는 당연히 예상되는 범위의 침해를 넘어선 것으로 볼 수 있다.

한편 싸움의 경우에도 일방의 위법한 침해가 명백히 구분될 수 있을 때에는 정당방위 상황이 인정된다. 예컨대 일방이 다른 일방에 대한 싸움을 분명히 포기한 후에 다른 일방이 계속 구타한 경우 또는 맨몸으로 격투를 벌이다가 일방이 흉기를 사용함으로써 서로 양해한 싸움의 범위를 초과한 경우에는 정당방위 상황이 인정된다. 대법원도 싸움이 중지된 상태에서 한편이 갑자기 다시 공격하는 경우[9]와 격투에서 당연히 예상할 수 있는 정도를 초과하여 갑자기 살인의 흉기를 사용하는 경우[10]에 '부당한 침해'가 있다고 보고 정당방위의 성립을 인정하였다. 그리고 대법원은 외관상 서로 격투를 하는 것으로 보이지만 사실은 일방적인 불법한 공격에 대한 저항수단인 경우에 그것이 '적극적 반격이 아니라 소극적 방어'의 한도를 벗어나지 않는 한 위법성이 조각된다고 하였다.[11] 여기서 대법원이 정

9) 1957. 3. 8. 선고 4290형상18 판결.

10) 대법원 1968. 5. 7. 선고 68도370 판결.

11) 대법원 1999. 10. 12. 선고 99도3377 판결에서 위법성이 조각되는 근거가 정당행위인지 아니면

당방위의 성립에 대해 지나치게 소극적인 자세를 취하고 있음을 알 수 있다. 외관상 서로 격투하는 것으로 보이지만 사실은 일방적으로 불법한 공격이 자행되고 있는 상황은 서로 양해한 싸움이 아니라 전형적인 정당방위 상황이라고 볼 수 있으며, 이러한 경우에는 소극적 방위뿐만 아니라 적극적 반격도 상당성이 인정되는 한 정당방위에 해당한다고 보아야 하기 때문이다.

아무튼 대법원의 판결처럼 이 사건을 싸움의 경우라고 가정하더라도 '피해자가 갑자기 피고인을 밀치며 넘어뜨린 후 피고인의 가슴 위에 올라타 피고인의 목 부분을 눌렀고, 피고인이 숨을 쉬지 못하여 생명에 대한 위협을 느낄 정도로 급박한 상황'이라면 피해자의 행위는 일방적인 침해행위인 동시에 서로가 양해한 당연히 예상되는 침해의 정도를 초과한 것으로 현재의 부당한 침해가 될 수 있다. 따라서 이 사건을 싸움의 경우라고 가정하더라도 정당방위 상황이 인정될 수 있으며, 피고인의 행위가 자기의 법익을 방위하기 위한 적합하고 필요한 행위인 한 정당방위에 해당한다고 볼 수 있다.

Ⅲ. 맺으며

앞에서 살펴본 바와 같이 대법원은 피고인의 개입행위 및 개입행위와 상해행위의 관계를 구체적으로 검토하지 않음으로써 성급하게 피고인의 상해행위에 대해서만 '싸움 상황에서 발생한 가해행위'라고 판단하는 심각한 오류를 범한 것으로 볼 수 있다. 즉 피고인의 개입행위는 타인을 위한 정당방위에 해당하고, 이에 대해 피해자가 수인의무를 부담함에도 불구하고 갑자기 피고인을 공격한 것은

정당방위인지가 불분명하다. 즉 이에 따르면 "서로 격투를 하는 자 상호간에는 공격행위와 방어행위가 연속적으로 교차되고 방어행위는 동시에 공격행위가 되는 양면적 성격을 띠는 것이므로 어느 한쪽 당사자의 행위만을 가려내어 방어를 위한 정당행위라거나 또는 정당방위에 해당한다고 보기 어려운 것이 보통이나, 외관상 서로 격투를 하는 것처럼 보이는 경우라고 할지라도 실지로는 한쪽 당사자가 일방적으로 불법한 공격을 가하고 상대방은 이러한 불법한 공격으로부터 자신을 보호하고 이를 벗어나기 위한 저항수단으로 유형력을 행사한 경우라면, 그 행위가 적극적인 반격이 아니라 소극적인 방어의 한도를 벗어나지 않는 한 그 행위에 이르게 된 경위와 그 목적수단 및 행위자의 의사 등 제반 사정에 비추어 볼 때 사회통념상 허용될 만한 상당성이 있는 행위로서 위법성이 조각된다고 보아야 할 것이다."라고 한다.

이제 피고인의 법익에 대한 현재의 부당한 침해가 되기 때문에 정당방위 상황에 해당하며, 이러한 상황에서 이루어진 피고인의 상해행위는 '싸움 상황에서 발생한 가해행위'가 아니라 자기의 생명 또는 신체의 완전성을 방어하기 위한 적합하고 필요한 행위로서 전형적인 정당방위에 해당한다고 볼 수 있다.

더 나아가 대법원의 판결처럼 이 사건을 싸움의 경우라고 가정하더라도 피해자의 공격은 일방적인 침해행위인 동시에 서로가 양해한 당연히 예상되는 침해의 정도를 초과한 것이기 때문에 정당방위 상황이 인정되며, 피고인의 행위가 자기의 법익을 방위하기 위한 적합하고 필요한 행위인 한 정당방위에 해당한다고 할 수 있다.

결론적으로 대법원은 '싸움 상황'에서 정당방위의 성립을 원칙적으로 인정하지 않고 극히 예외적인 경우에만 인정하는데, 이와 같은 고정관념에서 탈피하는 인식의 전환이 필요한 것으로 보인다. 왜냐하면 실제로 '싸움 상황'은 매우 다양한 형태로 발생하고, 대법원이 원칙적으로 정당방위의 성립을 인정하지 않는 '싸움 상황'은 쌍방의 명시적 또는 묵시적 합의나 양해하에 이루어지는 경우로서 오히려 드문 사례에 해당할 수 있기 때문이다. 따라서 외형상 싸움 상황으로 보이는 경우에도 전후 사정을 면밀하게 검토하여 일방적인 공격행위에 대항하는 경우, 쌍방의 명시적 또는 묵시적 합의나 양해하에 이루어진 싸움 상황에서도 일방이 당연히 예상되는 범위를 넘어가는 공격행위를 하는 경우, 일방이 다른 일방에 대한 싸움을 분명히 포기한 후에 다른 일방이 계속 구타한 경우, 맨주먹으로 격투를 벌이다가 일방이 흉기를 사용하는 경우 등에서는 얼마든지 정당방위가 성립할 수 있다. 따라서 외형상 싸움 상황으로 보이는 경우에도 대법원은 구체적 경위와 상황을 면밀하게 검토하여 정당방위의 성립여부를 판단하여야 한다.

9. 양해와 승낙의 문제

이정원 명예교수(영남대학교 법학전문대학원)*

[대상판결]

1. 대법원 2022. 3. 24. 선고 2017도18272 전원합의체 판결
2. 대법원 2003. 5. 30. 선고 2003도1256 판결

[대상판결 1] 피고인들이 각 음식점 영업주로부터 승낙을 받아 통상적인 출입방법에 따라 각 음식점의 방실에 들어간 것은 주거침입죄에서 규정하는 침입행위에 해당하지 아니하고, 설령 다른 손님과의 대화 내용과 장면을 녹음·녹화하기 위한 장치를 설치하거나 장치의 작동 여부 확인 및 이를 제거할 목적으로 각 음식점의 방실에 들어갔더라도, 그러한 사정만으로는 피고인들에게 주거침입죄가 성립하지 않는다고 한 사례.

(사실관계) 피고인들은 피해자 공소외 1이 운영하는 음식점 및 피해자 공소외 2가 운영하는 음식점에서 기자인 공소외 3을 만나 식사를 대접하면서 공소외 3이 부적절한 요구를 하는 장면 등을 확보할 목적으로 녹음·녹화장치를 설치하거나 장치의 작동 여부 확인 및 이를 제거하기 위하여 위 각 음식점의 방실에 들어갔다. 이로써 피고인들은 공모하여 피해자들이 운영하는 위 각 음식점의 방실에 침입하였다.

(대법원의 판단) 일반인의 출입이 허용된 음식점에 영업주의 승낙을 받아 통상적인 출입방법으로 들어갔다면 특별한 사정이 없는 한 주거침입죄에서 규정하는 침입행위에 해당하지 않는다. 설령 행위자가 범죄 등을 목적으로 음식점에 출입하였거나 영업주가 행위자의 실제 출입 목적을 알았더라면 출입을 승낙하지 않았을 것이라는 사정이 인정되더라도 그러한 사정만으로는 출입 당시 객관적

* 이정원 영남대학교 명예교수는 독일 Konstanz대학교에서 법학박사학위를 받았고, 한국비교형사법학회 회장을 역임하였다.

· 외형적으로 드러난 행위태양에 비추어 사실상의 평온상태를 해치는 방법으로 음식점에 들어갔다고 평가할 수 없으므로 침입행위에 해당하지 않는다.

[대상판결 2] 피고인이 피해자가 사용 중인 공중화장실의 용변 칸에 노크하여 남편으로 오인한 피해자가 용변 칸 문을 열자 강간할 의도로 용변 칸에 들어간 것이라면 피해자가 명시적 또는 묵시적으로 이를 승낙하였다고 볼 수 없어 주거침입죄에 해당한다고 한 사례.

(사실관계) ○○공원에서 그 곳 여자화장실에 들어간 피해자가 공중화장실의 용변 칸에서 하의를 내리고 좌변기에 앉아 있던 중, 노크소리가 나서 남편인 줄 알고 "아빠야"라고 하면서 밖이 보일 정도로 용변 칸 문을 열었는데, 피고인이 문을 열고 들어와 문을 잠그면서 앞을 가로막았고, 이어서 피해자를 벽에 밀어붙여 움직이지 못하게 한 후 그녀를 간음하려 하였으나, 그 곳 남자화장실에 있던 피해자의 남편 공소외 1이 달려오자 뜻을 이루지 못하고 미수에 그친 채, 피해자에게 약 2주간의 치료를 요하는 좌족관절부좌상 등을 입게 한 것이다.

(대법원의 판단) 타인의 주거에 거주자의 의사에 반하여 들어가는 경우는 주거침입죄가 성립하며 이 때 거주자의 의사라 함은 명시적인 경우뿐만 아니라 묵시적인 경우도 포함되고 주변사정에 따라서는 거주자의 반대의사가 추정될 수도 있는 것인데, 피고인이 피해자가 사용 중인 공중화장실의 용변 칸에 노크하여 남편으로 오인한 피해자가 용변 칸 문을 열자 강간할 의도로 용변 칸에 들어간 것이라면 피해자가 명시적 또는 묵시적으로 이를 승낙하였다고 볼 수 없어 주거침입죄에 해당한다.

Ⅰ. 문제점

1. 법익주체의 의사(동의: 양해, 승낙)의 법적 성격에 관한 대법원의 관점

범죄이론에서 "법익주체의 의사가 범죄성립 여부에 대하여 어떻게 작용하는가"라는 문제는 중요한 부분을 차지한다. 절도죄 등과 같이 법익주체의 의사에 반하는 행위를 전제로 성립되는 범죄에서는 법익주체의 동의가 구성요건해당성을 탈락시키는데 반하여, 이를 전제로 하지 아니하는 상해죄 등의 범죄에서는 경우에 따라 형법 제24조 '피해자의 승낙'의 요건하에서 위법성이 조각될 수 있을 뿐이다.

형법에서는 전자에 해당하는 동의를 양해라 하고, 후자에 해당하는 동의를 승낙이라는 개념으로 구별한다. 물론 이러한 개념구별에 관하여는 학설의 다툼이 있다.

양해와 승낙을 구별한다면, 구성요건해당성을 탈락시키는 법익주체의 동의와 위법성을 조각시키는 동의 사이에는 그 실체와 내용에서 현저한 차이를 가진다. 이와 관련하여 [대상판결 1]과 [대상판결 2]에서는 주거침입죄의 구성요건과 관련한 법익주체의 동의를 각각 어떤 관점에서 판단하고 있는지 살펴볼 필요가 있다.

2. [대상판결 1]의 관점

[대상판결 1]에서는 “영업주의 승낙을 받아 통상적인 출입방법으로 들어갔다면, 설령 행위자가 범죄 등을 목적으로 음식점에 출입하였거나 영업주가 행위자의 실제 출입 목적을 알았더라면 출입을 승낙하지 않았을 것이라는 사정이 인정되더라도 출입 당시 객관적·외형적으로 드러난 행위태양에 비추어 사실상의 평온상태를 해치는 방법으로 음식점에 들어갔다고 평가할 수 없으므로 침입행위에 해당하지 않는다”고 한다. 대상판결에서는 이 경우 법익주체의 동의에 대하여 ‘영업주의 승낙’이라는 용어를 사용하고 있지만, 이러한 ‘영업주의 승낙’은 내용적으로 형법 제24조 ‘피해자의 승낙’ 요건을 충족시키지 못한다. 그렇다면 대상판결에서 ‘영업주의 승낙’은 구성요건해당성을 탈락시키는 법익주체의 양해라고 보아야 할 것이다. 그럼에도 불구하고 대상판결이 “영업주의 승낙이 주거침입죄의 구성요건해당성을 탈락시키는 양해에 해당한다”라는 명확한 결론을 낸 것으로 평가하기는 곤란하다.

[대상판결 1]은 종전의 초원복집사건[1] 및 같은 취지의 대법원 판결들의 입장을 변경하는 전원합의체 판결이다. “도청장치를 설치할 목적으로 손님을 가장하여 음식점에 들어간 경우, 영업주가 그 출입을 허용하지 않았을 것으로 보는 것이 경험칙에 부합한다.”라는 취지의 초원복집사건에서의 입장을 변경한 것이다. 초원복집사건에서는 형식적인 법익주체의 동의가 있어도 내용적으로 요건을 구비

1) 대법원 1997. 3. 28. 선고 95도2574 판결.

하지 못한 것으로 보아 동의의 유효성을 부정하였는데, 이는 다분히 위법성을 조각시키는 승낙의 유효성에 대한 판단방법이다. 그러나 초원복집사건에서도 "영업주의 동의는 제24조 피해자의 승낙으로서 그 유효성을 구비하지 못하였다."라는 결론을 낸 것으로 판단하기는 곤란하다. 초원복집사건에서도 대법원은 "법익주체의 유효한 동의가 있으면 주거침입이 아니다"라는 입장이었을 것이고, 다만 영업주의 동의를 규범적 개념으로 파악했을 뿐이다. [대상판결 1]에서 입장을 변경한 부분은 영업주의 동의를 사실적 개념으로 파악한 것일 뿐, "영업주의 동의가 구성요건해당성을 조각시키는 양해인지 또는 위법성을 조각하는 승낙인지"에 관하여는 어떠한 입장도 제시하지 아니하였다.

다만 대법원은 대상판결에서 "거주자의 의사에 반하는지는 사실상의 평온상태를 해치는 행위태양인지를 평가할 때 고려할 요소 중 하나이지만 주된 평가 요소가 될 수는 없다."라고 판시하였다. 단순히 주거에 들어가는 행위 자체가 거주자의 의사에 반한다는 주관적 사정만으로는 바로 침입에 해당한다고 볼 수 없으며, 침입행위에 해당하는지는 거주자의 의사에 반하는지가 아니라 사실상의 평온상태를 해치는 행위태양인지에 따라 판단되어야 한다는 것이다. 그러나 주거권자의 의사에 반한 진입이라면 주거침입이 분명하며, 이때 평온상태를 해치는 행위태양인지 여부는 중요하지 않다. 이에 관하여는 본문에서 자세히 다루기로 한다.

3. [대상판결 2]의 관점: [대상판결 1]과의 관점차이 여부

[대상판결 2]에서는 "피고인이 피해자가 사용 중인 공중화장실의 용변 칸에 노크하여 남편으로 오인한 피해자가 용변 칸 문을 열자 강간할 의도로 용변 칸에 들어간 것이라면 피해자가 명시적 또는 묵시적으로 이를 승낙하였다고 볼 수 없어 주거침입죄에 해당한다."라고 보았다. 여기서 용변 칸에 노크한 피고인을 남편으로 오인한 피해자가 문을 열어 준 행위는 남편의 용변 칸 진입에 대한 피해자의 동의에 해당할 뿐이며, 남편이 아닌 다른 제3자라도 용변 칸에 진입할 수 있도록 피해자가 동의한 것이 아니라는 점은 피해자뿐 아니라 피고인에게 있어서도 분명하다.[2] 이와 같이 피고인은 피해자의 의사에 반하여 용변 칸에 진입한 것이므로 당연히 침입에 해당한다. 따라서 주거침입죄에서 법익주체의 동의에 관한 한 [대

상판결 2]나 [대상판결 1]이나 그 관점에서는 아무런 차이가 존재하지 않는다.

4. 주거침입죄의 구성요건적 행위: 주거침입

최근 대법원 전원합의체 판결 중에는 주거침입죄와 관련한 입장의 변경이 특히 눈에 띈다. 이는 주거권자의 동의에 대한 평가와 관련하여 대법원이 입장을 변경한 것이다. 주거침입죄에서 침입이란 주거권자의 의사에 반하여 주거 등에 진입하는 것을 말하는데, 대법원은 주거권자의 동의를 판단함에 있어서 종래 그 실질적 내용을 중시하던 규범적 판단의 입장에서 그 형식적 존재 여부를 중시하는 사실적 판단으로 방향을 전환한 것이다. 예컨대 [대상판결 1] 또는 '일방 배우자의 동의를 받고 간통목적으로 주거에 진입한 경우'[3] 등이 그러하다.

최근 대법원 전원합의체 판결은 주거권자의 동의에 대한 평가에서 그 형식적 존재 여부(사실적 판단)를 중시하는 방향으로 전환하면서, 주거권자의 동의의 실질적 내용(규범적 판단)을 등한시하게 된 부분에 대하여 보충방법을 강구하였다. 즉 침입행위에 해당하는지는 거주자의 의사에 반하는지가 아니라 사실상의 평온상태를 해치는 행위태양인지에 따라 판단해야 한다는 것이다. 이러한 기준은 '강간을 의도한 진입 상황'의 [대상판결 2]에서 특히 의미를 가질 수는 있는데, 이에 관하여는 좀 더 자세한 분석을 필요로 한다.

Ⅱ. 쟁점 및 검토

1. 법익주체의 동의

(1) 승낙과 양해의 구별

형법 제24조 '피해자의 승낙'은 형법총칙상의 일반적인 위법성조각사유이다.

---

2) [대상판결 2]에서는 이를 '주변상황에 따라서는 거주자의 반대의사가 추정될 수도 있는 것'이라고 판시하였으나, 여기서는 피해자의 명백한 반대의사가 현존하는 상황이다.

3) 대법원 2021. 9. 9. 선고 2020도12630 전원합의체 판결.

통상의 범죄구성요건에 해당하는 행위라도 처분할 수 있는 자의 승낙에 의하여 그 법익을 훼손한 행위는 제24조의 요건하에서 위법성이 조각된다. 우리 형법과 달리 독일형법에서는 '피해자의 승낙'이라는 형법총칙상의 일반적인 위법성조각사유가 존재하지 않으며, 형법각칙 신체침해죄의 장에서 '사회상규에 반하지 아니하는 피해자의 승낙에 의한 신체침해행위(Körperverletzung)'를 위법성조각사유로 규정하고 있다. 이러한 '신체침해죄에서의 피해자의 승낙'은 다른 범죄구성요건에서도 유추적용되고 있다. 이와 같이 우리 형법과 독일형법에서 '피해자의 승낙'이라는 위법성조각사유에 관한 규정은 그 구조와 내용에서 일정한 차이가 있다.

형법상 '피해자의 승낙'은 법익주체의 동의에도 불구하고 법익훼손이 형성[4]되어 구성요건해당성이 인정되는 경우에 위법성을 조각시킬 수 있는 규정이다. 이와 달리 범죄에 따라서는 법익주체의 동의가 있으면 아예 처음부터 법익훼손이 형성되지 아니하는 경우도 있다. 이 경우는 위법성의 조각 이전에 처음부터 구성요건해당성이 배제된다. 이러한 법익주체의 동의를 '양해'라고 하여 '승낙'개념과 구별하는 것이 통설[5][6]의 입장이다.

이에 반하여 승낙과 양해를 구별하지 않고 이들을 전체적으로 결과반가치와 행위반가치의 제한 내지 배제의 문제, 즉 구성요건해당성배제사유로 파악하는 견해[7]가 있다. 이는 구성요건해당성과 위법성을 통합하여 전체를 하나의 구성요건해당성의 문제로 이해하는 전체구성요건이론[8]의 당연한 귀결이기도 하다. 또한 승낙과 양해의 개념구별을 반대하면서, 이들 모두를 제24조의 '피해자의 승낙'으

4) 형법 제24조 '피해자의 승낙'은 처분할 수 있는 자의 승낙에 의하여 '그 법익을 훼손'한 행위라고 규정함으로써, 피해자의 승낙에도 불구하고 그 법익훼손이 형성되는 경우를 전제로 한다.

5) 신동운, 형법총론, 제13판, 2021, 340면 이하; 오영근, 형법총론, 제6판, 2021, 235면; 이재상/장영민/강동범, 형법총론, 제11판, 2022, 286면 이하; 이형국/김혜경, 형법총론, 제6판, 2021, 231면 이하; 임웅, 형법총론, 제13정판, 2022, 289면 이하; 동취지, 김성돈, 형법총론, 제8판, 2022, 331면; 박상기/전지연, 형법학 [총론·각론], 제5판, 2021, 140면 이하; 성낙현, 형법총론, 제3판, 2020, 301면 이하.

6) 독일통설의 입장: Vgl. Lenckner, S−S StGB, 26. Aufl., 2006, Vorbem. §§ 32 Rdnr. 29 ff. mwN.; Günther, SK StGB, 6. Aufl., 1999, Vor § 32 Rdnr. 51; Hirsch, LK StGB, 11. Aufl., 1993, Vor § 32 Rdnr. 96 ff.; Jakobs, Lehrbuch AT, 2. Aufl., 1991, S. 241.

7) 김일수, 한국형법 I, 1996, 473면 이하, 476면 이하; 김일수/서보학, 새로쓴 형법총론, 제13판, 2018, 168면 이하; 손해목, 형법총론, 1996, 536면 이하; 한정환, 형법총론(1), 2010, 336면, 338면.

8) Roxin, Lehrbuch, AT I, 4. Aufl., 2006, § 13 A Rdnr. 11. Fußn. 19 mwN.

로 파악하는 견해[9]도 있다. 승낙과 양해의 구별은 해석학적으로 부적합하며, 논증기준도 부적합할 뿐 아니라 구성요건해당성 배제기준이라는 것도 전혀 불필요하기 때문에 현실적으로 구별의 실익이 없다는 것이다.

'법익주체 동의'의 존재 여부에 관한 행위자의 인식은 그것이 승낙인지 양해인지에 따라 구성요건적 고의에 직접적인 영향을 미치게 된다. 또한 구성요건적 고의에 직접적으로 작용하게 되는 구성요건요소로서의 양해는 사실적 개념으로 이해되어야 하는 반면에, 법익훼손행위를 예외적으로 허용해주는 위법성조각요소로서의 승낙은 규범적 개념으로 파악되어야 한다. 이러한 점에서 승낙과 양해는 똑같은 법익주체의 동의일지라도 그 내용에서는 동일할 수가 없다. 즉 3단계 구조의 범죄이론에서 법익을 훼손함으로써 구성요건에 해당하는 행위는 당연히 위법하므로 원칙적으로 형사책임의 대상이 되는데, 우월적 이익의 원칙이나 이익흠결의 원칙 등 규범적 평가에 의하여 더 큰 목적이 있을 경우에는 예외적으로 그러한 법익훼손을 허용하게 된다. 따라서 위법성의 요소들은 개념적으로 더 큰 목적의 판단을 위한 규범적 평가의 대상이 되어야 한다. 이에 반하여 구성요건요소들은 가능한 사실판단의 대상으로 명확하게 구축될 필요가 있다. 물론 이러한 관점이 규범적 구성요건요소의 존재를 부정하는 것은 아니다. 다만 법익주체의 동의와 같은 요소에서 '의사의 질'까지 판단해야 하는 규범적 평가가 필요한 경우라면 이를 위법성의 요소로 구축하면 충분하다는 의미이다. 즉 이러한 경우는 법익주체의 동의에도 불구하고 법익훼손이 긍정되도록 구성요건을 구축하고, 피해자의 승낙으로 위법성조각이 가능하도록 법리가 구성이 되어야 한다는 의미이다.

(2) 승낙의 법적 성격과 그 제한

1) 승낙의 법적 성격

일정한 법익훼손행위는 보다 더 큰 목적을 위해서 승낙이라는 법익주체의 동의에 의해서 예외적으로 허용될 수 있다. 이러한 점에서 승낙은 개념적으로 더

9) 배종대, 형법총론, 제16판, 2022, 287면 이하; 한상훈/안성조, 형법개론, 제3판, 2022, 138면; 동취지, 제24조에는 구성요건의 특성에 따라 구성요건해당성을 배제하는 승낙도 포함된 것으로 이해하는 김성돈, 형법총론, 331면.

큰 목적의 판단을 위한 규범적 평가의 대상이 되며, 내용적으로 엄격한 판단을 필요로 한다.

승낙은 승낙능력 있는 자의 자유의사에 의한 승낙이어야 한다. 강요나 기망에 의하여 본질적인 의사의 하자나 결함상태에서 이루어진 승낙은 유효한 승낙이 될 수 없다. 또한 법익주체의 일반적인 생활경험이나 지식만으로 모든 상황을 인지하기 어려운 경우에는 피승낙자의 설명의무가 요구된다. 예컨대 치료의사의 설명의무가 그러하다. 또한 승낙은 침해행위 이전에 명시적이든 비명시적이든 외부에서 인식할 수 있을 정도로 표시되어야 한다. 사후승낙은 인정되지 않으며, 침해행위가 종료되기 이전까지는 언제든 승낙의 철회가 가능하다.

2) 피해자의 승낙과 사회상규에 의한 제한

위법성조각사유인 '피해자의 승낙'의 범위를 사회상규에 의하여 제한하는 것이 가능한지 문제된다. 독일형법 제228조는 "피해자의 승낙에 의한 신체침해행위는 비록 그 행위가 승낙에 의하여 이루어졌다 하더라도 선량한 풍속에 위배되는 때에는 위법하다."라고 규정하고 있는데, 이러한 독일형법규정의 영향으로 통설[10]에서도 승낙에 의한 신체상해에 대하여 사회상규에 의한 제한을 인정한다. 물론 이러한 해석이 현실적으로 합리적일 수도 있다. 그러나 승낙에 의한 신체상해에 대하여 사회상규에 의한 제한을 인정할 경우, 예컨대 과도한 피어싱, 흉측한 문신, 성전환 수술, 폭력단체의 구성원의 신체흉터, 불량한 청소년 상호간의 담뱃불 흉터, 구걸의 효과를 높이기 위한 신체상해, 불법한 낙태에서 통상 수반되는 임부에 대한 상해, 무면허의료행위에 의한 신체침해 등이 모두 사회상규에 위배되는 승낙으로서 허용되지 아니하는 불법한 상해죄를 구성하게 되는지 의문이 제기된다. 따라서 입법론적으로도 피해자의 승낙에 의한 위법성조각사유를 '선량한 풍속'을 기준으로 제한하는 독일형법보다는 '법률의 특별한 규정'으로 제한하는 형법의 태도가 특히 죄형법정주의와 법적안정성의 측면에서 우수하다고 판단된다. 더욱이 형법은 독일형법 제228조와 같은 명문규정을 가지고 있지 않다. 형법

10) 김성돈, 형법총론, 341면; 김일수/서보학, 새로쓴 형법총론, 170면; 성낙현, 형법총론, 310면; 손동권/김재윤, 형법총론, 2013, 242면; 이재상/장영민/강동범, 형법총론, 292면; 이형국/김혜경, 형법총론, 237면; 임웅, 형법총론, 295면; 동취지, 위법한 의도에 의한 승낙을 제한하는 배종대, 형법통론, 291면.

의 해석에서 명백한 법률의 규정도 없이 위법성조각사유를 사회상규나 윤리로 제한하는 것은 곧바로 사회상규에 의한 불법행위를 인정하는 결과를 초래한다. 이러한 해석은 죄형법정주의에 정면으로 배치된다.

신체침해 이외에 "다른 개인적 법익에 대한 훼손의 경우에도 '피해자의 승낙'이 사회상규에 위배되는 때에는 위법한가"라는 점에서는 학설의 다툼이 있다. 긍정설[11)]은 "사람의 신체뿐 아니라 모든 법익에 대한 처분가능성이 사회상규적·윤리적 한계에 의하여 제한되어야 한다."라고 본다. 이에 반하여 부정설[12)]은 "사회상규나 윤리에 의한 승낙의 제한은 상해죄에 대하여만 가능하다."라는 입장이다. 또한 "이러한 제한은 상해죄 등의 사람의 신체뿐 아니라, 불법체포·감금죄 등의 신체적 활동의 법익에 대해서도 적용되어야 한다."라는 절충설[13)]도 있다. 그러나 제24조에 따라 '법률에 특별한 규정'이 없는 한 처분권자의 유효한 승낙에 의한 행위는 위법성이 조각된다고 보아야 한다.

(3) 양해의 법적 성격

구성요건해당성 배제사유인 양해의 성격에 관하여는 '양해도 개별적인 구성요건의 내용과 기능에 따라 각각 다른 특성을 갖는 규범적 성격의 개념'[14)]이라는 것이 다수설[15)]의 입장이다. 이러한 다수설은 판례의 입장과도 일치하는 것으로 보여 진다. 판례에서도 "주거권자의 동의가 양해인지 승낙인지"에 관하여 명확한 입장표명은 없었지만, 이것을 제24조의 '피해자의 승낙'으로 파악하는 징후는 어디에서도 발견되지 않는다. 오히려 주거권자의 의사에 의한 경우는 침입이 아니라고 하여 구성요건해당성 배제사유로 파악하는 듯한 표현은 여러 곳에서 발견된

11) 김성돈, 형법총론, 341면; 이형국/김혜경, 형법총론, 237면; 임웅, 형법총론, 295면; 장영민, 피해자의 승낙, 고시계 1994.11, 75면; 최우찬, 피해자의 승낙, 고시계 1990.10, 115면.

12) 손동권/김재윤, 형법총론, 242면; 손해목, 형법총론, 1996, 531면; 오영근, 형법총론, 227면; 이재상/장영민/강동범, 형법총론, 292면; 동취지, 위법한 의도에 의한 승낙을 제한하는 배종대, 형법총론, 291면.

13) 성낙현, 형법총론, 310면; 전지연, 형법상 피해자의 동의, 차용석박사화갑기념논문집, 11면 이하.

14) Jescheck/Weigend, Lehrbuch AT, 5. Aufl., 1996, S. 374.

15) 이재상/장영민/강동범, 형법총론, 288면 이하; 이형국/김혜경, 형법총론, 233면; 임웅, 형법총론, 291면; 동취지, 김성돈, 형법총론, 333면. 그밖에 김일수, 김일수/서보학, 손해목, 한정환, 배종대, 한상훈/안성조의 문헌에서는 승낙과 양해를 구별하지 아니하므로 이들 모두는 개별 구성요건마다 달리 판단되어야 하는 규범적 개념이 된다.

다. 이와 같이 판례는 법익주체의 동의를 개별적인 구성요건의 내용과 기능에 따라 각각 다른 특성을 갖는 규범적 성격의 개념으로 이해하기 때문에, 주거침입죄에서 법익주체의 동의의 내용에 관하여 대상판결과 같은 해석상의 변천과정을 겪은 것으로 보인다. 그러나 이러한 다수설과 판례의 입장은 타당하지 않다. 상기 '(1) 승낙과 양해의 구별'에서 논술한 바와 같이 양해는 순수한 사실적 성격의 개념으로 이해되어야 한다.[16][17]

양해를 순수한 사실적인 성격을 갖는 개념으로 이해하는 한, 양해의 유효요건은 별도로 요구되지 않는다. 양해라는 법익주체의 동의가 현실적으로 존재하고 있으면 언제나 유효한 양해가 된다. 즉 의사능력이 있는 자의 '의식된 현실적인 내적 동의'[18]는 구성요건해당성을 배제하는 양해가 된다. 따라서 법익주체의 의사의 하자, 판단능력의 미흡, 의사의 표시 여부 등은 양해의 유효성에 영향을 주지 못한다. 또한 행위자의 기망도 법익주체의 양해에 영향을 주지 못한다. 다만 강요나 강박에 의한 피해자의 동의는 양해가 아니다. 이 경우는 외적 동의표현에도 불구하고 내적 부동의로 평가될 뿐이다. 또한 동의하는 자는 최소한 자연적 의사능력을 구비해야 한다. 자연적 의사능력이 없는 자는 현실적으로 동의할 수 없기 때문이다.

2. 주거침입죄에서 주거권자의 의사

(1) 위계 등 기망과 주거권자의 동의

주거침입죄의 침입은 주거권자의 의사에 반하여 주거 등에 들어가는 것이므로, 주거권자의 동의가 있으면 본죄의 구성요건적 행위인 침입의 요건을 충족시키지 못한다. 따라서 주거침입죄에서 법익주체의 동의는 구성요건해당성을 배제시키는 양해로 평가된다. 상기 '(3) 양해의 법적 성격'에서 논술한 바와 같이 순수한 사실적 성격의 양해는 법익주체의 의사의 하자, 판단능력의 미흡, 의사의

16) 이상돈, 형법강의, 2010, 348면; 동취지, 성낙현, 형법총론, 303면 이하.

17) 독일 통설도 동일한 입장이다: Vgl. Wessels/Beulke, AT, 37. Aufl., 2007, Rdnr. 367 ff.; Hirsch, LK StGB, Vor. § 32 Rdnr. 92 ff.; Lackner/Kühl, StGB, 27. Aufl., 2011, Vor § 32 Rdnr. 11; BGHSt 23, 1; BGH NJW 75, 269.

18) 법익주체가 내부적으로 동의하지 않는 한 외형적·형식적 동의만으로는 양해가 되지 않는다.

표시 여부, 행위자의 기망 등과 상관없이 '의식된 현실적인 내적 동의'만으로 그 유효성이 인정되어야 한다. 그러나 양해를 규범적 성격의 개념으로 파악하는 다수설과 판례의 입장에서는 구성요건의 종류에 따라 다양한 양해의 유효요건을 요구한다.

주거침입죄와 관련하여 행위자가 직접적으로 주거권자의 하자 있는 동의를 이끌어 낸 경우에는 주거권자의 추정적 의사에 합치하지 않는 한 침입이라는 것이 다수설[19]의 입장이다. 따라서 입장권이 없는 입장이나 대리시험 또는 도청기를 설치하기 위하여 타인의 건조물 등에 들어간 경우는 침입에 해당한다고 한다. 종래의 판례[20]도 동일한 입장이었으나, 대법원[21]은 대상판결에서 사실상 평온상태를 해치는 행위태양이 판단의 기준이라고 하여 전원합의체 판결로 종래의 입장을 변경하였다. 물론 대상판결은 타당한 입장변경이지만, 그 결론이 '사실상 평온상태를 해치는 행위태양이 아니라는 점'을 근거로 한 부분[22]은 명백한 오류이다.

대상판결을 비롯한 최근 대법원 판결들이 주거권자의 의사에 대한 평가와 관련하여 종래 그 실질적 내용(규범적 판단)을 중시하던 입장에서 그 형식적 존재여부(사실적 판단)를 중시하는 방향으로 전환하면서, 주거권자의 동의의 실질적 내용에 관한 규범적 판단을 축소하게 된 부분에 대한 보충방법으로 사실상의 평온상태를 해치는 행위태양이라는 기준을 추가하였음을 미루어 짐작할 수 있다. 그러나 사실상의 평온상태를 해치는 행위태양이라는 추가요소 없이도 '주거권자의

---

19) 박찬걸, 형법각론, 제2판, 2022, 327면 이하; 배종대, 형법각론, 제13판, 2021, 260면; 오영근, 형법각론, 제7판, 2022, 218면; 정성근/정준섭, 형법강의 각론, 제2판, 2022, 178면; 최호진, 형법각론, 2022, 321면 이하.

20) 대법원 1967. 12. 19. 선고 67도1281 판결; 대법원 1978. 10. 10. 선고 75도2665 판결; 대법원 1979. 10. 10. 선고 79도1882 판결; 대법원 1997. 3. 28. 선고 95도2674 판결; 대법원 2003. 5. 30. 선고 2003도1256 판결; 대법원 2007. 8. 23. 선고 2007도2595 판결.

21) 대법원 2022. 3. 22. 선고 2017도18272 전원합의체 판결; 동지 대법원 2021. 9. 9. 선고 2020도12630 전원합의체 판결; 대법원 2022. 4. 28. 선고 2020도8030 판결; 대법원 2022. 6. 16. 선고 2021도7087 판결; 대법원 2022. 8. 25. 선고 2022도3801 판결.

22) 대법원 2023. 6. 29. 선고 2023도3351 판결: 피해자로부터 피해 회사 출입을 위한 스마트키를 교부받아 별다른 제한 없이 사용하던 피고인이 야간에 이를 이용하여 피해 회사에 들어가 물건을 절취한 경우, 사실상의 평온상태를 해치는 방법이 아니라는 관점에서 주거침입을 부정하였다. 그러나 이 경우도 '입주 도우미가 집안에서 물건을 절취한 경우'와 마찬가지로 사실상 개념인 법익주체의 양해를 근거로 주거침입을 부정해야 한다.

의사에 반하는 주거 진입'은 주거침입죄의 구성요건적 행위인 침입의 모든 요소를 완전히 구비한다. 사실상 평온상태를 해치는 행위태양으로 타인의 주거에 진입하는 경우라도 주거권자의 양해가 존재하는 한 침입에 해당할 수는 없는 것이며, 사실상 평온상태를 해치지 아니하는 행위태양으로 타인의 주거에 진입하는 경우라도 주거권자의 의사에 반하는(=주거권의 침해가 인정되는) 진입은 주거침입에 해당하기 때문이다. 예컨대 추운 겨울에 잠시 추위를 모면하기 위해서 잠기지 않은 빈집에 들어가는 경우 등이 그러하다. 이에 반하여 소란스럽고 평온하지 못한 방법으로 주거에 진입하는 경우라도 주거권자의 양해가 존재하는 한 주거침입죄는 성립할 여지가 없다. 예컨대 음주가무의 댄스파티장·운동경기장·투우장 등에 악기·응원도구·괴성 등의 소음과 뒤엉켜 춤추는 등 다수인이 무질서하게 난입하는 경우라도 주거권자의 양해에 의한 경우라면 주거침입죄는 성립할 여지가 없다. 오히려 너무 젠틀하고 조용하게 분위기를 다운시키는 입장객이 주거권자의 퇴거요구에 불응하면 주거권을 침해하는 퇴거불응죄에 해당한다.

대법원은 '남편 출타 중 간통목적으로 부인 동의하에 주거에 들어온 경우' 종래의 입장[23]을 변경하여 주거침입죄의 성립을 부정하였는데, 여기서도 주거침입죄의 보호법익이 사실상 평온이라는 입장에서 주거권자가 현실적으로 출입에 동의했다면 사실상의 평온이 침해되지 않는다는 점을 근거로 하였다.[24] 그러나 주거침입죄와 퇴거불응죄의 보호법익은 서로 다를 수가 없는데, 진정부작위범인 퇴거불응죄의 보호법익을 사실상 평온이라는 사실적 관점에서 해석하는 것은 아주 부적절하다. 주거침입죄의 보호법익은 '특별한 보호가치가 있는 주거에서 장소적 평온의 확보' 내지 '타인의 출입과 체재 여부에 대한 주거권자의 결정'이라는 내용을 가진 규범적 관점의 '주거권'[25]이어야 한다.[26][27] 이러한 주거권설의 관점에서,

23) 대법원 1984. 6. 26. 선고 83도685 판결.

24) 대법원 2021. 9. 9. 선고 2020도12630 전원합의체 판결.

25) 대법원 2021. 9. 9. 선고 2020도6085 전원합의체 판결; 동지, 대법원 2023. 6. 29. 선고 2023도3351 판결.

26) 박상기/전지연, 형법학 [총론·각론], 577면; 이재상/장영민/강동범, 형법각론, 제12판, 2021, 237면 이하; 동취지, 류전철, 주거침입죄의 해석론과 적용상의 문제, 법학논총(전남대), 제30권 제2호, 2010.08, 100면.

27) 이는 독일 통설의 입장이다. Vgl. Lenkner/Sternberg-Lieben, S-S StGB, § 123 Rdnr. 1 mwN.; Wessels/Hettinger, BT/I, 31. Aufl., 2007, Rdnr. 573.

공동주거권자 일방의 주거권의 행사는 타 공동주거권자의 인용의 기대가능성의 범위[28]를 초과해서는 안 되기 때문에[29][30] 이 경우 주거침입죄의 성립을 부정해서는 안 된다.

기망이나 현혹에 의한 착오의 상황이라도 주거권자는 현실적으로 기망자의 출입을 내적으로 동의하고 있으므로 이를 침입이라고 할 수는 없다. 따라서 입장권 없이 입장하는 경우에는 사기죄, 대리시험을 위하여 시험장에 입실한 경우에는 업무방해죄 내지 위계공무집행방해죄, 도청하기 위한 경우는 통신비밀보호법 위반은 별론으로 하고, 주거침입죄는 성립할 여지가 없다.[31] 특히 입장권 없는 입장의 경우에 통설과 같이 주거침입죄의 성립을 인정한다면, 입장을 허가한 피해자의 의사에 의한 처분행위를 부정하는 결과가 되는데, 그렇다면 이 경우 사기죄의 인정이 곤란하게 되고, 절도죄는 재물죄이므로 결국 재산죄에 대해서는 형벌의 공백이 발생하게 된다.

노크하는 피고인을 남편으로 오인한 피해자가 공중화장실 용변 칸의 문을 열어 준 [대상판결 2]의 경우,[32] 피해자는 오직 남편의 용변 칸 진입에 동의한 것일 뿐이며, 피고인의 출입을 내적으로 동의하는 상황이 아니다. 따라서 열린 용변 칸의 문으로 피고인이 진입한 것은 피해자의 의사에 반한 침입에 해당한다. 이에 반하여 가스안전점검기사를 가장한 강도의 경우는 이와 다르다. 피해자가 강도를 가스안전점검기사로 오인하여 주거의 출입을 허가한 경우는 유효한 양해로서 주

---

28) 대법원 2021. 9. 9. 선고 2020도6085 전원합의체 판결: 공동거주자의 사실상 평온상태를 해치는 행위태양으로 공동주거에 들어간 경우에도 다른 공동거주자가 이에 출입하여 이용하는 것을 용인할 수인의무도 있다는 주거권의 관점에서 주거침입죄의 성립을 부정하였다.

29) 이에 관하여는 이정원/류석준, 형법각론, 2020, 201면 참조.

30) Vgl. Lenkner/Sternberg-Lieben, S-S StGB, § 123 Rdnr. 18 mwN.; Lackner/Kühl, § 123 Rdnr. 2; Tröndle/Fischer, StGB, 52. Aufl., 2004, § 123 Rdnr. 2; Wessels/Hettinger, BT/I, Rdnr. 595.

31) 김성천/김형준, 형법각론, 제6판, 2017, 298면; 김일수/서보학, 새로쓴 형법각론, 제8판 증보판, 2016, 205면 이하; 박상기/전지연, 형법학 [총론·각론], 580면; 이재상/장영민/강동범, 243면 이하; 하태훈, 승낙의 의사표시의 흠결과 주거침입죄의 성부, 형사판례연구(6), 1998.07, 232면.

32) 대법원 2003. 5. 30. 선고 2003도1256 판결: 여기서는 공중화장실이 문제된 사안인데, 일시적 오락이나 용변, 휴식 등에 공하는 장소는 그 자체로 주거권을 인정할 수 없기 때문에 주거침입죄의 객체로 해석되지 않는다. 물론 이러한 공간이 영업적으로 관리되고 있는 경우에는 당연히 해당 공간에 대한 관리자의 주거권이 인정된다. 이에 관하여는 이정원/류석준, 형법각론, 197면 참조.

거침입죄의 성립이 부정된다. 이때는 피해자가 가스안전점검기사를 가장한 강도의 수상함을 감지하고 그 진입을 거부하거나 진입한 이후에는 퇴거요구가 가능할 뿐이다.

일반적 기망과 범죄목적 기망을 구별하여 일반적 기망의 경우에는 주거침입죄의 성립을 부정하는 반면에, 범죄목적 기망인 경우는 프라이버시의 침해가 있었는가를 기준으로 본죄의 성립 여부를 결정하는 견해[33]가 있다. 예컨대 뇌물공여의 목적을 숨긴 경우는 주거권자에 대한 프라이버시의 침해가 없으므로 본죄의 성립이 부정된다는 것이다. 그러나 집요한 채권추심의 목적을 숨기고 외판원으로 가장하여 주거에 들어간 경우와 절도의 목적을 숨기고 이웃집을 방문한 경우가 주거침입죄의 성립 여부에서 달리 평가되어야 할 이유가 없다는 점에서 일반적 기망과 범죄목적 기망을 구별하는 관점은 타당하다고 할 수 없다. 더욱이 뇌물공여의 목적을 숨긴 경우에 주거권자에 대한 프라이버시의 침해가 없다는 결론은 너무 공허하다. 약속된 뇌물을 주고받는 과정에서 주거에 들어가는 행위라면 주거침입죄에서 논의될 필요조차 없으며, 뇌물공여를 숨기는 기망의 경우라면 뇌물공여를 기대하던 주거권자 외에는 굳이 프라이버시의 침해를 부정할 근거도 거의 사라진다.

(2) 공중에 출입이 허용된 장소와 주거침입죄

주거권자의 동의와 관련하여 공중에 출입이 허용된 장소의 경우가 문제된다. 소수설[34]에서는 공중에 출입이 허용된 장소라 할지라도 부정행위를 할 목적으로 들어간 경우 주거침입죄의 성립을 인정한다. 그러나 단순히 목적이 불법하다는 것만으로 주거침입죄의 성립을 인정할 수 없다는 것이 통설[35]의 입장이다. 대법원도 대상판결에서 "일반인의 출입이 허용된 장소에 통상적인 출입방법으로 들어갔다면 설령 행위자가 범죄 등을 목적으로 출입한 경우라도 침입행위에 해당하지

33) 김성돈, 형법각론, 제8판, 2022, 290면; 임웅, 형법각론, 제12전정판, 2021, 305면 이하.

34) 김성돈, 형법각론, 293면; 이영란, 형법학 각론강의, 제3판, 2011, 255면; 조준현, 형법각론 3정판, 2012, 291면 이하; 최호진, 형법각론, 322면.

35) 김혜정/박미숙/안경옥/원혜욱/이인영, 제2판, 2022, 형법각론, 252면; 박상기/전지연, 형법학[총론·각론], 580면 이하; 박찬걸, 형법각론, 329면; 배종대, 형법각론, 260면; 오영근, 형법각론, 219면; 이재상/장영민/강동범, 형법각론, 245면; 임웅, 형법각론, 307면; 정성근/정준섭, 형법강의 각론, 180면.

않는다"고 하여 전원합의체 판결[36]로 종래의 입장[37]을 변경하였다. 공중에 출입이 허용된 장소에 들어가는 것은 주거권자의 의사에 반하지 않으므로 침입에 해당할 수 없다는 점에서 대법원과 통설의 입장은 타당하다. 다만 통설 중에서도 '행위자가 직접적으로 주거권자의 하자 있는 동의를 이끌어 낸 경우'에 주거침입죄의 성립을 인정하는 반면에, '공중의 출입이 허가된 장소를 범죄목적으로 들어간 경우'에 주거침입죄를 부정하는 견해[38]는 논리의 일관성을 유지하지 못한다는 비판을 면할 수 없다.

공중에 출입이 허용된 장소라 할지라도 화장실 창문 등을 통하여 몰래 잠입[39]한다든지 복면을 하거나 흉기를 들고 난입하는 경우[40]는 침입에 해당한다. 잠입이나 난입이라는 진입방법은 주거권자의 주거권을 훼손하는 전형적인 주거침입행위로서 주거권자가 허용(양해)하지 아니하는 출입방법이기 때문이다. 여기서도 잠입이나 난입은 주거권자의 양해의 범위를 벗어난 주거권의 침해이기 때문에 주거침입죄가 성립할 뿐이다. 잠입이나 난입이라는 주거의 사실상 평온상태를 해치는 행위태양이라도 주거권자가 양해(예컨대 퍼포먼스)하는 한도에서는 주거침입죄가 성립할 여지는 없다.

Ⅲ. 맺으며

통설은 법익주체의 동의를 양해와 승낙으로 구별한다. 법익주체의 의사에 반하는 행위를 전제로 하는 구성요건에서는 법익주체의 동의가 구성요건해당성을 탈락시킨다. 이 경우 법익주체의 동의(양해)의 존재에 대한 행위자의 인식 여부는

36) 대법원 2022. 3. 24. 선고 2017도18272 전원합의체 판결; 동지, 대법원 2022. 4. 28. 선고 2020도8030 판결; 대법원 2022. 6. 16. 선고 2021도7087 판결; 대법원 2022. 8. 25. 선고 2022도3801 판결.

37) 대법원 1967. 12. 19. 선고 67도1281 판결; 대법원 1979. 10. 10. 선고 79도1882 판결; 대법원 1997. 3. 28. 선고 95도2674 판결; 대법원 2007. 3. 15. 선고 2006도7079 판결.

38) 배종대, 형법각론, 260면; 오영근, 형법각론, 218면, 219면; 정성근/정준섭, 형법강의 각론, 178면, 180면.

39) 대법원 1990. 3. 13. 선고 90도173 판결; 대법원 1995. 9. 15. 선고 94도3336 판결; 대법원 2007. 8. 23. 선고 2007도2595 판결.

40) 대법원 1983. 3. 8. 선고 82도1363 판결; 대법원 1996. 5. 10. 선고 96도419 판결.

구성요건적 고의에 직접 영향을 미치게 된다. 위법성조각사유인 법익주체의 동의(승낙)는 구성요건해당(법익훼손) 행위에 대하여 우월적 이익의 원칙이나 이익흠결의 원칙 등을 고려하여 위법성을 조각할 수 있다. 따라서 위법성의 요소인 승낙은 평가를 요하는 규범적 관점에서 파악되어야 하는 반면에, 구성요건요소인 양해는 사실적 개념으로 이해되어야 한다.

3단계구조의 범죄이론에서 법익주체의 동의는 양해와 승낙으로 엄격히 구별되는데, 판례에서는 이러한 엄격한 구별이 생략되어 있다. 주거침입죄와 관련하여 종래의 대법원 판례는 법익주체의 동의에 대하여 '승낙'이라는 용어를 사용하면서 규범적 관점에서 파악하였다. [대상판결 1]에서도 여전히 법익주체의 동의에 대하여 '승낙'이라는 용어를 사용하였으나, 종래의 규범적 관점에서 벗어나 사실적 관점에서 파악하는 것으로 입장을 변경하였다. 다만 주거권자의 동의에 대한 평가에서 그 형식적 존재 여부(사실적 판단)를 중시하는 방향으로 전환하면서, 주거권자의 동의의 실질적 내용(규범적 판단)을 등한시하게 된 부분에 대하여 "침입행위에 해당하는지는 거주자의 의사에 반하는지가 아니라 사실상의 평온상태를 해치는 행위태양인지에 따라 판단해야 한다."라는 보충방법을 강구하였다.

그러나 사실상의 평온상태를 해치는 행위태양이라는 추가요소 없이도 '주거권자의 의사에 반한 주거 진입'은 주거침입죄의 구성요건적 행위의 모든 요소를 완전히 구비한다. 사실상의 평온상태를 해치는 행위태양일지라도 주거권자의 양해에 의한 행위라면 주거침입죄가 성립할 여지가 없으며, 사실상의 평온상태를 유지하는 행위태양일지라도 주거권자의 의사에 반한 진입은 주거침입에 해당한다.

통설과 판례는 '사실상 평온'을 주거침입죄의 보호법익으로 파악함으로써 혼란상황을 벗어나지 못하고 있다. 주거침입죄와 퇴거불응죄의 보호법익은 서로 다를 수가 없는데, 진정부작위범인 퇴거불응죄의 보호법익을 사실상 평온이라는 사실적 개념으로 해석하는 것은 매우 부적절하다. 주거침입죄의 보호법익은 '특별한 보호가치가 있는 주거에서 장소적 평온의 확보' 내지 '타인의 출입과 체재 여부에 대한 주거권자의 결정'이라는 내용을 가진 규범적 개념인 '주거권'이어야 한다. 이러한 관점에서 주거침입행위의 본질적인 요소는 '주거권자의 의사에 반한 주거

진입'이라는 '주거권 침해'이며, 이것으로 충분하다. '주거권 침해'의 경우 일반적으로 주거의 '사실상 평온'이 침해되겠지만, '사실상 평온의 침해' 자체가 주거침입행위의 필수적인 요소는 아니다.

10. 형법 제10조의 규범구조 오해와 '심신장애'의 의미 문제

김성돈 교수(성균관대학교 법학전문대학원)*

[대상판결]

대법원 2007. 2. 8. 선고 2006도7900 판결

"형법 제10조에 규정된 심신장애는 생물학적 요소로서 정신병 또는 비정상적 정신상태와 같은 정신적 장애가 있는 외에 심리학적 요소로서 이와 같은 정신적 장애로 말미암아 사물에 대한 변별능력과 그에 따른 행위통제능력이 결여되거나 감소되었음을 요하므로, 정신적 장애가 있는 자라고 하여도 범행 당시 정상적인 사물변별능력이나 행위통제능력이 있었다면 심신장애로 볼 수 없다."

I. 문제점

1. 형법 제10조의 규범구조 내에서의 '심신장애'의 의의와 지위

형법 제10조는 행위자에게 '심신장애'가 인정되고 그로 인하여 행위 당시 '사물변별능력 또는 의사결정능력이 결여'된 것으로 판단되면 '벌하지 않고'(제1항), '사물변별능력 또는 의사결정능력이 미약'했던 것으로 판단되면 '그 형을 감경할 수 있다'(제2항)고 규정하고 있다. 제10조의 해석상 제1항은 책임무능력사유와 그 법효과에 관한 규정이고, 제2항은 한정책임능력사유와 그 법효과에 관한 규정이

* 김성돈 성균관대학교 법학전문대학원 교수는 독일 Freiburg대학교에서 박사과정을 수학하고 성균관대학교에서 법학박사학위를 받았으며, 한국형사법학회 회장과 법무부 형사법개정특별자문위원회 위원 등을 역임하였다.

며, 이 규정의 적용상 행위자가 책임무능력자인지 한정책임능력자인지를 판단함에 있어 '생물학적 요소'로서의 심신장애와 '심리학적 요소'로서의 사물변별능력 또는 의사결정능력을 모두 심사할 것을 요구하는 이른바 이원적(중층적) 혼합모델적 입법방식에 입각해 있는 것이라는 점에 일치된 해석태도를 보이고 있다.

형법 제10조 제1항 및 제2항의 법문을 있는 그대로 읽으면, 이 조항의 적용여부를 심사하기 위해서는 먼저, 행위자에게 '심신장애'가 있는지가 심사되어야 하고(제1단계 심사), 다음으로 그 심신장애가 원인이 되어 행위 당시 행위자에게 심리학적 요소인 '사물변별능력 또는 의사결정능력이 '결여'(제1항)되었거나 '미약'(제2항)했던 것인지가 심사되어야 한다(2단계 심사). 이에 따르면 '심신장애'의 여부는 제1항의 법효과는 물론이고 제2항의 법효과를 인정하기 위해서도 요구되는 공통의 요건인 반면, '사물변별능력 또는 의사결정능력'의 '결여'나 '미약'여부에 대한 심사는 행위자에게 심신장애가 인정되는 것이 확인된 이후에만 이루어지도록 되어 있음을 알 수 있다. 이를 통해 알 수 있는 입법자의 입법구상은 다음과 같다: 생물학적 요소인 심신장애는 행위자에게 제10조의 법효과를 인정하기 위한 출발요건 내지 단서사유에 불과한 것이고 가벌성 부정 또는 형감경이라는 법효과를 가르는 결정적인 사유는 심리학적 요소인 사물변별능력 또는 의사결정능력의 결여 내지 미약의 여부이다. 이처럼 형법 제10조 제1항과 제2항의 법문속에서 읽혀지는 '심신장애'의 의의와 그 규범구조 내에서 '심신장애'가 차지하고 있는 체계적 지위는 오해의 여지가 없을 정도로 분명하게 규정되어 있다.

2. 입법자의 입법구상과 대법원식 심신장애 사용법의 차이

그런데 위 대상판결의 판시내용을 분석해 보면, 대법원은 형법 제10조의 법문 및 규범구조와 정면으로 배치되는 방식으로 심신장애라는 용어를 사용하고 있음을 알 수 있다. 대법원은 제10조의 법효과를 부여하기 위한 1단계 심사에서 '심신장애' 대신에 '정신적 장애'의 인정 여부를 심사하도록 하고 있다. 그리고 이에 뒤이은 2단계 심사인 사물변별능력 또는 의사결정능력의 결여나 미약 여부를 평가한 후에 비로소 '심신장애'의 인정여부를 판단하는 방식을 취하고 있다. 대법원은 '심신장애'의 인정을 '사물변별능력 또는 의사결정능력의 결여나 미약' 평가로 나아가기 위한 단서사유 내지 공통의 선행조건으로 보지 않고 있을 뿐 아니라, 심지어 심신장애를 '정신적 장애'와 '사물변별능력 또는 의사결정능력의 결여나 미약'의 상위표지로 보고 있기 때문이다.

형법 제10조에 관한 입법자의 입법구상에 따른 심신장애의 규범구조 내의 의의 및 지위와 대법원에 의한 심신장애 사용법의 차이를 부각시키기 위해 제10조에서 정해진 법효과와 이를 위한 요건을 '심신장애'에 초점을 맞춰 공식화하면 다음과 같다. ① 입법자의 입법구상: '심신장애'(생물학적 요소)+사물변별능력 또는 의사결정능력(심리학적 요소)의 결여/미약=불가벌/임의적 형감경, ② 대법원의 심신장애 사용법: 정신적 장애(생물학적 요소)+사물변별능력 또는 의사결정능력(심리학적 요소)의 결여/미약='심신장애'(생물학적 요소+심리학적 요소)=불가벌/임의적 형감경.

①과 ②의 등식관계를 비교해 보면 대법원은 입법자가 생물학적 요소로 투입해 놓은 '심신장애'를 생물학적 요소와 심리학적 요소의 혼합표지로 탈바꿈시키면서, 생물학적 요소의 빈자리에 '정신적 장애'를 구원투수로 등판시키고 있음을 알 수 있다.

3. 문제의 제기

형법 제10조 제1항과 제2항의 문장을 – 아무런 법학적 배경 지식 없이 그 문장의 문법적 구조에만 유념하면서 – 한번만 읽어보더라도 '심신장애'는 '사물변별능력 또는 의사결정능력의 결여나 미약' 판단에 앞서 선행적으로 확인되어야 할 '단서사유'로 규정되어 있음을 쉽게 알 수 있다. 그런데 대법원은 심신장애를 위 능력의 결여나 미약까지 판단한 후에 최종적인 법효과를 인정하기 위한 '상위표지'로 사용하고 있다. 대법원이 무슨 이유에서 심신장애라는 용어를 형법 제10조의 입법구상과 그에 대한 일치된 형법학계의 해석론과 배치되게 사용하고 있는지가 궁금해진다. 이하에서는 대법원이 입법자가 부여한 심신장애의 의의와 지위를 임의로 바꾸어 버리는 법실무를 고집할 경우 초래할 수 있는 문제점을 들춰내 보고, 위 대상판결뿐만 아니라 그 전후로 한 다수의 판결[1]에서도 지속적으로 유

1) 대법원 1992. 8. 18. 선고 92도1425 판결 등.

지하고 있는 대법원식 심신장애 용어 사용법은 형법 제10조가 취한 입법모델에 합치되도록 바로잡아져야 함을 논술하기로 한다.

Ⅱ. 쟁점 및 검토

1. 쟁점

1) '정신적 장애'와 '심신장애'라는 용어구별법 수용불가

대법원이 입법자의 구상과 다르게 심신장애라는 용어를 사용하는 과정에서 심신장애의 자리에 정신적 장애를 대체 투입해 넣고 있다. 그러나 이러한 태도는 심신장애와 정신적 장애 간의 본질적 차이가 있는 것임을 인정하는 외양을 가져오고, 그로써 정신의학계나 국제적 기준에서 사용되고 있는 표준적 용어와도 괴리가 생기며, 이는 결국 심신장애라는 범주 속에 들어올 수 있는 행위자의 비정상적 정신상태의 종류를 지나치게 제한하는 것처럼 착시효과를 초래할 수 있다.

심신(心神)장애는 마음(心)과 정신(神)의 복합어로서 오늘날 형법학계에서는 물론이고 정신의학계에서도 이를 널리 '정신적 장애'(mental disorder)의 동의어로 이해하는 데 이견이 없다. 이에 따르면 정신적 장애에는 의학적 차원의 병적 징후를 가진 장애(외인성 정신병)도 포함되지만 신체적으로 병리학적 징후를 보이지 않는 장애(특히 내인성 정신병의 경우: 유전자나 소질적인 원인에 의한 정신분열증, 조울증, 간질 등)도 포괄하고 더 나아가 정상심리학에서 말하는 신경증(노이로제), 충동조절장애나 성격장애 등 '정상 심리학'적 관점에서의 심리적 이상증상들도 정신병과는 차원을 달리하지만 여전히 정신적 장애로 여겨질 수 있다. 이에 따르면 정신적 장애는 심신장애를 구성하는 한 하위요소에 불과한 것이 아니라 형법 제10조의 심신장애의 대체어로 이해되고 있는 것이 의학계나 심리학계의 태도라고 할 수 있다.[2)]

2) 그러나 과거에도 그랬지만 오늘날에도 '정신'(神)의 문제는 신체적 '뇌'의 이상과 관계되므로 정신적 장애라는 용어는 오히려 심리학 또는 정상 심리학의 연구대상이 '마음'(心)의 비정상성을 배제할 가능성이 있다. 따라서 – 실제로 정신의학계에서도 정신적 장애라는 용어속에 후자를 포함하고 있는 한 - 필자는 정신의 문제와 마음의 문제를 포괄하는 용어인 '심신' 장애라는 형

그럼에도 대법원은 정신적 장애를 심신장애의 하위요소로 내세우면서 그에 속하는 장애사유들까지도 국제기준에 의해 인정되고 있는 것에 비하여 훨씬 제한하고 있다. 즉 대법원은 정신적 장애에 속하는 두 가지 장애사유로서 '정신병'과 '비정상적 정신상태'만을 거론하거나 경우에 따라 "정신박약"을 여기에 포함시키기도 한다.[3] 정신병과 정신박약이라는 표지는 정신의학이나 심리학의 전문적 지식이나 소견이 기초된 진단에 따라 어느 정도 객관화가 가능하다. 그러나 "비정상적 정신상태"라는 표지 속에 어떤 종류의 정신적 장애가 여기에 해당하는지를 구체적으로 알기는 어렵다. 지금까지의 판결들을 보면, '충동조절장애,[4] 소아성기호증 등과 같은 성격적 결함[5]을 정신병이나 정신박약 외의 '비정상적 정신상태' 에 해당하는 정신적 장애의 일종으로 포함시키고 있는 듯 보인다. 특히 대법원식 용어사용법에 의하면 이러한 정신적 장애들이 심신장애에 해당하지 않는다는 대법원식 용어사용법은 대법원이 생물학적으로 확인될 수 있는 정신적 장애를 인정함에도 매우 인색한 태도를 보이고 있다는 인상을 심어줄 수도 있다. 일반적인 의미에서 정상/'비정상'을 구별할 수 있는 척도는 오랫동안 학제적인 연구의 관심사가 되어온 문제적 주제이지만, 정신의학계에서는 – 정신병과 정신박약을 포함하여 – 인간의 정신적 비정상성을 식별할 수 있는 진단표지들이 널리 인정되어 있다. DMS – Ⅴ[6]와 ICD – 10[7]의 분류기준이 여기에 해당한다. 여기에는 앞에서 언급하였듯이 "정신적 장애"로서 병적인 징후를 보이는 정신질환뿐 아니라 정상심리학의 관점에서도 인정되는 다양한 비정상적 정신상태가 목록화되어 있음과 비교한다면, 대법원이 인정하는 정신적 장애사유는 지나치게 제한적이라고 할 수 있다.

법 제10조의 용어를 그대로 유지하는 것도 묘수라고 생각한다.

3) 대법원 1992. 8. 18. 선고 92도1425.

4) 대법원 2002. 5. 24. 선고 2002도1541.

5) 대법원 2007. 2. 8. 선고 2006도7900.

6) DSM – 5는 2013년 미국의 정신의학협회(APA)에서 발행한 정신질환 진단및통계 메뉴얼(약칭 DSM)의 다섯번째 개정판의 약칭이다. 미국에서 DSM은 정신병 진단을 위한 절차에서 주요 레퍼런스에 해당한다. DSM – 5의 섹션II(section II)에서는 정신적 장애가 22개의 기준으로 분류되어 있다.

7) DSM – 5에 대응되면서 이와 호환되고 있는 세계보건기구의 국제질병분류 (ICD – 10)중 챕터 V도 본래적 의미의 정신병을 넘어서서 다양한 정신적 이상 및 행동장애를 정신적 장애로 인정하고 있다.

특히 대법원은 소아기호증에 관한 판결(2002도1541)에서는 “사물을 변별할 수 있는 능력에 장애를 가져오는 원래의 의미의 정신병”이라는 문구를 추가해 넣고 있는데, 이 때문에 형사실무가 ‘원래의 의미의 정신병은 사물을 변별할 능력에 장애를 가져온다’는 기계적인 판단을 하고 있는 것이라는 오해를 불러일으킬 수도 있다. 1단계 심사에서 ‘정신병’으로 인정되면, 2단계 심사에서 사물변별능력의 결여나 미약여부는 별도로 판단할 필요조차 없다고 볼 수 있는 여지를 제공하기 때문이다. 그러나 이러한 자동화된 판단은 형법 제10조의 입법구상에도 배치될 수 있다. 형법 제10조의 문언에 의하면 행위자에게 평상시 정신병이 인정되더라도 행위 당시에는 사물변별능력이나 의사결정능력이 얼마든지 긍정될 수 있는 것이기 때문이다.[8)]

이와 유사하게 대법원은 사물변별능력 또는 의사결정능력이라는 심리학적 표지의 결여나 미약이 생물학적 요소인 정신적 장애의 중함의 정도에 종속되어 있음을 자인하고 있는 태도를 보이기도 한다.[9)] “(성격적 결함의 경우 또는 소아기호증이라도) 그 증상이 매우 심각하여 원래의 의미의 정신병이 있는 사람과 동등하다고 평가할 수 있(는 경우) (중략) 등에는 심신장애를 인정할 여지가 있(다)”(2002도1541; 2006도7900)는 판시내용이 그러하다. 그러나 이러한 태도는 행위형법에 배치되는 결론을 초래할 위험도 있다. 더구나 행위자가 평소에 아무리 중한 정신적 장애(즉 심신장애) 상태에 있었더라도 행위 당시에 불법통찰능력 또는 행위통제능력이 있었다면 형법 제10조 제1항과 제2항의 적용은 배제되어야 하는 것이 형법 제10조에 반영된 입법자의 기본적 구상이다.

이뿐만 아니라 대법원이 피고인에게 형법 제10조의 형감면효과를 부여할지에 대한 판단을 할 경우 정신병에 해당하지 않는 한 ‘원칙적으로’ 비정상적 정신

---

8) 실제로 대법원이 이렇게 보는 경우가 더 일반적일 것이다. “형법 제10조에 규정된 심신장애는 생물학적 요소로서 정신병 또는 비정상적 정신상태와 같은 정신적 장애가 있는 외에 심리학적 요소로서 이와 같은 정신적 장애로 말미암아 사물에 대한 변별능력과 그에 따른 행위통제능력이 결여되거나 감소되었음을 요하므로, 정신적 장애가 있는 자라고 하여도 범행 당시 정상적인 사물변별능력이나 행위통제능력이 있었다면 심신장애로 볼 수 없다”(대법원 2018. 9. 13. 선고 2018도7658).

9) 이점은 현실적으로 일리가 있음을 인정하지 않을 수 없고, 형법 제10조의 적용실무에서도 심리학적 요소의 결함은 생물학적 요소의 장애의 중함에 종속되어 있는 경우를 인정하지 않을 수 없을 것으로 보인다.

상태(예 성격적 결함)는 '(형감면적) 심신장애'에 해당하지 않는다는 기조를 유지하면서도 '예외적으로' 정신병이 아닌 다른 비정상적 정신상태의 경우라도 '심신장애'에 해당할 수 있음을 방론으로 인정하는 대목에서는 그동안 대법원 나름대로 유지해온 독자적 용어사용법 조차도 관철되고 있지 못하다. 즉 "(원칙적으로 심신장애로 인정되지 않는: 필자에 의해 보충됨) 성격적 결함이 다른 심신장애사유와 경합된 경우 등에는 심신장애를 인정할 여지가 있다"(2002도1541)는 판시대목이 그러하다. 여기서 말하는 '다른 심신장애 사유'는 상위개념(광의의) 심신장애가 아니라 하위 개념인 '정신적 장애'를 지칭하는 것으로 보이고, 뒤의 심신장애는 대법원식 용어법에 따른 심신장애를 가리키는 것으로 읽힌다. 심신장애라는 용어가 이렇게 혼선되게 사용되는 것을 피하려면, 결국 '심신장애'를 생물학적 요소로 자리매김하고 있는 입법자의 용어사용법으로 돌아가야 할 것으로 보인다.

2) 다른 법령 속의 심신장애 사유들과의 부조화

대법원식 용어사용법과 같이 심신장애를 형감면효과를 위한 최종관문으로 파악하여 그 범주를 좁히는 태도를 취하면 행위자의 비정상적인 정신상태에 대한 형벌 이외의 자유박탈적 법효과를 부여하고 있는 다른 법령의 태도를 정당화하거나 합리적으로 해석하는 일을 어렵게 할 수도 있다.

심신장애라는 용어를 안경으로 삼아 치료감호법에서 열거된 치료감호대상자를 관찰해 보자. 치료감호법은 일차적으로 형법 제10조 제1항에 따라 처벌되지 않거나 제2항에 따라 형을 감경할 수 있는 '심신장애인'을 치료감호 대상자로 인정한다(치료감호법 제2조 제1항 제1호). 여기서 말하는 심신장애인은 형법 제10조 제1항 또는 제2항의 적용상 제1단계 심사에서 심신장애로 판정받은 후, 제2단계 심사에서 평가될 사물변별능력 또는 의사결정능력의 결여나 미약이 인정된 심신장애인을 지칭하는 것은 분명하다.[10]

---

10) 그러나 치료감호법이 심신장애에 관한 한 대법원식 용어사용법을 그대로 차용한 것이라고 보기는 어렵다. 치료감호법의 '심신장애인'은 형법 제10조 제1항에 따라 처벌되지 않거나 제2항에 따라 형이 감경될 수 있는 대상자이므로 심신장애가 형법 제10조의 단서사유로서 설정되어 있는 형법 제10조의 입법구상에는 여전히 부합하기 때문이다. 특히 형법 제10조의 표제가 '심신장애인'으로 되어 있음은 심신장애가 제10조의 모든 요건을 충족시킨 후 내려지는 최종결론이 아니라 제1항과 제2항의 법효과가 인정되기 위한 공통되는 단서사유임을 반영한 것으로 이해하여야 하기 때문이다.

그런데 치료감호법은 이와 별도로 마약류 등 통제물질, 알코올의 습벽 또는 중독된 자(같은 법 제2호), 더 나아가 소아기호증이나 성적 가학증 등 정신성적 장애인(제3호)도 치료감호의 대상자로 열거하고 있다. 이러한 치료감호법의 태도를 얼핏 보면, 치료감호법은 책임이 없거나 책임이 감소되는 자에게 형벌을 대체하거나 보충할 수 있는 '치료감호' 대상자를 심신장애인과 심신장애가 없는 '비(非)' 심신장애인으로 범주화하고 있는 것처럼 보인다. 그러나 이러한 외형상의 규정형식만을 가지고 치료감호법이 심신장애 있음과 심신장애 없음을 동일취급하고 있다고 단정할 수는 없다. 심신장애 있는 대상자(즉 심신장애인)에 대해서는 치료감호법을 통해 보안처분의 일종인 자유박탈적 치료감호를 부과할 수 있는 정당화 근거가 형법 제10조와의 연계속에서 표현되어 있지만, 심신장애 없는 대상자(즉 중독자와 정신성적 장애인)에 대해서는 어떤 근거에서 자유박탈적 치료감호가 정당화될 수 있는가? 치료감호법이 명시적으로 표현하고 있지는 않지만, 치료감호처분이 정당화되려면 이 두 번째 후보군에 해당하는 자들도 적어도 형법 제10조의 '심신장애'요건은 충족되어야 할 것으로 해석되어야 할 것이다. 즉 치료감호법상 제2유형의 치료감호 대상자들은 제1유형의 치료감호대상자들과는 달리 형법 제10조 적용상 제1단계의 심사에서 생물학적 요소인 심신장애사유만 인정될 뿐 제2단계 심사에서 심리학적 요소까지 충족시키지 못하여 형감면적 효과가 아니라 —즉 책임조각 또는 책임감경 없는— 완전 책임에 상응한 '형벌'을 부과받지만, '심신장애'(=정신적 장애)로 인한 재범의 위험성과 치료의 필요성이 인정될 경우 '치료감호'의 법적 요건은 충족될 수 있다. 치료감호법에서 열거하고 있는 치료감호 대상자 군을 이렇게 조화롭게 이해하려면 형법 제10조의 입법자에 의해 구상된 혼합모델적 규범구조 속에서 '심신장애'는 행위자가 비정상적 정신상태에 있기 때문에 그의 행위에 대해 형법 적용자가 유념해야 할 출발점 내지 단서사유일 뿐 심리학적 요소의 충족까지 갖춘 최종 종착점이 아니라고 이해하는 수밖에 없다. 이렇게 이해하여야 형법 제10조의 입법구상과 치료감호법의 치료감호대상자 구분 태도의 조화가 도모할 수 있다. 즉 치료감호법에는 생물학적으로 치료의 필요성이 있는 심신장애 사유를 넓게 인정할 수 있는 공간이 만들어져 있을 뿐 아니라 이렇게 넓게 인정된 심신장애인 가운데 행위 당시 그것이 원인이 되어 사물변별능력이나 의사결정능력의 결여 또는 미약으로 인정될 수 있는지를 선택적으로 평가할 수 있도록 하고 있는 여지가 만들어져 있는 것으로 이해하여야 심신장애를 단서사유로만 취급하도록 규정한 형법 제10조의 입법구상과 치료감호법의 취지가 조화될 수 있는 것이다. 이렇게 본다면 '심신장애'의 범주로 들어올 수 있는 정신적 장애유형은 대법원처럼 본래적 의미의 정신병 등으로 제한적으로 설정해서는 안될 것으로 보인다.

3) 규범적 책임이론과 책임귀속의 결정적 척도에 대한 착시유발

대법원식 용어사용법은 책임귀속을 위한 결정적인 관문인 규범적 평가를 본령으로 하는 규범적 책임개념의 본질적 내용을 형법 적용에서 소홀하게 취급할 우려가 생긴다. 형법 제10조의 입법구상에서 정신적 장애 내지 심신장애라는 생물학적 요소는 형법 제10조에 따른 행위자에 대한 유리한 법효과를 부여하기 위한 '결정적인' 조건이 아닌 '단서조건'의 하나로 설정되어 있다. 이 때문에 범죄성립요건의 마지막 관문인 '책임'귀속을 하는 단계에서 책임귀속이라는 평가의 대상은 생물학적 요소인 행위자의 심신장애(=정신적 장애)에 국한되지 않는다. 보다 결정적으로는 행위자가 범한 불법행위가 책임귀속을 위한 평가의 대상이 되는데, 이 경우 평가의 대상인 불법행위와 관련해서는 외부에서 관찰되는 외부적 행위측면에만 초점이 맞추어져 있는 것이 아니라 그러한 행위에 관계된 행위자의 주관적 태도 내지 법규범에 대한 행위자의 능력에 초점이 맞추어진다. 형법 제10조의 법효과를 부여함에 있어 2단계 심사에서 문제되는 사물변별능력 또는 의사결정능력이 바로 그것이다. 여기서 사물변별능력이란 행위자가 자신의 행위의 불법성을 인식할 수 있는 능력(불법통찰능력)을 말하고, 의사결정능력은 행위자가 그러한 불법인식에 따라 불법행위를 피하고 적법한 행위로 자신의 행위를 조종해 나갈 능력(행위통제능력)을 말한다. 이러한 능력을 갖춘 자만 자신이 행한 불법에 대해 책임을 질 수 있는 것이므로 행위 당시 행위자에게 위 두 가지 능력 중의 어느 하나가 결여되었거나 미약한 것으로 평가되면 책임귀속이 부정되거나 책임감소(형감경)의 효과를 인정할 수 있는 것이다.

이와 같이 책임귀속여부를 판단함에 있어서는 생물학적 요소가 결정적인 것이 아니라 심리학적 요소가 결정적인 것이라는 취지가 입법자의 입법구상이라는 점을 인정하면 형법 제10조의 적용에서 '심신장애'에 무게중심을 둘 것이 아니라 사물변별능력 또는 의사결정능력의 결여 또는 미약이라는 규범적 평가에 무게중심을 두어야 한다. 이에 따르면 행위자가 생물학적으로 비정상적 정신상태에 있다고 해서 그것만으로 책임귀속이 부정되는 것이 아니다. 법규범에 대한 행위자의 심리학적 관계를 규범적으로 평가하여 행위자가 불법행위를 피하고 적법행위로 나아갈 가능성이 있거나 평균인의 시각에서 볼 때 적법행위에로의 기대가 불가능하거나 제한되는 경우에 형법 제10조의 법효과를 인정할 수 있는 것이다. 이와 같이 심리학적 요소의 충족여부에 관한 2단계 심사에서 법관의 규범적인 평가가 책임귀속에 결정적인 것이라면 1단계 심사에서 전문감정인에 의해 확인될 행위자의 비정상적 정신상태는 2단계 심사로 나아가기 위한 단서사유에 불과하다. 형법 제10조의 규범구조에서 이러한 의의와 지위를 가진 심신장애는 행위자의 책임귀속여부 및 정도에 대한 최종판단에 앞서 비교적 폭넓게 인정될 수 있어야 피고인에게 유리하다. 이 때문에 규범적 책임개념의 법리에 따를 때 심신장애 내지 정신적 장애 사유의 인정을 일종의 바늘귀를 통과하는 것처럼 까다로운 과정으로 만들어야 할 형법이론적 이유도 없다. 대법원식 용어사용법은 오히려 피고인에게 불리한 방향으로 해석될 수 있는 빌미를 제공하고 있는 것으로 보인다.

4) 사실문제와 법률문제의 구별문제 및 판단주체의 미분리

형법 제10조의 적용문제를 '심신장애'의 인정문제로 치환하고 있는 대법원식 용어사용법에 따르면 인식론적으로 단계별 심사에서 확인하거나 평가해야 할 법소재가 다르다는 점이 경시될 수도 있다. 이러한 인식론적 차원의 문제는 각 법소재가 영역별 전문지식과 판단능력을 요하며 따라서 각 법 소재별 심사주체도 달라져야 한다는 요구를 약화시킬 우려가 있다. 실제 대법원의 판시내용을 보면 이러한 우려가 기우에 그칠 일이 아님을 알 수 있다. 주체별 구별문제에 대해 어떤 경우에는 심신장애 유무 및 정도에 관해 법원의 포괄적인 판단 독점권을 인정하다가도 어떤 경우에는 '정신적 장애'사유에 관한 전문감정인의 감정을 구하지 않은 경우는 심리미진의 위법에 해당한다는 태도를 보이기도 하고, 심지어 전문감정인의 감정소견 없어도 무관하다는 판시를 하고 있기도 하다.

특히 심신장애의 유무 및 정도의 판단은 "법률적 판단"이므로, 전문감정인의 의견에 기속됨이 없이 법원이 "독자적으로" 판단할 수 있다는 판시내용에서 그러하다.[11] 그러나 심신장애에 대한 대법원의 용어 사용법에 따르더라도 생물학적 요소인 정신적 장애의 존부(심신장애의 유무: 1단계 심사)의 문제와 심리학적 요소인 사물변별능력이나 의사결정능력에 관한 규범적 평가(이 능력의 결여 또는 미약: 심신장애의 정도: 2단계 심사)의 문제는 구별되어야 한다. 생물학적으로 확인해야 할 정신적 장애의 문제는 정신의학(신경과학), 심리학, 또는 정신분석학의 연구대상으로서 정신의학자나 심리학자 또는 정신분석학자의 전문적 지식을 기초로 하여 확인되거나 (특히 장애의 중함의 정도는) 진단 평가되어야 할 '사실'확인의 문제(사실문제)인 반면,[12] 행위자의 행위에 대해 형법 제10조의 적용여부의 문제는 과학적 전문가에 의해 확인된 사실(또는 진단평가)을 기초로 법률전문가인 법관에 의해 일정한 법적 지식을 기초로 법학적 방법으로 수행되어야 할 법 발견학적 차원의 '법'의 해석 및 포섭을 포함한 문제(법률문제)이다.[13] 형법 제10조의 규범구조를 책임이론적으로 분석할 때 특히 해당분야의 전문가에 의해 확인되어야 할 정신적 장애(=심신장애)는 책임평가의 기초가 되는 '사실'에 해당하고, 법관에 의해 해석되어야 할 사물변별능력이나 의사결정능력 결여 또는 미약 여부는 책임판단의 규범적 '평가'의 대상으로서 책임은 비난가능성이라는 의미의 규범적 책임개념의 핵심적 구성물이다.

이와 같이 형법 제10조의 규범구조내에서 심신장애(=정신적 장애)라는 표지와 사물변별능력이나 의사결정능력의 결여나 미약이라는 표지의 의의와 체계적 지위를 고려하면 위 두 가지 다른 차원의 표지를 단일하게 '법률문제'로 정의내리고 있는 대법원의 태도는 책임판단에서 정신적 장애가 가지고 있는 문제지평은 물론이고 그를 기초로 한 규범적 평가의 문제 및 그 평가의 기준에 관한 문제지평을 정확하게 구분하여 이를 판시내용 속에 충분하게 반영하지 못하고 있으므로 불필요한 오해와 혼동을 유발할 수 있다. 대법원이 위 판시에서 법원은 전문감정인의 감정소견에 기속될 필요가 없이 독자적으로 판단할 문제라고 하고 있지만, 사실문제와 법률문제를 구분하는 전제하에서 보면, 법원의 '독자적' 판단의 대상

11) 대법원 1999. 1. 26. 선고 98도3812 판결.

12) 통상 생물학적 요소라고 압축하고 있지만, 사실은 생물학적/정신의학적/심리학적 요소로 이해하는 것이 타당하다.

13) 통상 심리학적 요소로 자리매김하고 있지만, 심리학적/규범적 요소로 이해하는 것이 올바른 자리매김일 것 같다.

은 광의의 심신장애 전체의 문제에서 '정신적 장애'의 존부 인정(1단계 심사)을 기초로 한 사물변별능력이나 의사결정능력의 결여 또는 미약 여부(2단계 심사)뿐이다. '독자적'이라는 표현도 적절한지는 의문이다. 독자적이라는 표현은 1단계 심사에서 전문감정인의 의견에 따라 정신적 장애에 해당하는 것으로 결론내려지더라도 2단계 심사에서 전문감정인의 의견에 기속됨이 없이 위 능력들의 결여나 미약여부를 평가하여 법효과를 결정하는 것은 법원의 역할이라는 점을 강조하기 위한 의도에서 사용된 것으로 보인다. 그러나 이러한 법원(법관)의 역할에 적합한 표현은 '독자적'이라는 표현보다는 '독립적'이라는 표현이 보다 적합하다. 독자적(individual) 판단은 전문감정인의 감정소견 없이도 법원이 '자기 혼자서' '자신의 힘으로만' 정신적 장애 여부를 판단할 수 있음을 의미한다. 반면에 독립적(independent) 판단은 전문감정인이 행위자에게서 진단되는 정신적 장애를 확인하고 그러한 장애상태가 원인이 되어 행위자가 행위 당시의 사물변별능력이나 의사결정능력의 결여 또는 미약하였다는 감정소견까지 내더라도[14] 법원이 거기에 '의존하지 않고' 위 능력의 결여 또는 미약 여부를 '제 힘으로' 판단하는 것을 의미한다. 이러한 관점에서 보면 대법원이 사용하고 있는 표현(즉 "심신장애의 유무 및 정도의 판단은 법률적 판단으로서 (중략) 법원이 '독자적'으로 판단할 수 있(다))은 전문감정인의 의견 없이 법원이 2단계 심사는 물론이고 1단계 심사도 모두 '독자적으로' 할 수 있다는 듯한 오해를 일으킬 소지가 있다. 위와 같은 오해가 단순한 오해에 그치는 것만도 아니다. 피고인의 행위가 비정상적인 정신상태에 있다고 확인될 정황과 사실적 기초가 분명해 보인다면 2단계 심사인 규범적 평가의 측면(심리학적 요소)뿐 아니라 1단계 정신적 장애(생물학적 요소)의 인정여부까지도 전문감정인의 의견 없이도 법원이 '독자적'으로 판단하여 (광의의) 심신장애 여부를 결정할 수 있다는 취지의 판시[15]가 드물지 않게 내려지고 있기 때문이다.[16]

---

14) 통상적으로 법원실무에서 전문감정인의 감정소견에는 정신의학자 등이 행위자의 평소 정신질환적 요소의 존부 등에 대한 진단과 함께 행위당시 사물변별능력 또는 행위통제능력여부에 대한 의견까지 개진한다고 한다.

15) 대법원 1987. 10. 13. 선고 87도1240 판결; 대법원 1993. 12. 7. 선고 93도2701 판결; 대법원 2007. 6. 14. 선고 2007도2360 판결; 대법원 1984. 4. 24. 선고 84도527 판결 등.

16) 전문감정인의 의견 '없이도'와 전문감정인의 의견에 '기속되지 않고'는 그 차이가 클 뿐 아니라 전적으로 다른 차원의 표현이다. 전자는 전문감정인의 의견 자체가 필요없다는 표현이고 후자는 전문감정인의 의견을 구하는 기회를 가졌지만, 그 전문감정인의 의견과 상관없이 독립적으

전문감정인의 의견이 반드시 있어야 한다는 점과 거기에 기속될 필요가 없다는 점은 의미가 다르다. 전자는 법적 판단을 위한 전제조건의 문제이고, 후자는 결론의 정당성의 문제이다. 법원이 전문감정인의 감정소견에 기속되지 않아도 법관의 법적 판단은 정당화될 수 있다. 그러나 형법 제10조 적용상의 특수한 과학적 사실인정의 문제는 다른 법적용에서 문제되는 일반적인 사실인정과는 차원이 다르다. '의심스러울 때에는 피고인의 이익으로'라는 사실문제에 관한 법원칙에 따르면 전문가의 감정소견과정을 거치지 않은 것은 이 법원칙에 대한 위반이라고 할 수도 있다.[17] 적어도 피고인의 감정소견에 따라 정신적 장애가 있는 것으로 인정되면, 피고인은 책임무능력은 아니더라도 적어도 한정책임능력으로라도 인정되어 유리한 양형을 받을 수 있는 발판을 마련할 수 있기 때문이다. 이러한 맥락에서 보면 사실문제와 법률문제를 날카롭게 구분하지 않고 광의의 심신장애라는 용어를 사용하는 대법원의 태도에 대해서는 －사실인정 단계에서의 법원칙인－ '의심스러울 때에는 피고인의 이익'으로라는 원칙으로 항변하는 피고인의 방어를 봉쇄시키기 위함에 그 진의가 있는 것은 아닐까 하는 의혹마저 든다. 특히 외부관찰자의 시각에서 볼 때 정신적 장애 문제를 법원이 홀로 판단하는 태도는 과학적 전문영역에 대한 법률전문가의 월권으로 볼 수도 있고, 과학에 대한 법률가의 오만을 은연중에 드러내고 있다고 오해할 여지가 다분하다.

5) 심신장애의 파생용어(심신상실/심신미약) 사용이 초래하는 해석의 난맥

대법원의 심신장애 용어 사용법은 불필요한 용어상의 오해를 빚을 뿐만 아니라 형법해석론으로서 체계정합성이라는 측면에서도 극복하기 어려운 문제를 유발한다. 대법원식 '심신장애'에서 그 장애의 정도에 따라 등급매겨진 심신상실과 심신미약이라는 두 가지 파생용어가 사용되고 있고, 이것이 일상적 언어관용이 되어 있는 측면에서 특히 그러하다.

먼저 행위자의 책임의 유무 및 그 정도를 심신상실과 심신미약으로 등급화

로 결정을 내릴 수 있다는 표현이다.

17) 물론 이를 심리미진으로 판단하는 판결도 있다. "전문가에게 피고인의 정신상태를 감정시키는 등의 방법으로 심신장애 여부를 심리하지 아니한 원심판결을 심리미진과 심신장애에 관한 법리오해의 위법(이다)"(대법원 2002. 5. 24. 선고 2002도1541 판결).

하게 되면 책임귀속의 판단을 위해 생물학적으로 먼저 확인되어야 할 단서사유에 불과한 '심신장애'를 오히려 결정적인 변수라고 오해할 여지가 생긴다.[18] 다음으로 형법 제10조의 적용과 관련하여 심신상실과 심신미약이라는 용어를 무단사용하게 되면, 형법전의 제10조와는 전혀 다른 기능과 맥락을 가지고 있는 규정들 속에 등장하는 －따라서 다른 차원으로 이해되어야 할－ 형법각칙상의 심신상실과 심신미약이라는 법적 개념이 가지고 있는 규범컨셉과의 부조화를 야기할 수 있다. 주지하듯이 형법각칙의 심신상실이나 심신미약이라는 개념은 준강간죄(제299조) 등과 위계/위력에 의한 미성년자등 간음죄(제302조)의 구성요건표지로 명문화되어 있다. 총칙 제10조의 심신장애(및 사물변별능력이나 의사결정능력)가 행위자의 정신적·심리적 상태에 대한 묘사인 반면, 형법 각칙의 심신상실과 심신미약 개념은 성범죄의 '피해자'의 정신적·심리적 상태를 기술하고 있다. 특히 형법각칙의 준강간죄나 준강제추행죄의 구성요건에서 심신상실이라는 개념은 피해자가 의식을 완전히 상실한 경우도 포함되는 것으로 해석된다.[19] 형법 제10조의 적용에서도 행위자의 심신상실을 의식상실로 이해한다면 불법행위가 인정되는 전제하에서 책임조각 또는 책임감소 여부가 문제되는 행위자에게 전(前)법률적 구성요건적 행위로서의 '행위성' 부정되는 것으로 오해할 소지도 생긴다. 형법이론학의 관점에서 보면 심리학적 차원의 '의식'은 형법상 행위성을 인정하기 위해 －어떤 행위개념에 따르더라도－ 공통적으로 요구되는 최소한의 전제조건이다. 반면에 형법 제10조의 심신장애는 사물변별능력이나 의사결정능력이 결여된 경우라고 하더라도 그 행위자의 행위성은 물론이고 고의 또는 과실도 인정되어 구성요건해당성까지 인정되고, 위법성까지 충족되는 행위를 전제로 한다. 이러한 점에서 보면 형법 제10조 제1항의 심신장애에 의식상실을 포함하거나 이를 포함하는 심신상실이라는 용어로 치환하는 태도는 형법도그마틱적 관점에서 볼 때 수용되기 어렵다.[20]

18) 물론 구체적인 사안에서 생물학적으로 확인될 심신장애의 심각성의 정도가 사물변별능력이나 의사결정능력에 영향을 미치는 요인이 되는 것은 부정할 수 없다.

19) 대법원도 준강간죄(준강제추행죄)의 구성요건의 해석에서 이러한 해석을 일관되게 하고 있다.

20) 1871년 독일 제국형법은 생물학적 요소로서 "의식상실"이라는 용어가 사용하였으나 '정신적 장애'라는 용어로 대체되었고, 1880년 일본 구형법 제78조도 "지각정신의 상실"이라는 용어를 사용하였지만 형법개정을 통해 "심신상실"로 바뀌어 오늘에 이르고 있다. 일본형법 규정상의 심신상실이라는 용어의 문제점에 관해서는 후술한다.

6) 입법연혁에 대한 무시(무지)성

이상과 같은 다양한 문제점이 잠복되어 있거나 외부적으로도 현행 형법도그마틱과 상충하는 문제점을 드러내고 있는 대법원식 심신장애 용어사용법은 어디에서 비롯된 것인가? 입법자가 이미 다른 형법규정에서 다른 의미차원으로 사용하고 있는 심신상실 또는 심신미약이라는 용어까지도 형법 제10조와 결부시키는 일을 불사하면서까지 대법원이 '심신장애'를 형법 제10조의 입법컨셉과 상치되는 방식으로 활용하고 있는 배경은 무엇인가? 각국의 입법례를 비교하면 이러한 의문에 답을 찾을 수 있다. 19세기 말 이후 각국의 형법전 편찬 작업에서 다수의 선진각국은 책임능력에 관한 형법규정에서 생물학적 요소와 심리학적 요소의 이원적 혼합방식의 입법모델을 채택하였지만, 드물게 책임능력판단을 위한 기준요소로 생물학적 요소만을 다룬 입법모델을 채택한 입법례도 있었다. 독일형법은 전자의 입법모델을, 일본형법은 후자의 입법모델에 기초한 것이었고, 1953년 제정된 한국형법은 독일식 혼합적 입법모델에 기초한 입법모델로 평가되고 있음을 주지의 사실이다. 일본형법 제39조가 일원적 입법모델로 분류될 수 있음은 책임조각(벌하지 않는다)과 책임감경(그 형을 감경한다)의 법효과의 요건을 각각 심신상실과 심신모약(耗弱)으로만 예정해 두고 있기 때문이다. 일본형법에는 한국형법 제10조에서와 같이 심리학적 요소인 사물변별능력과 의사결정능력의 결여 또는 미약에 관한 추가적 요건은 명시적으로 요구되어 있지 않은 것이다. 이 때문에 일본형법 제39조의 심신상실과 심신모약의 구분은 생물학적 요소인 심신장애(=정신적 장애)의 정도에 따른 차이로만 이해된다.[21)]

20세기에 와서도 세계적인 입법추세가 형사책임 판단에서 이원주의적 혼합방식의 입법모델을 취하였음에도 불구하고[22)] 일본형법은 일원주의적 입법방식을

21) 물론 일본형법은 처음부터 이와 같은 입법형식을 취하지 않았다. 1880년(메이지 13년) 일본 구형법 제78조는 "죄를 범한 때 지각정신의 상실에 의해 시비를 변별할 수 없는 자는 그 죄를 논하지 아니한다."로 규정되어 있어 오히려 이원적 혼합모델의 입법방식에 가까웠던 점이 이를 말해준다. 지각정신의 상실은 우리나라의 심신장애에 해당하고 시비변별능력은 우리나라나 독일의 사물변별능력(불법통찰능력)에 해당하기 때문이다.

22) 미국의 맥나튼 룰이나 MPC 기준이 Product-Test에 기초한 더램 룰과 차별화를 보인 것도 바로 그 기준이 이원적 구조를 취하고 있기 때문이다. 행위자의 행위가 정신병 등 정신질환의 산물인 것을 이유로 무죄판결한다는 더램 룰이 생물학적 요소라는 일원적 사고에 기초하고 있는 반면, 정신병 등 정신적 결함(생물학적 요소)이 원인이 되어 시비선악(맥나튼 룰- 인지적 심리

고수하고 있다. 그러나 오늘날 일본의 형사실무는 행위자의 책임능력의 유무 및 정도의 판단에서 −일원주의적 입법형식을 무시하고− 이원주의적 혼합모델의 방식을 따르고 있다.[23] 일본 형법학계도 그러한 태도를 취하고 있다.[24] 그러나 일본의 학계나 실무도 법률상의 용어 자체를 버릴 수는 없기 때문에 생물학적 요소인 심신장애의 정도에만 초점이 맞추어진 심신상실과 심신미약이라는 용어구분법은 그대로 유지되고 있다. 다시 말해 일본의 형사실무와 형법학계는 일본 형사입법자의 시대에 뒤처진 입법정책을 보완하기 위해 책임무능력 또는 한정책임능력여부를 판단할 때 생물학적 요소 외에 심리학적 요소까지 고려할 것을 요구하고 있지만, 그리고 이 과정에서 부득이 생물학적 요소로서는 '정신의 장애'라는 별개의 용어를 추가하면서, 최종 결론을 지칭함에 있어서는 법문상의 용어인 '심신'상실 또는 '심신'미약이라는 상위개념 유지할 수밖에 없는 변종법리를 만들어 낸 것이다. 한국형법 제10조에는 이미 생물학적 요소와 심리학적 요소를 지칭하는 용어가 입법적으로 마련되어 있다. 그럼에도 대법원은 입법자가 규정해 놓은 생물학적 요소인 심신장애를 심리학적 요소까지 고려한 이후의 상위표지로 바꾼 후(그 파생용어인 심신상실 또는 심신미약이라는 용어까지 그대로 사용하면서), 이로써 비어버린 생물학적 요소의 자리에 '정신적 장애'라는 용어를 대신 추가해 넣고 있다. 이렇게 보면 한국의 대법원은 처음부터 이원적 혼합방식을 채택한 입법자의 입법구상을 일원적 입법방식을 채택한 일본입법자의 부족분을 메꾸는 변종법리의 프레임을 그대로 차용하고 있다고 평가하지 않을 수 없다.[25]

학적 요소)을 판단할 능력이나 충동을 조절할 능력(MPC 기준 - 인지적 요소+의지적 요소)이 없는 경우를 정신이상을 이유로 한 무죄판결의 기준으로 삼는 맥나튼 룰이나 MPC 기준은 이원적 혼합방식을 취한 것이라고 할 수 있다.

23) 大判 昭和6年12月3日 刑集10巻 682頁: "심신상실이란 정신의 장해에 의해 사물의 시비선악을 변식할 능력 또는 그 변식에 좇은 행동억제능력을 결여한 경우인 바, 심신모약이란 정신의 장해에 의해 위 사리변식능력 또는 행동억제능력이 현저히 감퇴한 상태를 말한다". 여기서 정신의 장해는 생물학적 표지의 예로 파악되고, '시비변별능력의 결여'와 그로 인한 '행위억제능력의 감퇴' 등이 심리학적 표지로 파악되고 있다.

24) 1935년의 일본 형법개정 가안에서도 이원주의적 혼합모델에 입각한 조문이 성안된 바 있다. 일본 개정형법가안 제17조: "의식의 상실이나 정신의 미숙으로 인한 장애로 인하여 행위의 정당성을 변별하지 못하거나 그 변별력에 의하여 행위를 할 수 없는 자의 행위는 벌하지 아니한다. 전항의 능력에도 불구하고 그 능력 자체가 약한 자의 행위는 감경한다."

25) 한국형법에서는 심신장애가 생물학적 요소로 이미 규정되어 있지만, '심신장애'를 생물학적 요소와 심리학적 요소의 상위표지로 만들면서 용어상의 변종을 도모하면서, 일본형법의 변형이론

생각건대 근대 형사사법제도가 도입되어 시행되고, 현행 형법의 체계가 작동됨에 있어 일본에 비해 무려 50여 년 이상 후발주자인 한국에서 법원이 50여 년간 축적된 일본법원이 축적한 판례 및 판례법리를 참조해 왔고, 이 점은 형법 제10조의 적용과 관련해서도 예외가 아니라고 보기 어렵다. 그러나 앞서 언급했듯이 일본형법 제39조는 현행의 한국형법 제10조와 전적으로 다른 이론적 토대를 가진 입법모델이다. 대법원이 21세기에 와서도 종래의 법실무를 관성적으로 이어오고 있음은 적어도 형법 제10조에 관한 한 입법배경적 지식이나 이론적 기초에 정통하지 않은 상태에서 과거의 법실무를 답습하고 있는 것은 아닌가 하는 의문마저 생긴다.

2. 검토

심신장애라는 법문상의 용어를 입법자의 입법구상과 다르게 사용하고 있음으로 인해 초래될 수 있는 이 같은 다양한 현실적·가상적 문제점들을 들추어내는 일을 형법도그마틱의 과잉으로 치부할 수 있을지도 모른다. 특히 엄밀하게 따지고 보면, 대법원도 형법 제10조에 기초된 혼합적 규율방식 자체를 포기하고 있지는 않다. 앞서 살펴보았듯이 대법원은 형법 제10조에서 사용된 심신장애라는 용어 대신에 '정신적 장애'를 개입시키고 있지만, 생물학적 요소로서의 '정신적 장애'의 인정과 심리학적 요소로서의 '사물변별능력 또는 의사결정능력의 결여 내지 미약'이라는 두 가지 요건이 모두 충족될 것을 전제로 제10조에 정해진 법효과를 부과하고 있다. 이 때문에 단순한 용어사용만의 다름만으로는 형법 제10조에 정해진 법효과에 관한 한 행위자에게 불리하게 작용하지 않을 것이라고 강변할 수도 있다.

현재 수준의 형사판결문을 토대로 삼을 경우 대법원식 용어사용법이 입법자에 의해 기획된 심신장애라는 용어를 사용하는 방법에 비해 법효과적 측면에서 볼 때 피고인을 불리하게 할 수 있음을 직접 증명하기는 어렵다. 심신장애나 정신적 장애 또는 사물변별능력이나 의사결정능력의 결여/미약여부에 대한 판단은 행

상 불가피하게 추가적으로 요구되는 생물학적 표지를 차용할 수 있는 빈공간을 만들고 있다는 점에서 일본형법이론의 프레임을 그대로 가져오고 있는 것이다.

위자의 뇌 속에서 전개되는 복잡하고도 미묘한 정신작용에 대한 해독을 전제로 하므로, 당대의 관련 학문의 전문적 지식이나 방법으로 온전하게 측정되기 어렵기 때문이다. 이 뿐만 아니라 법실무에서 발견된 법의 진실성을 검증하는 근원적 어려움도 중요한 이유가 될 수 있다. 추상적 언어로 되어 있는 법문상의 개념은 그 포섭여부를 판단할 경우 구체적 사례의 특수성을 고려하면서 규범적인 평가를 함에 있어 해석자의 주관이 개입할 수밖에 없는 바, 해석자 내지 법적용자의 주관적 평가를 객관적으로 추수하는 일에 근원적 난점이 있기 때문이다.

무엇보다도 대법원이 법문상 명료하게 이해될 수 있는 용어를 나름대로 변용하고 있다고 해서 이러한 용어사용법이 죄형법정주의에 반한다고 비판의 날을 세우면서 판례변경을 촉구하기도 곤란하다. 형법에 명시적으로 들어와 있는 심신장애라는 용어를 입법자가 이 용어에 부여한 의미와 지위에 부합하지 않게 사용하고 있다고 해서 그 해석방법이나 그 적용되는 법의 내용 및 법적용의 방법이 직접적으로 죄형법정주의(법률주의원칙, 명확성원칙, 유추금지원칙, 소급금지원칙 등)에 위배되는 지점을 정확하게 집어낼 수 없기 때문이다.

그러나 대법원식 용어사용법이 그동안 법실무에서 타성적으로 익숙해져 있다고 해서 그 용어사용이 초래할 수 있는 문제점에 대해 눈감는 것은 학문적 형법학이 취할 태도가 아니다. 대법원이 입법자가 특정 법률조항의 특정 용어에 기입한 의의와 그 용어에게 부여한 지위를 우회를 통해 달리 활용함으로써, 행위자의 행위의 범죄성립여부 및 형벌부과적 측면에서 행위자에게 유리한 법효과를 규정하고 있는 형법 제10조 적용 요건의 충족을 어렵게 만들거나 그 적용과정의 명료성을 떨어뜨리는 방향으로 나아갈 여지를 주게 된다면, 이는 행위자의 가벌성을 확장하거나 유리한 형벌효과를 제한하는 결과를 빚어낼지도 모른다는 불필요한 오해를 불러일으킬 수 있음을 부인하기 어렵다면 더욱 그러하다.

무엇보다도 대법원식 용어 사용법은 장점보다는 단점과 문제점이 압도한다. 적어도 현재 수준의 학제적 연구에서 사용되고 있는 국제적 표준과 일치하지도 않는 점, 입법연혁의 관점에서 보더라도 일본식 용어사용법의 영향력에서 벗어나 한국형법의 규범구조에 부합하는 용어사용법에 따라야 할 시기가 지나도 한참 지났다는 점, 그리고 일본형법의 용어인 심신상실과 심신미약은 한국 형법각칙에 등장하는 심신상실 개념과 정합성을 유지하기도 어렵다는 점, 더 나아가 실제로 생물학적 요소로만 자리매김되어 있는 심신장애라는 용어와 그 파생어를 전면에 내세워 사용함으로써 형법 제10조의 법효과와 직결되는 상위표지로 이해하면 혼합적 규율방식속에서 책임개념의 규범화를 견인하는 사물변별능력 또는 의사결정능력의 여부 및 정도가 규범적 책임평가를 위한 결정적인 요소라는 점이 과소평가되는 경향성으로 이어질 수도 있다는 점, 특히 '심신장애의 정도'라는 표현에는 사물변별능력이나 의사결정능력의 평가에서 중요하게 고려해야 할 규범합치적 행태와의 관련성은 뒤로 후퇴하게 된다는 점, 그리고 '의식상실'을 포함하는 심신상실은 형법이론적으로 말하면 행위성조차도 결여된 것으로 평가되어 책임심사에서 취급할 내용이 아니라는 점 등은 대법원식 용어사용법이 실제로 만들어 내고 있거나 장차 초래하게 될 단점과 문제점으로 지적될 수 있다. 요컨대 대법원이 특별한 실익도 없이 형법 제10조의 문언과 입법구상에 배치되는 변칙적 용어사용을 하고 있다면, 진보적인 시각에서 볼 때, 대법원식 심신장애 용어사용법은 조속히 폐기되어야 할 것으로 보인다.

Ⅲ. 맺으며

언어(형식)가 사고(내용)를 지배하는 것임을 부정할 수 없다면, 심신장애의 대법원식 용어 사용법이 형법 제10조를 적용하는 법관의 인식과 태도에도 영향을 미칠 것이라는 점도 부인할 수 없을 것이다. 이 점은 대법원이 생물학적 요소와 심리학적 요소의 충족 여부에 대한 단계별 심사 대신 포괄적 심사태도를 취하는 외양을 보이거나 생물학적 요소인 정신적 장애의 정도의 중함에 의거하여 사물변별능력이나 의사결정능력의 결여 또는 미약 여부까지 동시에 판단하기도 하는 다수의 판결들이 예증하고 있다.

형법 제10조의 문언과 규범구조를 보면, 대법원이 심신장애를 생물학적 요소와 심리학적 요소의 상위표지로 바꾸어야 할 필연적인 이유도 없고, 오히려 대법원식 심신장애 용어 사용법이 입법자가 설정해 놓은 심신장애의 의미내용과 규범구조 내의 지위와 정면으로 배치됨을 확인시켜 줄 뿐이다.

입법연혁적 관점에서 보더라도 이원적 혼합구조로 규범화되어 있는 한국형법 제10조의 규범구조 속의 심신장애의 의의와 지위를 변형하고 있는 대법원식 용어 사용은 일본형법학 또는 일본형법실무 종속성을 청산하지 못하고 있는 처사로 오해받을 소지가 다분하다. 특히 대법원식 심신장애 사용법은 생물학적 요소로서의 정신적 장애=심신장애는 책임귀속을 위한 '단서사유'로서 '자연과학적 사실규명'차원에서 정신의학(특히 뇌과학), 심리학 등의 지식과 측정방법에 따라 확인될 수 있을 뿐, '법적·규범적 차원', 특히 형법적 책임귀속을 위한 결정적인 사유가 될 수 없다는 규범적 책임이론의 함의를 제대로 전달하지 못한다. 오늘날 규범적 책임이론의 도그마틱은 형법적 책임귀속을 위해 결정적으로 고려할 점은 행위자가 행위를 함에 있어 규범에 대해 견지하고 있는 심리적 태도, 즉 자신의 행위가 불법한 행위인지 적법한 행위인지를 판단할 수 있는 능력을 말하는 불법통찰능력(사물변별능력)을 가지고 행위하고 있는 것인가, 그리고 그러한 능력에 기초하여 자신의 행위를 적법한 행위로 조종해 나갈 수 있는 능력을 말하는 행위통제능력(의사결정능력)을 보인 것인가 하는 점에 주목한다. 이러한 규범적 책임이론의 함의를 충분히 담지 못하고 있는 대법원식 심신장애 용어 사용법은 행위 당시 행위자의 심리적 상태에 대한 법관의 고유한 규범적 평가작업을 정신의학자나 심리학자의 생물학적 측정결과에 의존하거나 종속시키는 일에 빌미를 제공할 수도 있다.

형법 제10조의 적용과정에서 대법원식 용어사용법에 의해 초래될 수 있는 문제점들을 일거에 제거하기 위해서 그리고 심신장애의 의의와 지위를 입법자가 기획한 그대로 회복하기 위해서는 대상판결을 다음과 같이 고쳐 쓸 것이 요망된다: "책임(무)능력 여부를 판단하기 위해서는 생물학적 요소인 심신장애 내지 정신적인 장애 외에도 심리학적 요소인 사물변별능력이나 의사결정능력의 결여 또는 미약을 평가하여야 하는바, 심신장애(=정신적 장애)는 전문감정인의 정신감정결과가 중요한 참고자료가 되기는 하나 사물변별능력이나 의사결정능력의 유무는 법원이 그와 독립적으로 판단하여야 할 문제로서 법원이 전문감정인의 의견에 반드시 기속되는 것은 아니다."

11. 위법성조각사유 전제사실의 착오 체계 문제

하태영 교수(동아대학교 법학전문대학원)*

[대상판결]

대법원 1968. 5. 7. 선고 68도370 판결

(사실관계) 피고인(상병 이○경)은 소속대 경비병으로 복무를 하고 있는 사람이다. 1967. 7. 28. 오후 10시부터 동일 오후 12시까지 소속 연대장 숙소 부근에서 초소 근무를 하라는 명령받고 근무 중이었다. 그 이튿날 오전 1시 30분경 동소에서 다음번 초소로 근무를 하여야 할 A(상병 배이칠랑)와 교대 시간이 늦었다는 이유로 언쟁을 하였다. 그러다가 피고인이 A를 구타하자 A는 소지하고 있던 카빙소총을 피고인의 등 뒤에 겨누며 실탄을 장전하는 등 발사할 듯이 위협을 하자, 피고인은 당황하여, 먼저 A를 사살치 않으면 위험하다고 느낀 피고인은 뒤로 돌아서면서 소지하고 있던 카빙소총을 A의 복부를 향하여 발사하여 A를 사망케 하였다.[1] 군검찰은 피고인을 형법 제250조 제1항 살인죄로 기소하였다.

(재판진행) 제1심(육군 보통군법회의)과 제2심(육군 고등군법회의)은 피고인에게 유죄를 인정하여 무기징역을 선고하였다.[2] 피고인은 원심판결이 정당방위의 법리를 오해하였다고 주장하여 대법원에 상고하였다. 대법원은 원심판결을 파기환송하였다.

(대법원의 판단) 피고인과 A와의 사이에 언쟁을 하고 피고인이 A를 구타하는 등 싸움을 하였다 하여도, (이 싸움은) 다른 특별한 사정이 없는 한, 단지 구타에

---

* 하태영 동아대학교 법학전문대학원 교수는 독일 Halle대학교에서 법학박사학위를 받았고, 한국비교형사법학회 회장, 영남형사판례연구회 회장, 법무부 형사소송법개정특별분과위원회 및 남북법령연구특별분과위원회 위원 등을 역임하였다.

1) 대법원 1968. 5. 7. 선고 68도370 판결 [살인].

2) 육군고등군법회의 1968. 1. 26. 선고 67고군형항1031 판결.

불과하였다. A가 실탄이 장전되어 있는(초소 근무인만큼 실탄이 장전되어 있다) 카빙소총을 피고인의 등 뒤에 겨누며 발사할 것 같이 위협하였다. 이 방위행위는 싸움에서 피고인이 당연히 예상하였던 상대방의 방위행위라고 인정할 수 없다. 그러므로 이는 부당한 침해이다.

원심이 인정한 바와 같이 피고인은 A를 먼저 사살하지 않으면 자신의 생명이 위험하다고 느낀 나머지 뒤로 돌아서면서 소지 중인 카빙총을 발사하였다. 이 행위는 현재의 급박하고도 부당한 침해를 방위하기 위한 행위로서 상당한 이유가 있다.

만일 A가 피고인의 등 뒤에서 카빙총의 실탄을 발사하였다면, 이미 그 침해행위는 종료된다. 따라서 피고인의 정당방위는 있을 수 없을 것이다. 그럼에도 원심이 위와 같은 사실을 인정하면서 피고인이 발사할 때까지 A가 발사하지 아니한 점으로 보아, A에게 피고인을 살해할 의사가 있다고는 볼 수 없고, 피고인의 생명에 대한 현재의 위험이 있다고는 볼 수 없다는 취지로 판시하였다. 피고인의 행위를 정당방위가 아니라는 취지로 판시하였음은 정당방위에 관한 법리를 오해한 위법이 있다.

가사 피해자인 A에게 피고인을 상해할 의사가 없고 객관적으로 급박하고 부당한 침해가 없었다고 가정하더라도, 원심이 인정한 사실 자체로 보아도 피고인은 현재의 급박하고도 부당한 침해가 있는 것으로 오인함에 정당한 사유가 있는 경우(기록에 의하면 A는 술에 취하여 초소를 교대하여야 할 시간보다 한 시간 반 늦게 왔고, 피고인의 구타로 동인은 코피를 흘렸으며, 동인은 코피를 닦으며 흥분하여 "월남에서는 사람 하나 죽인 것은 파리를 죽인 것과 같다. 너 하나 못 죽일 줄 아느냐"라고 하면서 피고인의 등 뒤에 카빙총을 겨누었다고 한다)에 해당한다.

그럼에도 원심이 피고인의 정당방위 주장을 배척한 것은 오상방위에 관한 법리를 오해한 위법이 있다. 원판결은 부당하여 파기한다.

Ⅰ. 문제점

<초소 경비병 배희칠랑 사건>은 형법 제21조 정당방위가 쟁점이다. 부당한 침해와 침해의 현재성이다. 싸움은 원칙적으로 자기 법익에 대한 부당한 침해로 볼 수 없다. 쌍방 공격행위이기 때문이다. 그러나 싸움에서 공격이 예상을 벗어나는 경우 자기 법익에 대한 부당한 침해가 된다. 살상용 흉기를 사용하는 경우

자기 법익에 대한 부당한 침해가 될 수 있다. 실탄이 장전된 총기를 겨누는 행위는 부당한 침해이다. 공격을 당하는 사람의 입장에서 판단해야 한다. 현재(現在)란 진행·계속·임박을 말한다. 사안에서 A가 피고인에게 총기를 등 뒤에서 위협하는 순간이다.

대법원은 ＜초소 경비병 배희칠랑 사건＞[3]을 형법 제21조 정당방위로 판시하였다. 자기 법익·부당한 침해·침해의 현재성을 모두 인정하였다. 대법원은 싸움에서 예상되는 상황과 그 예외 상황을 구분하였고, 현재성 판단에서 임박설을 명확히 수용하였다.

만약 대법원이 원심의 판단처럼 형법 제21조 정당방위를 부정하였다면, 이 사안은 형법 제21조 제3항 오상방위를 놓고 다시 검토되었을 것이다.[4] 그러나 법리 논쟁은 위법성조각사유에서 종료되었다.

판결문을 보면, 대법원은 위법성조각사유의 전제사실에 대한 착오 문제를 언급하고 있다. 그러나 제3의 착오 유형을 형법 제16조 위법성 착오의 유형으로 본 듯하다. 이것은 신고전적 범죄체계에 따른 형법해석 방법이다. 엄격책임설을 설명하고 있다.

> 가사 피해자인 A에게 피고인을 상해할 의사가 없고 객관적으로 급박하고 부당한 침해가 없었다고 가정하더라도 원심이 인정한 사실 자체로 보아도 피고인으로서는 현재의 급박하고도 부당한 침해가 있는 것으로 오인하는데 대한 정당한 사유가 있는 경우에 해당된다고 아니할 수 없다.[5]

위법성조각사유의 전제사실에 대한 착오(이하 '위전착'이라 한다.) 문제는 1980년대 중반부터 형법학계에서 깊이 논의되었다.[6] 이후 많은 논문이 발표되었다.

---

3) 신동운, 판례백선 형법총론, 개정판, 경세원, 1998, 206－213면; 신동운, 형법총론, 제15판, 법문사, 2023, 464－475면.

4) 신동운, 형법총론, 제15판, 법문사, 2023, 464－475면. 신동운 교수는 이 사례를 오상방위 문제로 본다. 단지 겁을 주기 위하여 행해진 것으로 사실을 판단한다. 오상방위는 허용구성요건 착오의 일종이라고 한다.

5) 대법원 1968. 5. 7. 선고 68도370 판결 [살인].

6) 이형국, 정당방위의 성립요건, 사법행정 제24권 제12호, 한국사법행정학회, 1983, 4－8면; 임웅, 위법성조각사유에 관한 착오, 사회과학 제24권, 성균관대학교, 1985, 93－112면. 이 논문은 독

1983년 임웅 교수는 새로운 범죄체계에 맞춘 형법 개정을 주장하였다.[7] 위전착의 근본 문제를 해결하는 명확한 입법 제안이었다. 법원이 형법 제16조 법률의 착오로 위전착 문제를 해결할 수 있겠지만, 착오의 유형이 전혀 다르다. 만약 형법이 개정되면 형법해석에 큰 도움이 될 것이다. 임웅 교수의 주장을 들어보자. 위전착 문제를 해석하기 위한 출발점이 될 수 있기 때문이다.

> 근본적인 해결책은 위법성조각사유의 전제사실에 관한 착오의 독자성을 인정하여 구성요건착오 및 위법성 착오와 다른 제3의 착오유형을 취급하는 '입법적 단안(斷案)'을 내리는 것이라고 말할 수 있다. 그 입법례로서는 1975년 시행된 오스트리아 형법 제8조가 있는데, 동조는 '제한적 책임설'의 입장에 서서 "착오로 행위의 위법성을 조각할 사태를 오신한 사람은 고의의 범행으로 처벌될 수 없다. 그는 그 착오가 과실에 기하고 그 과실의 범행에 형벌이 부과되는 경우에 과실의 범행으로 처벌된다"고 규정하고 있다.[8]

한편 이용식 교수는 2020년 정년기념 논문집에서 <초소 경비병 배회칠랑 사건> 판결을 평석하였다. 방위행위자의 관점에서 현재성 범위를 명확히 분석한 논문이다.

> 대법원은 A가 카빙소총을 피고인의 등 뒤에 겨누며 발사할 것 같이 위협하는 행위를 피고인의 생명에 대한 현재의 급박하고도 부당한 침해가 있다고 인정하였다. 이 사안은 정당방위상황이 없음에도 불구하고 방위를 하는 오상방위는 아니라는 것이다. 객관적 정당방위상황이 존재하지 않은 사안의 경우에도 위법성조각이 될 수 있음을 명백히 밝히고 있다. 대법원은 방위행위자의 상황을 위험성 견지에서 정당방위상황을 판단한 것이다.[9]

오늘날 현재성 판단기준은 급박·발생·계속이 지배적 견해이다. 이 판결은

일 학계의 논의과정을 아주 자세히 소개한다. 제한적 책임설을 주장한다. 더 나은 대안으로 입법개정이 필요하다고 주장한다.

7) 임웅, 위법성조각사유에 관한 착오, 112면.

8) 임웅, 형법총론, 제13정판, 법문사, 2022, 366면 각주 85.

9) 이용식, 과실범과 위법성조각사유, 서울대학교 법학연구소 05, 박영사, 2020, 37면.

형법 제21조 정당방위에서 현재성 범위를 확장한 최초의 판결로 보인다. 방위행위자의 관점이 '약간 더 넓게' 형법해석에 도입된 것이다. 이 사안은 '급박'(急迫·目前臨迫)에 해당한다.

우리가 이 사건을 방위행위자의 관점에서 보면, 위험 발생이 목전에 임박한 상황이다. 캄캄한 오후 12:00에 싸움은 시작되었고, A는 피고인에게 주먹으로 얼굴을 맞아 코피를 흘렸다. 흥분한 A가 실탄이 장전된 총기를 가지고 등 뒤에서 발사할 듯 겨누었다. 이러한 행위는 단순히 겁주기 차원을 넘어선 것이다. 이 상황에서 A가 실탄을 발사하면, 방위행위자의 정당방위 상황은 종료된다. 방위행위자의 관점에서 보면, 이것이 급박한 상황이다. 이 사안을 형법 제21조 제3항 오상방위로 판단할 이유가 없다. 위전착 문제가 아니기 때문이다. 위전착은 '객관적으로 존재하지 않는 상황에서 방위행위자 관점'이 강조된 독특한 착오 유형이다. 대법원도 이를 정확히 설명하고 있다.

> 격투를 하는 자 중의 한 사람의 공격이 그 격투에서 당연히 예상을 할 수 있는 정도를 초과하여 살인의 흉기 등을 사용하여 온 경우에는 이는 역시 부당한 침해라고 아니할 수 없다. 그러므로 이에 대하여는 정당방위를 허용하여야 한다.[10)]

이용식 교수는 대법원 판례 취지를 정확히 이해해야 한다고 주장한다. 무조건 위전착 문제로 해석하려는 시도를 비판한다. 방위행위자의 관점에서 현재성 범위를 확장한 대법원 판례는 타당하고 생각한다.

Ⅱ. 위법성조각사유의 전제사실의 착오 사례 분석

형법 교과서에 위법성조각사유의 전제사실의 착오 사례로 여러 판결이 소개되어 있다. 분석해 보면, 1968년 <초소 경비병 배희칠랑 사건>은 위전착 사례가 아니다. 2004년 <경찰관 총기사건>도 위전착 사례가 아니다. 그러나 헌법재

10) 대법원 1968. 5. 7. 선고 68도370 판결 [살인].

판소 2010. 10. 28. 2008헌마629 결정 ＜기소유예처분취소＞, 2014년 ＜불심검문사건＞, 2017년 ＜명예훼손사건＞은 위전착 사례이다. 형법학계도 비슷한 시각이다. 그러나 대법원과 헌법재판소는 해석방법이 다르다. 범죄체계가 명확하게 확립되어 있지 않기 때문이다.

1. 대법원 2004. 3. 25. 선고 2003도3842 판결 [업무상과실치사] 〈경찰관 총기사건〉

【판결요지】 (경찰관인) 피고인이 공포탄 1발을 발사하여 경고를 하였음에도 불구하고 (○○시 씨름대회에서 우승할 만큼 건장한 체구의 소유자였던) A가 B의 몸 위에 올라탄 채 계속하여 B를 폭행하고 있었다. 또 그(A)가 언제 소지하고 있었을 칼을 꺼내어 B나 피고인을 공격할지 알 수 없다고 피고인이 생각하고 있던 급박한 상황에서 B를 구출하기 위하여 A를 향하여 권총을 발사한 것이다. 그러므로 이러한 피고인의 권총 사용이, 경찰관직무집행법 제10조의4 제1항의 허용범위를 벗어난 위법한 행위라거나 피고인에게 업무상과실치사의 죄책을 지울만한 행위라고 선뜻 단정할 수는 없다.

2004년 ＜경찰관 총기사건＞은 1968년 ＜초소 경비병 배칠랑 사건＞과 달리 업무상과실치사로 기소된 사안이다. 형법 제21조 제1항 정당방위 상황의 판단기준은 자기 또는 타인 법익 · 부당한 침해 · 침해 현재성(급박 · 진행 · 계속)이다. 이 사안은 모든 요건을 모두 충족한다. 또한 상당성 판단기준인 필요성과 사회윤리적 제한 요건도 모두 충족한다. 대법원은 형법 제21조 정당방위를 인정하여 무죄 취지로 파기환송하였다.[11)]

대법원 판결문을 자세히 보면, “피고인은 A를 향하여 실탄 1발을 발사하였고 그 실탄은 A의 우측 흉부 하단 제9번 늑간 부위를 관통한 사실, A는 총에 맞은

11) 비판적 판례평석으로 허일태, 오상과잉방위와 형법 제21조 제3항, 형사법연구 제26호, 한국형사법학회, 2006, 569－596면: “대상사건은 정당방위의 전제사실의 일부에 오인이 있었기 때문에, 대법원의 입장처럼 형법 제21조 제1항의 정당방위에 무조건적으로 해당된다고 보기 어렵다. 대상사건의 경우, 경찰은 피해자의 상반신을 향해 총기를 사용할 수밖에 없었다는 점을 감안한다면 총기사용의 상당성이 결여된 것으로 보기 어렵고, 따라서 피고인의 행위는 형법 제21조 제3항에 의해 책임이 면책된다고 판시했어야 옳다.”

다음 B에 대한 압박을 풀고 꽃집 밖으로 나와 복부통증을 호소하면서 쓰러졌는데 나중에 확인하여 보니 A는 B 등과 격투를 할 당시 칼을 소지하지 않고 있었던 사실, A는 즉시 병원에 후송되어 입원치료를 받았으나 간파열 등으로 인한 패혈증으로 2001. 12. 3. 사망한 사실을 알 수 있다." 그런데 '칼을 소지하지 않은 사실'로 부당한 침해를 부정할 수는 없다.

이용식 교수는 이 판결에 대해 "대법원은 현실화된 침해 자체가 아니라 침해를 받을 가능성이 높다는 것을 정당방위상황이라고 하고 있다. 이러한 가능성을 인정할 때 피고인과 A인의 범행에 이르기까지의 일련의 언동이나 그에 대한 피고인의 평가를 종합적으로 고려하고 있다. 여기에서는 정당방위 상황은 단순한 사실의 유무가 아니라, 상황에 대한 예측이나 평가로서의 의의를 가지고 있다. 거꾸로 말하면 A인이 칼을 소지하지 않았고, 따라서 동료 경찰관에게 생명에 대한 위해를 가하려는 것은 아니었다는 사후에 비로소 판명된 객관적 사정만에 기초한 판단은 부정되고 있는 것으로 생각한다"라고 평석한다.[12)]

2004년 <경찰관 총기사건>도 방위행위자 관점에서 보면, 이러한 상황을 위험한 상태라고 볼 수 있다. 씨름 선수가 몸에 올라타 폭행을 하였고, 공포탄조차 무용지물이 된 상황이었다. 이것이 급박한 상황이다. 이 상황에서 법익침해를 중단시킬 유일한 수단은 총기 사용이었다. 법익균형성도 인정된다. 다만 총기 사용 부분과 부위가 문제가 될 수 있다. 그러나 이 사안을 범죄진압시 발생한 불가피한 조치로 볼 수 있다. 위법성조각사유가 명백하다. 이 사안을 위전착 문제로 해결할 이유가 없다. 실익이 전혀 없기 때문이다. 업무상과실치사죄로 기소된 사안에서 책임과실을 조각할 방법을 논하고 있기 때문이다.

과실행위로 발생한 위전착에 대해 형법 제16조 법률의 착오를 적용하여 무죄를 선고할 수 있다. 정당한 사유가 있으면 된다. 그러나 위전착을 고의형과 과실형으로 구분하여 법률을 달리 적용할 이유가 없다. 이용식 교수가 논문에서 소개한 독일 사례이다. 과실범에서 오상방위가 문제가 된 사안이다.

> 살인범이 실제로 갑을 공격하려고 총을 손으로 꺼내는 것을 보고 갑은 정당방위로서 살인범에게 경고사격을 가하였다. 그런데 과실로 살인범에게 탄환이

12) 이용식, 과실범과 위법성조각사유, 39-40면.

맞아 사망한 경우이다. 이 경우 고의살인이든, 과실치사이든 모두 정당방위가 인정된다.

그런데 약간 변형하여 살인범이 갑을 공격하는 것이 아니라, 악수를 위하여 손을 내민 것이라고 가정하면, 이것은 과실범의 오상방위가 된다.[13] 이용식 교수는 과실범에서 이를 금지착오로 다루는 것이 행위자에게 유리할 수 있다고 한다. 과실범의 위전착은 주관적 과실 내지 책임과실이 조각될 수 있다는 것이다. 위전착은 위법하지만, 면책이 가능한 허용된 위험이라고 한다.[14]

형법 제16조 해결방안을 다소 이해할 수 있다. 피고인에게 유리하기 때문이다. 그러나 위전착의 경우 범죄체계와 법률 적용의 통일성이 필요하다. 형법 제16조는 법률의 착오를 규정한 조문이다. 과실행위로 발생한 위전착에 대해 형법 제16조 법률의 착오를 적용할 수 없다.

2. 헌법재판소 2010. 10. 28. 2008헌마629 전원재판부 결정 〈기소유예처분취소〉〈김밥집 아주머니 폭행 사건〉

【결정요지】 가. 청구인은 피해자 김○연이 무전취식을 한 학생이라고 오인하였고, 범죄가 형식적인 기수에 이르렀어도 법익침해가 현장에서 계속되는 상태에 있으면 현재의 침해가 될 수 있으므로, 청구인은 사안에서 김밥집 주인의 법익에 대한 현재의 부당한 침해를 방위하기 위하여 피의사실과 같은 행위를 하였다.

나. 다만 피해자 김○연은 무전취식을 한 행위자가 아니어서 객관적으로 정당방위의 요건이 구비되지 않았다. 객관적으로 정당방위의 요건이 구비되지 않았음에도 불구하고 있다고 오신하고 방위행위에 나아간 이른바 오상방위 또는 위법성조각사유의 전제사실의 착오에 대해서 형법이 명문으로 규정하고 있지 않다. 청구인의 행위가 오상방위에 해당한다면 폭행죄에는 과실범 처벌규

13) 이용식, 과실범과 위법성조각사유, 4면; 이용식, 과실범의 위법성조각사유의 전제사실에 관한 착오 −과실범에서의 오상방위 오상피난− −더블과실인가 하프과실인가− −주관적(책임)과실조각 혹은 면책가능한(허용된)위험−, 교정연구 제81호, 한국교정학회, 2018, 101−126면.

14) 이용식, 과실범과 위법성조각사유, 21−22면.

정이 없으므로, 그 법률효과에 관하여 고의를 배제하거나 고의의 불법을 배제하는 견해, 또는 책임이 감면된다는 견해 중 어떤 견해에 의하더라도 이 사건 피의사실에서 청구인의 고의 또는 책임이 조각되어 처벌받지 않을 여지가 있다.

다. 그렇다면 피청구인은 청구인의 위법성조각사유의 전제사실의 오인에 정당한 사유가 있었는지, 청구인의 행위가 사회통념상 상당성이 있었는지 여부 등에 대해서도 수사하고 그 법적 효과에 대하여 판단하였어야 한다. 그러나 청구인의 오인에 정당한 사유가 있었는지 여부, 청구인이 무전취식을 한 자라고 생각한 피해자 김○연의 멱살 또는 가방끈을 잡고 10 내지 15미터 끌고 김밥집 부근으로 돌아온 청구인의 행위가 사회통념상 상당성이 있었는지 여부에 대하여, 피청구인이 수사하거나 검토한 사실은 수사기록상 찾아보기 어려운 것이 사실이다. 따라서 피청구인이 청구인에 대하여 한 이 사건 기소유예 처분은 피의자에게 유리한 사실도 조사·제출해야 하는 의무를 준수하지 아니한 피청구인의 중대한 수사미진이 그 결정에 영향을 미침으로써 청구인의 평등권과 행복추구권을 침해하였다.

헌법재판소는 2010년 10월 28일 <김밥집 아주머니 폭행 사건>에서 위전착 문제를 처음으로 언급하였다. 헌법재판소는 검사의 중대한 수사미진을 평등권과 행복추구권 침해로 보았다. 폭행죄 기소유예처분을 취소결정하였다.

이 사안의 경우 형법 제20조 사회상규 또는 위전착으로 무죄가 선고될 수 있다. 헌법재판소 결정은 향후 재판실무에 상당한 영향을 줄 수 있다. 그러나 문제는 헌법재판소가 이미 밝혔듯이 위전착의 경우 형법에 명문 규정이 없어 논란이 예상된다. 합일태적 범죄체계에 부응한 새로운 형법해석이 필요하다. 위전착의 경우 형법 제14조로 해결할 수 있을 것이다. 이 사안의 경우 폭행죄 구성요건은 성립하지만, 책임고의가 없어 무죄이다. 폭행죄는 과실범을 처벌하지 않는다.

3. 대법원 2014. 2. 27. 선고 2011도13999 판결 [상해·공무집행방해] 〈불심검문사건〉

【판결요지】 피고인은 원심 법정에 이르기까지 일관하여 이 사건 경찰관들을 소위 '퍽치기'를 하려는 자들로 오인하였던 것이라고 진술하고 있다. 이러

한 사정 등을 종합하면, 피고인은 당시 경찰관들을 치한이나 강도로 오인함으로써 이 사건 공무집행 자체 내지 그 적법성이나 자신의 경찰관들에 대한 유형력 행사의 위법성 등에 관하여 착오를 일으켰을 가능성을 배제하기 어렵다. 그러므로 원심으로서는 당시 피고인이 자신이 처한 상황을 어떻게 인식하였는지, 피고인에게 착오가 인정된다면 그러한 착오에 정당한 사유가 존재하는지 여부 등에 관하여 면밀히 심리한 다음 범죄성립이 조각될 수 있는지 여부를 신중히 판단하여야 한다는 점을 덧붙여 지적하여 둔다.

대법원은 2014년 <불심검문사건>에서 불심검문의 적법성을 명확히 판단하였다. 대법원은 이 사건을 유죄 취지로 파기환송하였다. 이 사안은 적법한 공무집행이다. 또한 형법 제21조 정당방위를 인정하기 어렵다. 정당방위 상황이 아니기 때문이다. 대법원은 이 판결에서 위전착 문제를 언급하였다.

"당시 피고인이 자신이 처한 상황을 어떻게 인식하였는지, 피고인에게 착오가 인정된다면, 그러한 착오에 정당한 사유가 존재하는지 여부 등에 관하여 면밀히 심리한 다음 범죄성립이 조각될 수 있는지 여부를 신중히 판단하라."

이 사안이 전형적인 위전착 문제이다. 대법원은 형법 제16조 법률의 착오로 해결방안을 설시하고 있다. 신고전적 범죄체계에 따른 해석방법이다. 그러나 문제는 헌법재판소가 이미 밝혔듯이 형법에 명문 규정이 없어 해석 논란이 예상된다. 합일태적 범죄체계에 부응한 새로운 형법해석이 필요하다. 위전착 경우 형법 제14조로 해결해야 한다. 책임과실만 물을 수 있기 때문이다. 이것이 현행법과 범죄체계에 맞는 해석이다. 대법원이 설시한 형법 제16조 법률의 착오는 제3의 착오유형을 해결하는 명문규정이 아니다.

4. 대법원 2017. 4. 26. 선고 2016도18024 판결 〈허위사실명예훼손사건〉

【판결요지】 형법 제307조 제1항, 제2항, 제310조의 체계와 문언 및 내용에 의하면, 제307조 제1항의 '사실'은 제2항의 '허위의 사실'과 반대되는 '진실한

사실'을 말하는 것이 아니라 가치판단이나 평가를 내용으로 하는 '의견'에 대치되는 개념이다. 따라서 제307조 제1항의 명예훼손죄는 적시된 사실이 진실한 사실인 경우이든 허위의 사실인 경우이든 모두 성립될 수 있다. 특히 적시된 사실이 허위의 사실이라고 하더라도 행위자에게 허위성에 대한 인식이 없는 경우에는 제307조 제2항의 명예훼손죄가 아니라 제307조 제1항의 명예훼손죄가 성립될 수 있다. 제307조 제1항의 법정형이 2년 이하의 징역 등으로 되어 있는 반면 제307조 제2항의 법정형은 5년 이하의 징역 등으로 되어 있는 것은 적시된 사실이 객관적으로 허위일 뿐 아니라 행위자가 그 사실의 허위성에 대한 주관적 인식을 하면서 명예훼손행위를 하였다는 점에서 가벌성이 높다고 본 것이다.

한편 공연히 사실을 적시하여 사람의 명예를 훼손한 행위가 처벌되지 않기 위하여는 (즉, 형법 제310조에 의하여 그 위법성이 조각되기 위하여는) 적시된 사실이 객관적으로 볼 때 공공의 이익에 관한 것이고, 행위자도 공공의 이익을 위하여 행위하였어야 할 뿐 아니라, 그 적시된 사실이 진실한 것이거나 적어도 행위자가 그 사실을 진실한 것으로 믿었고, 또 그렇게 믿을 만한 상당한 이유가 있어야 한다.[15)]

2017년 <허위사실명예훼손사건>은 행위자가 허위사실을 진실한 사실이라고 오인하고 공익을 위하여 적시한 사안이다. 대법원은 형법 제310조를 적용하여 위법성조각사유로 해결하였다. 법리는 상당성 이론이다.

그러나 '상당한 이유'가 형법 제310조 법문에 규정된 문구인지, '상당성' 요건이 무엇인지 명확하지 않다. 이 판결은 ① 형법 제307조 제1항 행위, ② 진실한 사실, ③ 오로지 공공의 이익을 판단하면 된다.

대법원이 설시한 상당성이론과 허용위험법리이론은 이해하기가 어렵다. 형법 제310조의 문리해석이라고 볼 수 없기 때문이다. '상당성'이라는 용어는 형법

15) 대법원 2020. 8. 13. 선고 2019도13404 판결. "형법 제310조의 규정은 인격권으로서의 개인의 명예의 보호와 헌법 제21조에 의한 정당한 표현의 자유의 보장이라는 상충되는 두 법익의 조화를 꾀한 것이다. 그러므로 두 법익 간의 조화와 균형을 고려한다면 적시된 사실이 진실한 것이라는 증명이 없더라도 행위자가 진실한 것으로 믿었고 또 그렇게 믿을 만한 상당한 이유가 있는 경우에는 위법성이 없다고 보아야 한다(대법원 2007. 12. 14. 선고 2006도2074 판결 등 참조)."

제310조 법문에 없으며, '검토의무'로 법문의 객관적 요건을 대체할 수 없다.[16]

이 사안은 형법 제307조 제2항과 제1항 · 제15조 제1항 · 제310조 · 제14조를 적용 할 수 있다. 행위자가 진실이라고 믿었다면, 진실 인식에 대한 고의만 인정한다(형법 제307조 제1항). 행위자가 위법성조각사유를 인식했다면, 형법 제310조에 근거하여 위법성이 조각된다. 그러나 이 사안은 형법 제310조를 적용할 수 없다. 진실한 사실이 아니기 때문이다.

이 사안이 위전착 문제이다. 그러나 문제는 헌법재판소가 이미 밝혔듯이 위전착의 경우 형법에 명문 규정이 없어 논란이 예상된다. 합일태적 범죄체계에 부응한 새로운 형법해석이 필요하다. 위전착의 경우 형법 제14조로 해결해야 한다. 명예훼손죄는 과실범을 처벌하지 않는다.

Ⅲ. 위법성조각사유의 전제사실의 착오 문제와 범죄체계

위법성조각사유의 전제사실의 착오 문제는 범죄체계에 따라 해결방안이 다르다.[17] 먼저 한국 형법의 범죄체계 논쟁을 살펴보고자 한다. 이어서 위전착 해결방안 논쟁을 검토하고자 한다. 두 영역이 위전착 문제의 핵심이기 때문이다.

1. 범죄체계 논쟁

범죄란 구성요건에 해당하고 위법하며 유책한 행위이다. 범죄성립 3단계 이론이 현재 학계의 다수 견해이다. 위전착 문제에서 범죄를 구성하는 요소가 어느 단계에서 어떻게 해석되느냐 하는 문제가 중요한 문제이다.

16) 하태영, 형법 제307조 제1항 명예훼손죄에서 '사실 적시'의 의미와 형법 제307조 제2항 '허위사실' 착오 해석방법, 영남법학 제49권, 영남대학교 법학연구소, 2019, 149－180면.

17) 학설 논쟁에 관하여 자세한 설명은 이형국 · 김혜경, 형법총론, 제7판, 법문사, 2023, 293－298면; 김혜정 · 박미숙 · 안경옥 · 원혜욱 · 이인영, 형법총론, 제2판, 피앤씨미디어, 2019, 241－243면; 이주원, 형법총론, 박영사, 2022, 242－249면 참조.

(1) 신동운 교수 견해

신동운 교수는 "우리 형법 조문을 합일태적 범죄체계로 해석하여도 큰 문제가 없다"고 한다. 신 교수는 "조문들은 그대로 있어도 형법이론의 발전에 따라 이들은 새로운 의미를 부여받게 된다"고 말한다.

> 1990년대 이후 우리 학계는, 소수의 예외를 제외하고, 특별한 이의 없이 합일태적 범죄체계를 형법해석의 틀로 받아들였고, 과연 이러한 접근방법이 대한민국 형법의 타당한 해석방법인지에 대한 논의는 입에 담기도 부담스러운 주제가 되어 버렸다. 역사적 입법자가 설정해 놓은 조문들은 그대로 있어도, 즉 법률의 체계와 개별 규정들의 문구는 그대로 있어도, 형법이론의 발전에 따라 이들은 새로운 의미를 부여받게 된다는 것이다.[18]

신동운 교수는 "합일태적 범죄론체계에 따라서 분석하는 것이 효율적이다. 고의와 과실을 구성요건단계와 책임단계에서 검토하는 것이 인권보장에 효율적이다. 그러나 한국 형사재판의 실무에서 고의의 이중적 지위를 검토하는 일은 극히 드물다"고 분석한다.[19]

(2) 김성룡 교수 견해

김성룡 교수는 "신고전적 범죄체계는 수정된 고전적 범죄체계이다. 고의와 과실을 여전히 책임요소로 파악한다. 신고전적 범죄체계의 책임설에 따라 정당화사정의 객관적 전제사실에 관한 착오를 해결하는 것이 현행법의 태도에 부합한다"고 한다. 김 교수는 "입법 당시 범죄체계에 따라 해석하는 것이 옳다"는 주장이다.

> 대한민국 형법은 고전적 범죄체계, 특히 신고전적 범죄체계를 기반으로 하고 있고, 위법성의 인식의 체계적 지위와 관련해서는 책임설을 취하고 있는

18) 신동운, 형법총론, 제7판, 법문사, 2013, 405면.
19) 신동운, 형법총론, 제15판, 법문사, 2023, 109면.

입법이다. 신고전적 범죄체계의 책임설에 따라 정당화사정의 객관적 전제사실에 관한 착오를 해결하는 것이 현행법의 태도에 부합하는 것이다.[20]

책임설의 출처는 독일의 신고전적 범죄체계이다. 1872년부터 1975년까지 시행된, 고전적 범죄체계에 기초한 독일형법 제59조의 의미와 관련하여, 고의와 분리된 독자적 책임요소로서 위법성(불법)인식이라는 내용의 책임설(Schuldtheorie)은 이미 1889년 메르겔(Adolf Merkel)에 의해 주장되었다. 이후 메르켈의 책임설은 고의로부터부터 불법인식을 구별해내야만 했던 벨첼에 의해 활용되었고, 벨첼을 따르는 많은 목적적 행위론자들에 의해 수용됨으로써 마치 책임설은 목적적 행위론자들의 특허물인 것처럼 취급되어 온 것이다. 하지만 책임설은 목적적 행위론의 귀결도, 벨첼의 특허물도 아니며, 고전적 체계에 머물러 있었던 1952년 독일연방대법원의 판결[21]에 의해 이미 수용됨으로써, 책임의 규범화를 하나의 특징으로 하는 고전적 체계의 내적 수정형태, 즉 신고전적 범죄체계의 명판이 된 것이었다.[22]

한국 형법이 고전적·신고전적 체계에 기초해 만들어져 있음에도 불구하고 목적론적 범죄체계나 합일태적 범죄체계로 해석한다면, 그것은 입법에 앞선 해석론, 즉 입법론의 근거나 그러한 입법에 기초한 해석론(de lege ferenda), 혹은 비교법에 기초한 개선주장은 될 수 있어도, 현행법체계에 기초한 해석(de lege lata), 즉 현행법의 해석이라고 할 수는 없다.[23]

현재 국내의 관련 해석론은 과연 대한민국 형법에 대한 우리의 해석인지 의심스러울 정도로 거의 예외 없이 독일법 체계를 대상으로 한 독일의 해석론을 그대로 답습하고 있다.[24]

벨첼 이후 절충적 합일태가 보다 세련되고 완성도가 높은 범죄체계라고 여겨지더라도 우리 형법이 그 체계에 기반을 둔 것이 아니라면, 이를 운운하는 것은 남의 얘기일 뿐이고, 입법 논의에서나 다룰 일이다. 법률의 개정 없이도 합리적 해석이 가능하다는 생각, 즉 문리적·체계적 해석을 벗어난 해석은 결국 죄형법정주의의 틀을 벗어나는 가장 큰 유혹이다.[25]

20) 김성룡, 현행법체계에서 위법성 조각사유의 전제조건에 관한 착오의 해석론, 비교형사법연구 제15권 제1호, 한국비교형사법학회, 2013, 317－340면(326면).

21) 이 판결에 관한 자세한 설명은 신동운, 형법총론, 제11판, 법문사, 2019, 419－422면 참조.

22) 김성룡, 현행법체계에서 위법성 조각사유의 전제조건에 관한 착오의 해석론, 320－321면.

23) 김성룡, 현행법체계에서 위법성 조각사유의 전제조건에 관한 착오의 해석론, 318면.

24) 김성룡, 현행법체계에서 위법성 조각사유의 전제조건에 관한 착오의 해석론, 318면.

> 하지만 그러한 해석방법은 법적용의 탄력성은 높여 줄 수 있겠지만, 죄형법정주의의 법적 안정성과 예측가능의 이념을 손상하는, 권력분립에 위반되는 위험한 사법일 수 있다.[26]

(3) 임웅 교수 견해

임웅 교수는 "범죄체계론은 과학적 이유와 형벌목적에 따라 변화하는 것이다. 범죄체계론은 사고질서의 명료성과 포괄성을 가져다 주며, 동시에 사고와 경제와 능률을 달성케 해 준다"고 한다. 임 교수는 '합일체계는 위전착에서 '제한적 책임설'의 입장에 서서 그 착오의 효과를 구성요건적 착오가 있는 경우와 동일시할 수 있는 장점이 있다"고 주장한다.[27]

> 범죄체계론은 '평등한 법적용'에 기여한다. 범죄구성요소에 대한 체계적·과학적 분석의 틀을 제공함으로써 법해석에 있어서 법관의 자의를 배제하고 '같은 사건에는 같은 판결'을 끌어내어 법적용상의 평등을 기할 수 있도록 한다.[28]

(4) 이주원 교수 견해

이주원 교수는 "범죄체계론은 법률적용의 공식이다. 불법내용을 명료하게 드러내고, 자의적인 개입을 차단하여 사건의 평등한 취급을 보장한다"고 주장한다.

이 교수는 범죄체계론의 발전사에서 "인과적 행위론에 따른 고전적 범죄체계 및 수정된 신고전적 범죄체계, 목적론적 행위론에 따른 목적적 범죄체계가 있다. 사회적 행위론은 신고전 범죄체계·목적적 범죄체계를 결합한다"고 분석한다. 이어서 "범죄체계를 달리하더라도, 가벌성 판단의 결과는 달라지지 않는다"고 주장한다.[29] 정밀한 형법해석을 강조한다.

---

25) 김성룡, 현행법체계에서 위법성 조각사유의 전제조건에 관한 착오의 해석론, 334면.
26) 김성룡, 현행법체계에서 위법성 조각사유의 전제조건에 관한 착오의 해석론, 325－326면.
27) 임웅, 형법총론, 144면. 148면.
28) 임웅, 형법총론, 145－146면.
29) 이주원, 형법총론, 박영사, 2022, 54면.

(5) 사견

범죄체계는 형법이론과 함께 진화한다. 현재 범죄성립체계는 3단계로 구성되어 있다. 구성요건해당성 · 위법성 · 책임이다. 형법 조문이 어떤 단계에서 어떻게 해석되는지 이론가와 실무가에게 매우 중요하다. 체계적인 사고의 틀을 제시하기 때문이다. 가벌성 요소를 정리하고 그 한계를 긋는 것은 법률가에게 체계적 사고를 가능하게 한다. 이는 일반인에게 자유 · 인권 · 형벌로 직접 연결되어 있다.

현대 형법 이론은 신고전적 범죄체계와 목적론적 범죄체계가 융합된 합일태적 범죄체계로 발전하였다.[30] 구체적 내용은 고의와 과실의 이중적 기능의 승인이다. 고의와 과실은 주관적 구성요건요소이며 동시에 책임요소이다. 불법요소와 행위반가치요소는 구성요건요소이고, 책임요소 · 심정반가치요소는 책임요소이다.[31]

우리나라 형법 교과서들은 "본서의 범죄체계는 원칙적으로 신고전적 범죄론과 목적론적 범죄론의 합일체계를 따른다"고 한다.[32] 한국 형법 제13조와 제14조는 구성요건과 책임에서 모두 의미가 있다.

형법 제정 당시 신고전적 범죄체계를 오늘날에도 계속 유지할 이유가 없다. 합일태적 범죄체계에 따라 형법을 해석하면 된다.[33] 이것이 현행 범죄체계에 따른 올바른 형법해석 방법이다. 범죄체계는 범죄성립을 구조화하여 사건을 평등하

30) 김일수, 형법총론, 제11판, 박영사, 2006, 104면; 임웅, 형법총론, 145－146면.

31) 하태영, 『위법성조각사유의 객관적 전제사실에 대한 착오』 종합 고찰, 33면.

32) (가나다 순) 김일수, 형법총론, 제11판, 박영사, 2006, 105면; 김일수 · 서보학, 새로쓴 형법총론, 제13판, 박영사, 2018, 69면; 이재상 · 장영민 · 강동범, 형법총론, 제11판, 박영사, 2022, 100면. "본서가 취하고 있는 입장도 신고전적 · 목적적 범죄체계이다."; 배종대, 형법총론, 제17판, 홍문사, 2023, 103－109면. "신고전적 범죄체계를 선택하고 싶다.": 손동권 · 김재윤, 새로운 형법총론, 율곡출판사, 2011, 99면. "본서는 3단계 형법체계에 기초하여 설명한다."; 신동운, 형법총론, 제1판, 법문사, 2001, 63－66면; 신동운, 형법총론, 제11판, 법문사, 2022, 96면. "본서에서는 전통적 범죄론체계인 범죄론삼원론의 구도에 따라 검토를 진행하기로 한다."; 임웅, 형법총론, 제13정판, 법문사, 2022, 146－147면. '합일태적 범죄체계론에 입각하여 본서가 취하고 있는 범죄구조는 다음과 같다."; 오영근, 형법총론, 제6판, 박영사, 2021, 82－83면; 이주원, 형법총론, 박영사, 2022, 54－56면. "합일태적 범죄체계가 오늘날 지배적인 입장이다. 모든 범죄체계론이 제시하는 가벌성 판단의 전체 목록은 동일하다. 범죄체계는 단지 문제를 분류할 뿐 궁극적으로 해결하는 것은 아니다."; 이형국 · 김혜경, 형법총론, 제7판, 법문사, 2023, 106－109면. "본서의 범죄론은 합일태적 범죄론 체계를 기초로 한다."

33) 이재상 · 장영민 · 강동범, 형법총론, 100면. 각주 2 참조.

게 판단한다.

2. 위전착 해결방안 논쟁

(1) 2단계 범죄체계

2단계 범죄체계는 범죄성립체계를 불법과 책임으로 구분한다. 불법은 구성요건과 위법성이다. 구성요건을 적극적 구성요건이라 하고, 위법성을 소극적 구성요건으로 한다. 위전착을 구성요건 착오라고 말한다. 장점은 고의 과실을 간단하게 구분할 수 있다.

그러나 2단계 범죄체계는 위법성의 독자성을 간과한다는 비판을 받고 있다. 2단계 범죄체계는 현재 우리 형법이 지향하는 범죄체계가 아니다.[34] 형법은 구성요건·위법성·책임을 명확하게 구분한다. 3단계 범죄체계이다. 따라서 법원은 2단계 범죄체계로 위전착 문제를 해결할 수 없다. 법원은 형법해석에서 범죄성립 3단계 체계를 존중해야 한다. 이것이 이론과 실무가 만나는 지점이다.

(2) 신고전적 범죄체계

고전적 범죄체계는 19세기 말에 독일 형법학자 벨링(Beling)과 리스트(Liszt)가 주장하였다. 고전적 범죄체계는 인과적 행위론에서 형성되었다. 1953년 우리나라 제정형법은 고전적 범죄체계에서 출발했다. 신고전적 범죄체계는 수정된 고전적 범죄체계이다. 20세기 초에 골격을 유지한다. 신고전적 범죄체계는 고의와 과실을 모두 책임 요소로 파악한다.[35] 직접 착오·간접 착오·위전착도 모두 법률의 착오로 본다. 그래서 위전착의 해결방안은 엄격책임설이다. 위법성 인식은 책임의 독자 요소이다. 형법 제16조에 근거하여 책임을 조각한다.[36] 정당한 이유가 있으면 무죄이고, 없으면 유죄이다. 유죄의 경우 양형에서 형벌 목적를 고려한다.

그러나 신고전적 범죄체계는 지금 우리 형법이 지향하는 범죄체계가 아니다. 인과적 행위론에 기반을 두고 3단계 범죄체계를 취하고 있는 점은 수용할 수 있

34) 임웅, 형법총론, 139－140면. 360면.
35) 김성룡, 현행법체계에서 위법성 조각사유의 전제조건에 관한 착오의 해석론, 326면.
36) 김성돈, 형법총론, 제8판, 성균관대학교출판부, 2022, 424－430면(428면).

지만, 고의와 과실을 구성요건요소에 배제하는 점은 수용할 수 없다. 고의와 과실을 구성요건 단계에서 확정해야 구성요건 포섭이 가능하기 때문이다.

위전착은 독특한 제3의 착오 유형이다. 형법 제16조 법률의 착오로 유죄 또는 무죄로 양단할 사안이 아니다. 위법성 착오가 아니면 형법 제16조를 적용할 수 없다. 이것이 죄형법정주의이다. 법원은 신고전적 범죄체계와 형법 제16조 법률의 착오로 위전착 문제를 해결할 수 없다. 제3의 착오 유형을 오늘날 범죄체계에도 맞지 않는 방법으로 형법해석을 할 수 없기 때문이다.

(3) 목적적 범죄체계

목적적 범죄체계는 1960년대 독일 형법학자 벨첼(Welzel)이 주장하였다. 목적적 행위론이 기초가 되었다.[37] 고의를 책임요소에서 주관적 구성요건요소로 옮겨왔다.[38] 고의는 위법성의 인식에서 분리되어 구성요건요소가 되었다.

목적적 범죄체계에서 고의와 과실은 주관적 구성요건 요소이다. 다만 위법성 인식은 독자적인 책임요소이다. 형법 제16조 법률의 착오는 책임요소이다.

목적적 범죄체계는 위전착을 형법 제16조 법률의 착오로 해결한다. 그 해결 방안은 엄격책임설이다. 형법 제16조 법률의 착오에 근거하여 책임을 조각한다.[39] 구성요건 고의를 인정하면서 위전착을 위법성 착오로 본다. 목적적 범죄체계는 신고전적 범죄체계보다 진일보하였지만, 여전히 제3의 착오 유형을 위법성 착오 유형으로 보는 점은 비판을 면할 수 없다. 따라서 법원은 위전착 문제를 목적론적 범죄체계에서 해결해서는 안 된다.

(4) 신고전적 범죄체계와 목적론적 범죄체계의 융합인 합일태적 범죄체계

합일태적 범죄체계는 신고전적 범죄체계와 목적론적 범죄체계의 절충적 범죄체계이다. 현재 형법학계에서 지배적인 학설이다.[40] 형법 제13조 고의와 제14

37) 이재상·장영민·강동범, 형법총론, 100면.

38) 임웅, 형법총론, 145면.

39) 김종원, 정당화사정의 착오에 관한 일고찰—특히 법효과제한적 책임설에 관하여, 고시연구 1993년 3월호, 고시연구사, 20면.

40) 학설에 대하여 이재상·장영민·강동범, 형법총론, 100면; 임웅, 형법총론, 144면; 이형국·김혜

조 과실은 구성요건과 책임에서 모두 독자 기능이 있다. 소위 이중 기능이다.

현행 우리 형법 조문을 '70년 동안 발전한 합일태적 범죄체계'로 해석해도 무리가 없다. 형법은 제13조 · 제14조 · 제15조 · 제16조 · 제17조 · 제18조 · 제19조를 모두 제2장 제1절에 함께 규정하고 있다. 구성요건요소를 모두 모아 놓은 것이다. 인과적 행위론 · 목적적 행위론 · 사회적 행위론을 포함한 입법체계이다.

위전착은 제3의 착오 유형이다. 합일태적 범죄체계에서 해결방안은 책임과실이다. 쉽게 말하면 책임 단계에서 책임고의를 묻지 않고 축소하여 책임과실만 묻는 것이다. 형법 제13조 고의에 근거하여 책임고의를 조각한다. 즉 구성요건 고의를 인정하면서 책임에서 과실을 인정한다. 이론적 모순이라는 비판도 있다.[41] 그러나 많은 학자는 법효과 제한적 책임설이라고 말한다. 용어와 표현이 정확한지 의문이다. 그냥 책임과실이다. 위전착은 형법 제14조에 근거하여 책임과실으로 해결하면 된다.

형법 제정 당시 우리 입법자는 위전착 문제를 알고 있었지만, 입법 과정에서 위전착 관련 과실책임 규정을 삭제하였다.[42] 법원은 위전착을 합일태적 범죄체계로 해결해야 한다. 형법 제13조와 제14조 이중 기능을 해석에 적극 반영해야 한다.

(5) 사견

한국 형법의 정체성(正體性)은 죄형법정주의이다. 위전착은 한국 형법에서 길을 잃었다. 형법전에 제3의 착오 유형을 규정하지 못했기 때문이다. 그 사이 범죄체계는 진화했다. 합일태적 범죄체계까지 왔다.

경, 형법총론, 107－108면 참조; 오영근, 형법총론, 83면. "우리나라의 다수설이다."; 김혜정 · 박미숙 · 안경옥 · 원혜욱 · 이인영, 형법총론, 241－243면; 이주원, 형법총론, 242－249면 참조.

41) 김일수 · 서보학, 새로쓴 형법총론, 194면.

42) 신동운 편저, 형법 제 · 개정 자료집, 연구총서 09－25－07, 형사정책연구원, 2009, 371면: 제2절 우리 형법전에 나타난 형법민주화의 조항 엄상섭 설명. "오상방위(誤想防衛)의 경우에 있어서의 그 오상(誤想)함에 대한 참작해 주어야 할 조건이 구비되었을 때에는 정당방위와 동일한 법적 효과를 부여하려는 것인즉, 이것도 인지상정을 형법세계에서 고려하여 실정에 맞도록 하려는 것에 입법의도가 있는 것이다. <중략> '심야 삼경(三更)에 아무 말도 없이 월단입래(越壇入來)하는 사람이 손에 흉기마저 가졌다'면 그 사람이 비록 모종 범행 후 경관으로부터의 추행(追行)을 피하여 친우 집에 잠시 은신하려고 뛰어 들어왔다고 하더라도 그 집의 주인은 그를 강도로 오인하고 그에 대하여 정당방위를 할 수 있을 것 아닌가? 이런 경우에도 정당방위의 요건이 결여되었다고 하여 꼭 처벌해야 할 것인가?"

위전착은 범죄성립체계와 깊은 관련이 있다. 그럼에도 우리나라 형법학계는 범죄체계와 위전착 문제를 종합하여 고찰하지 않는다. 그래서 학설 논쟁이 심하다.[43] 어떤 경우는 2단계 범죄체계로 해결하고, 또 어떤 경우는 위전착 착오 유형을 허용구성요건의 착오 유형으로 보며, 또 어떤 경우는 사실의 착오 유형으로 본다. 제3의 착오로 그 독자성을 알면서도 구성요건 착오 또는 위법성의 착오로 보고 형법 제13조를 유추하고 있다. 또 형법 제16조를 제한적 책임론으로 해석하고 있다. 현재 진화한 범죄체계에 보조를 맞추지 못하고 있다.

형법학계의 논의과정을 보면, 착오 유형의 분석과 합일태적 범죄체계를 고려하고 있는지 의문이다. 법률 적용의 공식이 다르다. ① 형법 제13조 적용설(2단계 범죄체계 · 소극적 구성요건이론 · 문채규 · 하태인), ② 형법 제16조 적용설(3단계 범죄체계 · 신고전적 · 목적적 범죄체계 · 엄격책임설 · 김종원 · 오영근[44] · 김성돈[45] · 김성룡), ③ 형법 제13조 유추적용설(합일태적 범죄체계 · 김일수[46] · 서보학 · 장영민), ④ 형법 제13조 이중적용설(합일태적 범죄체계 · 고의 · 과실 이중기능설), ⑤ 형법 제13조 제한적용설(합일태적 범죄체계 · 법효과 제한적 책임설 · 이형국 · 김일수 · 배종대 · 박상기 · 서보학 · 손동권 · 손해목 · 신동운 · 이형국 · 임웅 · 정영일 · 정진연 · 홍영기 · 김혜경),[47] ⑥ 양형론(신고적적 범죄체계 · 오영근 · 김성룡) 등이다. 위전착 문제는 이처럼 해결방안이 다양하다.[48] 그러나 우리가 합일태적 범죄체계와 위전착 문제를 연결하여 고찰하면, 결

43) 시대적 흐름에 따라 학설 논쟁사를 다룬 논문으로 김종구, 우리 형법학에서 정당화 사정의 착오론의 의미, 형사법연구 제28권 제1호, 2016, 61－100면. 1980년대 이후 위전착 논문을 자세히 소개하고 있다(65면 각주 13); 신동운, 형법총론, 제1판, 법문사, 2001, 399－410면.

44) 오영근, 형법총론, 제6판, 박영사, 2021, 83면. "위법성조각사유의 요건사실의 착오에 대해 책임고의의 탈락을 이유로 과실책임만을 인정하는 제한책임설보다는 고의범의 효과를 인정하는 엄격책임설이 더 타당하다고 생각한다."

45) 김성돈, 형법총론, 제8판, 성균관대학교출판부, 2022, 424－430면(428면).

46) 김일수 · 서보학, 새로쓴 형법총론, 194면. "결론적으로 구성요건착오유추적용설을 지지한다. 큰 이론적 무리 없이 정당화 상황을 착오하여 행위한 자에 대한 과실책임을 이끌어 낼 수 있기 때문이다."

47) 이형국 · 김혜경, 형법총론, 296면. "법효과제약적 책임설은 고의의 이중적 기능을 인정하는 합일태적 범죄론체계에도 가장 잘 합치된다."
생각건대 rechtsfolgendeeinschränkende oder rechtsverfolgenverweisende Schuldsheorie. 이 이론은 독일에서 다수설이다. 독일어를 번역하면 '법효과를 제한하는 책임이론 또는 법효과를 완화하는 책임이론'이다. 그런 취지라면 우리는 한국 형법 제14조 과실에서 법리를 구성할 수 있다.

48) 학설 대립에 관해서 이형국 · 김혜경, 형법총론, 제7판, 법문사, 2023, 293－298면 참조; 김혜정 ·

론은 명확하다. 위전착은 형법 제13조와 제14조로 연결되어 있다. 이 문제를 정확히 인식하면 학설 대립을 대폭 줄일 수 있다. 결론은 형법 제14조 적용설이다.

신고전적 범죄체계는 고의·과실의 이중적 기능을 인정하지 않는다. 이 입장에서 형법 제16조 법률의 착오 적용설이 나온다. 소위 엄격책임설이다. 위전착을 제3의 착오 유형으로 보지 않는다. 이러한 관점은 합일태적 범죄체계와 부합하지 않는다.

반면 합일태적 범죄체계는 고의·과실의 이중적 기능을 인정한다. 이 입장에서 형법 제16조 법률의 착오 적용설이 나온다. 소위 법효과 제한적 책임설이다. 그러나 책임과실에 대한 명확한 법적 근거가 없다. 법효과 제한적 책임설은 합일태적 범죄체계와 부합하지만, 형법 제16조 문제가 아니고, 형법 제14조 과실 문제라는 점을 명확하게 설명하지 않는다. 제3의 독자적 착오를 인정하면서도 책임단계에서 과실범으로 의제한다고 한다. 구성요건 고의 인정과 책임 고의 조각의 구조이다.

나는 '법효과 제한적 책임설이란 표현'에 의문이 있다. '책임고의를 적용하지 않고 그냥 책임과실을 묻는다'라는 의미로 이해는 하지만, 형법 제16조 법률의 착오를 제한적 책임론으로 해석할 수는 없다. 형법 제16조는 책임과실을 명문화한 규정이 아니기 때문이다.

그렇다면 제3의 착오를 인정하면서 합일태적 범죄체계에 부합한 해결은 형법 제14조 밖에 없다. 과실은 이중 기능이 있기 때문이다. 책임고의를 부정하고 책임과실만 인정하면 된다. 이것이 현행법 해석에 가장 부합한다. 형법 제16조 법률의 착오는 위전착 해결방안이 절대 될 수가 없다. 형법 제16조는 법률의 착오를 규정한 조문이다. 이 조문에 제3의 착오 유형도, 책임과실 내용도 없다. 법원은 이 점을 정확히 인식해야 한다. 제정 입법자 엄상섭 전 의원은 위전착은 형법 제21조 제3항으로 해석하라고 말한다. 정당방위와 결론이 같아야 한다고 말한다.[49]

박미숙·안경옥·원혜욱·이인영, 형법총론, 제2판, 피앤씨미디어, 2019, 241－243면 참조; 이주원, 형법총론, 박영사, 2022, 242－249면 참조.

49) 신동운 편저, 형법 제·개정 자료집, 371면.

Ⅳ. 맺으며

1. 대한민국 형법은 인과적 행위론·목적적 행위론·사회적 행위론이 모두 반영된 입법체계이다. 구성요건 착오는 형법 제13조로 해결하고, 위법성의 착오는 형법 제16조로 해결한다. 유죄 또는 무죄이다. 사실의 착오와 법률의 착오가 혼합된 제3의 착오[50]는 명문 규정이 없다. 이것이 위전착의 딜레마(dilemma)이다.

2. 위법성조각사유의 객관적 전제사실(요건사실)의 착오는 위법성조각사유의 객관적 성립요건을 충족하는 사실이 없음에도, 행위자가 그러한 사실이 있다고 오인하고 방위행위·피난행위·자구행위·정당행위를 하는 경우이다. 다시 말하면 행위자가 객관적으로 존재하지 않는 상황을 잘못 믿고, 구성요건 결과를 실현하는 행위를 말한다. 오상방위·오상긴급피난·오상자구행위·오상정당행위를 생각할 수 있다. 위전착은 구성요건 착오가 아니다. 그리고 위법성의 착오도 아니다. 형법에서 완전히 독자적인 제3의 착오 유형이다.

3. 위법성조각사유의 객관적 요건은 그 요건이 충족되어야만 행위의 위법성이 조각된다. 위전착의 경우 위법성의 객관적 요건이 충족되지 않았기 때문에 어떤 경우에도 '위법성'은 조각될 수 없다. 대법원 판례의 입장은 '위법성을 조각'하기 위하여 객관적 요건이 결여되어 있음에도 오인의 정당한 이유를 들어 위법성 조각을 인정하려고 한다. 그러나 범죄체계 관점에서 수긍하기 어렵다.[51] 또한 이 문제에 대해 엄격책임설의 입장이라면, 형법 제16조 적용을 통해 책임조각의 결론을 내리는 것이 범죄체계론에 부합한다. 그러나 이 주장도 독자적인 제3의 착오 유형의 관점에서 수긍하기 어렵다.

4. 2023년은 형법 70주년이다. 1953년 9월 18일 제정된 형법은 그해 10월 3일부터 시행되면서[52] 70년 동안 24차례[53] 성형수술을 하였다. 범죄체계는 4차례

50) 이형국·김혜경, 형법총론, 293면. "위법성조각사유의 객관적 전제사실에 대한 착오는 객관적 상황이라는 사실의 착오이지만 구성요건에 대한 사실의 착오가 아니므로 구성요건 착오라고 할 수 없고, 위법성조각사유(위 사례의 경우 정당방위)와 관련되어 있지만 규범에 대한 이해에 관한 착오가 아니라 사실관계에 관한 착오이므로 금지착오의 범주도 아니다."

51) 김일수·서보학, 새로쓴 형법총론, 195면.

52) 형법 제정 1953. 9. 18. [법률 제293호, 시행 1953. 10. 3.] 법무부.

53) 형법일부개정 2023. 8. 8. [법률 제19582호, 시행 2023. 8. 8.] 법무부.

진화했다. 현재 형법학계의 지배적인 범죄체계는 합일태적 범죄체계이다. 신고전적 범죄체계와 목적론적 범죄체계의 절충적·합일태적 범죄체계이다. 합일태적 범죄체계에 따르면 형법 제13조 고의는 이중 기능을 갖는다. 구성요건 고의와 책임 고의이다. 형법 제14조 과실도 마찬가지다. 구성요건 과실와 책임 과실이다. 위전착은 합일태적 범죄체계로 해결해야 한다. 이것이 범죄체계에 맞는 올바른 해석방법이다. 학자들은 이를 법효과 제한적 책임설이라고 말한다. 이런 용어와 표현도 사실 불필요하다. 법적 근거가 없기 때문이다. 그냥 책임과실이다. 위전착은 형법 제14조 과실에 근거하여 책임 과실로 해결하면 된다. 비록 구성요건 고의가 있어도 법적대적 감정이 없다면 책임 고의를 물을 수 없다. 이것이 합일태적 범죄체계와 책임과실설이다. 과실범 처벌규정이 있어야 범죄가 성립한다.

5. 위전착은 형법 제16조 법률의 착오로 해결할 수 없다. 왜냐하면 형법 제16조는 제3의 착오 유형을 해결하는 법조문이 아니기 때문이다. 위전착은 위법성 착오의 한 유형이 될 수 없다. 신동운 교수의 지적처럼, “행위자는 구체적이고 객관적인 상황에 대하여 오인하고 있다. 또한 자신의 행위가 불법이 된다는 점을 인식하지 못하고 있다. 위전착은 형법 제16조보다 오히려 형법 제13조와 제14조에 가깝게 위치하고 있다.”[54] 고의·과실의 이중 기능을 형법 제16조에서 도출할 수 없다. 엄격책임설과 제한적 책임설은 위전착에 대한 정확한 형법해석이 아니다. 책임 고의를 조각하거나 책임을 감면한다고 바로 책임 과실을 물을 수 있는 것이 아니다. 법적 근거가 없다. 이러한 시도는 합일태적 범죄체계에도 부합하지 않는다. 형법 제13조와 제14조의 기능을 적극 고려하지 않기 때문이다. 형법 제14조 법리를 살려야 한다.

6. 위전착 문제는 착오 유형과 범죄체계의 근본 문제를 안고 있다. 그럼에도 우리나라 형사재판에서 쟁점이 될 가능성이 아주 높다. 이미 헌법재판소도 결정문에서 위전착 문제를 언급하고 있기 때문이다. 현재 상황을 보면, 위전착 문제는 학설 대립이 너무 심하다. 그 이유는 착오 유형의 독자성과 범죄체계를 정확하게 종합하여 고찰하지 않기 때문이다. 더 깊이 들여다보면 결정적인 문제는 입법이다. 형법은 위전착을 해결하는 명문 규정을 두지 않았다. 헌법재판소도 입법불비

54) 신동운, 형법총론, 제15판, 법문사, 2023, 472면.

를 지적하고 있다.

7. 그렇다면 현행 조문으로 현재 지배적인 합일태적 범죄체계에서 위전착을 해석한다면, 도대체 몇조를 적용해야 할까. 정답은 형법 제14조 과실 규정밖에 없다. 법효과를 제한하는 책임설과 결론은 동일하다. 형법 제16조 해석으로 제한적 책임을 도출할 수 없다. 형법 제16조보다 형법 제14조가 범죄체계에 부합하고 법리에 맞다.

8. 검사는 <위전착 사건>에서 당연히 형법 제250조 제1항 살인죄로 기소한다. 재판 중에 위전착 사례로 판단되면 검사는 형법 제268조 업무상과실치사죄로 공소장을 변경한다. 형법 제14조(과실)는 '정상적으로 기울여야 할 주의를 게을리하여' '죄의 성립요소인 사실을 인식하지 못한 행위는' '법률에 특별한 규정이 있는 경우에만 처벌한다.'[55] [전문개정 2020.12.8.] <위전착 사건>은 ① 정상적으로 기울여야 할 주의를 게을리한 행위이며, ② 죄의 성립요소인 사실을 인식하지 못한 행위이다. ③ 법률에 특별한 규정이 있는 경우에만 처벌한다. 제3의 착오유형의 특수성을 고려하고, 현행 범죄체계에서 채택할 수 있는 최적의 해석방법이다. 합일태적 범죄체계에서 고의와 과실은 이중 기능이 있다. 이렇게 깔끔한 해결방안이 있음에도 우리는 복잡한 논쟁을 하고 있다.

9. 형법 제16조(법률의 착오)는 '자기의 행위가 법령에 의하여 죄가 되지 아니하는 것으로 오인한 행위는' '그 오인에 정당한 이유가 있는 때에 한하여' '벌하지 아니한다. ① 자기의 행위가 법령에 의하여 죄가 되지 아니하는 것으로 오인한 행위이며, ② 그 오인에 정당한 이유가 있는 때에 한하며, ③ 두 요건을 모두 충족하면 벌하지 아니한다. 형법 제16조가 엄격책임설이다. 위전착은 형법 제16조가 규정한 착오가 아니다. 착오 유형이 다르다. 형법 제16조에서 제한적 책임 또는 법효과 제한적 책임을 도출할 수 없다. 물론 구성요건해당성이 고의라도 책임에서 과실을 줄 수 있다. 그러나 책임과실을 부과할 법적 근거가 어디에 있는가. 구성요건과 위법성 단계에서 고의 법리 구성하더라도, 책임에서 과실을 줄 수 있다는 논리는 형법 제16조 해석에서 불가능하다. 차라리 이 논리보다 공소장변경론이 더 설득력이 있을 것이다.

---

55) 형법 일부개정 2023. 8. 8. [법률 제19582호, 시행 2023. 8. 8.] 법무부.

10. 가장 바람직한 해결방안은 입법론이다. 위전착 논쟁을 종식하는 유일한 방법이다. 형법 제16조 법률의 착오를 개정하는 방안이다.[56] 형법 정신은 죄형법정주의에 있다. 형법 제16조 법률의 착오는 오래된 규정이다. 1953년 입법 당시 책임과실을 명문화하지 못했다. 위전착을 형법 제21조 제3항으로 해결할 수 있다고 생각했다. 형법은 이론 발전을 법조문에 반영해야 한다. 형법 제16조 제2항에 위전착 조문을 신설하면 된다. 제목을 수정하고, 위전착을 명확하게 규정해야 한다. 그러면 법적 근거가 미약한 학설 논쟁은 사라진다. 위전착이 책임 제한 문제라면, 책임단계에서 과실 법리가 더 명확하게 드러나도록 입법해야 한다. 그러면 경찰·검찰·법원에서 업무를 대폭 줄일 수 있다.

11. 과실행위로 발생하는 위전착의 경우, 정당한 이유가 있으면 무죄를 선고해야 한다. 이것도 형법 제16조에 명확히 규정할 필요가 있다.[57] 현행 조문을 해석한다면, 과실범으로 처벌할 수밖에 없다. 이 경우 양형에서 책임 범위를 조정하면 된다.

12. 오스트리아 형법 제8조[58]가 연구 대상이 될 수 있다. 장점은 3단계 범죄

---

56) 하태영, 『위법성조각사유의 객관적 전제사실에 대한 착오』 종합 고찰, 57면 이하. 형법 제16조 제1항은 제한책임을 규정하고, 제2항은 엄격책임을 규정해야 한다. 명칭도 제1항은 위법성조각사유 전제사실 착오 또는 정당화사유 사실 착오로 하고, 제2항은 법률착오로 한다. 오스트리아 형법 제8조(위법성조각사유 전제사실 착오, § 8 ÖStGB Irrtümliche Annahme eines rechtfertigenden Sachverhaltes)를 참조할 필요가 있다. 형법이론은 형법에 근거하여 발전해야 한다. 형법 조문에 통설인 합일태적 범죄체계가 반영되어야 한다. 위법성인식·위법성착오·위법성조각사유 전제사실 착오를 책임 영역에서 명확하게 규정하고, 고의책임·과실책임에 대한 해석방법을 통일할 필요가 있다. 형법 제13조와 제16조가 연결되어 있다면, 형법 제14조와 연결되는 조문이 책임 영역에서 필요하기 때문이다. 명확하게 입법이 되면, 위법성조각사유의 객관적 전제사실 착오는 형법 제16조 제1항으로 해석할 수 있다. 행위자에게 과실책임을 묻는다. 과실행위로 발생한 위법성조각사유의 전제사실 착오는 형법 제16조 제2항을 적용하여 정당한 사유가 있으면 무죄를 선고할 수 있다.

57) 하태영, 『위법성조각사유의 객관적 전제사실에 대한 착오』 종합 고찰, 61면 이하.

58) § 8 ÖStGB Irrtümliche Annahme eines rechtfertigenden Sachverhaltes

Wer irrtümlich einen Sachverhalt annimmt, der die Rechtswidrigkeit der Tat ausschließen würde, kann wegen vorsätzlicher Begehung nicht bestraft werden. Er ist wegen fahrlässiger Begehung zu bestrafen, wenn der Irrtum auf Fahrlässigkeit beruht und die fahrlässige Begehung mit Strafe bedroht ist.

오스트리아 제8조(위법성조각사유 전제사실 착오) 행위의 위법성을 조각하는 사실을 착오로 오인한 사람은 고의기수행위로 처벌될 수 없다. 착오가 과실에 근거하고 과실기수행위가 법률로 처벌된다면, 위법성조각사유 전제사실착오는 과실기수행위로 처벌될 수 있다. ☞ 위법성조각사유 전제사실 착오=제한책임설=과실책임 입법. [출전] https://www.jusline.at/gesetz/stgb/

체계를 유지하면서, 고의·과실의 이중적 기능을 인정하고, 제3의 독자적인 착오를 해결하는데 명확하기 때문이다. 이 조문은 죄형법정주의와 형법 정신이 조화를 이루고, 범죄체계와 정밀한 형법해석을 지원하고 있다.

13. "형사법은 사람을 처벌하기 위한 법이다. 법률을 명확하게 규정하여 오해가 없도록 해야 한다. 여러 가지 해석이 가능하다는 것은 좋은 법이 아니다."[59)]

14. 법원도 가벌성 판단의 구조화를 위해 형법 개정에 적극적으로 의견을 낼 필요가 있다. 법원 업무를 줄이기 때문이다. 위전착이 이러한 문제이다.

15. "문학은 사랑을 배우기 위한 인간의 노력이다."[60)] – 나림 이병주

16. "형법학은 인간을 지키기 위한 인간의 노력이다." – 나림 이병주

17. "형법은 고의범만 처벌한다. 과실범은 우리가 약속한 범죄만 처벌한다." – 죄형법정주의(罪刑法定主義) 사법 권력은 국민이 위임한 공권력이다. 형사사법기관은 죄형법정주의 정신을 명심해야 한다. 특히 유추금지이다.

18. 법원은 위법성조각사유로 끝낼 사안과 위전착으로 끝낼 사안을 명확하게 구분해야 한다. 위전착 유형 선별화이다. 그다음 범죄체계에 따른 정밀한 형법해석이다. 합일태적 범죄체계이다. 이어서 형법 조문의 기능을 해석하여 적용한다. 형법 제14조 과실 해석의 명료화이다. 이러한 해석방법이 바로 국민을 위한 사법이다. 대법원 판례도 진화(進化)해야 한다.

---

paragraf/8.

59) 김신, 동아대학교 법학전문대학원 석좌교수(전 대법관) 이메일 대담, 2021년 4월 12일.

60) 이병주, 악녀(惡女)를 위하여, 창작예술사, 1985, 서문.

12. 형법 제16조와 법률의 부지 문제

—형법 제16조의 적용대상에서 법률의 부지를 배제하는 것—

문채규 교수(부산대학교 법학전문대학원)*

[대상판결]

대법원 2011. 10. 13. 선고 2010도15260 판결

[대상판결] 형법 제16조에 의하여 처벌하지 아니하는 경우란 단순한 법률의 부지의 경우를 말하는 것이 아니고, 일반적으로 범죄가 되는 행위이지만 자기의 특수한 경우에는 법령에 의하여 허용된 행위로서 죄가 되지 아니한다고 그릇 인식하고 그와 같이 인식함에 있어 정당한 이유가 있는 경우에는 벌하지 아니한다는 취지이므로, 피고인이 자신의 행위가 구 건축법상의 허가대상인 줄을 몰랐다는 사정은 단순한 법률의 부지에 불과하고 특히 법령에 의하여 허용된 행위로서 죄가 되지 않는다고 적극적으로 그릇 인식한 경우가 아니어서 이를 법률의 착오에 기인한 행위라고 할 수 없다.

(사실관계) 피고인이 관할 관청의 허가를 받지 않고 주택을 건축하였다는 공소사실에 대하여, 원심은 건축 관련 규제나 행정절차 등을 잘 몰라 건축사에게 건축 관련 모든 일을 맡겼기 때문에, 그 주택이 허가대상이라는 점을 몰랐을 뿐 아니라 그 주택이 '제2종 지구단위계획구역 안에서의 건축'에 해당한다는 사실조차도 몰랐다는 피고인의 주장을 받아들여 무죄를 선고하였다.

(대법원의 판단) 피고인이 이 사건 주택의 건축이 제2종 지구단위계획구역 안에서의 건축에 해당한다는 사실을 알았다고 볼 여지가 충분하고, 그럼에도 불구하고 그 건축이 구 건축법상 허가대상인 줄 몰랐다면 이는 단순한 법률의 부지에 불과하여 구 건축법 위반죄의 성립에 아무런 영향을 미치지 못한다고 판단하여 원심판결을 파기·환송하였다.

---

* 문채규 부산대학교 법학전문대학원 교수는 고려대학교에서 법학박사학위를 받았고, 한국비교형사법학회 회장 및 대법원 양형위원회 자문위원 등을 역임하였다.

Ⅰ. 문제점

1. 법률의 부지가 제16조의 적용대상에서 제외되는가?

대상판결은 피고인이 허가대상으로 지정된 특정구역 내에서 건축을 한다는 사실을 알았다면 구 건축법상의 무허가건축에 대한 처벌법규의 고의가 인정되고, 그럼에도 피고인이 그 건축이 허가의 대상이라는 점을 몰랐다면 이는 단순한 법률의 부지로서 제16조 소정의 법률의 착오가 적용되지 않는다고 한다. 이러한 대법원의 입장이 제16조와 부합하는가?

2. 판례는 일관성이 있는가?

대상판결은 법률의 부지가 제16조 법률의 착오에 해당하지 않는다는 입장을 분명히 밝히고 있는데, 이러한 입장이 대법원의 확고한 입장으로서 모든 판결에 일관되게 관철되고 있는가?

Ⅱ. 쟁점 및 검토

1. 법률의 부지 포함 여부

(1) 학설

1) 입법이유 및 취지에 의거한 역사적 해석

형법제정 당시 국회 법제사법위원장으로서, 법전편찬위원회가 마련한 1951년의 형법전 정부초안에 대한 심사와 국회법사위 수정안의 작성을 주도한 엄상섭 의원은 제16조의 입법이유를 "'법을 모른다고 하여 처벌을 면할 수 없다.'라는 것이 형법상의 원칙이거니와 이 원칙의 절대적인 적용만으로는 심히 가혹하여 행위자로서는 억울키 한량없는 경우가 있는 것이다. 더구나 법이론은 정교해짐에 불구하고 각종 형벌법규는 가일층 복잡화 되는 반면에 일반 민중의 직업상의 노력의 양이 증가하기만 하는 사회 추세에 비추어 일반 민중으로서는 범법이 되는 것인가, 아니 되는 것인가를 알기 어려운 경우가 많아진다는 것을 시인할 때, '법의 부지는 면책사유가 되지 못한다.'라는 것만으로는 현실과 실정을 무시하는 노릇이다. 특히 행정범에 있어서 그러하다."라고 밝힌 바 있다.[1)]

제16조의 입법취지에 관한 이러한 해설을 보면, 제16조 법문의 "법령"은 '허용규범'뿐만 아니라 '금지규범'을 포함한다는 것이 입법취지였다. 위 엄상섭 의원의 입법이유 설명 중, 가일층 복잡화되는 '형벌법규'나 '행정범'의 근거 법규는 분명 허용법규가 아니라 명령법규를 가리키는 것이기 때문이다. 따라서 제16조의 "법령에 의하여 죄가 되지 아니하는 것"은 '허용규범에 의하여 죄가 되지 아니하는 것'을 의미하는 것이 아니라 금지규범과 허용규범을 망라하여 널리 '법령상 죄가 되지 아니하는 것'을 의미하는 것으로 해석하는 것이 입법취지와 일치하는 해석이라 할 수 있다.

2) 법률의 부지 불포함설

이 견해는 제16조의 문언에 충실할 때, 제16조는 위법성조각사유에 의하여 죄가 되지 않는 것으로 오인한 '간접적 금지착오'사례만을 규율하는 것인데, 다만 직접적 금지착오사례 중에서 포섭의 착오와 효력의 착오는 '법령상'으로 죄가 되지 아니한 경우로 오인한 경우에 해당할 수 있기 때문에 제16조의 적용대상으로 인정할 여지가 있으나, 단순한 법률의 부지는 제16조의 규율대상에 속하지 않는다고 한다.[2)]

3) 법률의 부지 포함설

이 견해는 현재 이론적으로 금지착오의 범위에 속하는 모든 유형이 제16조의 규율대상이 되며, 따라서 법률의 부지도 제16조에 의하여 규율된다고 본다. '법률의 부지'란 '법률의 부지에서 야기 된 법률의 착오'라고 할 수 있으므로, 형법

1) 엄상섭, 우리 형법전에 나타난 형법민주화의 조항, 법정(法政), 제10권 제11호, 통권 제79호(1955년 11월), 3면 이하(신동운·허일태 편저, 효당 엄상섭 형법논집, 2003, 서울대학교출판부, 75면 이하 참조).

2) 김성돈, 형법총론 제2판(2009), 370면.

제16조에서 법률의 부지를 제외하는 것은 피고인에게 유리한 규정을 축소해석 하는 것으로서 허용되지 않는다거나,[3] "형법 제16조는 위법성에 관한 모든 착오유형을 포함한다고 해야 하고 … 법률의 부지도 형법 제16조의 대상으로 삼고 있다."라거나,[4] "'법령에 의하여 죄'가 되지 아니하는 것으로 오인한다는 것은 자기 행위가 위법하지 않다고 오인한 것으로서 위법성의 인식이 없는 위법성의 착오를 말한다."라거나,[5] "'법령에 의하여 죄가 되지 아니한다.'라 함은 법질서 전체의 입장에서 볼 때 죄가 되지 아니한다."라는 것을 의미한다거나,[6] 또는 제16조의 법문이 '오인한 행위'라는 표현을 사용하여 법률의 착오가 적극적으로 착오를 일으킨 경우만을 의미하는 것처럼 보이나 소극적으로 법률을 알지 못했던 경우(법률의 부지)도 이에 포함된다고 해석함이 타당하다는[7] 등의 견해가 이에 해당한다. 우리나라의 다수설이라 할 수 있다.

4) 법률의 부지 일부 포함설

이 견해는 제16조가 기본적으로 직접적 금지착오와 간접적 금지착오를 모두 포함하는 것으로 보면서도, 다만 직접적 금지착오 중에서 금지규범의 부지로 인하여 자기의 행위가 위법하지 않다고 적극적으로 표상한 경우는 제16조의 규율대상이 되지만, 금지규범의 부지로 인하여 단지 소극적으로 위법하다는 인식을 하지 못했을 뿐인 경우는 제16조의 규율대상이 아니라는 견해이다.[8]

5) 유추적용설

이 견해는 제16조가 법문상으로는 법률의 부지를 포함하지 않지만, 위법성을 인식하지 못한 이유가 법률의 부지에 있든 허용규범의 착오에 있든 본질적인 차이가 없으므로 법률의 부지로 인하여 자기의 행위가 법령에 의하여 죄가 된다는 사실을 인식하지 못한 경우에도 제16조를 유추적용하자고 한다.[9] 또한 기본적으

---

3) 오영근, 형법총론 제3판(2014), 296면.
4) 허일태, 주석형법 총칙(1) 제2판(2011), 417면.
5) 정성근·박광민, 형법총론 전정판(2012), 349면.
6) 신동운, 형법총론 초판(2001), 381, 391면.
7) 이형국, 형법총론 개정판(1996), 236면.
8) 손해목, 형법총롬 초판(1996), 635면, 641면.
9) 김태명, 판례형법총론 제2판(2016), 319면.

로는 문리해석을 통해서도 법률의 부지를 제16조에 포함시키는 것이 가능하다고 보면서도, 설령 그렇게 해석하는 것이 문리해석에 반하는 유추에 해당한다고 하더라도 행위자에게 유리한 유추로서 유추금지원칙에 위배되지 않을 뿐만 아니라, 법률의 부지를 제16조에 포함시켜 해석하는 것이 실질적으로도 타당하다는 견해도 있다.[10]

(2) 검토

법률의 부지가 제16조에 직접적 또는 간접적으로(유추적용을 의미함) 포함된다는 견해가 판례와는 달리 학설상으로는 현재 압도적인 우위를 차지하고 있는데, 이는 제정형법의 산파역을 수행한 염상섭 의원이 밝힌 입법이유에 근거한 역사적 해석은 물론이고 문리적 또는 목적론적 해석에 의하더라도 타당한 견해라 할 수 있다. 그 이유를 좀 더 구체적으로 보면 아래와 같다.

1) '법률의 부지'에서 부지의 대상

금지착오와 관련해서 법률의 부지를 말할 때의 법률이란 언제나 금지규범을 가리킨다. 즉 허용규범의 부지는 적어도 금지착오와 관련해서는 문제 삼을 여지가 없다. 자신의 행위를 일반적으로 금지하는 금지규범은 알고 있으면서, 특별히 예외적으로 그 행위를 허용하는 허용규범을 알지 못하는 경우라면 결과적으로 자기의 행위를 금지되는 행위로 계속 인식하고 있다는 의미가 되기 때문이다. 이러한 경우에는 환각범이나 불능미수범 등이 문제될 수 있을 뿐이고, 금지착오의 문제는 결코 발생할 수 없다. 따라서 법률의 부지를 금지착오에서 배제하는 것은 형식적으로는 금지착오의 절반을 제외시키는 것이며, 현실적으로는 －법률의 착오는 현실적으로 허용규범에 관한 착오보다는 금지규범에 관한 착오가 압도적으로 많으므로－ 금지착오의 대부분을 제외시키는 결과가 된다. 이는 심히 부당하다. 금지규범의 착오이건 허용규범의 착오이건 금지착오의 실질, 즉 '위법성 인식의

10) 이상돈, 형법강의 제1판(2010), 431면. 그리고 실질적으로 타당한 이유로서 ① 법정보화의 실패에 대한 책임을 개인에게만 전가시키는 것은 부당하고, ② 행정형법의 홍수 속에서 법률의 부지에 대하여 제16조에 의한 면책가능성을 전적으로 부정하는 것은 과잉금지원칙에 위배되며, ③ 로마법의 전통에서도 법정범의 경우에 특정인(예: 여성, 미성년자, 문맹자, 군인)에게 예외적으로 면책사유를 인정한 취지를 고려할 수 있음 등을 든다.

부존재' 내지 '적법성의 오인'이라는 관점에서는 아무런 차이가 없기 때문이다.

2) 위법성 인식의 부존재와 적법하다는 적극적 오인의 관계

판례는 금지착오를 "단순한 법률의 부지의 경우를 말하는 것이 아니고, 일반적으로 범죄가 되는 행위이지만 자기의 특수한 경우에는 법령에 의하여 허용된 행위로서 죄가 되지 아니한다고 그릇 인식함"으로 정의한다. 이는 제16조의 "자기의 행위가 법령에 의하여 죄가 되지 아니하는 것으로 오인함"을 해석한 것으로 보인다, 입법례를 보면 금지착오를 '위법성 인식의 부존재'로 규정하는 경우[11]도 있고, 우리 형법처럼 '위법하지 않다는 적극적 오인'으로 규정하는 경우[12]도 있다.

우리 판례는 적극적 '오인'에 주목한 나머지 단순한 법률의 부지를 금지착오에서 제외한 것으로 보인다. 금지규범에 대한 착오, 즉 적극적 금지착오의 경우에는 그 착오로 인하여 곧바로 위법성의 인식이 부존재하게 된다. 반면에 허용규범의 착오의 경우에는 자신의 행위가 적법하다고 적극적으로 오인하는 경우에만 위법성 인식이 부존재하게 된다. 허용규범의 착오의 경우에는 일반적인 금지규범의 위반에 대한 인식, 즉 자기의 행위가 일반적으로는 위법하다고 인식한 이상, 그 행위가 허용규범에 의하여 예외적으로 정당화된다고 적극적으로 표상했을 때에만 비로소 처음에 가졌던 위법성 인식이 소멸될 수 있고, 따라서 금지착오가 된다.[13] 이는 마치 객관적 정당화 사정의 존재를 적극적으로 인식하여야만 불법고의가 배제되는 것과 같은 구조이다. 객관적 정당화 사정의 착오에서는 협의의 구성요건적 상황의 인식은 이미 전제되어 있으므로, 불법고의가 배제되려면 객관적 정당화 사정의 존재를 적극적으로 인식해야만 하는 것과 같다. 이처럼 허용규범의 착오의 경우에는 적법하다는 적극적 오인이 있어야만 비로소 위법성 인식이 부정된다. 반면에 금지규범의 착오에서는 적법하다는 적극적 오인을 문제 삼을 필요 없이 곧바로 위법성 인식이 당연히 부존재한다.

그러면 법률의 부지, 즉 금지규범의 부지의 경우에는 위법성의 인식이 부존재할 뿐이고 적법하다는 적극적 오인이 없을 수도 있는 것인가? 만약 그러하다면

11) 독알, 오스트리아, 스위스 등.
12) 프랑스.
13) Nomos Kommentar/Neumann, Bd 1, 3. Aufl., § 17 Rn 10.

판례가 보는 바와 같이 법률의 부지가 제16조에 포함되지 않을 수 있을 것이다. 제16조는 분명 '오인'을 명시적으로 요구하고 있기 때문이다.

하지만 법률의 부지의 경우에는 위법하다는 인식이 없는 것에 그치지 않고 적법하다고 오인하는 것이 극히 자연스럽고 일반적이다. 행위는 위법하든지 적법하든지 둘 중에 어느 하나일 수밖에 없으므로, 위법하다는 인식이 없다는 것은 곧 적법하다는 오인이 최소한 수반의식의 형태로 존재할 수밖에 없기 때문이다.

물론 아주 극단적인 경우이긴 하지만, 위법성의 인식도 없고 적법성의 인식도 없는 경우가 있을 수 있다. 예컨대 행위를 할 때에 자기 행위의 옳고 그름, 즉 적법, 부적법 여부에 대하여 어떠한 고려도 하지 않는 이른바 '법 무관심자' 내지 '법 경멸자'의 경우를 생각할 수 있다. 이들을 금지착오에서 제외시킴으로써 그들을 책임의 부정이나 감경의 가능성에서 제외시키려는 입법적 시도가 있기도 하였다. 즉 1962년 독일형법 개정초안은 그들을 제외시키기 위하여 행위자가 불법을 행하지 않는다는 적극적인 표상을 가질 때에만 금지착오에 해당하도록 규정한 바 있다. 하지만 '법 경멸자'를 금지착오에 포함시키더라도 그들은 정당한 이유를 인정받을 수 없어 결국은 처벌을 피할 수 없을 것이기 때문에, 단지 그들을 처벌하기 위해서라면 굳이 오인이라는 적극적 표상을 고집할 이유가 없다는 비판에 부딪혔다. 물론 그 초안에 대한 더욱 근본적인 비판은 금지착오의 본질은 위법성 인식의 부존재에 있는 것이지 적법성에 대한 적극적 오인이 아니라는 것이었다. 이러한 비판들이 수용되어 개정초안은 현행 독일형법 제17조와 같이 금지착오를 위법성 인식의 부존재로 수정하였다.

독일형법 개정초안에 대한 이러한 논쟁 중에서 특히 눈여겨 볼 부분이 있다. 적극적 오인을 요건으로 하게 되면 법률의 부지가 금지착오에서 제외될 것이라는 우려는 전혀 등장하지 않았다는 점이다. 이는 법률의 부지로 위법성의 인식이 없으면, 자연히 적법하다는 적극적 오인이 수반된다는 점을 인식하고 있었기 때문이다.

앞의 입법례에서 보았듯이, 금지착오를 '위법성 인식의 부존재'로 규정하기도 하고, '적법하다는 적극적 오인'으로 규정하기도 하는데, 이러한 입법의 차이는 금지착오에 대한 기본적인 입장을 달리해서가 아니라, 어떻게 규정하든 그것에 포함되는 범위에서 ―법 경멸자를 제외하고는― 실질적으로 차이가 없기 때문이다. 따라서 형법의 '오인'이라는 요건 때문에 법률의 부지가 제16조의 적용대상에서 제외된다는 논리는 성립하지 않는다.

3) 법률의 부지가 금지착오로 자리 잡는 역사적 변천과정

금지착오를 위법하지 않다는 적극적인 표상, 즉 적법하다는 오인으로 규정하건 위법성에 대한 인식의 부존재로 규정하건 법률의 부지가 금지착오에 해당되는 데에는 하등의 차이가 없음을 앞에서 살폈는데, 이는 이미 오래전부터 학설에서는 거의 통설로 자리잡았다. 독일의 경우를 보면, 학설보다는 다소 늦은 행보를 보였지만 입법과 판례에서도 법률의 부지가 이미 금지착오로서 확고한 지위를 굳혔다고 할 수 있다. 독일에서 법률의 부지가 입법 및 판례에서 금지착오로 확립되는 역사적 변천과정을 간단히 짚어 보면 다음과 같다.

이른바 '법률의 부지는 형벌로부터 용서받지 못한다(error iuris nocet)'는 법언은 주지하듯이 이미 로마법에서 확립된 원칙이다. 이 원칙에 의거하여 과거 독일제국법원은 그 당시의 단호하고도 확고한 학설에 맞서 몇 십 년 넘게 법률의 부지를 면책 또는 책임감경 사유인 오늘날의 금지착오로 받아들이지 않았다. 독일제국법원의 그러한 입장은 형법이 기초적인 사회적 규범의 위반을 처벌하는 데에 국한되었던 그 시대에서는 어느 정도 정당시 될 수 있었다. 일정한 정신적인 능력만 갖추면 모두가 형법규범을 인식할 수 있고, 따라서 용서할 수 있는 형법규범의 부지라는 것은 생각할 수 없을 수도 있기 때문이다. 그러나 시대적 환경이 바뀌면서 부수형법의 홍수에서 보듯이 형법규범이 급속도로 팽창되었고, 그리하여 "금지착오, 즉 법률의 부지는 그 자체로 용서될 수 없기 때문에 면책되지 않는다."라는 원칙은 "금지착오, 즉 법률의 부지는 그것이 용서될 수 없는 때에만 면책되지 않는다."라는 원칙으로 변경되어야만 했다. 이러한 원칙의 변경이 독일에서는 이미 20C 초반부터 몇몇의 특별규정들에 입법적으로 반영되기 시작했다.[14)]

또한 1871년 독일제국형법전이 제59조에서 고의를 배제하는 구성요건착오만을 규정하고 금지착오는 아예 규율하지 않았다. 이러한 토대 위에서 독일제국법

14) 예컨대 그러한 원칙의 변경을 말해주는 최초의 법규라 할 수 있는 1917년의 연방의회규정(Bundesrats-VO)은 전쟁법의 예외규정들에 대한 위반을 처벌할 때 행위자가 자신이 위반한 규정의 존재 내지 적용가능성에 대한 비난할 수 없는 착오로 인하여 그 행위를 허용된 것으로 간주했다면, 행위자를 처벌하지 않았다. 그 외에도 1931년의 ReichsAbgO 제395조, 1949년의 경제형법 제31조, 1952년의 OWiG 제12조 등이 그러한 입장에 따랐다고 한다(Stratenwerth, AT Ⅰ, 1970, Rn 552.).

원은 착오를 사실의 착오와 법의 착오(Tat-und Rechtsirrtum)로 구분하면서 사실의 착오는 일반적으로 고의를 배제하는 것으로 보았다. 반면에 법의 착오는 다시 형법적인 법의 착오와 형법외적인 법의 착오로 구분한 후, 형법적인 법의 착오는 모두 무시해 버리고 형법외적인 법의 착오에 한해서만 사실의 착오와 동일하게 취급하여 고의를 배제하는 것으로 다루었다. 예컨대 소유권 관계는 민법에 규정되어 있기 때문에, 재물의 타인성에 대한 착오는 형법외적인 법의 착오로서 고의를 배제하는 것으로 취급하였다.[15] 반면에 형법에 금지된 -예컨대 타인의 대화를 녹음하는- 행위를 금지된(독일형법 제201조) 줄 모른 경우에는 형법적인 법의 착오로서 면책될 수 없는 것으로 보았다.[16]

그러나 제2차 세계대전 이후 -처음에는 일련의 주고등법원의 판결을 통하여 시도되었지만- 1952년 3월 18일 연방법원의 대형사위원회의 판결을 통하여 드디어 역사적인 전환점을 맡게 된다.[17] 즉 연방법원은 이 판결에서 "위법성에 대한 착오는 행위자가 자신이 하는 것이 무엇인지는 알지만(구성요건적 행위사정에 대한 인식) 그것이 허용되어 있다고 착각하는 것이다. 위법성에 대한 착오는 금지규범을 모르거나 잘못 앎으로써 자신의 행위가 허용되는 것이라고 생각하거나 그 행위가 원칙적으로는 금지되어 있지만 자신의 경우에는 반대규범에 의하여 정당화 된다고 잘못 생각하는 것이다 … 그리고 행위자가 금지착오를 극복할 수 없었던 경우에는 책임을 배제하고, 극복할 수 있었던 경우에는 책임을 감경할 뿐, 고의를 배제시키지는 않는다."라고 판시하였다. 연방법원의 이 판결은 제국법원의 입장과 결별함과 동시에 고의설에서 책임설로 돌아서는 결단을 함으로써 미래를 위한 하나의 전환점을 놓았다는 평가를 받는다.[18] 그리고 이러한 판례의 기본적인 입장의 변경은 1969년 개정되어 1975년부터 시행된 현행 독일형법 제17조에 그대로 반영되었다.

이리하여 독일의 경우 법률의 부지가 금지착오로서 정착되는 역사적 과정을 보면, "학설 → 판례 → 입법"의 순서를 거쳤다고 할 수 있다.

15) RGSt 50, 183.
16) Roxin, AT Ⅰ, 1994, § 21 Rn. 5.
17) BGHSt 2, 194.
18) Roxin, 앞의 책, § 21 Rn 7.

4) 법률의 부지가 금지착오에서 갖는 의미

독일에서 법률의 부지가 금지착오로 정착하는 역사적 과정을 간단히 언급하였는데, 이러한 과정은 오늘날 대부분의 나라에 해당하는 현상이라고 할 수 있다. 이제는 금지착오에서 법률의 부지를 특별하게 취급할 이유가 없어졌다고 할 수 있다. 주지하듯이 금지착오는 직접적 금지착오로서 법률의 부지, 금지규범의 효력에 관한 착오, 포섭착오 등이 있고, 간접적 금지착오로서는 허용규범의 존재를 오인하거나 그 효력의 범위에 관한 착오 등이 있다. 이들은 모두가 결과적으로 행위자로 하여금 위법성 인식의 부재 또는 적법하다는 오인에 이르게 하는 원인들이다. 이들이 금지착오에서 갖는 의미성은 모두가 동일하고, 따라서 법률의 부지도 그들 중에 하나에 불과하다. 법률의 부지를 금지착오에서 특별하게 취급할 이유가 없는 것이다. '단순한' 법률의 부지라고 해서 달라질 것은 없다. 단순한 법률의 부지와 단순하지 않은 법률의 부지를 구별하는 것은 적어도 위법성 인식의 부존재, 즉 금지착오와 관련해서는 아무런 의미를 갖지 못한다.

2. 법률의 부지에 관한 판례의 일관성 여부

(1) 조선고등법원의 입장

조선고등법원 판례는 형사법규의 부지에는 범의를 인정하고[19] 민사법규의 부지는 범의를 조각한다고 보았다.[20] 이러한 입장은 앞서 본 독일제국법원의 입장과 같다. 조선고등법원의 이러한 입장은 형법 제정 이후 대법원의 판례에서는 더 이상 발견되지 않는다. 이는 독일연방법원이 제국법원의 입장과 결별하는 것과 비슷한 모양새를 띤다. 다만 유일하게 '대법원 1965. 11. 23. 선고 65도876 판결'에서만은 조선고등법원의 입장이 엿보이기는 한다. 그 판결에서 대법원은 "가

19) 조고판 1935. 6. 6. 판례총람 16-3; 조고판 1941. 12. 26. 판례총람 16-6. ("폭행이 정신병의 치료로서 때로는 혹시 효과 있을 것이라고 믿고 환자 또는 간호인의 의촉에 응하여 환자에 대하여 폭행을 가하여도 위법이 아니라고 오상함과 같은 것은 자기의 행위의 법률상의 가치판단을 잘못하여 죄가 되지 않는다고 사유하였음에 불과하고 이는 (구)형법 제38조 제3항에 소위 법률을 알지 못하는 것에 해당함으로써 죄를 범할 의사 없다고 할 수 없다")

20) 조고판 1918. 11. 14. 판례총람 16-1. ("민사법령의 부지는 형벌법령의 부지와 달라 범의를 조각하는 것이다.")

족계획의 국가 시책에 순응한 행위라고 믿고 낙태를 한 것이므로 자기의 행위는 죄가 되지 않는다."라는 피고인의 주장에 대하여, 그러한 주장은 "법률의 착오를 주장하였음에 지나지 아니한다. 그리하여 법률의 착오가 사실의 착오를 가져오게 하지 아니한 이상 범죄의 성립을 저각할 바 아니다."라고 하였다. 이는 '피고인의 착오는 형사법규의 착오에 불과하고, 따라서 범의를 조각하는 사실의 착오로 취급되는 형법외적인 법규의 착오에 해당하지 않으므로 범죄성립에 영향이 없다'는 의미로 읽힐 수 있기 때문이다.

(2) 대법원의 입장

1) 쟁점

대법원은 '대법원 1961. 10. 5. 선고 4294형상208 판결' 이후 지금까지 일관하여 형법 제16조의 법률의 착오란 "단순한 법률의 부지를 말하는 것이 아니고 일반적으로 범죄가 되는 행위이지만 자기의 특수한 경우에는 법령에 의하여 허용된 행위로서 죄가 되지 아니한다고 그릇 인식하는 것"이라고 밝히고 있다.[21] 그런데 대법원의 이 입장에 대해서는 기본적으로 서로 다른 두 가지 분석이 있다. 하나는 대법원이 법률의 부지에 대해서는 제16조를 전적으로 적용하지 않는다는 분석이고,[22] 다른 하나는 대법원이 법률의 부지에 대해서 제16조의 적용을 배제하기도 하고 적용하기도 함으로써 일관성을 보여주지 못한다는 분석이다. 후자의 분석에 의하면 대법원의 판례 중에는 법률의 부지를 아예 법률의 착오에 해당하지 않는다고 한 것도 있고, 법률의 부지이기 때문에 정당한 이유가 없다고 한 판례들도 많이 있다면서, 후자의 경우에는 법률의 부지가 법률의 착오에 해당한다는 것을 부지불식간에 인정하는 것이라고 한다.[23]

이러한 분석들에서 보듯이, 법률의 부지에 관한 대법원의 입장에 대해서는 기본적으로 두 가지가 쟁점으로 부각된다. 첫째는 판례가 법률의 부지를 금지착오에서 전적으로 배제시키느냐의 여부이고, 둘째는 판례가 법률의 부지에 관하여

21) 대판 1961. 10. 5. 4294 형상 208; 대판 2002. 1. 25, 2000도1696; 대판 2005. 9. 29, 2005도4592; 대판 2006. 5. 11, 2006도631; 대판 2008. 10. 23, 2008도5526; 대판 2009. 7. 9, 2008도9151; 대판 2017. 11. 29, 2015도18253; 대판 2018. 4. 19, 2017도14322(전합) 등 참조.

22) 김성돈, 앞의 책, 369면.

23) 오영근, 앞의 책, 296면.

과연 일관성이 없는 판결을 하고 있는가이다.

2) 검토

가) 법률의 부지라는 이유만으로 배제시키지는 않는다.

[판결 1] 대법원은 국가보안법 제9조의 불고지죄와 관련하여 "수사기관에 고지하지 아니하면 죄가 된다는 것을 몰랐다."라는 사실만으로는 −즉 위법하다는 것을 몰랐다는 사실만으로는− 법률의 착오에 해당할 수 없고, '수사기관에 고지하지 아니하여도 죄가 되지 아니한다고 적극적으로 그릇 인정한 경우'라야 −즉 위법하지 않다고 적극적으로 오인한 경우라야− 법률의 착오에 해당할 수 있다고 한 바 있다.[24)]

[판결 2] 범행당시 금융실명거래에 관한 법률의 제정사실이나 그 금지의 내용을 전혀 모르고 있었으니 위 법률위반죄로 처벌받을 수 없다는 피고인의 주장에 대하여 "피고인이 범행당시 금지법령의 내용을 알지 못하였다는 것일 뿐 일반적인 금지에도 불구하고, 피고인의 경우만은 특별히 허용되는 것이라고 오인하였으며 그 오인에 정당한 이유가 있었다는 것이 아니므로" 제16조에 의한 범죄불성립에 해당하지 않는다고 한 바도 있는데,[25)] 이는 만약 피고인이 금지법령을 모른 것에 그치지 않고 더 나아가 자기 행위를 위법하지 않다고 적극적으로 오인하였다면 법률의 착오에 해당할 수 있다는 취지로 해석된다.

[판결 3] 또한 대법원은 "범행 당시 긴급명령이 시행된 지 그리 오래되지 않아 금융거래의 실명전환 및 확인에만 관심이 집중되어 있었기 때문에 비밀보장의무의 내용에 관하여 확립된 규정이나 판례, 학설은 물론 관계 기관의 유권해석이나 금융관행이 확립되어 있지 아니하였기 때문에 자신의 행위가 비밀보장의무에 위반되는 행위인 줄 몰랐다."라는 피고인의 주장에 대하여 그것은 단순한 법률의 부지라고 하면서, 이어서 "그 밖에 공소외 공○○가 위 은행에 대하여 주식회사 S금속 및 K철강 주식회사의 금융거래 내용을 공개하여도 좋다고 동의하였고, 한편으로 위 피고인들의 행위가 이 사건 제1심 변호인들의 자료요청에서 기인하였기 때문에' 위법하지 않다고 '오인'하였다는 주장에 대해서는 법률의 착오로 인정

24) 대판 1961. 10. 5, 4294형상208.
25) 대판 1985. 5. 14, 84도1271.

한 바 있다.[26)]

위 [판결 1, 2, 3]은 모두 법률의 부지에 해당하는 사례들이다. 그중에서 [판결 1]과 [판결 2]는 법률의 착오로 인정하지 아니하였고, [판결 3]은 법률의 착오로 인정하였다. 모두가 법률의 부지에 해당하지만, [판결 1]과 [판결 2]는 대상판결처럼 법률의 부지에 그쳤을 뿐, 거기서 더 나아가 자기의 행위가 위법하지 않다고 적극적으로 오인한 것이 아니기 때문에 법률의 착오에 해당하지 않는다고 하였으며, [판결 3]은 법률의 부지에 그치지 않고 더 나아가 위법하지 않다고 적극적으로 오인하였기 때문에 법률의 착오에 해당한다고 하였다. 결국 대법원은 법률의 부지라는 이유만으로 곧바로 법률의 착오에서 배제하지는 않으며, 오히려 위법하지 않다는 적극적인 오인의 유무에 따라서 달리 판단함을 알 수 있다. 따라서 [판결 1]과 [판결 2]의 사례에서 만약 행위자가 법률의 부지에 그치지 않고 어떠한 사유로 인하여 자신의 행위가 위법하지 않다고 적극적으로 오인하였다고 항변했다면 법률의 착오로 인정하였을 것이다.

대법원이 법률의 부지를 금지착오에서 배제한다는 일반적인 이해와는 달리 법률의 부지를 전적으로 배제하는 것이 아님을 알 수 있다. 그렇다면 대법원은 법률의 부지에 대하여 나름의 일관성을 가지는가?

나) 판례의 형식적 일관성과 실질적 비일관성

대법원은 법률의 부지로 인하여 단순히 위법성을 인식하지 못한 것에 그친 경우에는 법률의 착오에 포함시키지 않고, 거기서 더 나아가 자신의 행위가 위법하지 않다고 적극적으로 오인한 경우에는 법률의 착오에 포함시킴으로써 형식적으로 보면 나름의 일관성을 갖는다.

하지만 위법성 인식의 부존재라는 소극적인 인식양태와 위법하지 않다고 오인하는 적극적 인식양태는 형식적·언어적으로만 구별될 뿐, 실질적으로는 구별되지 않는다. 위법한 줄 몰랐다는 것은 적법한 줄 알았다는 것과 다르지 않다. 행위는 위법하거나 적법하거나 둘 중에 하나일 수밖에 없기 때문이다. 즉 위법성 인식의 부존재와 적법성의 오인은 –극단적인 경우인 '법 경멸자' 내지 '법 무관심자'

26) 대판 1997. 6. 27, 95도1964. 다만 변호인들에게 구체적으로 긴급명령위반의 여부에 관하여 자문을 받은 것은 아닌데다가, 위 은행에서는 긴급명령상의 비밀보장에 관하여 상당한 교육을 시행하였음을 알 수 있어 위 피고인들의 행위가 죄가 되지 않는다고 믿은 데에 정당한 이유가 있는 경우에 해당하지 않는다고 판시하였다.

를 제외하면— 언어적으로만 구별될 뿐, 그 실체에서는 구별되지 않는다. 위법한 줄 몰랐다는 인식은 적법한 줄 알았다는 인식의 다른 표현일 뿐이고, 그 실질은 동일하다. 따라서 법률의 부지로 인하여 단순히 위법성의 인식이 없는 경우와 더 나아가 적법성을 오인하는 경우를 구별하여 후자만을 법률의 착오를 인정한다면, 이는 형식적으로는 일관성을 갖는 것처럼 보이지만, 실질적으로는 그렇지 않다는 의미가 된다. 실질적으로 서로 구별되지 않는 것을 차별화하여 달리 평가한다면, 그 평가는 임의적이고 자의적인 평가일 뿐이다.

다) 제16조와 판례의 형식적 부합성

대법원이 법률의 부지를 '오인'의 유무에 따라서 구별한다면, 그것은 적어도 형식적으로는 제16조의 문언과 부합한다. 분명 제16조는 "… 죄가 되지 아니하는 것으로 오인"할 것을 요구하고 있기 때문이다. 하지만 이것 역시 형식적인 부합일 뿐이다. 실질적·내용적으로 법률의 부지로 인한 위법성의 불인식과 적법성의 오인이 구별되지 않는 것임을 생각하면, 법률의 부지로 인하여 위법성의 인식이 없는 경우를 모두 위법하지 않은 것으로 오인한 경우에 포섭시키는 것이 제16조와 실질적으로 부합한다고 할 것이다. 즉 제16조의 "… 죄가 되지 아니하는 것으로 오인한"은 '죄가 되는 것으로 인식하지 아니한'과 실질적으로 동일한 것을 —역시 동일하지 않을 수 있는 극단적인 경우, 즉 '법 무관심자'의 사례를 제외하면— 다르게 표현한 것에 불과하기 때문이다. 즉 양자는 형식적인 표현만 다르지 실질적으로는 동일한 내용이기 때문에, 모든 법률의 부지를 동일하게 취급하는 것이 오히려 제16조와 부합하는 것이 된다.

Ⅲ. 맺으며

반세기 이상 글자 한자 바꾸지 않고 판결문에 등장하는 금지착오의 정의, 즉 "단순한 법률의 부지의 경우를 말하는 것이 아니고, 일반적으로 범죄가 되는 행위이지만 자기의 특수한 경우에는 법령에 의하여 허용된 행위로서 죄가 되지 아니한다고 그릇 인식함"은 이제 미련 없이 버려야 할 때가 된 것 같다. 이 정의는 많은 오해와 혼란의 소지를 내포하고 있을 뿐만 아니라 금지착오의 일반적인 정의와도 맞지 않으며, 더구나 제16조와도 부합하지 않기 때문이다. 지금까지의 논의를 요약하면 다음과 같다.

첫째, 금지착오에 대한 통설적인 입장에 따르면 '법률의 부지'가 금지착오에서 특별하게 취급되어야 할 이유가 없고, 더구나 그것을 특별하게 취급해야 할 근거가 제16조에 있는 것도 아니다. '법률의 부지'는 금지착오에 이르게 되는 다양한 이유 중의 하나일 뿐이다.

둘째, "… 일반적으로 범죄가 되는 행위이지만 자기의 특수한 경우에는 법령에 의하여 허용된 행위로서 죄가 되지 아니한다고 …"는 아주 근본적인 오해와 혼란을 가져온다. 이 정의는 간접적 금지착오만을 금지착오로 인정하고, 현실적으로 더 많은 비중을 차지하는 직접적 금지착오를 전적으로 배제시킬 소지가 있다. 더구나 제16조의 "… 자기의 행위가 법령에 의하여 죄가 되지 아니하는 것으로 …"를 임의적으로 축소 해석하였다는 비판을 피하기 어렵다. 오히려 제16조의 그 부분을 "자기의 행위가 법령상 죄가 되지 아니하는 것으로"로 해석하는 것이 더욱 자연스럽기 때문이다.

셋째, "죄가 되지 아니한다고 그릇 인식함"을 '죄가 되는 것으로 인식하지 아니함'과 구별하여 전자만을 금지착오에 포함시키는 것도 근거가 없다. 또한 피상적으로 보면 그러한 입장이 제16조와 부합하는 것처럼 보이지만 실질적으로 보면 그렇지도 않다. 제16조가 "죄가 되지 아니하는 것으로 오인한"으로 기술하고 있지만, 그것과 '죄가 되는 것으로 인식하지 아니하는 것'은 실질적으로 동일한 인식상태를 달리 표현한 것에 불과하다는 사실을 고려하면, 위법성의 불인식을 금지착오에서 제외시키지 않는 것이 오히려 제16조와 실질적으로 부합한다. 따라서 위법하지 않다는 적극적 오인에 이른 법률의 부지와 위법함을 인식하지 못한 단순한 법률의 부지로 이원화 하여 후자를 금지착오에서 제외시키는 것은 금지착오의 실질에도 맞지 않고 제16조와도 부합하지 않는다.

향후 우리 판례는 많은 문제를 내포하고 있는, 금지착오에 대한 기존의 정의와 먼저 결별하고, 이어서 법률의 부지를 이원화 시키는 구습에서 과감하게 벗어나길 기대한다.

13. 공모공동정범 문제

하태훈 명예교수(한국형사·법무정책연구원 원장, 고려대학교 법학전문대학원)*

[대상판결]

대법원 2007. 4. 26. 선고 2007도428 판결

형법 제30조의 공동정범은 공동가공의 의사와 그 공동의사에 기한 기능적 행위지배를 통한 범죄 실행이라는 주관적·객관적 요건을 충족함으로써 성립하는 바, 공모자 중 일부가 구성요건 행위 중 일부를 직접 분담하여 실행하지 않은 경우라 할지라도 전체 범죄에 있어서 그가 차지하는 지위, 역할이나 범죄 경과에 대한 지배 내지 장악력 등을 종합해 볼 때, 단순한 공모자에 그치는 것이 아니라 범죄에 대한 본질적 기여를 통한 기능적 행위지배가 존재하는 것으로 인정된다면, 이른바 공모공동정범으로서의 죄책을 면할 수 없는 것이다.

그리고 이 경우, 범죄의 수단과 태양, 가담하는 인원과 그 성향, 범행 시간과 장소의 특성, 범행 과정에서 타인과의 접촉 가능성과 예상되는 반응 등 제반 상황에 비추어, 공모자들이 그 공모한 범행을 수행하거나 목적 달성을 위해 나아가는 도중에 부수적인 다른 범죄가 파생되리라고 예상하거나 충분히 예상할 수 있는데도 그러한 가능성을 외면한 채 이를 방지하기에 족한 합리적인 조치를 취하지 아니하고 공모한 범행에 나아갔다가 결국 그와 같이 예상되던 범행들이 발생하였다면, 비록 그 파생적인 범행 하나하나에 대하여 개별적인 의사의 연락이 없었다 하더라도 당초의 공모자들 사이에 그 범행 전부에 대하여 암묵적인 공모는 물론 그에 대한 기능적 행위지배가 존재한다고 보아야 할 것이다.

(사실관계) 쟁의행위를 결의한 포항지역 xx 노조 조합원 중 약 2,500명은 단체교

* 하태훈 고려대학교 명예교수는 독일 Köln대학교에서 법학박사학위를 받았고, 한국형사법학회 회장, 한국비교형사법학회 회장, 국가인권위원회 혁신위원회 위원장을 역임하였으며, 현재 한국형사·법무정책연구원 원장이다.

섭에서 기도한 목적을 달성하기 위하여 주식회사 포스코 포항제철소의 출입을 약 2주일 동안 불법적으로 통제하여 포스코의 출입자 통제업무를 방해하거나, 2회에 걸쳐 도로 전체 또는 편도 차로 전체를 점거하여 행진함으로써 교통을 방해하였고, 그 방법만으로는 목적 달성이 여의치 않자, 좀 더 강한 방법을 동원하기로 하고 주식회사 포스코 본사 건물에 침입하여 1주일 남짓 이를 점거하는 과정에서 다중의 위력을 이용하여 다수의 직원 등에 대한 감금, 각종 시설이나 물품에 대한 광범위한 손괴 등의 범죄 행위를 저질렀다.

피고인들은 xx 노조 조합장과 집행부 간부들로서 위와 같은 출입 통제, 포스코 본사 건물 점거 등의 집단행동들을 결정하여 조합원들에게 지시하였고, 그 지시의 이행 상황을 체계적으로 조직화한 지휘 계통을 통하여 지휘·통제해 왔다. 피고인들은 집단행동에 참여한 인원의 규모나 과열된 당시의 분위기 등을 감안할 때 노조원들과 검문 검색에 불응하는 출입자들 사이의 분쟁, 집단적인 점거 농성 과정에서 표출될 노조원들의 과격한 행동, 진압을 위한 경찰과의 물리적 충돌과 그에 따른 집단적 폭행, 상해 및 손괴 행위가 뒤따를 것을 충분히 예상할 수 있었다고 보임에도, 이를 방지하기에 충분한 합리적이고 적절한 조치도 없이 오히려 위 집단행동들을 독려하였다.

피고인들은 노조 조합원들의 감금, 손괴, 폭행, 상해 등 범죄행위 중 일부에 대하여 구체적으로 모의하거나 이를 직접 분담하여 실행하지는 않았다.

Ⅰ. 대상판결의 의미와 문제점

1. 대상판결의 의미

대상판결은 공모공동정범의 성립요건에 관한 판결이다. 공모자 중 구성요건행위 일부를 직접 분담하여 실행하지 않은 자, 즉 공모만 있으면 공동정범으로서의 죄책을 질 수도 있다는 기존의 일관된 입장[1)]에서 나아가, '범죄에 대한 본질적 기여를 통한 기능적 행위지배'가 인정되어야 공동정범의 책임을 물을 수 있다는

1) 대상판결 이전의 판례로는 대법원 1980. 5. 27. 선고 80도907 판결; 대법원 1993. 7. 27. 선고 93도1435 판결; 대법원 1994. 9. 9. 선고 94도1831 판결; 대법원 1997. 10. 10. 선고 97도1720 판결; 대법원 1998. 7. 28. 선고 98도1395 판결; 대법원 2000. 3. 14. 선고 99도4923 판결; 대법원 2006. 1. 26. 선고 2005도8507 판결. 일본 판례와 일제 강점기의 우리나라 판례에 관해서는 이근우, 정범론에 나타난 형사실무의 주관주의적 경향, 안암법학 제31권(2010.1), 88면 이하 참조.

판결이다. 단순공모자는 공동정범의 주관적 요건인 공동가공의 의사가 있더라도 그 공동의사에 기한 기능적 행위지배를 통한 범죄 실행이라는 객관적 요건을 충족하지 못하여 공동정범의 정범성인 기능적 행위지배가 인정될 수 없다는 것이다.

이 판결 이전에도 기능적 행위지배를 공동정범의 정범성으로 보았지만, '본질적 기여를 통한 기능적 행위지배'로 제한하여 공동정범의 성립범위를 축소한 것이다. 이전에는 범죄의 실행과정에 공동의사에 기한 기능적 행위지배가 인정될 때는 실행행위에 직접 관여하지 아니한 자라도 다른 공모자의 행위에 대하여 공동정범으로서 형사책임을 진다고 보았는데,[2] 이 판결에서 '본질적 기여'라는 요건을 처음[3] 언급하면서 실행행위 이외의 행위를 한 공모자는 그 행위가 범죄에 대한 본질적 기여로 평가될 수 있어야 기능적 행위지배를 인정할 수 있다는 것이다. 대상판결은 구성요건적 실행행위의 분담이 아니더라도 범죄에 대한 본질적 기여가 있어야 기능적 행위지배가 인정된다고 본 점에서, 행위지배설이 제시한 기능적 행위지배의 의미를 제대로 이해한 판결이라고 평가할 수 있다.[4]

---

2) 대법원 2004. 5. 27. 선고 2003도6779 판결; 대법원 2004. 6. 11. 선고 2004도2034 판결; 대법원 2005. 6. 24. 선고 2005도825 판결 등.

3) 같은 날 선고한 동일한 내용의 판결로는 대법원 2007. 4. 26. 선고 2007도235 판결.
그 이후 판결로는 대법원 2007. 4. 27. 선고 2007도236 판결; 대법원 2007. 10. 26. 선고 2007도4702 판결; 대법원 2007. 11. 15. 선고 2007도6075 판결; 대법원 2009. 1. 30. 선고 2008도6950 판결; 대법원 2009. 2. 12. 선고 2008도6551 판결; 대법원 2009. 2. 12. 선고 2007도300 판결; 대법원 2009. 6. 23. 선고 2009도2994 판결; 대법원 2009. 8. 20. 선고 2008도11138 판결; 대법원 2009. 9. 10. 선고 2009도5075 판결; 대법원 2009. 9. 24. 선고 2008도6994 판결; 대법원 2010. 1. 28. 선고 2008도7312 판결; 대법원 2010. 4. 29. 선고 2010도1071 판결; 대법원 2010. 7. 15. 선고 2010도3544 판결; 대법원 2010. 12. 23. 선고 2010도7412 판결; 대법원 2011. 1. 27. 선고 2010도11030 판결; 대법원 2011. 3. 17. 선고 2006도8839 전원합의체 판결; 대법원 2011. 4. 14. 선고 2010도12313 판결; 대법원 2011. 5. 13. 선고 2011도2021 판결; 대법원 2011. 6. 30. 선고 2010도10968 판결; 대법원 2011. 11. 10. 선고 2010도11631 판결; 대법원 2011. 12. 22. 선고 2011도12927 판결; 대법원 2011. 12. 22. 선고 2011도12041 판결; 대법원 2013. 9. 12. 선고 2013도6570 판결; 대법원 2015. 1. 29. 선고 2013도6274 판결; 대법원 2017. 1. 12. 선고 2016도15470 판결; 대법원 2017. 10. 26. 선고 2017도8600 판결; 대법원 2018. 4. 19. 선고 2017도14322 전원합의체 판결; 대법원 2018. 5. 11. 선고 2017도9146 판결; 대법원 2021. 7. 21. 선고 2020도16062 판결.

4) 대상판결 이후에도 본질적 기여에 관한 판단이나 언급 없이 공모공동정범을 인정한 판결로는 대법원 2011. 9. 29. 선고 2009도2821 판결: 집시법 제6조 제1항에 따라 사전 신고를 요하는 시위의 주최자는 시위를 주창하여 개최하거나 이를 주도하는 자 또는 시위를 계획하고 조직하여 실행에 옮긴 자를 의미하는데, 미신고 옥외집회 또는 시위의 주최에 관하여 공동가공의 의사와 공동의사에 기한 기능적 행위 지배를 통하여 그 실행을 공모한 자는 비록 구체적 실행행위에 직접 관여하지 아니하였더라도 다른 공범자의 미신고 옥외집회 또는 시위의 주최행위에 대

물론 같은 날 선고된 동일한 내용의 판결[5]이 있지만, 대상판결은 '본질적 기여'를 처음 언급한 것 외에 공동정범의 초과 문제를 다루고 있어서 평석 대상으로 삼은 것이다. 이 판결에서 "공모자들이 그 공모한 범행을 수행하거나 목적 달성을 위해 나아가는 도중에 부수적인 다른 범죄가 파생되리라고 예상하거나 충분히 예상할 수 있는데도 그러한 가능성을 외면한 채 이를 방지하기에 족한 합리적인 조치를 취하지 아니하고 공모한 범행에 나아갔다가 결국 그와 같이 예상되던 범행들이 발생하였다면, 비록 그 파생적인 범행 하나하나에 대하여 개별적인 의사의 연락이 없었다 하더라도 당초의 공모자들 사이에 그 범행 전부에 대하여 암묵적인 공모는 물론 그에 대한 기능적 행위지배가 존재한다."라고 하여 '본질적 기여'를 통해 객관적으로는 공동정범의 성립범위를 제한하였지만, 다른 한편으로는 암묵적 공모를 통해 주관적으로는 기능적 행위지배를 넓게 인정하는 결과를 초래하였다.

대상판결은 공동정범의 초과에 대한 공동정범의 책임 귀속에 더 방점이 찍혀 있는 것으로 보인다. 노조 조합원의 집단행동으로 회사의 출입 통제와 건물 점거, 도로 행진을 통한 교통방해를 넘어서, 건물 점거 시 다수의 직원 등에 대한 감금, 각종 시설이나 물품에 대한 광범위한 손괴 등의 범죄 행위에 대해서, 노조 간부에게 공동정범의 책임을 물을 수 있다고 보면서 초과된 부분에 대한 예상 가능성과 사전 방지 조치의 결여, 위 집단행동의 독려 등을 이유로 암묵적 공모를 인정하면서 그에 대한 기능적 행위지배도 인정한 것이다.

2. 기존 판례의 입장

대상판결 이전에도 '본질적 기여'라는 표현은 아니지만, 이와 유사한 표지인 '행위의 기여도'를 언급한 판결이 있었다. "3인 이상이 공모하고 적어도 2인 이상이 합동절도의 범행을 실행한 경우에 직접 실행행위에 참여하지 아니하면서 배후에서 합동절도의 범행을 조종하는 수괴는 그 행위의 기여도가 강력하다면 합동절도의 공동정범을 인정해야 한다."라는 대법원 전원합의체 판결[6]이나, "공모에 의

하여 공모공동정범으로서의 죄책을 면할 수 없다.

5) 대법원 2007. 4. 26. 선고 2007도235 판결.

한 범죄의 공동 실행은 모든 공범자가 스스로 범죄의 구성요건을 실현하는 것을 전제로 하지 아니하고, 그 실현행위를 하는 공범자에게 그 행위 결정을 강화하도록 협력하는 것으로도 가능하며, 이에 해당하는지 여부는 행위 결과에 대한 각자의 이해 정도, 행위 가담의 크기, 범행 지배에 대한 의지 등을 종합적으로 고려하여 판단하여야 한다."라는 판결[7] 등이 있다.

3. 대상판결의 문제점

대상판결의 다음과 같은 판시사항은 결론적으로 타당하다고 본다: ① 공동정범의 죄책을 묻기 위해서는 단순공모자에 그쳐서는 안 되고 범죄에 대한 본질적 기여를 통한 기능적 행위지배가 존재해야 한다는 점, 그래서 ② 건물 출입 통제, 건물 점거, 도로 행진 등 집단행동을 결정하고 조합원에게 지시하고 지시의 집단행동을 독려하고 이행 상황을 체계적으로 조직화한 지위 계통을 통해 지휘·통제한 노조 조합장과 집행부 간부에게 일반교통방해와 업무방해의 공동정범의 책임을 물을 수 있다는 점, 나아가 ③ 지시한 집단행동에는 포함되지 않았지만, 집단행동의 이행과정에서 예상할 수 있었던 조합원들의 직원 감금, 손괴, 폭행, 상해 등 범죄 행위에 대한 암묵적 공모와 기능적 행위지배가 인정될 수 있다는 점 등이다.

판시사항에 대해서 결론을 도출하기 위한 과정과 관련하여 몇 가지 문제점 내지 미흡한 점을 지적할 수 있겠다.

(1) '본질적 기여' 여부를 무엇으로 어떻게 판단할 것인가?

대상판결은 본질적 기여 여부를 판단할 기준으로 ① 실행행위에 가담하지 않은 자가 전체 범죄에 있어서 차지하는 지위, 역할이나 ② 범죄 경과에 대한 지배 내지 장악력 등을 제시했다. 그러나 이 중 ② 범죄 경과에 대한 지배나 장악력은 행위지배를 의미할 뿐 본질적 기여를 판단할 기준이 될 수 없고, 지배나 장악의 정도를 어떻게 판단할 것인지에 대한 언급이 없으며, ① 범죄에서 차지하는

6) 대법원 1998. 5. 21. 선고 98도321 전원합의체 판결.
7) 대법원 2006. 12. 22. 선고 2006도1623 판결.

지위, 역할이라는 기준만 남을 뿐이어서 매우 불충분하다는 점이다. 이마저도 왜 본질적 기여로 볼 수 있는지에 대한 판단 없이 기준을 나열하고 '이를 종합해 볼 때'라는 매우 추상적인 방법으로 본질적 기여 여부를 판단하고 있다.

(2) '공모공동정범'이라는 용어가 필요한가?

다음으로 기능적 행위지배를 공동정범의 정범성으로 보는 판례의 입장에서 '공모공동정범을 인정하는 것이 타당한가, 용어 사용의 필요성이 있는가'이다.[8] 왜냐하면 공모공동정범이라는 용어를 사용하면 공모만 한 경우에도 공동정범이 성립한다는 오해를 받을 수 있기 때문이다. 본질적 기여는 기능적 행위지배의 내용이다. 본질적 기여가 있어야 기능적 행위지배를 인정할 수 있고 공동정범이 성립한다. 따라서 공동정범이 인정되는데 굳이 공모공동정범이라는 용어가 필요한 것인가, 공동정범의 유형으로서 공모공동정범은 불필요한 것이 아닌가 하는 의문이 제기된다. 공모공동정범이라면 공모에만 가담했고, 그것만으로는 본질적 기여가 인정되지 않아 기능적 행위지배도 없어 공동정범이 성립하지 않는 것을 의미해야 한다. 즉 단순히 공모에만 가담했다면 공동정범이 될 수 없고, 본질적 기여가 있었다면 당연히 공동정범이 성립하는 것이기 때문에 공모공동정범이라는 용어는 오해의 여지가 있고 불필요하다는 점을 지적할 수 있다.

(3) '암묵적 의사의 상통'은 어디까지 확대되는가?

공동정범의 주관적 요건으로서 암묵적 공모의 인정과 범위의 확대가 문제이다. 대상판결은 부수적으로 파생된 범행 하나하나에 대하여 개별적인 의사의 연락이 없었다 하더라도 당초의 공모자들 사이에 그 범행 전부에 대하여 암묵적인 공모가 있다고 보아, 의사의 연대성을 수인 사이의 암묵적 의사의 상통으로 완화할 뿐만 아니라 공모한 범행 외에 부수적으로 파생된 범죄에 대하여도 암묵적인 공모를 인정하고 있다.

대상판결 이후에도 특히 집회·시위 또는 노동쟁의 사건에서 주동자나 노조 간부의 암묵적 공모와 기능적 행위지배를 넓게 인정하고 있다. 따라서 한편으로

8) 같은 취지의 문제 제기로 문성도, 공모공동정범, 형법판례 150선(제2판 2019년, 한국형사판례연구회), 113면.

본질적 기여를 통한 기능적 행위지배라는 요건으로 객관적으로는 공동정범의 성립범위를 제한하였지만, 주관적으로는 암묵적 공모의 범위를 넓혀 공동정범을 쉽게 인정했다는 비판을 받을 수 있다.

이 문제는 공동정범 중 일부가 공모한 내용과 다른 내용의 범죄를 범했을 때 다른 가담자에게 어떤 형사책임을 물을 것인가, 즉 공모 범위를 넘어서 질적 또는 양적 차이가 난 경우에 공동정범의 책임 귀속의 범위를 어떻게 정할 것인가에 관한 것이다.

(4) 보론: 예비단계에서의 기여도 본질적 기여가 될 수 있는가?

마지막으로 대상판결과 관련은 없지만, 본질적 기여를 언급했으므로 어떠한 실행행위라도 분담하면 본질적 기여를 인정할 수 있는가를 검토하기로 한다. 구성요건적 행위 분담은 당연히 본질적 기여가 인정될 수 있지만, 예컨대 공모한 바대로 예비단계에서 물질적 내지 물리적 준비 또는 지원의 경우나 정신적 지원 또는 강화도 본질적 기여로 볼 수 있는가, 그 이외에도 본질적 기여를 인정할 수 있는 행위유형이 있는지의 문제다.

II. 쟁점 및 검토

1. 본질적 기여의 의미, 판단 기준 및 방법

(1) 기능적 행위지배와 본질적 기여의 의미

공범과 정범을 구별하는 기준에 관한 학설인 행위지배설[9]에 의하면 행위지배란 구성요건에 해당하는 사건 진행을 장악하거나 사태의 핵심 형상을 지배하는 것을 말한다. 정범은 고의에 의해서 포괄된 구성요건적 사건의 핵심 형상을 계획적으로 조종하거나 의사의 공동 형성을 통해서 그 공동의사에 따라서 구성요건의 실현을 진행하게 하거나 저지하는 자다.

9) 독일어 Tatherrschaft를 행위(Tat)지배(Herrschaft)로 번역하여 사용하고 있지만, 여기서 Tat는 Straftat(범죄행위)을 의미하므로 범행 지배가 정확한 용어이다.

공동정범은 참여자가 함께 각자의 역할 분담에 따라 공동으로 범행을 저지르는 자다. 일반적으로 범죄에 참가하는 각자는 공동의 범행계획에 기하여 분업적 공동작업원리에 따라 전체 범죄계획의 수행에 필요한 부분을 분업적으로 실행한다. 비록 범행의 일부를 실행했다고 하더라도 공동의 범행계획에 기하여 분담된 역할을 수행한 것이므로 공동참가자는 구성요건적 사건 진행 전체를 파악, 장악하고 있는 것이다. 각자에게 분담된 행위가 기능적으로 결합하여 부분적 가담행위도 전체적 범행의 지배자가 될 수 있다. 이처럼 공동의 범행 결의에 기한 기능적 역할 분담 때문에 (구성요건에 해당하건 해당하지 않건) 일부 실행으로도 범행 전체에 대한 귀속이 인정되는 것이다.

판례[10]도 공동정범은 '주관적 요건인 공동가공 의사와 객관적 요건인 공동의사에 의한 기능적 행위지배를 통한 범죄의 실행 사실'이 있어야 성립한다고 보아 공동정범의 정범성을 기능적 행위지배에서 구하고 있다. 처음에는 공동정범의 본질은 분업적 역할 분담에 의한 기능적 행위지배에 있다고 보면서 기능적 행위지배의 내용에 관한 언급 없이 공동정범과 종범의 구별기준으로 제시하였다.[11] 이후 공동정범의 성립하기 위해서 주관적 요건인 공동가공의 의사와 객관적 요건인 공동의사에 의한 기능적 행위지배를 통한 범죄의 실행 사실이 필요하다고 보면서, 공동가공의 의사는 타인의 범행을 인식하면서도 이를 저지하지 아니하고 용인하는 것만으로는 부족하고 공동의 의사로 특정한 범죄 행위를 하기 위하여 일체가 되어 서로 다른 사람의 행위를 이용하여 자기의 의사를 실행에 옮기는 것을 내용으로 하는 것이라고 하였다.[12] 공동정범의 주관적 요건을 강조하여 공모공동정범을 염두에 두고 기능적 행위 지배를 이해한 것이다.

그러다가 공모공동정범에 대한 학계의 비판을 의식하여, 대상판결처럼 공모자 중 구성요건 행위 일부를 직접 분담하여 실행하지 않은 자라도 공모공동정범

10) 대법원 1989. 4. 11. 선고 88도1247 판결; 대법원 1993. 3. 9. 선고 92도3204 판결; 대법원 1996. 1. 26. 선고 95도2461 판결; 대법원 1997. 1. 24. 선고 96도2427 판결; 대법원 1997. 9. 30. 선고 97도1940 판결; 대법원 1998. 9. 22. 선고 98도1832 판결; 대법원 2000. 4. 7. 선고 2000도576 판결; 대법원 2001. 11. 9. 선고 2001도4792 판결; 대법원 2004. 6. 24. 선고 2002도9295 판결; 대법원 2006. 12. 22. 선고 2006도1623 판결; 대법원 2007. 4. 26. 선고 2007도235 판결; 대법원 2011. 1. 27. 선고 2010도11030 판결; 대법원 2018. 4. 19. 선고 2017도14322 전원합의체 판결

11) 대법원 1989. 4. 11. 선고 88도1247 판결.

12) 대법원 1993. 3. 9. 선고 92도3204 판결.

이 성립하려면 전체 범죄에서 그가 차지하는 지위, 역할이나 범죄 경과에 대한 지배 내지 장악력 등을 종합해 볼 때, 단순한 공모자에 그치는 것이 아니라 범죄에 대한 본질적 기여를 통한 기능적 행위지배가 존재하는 것으로 인정되어야 한다고 보아 객관적 요건으로 공모공동정범의 성립범위를 제한하려 한 것이다.

(2) 본질적 기여의 판단 기준 및 방법

본질적 기여가 인정되지 않는다면 공동정범은 성립하지 않고, 교사범 또는 방조범 성립을 검토해야 한다. 특히 실행행위 단계가 아니라 예비단계에서 관여했지만, 범행 현장에 있지 않은 공모자를 공동정범으로 볼 것인지, 아니면 교사 또는 방조범으로 볼 것인지 구별이 어렵고, 바로 본질적 기여가 이를 구별하는 결정적 기준이 된다.

그렇다면 본질적 기여란 무엇이며 어떻게 판단할 것인가. 대상판결은 본질적 기여가 무엇인지에 대한 언급 없이 전체 범죄에 있어서 그가 차지하는 지위, 역할이나 범죄 경과에 대한 지배 내지 장악력 등을 종합해 본질적 기여를 통한 기능적 행위지배 여부를 판단한다고 한다. 본질적 기여는 참여자가 분담한 행위가 공동 실행의 일부분이어서 분업적 실행으로 볼 수 있어야 인정될 수 있다. 기본적으로는 공동 실행계획에 따라 분담된 행위를 실행하면 범죄 실현에 본질적 기여가 인정된다. 왜냐하면 전체 범죄 실현에 불가결한 각자의 역할에 따라 분담된 행위를 수행했기 때문이다.

분담한 행위가 반드시 구성요건적 행위여야 하는 것은 아니다.[13] 범죄 현장에서의 실행행위의 분담뿐만 아니라 범죄 현장 밖에서의 실행행위의 분담도 분업적 활동이 될 수 있다. 따라서 실행행위 전 단계의 행위도 본질적 기여가 될 수 있다. 물론 본질적 기여는 범행 현장에 반드시 있어야 할 필요는 없더라도 실행행위 단계에서만 가능하다는 견해[14]도 있다. 그러나 이 견해는 예비단계의 중요한 기여 행위를 공동정범으로 볼 수 없는 문제점이 있고, 공범과 정범 구별에 관하여 구성요건적 행위를 하는 자가 정범이라는 객관설과 다를 바 없게 된다.

기여가 본질적이란 분담한 역할과 행위가 기능적으로 다른 분업적 활동과

---

13) 천진호, '공모'공동정범에 있어서 공모의 정범성, 형사판례연구 제9호(2001), 197면 이하

14) 후술 II. 4. 참조.

함께 공동으로 기획한 범죄를 실현하는 데 불가결한 요소로 작용했다는 의미다.[15] 그 범행기여가 없이는 전제 범죄수행이 전혀 불가능하거나 거의 불가능한 경우에 그 범행기여는 본질적이라고 볼 수 있다.[16] 불가결한 요소인지는 참여자의 참여행위의 주관적 측면과 객관적 측면을 종합적으로 고려하여 판단해야 한다. 기능적 행위지배의 개념상 주관적 요소와 객관적 요소를 모두 충족해야 하지만 각각은 정도 차이가 있을 수 있어서 종합적 평가가 필요하다. 공동의 의사 형성 과정에서의 역할과 기여가 낮더라도 분담한 실행행위의 중요도가 높거나, 이와는 반대로 주관적으로는 높은 기여가 있지만 객관적으로는 낮은 기여도더라도 종합적으로 판단하면 본질적 기여가 될 수 있기 때문이다.

실현된 결과에 관한 관심과 이해관계, 전체 실행행위에서 참여의 범위, 범행을 지배하려는 의지 등이 고려 요소이다. 실행행위 단계에서 범죄 현장에 있지 않았다면 객관적 측면이 미흡하지만, 이를 기능적으로 보충할 수 있을 정도의 본질적 기여가 있다면 공동정범이 가능하다. 예컨대 공동의 의사 형성에서의 주도적 역할과 범죄 실현에 없어서는 안 될 정도이면서 분담한 역할에 충실한, 실행행위 이전의 기여 행위는 실행행위 단계에서 범죄 현장에 없었던 마이너스를 충족시킬 수 있는 본질적 기여 행위가 될 수 있는 것이다. 공동의사 형성에서는 주도적으로 참여했으나 실행행위의 분담 부분에서는 망보는 정도에 그친 경우나 공동의사 형성에서는 소극적이었으나 구성요건에 해당하는 실행행위를 분담하였으면 모두 본질적 기여를 인정할 수 있다. 그러나 범죄의 기획을 주도했어도 전혀 실행에 기여하지 않는 경우는 주관적 요소는 강하나 객관적 요소인 실행행위의 분담과 실행이 없으므로 다른 공모자의 실행과 그 결과를 귀속시키는 것은 책임원칙에 반한다. 이는 단순공모자로서 교사범이 성립할 뿐이다. 공모공동정범 이론은 이런 단순공모자를 공동정범으로 보기 위한 이론이므로 행위지배설과 상치된다.

(3) 대상판결의 경우

노동조합은 조직 내의 자체 규범을 통해서 의사적 통일체로 형성되어 인격적·주체적 의사 활동을 할 수 있는 것으로 평가할 수 있을 정도의 조직이다. 따

15) 최호진, 공동의 가공 사실과 본질적 기여 행위의 판단, 형사법연구 21호(2004), 225면 이하 참조.
16) 김일수, 한국형법 II[총론 하], 331면.

라서 노동조합의 집행부가 범죄를 기획·지령함으로써 구성원들이 이에 복종하여 위법한 행위를 수행하였으면 집행부가 현장에서 실행행위를 하지 않았다고 하더라도 그 범죄를 기획하고 지휘한 행위는 본질적 기여 행위라고 볼 수 있으며, 또한 집행부가 판단하기에 범죄 결과를 완성함에 적당한 실행행위자를 지정하거나 훈련시키는 행위는 본질적 기여 행위라고 볼 수 있다.[17] 구성원의 이탈을 감시·저지 또는 참가를 적극적으로 권유하는 등의 적극적 역할을 담당하였으면 본질적 기여라고 볼 수 있다.

대상판결에서 피고인들은 노조의 간부로서 피고인들은 집단행동을 결정하여 조합원들에게 지시하였고, 그 지시의 이행 상황을 체계적으로 조직화한 지휘 계통을 통하여 지휘·통제해 왔다고 한다. 그렇다면 노동조합이라는 조직화한 단체에서 지휘 계통을 통한 실행행위에 대한 지배 내지 장악력은 인정될 수 있을 것이다. 그러나 대상판결은 지시한 내용이 조합원에 의해 실행될 때 어디서 어떤 방식으로 보고 받았고, 어떤 내용으로 지휘·통제했는지, 체계적으로 조직화한 지휘 계통이 무엇인지 등 등에 대한 언급 없다는 점에서, 본질적 기여 여부를 매우 추상적이고 일반적인 수준에서 판단하고 있다고 볼 수 있다.

대상판결의 사실관계는 같은 날 선고된 ×× 노조의 상급 단체인 민주노동조합 총연맹 경북지역 본부장에 대한 판결[18]에서 좀 더 구체적으로 파악할 수 있는데, 피고인들이 속한 ×× 노조 집행부는 조합원과 함께 회사 건물에 진입한 후 9층에 머무르면서 지휘 계통을 통하여 조합원들의 행동을 통제하고 이탈을 방지하거나 독려하는 등 조합원들의 점거행위를 지휘·통제하였다고 한다. 그렇다면 파업 등에 관한 의사결정 과정이 노조 간부에 의해서 주도적으로 이루어지는 점과 연대성이 강한 노동조합에서 의사결정이 되면 실행에 옮기는 점 등을 고려하면, 노조 집행부는 객관적 요소인 실행행위의 분담은 미흡하지만, 주관적 요소인 공동의사의 형성은 강하기 때문에 조합원들을 사주하여 범죄를 실행하도록 한 것은 아니라 자기 범죄를 실행한 것으로 볼 수 있다. 대상판결에서 피고인들은 범죄현장은 아니더라도 동일한 건물에 머무르면서 지휘 계통을 통하여 조합원들의 행동을 통제하고 이탈을 방지하거나 독려하는 등 조합원들의 점거행위를 지휘·통

17) 최호진, 앞의 논문, 228면.
18) 대법원 2007. 4. 26. 선고 2007도235 판결.

제하였으므로 구성요건적 행위는 아니지만 실행행위의 분담이 없었던 것도 아니다. 따라서 기능적 행위지배에서 요구하는 본질적 기여는 충분히 인정될 수 있다.

2. 소위 '공모공동정범' 개념과 용어 문제

판례는 이미 살펴본 것처럼 공동정범이 성립하기 위하여 주관적 요건인 공동가공의 의사와 객관적 요건인 공동의사에 의한 기능적 행위지배를 통한 범죄의 실행 사실이 필요하다고 보면서도, 단순히 모의에 가담하고 실행행위의 분담이 없어도 공동정범이 될 수 있다는 공모공동정범 이론을 여전히 고수하고 있다. 구성요건 행위 중 일부를 직접 분담하여 실행하지 않은 경우라 할지라도 전체 범죄에 있어서 그가 차지하는 지위, 역할이나 범죄 경과에 대한 지배 내지 장악력 등을 종합해 볼 때, 단순한 공모자에 그치는 것이 아니라 범죄에 대한 본질적 기여를 통한 기능적 행위지배가 존재하면 공모공동정범의 죄책을 면할 수 없다고 한다.[19]

근거로는 2인 이상이 일정한 범죄를 실현하려는 공동목적 하에 일심동체가 되면(의사의 연대성) 그중 일부가 범죄를 실행해도 실행행위를 분담하지 아니한 단순공모자도 실행자에 종속하여(실행의 종속성) 공동정범이 된다는 공동의사 주체설,[20] 단순공모자라 하더라도 타인과 공동하여 타인의 행위를 자신의 범죄 의사의 수단으로 하여 범죄를 실행한 점에서 간접정범에 유사한 정범성을 가진 공동정범의 한 형태가 된다는 간접정범 유사설[21] 등이 있다.

물론 실행행위 없어도 정범으로 처벌하는 것이 정의 관념에 부합하는 경우가 있겠지만 단순공모자를 공동정범의 객관적 요건인 공동의 실행행위의 분담자로 해석하는 것은 죄형법정주의에 상치된다. 또한 공모자 사이에는 공동의 의사주체가 형성되기 때문에 단체책임을 인정하는 것은 개인 책임의 원칙을 내용으로 하는 책임원칙에 반하며, 단순공모자 사이에는 간접정범과 유사한 이용행위가 있

19) 대법원 2007. 4. 27. 선고 2007도236 판결; 대법원 2006. 12. 22. 선고 2006도1623 판결.
20) 대법원 1980. 5. 20. 선고 80도306 전원합의체 판결; 대법원 1983. 3. 8. 선고 82도3248 판결
21) 대법원 1988. 4. 12. 선고 87도2368 판결; 대법원 1988. 8. 9. 선고 88도839 판결; 대법원 1988. 9. 13. 선고 88도1114 판결; 대법원 1993. 4. 23. 선고 92도2628 판결; 대법원 1996. 3. 8. 선고 95도2930 판결; 대법원 2006. 8. 25. 선고 2006도3631 판결.

을 수 없고 또 공동정범의 정범성인 기능적 행위지배를 인정할 수 없다. 따라서 자기책임 및 개인 책임이라는 책임원칙에 충실하게 공모공동정범 개념을 부정하는 것이 타당하다.

공모공동정범 이론은 가벌성의 범위를 확장할 위험성을 안고 있다. 공동정범의 주관적 요건으로서 공동의사를 암묵적으로 또는 수인 사이에 순차적으로 상통하여 의사의 결합이 이루어지는 경우까지도 인정하고 있는 것과 결합한다면 공모공동정범 개념으로 인하여 공동가공의 의사가 명시적인 의사표시나 의사 연락 형태로 존재하지 않으면서 또 공동의 실행행위가 없는 경우까지도 공동정범의 책임이 부단히 확대될 수 있게 된다. 공모공동정범 이론은 범죄에 가담한 자를 모두 정범으로 반드시 처벌하려는 필벌사상[22]의 잔재로 보인다.

공모공동정범 개념을 부정하면 집단의 배후에서 범행을 지휘하거나 중요한 역할을 수행하는 두목 또는 간부를 정범으로 처벌할 수 없어 집단범죄에 대한 형사 정책적 대응이 불가능하다는 단점이 제기될 수 있다. 그러나 일정한 범위 안에서 단순공모자도 그 본질적인 범행 기여에 따라 공동정범을 인정할 수 있는 방법이 기능적 행위지배설에 의해 가능하므로 큰 문제가 없다고 본다. 왜냐하면 공동의 실행행위는 반드시 구성요건에 해당하는 행위일 것을 요하는 것이 아니라 각 가담자가 분업적으로 기능적 역할을 분담하여 공동으로 작용함으로써 범죄의 전체적 계획의 실현에 중요한 기여를 하는 행위이면 공동정범의 정범성인 기능적 행위지배를 인정할 수 있기 때문이다. 따라서 공모자를 범죄 현장으로 운반해 주는 행위, 절도를 공모하고 절취한 재물을 운반하는 행위나 망을 보는 행위도 범죄의 전체적인 과정상 성공을 위해 본질적이므로 공동정범이 성립하는 것이다. 또한 범행 장소에서 범행에 기여해야 하는 것도 아니다. 전화기나 무전기 등으로 범죄의 실행행위를 지휘·협력하는 것도 공동의 실행행위이다. 범죄의 전체적인 과정상 성공을 위해 본질적이어서 기능적 행위지배를 인정할 수 있는 경우가 아니라면 그 가공의 정도에 따라 교사 또는 방조의 책임을 물을 수 있다.

공동정범의 정범성이 공동의 의사(공동정범의 주관적 요건)에 기한 실행행위의 분담(공동정범의 객관적 요건)에 있으므로, 단순히 공동의 의사 형성에만 관여했다

22) 오영근, 1990년대의 형사판례 －책임·미수·공범론을 중심으로 －, 형사판례연구[9], 3면 이하.

면 공동정범의 객관적 요건이 결여되었으므로 공동정범이 될 수 없다. 따라서 실행행위의 분담이 없어도 공동정범을 인정하는 공모공동정범 이론은 타당치 못하다.[23] 나아가 단순한 공모자에 그치는 것이 아니라 범죄에 대한 본질적 기여를 통한 기능적 행위지배가 존재하면 당연히 공동정범이 인정되는 것이므로 굳이 '공모공동정범'이라는 용어를 사용할 필요도 없다.

3. 공모의 요건 완화와 공동정범의 착오 문제

(1) 공모의 요건 완화: 암묵적 의사의 상통

공모공동정범에서 공모는 법률상 어떤 정형을 요구하는 것은 아니고 2인 이상이 공모하여 범죄에 공동가공하여 범죄를 실현하려는 의사의 결합만 있으면 되는 것으로서,[24] 비록 전체의 모의 과정이 없었다고 하더라도 수인 사이에 순차적으로 또는 암묵적으로 상통하여 그 의사의 결합이 이루어지면 공모관계가 성립한다는 것이 대상판결 이전부터 일관된 판례[25]의 입장이다. 의사의 연대성이 인정되면 실행행위에 직접 관여하지 아니한 자라도 다른 공모자의 행위에 대하여 공동정범의 형사책임을 지울 수 있다고 보면서, 의사의 연대성은 수인 사이의 암묵적인 의사의 상통으로 족하다고 보고 있다.[26]

현실적인 공모가 아니라 암묵적 의사의 상통만으로 공동정범의 주관적 요건이 충족되었다고 보는 것은 문제가 있다. 소위 공모공동정범을 공동정범으로 보는 입장에서는, 객관적 요건은 결여되었지만 그나마 주관적 요건인 공동의 의사 형성이 충족되기 때문에, 그것도 주관적 의사 형성 과정에서의 주도적 역할(범행기획, 조종 등)이나 범죄 실행의 의지 등이 강하기 때문에, 종합적으로 볼 때 행위

23) 기능적 행위지배와 공모공동정범 개념의 논리적 모순을 지적하는 입장으로 김성규, 판례에 나타난 공모공동정범의 형상(形象)과 문제점, 성균관법학 제24권 2호(2012.6), 295면 이하

24) 공모와 공동가공의 의사를 구분하여 전자를 공동의 범행계획, 후자를 범행계획의 존재 인식으로 구별하는 입장으로는 류전철, 공동정범의 이론구성에 관한 비교법적 연구, 비교형사법연구 제18권 2호(2016), 234면; 천진호, '공모'공동정범에 있어서 공모의 정범성, 형사판례연구 제9호(2001), 199면.

25) 대상판결 이전의 판결로는 대법원 1988. 9. 13. 선고 88도1114 판결, 대상판결 이후의 판결로는 대법원 2018. 5. 15. 선고 2017도19499 판결 참조.

26) 대법원 2008.5.8. 선고 2008도198 판결; 대법원 2008.4.24. 선고 2007도11258 판결.

지배가 인정될 수 있는 것이다는 것이다. 공동의사를 암묵적으로 또는 수인 사이에 순차적으로 상통하여 의사의 결합이 이루어지는 경우까지도 공동정범의 주관적 요건이 충족된 것으로 보면, 공동가공의 의사가 명시적인 의사표시나 의사 연락 형태로 존재하는 경우보다 주관적 측면이 매우 약한 공모자까지 공동정범의 책임이 부당하게 확대될 수 있게 된다. 해석을 통하여 공동정범 성립범위가 확장[27]되는 것이다.

이와 같은 공동정범의 주관적 요건의 완화는 대상판결처럼 노동쟁의 사건뿐만 아니라 집회 및 시위에 관한 법 위반 관련 사건[28] 등에서 자주 발견된다.

(2) 공동정범의 초과 문제

대상판결은 공모자들이 그 공모한 범행을 수행하거나 목적 달성을 위해 나아가는 도중에 부수적인 다른 범죄가 파생되리라고 예상하거나 충분히 예상할 수 있는데도 그러한 가능성을 외면한 채 이를 방지하기에 족한 합리적인 조치를 취하지 아니하고 공모한 범행에 나아갔다가 결국 그와 같이 예상되던 범행들이 발생하였다면, 당초의 공모자들 사이에 그 범행 전부에 대하여 암묵적인 공모는 물론 그에 대한 기능적 행위지배가 존재한다고 보아[29] 여전히 공모공동정범 개념을 포기하지 못하면서 공동정범의 성립범위를 좁히지 못하고 있다. 공모한 범행 외에 부수적으로 파생된 범죄에 대하여도 특히 집회 시위 또는 노동쟁의 사건에서 주동자나 노조 간부의 암묵적 공모와 기능적 행위지배를 넓게 인정하고 있다. 파생 범죄에 대한 예상가능성은 범죄의 수단과 태양, 가담하는 인원과 그 성향, 범행 시간과 장소의 특성, 범행 과정에서 타인과의 접촉 가능성과 예상되는 반응 등 제반 상황을 고려하여 판단한다고 하지만, 공모공동정범 개념과 암묵적 공모를 인정하는 한 예상가능성만으로 공동정범의 성립범위를 제한하기는 어려워 보인다.

공동정범 중의 일부가 공모한 내용과 다른 내용의 구성요건적 결과를 발생시킨 경우에 다른 가담자에게 어떤 형사책임을 물을 것인가의 문제다. 공모한 내

27) 이에 관해서는 하태훈/김재봉/이상원, 사법부의 어제와 오늘 그리고 내일(상), 대한민국 사법 60주년 기념 학술 심포지엄, 형사재판편, 사법발전재단(2008), 464면 이하 참조.

28) 대법원 2008.11.13. 선고 2006도755 판결; 대법원 2009.9.24. 선고 2008도6994 판결.

29) 대법원 2007. 4. 26. 선고 2007도428 판결; 대법원 2013. 9. 12. 선고 2013도6570 판결; 대법원 2018. 4. 19. 선고 2017도14322 전원합의체 판결.

용과 질적으로 다른 내용의 결과를 발생시킨 경우나 양적으로 차이가 나는 경우에 다른 공모자들에게 실현된 범죄에 대한 공동정범의 책임을 물을 수 있을 것인가. 대상판결은 초과한 내용의 질적 또는 양적 차이를 구분하지 않고 '부수적으로 파생한 범죄'로 유형화하여 이를 예상가능성을 기준으로 판단하고 있다.

우선 공모한 범행과 다른 범죄를 '부수적', '파생'된 것으로 볼 수 있는가를 먼저 검토해야 한다. 공모한 범행과 실현된 범죄가 다르더라도 후자가 전자의 수행과정에서 부수적으로 파생된 범죄로 볼 수 있는 경우가 있다. 예컨대 결과적 가중범이나 양적으로 초과된 경우이다. 문제는 대상판결의 사안이 여기에 속하지 않는다는 점이다. 공모한 범행은 건물 출입 통제, 도로점거 행진과 건물진입 점거인데, 실행된 범행은 이와는 전혀 다른 집단 폭행, 상해, 감금, 손괴 등이다. 대상판결도 '다른 범죄'로 보고 있는 것처럼 공모한 범죄를 수행하면서 '부수적으로 파생된 범죄'가 아니라 다른 범행 결의 내지 고의가 필요한 범죄가 실현된 사안으로 보아야 한다. 질적 초과에 해당하는 사안이다. 대상판결이 '부수적으로 파생된 범죄'로 단언한 것은 예상가능성을 기준으로 공동정범을 인정하기 위한 포석으로 보인다. 공모한 범죄를 수행하면서 부수적으로 파생되었다면 당연히 그에 대한 예견가능성이 인정될 수 있기 때문이다. 공모한 범죄와 실현된 범죄 사이의 '파생관계'를 매개로 공동정범의 법리를 뛰어넘는 새로운 법리를 만들어냄으로써 공동정범의 성립범위를 확장하고 있다.[30]

대상판결처럼 '부수적으로 파생된 범죄'로 본다고 하더라도 실현된 파생 범죄에 대한 기능적 행위지배를 인정하기 위해서는 파생 범죄에 대한 공모가 있었는가와 파생 범죄에 대하여 어떤 본질적 기여가 있었는가를 확인하여야 한다. 이를 쉽게 인정한다면 본질적 기여를 통한 기능적 행위지배라는 개념 요소를 끌어들였지만 이를 완화된 형태의 행위지배로 이해하면서 결국 공공정범의 성립범위가 확대되는 결과를 초래할 수 있기 때문이다. 그 파생 범죄가 결과적 가중범이라면 공모한 내용을 초과한 부분에 대한 예견가능성으로 공동정범의 책임을 물을 수 있을 것이다. 기본범죄에 대한 공모가 있었다면 기본범죄 행위에 수반되는 결과에 대한 예견가능성은 인정될 수 있다.[31] 그러나 공모내용을 초과한 부분이 질

30) 김성돈, 대법원 형사판결과 법률구속성원칙, 형사판례연구 제26호(2018), 22면 이하.
31) 신동운, 형법총론[제14판 2022], 642면.

적으로 차이가 난다면 원칙적으로 기능적 행위지배를 인정해서는 안 된다.[32] 공모가 있다고 보기도 어렵고, 공모가 있다고 하더라도 실행한 기여는 공모(공동의사 형성)한 내용에 충실하게 부합하는 것으로 평가할 수 없기 때문이다.

결론적으로 공모한 내용을 질적으로 초과한 부분에 대해서는 다른 공모자에게 책임을 물을 수 없다. 일부 공모자의 즉흥적인 실행행위의 결과까지 공동책임을 물을 수 없다. 대상판결처럼 암묵적 의사의 상통과 실현된 부분에 대한 예측가능성으로 책임귀속시키면 범행 계획이 구체적이지 않거나 여러 상황을 대비하여 확정하지 않은 경우에는 실현된 범죄에 대한 귀속 범위가 넓어지게 된다.

4. 본질적 기여가 문제 되는 유형: 예비단계의 기여[33]

공동의 실행행위는 반드시 실행의 착수 이후의 행위여야 하는가. 즉 예비단계에서 본질적 기여 행위를 하고 범죄 실행은 다른 공모자에게 맡긴 경우도 공동정범이 성립한다고 볼 것인가.

만일 실행의 착수 이후에 공동가공의 사실이 있어야 기능적 행위지배의 객관적 요건이 충족되었다고 본다면, 절도를 공모하고 열쇠 수리공인 공모자가 잠긴 아파트 현관문을 열자 다른 공모자가 안으로 들어가 절취행위를 하였다면 열쇠 수리공의 행위는 절도죄 실현에 본질적으로 기여했음에도 불구하고 절도죄의 공동정범이 될 수 없을 것이다. 이처럼 공모자가 단순히 공모에만 참여한 것이 아니라 분담된 행위를 했지만, 그 분담된 행위가 예비단계의 행위라서 공동정범의 정범성인 기능적 행위 지배를 인정할 수 있는가가 문제된다. '예비단계에서의 기여만으로도 공동정범이 성립할 수 있는가 아니면 범죄의 실행단계에서의 분업적 공동작업에 의한 기여가 있어야 하는가'이다. 공동정범에서 각 가담자는 기능적 역할을 분담하여 공동으로 작용함으로써 전체 범행 계획의 수행에 필요한 부분을 분업적으로 실행한다. 따라서 부분적 가담행위로도 전체적 행위지배가 가능해진

32) 신동운, 앞의 책, 642면. 강도를 공모했는데, 피고인이 재물을 절취하는 사이 공동피고인이 피해자를 강간한 경우에 피고인에게 강간에 대한 공모사실을 부정한 판결로는 대법원 1988. 9.13. 선고 88도1114 판결. Bock, Zur Darstellung der Mittäterschaft (§ 25 Abs. 2 StGB) in der Fallbearbeitung, ZJS 2020.5., 429면.

33) 이에 관해서는 하태훈, 기능적 범행지배의 의미, 형사판례연구 제12호(2004), 75면 이하 참조.

다. 이처럼 공동의 범행 결의에 기한 기능적 역할 분담 때문에 일부 실행으로도 범행 전체에 대한 귀속이 인정되는 것이다.

공동의 실행행위는 반드시 구성요건에 해당하는 행위일 것을 요하는 것은 아니라 하더라도,[34] 실행의 착수 이전의 예비행위로는 범행 전체에 대한 기능적 행위지배를 인정할 수 없는 것인가. 이에 관해서는, 적어도 범죄의 실행단계에서의 분업적 공동작업이 있어야 한다는 견해[35]와 예비단계의 기여 행위도 공동 실행행위로 볼 수 있다는 견해[36]가 있다. 전자의 견해는 범행에 영향력을 미친 것과 범행을 지배한 것은 다르다고 보면서, 후자만 공동정범이 성립한다고 본다. 예컨대 조직의 우두머리가 범행 계획을 수립하고 구체적인 실행 방법 등 확정해 지시했다고 하더라도 범행을 지배한 것은 아니므로 교사에 불과하다는 것이다. 범죄조직의 우두머리가 범행 계획을 수립하고 구체적인 범행을 조직원에게 지시했다면 실현된 범죄는 목표 달성 지향적이고 함께 수행한다는 의지의 산물로서, 범행을 비중 있게 함께 실행했다고 볼 여지가 있지만, 나머지 공범자들이 범행하는 동안 범행과는 전혀 다른 일을 하고 있었다면 전체 범행을 지배하고 있다고 보기 어렵다. 다만 전화나 무전기로 실행에 가담한 공모자와 연락을 주고받았다면 범행 현장에 없었더라도 언제든지 범죄 실행에 투입될 상황이었기 때문에 범행 전체를 지배하고 있다고 볼 수 있어서 공동정범이 될 수 있다.

예비단계의 기여 행위만으로는 범행 전체에 대한 행위지배를 인정할 수 없어 공동정범이 아니라 방조범이 성립한다고 본다면, 공범과 정범의 구별에서 객관적·형식적 구별설로 회귀하는 결과가 된다. 물론 실행의 착수 이전의 행위 가

34) 공모자가 구성요건의 실행행위를 일부 분담해야 공동정범이 성립한다고 보아(실행행위분담설) 행위분담까지 공동정범 성립을 인정하는 기능적 행위지배의 모호성을 해소하고 나아가 공모공동정범 개념 자체를 부인하는 견해로는 신동운, 앞의 책, 623면.

35) 김일수, 한국형법 II, 330면 이하; 조기영, 예비단계에서의 관여행위와 공동정범, 형사법연구 제25권 4호(2013), 95면 이하. Herzberg, Täterschaft und Teilnahme, 1977, S. 64ff.; Roxin, Täterschaft und Tatherrschaft, 5. Aufl., 1990, S. 292ff., 645f.; Rudolphi, Zur Tatbestands bezogenheit des Tatherrschaftsbegriffs bei der Mittäterschaft, Bockelmann-FS 1978, S. 369.

36) 안동준, 예비단계에서의 행위기여와 공동정범, 공범론과 형사법의 제문제(상)(심정 정성근교수화갑기념논문집), 61면; 원형식, 공모공동정범, 일감법학 제16호(2009), 10면 이하. BGHSt. 11, 268(272); BGH NStZ 1984, 413; BGH StV 1986, 384; BGHSt. 37, 289(292); BGH NStZ 1994, 432(433); Jakobs, Strafrecht AT, 2. Aufl., 21/50; Jescheck/wiegend, Lehrbuch des Strafrechts AT, 5. Aufl., § 63 III; Maurach/Gössel/Zipf, AT II, § 49 Rdn.30, 36; Schönke/Schröder/Cramer, StGB, § 25 Rdn.66.

담이 본질적인 기여로 볼 수 없음에도 공동가공의 사실을 인정한다면 주관설로 회귀하는 결과가 될 것이다. 따라서 중요한 것은 실행의 착수 이전의 행위 기여인가 아니면 실행의 착수 이후의 행위 기여인가가 아니라 공동작용이 행위지배의 부분을 이루고 있었는지여야 한다.[37] 예컨대 갑, 을, 병이 설 연휴에 빈집을 털기로 공모하고 작업을 분담하여 갑은 빈 단독주택을 물색하여 그 집 근처 차 안에서 잠복하면서 그 집에 드나드는 사람이 없는 것을 확인하고 대문을 두드려 빈집인 것을 재차 확인한 후, 을과 병에게 연락하여 을과 병이 이 집에 침입하여 재물을 절취했다면, 을과 병이 빈집을 터는 동안 갑이 그 절취 현장에 있었는지에 관계없이 전체범죄계획에 본질적인 부분을 분담한 것으로 평가하여야 하고 범죄 실현에 본질적인 기여가 있는 것으로 보아 기능적 행위지배를 인정할 수 있을 것이다.

Ⅲ. 결 론

공모공동정범 개념을 고수하는 한 대상판결과 같은 결론이 도출될 수밖에 없다. 문제는 공동정범의 정범성을 기능적 행위지배로 보는 대상판결의 입장에서는 공모공동정범 이론을 취할 필요가 없다는 점이다. 대상판결처럼 범죄에 대한 본질적 기여를 통한 기능적 행위지배가 존재해야 공동정범이 된다고 하면, 굳이 공모공동정범 이론을 취할 것은 아니고 공모공동정범이라는 용어도 불필요하다고 본다.

공모만으로 '본질적 기여'가 인정될 수 없으므로 단순히 공모자에 그칠 때는 공동정범이 될 수 없다. 공모에 참여하고 실행행위는 분담하지 않았지만, 공모에서의 주도적 역할과 공모 단계에서의 분담행위가 범죄 실행에 본질적 기여가 되어 전체 범행에 대한 기능적 행위지배가 인정될 수 있다면, 공동정범이 될 수 있다. 대상판결에서의 피고인이 여기에 해당한다. 노동조합의 집행부로서 의사결정에서 주도적 역할을 수행했고, 나아가 조합원의 집단행동 현장은 아니지만 같은

37) 하태훈, 기능적 행위 지배와 합동범, 고시계 1998.9, 88면에서는 부정설의 입장이었으나 범죄의 실행단계 이전의 가담해위라도 기능적 행위지배가 인정될 수 있다는 입장으로 변경한다.

건물 내에서 대기하면서 지휘 계통을 통하여 조합원들의 행동을 통제하고 이탈을 방지하거나 독려하는 등 조합원들의 점거행위를 지휘·통제하였으므로 본질적 기여를 인정할 수 있는 실행행위도 하였기 때문이다. 공모공동정범 이론을 취하지 않아도 피고인에게 공모한 범죄에 대한 공동정범이 성립한다.

문제는 공모한 범죄를 실행하다가 부수적으로 실현된 파생 범죄에 대하여 피고인에게 공모와 본질적 기여가 인정될 수 없다는 점이다. 대상판결은 공모한 범죄와 질적 차이가 있는 범죄에 대해서도 암묵적 의사의 상통, 즉 암묵적 공모가 있다고 보면서 본질적 기여까지 인정하였다. 부수적 파생 범죄로 보면 이에 대한 예견가능성이 인정될 수 있을 것이다. 그러나 실현된 범죄는 부수적 파생 범죄가 아니라 공모한 범죄와 질적으로 차이가 있고, 이에 대한 암묵적 공모도 있다고 보기 어려울 뿐만 아니라 어떤 본질적 기여도 인정할 수 없다는 점에서, 공동정범을 인정한 대상판결은 부당하다고 본다. 공동정범 성립범위의 확장은 대상판결이 공동정범에 관한 기능적 행위지배 이론을 취하면서 논리적으로 부당하게 공모공동정범 이론을 고수하기 때문에 발생한 것으로 볼 수 있다. 공모공동정범 개념과 용어를 과감하게 버려야 이러한 모순을 피할 수 있을 것이다.

14. 공동정범과 예견가능성 문제

이용식 명예교수(서울대학교 법학전문대학원)*

A. 고의로 중한 결과를 발생시킨 경우

[대상판결 1-1]

1-1. 대법원 1984. 2. 28. 선고 83도3162 판결
1-2. 대법원 1991. 11. 12. 선고 91도2156 판결
2-1. 대법원 1984. 10. 5. 선고 84도1544 판결
2-2. 대법원 1993. 8. 24. 선고 93도1674 판결

[대상판결 1-1] 수인이 합동하여 강도를 한 경우 1인이 강취하는 과정에서 간수자를 강타, 사망케 한 때에는 나머지 범인도 이를 예기하지 못한 것으로 볼 수 없는 경우에는 강도살인죄의 죄책을 면할 수 없다 할 것인 바 (중략) 피고인이 피해자를 강타 살해하리라는 점에 관하여 나머지 피고인들도 예기할 수 없었다고 보여지지 아니하므로 피고인들을 모두 강도살인죄의 정범으로 처단함은 정당하다<제1단계>.

[대상판결 1-2] (1) 강도의 공범자 중 1인이 강도의 기회에 피해자에게 폭행 또는 상해를 가하여 살해한 경우, 다른 공모자가 살인의 공모를 하지 않았다고 하여도 그 살인이나 치사의 결과를 예견할 수 없었던 경우가 아니면 강도치사죄의 죄책을 면할 수 없다<제2단계>. (2) 수인이 합동하여 강도를 한 경우 그중 1인이 사람을 살해하는 행위를 하였다면 그 범인은 강도살인죄의 기수 또는 미수의 죄책을 지는 것이고 다른 공범자도 살해행위에 관한 고의의 공동

* 이용식 서울대학교 명예교수는 독일 Freiburg대학교에서 법학박사학위를 받았고, 한국비교형사법학회 회장, 한국형사정책학회 회장 및 법무부 형법개정특별위원회 위원 등을 역임하였다.

이 있었으면 그 또한 강도살인의 기수 또는 미수의 죄책을 지는 것이 당연하다 하겠으나<제1단계>, 고의의 공동이 없었으면 피해자가 사망한 경우에는 강도치사의, 강도살인이 미수에 그치고 피해자가 상해만 입은 경우에는 강도상해 또는 강도치상의 죄책을 진다<제2단계>.

[대상판결 2-1] 수인이 가벼운 상해 또는 폭행 등의 범의로 범행 중 1인의 소위로 살인의 결과를 발생케 한 경우, 그 나머지 자들은 상해 또는 폭행 등과 결과적 가중범의 관계에 있는 상해치사 또는 폭행치사의 죄책은 면할 수 없다 하더라도<제2단계> 위 살인 등 소위는 전연 예기치 못하였다 할 것이므로 그들에게 살인죄의 책임을 물을 수는 없다<제1단계>.

[대상판결 2-2] 피고인들이 공동하여 피해자의 신체를 상해하거나 폭행을 가하는 기회에 피고인이 피해자를 살해한 것이라면 다른 피고인이 그 살해행위나 치사의 결과를 예견할 수 없었다고 할 수 없는 이상 상해치사죄의 죄책을 면할 수 없다<제2단계>.

B. 결과적 가중범의 중한 결과를 발생시킨 경우

[대상판결]

3. 대법원 2000. 5. 12. 선고 2000도745 판결

[대상판결 3] 여러 사람이 상해의 범의로 범행 중 한 사람이 중한 상해를 가하여 피해자가 사망에 이르게 한 경우 나머지 사람들은 사망의 결과를 예견할 수 없는 때가 아닌 한 상해치사의 죄책을 면할 수 없다<제1단계>.

Ⅰ. 문제점

대상판결들은 학설상 '공동정범의 (양적)과잉'이라고 불리우는 사안이다. 문제의 핵심은 당초의 모의범위로부터 일탈한 공동정범 일원의 과잉행위에 의하여 야기된 가중결과를 다른 관여자에게 귀속시킬 수 있는가 하는 데 있다. 학설에서는

과잉결과의 객관적 귀속판단에 의하지 아니하고, '공동정범의 착오' 즉 착오론에 의한 어프로치로 이러한 사안을 해결해야 한다고 주장되는 것이 전통적인 견해이다.

그런데 판례는 과잉행위로부터 야기된 중한 결과를 우선 제1단계 판단에서 다른 관여자에게 '공동정범'으로서의 귀속범위에 포함될 수 있는가 하는 판단을 한다. 만약 여기에서 공동정범의 성립이 부정된 경우에는, 다음으로 제2단계 판단에서 '공동정범'의 범위로부터 배제된 과잉행위는 어디까지나 제3자의 고의행위의 개입에 의하여 결과가 직접 야기된 전형적인 '행위 후의 제3자의 개입'사정이라는 것이 된다. 그렇기때문에 '공동정범의 과잉' 사안을 해결할 때, 판례는 공동정범의 귀속범위라는 제1단계 판단과 함께 제3자 고의행위의 개입에 대한 인과관계 내지 예견가능성이라는 제2단계 결과귀속 판단에 관하여 검토하고 있다.

그런데 (1) 제1단계 살인죄의 '공동정범'의 성립을 인정할 것인가 하는 문제에서 그 기준이 되는 것은 살해행위에 대한 공모 여부라는 판례(대상판결 1－2, 2－2)와 예견가능성으로 족하다는 판례(대상판결 1－1, 2－1)가 동시에 존재하고 있다. 예견가능성이 긍정된다는 이유로 (강도)살인죄의 공동정범이 긍정된다는 얘기인데, 예견가능성이 공동정범의 성립요건이라는 말은 들어본 적이 없다. 공동정범의 성립 문제에서 도대체 예견가능성은 아무런 관련이 없다. 그런데 예견가능성이 공동정범을 구성하는 한 요소로 만들어져 버렸다. 그렇게 바꾸어 버렸다. 그래서 바로 이 대목에서 예견의 가능성만으로 중한 결과에 대한 죄책을 내용으로 하는 범죄의 '공동정범'을 곧바로 긍정하는 것은 형사책임의 여부를 면밀히 따져보지 않고 일괄하여 처벌의 확장을 가져오는 전형적인 태도라는 비판이 나오는 것이다. 물론 초과부분에 대한 예견이나 고의가 있으면 공동정범을 인정할 수 있다는 학설의 태도도 마찬가지로 말도 안 되는 얘기다. 공동정범에서 의사연락과 실행행위의 분담이 핵심적 요소라는 원칙론에 입각하면, 즉 공동정범의 성립요건을 생각하면, '다른' 공동자의 살인행위에 대한 인식(고의)이나 예견 혹은 예견가능성은 살인죄의 공동정범의 성립요건이 당연히 아닌 것이다. (2) 다음으로 특히 문제가 되는 것은 제1단계 판단에서 살인죄의 '공동정범'이 부정되는 경우 다음으로 제2단계 판단에서 피해자의 사망결과가 '결과적 가중범'으로서 귀속될 수 있는가 어떤가 하는 점이다. 즉 과잉행위가 (강도)살인죄 공동정범의 성립범위로부터 배제되어, 제3자의 고의행위 개입사정이 단독으로 사망의 결과를 야기하였다고 인정되는 경우에 −설사 인과관계 내지 예견가능성이 긍정된다고 하여도 그것만으로− 과연 본 사안에서 정말로 결과적 가중범의 성립을 인정할 수 있겠는가 하는 점이다. 판례와 학설은 모두 그렇게 보고 있다. (3) 전체적으로 보면 예견가능성이라는 기준은 한편에서 공동정범의 성립요건으로 인정되기도 하고, 다른 한편에서 결과적 가중범의 성립요건으로 인정되기도 한다. 공동정범의 성립과 결과적 가중범의 성립을 혼동하고 혼재화하고 구별하지 못하고 있는 것 같다. 즉 제1단계 판단과 제2단계 판단을 형식적 외형적으로는 구별하고 있는 것으로 보이지만, 실제로는 예견가능성 판단으로 일체화하고 혼재화하고 혼동하고 의식적으로 명확하게는 구별하지 못하고 있는 것 같이 보인다. 이러한 점이 명확히 드러나는 것이 [대상판결 3]이다. (4) [대상판결 3]과 같이 과잉행위의 결과가 결과적 가중범인 경우에는 −고의 과잉의 경우와 달리− 제1단계 판단을 하는 것인데, 예견가능성이라는 말을 보면 −제1단계 판단에 대한 별다른 의식없이− 곧장 제2단계 판단만을 하고 있는 것으로 보여진다. 결국 중한 결과가 결과적 가중범인 경우에 결과적 가중범의 공동정범(제1단계 판단)이 인정되는 것인지, 결과적 가중범의 중한 결과귀속(제2단계 판단)이 인정되는 것인지 판례는 명확한 의식이 없다. 제1단계 판단이든 제2단계 판단이든 상해치사라는 동일한 결과적 가중범의 죄책이 인정되지만, 제1단계 판단에서는 과잉자 甲과 다른 관여지 X 사이에 결과적 가중범(상해치사)의 '공동정범'이 인정되어 둘 다 상해치사의 죄책을 지는 것이고(이 경우에는 제1단계 판단으로 검토는 끝난다), 만약 제1단계 판단에서 결과적 가중범(상해치사)의 '공동정범'을 부정하는 입장에서는 다음으로 제2단계 판단에서 X에게 결과적 가중범(상해치사)의 중한 결과의 귀속이 인정되어 X에게 결과적 가중범(상해치사)의 죄책(단독정범)이 인정되는 것이다. 즉 과잉자 甲에게도 결과적 가중범(상해치사)의 죄책이 동일하게 인정되지만 그렇다고 하여 '甲과 X'가 결과적 가중범(상해치사)의 '공동정범'(제1단계 판단)이 된다는 것은 아니라는 것이다. 제2단계 판단은 결과적 가중범 자체에 관한 성부 판단이지, 결과적 가중범의 '공동정범' 성립에 관한 판단이 아닌 것이다. 그런데 이때 예견가능성이 있으면 '甲과 X' 사이에 결과적 가중범의 '공동정범'이 성립할 수 있다는 일부학설의 견해는 제2단계 판단을 먼저하고 다시 되돌아가 제1단계 판단을 행하는 것이거나 제1단계 판단과 제2단계 판단을 혼동하거나 구별하지 못하고 일체화하거나 하는 것이다. 어떤 경우든 판단의 오류가 있는 것이다. 물론 다른 관여자들 'X와 (만약 Y가 있다면) Y' 사이에는 결과적 가중범의 공동정범이 성립할 수 있다(이때는 결과적 가중범의 공동정범 인정여부에 관한 그저 '일반론' 문제). (5) 그리고 제2단계 판단에서 예견가능성이란 (상당)인과관계의 예견가능성인가, 과실에서 말하는 예견가능성인가 아니면 양자 모두를 요구하는 것인가 혹은 양자는 동일한 개념이라는 것인지 분명하지 않다.

Ⅱ. 쟁점 및 검토

1. 재판실무에서 공동정범 귀속의 판단 – 두 단계 판단구조

과잉행위자 이외의 관여자의 형사책임을 판단할 때에 판례는 두 단계의 판단구조를 채용하고 있다([대상판결 1－2]가 전형적이다). 우선 제1단계의 판단에 있어서 공동정범 일원의 과잉행위에 관하여 일부실행 전부책임이라는 공동정범의 귀속원리가 다른 관여자에게 적용되어야 할 것인가 아닌가를 검토하고 있다. 강도의 공동정범의 일원이 실행한 살인행위에 대하여, 다른 관여자가 강도살인의 공동정범의 책임을 부담해야 하는가 아닌가에 관한 판단이다. 그리하여 공동정범 일원의 과잉행위가 당초의 의사연락의 범위에서 일탈하였는가 어떤가 여부(고의의 공동이라고 표현하고 있다)가, 다른 관여자가 과잉행위자와 공동정범으로 되는가를 판단하는 기준이 되고 있다. 바꾸어 말하면 '공동정범의 성립범위＝의사연락의 범위'라는 판단기준이 제시되고 있다. 그런데 [대상판결 2－1]에서는 살해행위 예견가능성을 가지고 살인죄의 공동정범 성부를 판단하고 있다. 이는 잘못된 것이다. 공동정범의 성립요건은 공동의 의사연락 내지 공모이지 당연히 예견이나 예견가능성은 아니다.

제1단계 판단에 따라 당해 과잉행위가 공동정범의 귀속범위에 포함되지 않는다고 인정되는 경우에는, 그 과잉결과에 관하여 결과적 가중범의 성립 여부를 판단하는 제2단계로 이행한다. 제2단계 판단이란 [대상판결 2－2]에서 사망결과의 발생이 당초 상해의 의사연락에 포함되지 않아 살인죄의 공동정범 성립이 부정되고, 그에 따라 다른 관여자가 상해치사죄에 해당하는가 아닌가를 다시 검토하는 것이다. 즉 당초의 의사연락의 범위에 포함된 다른 관여자 X의 상해행위가 과잉인 살해행위 혹은 과잉인 사망결과와 인과관계를 가지고 있는가 어떤가, 그리고 다른 관여자가 과잉결과에 대한 예견가능성을 가지고 있는가 어떤가라고 하는 2가지 요건이, 다른 관여자의 상해치사죄의 성립 여부를 나누는 주요한 포인트가 되고 있다. (i) 과잉행위가 당초 의사연락의 범위에서 일탈하여 과잉행위가 사망결과를 '직접 야기한' 경우에는, 다른 관여자가 관여한 기본범죄행위와 사망결과 간에 인과관계가 부정되거나 사망결과에 대한 예견가능성 혹은 과실이 부정된다고 한다면, 이는 당해 고의살인행위를 '제3자 고의행위의 개입(사정)'으로 파악하는 것이 된다. 즉 甲의 단독의 살해행위는 당초의 상해 혹은 강도의 의사연락의 범위에서 일탈한 것이기 때문에, X는 甲과 (강도)살인죄의 공동정범은 되지 않는다. 다음으로 X에게는 甲의 살해행위가 '제3자의 고의행위 개입사정'으로 보아 그 결과귀속을 판단한다. 그리하여 X(Y가 있다면 X와 Y)의 상해행위와 사망결과 간의 인과관계 그리고 사망결과에 대한 예견가능성 내지 과실이 인정되면, X에게는 상해치사죄가 긍정된다(물론 X와 (Y가 있다면) Y는 상해치사죄의 공동정범이 될 수 있을 것이다). 총괄하면 재판실무는 공동정범의 과잉 사안을 해결할 때에 다른 관여자 X의 형사책임에 관하여 (A) 당초의 의사연락을 근거로 과잉자 甲과의 공동정범이 인정되는가를 묻는 판단과 (B) 과잉자의 독단에 의한 살인행위를 '제3자의 고의행위 개입사정'으로 보아, 그 살해결과를 다른 관여자(들)의 상해행위 폭행행위에 결과귀속할 수 있는가를 묻는 판단이라는 두 단계의 판단구조를 채용하고 있다고 볼 수 있다. 결국 우리는 X에게 의사연락의 범위에 의하여 (강도)살인죄의 甲과의 공동정범을 부정하는 판단과 폭행행위나 상해행위를 문책대상으로 하여 강도치사 상해치사죄라는 결과적 가중범의 성부를 검토하는 판단을 명확히 구별해야 한다는 것을 판례는 인식시켜 주었다. 즉 판례가 판단기준을 잘못 설정하기도 하고, 판단구조 자체를 혼동하기도 했었는데, 바로 그렇기 때문에 오히려 두 단계 판단구조와 그 내용이나 내실을 우리가 명확하게 인식할 수 있게 되었다는 것이다. 두 단계 판단의 구조와 내용을 확실히 인식하여, 이제부터는 좀 제대로 판단하자는 얘기이다.

2. 제1단계 판단에 대한 검토 – (甲과 X의) '공동정범'의 성립 여부

(1) 판단기준: 공동정범의 성립범위 = 의사연락의 범위

[대상판결 1－2]는 공동정범의 과잉 사안을 해결할 때에 공동정범의 성립범위=의사연락의 범위라는 판단기준을 명확히 하여 현재에 이르렀다고 보인다. 사망결과에 대한 공동의 의사를 가지지 않은 이상, 공동정범의 책임을 부담할 수 없다는 것이다. 이는 제1단계 판단에 있어서 당초 의사연락의 범위를 판단기준으로 하여, 모든 관여자(='甲과 X')에 대하여 (강도)살인죄의 공동정범의 성부를 검토한다. 즉 공동정범의 일원이 의사연락의 범위에서 일탈한 경우, 그 과잉행위에 대하여 다른 관여자는 공동정범의 책임을 부담하지 않는다는 것이다. 그러나 이러한 설명은 어디까지나 '공동정범의 성립범위=의사연락의 범위'라는 말을 달리 표현한 것에 불과하다. 그렇게 판단해야 할 이유에 관하여 판례는 아무런 언급이 없다. 그러므로 당초 의사연락의 범위에 의하여 공동정범의 성립범위를 획정한다는 제1단계 판단의 이론적 근거가 명확해지지 않으면 안 된다.

의사연락의 범위와 공동정범의 성립범위는 어떠한 관련성을 가지는 것일까? 일부실행 전부책임이라는 공동정범의 귀속 원칙의 근거는 공동정범 사이에 '상호이용보충관계'에 구해지고 있다(물론 상호이용보충관계에 대하여는 반대의 입장도 많다). '상호이용보충관계'란 공동의 범죄목적을 실현하기 위하여 다른 관여자의 행위를 상호적으로 이용하여 자기 스스로의 행위를 보충함으로써 각자 각자의 행위를 '하나의 범죄행위'로 통합한다는 것을 의미한다. 그렇기 때문에 공동정범의 일원이 당초 의사연락으로부터 일탈하여 다른 범죄를 실현한 경우, 당해 과잉행위는 공동의 범죄목적을 달성하기 위하여 다른 관여자가 이용한 것이 아니기 때문에, 다른 관여자로서는 그 행위를 자신의 행위로 볼 수 있는 것에 속하지 아니한다. 과잉행위자가 자신의 범죄목적을 달성하기 위하여 －단지 '일방적으로' (상호적이 아니라)－ 다른 관여자의 행위를 이용한 것에 불과하다. 따라서 다른 관여자에게 그 과잉행위의 책임을 부담시키는 것은 허용되지 아니한다. 살인행위는 각 공동정범자가 공동의 강도목적 상해목적을 실현하기 위하여, 자신의 행위를 보충하여 상호적으로 이용한 것이 아니어서, 공동정범자 전체에 의해 실현된 '하나의 범죄행위'에 속하는 것이라고 말할 수 없다.

(2) [대상판결 1-1][대상판결 2-1] 행위자에게 '예기할 수 없었다'는 사정의 해석

'다른 관여자의 행위에 의해 실현된 행위가 행위자에게는 예견할 수 없었던 경우에는 공동정범의 성립을 인정할 수 없다'라는 판례의 명제를 반대해석하면, 행위자에게 예견가능한 경우에는 모든 관여자에게 (강도)살인죄의 공동정범의 성립을 인정한다는 것으로 이해된다. 즉 공동정법의 일원의 과잉행위는 확실히 당초의 범행계획을 일탈한 것으로 인정되지만, 그 과잉행위가 다른 관여자에게 예견할 수 있는 경우에는 과잉부분에 관하여도 '일부실행 전부책임'의 원칙이 적용되어, 과잉행위자와의 공동정범의 성립을 인정할 수 있다는 것이다. 즉 투쟁이 격화되거나 흥분 또는 격앙에 의하여 관여자가 당초 강도나 상해의 의사연락에서 일탈하여 피해자를 살해한다는 것은 다른 관여자에게도 예견불가능한 것은 아니다.

만약 그렇게 생각한다면 이는 살인행위도 당초의 의사연락의 범위에 포함되어 있다는 것을 인정하고 '일부실행 전부책임'의 원칙을 적용하는 것이다. 그러나 이는 공동정범에 있어서 '고의=의사연락'이라고 양자를 동일시하는 견해라고 할 수 있다. 일부 구성원이 범죄행위를 수행할 때 상해의 고의를 살인의 고의로 높힌 경우에, 다른 관여자가 그 살인의 고의를 인식했다면 모든 관여자가 살인에 대한 의사연락을 가지는 것이고 살인죄의 공동정범에 해당한다는 것이다. 의사연락(공모)과 고의를 구별하지 못하는 이러한 지배적인 견해와 일부판례에 의거한 결과, 모든 관여자에게 살인의 의사연락이 있어 (강도)살인죄의 공동정범이 인정된다는 것이다. 즉 살인의 고의를 가지고 있기 때문에 살인의 의사연락이 있고 공동정범이 된다. 이는 살인의 고의를 살인죄 공동정범의 성립요건인 의사연락과 혼동하고 구별하지 못하고 일체화하고 있는 것에 불과하다.

그렇기 때문에 [대상판결 1-2][대상판결 2-2]는 이를 잘 구별하여 과잉행위가 다른 공동정범에게 예견가능한가 아닌가를 언급하지 않고, 직접 甲의 살해행위가 다른 강도 내지 상해의 공동정범과의 의사연락으로부터 일탈하였다는 것은 명백하며, X가 (강도)살인죄의 공동정범의 책임을 부담할 수 없다고 보고 있는 것이다. 적어도 강도나 상해 폭행의 의사연락으로부터 일탈하여 살인행위에 나아간 사례에서는 다른 관여자에게 살인죄의 공동정범 성립가능성은 완전히 배제되어야 한다. '공동정범의 귀속원리에 따라 규범적으로' 해석할 때 (사실적으로 살인행위에 나아가는 것을 예견가능 했느냐 하는 측면 뿐만이 아니라), 조금 과격하게 얘기하면 '본래의 범죄계획의 범위를 초과했기 때문에 → 다른 관여자에게는 예견할 수 없었다'는 것이다. 사실적으로 예견가능하기 때문에 → 공동정범이 성립되는 것이 아니라는 얘기다. 그러한 해석은 규범적 해석태도가 아니다. 예견가능하기 때문에 공동정범이 성립된다는 것은 －공동정범의 성립요건은 예견이나 예견가능성이 전혀 아니고 아무런 관련이 없다－ 이해할 수 없다. 물론 생명 신체 이외의 범죄유형 사안에서는 '범행계획을 명확하게 확정하지 않은 경우에는' 공동정범의 일원이 실제로 범한 범죄가 당초의 의사연락과는 다른 것일 가능성이 없는 것은 아니다. 만약 그 상위가 경험칙상 예견할 수 있는 것이라면, 의사연락의 범위에서 일탈에 해당하지 않는다. 결국 초과부분이 전혀 예기하지 못한 것으로 볼 수 없다는 이유로 초과부분의 공동책임을 긍정하려는 일부판례의 태도는 이론적 논거가 잘못되었다. 이는 일부판례의 규범적 해석태도의 결여 때문이다. 공동정범에 있어서 의사연락과 고의 혹은 예견이나 예견가능성을 도대체 구별하지 못하고 있다. 예견가능성은 제2단계 판단인 결과귀속 판단의 하나의 기준이 되는 것이지, 공동정범 성립요건의 인정기준이 아니다.

(3) [대상판결 3] 과잉행위가 결과적 가중범(상해치사죄)에 해당하는 경우의 제1단계 판단

'공동정범의 성립범위＝의사연락의 범위'라는 판단기준에 관하여는 검토해야 할 문제가 있다. 의사연락의 범위를 일탈했는가를 어떻게 판단할 것인가 하는 것이다. 공동정범의 일원이 의사연락의 범위를 일탈했다고 평가되는 것은 그것이 본래의 범죄목적과는 다른 고의범죄의 '행위'인 경우만인가 아니면 본래의 범죄목적과는 다른 '결과'를 야기한 경우도 거기에 포함되는가 (행위냐 결과냐) 하는 문제이다. 즉 여기에서는 의사연락의 범위에 어떠한 행위가 포섭되는가 문제되는 것이다. [대상판결 3]에서 상해죄의 공동정범의 일원이 당초의 의사연락에 반하여 사망의 결과를 야기할 수 있는 위험성이 있는 상해에 나아감에 의하여 피해자의 사망결과가 야기된 경우에, 사망'결과'의 발생이 당초 상해의 의사연락의 범위에 포함되지 않는다는 것은 말할 필요도 없지만, 같은 이유로 상해치사죄의 기본행위가 되는 당해 상해'행위'가 상해의 의사연락의 범위에 '포함되지 않는다'고 말하는 것은 당연한 귀결은 아니다. 왜냐하면 사망결과를 야기한 위험성있는 상해행위는 의사연락에서 일탈한 '결과'를 야기했지만, 그 '행위' 자체는 상해죄의 구성요건해당 행위에 속하는 것이기 때문에 상해죄의 의사연락의 범위에 포함된다는 이해도 가능하기 때문이다.

결과적 가중범인 상해치사죄의 실체를 구체적으로 고찰하여 본다면, 상해죄의 공동정범의 경우에는 사망결과에 대한 의사연락은 당연히 존재하지 않기 때문에, 만약 살인죄의 경우와 마찬가지로 사망결과에 대한 의사연락을 공동정범의 성립요건으로 요구한다면 상해치사죄의 공동정범은 존재할 수 없다. 이러한 귀결을 피하기 위하여 즉 일정한 범위에서 상해치사죄의 공동정범의 성립을 인정하기 위하여, −'사망결과에 대한 의사연락' 대신에− '상해행위까지의 의사연락'과 결과적 가중범의 성립요건인 '사망결과에 대한 각 관여자의 예견가능성'을 요구하는 것이 판례와 일부학설의 견해이다. 즉 과실범의 공동정범을 인정할 것인가 아닌가 하는 논의와는 관계없이 이와 같이 결과적 가중범의 공동정범을 인정하는 방법이다. 이러한 결과적 가중범의 공동정범 성립요건을 이제 다시 거꾸로 고의살인죄의 공동정범 성립요건에까지 원용하여 일체화시키는 입장이 [대상판결 1−1] [대상판결 2−1]인 것이다. 이들은 고의범 공동정범의 성립요건을 멋대로 완화변경하여 (강도)살인죄의 공동정범의 인정범위를 널리 인정하려는 방향성을 명확히 보여주고 있다.

이러한 견해는 결과적 가중범에 있어서 사망결과의 발생은 공동정범의 '행위'에 의하여 야기된 것이라는 점을 근거로 한다. 현실적으로 사망결과를 야기한 상해행위가 각자 각자 본래의 의사연락의 범위에 속하는 공동의 상해행위의 일부이기 때문에, 일부실행 전부책임의 판단에 있어서는 의사연락의 범위가 당해 상해행위에 미치면 족하고, 사망결과까지는 불요하다고 해석하는 것이다. 공동정범이 되기 때문에 이러한 이해에 따르면 (甲의 과잉행위를 제외하고서) 다른 관여자의 상해와 사망결과와의 인과관계를 단독으로 개별적으로 검토할 필요는 없다.

그런데 다른 한편에서 결과적 가중범의 사망결과를 야기한 공동정범 일원의 당해 '상해행위'가 당초 의사연락의 범위에 포함되지 않는 경우도 있다. 이러한 경우에는 다른 관여자에게 상해치사죄의 공동정범의 성립을 부정하게 된다. 즉 과잉행위가 범죄모의에 있어서 명확하게 약속된 상해의 정도를 현저하게 초과한 경우 예컨대 과잉행위자가 범죄계획의 내용에 비하여 치사성이 보다 높은 무기를 사용한 경우에는 상해치사죄의 공동정범 성립이 부정될 수 있다. 즉 과잉자의 상해행위가 본래의 의사연락의 범위를 초과한 상해행위를 실행한 경우도 있다는 것이다.

결국 상해의 공동정범의 일원에 의한 과잉행위가 상해치사죄에 해당하는 경우, '원칙적으로' 당해 과잉행위는 당초 의사연락의 범위에 포함되기 때문에 −각 관여자는 사망결과에 대하여 객관적 예견가능성이 인정되는 한− 상해치사죄의 공동정범으로 처벌될 수 있다. 그렇지만 과잉행위의 위험성이 당초 모의내용에 비하여 현저히 높은 경우에는 '예외적으로' 상해치사죄의 공동정범 성립이 부정될 수 있다.

(4) 과잉행위의 성질(고의살인행위/상해치사)에 따른 구별

이와 같이 공동정범 일원의 행위가 의사연락의 범위를 일탈하였다고 평가되는 것은 단순히 본래 범죄목적과는 다른 범죄결과를 야기한 경우(결과적 가중범)가 아니라, 본래 범죄목적과는 다른 고의범죄의 행위에 나아간 경우라는 것임을 알 수 있다. 즉 제1단계 판단에서 공동정범의 성립범위, 즉 의사연락의 범위를 판단함에 결정적인 역할을 하는 것은, 당해 과잉행위가 고의 살인행위인가 혹은 단지 결과적 가중범인 상해치사죄에 해당하는가이다. 전자의 경우에는 과잉행위가 상해의 의사연락의 범위에 포함되지 않으므로 다른 관여자에게 (강도)살인죄의 공동정범이 성립하지 아니한다. 이에 반하여 후자의 경우에는 원칙적으로 당해 '행위'가 공동정범의 성립범위에 속하기 때문에 모든 관여자에게 상해치사의 공동정범이 성립할 수 있다.

이러한 과잉행위의 성질에 따라 공동정범의 성립범위를 판단하는 판례는 그 근거가 어디에 있을까? 공동정범의 귀속원리인 상호이용보충관계에 그 이론적 근거를 가진다고 할 수 있다. 과잉행위가 고의살인행위인 경우에는 다른 관여자는 자기범죄의 실행을 보충하기 위하여 과잉자의 의사연락 범위를 초과한 행위를 이용하는 것은 곤란하기 때문에, 공동정범의 책임을 부담시켜서는 않된다. 이에 반하여 과잉행위가 상해치사죄의 실행행위에 해당하는 경우에는 다른 관여자가 해당 행위를 이용할 수 있기 때문에, 즉 상호이용보충관계를 인정할 수 있기때문에 공동정범의 성립도 긍정할 수 있다.

요약하면 강도나 상해의 공동정범 일원이 고의살인행위를 실행한 경우 그 사망결과가 다른 관여자에게도 귀속될 수 있는지 여부를 검토할 때, 제1단계 판단 즉 공동정범의 성립범위의 확정이라는 문제에는 두 가지가 중요하다. 첫째 제1단계 판단의 기준은 당해 과잉행위가 당초 의사연락의 범위에 속하는가 여부이다. 이때에는 고의살인행위가 '이미' 당초 의사연락을 일탈하고 있으므로 다른 관여자는 과잉행위자와 함께 살인죄의 공동정범에 해당하는 것이 부정된다. 물론 [대상판결 1-1][대상판결 2-1]은 다른 관여자에게 사망결과의 귀속이 인정되지만 그 귀결은 -다른 관여자가 과잉행위자와 함께 공동정범의 책임을 부담하는가 라는 관점에서 도출되는 것이 아니라- 제2단계 판단에 의하여 도출되고 있다. 이러한 검토순서와 방법은 잘못된 것이다. 둘째 이러한 판단기준의 이론적 근거는 상호이용보충관계라고 할 수 있다. 의사연락의 범위를 판단할 때에는 과잉행위자가 본래의 범죄목적에서 일탈하여 고의살인행위에 나아갔다는 점이 결정적이다. 이때에는 다른 관여자가 자기 범죄수행을 위해 당해 과잉행위를 이용한다는 것은 곤란하다(상호이용보충관계 부정). 그런데 과잉행위가 상해치사죄에 불과한 경우에는 다른 관여자가 상해의 목적을 완수하기 위하여 당해 과잉행위를 이용한다는 사태도 일반적으로 상정가능하다(상호이용보충관계 긍정). 전자의 경우에 과잉행위는 의사연락의 범위에 포함되지 않지만, 후자의 경우에는 과잉행위도 의사연락의 범위에 원칙적으로 포함된다.

3. 제2단계 판단에 대한 검토 - 결과귀속 여부

(1) 두 가지 판단기준 - (상당)인과관계와 (객관적)예견가능성

제1단계 판단에 의하여 甲의 과잉의 (강도)살인행위가 당초 의사연락의 범위에 속하지 않고 따라서 X에게 살인죄의 공동정범이 부정된다면 -이제 X에게는 제3자의 고의행위가 개입한 사안이 되고- 그 결과귀속판단인 제2단계로 이행된다. 여기에서는 당초의 의사연락에 포함된 강도행위나 상해행위만을 문책대상으로 하여, 사망결과와의 인과관계와 예견가능성 또는 과실의 유무를 중심으로 X의 강도치사 내지 상해치사죄의 성부가 판단된다(혹시 다른 관여자 Y가 더 있다면, X와 Y의 공동정범은 성립될 수가 있을 것이다). 즉 甲의 살인행위가 '단독으로' 사망결과를 야기한 경우에, 다른 관여자 X의 행위와 과잉결과 간에 인과관계와 예견가능성이 부정된다면 X에게는 강도치사 내지 상해치사죄의 성립이 인정되지 않는다는 것이다. 그런데 판례와 학설은 지금까지도 예견가능성만을 언급하고 있다. 그 이유를 도대체 모르겠다. 일반적으로 결과적 가중범의 성립요건에는 인과관계와 예견가능성이 모두 요구된다고 말하고 있다. 즉 X의 강도행위 내지 상해행위 자체와 사망결과와의 인과관계와 甲의 과잉행위에 대한 예견가능성이 요구된다는 것이다. 그런데 판례와 학설이 왜 예견가능성만으로 족하다고 하는지 정말 이해할 수 없다.

피해자의 사망이 甲의 살해행위에 의해 단독으로 야기되어, X로부터 피해자에게 부여된 폭행 상해의 축적 확대와는 무관계하다면, X에게 결과적 가중범의 책임을 부담시켜서는 안된다는 것은 당연하다(인과관계). 또한 甲이 폭행이나 상해의 고의에서 돌연 살해의 고의까지 높혀 살인행위로 나아간다는 점에 관하여, X가 그것을 객관적으로 예견가능하다는 점이 인정되어야 한다(예견가능성).

(2) 인과관계 판단

인과관계 판단을 우선 유형적으로 크게 생각해 보면, 관여자 X가 행한 최초 폭행이나 상해에 의하여 야기된 부상의 정도가 각각 사망결과를 야기할 가능성을 가지지 않고, 피해자의 사망원인이 甲의 당해 과잉행위 뿐인 경우에는 다른 관여자와 사망결과와의 인과관계는 부정될 것이다. 이에 비하여 X에 의한 본래의 폭행 상해행위에 의한 부상과 甲의 과잉행위에 의한 부상이 합쳐져서 사망결과를 야기하였다면, 사망결과의 책임을 다른 관여자 X에게 귀속시키는 것이 가능하다(물론 강도나 상해의 공모가 과잉행위를 유발할 수 있는 것인가 아닌가, 예컨대 공모에 의한 폭행이나 상해에 기인하여 피해자의 반항적 언동 등이 유발되어 그것이 계기가 되어 甲이 살해행위에 이르게 된 경우에, 공모의 심리적 인과성, 즉 '공모에 의한 과잉행위의 유발'을 인정하는 것은 가능하다는 점을 인과관계판단에 고려할 것인가 말것인가 하는 논란은 있을 수 있다). 공동한 폭행이나 상해와 사망결과 사이에 인과관계가 부정된다면, 그것으로 이미 강도치사상해치사의 성립은 인정되지 않는다.

물론 이와 같이 피해자의 사망을 실제로 야기한 원인이 공동한 폭행에 있는지 혹은 과잉행위에 있는가 하는 점만이 인과관계를 판단함에 있어 결정적인 것인지 의문도 없지 않다. 예컨대 다수인이 철봉과 같은 위험한 물건이나 흉기를 가지고 피해자를 구타 공격을 행한 경우에는, 부상의 축적이나 확대 혹은 다른 구성원에 의한 폭행이나 상해의 경중을 컨트롤할 수 없게 되는 등으로 피해자의 사망결과를 야기할 가능성이 있다. 그렇다면 인과관계를 인정할 때에 공동한 폭행이나 상해에 포함된 위험성으로서 (i) 다수인의 폭행 그 자체가 피해자의 부상을 축적 확대시킴으로써 사망결과를 야기할 수 있다는 '에스컬레이션의 위험성' (ii) 관여자의 과잉행위에 의하여 사망결과를 야기할 수 있다는 '간접적 위험성'이 있다. 그렇다면 후자의 위험성이 결과에 현실화된 경우에도, 다른 관여자와 사망결과 사이에 인과관계를 긍정할 여지가 없는 것은 아니기 때문이다.

그러나 이러한 관점은 인과관계를 넓게 인정하는 결과에 이르게 될 것으로 생각된다. 즉 인과관계 판단이 좀 불분명해질 위험이 있다는 이야기이다. 따라서 상기한 바와 같이 과잉행위자의 고의행위 개입사정이 결과발생에 이를 수 있는 독립한 위험을 창출하여 그 위험이 결과에 실현된 경우에는 인과관계가 부정된다. 반면 과잉행위자의 개입행위가 최초 다른 관여자의 행위와 결과와의 인과관계에 중대한 인과적 일탈을 야기하지 않은 경우에는, 최초 행위자의 행위는 결과발생과 통상적인 관련성을 가진다. 결론적으로 사망에 대한 기여도를 기준으로 하여 과잉행위가 단독으로 사망결과를 야기했는가 혹은 최초 X의 폭행 상해에 의한 부상이 과잉행위와 합하여져 사인을 형성했는가를 고려하여 X에 대한 제2단계 판단인 결과귀속을 판단한다.

(3) 객관적 예견가능성 판단

인과관계 판단에 더하여 사망결과에 대한 X의 객관적 예견가능성 판단도 요구된다. 여기에서는 자기행위에 의하여 사망결과를 야기할 위험성을 인식해야 할 것인가 (인과관계 판단에서의 예견가능성) 여부가 아니라, 과잉행위자가 돌연 범의를 높여 고의로 살인행위를 실행한다는 것에 대하여 예견할 수 있었는가(과잉행위에 대한 예견가능성)가 문제되는 것이다. 그리하여 과잉행위의 존재가 다른 관여자에게 객관적으로 예견가능한 경우에만 강도치사 상해치사죄의 성립이 인정된다. 즉 과잉행위의 실행을 다른 관여자가 인식가능했는가 어떤가를 검토하는 것이다. 우리 판례와 학설은 이러한 입장에 있다.

4. 결과귀속의 부정 – 인과관계와 예견가능성이 인정되는 경우에도

(1) 결과귀속 긍정설 – 인과관계와 예견가능성만으로 충분하다는 입장(과잉사례의 특수성)

이상과 같이 인과관계와 객관적 예견가능성 판단기준에 의하여 결과귀속이 긍정될 수 있다는 것이 모든 판례와 학설의 일치된 입장이다. 그런데 폭행이나 상해의 공동정범의 과잉 사안에서 제1단계 판단인 공동정범의 성립이 부정되어, 제2단계 판단으로 이행되어 X의 강도치사 상해치사에의 결과귀속 판단을 하는 사안의 실체는 어떠한 것인가? 공동정범이 부정되었기 때문에 이는 이제 X의 행위 후에 제3자 甲의 고의살인행위가 개입하여 그 행위가 결과를 직접 야기한 경우가 된다. 이러한 제3자의 고의행위 개입과 결과귀속 판단에 관하여, 종래의 학설은 당초 X의 행위에 대한 결과귀속이 부정된다고 하는 견해가 일반적이다. 그 이유는 그러한 고의행위는 통상적으로 예견불가능한 개입사정이라는 것이다.

그런데 어째서 폭행이나 상해의 공동정범의 과잉사례에서는 이러한 경우에 인과관계와 예견가능성이 긍정될 수 있다고 말하는 것인가? 본 사안은 일반적으로 상정되고 있는 '제3자가 행위자와는 전혀 무관계하게 독립하여 살인행위를 실행하였다'는 제3자 고의행위 개입의 '전형'사례와는 결정적으로 다르다는 것이다. 본 사안에서는 제3자의 고의행위는 항상 그 이전의 관여자들의 행위와 항상 어떤 관련성은 갖고 있다. 즉 피해자의 저항행위, 관여자의 격분, 투쟁상황에 수반하여 발생할 수 있는 사정 등에 의하여, 일부 관여자의 폭행이나 상해가 당초의 모의내용을 초과하여 치사적인 폭행이나 상해까지 에스컬레이트되는 것은 반드시 이상한 사태라고는 말할 수 없다. '상해나 폭행의 공동정범에 있어서 과잉'은 결코 희귀한 사정이 아니라, 오히려 경험상 통상성이 있다고 할 수 있다. 이와같이 직접적으로 사망결과를 야기한 제3자의 고의행위와의 사이에 경험상 통상성이나 객관적 예견가능성이 '일반적'으로 인정될 수 있다는 점은 '폭행이나 상해의 공동정범에 있어서 과잉 사례의 특수성'이라고 할 수 있다. 그리하여 제3자의 고의행위 개입에 의하여 직접적으로 결과를 야기한 경우에도 X에게 그 결과귀속을 긍정할 수 있게 된다. 이는 결국 제2단계 판단인 결과적 가중범으로서의 결과귀속 인정에 있어서 상당인과관계와 객관적 예견가능성은 일반적으로는 혹은 원칙적으로는 혹은 널리 인정하는 방향으로 연결된다.

(2) 결과귀속 부정설 – 인과관계와 예견가능성이 인정되더라도(다른 규범적 관점에서)

그렇기 때문에 경험적 통상성 혹은 예견가능성이 인정되는 경우에도 X에의 결과귀속이 –다른 규범적 관점에서– 부정된다는 견해가 있을 수 있다. 경험상의 통상성이나 객관적 예견가능성 만으로는 X의 폭행이나 상해행위에 대한 결과귀속의 기준으로서는 불충분하다는 것이다(사안을 규범적 관점에서 잘 보자는 얘기). 그 이론적 논거로는 몇 가지 원리를 생각해 볼 수 있을 것이다. (i) X의 최초 폭행이나 상해와 제3자의 고의행위와 인과관계의 상당성이나 예견가능성이 인정된다고 하더라도, X의 단독정범성 즉, 결과에 대한 제1차적 책임성이 부정된다고 볼 수 있다. 즉 이러한 사안은 甲의 자율적인 고의행위의 개입이기 때문에 X에게는 당해 경과에 대한 자율적 주도성이 결여되기 때문이다. 제3자 개입사례를 적절하게 해결하기 위하여는, 행위자가 결과야기의 원인을 지배하였는가 아닌가, 즉 정범성의 판단이 필요불가결하다는 것이다. 결과야기에 간접적인 원인성 인과성을 가지는 자에 불과한 자 X에게 정범성을 긍정할 수 없다는 얘기다. 여기에서는 인과관계의 인정과 정범성, 즉 제1차적 책임성의 인정은 명확하게 구별되고 있다. 결과야기가 행위자에 의한 자율적인 소산인가 아닌가를 묻는 접근법이다. 개입자의 행위가 자율적인 이상, 그것을 배후자가 자율적으로 주도한다는 것은 개념적으로 있을 수 없기때문에 배후자의 형사책임은 부정되어야 한다. 그리하여 제3자 고의행위 개입 사례에 있어서는 –인과관계와 객관적 예견가능성이 인정되더라도– 최초행위자 X는 사망결과에 대하여 1차적 책임성, 즉 정범성이 부정되어 결과적 가중범인 강도치사나 상해치사죄의 '정범'에 해당하지 아니한다 (자율적 관점에 의한 단독정범성의 부정). (ii) 자기책임성의 원칙에 따라 제3자 또는 피해자 자신의 자기책임적인 행위에 의해 야기된 결과는 원칙적으로 그 사람의 책임영역에 속하므로, 행위자에게는 귀속되어서는 안 된다는 것이다. 그러므로 (폭행이나 상해의 공동정범에 있어서의 과잉사례와 같이) X의 최초 폭행이나 상해 이후에 제3자의 고의행위가 개입하는 것에 관해 경험적 통상성이나 객관적 예견가능성이 인정되는 경우에도, 제3자에 의한 살인행위의 실행 내지 사망결과발생은 －최초행위자에게 특별한 저지의무가 부과되지 않는 한－ 최초행위자 X에게 귀속되지 아니한다(자기책임성의 원칙에서 객관적 귀속의 부정). (iii) 이와 같이 인과관계와 예견가능성에 의한 결과적 가중범의 객관적 구성요건 충족만으로는 결과귀속에 충분하지 않으므로, 이를 주관적 구성요건에 의하여 보충하자는 관점이 있을 수 있다. 즉 결과적 가중범의 결과귀속을 위하여 X에게 예견가능성이 아니라 더 나아간 중한 결과에 대한 '고의'가 인정되는 경우에 한하여 결과적 가중범의 결과귀속을 인정하자는 것이다. 그리하여 예견가능성이나 과실만이 인정되는 경우에는 결과적 가중범의 성립을 부정하게 된다.

Ⅲ. 맺으며

강도나 상해의 공동정범에 있어서 과잉사례에서 X의 최초 폭행이나 상해에 대한 결과귀속을 －상당인과관계와 객관적 예견가능성을 근거로－ 긍정하는 모든 학설이나 판례의 견해를 전면적으로 지지할 수 있겠는가? 판례와 학설이 제시하고 있는 인과관계와 예견가능성이라는 판단기준은 이론적으로는 불충분하다. 즉 투쟁행위에 있어서 특수성이라는 것은 관여자의 심리에 대한 영향, 치명적인 무기의 제공과 같은 특수한 위험성으로서, 이것은 과잉행위 발생의 통상성 혹은 제3자 고의행위를 매개로 사망결과를 야기할 수 있는 경험적 통상성 밖에 제시하는 것은 없다. 그렇다면 투쟁행위에 있어서 특수한 위험성에 근거한다고 보여지는 판례와 학설은 단지 경험적 통상성을 이유로 결과귀속을 긍정하는 상당성판단과 동일하며, '제3자의 자율성과 결과귀속 판단과의 관련성'을 전혀 인식하지 못하고 있거나 무시한다는 점에서 이론상의 결함이 있다. 그리하여 경험상의 통상성이나 객관적 예견가능성만으로는 X의 최초 폭행이나 상해에 대한 결과귀속의 기준으로 불충분하다. 결국 판례로서는 이점을 분명하게 인식하여야 하며, 그 위에서 보다 합리적인 결과귀속 판단의 결론을 도출하기 위하여 또 다른 추가적인 규범적 기준을 제시하려는 노력이 요구된다.

15. 소극적 신분과 모해목적의 신분 (형법 제33조)규정 적용 문제

김혜정 교수(영남대학교 법학전문대학원)*

[대상판결]

1. 대법원 2012. 5. 10. 선고 2010도5964 판결
2. 대법원 1994. 12. 23. 선고 93도1002 판결

[대상판결 1] 의사가 간호사에게 의료행위의 실시를 개별적으로 지시하거나 위임한 적이 없음에도 간호사가 그의 주도 아래 전반적인 의료행위의 실시 여부를 결정하고 간호사에 의한 의료행위의 실시과정에도 의사가 지시·관여하지 아니한 경우라면, 이는 구 의료법 제27조 제1항이 금지하는 무면허의료행위에 해당한다고 볼 것이다. 그리고 의사가 이러한 방식으로 의료행위가 실시되는 데 간호사와 함께 공모하여 그 공동의사에 의한 기능적 행위지배가 있었다면, 의사도 무면허의료행위의 공동정범으로서의 죄책을 진다.

(사실관계) 甲, 乙이 공모하여 보험회사와 방문검진 위탁계약을 체결한 후 고용된 간호사들로 하여금 보험가입자들의 주거에 방문하여 의사의 지도·감독 없이 문진, 신체계측 등을 하게 한 뒤 건강검진결과서를 작성하여 보험회사에 통보하는 등 의료행위를 하였다.

(대법원의 판단) 건강검진은 피검진자의 신체부위의 이상 유무 내지 건강상태를 의학적으로 확인·판단하기 위하여 행하여지는 것으로서 이를 통하여 질병의 예방 및 조기발견이 가능하게 될 뿐만 아니라 의학적 전문지식을 기초로 하는 경험과 기능을 가진 의사가 행하지 아니하여 그 결과에 오류가 발생할 경우 이를 신뢰한 피검진자의 보건위생상 위해가 생길 우려가 있으므로, 이는 의료행

* 김혜정 영남대학교 법학전문대학원 교수는 독일 Trier대학교에서 법학박사학위를 받았고, 한국형사법학회 회장과 대법원 양형위원회 양형위원, 대법원 국선변호정책위원회 위원장 등을 역임하였다.

위에 해당한다고 보아야 한다. 의사의 지시·관여 없이 간호사인 乙 및 방문간호사 등의 주도 아래 계속적·반복적으로 건강검진을 실시하면서 그 대가를 받아 온 행위는 영리를 목적으로 구 의료법 제27조 제1항에서 금지하는 무면허의료행위를 업으로 한 것으로서, 구 '보건범죄 단속에 관한 특별조치법' 제5조 위반에 해당한다.

[대상판결 2] 형법 제152조 제1항과 제2항은 위증을 한 범인이 형사사건의 피고인 등을 '모해할 목적'을 가지고 있었는가 아니면 그러한 목적이 없었는가 하는 범인의 특수한 상태의 차이에 따라 범인에게 과할 형의 경중을 구별하고 있으므로, 이는 바로 형법 제33조 단서 소정의 "신분관계로 인하여 형의 경중이 있는 경우"에 해당한다고 봄이 상당하다.

(사실관계) 甲이 1984. 12.경 피해자를 모해할 목적으로 공소외 A에게 위증을 하도록 교사하였다.

(대법원의 판단) 형법 제31조 제1항은 협의의 공범의 일종인 교사범이 그 성립과 처벌에 있어서 정범에 종속한다는 일반적인 원칙을 선언한 것에 불과하고, 신분관계로 인하여 형의 경중이 있는 경우에 신분이 있는 자가 신분이 없는 자를 교사하여 죄를 범하게 한 때에는 형법 제33조 단서가 형법 제31조 제1항에 우선하여 적용됨으로써 신분이 있는 교사범이 신분이 없는 정범보다 중하게 처벌된다.

Ⅰ. 문제점

1. 형법 제33조의 신분에 소극적 신분이 포함되는지 여부

[대상판결 1]은 의료행위에 해당하는 건강검진은 의사의 책임 아래 이루어지는 것이고 간호사는 그 보조자에 불과하므로 의사의 지시 내지 관여 없이 간호사에 의해 이루어진 건강검진은 구 의료법 제27조 제1항이 금지하는 무면허의료행위에 해당하고 의사가 간호사와 함께 이와 같은 방식으로 의료행위가 실시되는데 공동의사에 의한 기능적 행위지배가 있었다면, 의료법상 무면허행위로 처벌되지 않는 소극적 신분을 갖고 있는 의사라고 하더라도 무면허의료행위의 공동정범으로서의 죄책을 진다는 것이다.

이처럼 [대상판결 1]은 제33조의 신분에 소극적 신분도 포함된다고 보아 의사면허가 있어 의료법상 무면허의료행위의 정범적격이 없는 의사에게도 비신분자의 범죄행위에 가담한 경우, 공동정범을 인정하고 있다. 그러나 제33조는 비신분자가 신분자의 범죄에 가담한 경우, 비신분자에게도 신분자의 죄책과 처벌을 적용하여 위법연대를 인정함으로써 처벌범위의 확대를 규정하고 있는 조문이다. 따라서 제33조의 신분에 [대상판결 1]과 같이 소극적 신분도 포함되는지 여부가 문제된다.

더욱이 지난 2020년 12월 8일 형법이 일부 개정되면서 제33조(공범과 신분)가 "신분관계로 인하여 성립될 범죄에 가공한 행위는 신분관계가 없는 자에게도 전3조의 규정을 적용한다. 단, 신분관계로 인하여 형의 경중이 있는 경우에는 중한 형으로 벌하지 아니한다."에서 "신분이 있어야 성립되는 범죄에 신분 없는 사람이 가담한 경우에는 그 신분 없는 사람에게도 제30조부터 제32조까지의 규정을 적용한다. 다만, 신분 때문에 형의 경중이 달라지는 경우에 신분이 없는 사람은 무거운 형으로 벌하지 않는다."로 변경되었다. 이는 단순한 문구의 변경으로 볼 수도 있으나, 이를 통한 문리적 해석의 변경가능성이 있는 것은 아닌지 살펴볼 필요가 있다.

2. 모해 목적이 형법 제33조 신분에 해당하는지 여부

[대상판결 2]는 甲이 모해할 목적으로 乙에게 위증을 교사하였다면, 乙에게 모해의 목적이 없다 하더라도 甲은 모해위증교사죄로 처단할 수 있다는 것이다. 협의의 공범인 교사범은 공범종속성의 원칙에 입각하여 정범의 범죄와 가벌성에 종속된다. 그런데 [대상판결 2]에서 대법원은 형법 제152조 제1항과 제2항은 위증을 한 범인이 피고인 등을 '모해할 목적'을 가지고 있었는가 없었는가 하는 범인의 특수한 상태에 따라 범인에게 과할 형의 경중을 구별하고 있으므로, "모해할 목적"은 신분을 나타내므로 제31조 제1항이 아니라 제33조 단서가 적용된다고 판단하고 있다.

여기에서 제33조 단서는 가감적 신분과 관련하여 책임개별화원칙에 따라 그 처벌을 결정하도록 규정하고 있다. 문제는 [대상판결 2]의 사안에서 쟁점이 되었던 소위 '모해할 목적'이 제33조의 단서가 적용되는 가감적 신분에 해당하는지 여부이다.

결국 [대상판결 1]이 제33조 본문과 관련하여 신분이 문제된 사안이라면, [대상판결 2]는 제33조 단서와 관련하여 신분이 문제된 사안으로 궁극적으로 제33조의 신분과 관련된다. 따라서 [대상판결 1]과 [대상판결 2]의 문제를 살펴보기 위해서 먼저 신분 및 신분범의 개념을 살펴보고, 제33조가 적용되는 신분의 개념을 해석함에 있어 지난 2020년 형법 개정 전후의 규정이 해석상 달라지는 부분이 있는지 등에 대하여 살펴보도록 한다.

Ⅱ. 쟁점 및 검토

1. 형법 제33조와 신분(범)

신분범이란 일정한 신분을 가진 자만이 구성요건적 행위의 주체가 되는 범죄를 말한다. 신분범은 다시 일정한 신분이 있는 자만이 그 행위의 주체가 되는 진정신분범과 신분 없는 자도 범죄를 범할 수 있으나 특히 신분이 있는 자가 그 행위를 한 때에는 그 형을 가중하거나 감경하는 부진정신분범으로 나누어진다.[1]

진정신분범에서의 신분은 구성적 신분, 부진정신분범에서의 신분은 가감적 신분이라고 할 수 있다. 비신분자는 단독으로 진정신분범을 범할 수 없고, 비신분자가 부진정신분범을 범한 경우 일반적인 범죄의 형벌로 처벌된다. 그러나 비신분자가 신분자에 가담한 경우에는 문제가 달라질 수 있다. 제33조가 이러한 신분이 공범과 관련하여 문제되는 경우를 규정하고 있기 때문이다.[2]

2020년 개정 전 형법 제33조는 "신분관계로 인하여 성립될 범죄에 가공한 행위는 신분관계가 없는 자에게도 전3조의 규정을 적용한다. 단 신분관계로 인하여 형의 경중이 있는 경우에는 중한 형으로 벌하지 아니한다."라고 규정하고 있었다. 여기에서 '신분관계'란 "남녀의 성별, 내·외국인의 구별, 친족관계, 공무원인 자격과 같은 관계뿐만 아니라 널리 일정한 범죄행위에 관련된 범인의 인적관

1) 김혜정/박미숙/안경옥/원혜욱/이인영, 형법총론 제4판, 정독, 2022, 59면.
2) 오영근, 형법총론 제6판, 박영사, 2021, 434면 이하.

계인 특수한 지위 또는 상태를 지칭하는 것"을 말한다.[3)]

[대상판결 1]은 제33조 본문과 관련하여 문제된다. 제33조 본문은 비신분자가 신분자에 가담한 경우, 비신분자를 공동정범, 교사범 또는 종범(방조범)으로 처벌할 수 있다는 것으로, 공범과 신분의 문제를 규정하고 있다.

신분은 범죄가 성립하는 데 필요한 구성적 신분, 형벌이 가중되거나 감경될 수 있는 가감적 신분, 신분으로 인해 범죄가 불성립하거나 형벌이 조각되는 소극적 신분으로 분류할 수 있다.[4)] 구성적 신분과 가감적 신분은 적극적 신분으로 소극적 신분과 대립되는 개념으로 이해할 수 있다.

제33조는 비신분자가 신분자에 가담한 경우, 원칙적으로 신분이 없어 범죄가 성립하지 않거나 혹은 가중처벌 받지 않을 비신분자에게 신분범의 불법을 확장하는 의미를 담고 있다.[5)] 따라서 적극적 신분인 구성적 신분 및 가감적 신분의 경우 제33조의 적용대상이 되는 것에 이견이 없을 것이다.

문제는 신분을 갖고 있어 범죄가 성립되지 않는 소극적 신분이 제33조의 신분에 포함되는지 여부이다. 예컨대 의료법상 무면허의료행위를 처벌하는 규정은 면허를 소지하지 않은 자를 처벌하는 것으로 면허를 소지한 의사는 무면허의료행위 자체가 성립하지 않는 소극적 신분자이다. 따라서 소극적 신분범의 경우 범죄가 성립하지 않는 행위를 소극적 신분자 단독으로 행할 경우 범죄성립여부가 문제되지 않지만, 소극적 신분을 가진 자와 소극적 신분을 가지지 않은 비신분자가 함께 범죄를 행하는 경우 그 범죄성립 여부가 문제될 수 있다.[6)]

(1) 형법 제33조의 신분에 소극적 신분 포함 여부

소극적 신분이란 원칙적으로 범죄행위이지만, 일정한 신분으로 인해 범죄가 성립되지 않거나 형벌이 조각되는 경우의 신분을 말한다.[7)] 소극적 신분은 다시 불법(위법)조각적 신분, 책임조각적 신분 및 형벌조각적 신분으로 구분한다.[8)] 불

3) 대법원 1994. 12. 23 선고 93도1002 판결.
4) 김혜정/박미숙/안경옥/원혜욱/이인영, 앞의 책, 413면 이하;
5) 윤동호, "2020년 개정 형법 제33조와 소극적 신분", 비교형사법연구 제23권 제3호, 2021, 125면.
6) 김성돈, "소극적 신분과 공범", 성균관법학 제19권 제3호, 2007, 417면 이하.
7) 김혜정/박미숙/안경옥/원혜욱/이인영, 앞의 책, 415면; 오영근, 앞의 책, 434면.
8) 소극적 신분을 구성요건해당성을 조각하는 불구성적 신분(의료행위에서 의사라는 신분), 위법

법(위법)조각적 신분[9]이란 일반인에게 금지된 특정한 행위가 특정 신분자에게는 허용되어 있는 경우의 신분으로, 의료법상 면허된 의료행위를 행하는 의사, 소송사건을 의뢰받은 변호사, 자동차 운전행위에서 면허소지 운전자 등을 예로 들 수 있다. 책임조각적 신분이란 신분자의 행위가 구성요건에 해당하고 위법성이 조각되지 않는 행위로 평가되지만 당해 신분적 요소 때문에 책임이 조각되는 경우의 신분으로, 범인은닉죄(제151조 제2항)에서 친족 또는 동거의 가족, 증거인멸죄(제155조 제4항)에서 친족 또는 동거의 가족, 14세 미만의 형사미성년자 등을 예로 들 수 있다.[10] 형벌조각적 신분이란 구성요건, 위법성, 책임이 인정되어 범죄는 성립하지만 형이 면제되는 경우의 신분으로, 재산죄에서 친족상도례(제328조 제1항)에 따른 직계혈족이나 배우자 등을 예로 들 수 있다.

사실 제33조는 구성적 신분과 가감적 신분만을 규정하고 있을 뿐 신분이 범죄의 성립 또는 가벌성을 조각하는 소극적 신분에 대해서는 규정하고 있지 않다. 따라서 소극적 신분과 공범문제에 대해서 공범과 신분에 관한 '특별규정'이라고 할 수 있는 제33조를 적용할 수 있는지에 대해서는 그 해석상 견해가 나뉘고 있다.

1) 제33조의 신분에 소극적 신분을 포함하는 견해

제33조의 신분에 구성적 신분 및 가감적 신분뿐만 아니라 소극적 신분도 포함된다는 견해가 있다. 그 이유는 제33조에서 구성적 신분(진정신분범) 또는 가감적 신분(부진정신분범)에 해당하는 적극적 신분이라는 용어를 사용하고 있지 않고, 제33조가 '신분'이라는 용어 대신 '신분관계'라는 용어를 사용하고 있기 때문에 소극적 신분도 포함되는 것이라고 해석한다.[11] 즉 소극적 신분관계가 존재하지 않

조각적 신분(범인체포행위에서 경찰관이라는 신분), 책임조각적 신분(형사미성년자라는 신분), 처벌조각적 신분(인적 처벌조각사유에서의 신분)으로 구분하는 견해도 있다(오영근, 앞의 책, 434면 및 444면).

9) 일정한 자격이나 면허 없이 행위한 경우 범죄가 성립하는 것에 대하여 일정한 자격이나 면허를 소지하고 있어 범죄가 성립하지 않는 소극적 신분자의 행위는 처음부터 불법을 구성하는 요소가 있는 행위가 아니기 때문에 불법조각적 내지 위법조각적 신분이라고 하는 것은 개념상 적절하지 않고, 그 자체 구성요건해당성이 없는 행위라는 점에서 '불구성적 신분'이라고 하는 것이 개념적으로 타당하다는 견해로 김성돈, 앞의 논문, 421면. 역시 소극적 신분을 불구성적 신분, 책임조각신분, 형벌조각신분으로 구분하는 견해로 이재상/장영민/강동범, 형법총론 제11판, 박영사, 2022, 535면.

10) 김성돈, 앞의 논문, 420면 이하.

11) 오영근, 앞의 책, 444면.

아서 성립되는 범죄에 가공한 행위는 소극적 신분관계가 있는 자에게도 형법 제33조 본문을 적용할 수 있다고 본다. 따라서 예를 들어 의사가 의료면허 없는 자와 공모하여 무면허의료행위를 범한 경우, 의사인 소극적 신분자에게도 무면허의료행위에 따른 의료법위반죄의 공동정범이 성립한다고 본다. 이러한 포함설에 따르면 소극적 신분자에 대해 교사·방조뿐만 아니라 공동정범의 성립도 인정할 수 있다고 한다.[12)]

2) 제33조의 신분에 소극적 신분을 포함하지 않는 견해

개정 전 형법 제33조의 "신분관계로 인하여 성립될 범죄"는 신분이 있는 사람에게만 성립하는 범죄를 의미하므로 제33조는 신분이 범죄를 구성하거나 형의 가감에 영향을 미치는 신분이 문제되는 경우만을 규율하는 것으로, 행위자에게 문제되는 신분이 없어야 비로소 범죄가 성립하는 소극적 신분은 포함되지 않는다고 보는 견해이다.[13)] 이 견해가 소극적 신분을 포함하지 않는 이유는 제33조 본문에는 범죄를 성립시키는 신분, 단서에는 형벌의 가감에 영향을 미치는 신분이 전제되어 있다고 보기 때문이다.[14)]

이처럼 소극적 신분이 제33조에 포함되지 않는다는 견해에 따르면 소극적 신분과 (협의의) 공범의 관계는 공범의 종속성이론에 따라야 하며, 종속성이론 중에서 제한적 종속형식에 의해 해결하는 견해라고 할 수 있다.[15)] 공동정범의 경우는 제33조와 무관하고 공동정범에는 원칙적으로 공범종속성의 원칙이 적용되지 않기 때문에 정범이론에 따라 소극적 신분자는 해당 범죄의 공동정범이 될 수 없다고 할 것이다.[16)]

3) 판례의 소극적 신분 포함설

판례는 제33조의 신분에 소극적 신분을 포함하는 태도를 보이고 있다. 예를

12) 김일수/서보학, 새로쓴 형법총론 제12판, 박영사, 2014, 507면.

13) 이재상/장영민/강동범, 앞의 책, 542면.

14) 김성돈, 앞의 논문, 422면.

15) 김혜정/박미숙/안경옥/원혜욱/이인영, 앞의 책, 421면; 이재상/장영민/강동범, 앞의 책, 542면; 임웅, 형법총론 제11정판, 법문사, 2019, 533면.

16) 김성돈, 앞의 논문, 423면. 다만, 이와 관련하여 불포함설을 주장하는 학자에 따라 예컨대 "신분자와 비신분자가 공동정범이 된 때에는 그 범죄가 성립한다고 해야 한다."(이재상/장영민/강동범, 앞의 책, 542면)고 보는 등 다양한 결론이 주장되고 있다.

들어 법무사가 변호사도 법무사도 아닌 자와 공모하여 그로 하여금 금품을 받고 개인회생·파산 등에 관한 법률사무를 취급하게 하여 변호사법 위반죄가 문제된 하급심 판결에서 "이른바 소극적 신분(비구성적 신분)을 가진 자가 그러한 신분을 갖지 아니한 자의 범죄행위에 가담한 경우에는 공범으로서의 죄책을 면할 수 없다."[17]고 하는 등 소극적 신분도 제33조에 포함된다고 보는 입장이다.[18]

[대상판결 1]에서도 의사가 간호사에게 의료행위의 실시를 개별적으로 지시하거나 위임한 적이 없음에도 간호사가 그의 주도 아래 전반적인 의료행위의 실시 여부를 결정하고 간호사에 의한 의료행위의 실시과정에도 의사가 지시·관여하지 아니한 경우, 구 의료법 제27조 제1항이 금지하는 무면허의료행위에 해당한다고 볼 것이고, 의사가 이러한 방식으로 의료행위가 실시되는 데 간호사와 함께 공모하여 그 공동의사에 의한 기능적 행위지배가 있었다면, 의사도 무면허의료행위의 공동정범으로서의 죄책을 진다고 판단하고 있다.[19]

그런데 대법원은 친족 간의 정치자금 기부행위가 문제된 사안에서 "정치자금법 제45조 제1항은 "이 법에 정하지 아니한 방법으로 정치자금을 기부하거나 기부받은 자는 5년 이하의 징역 또는 1천만 원 이하의 벌금에 처한다. 다만, 정치자금을 기부하거나 기부받은 자의 관계가 민법 제777조의 규정에 의한 친족인 경우에는 그러하지 아니하다"라고 규정하고 있는바, 위 조항의 단서 규정은 정치자금을 기부하는 자와 받는 자 사이에 민법상 친족관계가 있는 경우에는 친족 간의 정의(情誼)를 고려할 때 정치자금법에서 정한 방법으로 돈을 주고 받으리라고 기대하기 어려움을 이유로 책임이 조각되는 사유를 정한 것이지 범죄의 구성요건해당성이 조각되는 사유를 정한 것이 아니므로, 정치자금을 기부받는 자와 민법 제777조의 규정에 의한 친족관계에 있는 자가 그러한 친족관계 없는 자와 공모하여 정치자금법에 정하지 아니한 방법으로 정치자금을 기부한 경우에는 형법 제33조 본문에서 말하는 '신분관계로 인하여 성립될 범죄에 가공한 행위'에 해당한다고 볼 수 없으며, 친족관계에 있는 자의 책임은 조각된다."[20]라고 다르게 판단하고

17) 전주지방법원 2006. 4. 21 선고 2005노1588 판결.
18) 대법원 1986. 2. 11 선고 85도448 판결; 대법원 2006. 8. 24 선고 2006도2971 판결.
19) 대법원 2012. 5. 10 선고 2010도5964 판결.
20) 대법원 2007. 11. 29 선고 2007도7062 판결.

있다. 즉 의료법위반죄를 소극적 불법조각적 신분범으로 보았다면, 정치자금법위반죄를 소극적 책임조각적 신분범으로 본 것이다.

4) 불법조각적 신분과 책임조각적 신분의 구별

이처럼 대법원은 2007도7062 판결(정치자금법위반)에서는 제33조와 소극적 신분의 관계를 85도448 판결(의료법위반)과 다르게 판단하고 있다. 즉 대법원은 제33조에 소극적 신분이 포함된다는 것을 전제하면서 소극적 신분 중에서 불법조각적 신분과 책임조각적 신분을 구별하여, 불법조각적 신분의 경우에는 공범과 신분에 관한 제33조가 적용되어 소극적 신분자도 비신분자와 공동정범이 성립할 수 있지만, 책임조각적 신분의 경우에는 제33조가 적용되는 것이 아니므로 공동정범이 성립하지 않는다고 판단하고 있는 것이다.[21]

이러한 구별은 판례뿐만 아니라 제33조에 소극적 신분을 포함하는 견해 및 포함하지 않는 견해에서 동일하게 나타나고 있는데, 예컨대 형사미성년자와 성인이 공동정범의 관계에서 범행한 경우에 각자의 책임에 따라 소극적 책임조각적 신분자인 형사미성년자는 무죄, 비신분자인 성인은 (공동)정범이 된다고 한다.[22]

(2) 모해목적이 신분에 해당하는지 여부

[대상판결 2]에서 문제된 모해위증죄는 모해목적을 가중사유로 규정하고 있다. 가중사유로서 모해목적은 "피고인, 피의자 또는 징계혐의자를 불리하게 할 목적을 의미"하는 것으로 그 법적 성질이 불법가중사유로서 '초과주관적 구성요건요소'인지, '신분'인지에 대해 견해가 대립하고 있다. 이러한 견해의 대립은 우리 형법에 신분에 대한 개념을 두고 있지 않은 것에서 비롯된다고 할 수 있다.[23]

1) 모해목적이 신분에 해당한다는 견해

모해위증죄의 모해목적을 '신분'개념에 포함시킬 수 있다는 견해가 있다. 그

21) 김정환, "소극적 신분과 공동정범에서 불법조각신분과 책임조각신분의 구별 - 대법원 2007. 11. 29. 선고 2007도7062 판결 -", 형사법연구 제24권 제3호, 2012, 322면.

22) 오영근, 앞의 책, 445면; 이재상/장영민/강동범, 앞의 책, 543면.

23) 김재윤, "(모해)위증죄에 대한 연구 - 서울고등법원 2017. 11. 1. 선고 2016노2694 판결(이른바 '권은희 판결')을 중심으로 -", 법학논통 제38권 제3호, 2018, 116면.

이유로 주관적 불법요소인 고의, 목적, 불법영득의사는 신분에 포함되지 않지만, 모해목적은 행위자의 특수한 위험심정을 나타내는 행위자관련적 주관적 요소로 해석하는 것이 타당하기 때문이라고 한다.[24] 또한 고의나 목적은 일반적으로 신분에 해당되지 않지만, 모해목적, 행위동기, 기타 심정상태는 비난가능성에 관련된 책임신분이라고 보는 견해와 목적과 동기 등은 행위와 관련된 요소이면서 동시에 행위자와 관련된 요소이므로 신분으로 보는 견해[25]도 있다.

2) 모해목적이 신분에 해당하지 않는다는 견해

그러나 모해위증죄의 모해목적을 '신분'개념에 포함시킬 수 없다고 하는 것이 다수의 견해이다.[26] 그 이유는 신분은 일반적으로 행위자관련적 요소라고 할 것이므로 행위관련적 요소인 모해목적은 신분이 아니라는 것이다. 따라서 고의, 목적, 불법영득의사, 동기, 경향, 심정 등은 주관적 요소이긴 하지만 '행위관련적 요소'이므로 신분으로 볼 수 없다고 한다.[27]

3) 판례의 태도

판례는 甲이 A를 모해할 목적으로 모해목적 없는 乙을 교사하여 乙이 위증한 [대상판결 2]의 사안에서 판시한 바와 같이 "형법 제152조 제1항과 제2항은 위증을 한 범인이 형사사건의 피고인 등을 '모해할 목적'을 가지고 있었는가 아니면 그러한 목적이 없었는가 하는 범인의 특수한 상태의 차이에 따라 범인에게 과할 형의 경중을 구별하고 있으므로, 이는 바로 형법 제33조 단서 소정의 "신분관계로 인하여 형의 경중이 있는 경우"에 해당한다고 봄이 상당하다."고 하여 모해목적을 신분개념에 포함하고 있다.[28]

---

24) 손동권, 형법총론 제2개정판, 율곡출판사, 2005, 561면. 다만, 판례가 모해목적을 제33조의 신분으로 파악한 것은 다소 문제가 되지만 갑을 모해목적위증죄의 교사범으로 처벌한 판례의 결론은 타당한 것이라고 한다.

25) 백원기, "공범과 신분의 성립", 형사판례연구 제6권, 박영사, 1998, 165면.

26) 김일수/서보학, 앞의 책, 499면; 김재윤, 앞의 논문, 118면; 오영근, 앞의 책, 432면 이하; 이상돈, 형법강론 제4판, 박영사, 2023, 308면; 임웅, 앞의 책, 523면 등.

27) 김재윤, 앞의 논문, 117면.

28) 대법원 1994. 12. 23 선고 93도1002 판결.

2. 2020년 형법 제33조 개정의 취지와 그 영향

앞에서 살펴본 바와 같이, [대상판결 1]이 제33조 본문과 관련하여, [대상판결 2]는 제33조 단서와 관련하여 신분이 문제된 사안이었다. 그런데 지난 2020년 형법이 일부 개정되면서 제33조도 변경되었다. 그렇다면 종래 제33조와 관련한 판례의 해석이 변경된 조문에 그대로 유지될 수 있는 것인지에 대하여 살펴볼 필요가 있다.

(1) 개정의 취지

2020년 11월 19일 국회에서 형법 일부개정법률안(대안)이 통과되었다. 이번 형법개정의 제안이유는 "1953년 제정되어 시행된 현행 형법은 제정 이후 60년 이상 경과하였음에도 제정 당시의 어려운 한자어, 일본식 표현, 어법에 맞지 않는 문장 등이 그대로 사용되고 있고, 일상적인 언어 사용 규범에도 맞지 않아 일반 국민들이 그 내용을 쉽게 이해하기 어렵다는 지적"이 있어 왔는데, "형법은 형사실체법의 근간이 되는 법으로서 많은 형사 관련 특별법의 기초가 될 뿐만 아니라, 국민들의 일상생활에 직접 적용되는 기본법이라는 점에서 형법에 사용되는 용어나 문장은 형사 관련 특별법 등 다른 법령 문장의 모범이 되어야 하고, 국민들의 올바른 언어생활을 도모할 수 있어야" 하므로 "형법에 사용된 일본식 표현이나 어려운 한자어 등 개정이 시급한 대표적인 법률용어들을 국민의 눈높이에 맞추어 알기 쉬운 우리말로 변경하고, 법률문장의 내용을 정확히 전달할 수 있도록 어순구조를 재배열하는 등 알기 쉬운 법률 문장으로 개정함으로써 형법에 대한 국민의 접근성 및 신뢰성을 높이고자 하려는 것"이다.[29)]

따라서 2020년 개정은 내용의 변경이 아니라 자구수정이 그 핵심이다. 제33조(공범과 신분) 역시 그러한 맥락에서 종래 "신분관계로 인하여 성립될 범죄에 가공한 행위"를 "신분이 있어야 성립되는 범죄에 신분 없는 사람이 가담한 경우"라고 수정되었을 뿐이다. 그러나 이러한 자구수정이 동 규정의 해석과 관련하여 영향을 미칠 수 있는 것은 아닌지 살펴볼 필요가 있다.

---

29) 의안번호 제2105496호 형법 일부개정법률안(대안) 제안이유 참조.

(2) 개정의 영향

앞에서 언급한 바와 같이 지난 2020년 형법 개정을 통해 제33조의 조문 변경이 특별한 법리적 검토를 바탕으로 이루어진 것이라고 보기는 어려운 면이 있음을 입법취지를 통해 알 수 있다. 그럼에도 종전에 "신분관계로 인하여 성립될 범죄에 가공한 행위는 신분관계가 없는 자에게도 전3조의 규정을 적용한다."에서 "신분이 있어야 성립되는 범죄에 신분 없는 사람이 가담한 경우에는 그 신분 없는 사람에게도 제30조부터 제32조까지의 규정을 적용한다."로 변경됨으로써 소극적 신분의 경우 종래의 해석이 달라질 수 있는 여지가 생기게 되었다.[30)]

사실 2020년 형법 개정 전 "신분관계로 인하여 성립될 범죄"라는 표현은 다소 불명확 부분이 없지 않았다. 여기서 "신분관계"는 문언의 해석상 '신분의 존재 또는 신분의 부존재'로 해석할 수 있고, 예컨대 무면허 의료행위는 의사라는 신분이 있으면 성립하지 않고 의사라는 신분이 없으면 성립하므로 신분관계로 인하여 성립되는 범죄라고 할 수 있으므로 적극적 신분, 즉 구성적·가감적 신분뿐만 아니라 소극적 신분도 포함된다고 해석하는 포함설의 견해도 받아들여질 수 있었다.[31)]

그러나 2020년 개정을 통해 "신분이 있어야 성립되는 범죄"로 변경된 경우는 예컨대 의사 면허가 없는 자가 의료법 위반행위를 한 경우 이는 신분이 있어야 성립되는 범죄가 아니라 의사라는 신분이 없기 때문에 성립되는 범죄로, 이는 정범에게 "신분이 있어야 성립되는 범죄"인 신분범에 해당하지 않는다고 보아야 하기 때문에 여기에 의사면허가 있는 의사 가담한 경우 종래와 같이 소극적 신분을 제33조 신분에 포함하는 해석은 어려울 것으로 생각된다.

즉 제33조는 신분이 있어야 성립되는 범죄에 신분이 없는 사람이 가담한 경우를 대상으로 하고 있음에도, 소극적 신분의 경우에는 '소극적 신분이 없는 사람'의 범죄에 '소극적 신분이 있는 사람'이 가담한 경우를 처벌하게 되므로 제33조의 문언적 해석에 배치된다고 할 수 있다. 따라서 신분이 있는 사람인 의사가 신분이 없는 사람인 일반인의 범죄에 가담한 경우는 적용대상이 아니라고 해석하

---

30) 같은 견해로 윤동호, 앞의 논문, 133면.

31) 김성돈, 앞의 논문, 422면.

는 것이 올바른 문언적 해석에 해당한다고 할 것이다.

그러나 이러한 형법의 개정용어에도 불구하고 종전의 해석이 이와 같은 해석으로 변경될 것이라고 단정할 수는 없다고 부정적으로 바라보는 견해도 있다.[32] 그 이유는 판례가 적극적 신분범 중 가감적 신분범의 경우, 예컨대 직계비속인 甲이 친구인 乙에게 자신의 아버지를 살해해 달라고 교사한 경우와 같이 신분자가 비신분자의 범죄에 가담한 경우에도 －제33조는 비신분자가 신분자에 가담한 경우 비신분자에게 신분을 확장하여 처벌하는 규정임에도 불구하고－ 제33조 단서를 공범종속성의 원칙보다 우선 적용하고, 다만 단서의 개별화원칙에 따라 甲에게는 존속살인죄의 교사, 乙에게는 일반살인죄로 처벌해야 한다는 태도를 취해 왔기 때문이다. [대상판결 2]가 바로 그러한 판례의 태도[33]에 대한 대표적인 예라고 할 수 있다.

3. 검토

(1) 소극적 신분과 제33조에 대한 해석

형법에서 신분범이란 “범죄의 주체가 일정한 신분을 가진 사람으로 제한되는 범죄”를 말한다. 이러한 개념에서 신분이라고 할 때, 소극적 신분을 고려하고 있지는 않다고 보아야 할 것이다.[34] 그 이유는 제33조 신분에 소극적 신분을 포함하는 것은 문리적 해석의 범위를 넘어서는 것으로 타당하다고 보기 어렵기 때문이다. 또한 앞에서 언급한 바와 같이, 제33조는 신분범에 비신분자가 가담한 경우 신분을 확장하여 처벌하는 것인데, 소극적 신분을 그 적용대상으로 본다면, 예컨대 무면허의료행위를 한 자가 ‘소극적 신분이 존재하지 않는 신분범’이 되고, 그에 가담한 의사는 ‘소극적 신분이 존재하는 비신분범’이라는 부적절한 해석이 이루어질 수밖에 없기 때문이다. 또한 의사가 아닌 비신분자의 무면허의료행위에 “소극적 신분” 없는 사람이 가담한 경우도 제33조의 적용대상이라는 해석이 가능해져 원래 의도하지 않은 사안까지도 포함이 가능하게 되어 역시 타당하지 않다.[35]

32) 윤동호, 앞의 논문, 128면.
33) 같은 취지의 판결로 대법원 1984. 4. 24 선고 84도195 판결 참조.
34) 김정환, 앞의 논문, 325면.

무엇보다도 2020년 형법 개정을 통해 제33조의 표현이 변경되었다. 물론 개정의 취지는 앞에서 언급한 바와 같이 내용의 개정이 아니라 법률용어의 순화에 있었지만, 제33조의 경우 단순한 표현의 변경이 해석의 변경을 가능하게 만들었다고 보인다. 앞에서 살펴본 소극적 신분을 포함하는 견해는 개정 전 제33조의 "신분관계"를 "신분의 존재 또는 부존재"로 해석함으로써 "신분의 존재"로 인하여 성립하는 범죄는 적극적(구성적) 신분범에 해당하고, "신분의 부존재"로 인하여 성립하는 범죄는 "소극적 신분범"에 해당하는 것으로 해석이 가능하다고 할 수 있었지만, 제33조가 "신분이 있어야 성립되는 범죄"로 개정됨으로써 이러한 해석은 더 이상 적절하지 않게 되었다.[36] 제33조의 적용대상은 개정 전에도 '신분자'의 신분범죄에 '비신분자'가 가담한 경우로 해석하는 것이 타당하다고 할 것인데, 개정된 제33조에서는 이러한 부분을 더욱 분명하게 하고 있다고 생각된다. 그렇다면 소극적 신분과 공범문제가 발생한 경우, 다음과 같이 해결하는 방안을 살펴볼 수 있다.

(2) 소극적 신분과 공범문제의 해결

1) 소극적 불법조각적 신분의 경우

소극적 불법조각적 신분이 문제되는 사안과 관련하여, 예컨대 의료인이 아닌 비신분자의 행위에 소극적 신분자인 의료인이 가담한 사안에서 협의의 공범이 문제되었다면, 소극적 신분자에게도 제33조가 아니라 공범종속성의 원칙에 따라 협의의 공범 성립이 가능하다. 다만, 2020년 12월 29일 의료법 개정을 통해 제87조의 제2항 제3호에 제27조 제5항을 위반하여 누구든지 의료인이 아닌 자에게 의료행위를 하게 하는 경우 처벌하도록 규정하였으므로, 무면허의료행위를 교사·방조한 사람에 대한 처벌 −그것이 소극적 신분자인 의료인이라고 하더라도− 이 가능하게 되었다.

만약 공동정범이 문제 되었다면, 공동정범은 성립되지 않지만, 교사·방조는

35) 김성돈, 앞의 논문, 423면.

36) 개정된 제33조의 "신분이 있어야 성립하는 범죄"에 해석상 소극적 신분범을 포함할 수 없게 되어 입법자의 의도와 무관하게 입법적 결단이 내려졌다고 보는 견해로 김성돈, 형법총론 제8판, SKKUP, 2022, 737면 이하.

성립한다는 견해[37]와 공동정범을 인정할 수 있다는 견해로 나뉜다. 공동정범을 인정하는 견해는 다시 비록 의사가 아닌 자의 무면허 의료행위에 소극적 신분이 있는 의사가 기능적 범행지배를 통해 의사 아닌 자의 불법실현에 분업적으로 가담했음에도 의료인이라는 이유로 처벌하지 않는 것은 국가의 의료면허체계를 부정하는 결과가 되기 때문이라는 견해[38]와 공동정범의 경우 제33조와 관계없이 불법의 연대성을 인정할 수 있기 때문이라는 견해[39]로 나뉜다. 그러나 소극적 신분자인 의사에게 무면허의료행위의 공동정범을 인정하는 것은 정범 적격성이 인정되지 않으므로 부정하는 것이 타당하다. 그렇더라도 무면허의료행위의 교사·방조범으로 처벌가능성은 여전히 존재한다고 할 수 있다.

2) 소극적 책임조각적 신분의 경우

소극적 책임조각적 신분이 문제 되는 사안과 관련하여, 앞에서 살펴본 2007도7062 판결(정치자금법위반)과 같이 소극적 책임조각적 신분자와 비신분자가 공동하여 정치자금부정수수행위를 한 경우, 각자의 책임에 따라 비신분자에게는 동 범죄가 성립하지만, 소극적 책임조각적 신분자에게는 책임이 조각되어 동 범죄가 성립하지 않는다고 할 것이다.

또한 소극적 책임조각적 신분자인 형사미성년자가 비신분자인 성인에게 범죄를 교사한 경우에도 형사미성년자에게는 책임이 조각되어 교사범이 성립하지 않고, 성인에게만 범죄가 성립한다고 할 것이다.

문제는 소극적 책임조각적 신분자의 모든 사안에서 소극적 신분자에게 책임조각이라는 결론이 동일하게 적용되는지에 대해서는 견해가 나뉜다. 예컨대 소극적 책임조각적 신분이 적용되는 범인은닉죄에서 살인죄를 범한 아들의 아버지 甲이 그 아들의 친구인 乙에게 아들의 도피를 교사한 경우, "제3자에 대한 범인은닉 교사행위"가 기대불가능하다고 볼 수는 없다는 점에서 기대불가능성을 이유로 甲에게 범인은닉 교사범의 책임이 조각된다고 획일적으로 결정하기보다는 사안에 따라 기대가능성 여부를 판단하여 결정할 필요가 있다는 견해도 있다.[40]

---

37) 김성돈, 앞의 논문, 427면.
38) 윤동호, 앞의 논문, 130면.
39) 김정환, 앞의 논문, 332면.
40) 김성돈, 앞의 논문, 429면.

그러나 소극적 책임조각적 신분자가 비신분자와 공동으로 범죄 한 경우 정범이 될 수 없는데, 교사범을 인정하는 것은 적절하지 않고, 책임조각적 신분은 동일하게 그 효과를 인정하는 것이 타당하다는 점에서 책임이 조각되는 것으로 보아야 할 것이다.[41]

3) 모해목적과 가감적 신분자의 경우

[대상판결 2]에서 문제 되었던 모해목적은 행위요소로서 목적범이고, 신분범은 아니다. 판례는 모해목적을 신분으로 이해한다.[42] 즉 신분관계로 인하여 형의 경중이 있는 경우에 모해의 목적으로 신분이 있는 자가 신분이 없는 자를 교사하여 위증을 범하게 한 경우에는 정범에게 모해의 목적이 없었던 때에도 제33조 단서의 규정에 의하여 모해위증교사죄가 성립한다고 한다.[43] 그러나 모해목적은 '초과주관적' 구성요건요소로 인하여 형이 가중된 부진정목적범이라고 할 것이다.[44]

모해목적을 신분에 포함시키는 판례의 태도는 모해목적을 신분에 포함하지 않는 다수 견해에 따르면 다음과 같은 비판이 가능하다. 우선 목적은 신분이라고 할 수 없고, 설사 신분이라고 하더라도 제33조는 비신분자가 신분범에 가담한 경우를 규정한 것이므로 신분자가 비신분자의 범죄에 가담한 경우에는 제33조가 적용될 수 없다.[45]

형법이 신분에 대한 개념정의를 두고 있지 않는 상황에서 목적을 신분이라고 해석하는 것은 법관에 의한 법창조라는 비판으로부터 자유로울 수 없다.[46] 따라서 모해위증죄에서 모해목적은 신분개념에 포함시키지 않는 다수의 견해가 타당하다.

이에 대해 목적이나 동기 등은 행위관련 요소인 동시에 행위자관련 요소이

41) 윤동호, 앞의 논문, 132면. 이와 같은 대법원 판결은 없지만, 범인은닉죄를 최소한 공동정범의 형태로 범한 경우, 대법원이 기대불가능성을 이유로 공동정범의 성립을 부정할 것으로 보는 견해로 김정환, 앞의 논문, 333면.

42) 김혜정/박미숙/안경옥/원혜욱/이인영, 형법각론 제3판, 정독, 2023, 826면.

43) 대법원 1994. 12. 23 선고 93도1002 판결.

44) 김재윤, 앞의 논문, 110면.

45) 오영근, 앞의 책, 432면 각주 1번. 더불어 제33조 단서를 적용하더라도 가공자가 피가공자보다 중한 죄로 처벌할 수 없다는 비판이 제기된다고 하지만, 이는 제33조 단서가 개별화 원칙을 전제한다는 점에서 반드시 그러한 결과를 의미한다고 해석하기는 어렵다고 본다.

46) 김재윤, 앞의 논문, 119면.

므로 신분에 포함된다는 견해도 있다.[47] 그러나 신분이 행위자관련적 요소라고 하더라도 그것이 항상 신분이 되는 것은 아니라고 해야 할 것이다. 그 이유는 행위자관련적 요소는 다시 객관적 행위자관련적 요소와 주관적 행위자관련적 요소로 나눌 수 있고, 객관적 행위자관련적 요소는 행위자에 대한 객관적 평가를 통해 행위자에게 인정될 수 있는 특성, 관계 또는 지위, 상태 등을 가리키는 요소로 신분에 해당하지만, 주관적 행위자관련적 요소는 행위자관련적 요소 가운데 행위자의 순주관적, 내부적, 심리적 태도를 가리키는 요소로, 예를 들어 고의, 목적, 불법영득의사, 동기 등이 이에 해당하고, 이는 신분이 아니라 주관적 불법요소로 보아야 할 것이기 때문이다.[48] 따라서 모해목적은 행위자의 순주관적, 내부적, 심리적 태도라는 측면에서 주관적 행위자관련적 요소이면서 상대방에게 보다 많은 해악을 끼칠 목적이라는 점에서 불법에 영향을 미치는 행위관련적 요소로서 초과주관적 불법요소에 해당하므로 공범종속성 원칙이 적용되어 모해목적을 가진 교사자는 정범의 불법에 종속하여 단순위증교사죄로 처벌되어야 한다.[49]

Ⅲ. 맺으며

앞에서 살펴본 바와 같이, 2020년 형법개정을 통해 제33조의 문언적 해석이 좀 더 명확해졌다고 볼 수 있다. 즉 신분이 있는 자의 범죄에 신분이 없는 자가 가담한 경우로 해석하는 것이 올바른 해석이라는 점에서 소극적 신분이 있는 자가 신분이 없는 자에게 가담하는 형태의 범죄는 제33조의 적용대상이 아니라고 하는 것이 타당하다. 그렇다면 지금까지 의사면허가 있어서 의료법 위반의 처벌대상이 되지 않는 소극적 신분자가 의사면허가 없어서 의료법 위반의 처벌대상이 되는 신분 없는 자의 범죄에 가담한 경우에도 공동정범이 성립한다는 판례는 변경되는 것이 타당하다.

더불어 모해목적이 신분범이라고 보아 왔던 판례의 태도도 앞에서 언급한

47) 백원기, 앞의 논문, 165면.
48) 김성돈, 앞의 책, 723면; 김재윤, 앞의 논문, 119면.
49) 김재윤, 앞의 논문, 119면.

바와 같이 목적은 신분이 될 수 없다는 점에서 모해목적 있는 자가 모해목적 없는 자를 교사한 경우 제33조 단서가 적용되는 것이 아니라 공범 종속성의 관점에서 단순위증죄를 적용하는 것으로 역시 판례의 변경이 필요하다고 본다.

16. 집행유예기간 중의 집행유예 허용 여부 문제

신동운 명예교수(서울대학교 법학전문대학원)*

[대상판결]

대법원 2007. 2. 8. 선고 2006도6196 판결

Ⅰ. 사실관계 및 사건의 경과

1. 사실관계

2005. 2. 18. 갑은 관할법원에서 병역법위반죄로 징역 6개월, 집행유예 1년을 선고받았다(㉮사건). 2005. 2. 26. ㉮판결이 확정되었다. ㉮판결의 집행유예기간은 2006. 2. 25.까지이다. 2005. 6. 28.부터 2005. 7. 29.까지에 걸쳐 갑은 통산 8일 이상의 기간 공익근무요원으로서의 복무를 이탈하였다(㉯사건).

2005. 7. 29. 집행유예 결격사유를 완화하기 위하여 형법 제62조 제1항 단서가 개정·공포되었다. 개정법률은 공포 당일 시행되었다. 개정 전 형법 제62조 제1항 단서는 "단 금고 이상의 형의 선고를 받어 집행을 종료한 후 또는 집행이 면제된 후로부터 5년을 경과하지 아니한 자에 대하여는 예외로 한다."고 규정하고 있었다. 개정 후 형법 제62조 제1항 단서는 "다만, 금고 이상의 형을 선고한 판결이 확정된 때부터 그 집행을 종료하거나 면제된 후 3년까지의 기간에 범한 죄에 대하여 형을 선고하는 경우에는 그러하지 아니하다."고 규정하였다.

---

* 신동운 서울대학교 명예교수는 독일 Freiburg대학교에서 법학박사학위를 받았고, 한국형사법학회 회장, 한국형사정책학회 회장 및 국민사법참여위원회 위원장, 경찰수사정책위원회 위원장 등을 역임하였다. 현재 대한민국 학술원 회원이다.

2. 사건의 경과

개정된 형법 제62조 제1항 단서가 시행된 이후의 시점이다. 검사는 ㉯사건에 대해 갑을 병역법위반죄로 기소하였다. 갑의 ㉯사건(후범)은 ㉮판결(전범)이 선고한 집행유예기간 중에 새로운 범죄를 범한 경우에 해당한다. ㉯사건에 대해 ㉯사건 수소법원이 다시 집행유예를 선고할 수 있는지 문제되었다. 2006. 2. 27.은 ㉮판결(전범)의 집행유예기간이 종료한 후 2일이 경과한 시점이다. 2006. 2. 27. ㉯사건(후범) 제1심법원은 갑에게 징역 1년, 집행유예 2년을 선고하였다.

㉯사건 제1심법원은 먼저, 개정 형법 제62조 제1항 단서에서의 '금고 이상의 형을 선고한 판결'이라는 규정이 실형만을 지칭하는 것은 아니고 집행유예를 선고한 판결도 포함하는 것으로 해석하였다. 이에 따르면 ㉯사건 제1심법원은 갑에게 다시 집행유예를 선고할 수 없다. ㉯사건 제1심법원은 이어서 집행유예기간이 경과한 경우에는 비록 전범의 집행유예기간 중에 일어난 범죄라 하더라도 집행유예를 선고할 수 있다고 판단하였다.

검사는 ㉯사건에 대해 집행유예를 선고한 제1심판결에 불복하여 항소하였다. 검사는 항소이유로 형법 제62조 제1항 단서의 취지가 전범에 대한 판결 이후의 재범방지에 있음을 지적하면서, 집행유예를 선고한 판결이 확정된 후 그 유예기간 중에 범한 죄에 대하여는 유예기간의 경과 여부와 상관없이 집행유예를 선고할 수 없다고 주장하였다. 항소법원은 전체적으로 제1심판결과 같이 집행유예기간 중의 집행유예는 원칙적으로 허용되지 않지만, 전범의 집행유예기간이 경과한 경우에는 후범에 대한 집행유예가 가능하다고 판단하여 검사의 항소를 기각하였다. 검사는 불복 상고하였다.

3. 대법원의 판단

대법원은 다음의 이유를 제시하여 검사의 상고를 기각하였다. 대법원이 검토한 쟁점은 (가) 집행유예 결격사유로서의 전범의 범위와 (나) 전범의 집행유예기간 경과 후의 집행유예 허용 여부이다.

대법원은 첫 번째의 논점인 집행유예 결격사유로서 전범의 범위에 대해 다음과 같이 설시하였다.

> “형법 제62조 제1항 단서에서 규정한 ‘금고 이상의 형을 선고한 판결이 확정된 때’는 실형뿐 아니라 형의 집행유예를 선고한 판결이 확정된 경우도 포함된다고 해석되며, 형의 집행유예를 선고받은 자가 형법 제65조에 의하여 그 선고가 실효 또는 취소됨이 없이 정해진 유예기간을 무사히 경과하여 형의 선고가 효력을 잃게 되었다고 하더라도, 형의 선고의 법률적 효과가 없어진다는 것일 뿐, 형의 선고가 있었다는 기왕의 사실 자체까지 없어지는 것은 아니라 할 것이고, 더구나 집행유예 기간 중에 죄를 범하였다는 역사적 사실마저 소급적으로 소멸되는 것은 아니다.”

대법원의 태도는 2005년 개정 전 형법 제62조 제1항 단서의 해석론[1])을 답습한 것으로서, 본 평석 대상판결의 제1심, 항소심의 판단을 그대로 수용한 것이라고 할 수 있다.

이어서 대법원은 두 번째의 논점인 집행유예기간 경과 후의 집행유예 허용 여부에 대해 다음과 같이 판시하였다.

> “(전략) 집행유예가 실효 또는 취소됨이 없이 유예기간을 경과한 때에는, 형의 선고가 이미 그 효력을 잃게 되어 ‘금고 이상의 형을 선고’한 경우에 해당한다고 보기 어려울 뿐 아니라, 집행의 가능성이 더 이상 존재하지 아니하여 집행종료나 집행면제의 개념도 상정하기 어려우므로 위 단서 소정의 요건에의 해당 여부를 논할 수 없다 할 것이다. 이 점은 이 사건과 같이 집행유예 기간 중에 범한 죄에 대한 기소 후 그 재판 도중에 유예기간이 경과한 경우라 하여 달리 볼 것은 아니다.”

이 부분의 대법원 판시내용 또한 제1심 및 항소심의 판단을 그대로 수용한 것으로서, 추가된 것이 있다면 “이 점은 이 사건과 같이 집행유예 기간 중에 범한 죄에 대한 기소 후 그 재판 도중에 유예기간이 경과한 경우라 하여 달리 볼 것은

---

1) 대법원 1989. 9. 12. 선고 87도2365 전원합의체 판결(공 1989, 1422).

아니다."라고 확인한 부분이다.

4. 쟁점의 정리

대법원은 본 평석대상 판례에서 두 가지 쟁점에 대해 입장을 밝히고 있다. 하나는 집행유예 결격사유를 판단함에 있어서 단순전과설을 취한 것이며, 다른 하나는 전범의 집행유예기간이 경과한 후에는 후범에 대한 집행유예가 허용된다는 것이다. 이 두 가지 쟁점 가운데 후자의 쟁점에 대한 대법원의 판단에 대해서는 비판적인 평석을 할 필요성을 느끼지 않는다. 집행유예의 확대적용을 지향하는 것이어서 2005년 개정 형법의 취지를 제대로 구현하고 있다고 보기 때문이다.

그러나 첫 번째의 쟁점에 대한 판단, 즉 전범의 집행유예기간 중에는 후범에 대한 집행유예가 허용되지 않는다고 판단한 부분에 대해서는 비판의 여지가 적지 않다고 생각된다. 아래에서는 집행유예기간 중의 집행유예 허용 여부에 초점을 맞추어서 평석을 진행하기로 한다.

Ⅱ. 집행유예의 결격사유

1. 집행유예 결격사유의 취지

형의 집행유예는 범죄인에게 참작할 만한 정상이 있어서 사회내 처우가 가능하다고 판단될 때 인정된다. 참작할 만한 정상이 좋지 않다고 생각되는 경우에는 집행유예가 인정되지 않는다. 형법 제62조 제1항 단서는 "다만, 금고 이상의 형을 선고한 판결이 확정된 때부터 그 집행을 종료하거나 면제된 후 3년까지의 기간에 범한 죄에 대하여 형을 선고하는 경우에는 그러하지 아니하다."고 규정하여 집행유예 결격사유를 규정하고 있다. 이 결격사유는 2005년의 형법 일부개정에 의하여 재구성된 것이다.

집행유예 결격사유를 파악하려면 그 전제로 먼저 처벌받은 죄(전범)가 있고 다음으로 집행유예 여부를 판단해야 할 나중의 죄(후범)가 있어야 한다. 전범으로 형을 선고받았던 사람이 후범으로 다시 형을 선고받게 된 경우에 집행유예를 허용해서는 안 된다는 것이 집행유예 결격제도의 기본취지이다. 이미 처벌받은 받은 사실이 있는 사람, 즉 전과 있는 사람에 대해 일정기간 집행유예를 허용해서는 안 된다는 것이다.

2. 2005년 개정 전의 집행유예 결격사유

집행유예의 결격사유와 관련하여 2005년 개정 전의 형법 제62조 제1항 단서는 "단, 금고 이상의 형의 선고를 받어 집행을 종료한 후 또는 집행이 면제된 후로부터 5년을 경과하지 아니한 자에 대하여는 예외로 한다."고 규정하고 있었다. 개정전 결격사유의 내용을 풀어서 적어 보면, 전범으로 금고 이상의 형을 선고받았던 사람은 전범에 대한 형의 집행을 종료하거나 그 형의 집행이 면제된 후로부터 5년을 경과하지 아니하면 후범에 대해 집행유예를 선고받을 수 없다는 의미로 이해된다. 이 경우 후범의 발생시점은 전범의 전후를 묻지 않는다. 전범의 전과사실만을 중시하기 때문이다.

그러나 2005년 개정 전의 집행유예 결격사유에 대해서는 집행유예제도의 취지를 고려하지 않은 것으로서 지나치게 기계적이라는 비판이 제기되었다. 단기자유형의 집행으로 인한 폐해를 방지하고 피고인에게 형의 집행을 받지 않으면서 스스로 사회에 복귀할 수 있는 길을 열어주는 장치가 집행유예제도이다. 이러한 집행유예의 본질에 비추어 볼 때 후범이 범해진 시기와 관계없이 금고 이상의 형의 선고가 있었다는 전범의 전과만을 이유로 후범의 집행유예를 허용하지 않는 것은 전범에 대한 판결 이후의 재범방지에 그 목적이 있는 집행유예제도와 정면으로 상충한다는 것이 비판의 핵심이었다.[2)]

3. 2005년 개정 후의 집행유예 결격사유

2005년의 형법 일부개정시에 입법자는 종전의 집행유예 결격사유가 안고 있

2) 법제사법위원회, 형법중개정법률안 심사보고서(2005. 6.), 3면 이하 참조.

던 경직성을 수정하기 위하여 집행유예 결격사유를 재구성하였다. 그리하여 개정 형법 제62조 제1항 단서는 집행유예 결격사유에 대해 "다만, 금고 이상의 형을 선고한 판결이 확정된 때부터 그 집행을 종료하거나 면제된 후 3년까지의 기간에 범한 죄에 대하여 형을 선고하는 경우에는 그러하지 아니하다."고 규정하였다. 새로운 결격사유를 풀어서 적어보면, 전범에 대해 금고 이상의 형을 선고한 판결이 확정된 때(시기)부터 그 형의 집행을 종료하거나 그 형의 집행이 면제된 후 3년까지(종기)의 기간 내에 범한 후범에 대하여 형을 선고하는 경우에만 집행유예를 할 수 없다는 의미로 이해된다.

4. 2005년 개정된 집행유예 결격사유의 특징

2005년 개정된 집행유예 결격사유에서 주목되는 것은 두 가지이다. 하나는 집행유예의 선고가 금지되는 후범을, 전범 전과 있는 자가 전범의 전후를 가리지 않고 후범을 범한 경우로 일반화하지 않고, 전범에 대해 형을 선고하는 판결이 확정된 이후에 후범을 범한 경우로 한정하였다는 점이다. 2005년 개정형법은 전범에 대해 '금고 이상의 형이 확정된 때'를 결격사유의 기준시점(시기)으로 명시하였다. '형이 확정된 때'를 기준으로 설정한 것은 유죄판결이 확정되기 전까지는 헌법 제27조 제4항이 규정한 무죄추정의 원칙에 의하여 피고인이 무죄로 추정되기 때문이다.

2005년 개정된 집행유예 결격사유에서 주목되는 다른 하나는 집행유예 결격기간을 종전의 5년으로부터 3년으로 단축하였다는 점이다. 집행유예제도는 범인의 재사회화를 위한 장치이다. 입법자가 결격기간을 3년으로 단축한 것은 집행유예제도의 활성화를 촉진하기 위한 조치라고 생각된다.

5. 집행유예 결격기간의 계산

2005년 개정형법은 3년의 결격기간을 산정함에 있어서 그 기산점을 전범에 대해 '금고 이상의 형을 선고한 판결이 확정된 때부터 그 집행을 종료하거나 면제된 기간'으로 설정하고 있다. 전범에 대해 형을 선고한 판결이 확정되면 그 때부터 선고된 형을 집행할 수 있게 된다(형소법 제459조). 집행유예 결격사유와 관련하여 볼 때 전범에 대한 형의 집행형태는 (가) 형의 집행을 종료하는 경우와 (나) 형의 집행이 면제되는 경우로 나누어진다.

이 가운데 (가)의 '형의 집행을 종료한 때'란 전범에 대한 형을 실제로 복역하여 만기출소한 경우와 만기 전 가석방되어 가석방기간이 무사히 경과한 경우(형법 제76조 제1항)를 말한다. 만기출소의 경우 형집행종료일은 출소 당일이 된다(형법 제86조 참조). 따라서 3년의 결격기간은 출소 다음날로부터 진행된다(민법 제157조 본문 참조).

(나)의 '형의 집행을 면제받은 때'란 재판이 확정된 후 법률이 변경되어 그 행위가 범죄를 구성하지 아니하게 되어 형의 집행이 면제된 경우(형법 제1조 제3항), 형의 시효가 완성되어 형의 집행이 면제된 경우(형법 제77조), 특별사면으로 형의 집행이 면제된 경우(사면법 제5조 제1항 제2호 본문) 등을 말한다.

6. 특별법에 의한 집행유예 결격사유

특별법에 의하여 집행유예 결격사유가 강화되는 경우가 있다. 「특정강력범죄의 처벌에 관한 특례법」 제5조는 이 법률이 규정한 특정강력범죄(동법 제2조 참조)에 대해 "특정강력범죄로 형을 선고받고 그 집행이 끝나거나 면제된 후 10년이 지나지 아니한 사람이 다시 특정강력범죄를 범한 경우에는 형의 집행을 유예하지 못한다."고 규정하여 집행유예 불허기간을 대폭 연장하고 있다.

Ⅲ. 집행유예기간 중의 집행유예

1. 문제의 소재

2005년의 형법개정에 의하여 집행유예 결격사유는 대폭 축소되었다. 그러나 입법자의 개정노력에도 불구하고 종전에 논란이 많았던 집행유예기간 중의 집행유예 허용문제는 여전히 쟁점으로 남아 있다. 집행유예기간 중의 집행유예 문제란 전범에 대해 집행유예를 선고한 판결이 확정되어 유예기간 중에 있는 사람이 후범을 범한 경우에 후범에 대해 다시 집행유예를 선고할 수 있는가 하는 문제를 말한다. 집행유예 결격사유를 규정한 형법 제62조 제1항 단서는 전범에 대해 '형의 집행을 종료한 경우'와 '형의 집행이 면제된 경우'만을 언급하고 있을 뿐 '형의 집행이 유예되고 있는 경우'에 대해서는 침묵하고 있다. 이 때문에 후범에 대한 집행유예의 허용 여부는 여전히 학설과 판례의 몫으로 남겨져 있다.

2. 전범 집행유예기간의 경과

집행유예기간 중의 집행유예 문제를 검토하기에 앞서서 먼저 정리해 두어야 할 사항이 있다. 우선, 집행유예기간 중의 집행유예 문제는 전범에 대한 집행유예기간이 진행 중인 상황에서 일어난다. 전범에 대한 집행유예기간이 경과하면 설사 후범이 집행유예기간 중에 일어났다고 하여도 후범에 대한 집행유예 선고에 지장이 없다. 전범에 대한 유예기간의 경과로 형의 선고가 효력을 상실하여 집행할 형이 없어지기 때문이다. 본 평석대상 판례에서 제1심, 항소심, 대법원이 일관되게 취하고 있는 입장이다.

3. 전범 집행유예의 취소

한편 집행유예기간 중의 집행유예 문제는 전범에 대한 집행유예가 취소되면 더 이상 논란이 되지 않는다. 전과가 발견되어 집행유예가 취소되는 경우(형법 제64조 제1항) 또는 보호관찰 등의 준수사항 불이행으로 집행유예가 취소되는 경우(동조 제2항)에는 전범에 대해 유예되었던 형의 집행이 일어나게 된다. 이때에는 유예되었던 형의 집행을 종료하거나 면제된 때로부터 3년이 경과하지 않으면 후범에 대해 집행유예를 할 수 없다(형법 제62조 제1항 단서). 그리하여 전범의 집행유예가 취소되면 전범의 집행유예기간 중에 범해진 후범에 대해 집행유예를 할 수 없다는 결론에 이르게 된다. 본 평석대상 판결에서 대법원은 이 점을 분명하게 밝히고 있다.

4. 집행유예기간 중의 집행유예에 대한 학설

이제 문제의 초점은 전범의 집행유예기간 중에 범해진 후범에 대해 전범의 집행유예기간이 유효하게 진행되는 도중에 재판을 해야 하는 상황으로 좁혀진다. 이에 대해서는 종래 (가) 집행유예의 결격사유가 되는 전범의 전과를 실형전과로 한정하고 집행유예 전과의 경우에는 후범의 집행유예를 허용해야 한다는 실형전과설, (나) 실형 전과와 집행유예 전과를 모두 포함하여 집행유예 결격사유로 보아야 한다는 단순전과설, 그리고 (다) 단순전과설에서 출발하면서도 후범이 집행유예가 선고된 전범과 함께 동시적 경합범으로 처리될 가능성이 있었던 경우에만 예외적으로 후범에 대해 집행유예를 허용하자는 경합범전과설 등이 제시되어 왔다.[3)]

그러나 이제 2005년 개정된 형법 제62조 제1항 단서가 금고 이상의 형을 선고한 판결이 확정된 때(시기)부터 그 집행을 종료하거나 면제된 후 3년까지(종기)의 기간에 범한 죄로 한정하여 이를 집행유예 결격사유로 인정함에 따라 (다)의 경합범전과설은 의미를 상실하게 되었다. 이미 집행유예를 선고한 전범과 전범의 집행유예기간 중에 범해진 후범을 동시적 경합범으로 처단할 수 있는 경우란 논리적으로 불가능하기 때문이다.

5. 2007년 대법원판례

이제 검토대상으로 남는 것은 (가)의 실형전과설과 (나)의 단순전과설이다. 이에 대해 대법원은 2007년 본 평석의 대상이 된 2006도6196 판례에서 "형법 제62조 제1항 단서에서 규정한 '금고 이상의 형을 선고한 판결이 확정된 때'에는 실형뿐 아니라 형의 집행유예를 선고한 판결이 확정된 경우도 포함된다고 해석[된다.]"고 판시하여 원칙적으로 단순전과설을 지지하는 입장을 천명하였다.

그 이유에 대해 대법원은 "형의 집행유예를 선고받은 자가 형법 제65조에 의하여 그 선고가 실효 또는 취소됨이 없이 정해진 유예기간을 무사히 경과하여 형

3) 2005년 형법개정 이전의 논의에 대해서는, 신동운, 형법총론, 초판, 747면 이하 참조.

의 선고가 효력을 잃게 되었다고 하더라도, 형의 선고의 법률적 효과가 없어진다는 것일 뿐, 형의 선고가 있었다는 기왕의 사실 자체까지 없어지는 것은 아니라 할 것이고, 더구나 집행유예기간 중에 죄를 범하였다는 역사적 사실마저 소급적으로 소멸되는 것은 아니다."라는 논거를 제시하였다. '형의 선고가 있었다는 기왕의 사실' (즉 전과) 자체에 주목할 때에는 전범의 집행유예기간 중에 범한 후범에 대해서는 집행유예가 허용되지 않는다는 결론에 이르게 된다.

그런데 대법원은 같은 판례에서 예외적으로 후범에 대해 집행유예가 허용되는 경우를 인정하고 있다. 전범에 대한 집행유예기간이 무사하게 경과되었다면 후범에 대한 집행유예가 가능하다는 것이다. 대법원은 그 이유로 첫째, 전범의 집행유예가 실효 또는 취소됨이 없이 유예기간을 경과한 때에는 전범에 대한 형의 선고가 이미 그 효력을 잃게 되어 '금고 이상의 형을 선고'한 경우에 해당한다고 보기 어렵고, 둘째, 전범에 대한 집행유예기간의 경과로 집행의 가능성이 더 이상 존재하지 아니하여 형법 제62조 제1항 단서가 규정하고 있는 '형의 집행종료'나 '형의 집행면제'의 개념을 상정하기 어렵다는 점을 들고 있다. 나아가 대법원은 전범의 집행유예기간 중에 범한 후범에 대해 공소가 제기된 후 그 재판 도중에 전범의 집행유예기간이 경과한 경우에도 동일한 결론에 이른다고 판시하고 있다.

요컨대 대법원은 일단 단순전과설의 입장에서 출발하면서도 전범의 집행유예기간이 경과한 경우에는 후범의 집행유예가 가능하다는 태도를 취하고 있다. 그러나 대법원은 집행유예기간 경과의 경우를 제외한 나머지 경우에는 후범에 대한 집행유예를 허용하지 않는다. 그리하여 대법원은 전범의 집행유예기간 중에 범한 후범에 대해 집행유예가 허용되지 않는 경우로 (가) 이미 전범의 집행유예가 실효 또는 취소된 경우[4]와, (나) 후범에 대한 재판의 선고 시점에 아직 전범의 유예기간이 경과하지 아니하여 전범에 대한 형 선고의 효력이 실효되지 아니한 채로 남아 있는 경우의 두 가지를 들고 있다.

4) 대법원 2007. 7. 27. 선고 2007도768 판결(공 2007, 1433) 참조.

Ⅳ. 2007년 대법원판례에 대한 비판적 고찰

1. 법적 예측가능성

본 평석의 대상이 된 2007년의 2006도6196 판례는 종전에 비하여 후범에 대한 집행유예의 가능성을 확장하였다는 점에서 환영할 만하다. 그러나 대법원의 태도는 여전히 단순전과설에서 출발하고 있다는 점에서 비판의 소지를 안고 있다.

우선, 평석대상 판례에 따르면 후범에 대한 재판진행의 완급에 따라 집행유예의 가능성이 달라지는 모순이 발생한다. 전범의 집행유예기간이 경과되는 것을 기다려서 후범에 대해 집행유예를 선고할 것인지[5] 아니면 전범의 집행유예기간 내에 후범에 대한 재판을 선고함으로써 집행유예의 가능성을 원천봉쇄할 것인지는 전적으로 재판부의 재량에 좌우된다. 단순히 재판진행의 완급에 따라 후범에 대한 집행유예의 가능성이 뒤바뀌는 것은 지극히 비합리적이다.

2. 2005년 형법개정의 취지

다음으로, 대법원의 태도는 2005년 개정형법에 나타난 입법자의 의도를 제대로 반영하지 못하는 흠이 있다. 우리 입법자는 2005년의 형법개정을 통하여 집행유예의 적용범위를 확대하려고 노력하고 있다. 그 표현은 두 가지로 나타나고 있는데, 하나는 집행유예 결격사유 및 결격기간의 축소이고 다른 하나는 집행유예 실효사유의 축소이다.

개정된 형법 제63조는 집행유예의 실효사유를 “집행유예의 선고를 받은 자가 유예기간 중 고의로 범한 죄로 금고 이상의 실형을 선고받아 그 판결이 확정된 때에는 집행유예의 선고는 효력을 잃는다.”고 규정하고 있다. 이 개정조문은 집행유예의 실효사유를 고의범으로 한정할 뿐만 아니라 그 고의범에 대해 금고 이상의 실형이 선고될 것을 요구하고 있다. 이 경우 ‘실형’이란 ‘실제로 복역해야 하는 형’으로서 집행유예가 붙은 형을 제외한 것이다. 입법자가 집행유예의 실효

---

5) 본 평석 대상판결의 제1심법원이 취한 입장이라고 생각된다.

요건으로 '실형'을 설정한 것은 범죄인의 사회복귀를 최대한 촉진하기 위하여 집행유예의 활용가능성을 넓혀 놓은 것이라고 할 수 있다.[6)]

3. 실형전과설의 지지

2005년 형법개정의 취지에 비추어 볼 때 개정 형법 제62조 제1항 단서가 집행유예 결격사유로 규정한 '금고 이상의 형을 선고한 판결이 확정된 때'의 요건은 '금고 이상의 실형을 선고한 판결이 확정된 때'로 새겨야 한다고 본다. 그리고 이렇게 새기는 것이 곧이어서 나오는 '그 집행을 종료하거나 면제된 후'라는 요건과도 맥락이 통하는 해석이라고 생각된다. '형의 집행종료'나 '형의 집행면제'는 실형이 선고되는 경우에만 상정할 수 있는 상황이기 때문이다.

이렇게 볼 때 2005년의 형법개정에 의하여 집행유예기간 중의 집행유예 문제는 실형전과설의 관점에서 입법적으로 해결되었다고 생각된다. 대법원은 '형의 선고'라는 문구에만 주목하면서 '형의 선고'에는 '집행유예가 붙은 형의 선고'도 포함된다고 새기고 있다. 그러나 대법원은 '형의 선고'라는 표현에만 집착하여 집행유예의 활용가능성을 확대하려는 입법자의 의도를 외면하고 있다.

후범에 대한 재판의 완급에 따라 집행유예 가능성이 뒤바뀌는 모순을 제거하고 집행유예의 활용가능성을 높이기 위하여 전범의 집행유예기간 중에도 후범에 대한 집행유예는 전면적으로 허용된다고 보아야 한다. 대법원은 '금고 이상의 형을 선고한 판결'에만 주목할 것이 아니라 '[형의] 집행을 종료하거나 면제된 후'라는 부분에 무게를 두어서 집행유예의 확대적용으로 나아가야 한다. 본 평석의 대상판결이 조속히 변경되기를 희망한다.

---

6) 본 평석 대상판결의 항소법원은 이 부분을 집행유예기간 경과 후의 집행유예 허용의 논거로 제시하고 있다.

17. 상상적 경합과 실체적 경합의 구별 문제

류전철 교수(전남대학교 법학전문대학원)*

[대상판결]

1. 대법원 1979. 7. 10. 선고 79도840 판결
2. 대법원 1996. 7. 12. 선고 96도1181 판결

[대상판결 1] 통화위조죄에 관한 규정은 공공의 거래상의 신용 및 안전을 보호하는 공공적인 법익을 보호함을 목적으로 하고 있고, 사기죄는 개인의 재산법익에 대한 죄이어서 양죄는 그 보호법익을 달리하고 있으므로 위조통화를 행사하여 재물을 불법영득한 때에는 위조통화행사죄와 사기죄의 양죄가 성립된다.

(사실관계) 피고인은 위조된 통화를 행사하여 피해자의 재물을 편취하려고 하였으나 미수에 그쳤다. 원심은 위조통화를 행사하여 상대방으로부터 재물을 편취하는 경우 위조통화행사죄는 위조통화행사 자체가 언제나 기망적인 요소를 포함하고 있을 뿐만 아니라 그 법정형이 가중되어 있으므로 유가증권위조나 문서위조 및 이의 각 행사로 인한 사기죄의 성립과는 달리 사기죄는 위조통화행사죄에 포함된다고 해석함이 타당하다고 하여 피고인들의 이 사건 사기미수 공소사실은 범죄가 성립되지 아니한다는 설시이유로서 무죄를 선고한 제1심 판결을 유지하였다.

(대법원의 판단) 위조통화의 행사라고 함은 위조통화를 유통 과정에서 진정한 통화로서 사용하는 것을 말하고 그것이 유상인가 무상인가는 묻지 않는 것이므로 진정한 통화라고 하여 위조통화를 다른 사람에게 증여하는 경우에도 위조통화행사죄가 성립되고 이런 경우에는 그 행사자(증여자)는 아무런 재산의 불법영득이 없는 것이어서 위조통화의 행사에 언제나 재물의 영득이 수반되는 것이라

---

* 류전철 전남대학교 법학전문대학원 교수는 독일 Freiburg대학교에서 법학박사학위를 받았고, 한국형사법학회 회장 및 전남대학교 법학연구소 소장 등을 역임하였다.

고는 할 수 없는 것이다. 그렇다면 위조통화행사죄에 관한 규정이 사기죄의 특별규정이라고 할 수는 없는 것이다. 그 뿐만 아니라 통화위조죄에 관한 규정은 공공의 거래상의 신용 및 안전을 보호하는 공공적인 법익을 보호함을 목적으로 하고 있고 사기죄는 개인의 재산법익에 대한 죄이어서 양죄는 그 보호법익을 달리하고 있으므로 위조통화를 행사하여 재물을 불법영득한 때에는 위조통화행사죄와 사기죄의 양죄가 성립되는 것으로 보아야 할 것이다.

[대상판결 2] 피고인은 절취한 카드로 가맹점들로부터 물품을 구입하겠다는 단일한 범의를 가지고 그 범의가 계속된 가운데 동종의 범행인 신용카드 부정사용행위를 동일한 방법으로 반복하여 행하였고, 또 위 신용카드의 각 부정사용의 피해법익도 모두 위 신용카드를 사용한 거래의 안전 및 이에 대한 공중의 신뢰인 것으로 동일하므로, 피고인이 동일한 신용카드를 위와 같이 부정사용한 행위는 포괄하여 일죄에 해당하고, 신용카드를 부정사용한 결과가 사기죄의 구성요건에 해당하고 그 각 사기죄가 실체적 경합관계에 해당한다고 하여도 신용카드부정사용죄와 사기죄는 그 보호법익이나 행위의 태양이 전혀 달라 실체적 경합관계에 있으므로 신용카드 부정사용행위를 포괄일죄로 취급하는데 아무런 지장이 없다.

(사실관계) 피고인은 1995. 11. 2. 09:30경 서울 강동구 소재 A의 자취방에서 동인이 보관하고 있던 피해자 B 소유의 신용카드 1매를 절취하고, 같은 날 10:40경 서울 강동구에 있는 가전마트에서 20인치 컬러텔레비전 1대 시가 금 538,000원 상당을 할부로 구입하면서 그 대금을 절취한 신용카드로 결제하여 도난된 신용카드를 사용한 것을 비롯하여 같은 날 13:00경까지 약 2시간 20분 동안에 걸쳐 같은 동에 있는 위 카드가맹점 7곳에서 합계 금 2,008,000원 상당의 물품을 구입한 후 그 대금을 절취한 위 신용카드로 결제하여 도난된 신용카드를 사용한 것이다.

1심과 원심은 범죄사실을 인정한 후, 위 신용카드를 사용한 각 죄를 실체적 경합범으로 처단하였고, 변호인은 신용카드를 절취한 후 이를 사용한 경우 신용카드의 부정사용행위는 절도범행의 불가벌적 사후행위이며, 각각의 신용카드부정사용행위는 실체적 경합이 아니라 포괄일죄에 해당하는 것이라고 상고하였다.

(대법원의 판단) 신용카드를 부정사용한 결과가 사기죄의 구성요건에 해당하고 그 각 사기죄가 실체적 경합관계에 해당한다고 하여도 신용카드부정사용죄와 사기죄는 그 보호법익이나 행위의 태양이 전혀 달라 실체적 경합관계에 있다고 보아야 할 것이므로 신용카드 부정사용행위를 포괄일죄로 취급하는데 아무런 지장이 없다. 따라서 신용카드의 각 부정사용행위를 각각 별개의 범죄로 보고

경합범으로 처리한 제1심판결을 그대로 유지한 원심판결에는 죄수 및 경합범의 법리를 오해한 위법이 있다.

Ⅰ. 문제점

한 개의 행위에 의해서 수개의 범죄가 행해진 경우 혹은 수개의 행위에 의해서 수개의 범죄가 범해진 경우, 행위자에 대해 부과될 형벌의 양을 정하기 위해서 먼저 해결해야 할 두 가지 선결과제가 있다. 하나는 우선 '행위자의 행위가 몇 개의 죄에 해당하는가', 즉 일죄와 수죄를 구별하는 문제이고, 다른 하나는 두 개 이상의 범죄가 성립되었다고 판단될 경우 그 수개의 범죄가 한 개의 행위 또는 수개의 행위에 의해 범해졌는가를 판단하여 상상적 경합과 실체적 경합을 구별하여 어떤 처단형을 정할 것인가의 문제이다.[1] 범죄의 수가 몇 개인가 하는 것은 구성요건실현의 횟수와 관련된 범죄론적 과제의 종착점인 동시에 범해진 수 개의 범죄의 경합관계는 형벌론적 과제의 출발점이며 또한 절차법과 연결고리를 잇는 중요한 분야라고 할 수 있다.[2] 그런데 범죄의 수를 결정하는 기준과 범해진 수 개의 범죄 사이의 경합관계를 실무에서는 주로 규범적 기준으로 판단하는 것이 지배적이다. 즉 일죄인지 수죄인지의 죄수판단 기준을 평가적 과정을 거쳐 결정하고, 수죄의 경우에도 그것이 실체적 경합인지 상상적 경합인지를 판단하는 '한 개의 행위'의 의미도 규범적 판단을 통해서 해결하고 있다. 이와 같이 죄수판단과 경합판단이 규범적 판단으로 행해지고 더 나아가 공소제기의 효력범위, 심판대상, 일사부재리의 효력의 범위에 대해서도 규범적 판단기준이 적용되다 보니 죄수판단과 경합관계에 대해서는 개별 사안마다 판결이 나아봐야 알 수 있을 만큼 예측이 불가능하게 되었다.

더 나아가서 대상판결들은 죄수판단과 경합관계를 쟁점으로 하는 대법원 판결들이 죄수판단과 경합관계에 관한 하급법원과의 상이한 판단기준과 인식의 차이를 보여주고 있다. 죄수판단과 경합관계에 관한 판단기준을 학계와 실무가 명

1) 김성돈, "형법상 죄수론의 구조", 형사법연구 제9호(한국형사법학회, 1997), 190면.
2) 이기헌, "죄수의 결정", 형사판례연구 제8권(한국형사판례연구회, 2000), 131면.

확하게 정립하여 제시하였다면, 사법자원의 불필요한 소모를 줄일 수 있었을 것이다. 죄수판단과 경합관계에 관한 판단기준이 아직까지 정립되지 못하고 있는 배경에는 이 문제에 관한 학계의 다양한 관점의 이론적 접근과 개별 사안마다 양형상의 문제로 접근하는 실무의 관점이 상이한 시선으로 죄수판단과 경합관계를 바라보고 있다는 점이다.

행위자의 행위에 의해 범죄의 수를 몇 개로 판단할 것인지의 문제는 범죄론적 관점에서 접근하여야 한다. 범죄론적 관점의 핵심은 행위의 불법에 있다. 즉 불법의 수를 판단하는 것이다. 불법의 수는 개별 범죄의 특성과 구성요건요소와 관련한 해석을 통해서 정해지고, 수 개의 불법이 존재하는 경우에 복수의 불법간의 경합관계는 합당한 처벌이라는 형벌론적 관점을 통해 해결되어야 한다. 수 개의 불법은 일반적으로 경합한다고 할 수 있으므로 문제는 '1개의 행위'로 인한 수 개의 불법의 경우를 상상적 경합관계로 판단하는 것이 경합관계의 핵심이 된다. 이와 같은 문제 상황을 범죄의 수와 수 개의 범죄의 경합관계를 동시적 내지는 직관적으로 판단해 왔던 기존의 문제해결 방식은 재고되어야 한다. 왜냐하면 행위가 갖는 불법성에 대한 성찰과 하나의 행위로 인한 수 개의 불법이 이중평가될 수 있는 위험성을 제거하기 위한 체계적인 검토와 판단기준이 요구되기 때문이다.

이 글에서는 죄수판단과 경합관계는 구별되어 판단되어야 하며, 죄수판단의 핵심으로서 행위의 불법성에 대한 판단기준 그리고 상상적 경합의 기준으로서 1개의 행위의 판단기준을 제시하고 대상판결의 죄수판단과 경합관계의 문제점을 분석하고자 한다.

Ⅱ. 쟁점 및 검토

1. 죄수판단과 경합관계 구별의 목적

죄수론에 대한 기존의 통설적 이해는 죄수론의 중심개념 내지 출발점을 행위의 수가 몇 개인가에서 찾는 것이다. 즉 죄수를 결정하기 이전에 먼저 실행된 범죄행위가 몇 개의 행위에 의해 이루어졌는가를 확정하여야 한다는 사고방법이라고 할 수 있다. 이러한 사고방법에서는 형법 제37조에서 제40조까지의 규정은 기본적으로 범죄를 범하는 행위가 하나만 있었느냐 아니면 다수가 있었느냐를 1차적인 기준으로 제시하고 있다고 해석한다. 그 결과 범죄행위의 수가 단일한가 또는 다수인가의 확정문제가 매우 중요하며 이로부터 일죄와 수죄의 구별이 생기고 죄수론이라는 명칭은 이에서 비롯된다고 하고, 죄수론에서 행위의 개수를 결정할 수 있는 기초이론을 세우는 것이 선결문제라고 한다. 이에 따라서 죄수론의 전체체계를 행위단일성(1개의 행위)과 행위다수성(수개의 행위)으로 크게 나눈 후에 행위단일성이 인정되는 경우를 세 가지로 분류한다. 즉, 본래적 의미의 행위단일성, 법적인 의미의 행위단일성(소위 포괄일죄에 해당하는 경우) 그리고 자연적 의미의 행위단일성 등을 들고 있다.

죄수론에 대한 전통적 이해방식은 죄수문제와 경합관계의 문제가 하나의 사고과정에 뒤섞여 있다는 타당한 비판이 제기되고 있다. 죄수의 결정은 경합관계를 결정하는 문제의 선결문제이다. 그리고 죄수판단과 경합관계의 판단은 체계적 지위가 다를 뿐만 아니라 그 기능적 역할에 따른 판단관점도 달리하고 있다고 할 수 있다. 죄수론은 인간의 행위가 형법이 보호하려고 하는 법익을 침해하고 있는지, 침해하고 있다면 그 형태는 어떠한지 등을 구성요건과의 해석학적 연관을 통해 밝히는 범죄론의 마지막 영역이다. 따라서 죄수판단은 원칙적으로 행위와 구성요건과의 해석학적 관점에 구속되어야하고, 이론적으로는 죄수판단에서 합목적적 관점을 배제해야 한다. 행위에 대한 구성요건적 불법과 책임을 세밀하게 포착해야하는 이 단계에서는 이중적인 평가도 가능하며, 그래서 하나의 행위에 대해 수죄라는 평가가 가능한 것이다. 죄수론과 달리 경합론은 형벌론의 영역에 해당한다. 경합판단은 죄수판단에서 중복하여 평가한 구성요건적 불법과 책임을 이중평가금지라는 양형원칙을 따라 사후적으로 제거하여 합리적으로 처벌하려는 데 그 목적이 있다.[3] 그러므로 죄수를 판단하는 문제영역인 죄수론과 여러 개의 범죄가 성립한 경우의 처벌문제인 경합론은 구별하여야 한다는 입장이 타당하다고 할 수 있다.

---

3) 윤동호, "형법 제40조 '1개의 행위'의 의미와 범주 : 합목적적 행위단일성 논증", 형사법연구 제26호(한국형사법학회, 2006), 302면.

결론적으로 죄수론과 경합론은 불법의 수를 정하고 다수의 죄가 행위자에 대한 형의 양정에 과도하지 않기 위한 것이고, 일죄인지 수죄인지의 문제와 하나의 행위로 인한 불법의 결과인지 다수의 행위에 의한 다수의 불법인지에 따른 구별을 전제로 적정한 형벌부과 방식을 정하는 것이 죄수와 경합의 본질이며 그 한계를 구성하는 것이다.

2. 불법구성요건 실현의 관점에서 죄수판단

죄수론과 경합론을 분리하여 다루어야 한다는 입장에서 죄수의 결정은 경합문제 이전에 결정되어야 할 중요한 문제이다. 그러므로 죄수론에서는 행위자가 범한 범죄의 개수가 몇 개인지가 관건이 된다. 수죄의 경합관계를 판단하기 위한 선결과제로서 죄수판단은 행위자가 행한 행위에 대한 불법평가가 중심이 되어야 한다. 행위의 불법의 실질을 유형화한 것이 구성요건이며, 행위자의 행위가 몇 개의 불법구성요건을 충족하였는가를 판단함으로써 죄의 수를 판단할 수 있다. 행위자의 하나의 행위가 수 개의 불법구성요건을 충족하는 경우에는 수죄에 해당하고 경합관계를 판단할 때 그 '하나의 행위'가 상상적 경합판단의 기준이 된다. 이러한 의미에서 죄수판단의 기준으로 불법을 유형화한 구성요건이 그 중심에 설 수 밖에 없다.[4)]

개별 구성요건의 불법은 해당 범죄의 법익보호를 반영한 요소들로 구성되어 있으며, 입법자의 의사에 따라 하나의 불법뿐만 아니라 수 개의 불법을 결합한 형식의 구성요건이 존재한다. 행위자의 행위에 의해서 실현된 불법구성요건이 중복되거나 동일한 경우에는 당연히 불법의 이중평가를 피하기 위하여 이른바 법조경합에 의해서 일죄로 평가되어야 한다. 행위자가 불법적인 행위를 행하고자 할 경우에 자신의 행위가 실정법상 어느 불법에 해당하는지는 알고 있지 못하며, 대부분 규범적 평가를 통해서 확인되게 된다. 행위자의 사회적 행위가 형법상 불법의 세계에 들어온 경우에 그의 의도와 달리 규범적 평가에 의해 수 개의 불법이 실현된 것으로 평가되면 수죄에 해당한다.

---

4) 류전철, "죄수론과 경합론의 재구성을 위한 시론 - 죄수론의 새로운 구성을 위한 시도", 아주법학 제8권 제1호(아주대학교 법학연구소, 2014), 48면.

[대상판결 1]에서 원심은 위조통화를 행사하여 상대방으로부터 재물을 편취하는 경우 유가증권위조나 문서위조 및 이의 각 행사로 인한 사기죄의 성립과는 달리 '위조통화행사죄는 위조통화행사 자체가 언제나 기망적인 요소를 포함하고 있을 뿐만 아니라 그 법정형이 가중되어 있으므로 사기죄는 위조통화행사죄에 포함된다고 해석함이 타당하다'고 하였다. 즉 위조통화의 행사는 사기죄의 기망이라는 불법성은 당연히 포함하고 있으므로 위조통화행사죄의 불법과 사기죄의 불법이 동일한 것으로서 법정형이 중한 위조통화행사죄에 사기죄는 흡수되는 것으로 판단하였다. 이에 대해서 대법원은 위조통화행사의 불법과 사기의 불법은 별개의 불법으로 평가되어야 한다고 하면서, 판례에서 유사한 사례에서 항상 설시하고 있는 '양죄는 보호법익을 달리하고 있으므로'라는 문구를 통해서 양자의 불법은 동일하지 않다고 한다. 행위자가 위조통화를 행사하여 상대방으로부터 재물을 편취한 경우에 위조통화행사죄의 불법구성요건과 사기죄의 불법구성요건을 충족하였다는 점에서 수죄에 해당한다는 대법원의 입장은 타당하다. 그러나 위조통화행사죄와 사기죄가 실체적 경합관계라는 결론은 문제가 있다. 이에 대해서는 후술하기로 한다.

3. 상상적 경합과 실체적 경합의 구별 취지와 기준

형법 제40조는 '상상적 경합'이라는 제목 아래 "1개의 행위가 수개의 죄에 해당하는 경우에는 가장 중한 죄에 정한 형으로 처벌한다."라고 규정하고 있다. 따라서 포괄일죄나 법조경합으로서 일죄가 부정되어 수죄로 판단된 어떤 행위가 한 개로 평가되면 형법 제40조에 근거해 가장 무거운 죄에 정한 형만으로 처벌한다. 이와 달리 만일 수죄의 행위가 여러 개로 평가되어 제37조의 경합범에 해당하면, 제38조와 제39조에서 법정형 또는 선택형의 종류를 기준으로 가장 무거운 죄에 정한 형으로 처벌하거나 가중 또는 병과하고 있다. 이와 같이 수죄에 대해서 상상적 경합과 실체적 경합을 구별해야 하는 것은 논리필연적인 것이 아니라 입법적의 결단이라고 할 수 있다. 역사적으로 살펴보면, 로마법에서는 범죄의 경합(concursus delictorrum)은 수개의 죄를 동시에 또는 순차적으로 저지르는 실체적 경합과 수 개의 죄를 구성하는 상상적 경합으로 구별하였다.[5] 물론 당시의 구별이 지금과 동일한 취지에 의한 것이라고 할 수는 없지만, 수 개의 범죄에 대해서 각 죄의 형벌을 병과하는 것이 아니라 "가장 중한 죄에 대한 형은 다른 경미한 죄에 정한 형을 흡수한다."라는 법언에 의해 수 개의 범죄를 병합심리하면서 각 범죄에 정해진 가장 무거운 형으로 제재하는 관행이 존재하였다.[6] 이러한 로마법은 16세기 독일에 계수되었으며, 당시의 재판실무에서 어떤 형벌을 병과하여 집행하기 어려운 경우, 예컨대 사형과 신체형과 같이 동시에 집행하기 어려운 경우에는 중한 형이 경한 형을 흡수하는 방식으로 처리하였다. 나아가 19세기 프로이센형법에서는 '하나의 행위'를 통해서 여러 중죄 또는 경죄의 요건을 충족한 경우는 가장 중한 죄로, 독립적인 여러 행위를 통해 여러 중죄 또는 경죄를 충족한 경우는 전체형벌을 합산한다고 규정한 이래로 독일 구형법과 현재의 독일형법에서도 유지되고 있다.[7]

오스트리아형법이나 스위스형법 그리고 독일 소년형법과 같이 수죄의 경우 상상적 경합과 실체적 경합을 분리하지 않고 하나의 단일 형벌만을 인정하는 방식을 통해서 형사실무의 부담을 덜어주고 업무를 단순화할 수 있는 입법방식을 택할 수도 있지만, 입법자는 경합관계를 구별하여 입법함으로써 같지 않은 것을 다르게 다루고자 하는 입법의사가 형법 제40조에 담겨있다. 상상적 경합과 실체적 경합을 구별하는 입법방식은 행위자가 동시에 여러 개의 법규를 위반했을 때 당해 범죄에 대한 법정형을 단순합산하게 되면 형벌이 행위자의 책임한도를 초과하게 될지도 모른다는 점이 고려된 것으로 추론할 수 있다.[8] 동일한 행위자가 수

5) 최준혁, "상상적 경합 개념의 발전과정에 관한 역사적 고찰 - 독일형법을 중심으로-", 법사학연구 제58호(한국법사학회, 2018), 345면.

6) 최준혁, 위의 논문, 346면.

7) 상상적 경합과 실체적 경합을 구별해야 한다는 근거로서 독일 입법자는 첫째, 경합범의 양형에서 개별범죄의 형벌을 확정할 필요가 없어지면 법관의 양형이 세심하고 정확하게 행해지지 않을 우려가 있으며 둘째, 피고인은 스스로를 방어하기 위해 개별행위의 중요성을 알아야 할 필요성이 있고 셋째, 보통의 경우 상상적 경합보다 실체적 경합범의 범죄에너지가 크다는 것이다. 이에 기해서 독일의 통설은 상상적 경합에 해당하는 사례들의 대부분이 가장 중한 형으로만 처벌하면 다른 규정은 이 형량범위 안에서 양형가중사유로만 고려하는 독일형법의 규정을 통해 타당하게 해결된다고 보기 때문에 상상적 경합과 실체적 경합의 구별이 현행 독일 형법에서도 유지하게 된 이유라고 한다. 이에 대해서는 최준혁, 위의 논문 359면 참조.

8) 이기헌, "경합범과 상상적 경합", 형사판례연구 제7권(한국형사판례연구회, 1999), 154면에서 상상적 경합의 경우, 자연적 관찰이나 사회관념상 1개로 인정되는 행위는 불법도 1개라고 보아야 하나 1개의 행위에 대해 복수의 행위불법을 인정하게 되면 형을 정하는 과정에서 실체가 동

개의 구성요건을 충족한 경우에 법정형과 양형을 정하는 과정에서 회피해야할 점으로서 첫째, 양형에 관련된 사실은 그 성격이 가중인자인지 감경인자인지와 무관하게 양형에서 여러 번 평가되면 안 된다는 점이다. 이것을 '이중평가금지원칙(Doppelverwertungsverbot)'이라고 한다. 둘째는 불법 또는 책임의 근거가 되는 사실들인 형벌 가중적인 사실들이 특히 중한 불법을 행위자가 범했기 때문에 고려에서 제외되어서는 안 된다는 점이다. 이것을 '완전한 평가의 원칙(Ausschöpfungsgebot)'이라고 한다.[9)]

상상적 경합이란 행위자의 하나의 행위가 수 개의 불법구성요건을 실현한 경우로서 수 개의 불법구성요건에 해당하는 수죄이지만 수개의 불법구성요건실현에 직접 또는 부분적 동일성에 하나의 행위가 매개되어 있으므로 과형상 하나의 죄로 평가한다. 상상적 경합에서 하나의 행위가 동일한 불법구성요건을 수차례 충족하는 경우와 서로 다른 불법구성요건을 충족하는 경우가 있을 수 있다. 후자의 경우에 하나의 불법구성요건이 다른 불법구성요건의 불법을 완전히 포함하지 못한 경우 상상적 경합관계에 의하여 실현된 불법구성요건을 유죄판결에 명확하게 표현할 필요가 있다. 이것을 완전한 평가의 원칙에 따른 상상적 경합의 명시기능(Klarstellungsfunktion)이라고 한다. 상상적 경합의 명시기능은 중한 죄로 처벌함으로써 흡수되는 경한 죄의 불법내용을 명시하도록 함으로써 범죄의 불법내용과 책임내용의 범위와 정도를 명확하게 해준다.[10)] 그러므로 법원은 중한 불법구성요건의 죄명 따라서 가장 중한 죄로 처벌하지만 경한 불법구성요건의 실현에 대해서도 유죄판결에 명시하여야 한다. 이와 같이 실질적으로 수개의 범죄에 해당하나 과형상으로 일죄로 취급되는 상상적 경합의 핵심은 비록 일죄로 평가되지만 '하나의 행위'로 실현된 범죄가 모두 명시된다는 점이다.

실체법상 수개의 죄가 상상적 경합관계에 있을 경우에는 경합론의 형벌론적 의미보다 오히려 소송법적으로 의미가 크다고 할 수 있다. 상상적 경합범은 과형

일한 행위가 여러 번 등장하게 되므로 이중평가금지의 원칙(Doppelverwertungsverbot)에 반하고, 책임면에서도 시간과 장소를 같이 하는 1개의 의사활동에 대한 책임은 행위자의 범죄에너지라는 측면에서 볼 때 시간과 장소를 달리하는 수개의 의사활동에 비해 가볍게 취급하는 것이 타당하기 때문이라고 한다.

9) Puppe/Gross, NOMOS Komentar StGB, 6.Aufl. 2023, Vor §§52－53 Rn.2.

10) 한상훈, "상상적 경합의 명시기능과 이중평가금지의 상충여부", 비교형사법연구 제9권 제1호(한국비교형사법학회, 2007), 113면

상 일죄이므로 상상적 경합관계에 있는 수개의 죄 중에 어느 죄에 관하여 확정판결이 있는 경우에는 그 전부에 관해 기판력이 발생하며, 그 일부에 관하여 공소의 제기가 있는 경우에는 그 전부에 대하여 효력을 발생하며, 공소불가분의 원칙의 적용을 받게 된다.[11] 특히 형사소송법상 한 개의 사건에 대해서는 일사부재리의 원칙상 행위자가 한 개의 행위로 범한 수개의 범죄로 인해 이중처벌을 받지 않게 하는 점이 중요하다. 절차법은 실체법을 구현하는 절차관련 법률이라고 보아야 하고, 동일한 대상에 대해서 실체법의 기준과 절차법의 기준이 다름으로 인해서 생겨나는 불이익을 규범 수범자에게 부담지우는 것은 허용되어서는 안 된다. 상상적 경합의 인정취지는 소송법상 기본적 사실이 동일한 행위와 일치시키기 위한 것으로 이해할 할 필요가 있다. 상상적 경합에서 '한 개의 행위'의 의미는 소송상의 심판대상인 행위와 일치시키기 위한 목적으로 행위자의 한 개의 행위가 포함하고 있는 행위의 불법은 드러나게 하지만, 기본적으로 동일하고 단일한 행위를 하나의 심판단위로 묶고서 판단하는 형사소송법의 판단범위를 흩뜨리지 않기 위한 입법적 판단이라고 보아야 한다.

죄수판단을 거쳐 수죄라는 결론을 얻었다면 이미 규범적 죄수판단기준을 통해 행위의 불법이 다수로 분할되었다는 의미이다. 이 과정을 거친 후에 수죄의 경합관계 여부에 이른 경우에, 경합형태를 판단하기 위해서는 형법 제40조의 '한 개의 행위'의 의미가 중요하다. 이러한 의미파악의 기준으로서 '자연적 관찰방법'과 '구성요건적·법적 관찰방법'이 대립하고 있지만, 죄의 수를 판단하는 과정에서 이미 법익을 포함한 불법구성요건이라는 기준을 통해 규범적으로 판단하고, 수죄의 경합관계를 판단하는 과정에서 다시금 규범적인 방법을 사용한다는 것은 이중의 규범적 판단기준으로 인한 불안정성을 내포할 수밖에 없다. 따라서 형법 제40조의 '한 개의 행위'는 사실로서 존재하는 자연적 행위를 의미한다고 하는 것이 타당하다. 즉 한 개의 행위인지 수 개의 행위인지의 판단은 순수한 자연적 의미에서 판단하여야 한다. 다수의 불법이 인정되어 수죄에 해당하는 경우라 하더라도 1개의 행위에 의한 경우라면 형법상 당연히 상상적 경합이 성립하는 것이지만, 판례는 성립된 불법을 포함한 구성요건이 설치근거나 필요성이 다르다는 이유로 실체적

11) 이훈동, "죄수론의 신체계", 형사법연구 제7호(한국형사법학회, 1994), 111면.

경합을 인정하는 것은 초법적 판단이라고 할 수 있다.[12)]

4. 대상판결에 대한 검토

[대상판결 1]에서 대법원은 위조통화를 행사한 행위로 인한 불법과 위조통화 행사라는 기망행위를 인한 불법은 수죄에 해당한다는 타당한 죄수판단을 하였다. 그런데 통화위조죄에 관한 규정은 공공의 거래상의 신용 및 안전을 보호하는 공공적인 법익을 보호함을 목적으로 하고 있고 사기죄는 개인의 재산법익에 대한 죄이어서 양죄는 그 보호법익을 달리하고 있으므로 위조통화를 행사하여 재물을 불법영득한 때에는 위조통화행사죄와 사기죄의 양죄가 성립하고 실체적 경합범이라고 한다.

판례는 형법 제40조에서 말하는 한 개의 행위란 법적 평가를 떠나 사회관념상 행위가 사물자연의 상태로서 한 개로 평가되는 것을 말한다고 판시하고 있다.[13)] 뇌물을 수수한 공무원이 뇌물을 수수함에 있어서 공여자를 기망한 경우에 한 개의 행위가 뇌물죄와 사기죄의 각 구성요건에 해당하므로 형법 제40조에 의하여 상상적 경합으로 처단하였다.[14)] 그리고 피고인이 같은 일시, 장소에서 피해자의 기념전시회에 참석한 손님들에게 피해자가 공사대금을 주지 않는다는 취지로 소리를 치며 소란을 피운 사안에서 피고인이 범한 업무방해죄와 명예훼손죄는 한 개의 행위에 의하여 실현된 경우로서 상상적 경합 관계에 있다고 한다.[15)] 이와 같이 형법 제40조에서 한 개의 행위를 법적 평가를 떠나 사회 관념상 행위가 사물자연의 상태로서 한 개로 평가하는 태도를 기본적으로 유지하고 있다. 그러나 다른 한편으로 상상적 경합을 부인하는 경우에는 구성요건 및 행위의 태양과 보호법익이라는 다른 기준을 제시하고 있다. 예를 들어 본인의 부동산을 관리하는 사무처리자가 월세계약을 할 권한이 없음에도 월세계약이 아닌 전세계약을 세입자와 함으로써 세입자에 대한 기망행위가 본인에게 배임행위가 되는 경우에는

12) 이기헌, 위의 논문, 186면.

13) 대법원 1987.02.24. 선고 86도2731 판결.

14) 대법원 2015.10.29. 선고 2015도12838 판결. 그러나 이 사안의 원심법원은 뇌물수수죄와 사기죄를 실체적 경합 관계에 있다고 보아 경합범 가중을 하였다.

15) 대법원 2007.2.23. 선고 2005도10233 판결.

사기죄와 배임죄는 서로 구성요건 및 그 행위의 태양과 보호법익을 달리하고 있어 상상적 경합범의 관계가 아니라 실체적 경합범의 관계에 있다고 하고 있다.16) 또한 주취운전과 음주측정거부의 각 도로교통법위반죄의 죄수관계와 관련해서 도로교통법상 음주측정불응죄의 규정 취지 및 입법 연혁 등을 종합하여 보면, 주취운전은 이미 이루어진 도로교통안전침해만을 문제삼는 것인 반면 음주측정거부는 기왕의 도로교통안전침해는 물론 향후의 도로교통안전 확보와 위험 예방을 함께 문제삼는 것이고, 나아가 주취운전은 도로교통법시행령이 정한 기준 이상으로 술에 '취한' 자가 행위의 주체인 반면, 음주측정거부는 술에 취한 상태에서 자동차 등을 운전하였다고 인정할 만한 상당한 이유가 있는 자가 행위의 주체인 것이어서, 결국 양자가 반드시 동일한 법익을 침해하는 것이라거나 주취운전의 불법과 책임내용이 일반적으로 음주측정거부의 그것에 포섭되는 것이라고는 단정할 수 없으므로, 결국 주취운전과 음주측정거부의 각 도로교통법위반죄는 실체적 경합 관계에 있는 것으로 보고 있다.17) 이와 같이 대법원은 한 개의 행위에 대한 판단을 법적·사회적 관찰방법에 의하고 그 기준으로 구성요건, 행위태양, 보호법익을 제시하고 있다는 것이다.

대법원이 상상적 경합의 한 개의 행위를 법적 평가를 떠나 사회관념상 행위가 사물자연의 상태로서 한 개로 평가되는 경우로 이해하면서도, 사안마다 달리 이미 수죄로 평가되는 과정에서 고려된 보호법익이라는 기준을 다시 적용하는 혼란의 배경에는 아마도 죄수판단과 경합유형판단의 혼재의 이유도 있겠지만, 규범적 판단을 통한 적정한 처단형의 확정이라는 목적도 작용하고 있다고 판단된다. 그러나 이미 죄수판단에서 거쳐야 할 판단기준이 다시금 경합판단에 사용된다는 것은 타당하지 않다. 하급심과 상급심의 경합판단에 관한 이견으로 인한 혼동을 해결하기 위해서는 안정적인 기준이 요구된다고 할 수 있다.

[대상판결 1]에서 위조통화를 행사하는 행위를 통해 타인의 재물을 편취하는 경우에 행사행위와 기망행위는 사물자연의 상태로서 한 개로 평가하여 상상적 경합으로 판단하는 것이 타당하다. 유사한 문제는 문서를 위조한 자가 위조문서를 행사한 경우에 죄수와 경합에 관한 논의에서도 발생한다. 형법은 위조와

16) 대법원 2010.11.11. 선고 2010도10690 판결.
17) 대법원 2004. 11. 12. 선고 2004도5257 판결.

행사의 불법구성요건을 별개의 규정으로 입법하고 있다. 입법례에 따라서는 위조·변조·행사를 동일한 불법구성요건에 상이한 행위태양으로 규정하기도 한다. 판례는 위조와 행사에 관한 규정이 별개의 불법을 구성한다는 점에서 수죄에 해당한다고 하고, 양죄의 경합관계를 위조행위와 행사행위라는 두 개의 행위로 보고 실체적 경합한다고 한다. 이러한 경합관계의 판단은 실정법적으로 별개의 불법구성요건이라는 점을 근거로 하고 있다. 위조한 자와 행사 한 자가 동일인이 아닌 경우에는 당연히 별개의 불법구성요건을 각자가 충족한 것이지만, 행사할 목적으로 문서를 위조한 자가 위조된 문서를 행사한 경우는 사회관념상 한 개의 행위라고 하는 것이 더 타당성을 갖는다. 왜냐하면 행사하기 위해 문서를 위조하고 위조된 문서를 행사하는 자연적 행위를 분절된 개별행위로 보는 것은 무의미한 개념설정이라고 할 수 있다. 이러한 관점과 연결해 볼 수 있는 판례를 살펴보면, 절취한 신용카드를 사용하기 위해서 매출표의 서명 및 교부하는 행위를 원심법원이 사문서위조 및 동행사의 죄와 신용카드부정사용죄가 실체적 경합관계에 있는 것으로 보는 것과는 달리 대법원은 신용카드부정사용죄의 구성요건적 행위인 신용카드의 사용이라 함은 신용카드의 소지인이 신용카드의 본래 용도인 대금결제를 위하여 가맹점에 신용카드를 제시하고 매출표에 서명하여 이를 교부하는 일련의 행위를 의미하므로 매출표의 서명 및 교부하는 행위가 별도로 사문서위조 및 동행사의 죄의 구성요건을 충족한다고 하여도 이 사문서위조 및 동행사의 죄는 위 신용카드부정사용죄에 흡수되어 신용카드부정사용죄의 일죄만이 성립하고 별도로 사문서위조 및 동행사의 죄는 성립하지 않는다고 한다.[18]

[대상판결 2]에서 절취한 타인의 신용카드로 물품을 구입하는 경우에 사기죄가 성립하고 절취한 신용카드를 사용함으로써 신용카드부정사용죄도 성립하면서 양죄는 실체적 경합관계라고 한다. 동일한 문제는 절취한 신용카드로 현금인출기에서 현금을 인출한 경우에 절도죄가 성립하고 마찬가지로 신용카드부정사용죄도 성립하면서 양죄를 실체적 경합이라고 하는 경우에도 발생한다.[19] 일단 절취한

18) 대법원 1992.6.9. 선고 92도77 판결.

19) 김영환, "현금자동지급기의 부정사용에 대한 형법적인 문제점", 형사판례연구 제6권(한국형사판례연구회, 1998), 256면; 하태훈, "현금자동인출기 부정사용에 대한 형법적 평가, 형사판례연구 제4권(한국형사판례연구회, 1996), 342면

카드로 물품을 구입한 경우에 사기죄와 신용카드부정사용죄가 성립하여 수죄가 인정된다는 점에는 동의할 수 있다. 문제는 양죄의 경합관계를 판단하는 과정에 있다. 절취한 타인의 신용카드를 사용하는 행위는 기망의 관점에서 사기행위이면서 신용카드부정사용행위의 구성요건적 행위 그 자체에 해당하므로 전형적으로 형법 제40조의 '한 개의 행위'에 해당하는 것으로서 당연히 상상적 경합으로 처단하여야 하는 경우이다.[20] 그럼에도 왜 여기서 다시금 '신용카드부정사용죄와 사기죄는 그 보호법익이나 행위의 태양이 전혀 달라 실체적 경합관계'라는 표현을 사용하는 것인지 의문이다. 보호법익이나 행위태양이 달라 신용카드부정사용죄와 사기죄의 불법성이 다르다는 것은 이미 죄수판단의 기준으로 적용한 기준임에도 불구하고, 경합관계의 기준으로 다시 적용하는 것은 타당하지 않다.

Ⅲ. 맺으며

죄수론과 경합론의 문제는 범죄론 및 형벌론과 밀접한 관련이 있을 뿐만 아니라, 소송법적 문제와도 연결되어 있다. 현재 죄수결정에 관한 다양한 기준이 판례에 의해 사용되고 있고, 문헌에서도 여러 기준에 대한 사용의 불가피한 부분을 묵시적으로 인정하고 있다. 즉 일죄인지 수죄인지의 구별문제는 행위자의 행위에 대한 불법평가와 관련되어 있다는 점을 고려하여 규범적 평가의 불가피한 부분을 반영하고 있다고 할 수 있다. 그러나 수죄가 몇 개의 행위로 범해진 것인가를 판단하는 기준에 대해서도 다시금 규범적 관점을 고려하는 것은 타당하지 않다. 자연적 관점에서 행위단일성을 평가하는 것이 이중평가금지의 측면에서 타당할 뿐만 아니라 규범수범자의 예측가능성 확보 및 하급심과 상급심의 혼선을 피하기 위한 타당한 방법론이라고 할 수 있다.

상상적 경합의 경우를 실체적 경합으로 인정하는 판례의 관행적인 경합에 대한 해결방식은 변화되어야 한다. 변화의 방식은 점진적이며 지속적으로 행해져야 할 것이다. 명백하게 하나의 자연적 행위로 평가될 수 있는 행위에 의한 경우

20) 김영환, "신용카드부정사용에 관한 형법해석론의 관점", 형사판례연구 제3권(한국형사판례연구회, 1995), 316면.

는 바로 변화된 관점을 적용하여 해결하여야 할 것이며, 하나의 행위가 수죄의 간에 실행행위의 부분적 동일성이 인정되는 경우까지 확장되어야 할 것이다. 이 경우에 핵심은 행위로 야기된 불법을 죄수판단과 경합관계를 판단하는 과정에서 이중평가해서는 안 된다는 점이다.

제 3 장
형법각칙

18. 상해죄 동시범 특례규정의 적용 범위 문제
19. 명예훼손죄의 공연성 판단기준 문제
20. 폭력범죄에서 '위험한 물건을 휴대하여'의 문제
21. 사자(死者)의 점유 문제
22. 특수강도 중 야간주거침입강도죄 실행의 착수시기 문제
23. 배임죄의 법적 성격 및 손해 발생의 구체적 위험 판단기준 문제
24. 부동산 이중매매의 배임죄 인정 문제
25. 사전자기록등위작죄에서 '위작'에 무형위조 포함 문제
26. 직권남용죄의 '직권 없이 남용 없다'는 해석 문제
27. 범인의 자기은닉 · 도피 교사, 범인의 자기범죄 증거 인멸 교사 문제
28. 양벌규정의 역적용 문제

18. 상해죄 동시범 특례규정의 적용 범위 문제

강동범 명예교수(이화여자대학교 법학전문대학원)*

[대상판결]

대법원 2000. 7. 28. 선고 2000도2466 판결

[판결요지] 시간적 차이가 있는 독립된 상해행위나 폭행행위가 경합하여 사망의 결과가 일어나고 그 사망의 원인된 행위가 판명되지 않은 경우에는 공동정범의 예에 의하여 처벌할 것이므로, 2시간 남짓한 시간적 간격을 두고 피고인이 두 번째의 가해행위인 이 사건 범행을 한 후, 피해자가 사망하였고 그 사망의 원인을 알 수 없다고 보아 피고인을 폭행치사죄의 동시범으로 처벌한 원심판단은 옳고 거기에 동시범의 법리나 상당인과관계에 관한 법리를 오해한 위법도 없다.

(사실관계) 1. 피고인 甲은 1999. 7. 31. 13:00경 ○○공원 내 노상에서 평소 좋지 않은 감정을 가지고 있던 피해자(52세)의 다리에 걸려 넘어지자 이에 격분하여 벤치에 앉아 있는 피해자의 얼굴과 다리를 손과 발로 수회 때려 피해자를 넘어뜨린 후 피해자가 일어나 꿇어앉자 다시 무릎과 발로 피해자의 얼굴 등을 수회 때렸다.

2. 피고인 乙은 같은 날 15:30경 위 공원 내에서 바닥으로부터 약 50㎝ 높이의 벤치에 누워있는 피해자를 발견하고 그 벤치를 차지할 생각으로 엉덩이로 피해자를 밀어 피해자로 하여금 그 벤치에서 떨어지게 하였다.

3. 피해자는 그 후 의식을 잃고 머리에서 피를 흘리면서 같은 날 21:20경까지 그곳 바닥에 누워있다가 ○○공원 관리사무소 청원경찰관에게 발견되어 병원에 후송되었으나 같은 해 8. 4. 12:20경 △△의료원에서 두부손상에 의한 경막하출혈로 사망하였다.

---

* 강동범 이화여자대학교 명예교수는 서울대학교에서 법학박사학위를 받았고, 한국형사정책학회 회장, 한국형사판례연구회 회장, 이화여자대학교 법학전문대학원 원장 및 법무부 감찰위원회 위원장 등을 역임하였다.

Ⅰ. 문제점

살인죄나 상해죄와 같은 결과범의 경우 행위자가 구성요건적 행위를 하여 피해자가 사망하였거나 상해를 입었다고 하더라도 그것만으로는 행위자에게 피해자의 사망이나 상해에 대한 책임, 즉 기수의 책임을 물을 수 없다. 오늘날 확립된 책임원칙에 따르면, 결과에 대하여 행위자에게 책임을 물으려면 그 결과가 행위자의 행위로 인한 것이어야 하기 때문이다. 따라서 결과범에서는 행위와 결과는 물론 행위와 결과의 관련성(즉 인과관계)까지 구성요건요소가 되며, 이들 모두를 검사가 증명하여야 한다. 이와 관련하여 문제가 되는 것이 결과범의 동시범 사례이다.[1)]

동시범이란 의사 연락 없는 두 사람 이상의 구성요건적 행위가 하나의 객체에 대하여 행하여져서 결과가 발생한 경우를 말한다. 동시범은 개별 행위자가 우연히 동일한 객체에 대해 범죄행위를 한 것으로 복수의 행위자의 경합일 뿐 공범이 아니므로 각자 자신의 행위 및 그로 인한 결과에 대해서만 책임을 지면 된다. 그리하여 형법 제19조는 독립행위가 경합한 경우 그 결과 발생의 원인행위가 판명되지 아니한 때에는 각 행위를 미수범으로 처벌하도록 규정하고 있다.

그런데 형법 제263조는 독립행위가 경합하여 상해의 결과를 발생하게 한 경우 원인행위가 판명되지 아니한 때에는 공동정범의 예에 의하도록 규정함으로써 결과가 상해인 때에는 개별책임을 천명한 제19조의 예외를 인정한다. 이 규정의 취지를 이해하면서도 그 내용의 적절성이나 타당성에 대하여 의문을 제기하거나 위헌 소지가 있다는 견해가 있다.

나아가 동시범 특례규정이 상해치사죄와 폭행치사죄에도 적용되는지에 관하여 지배적인 견해는 부정설의 입장이지만, 대법원은 일관하여 긍정하고 있다.

그런데 헌법재판소는 2018년 형법 제263조에 대하여 논란 끝에 합헌으로 결정하였지만 다수인 5인의 재판관이 위헌이라고 하였고, 상해가 아닌 사망의 결과가 발생한 경우에까지 이 규정을 적용하는 것은 피고인에게 불리한 유추적용이

---

1) 거동범(형식범)에서도 동시범이 가능하지만, 거동범은 결과가 구성요건요소가 아니고 따라서 인과관계가 문제되지 않으므로 거동범의 동시범은 특별히 검토할 필요가 없다.

될 수 있으므로 가능한 한 제한적으로 해석할 필요성이 크다는 점에서, 이 규정의 적용 범위에 관한 대법원 판례를 검토하고자 한다. 먼저 제263조의 의의와 법적 성질 그리고 적용요건을 살펴본 후 대법원 판례를 포함하여 동조의 적용 범위를 둘러싼 쟁점에 대하여 논하고자 한다.

Ⅱ. 쟁점 및 검토

1. 제263조의 의의와 법적 성질

(1) 제263조의 의의

2인 이상이 의사 연락 없이 개별적으로 동시에 죄를 범한 경우를 동시범(同時犯)이라고 한다. 공동정범의 경우에는 공동정범 가운데 누구의 행위에 의하여 구성요건적 결과가 발생하였는가를 불문하고 전원이 그 결과에 대하여 책임을 져야 한다(일부실행·전부책임). 그러나 동시범은 각자가 단독정범에 불과하므로 개인책임의 원리에 따라 각자는 자기의 행위에 의해 발생한 결과에 대하여만 책임을 지면 된다. 형법 제19조가 독립행위의 경합이라고 하여, "동시 또는 이시(異時)의 독립행위가 경합한 경우에 그 결과발생의 원인된 행위가 판명되지 아니한 때에는 각 행위를 미수범으로 처벌한다."고 규정하고 있음은 바로 이를 의미한다. 그런데 형법 제263조는 상해죄에 관하여 동시범의 특례를 인정하여 "독립행위가 경합하여 상해의 결과를 발생하게 한 경우에 있어서 원인된 행위가 판명되지 아니한 때에는 공동정범의 예에 의한다."고 규정하여 형법 제19조의 예외를 인정하고 있다. 2인 이상이 동일인에 대하여 폭행을 가하여 상해의 결과가 발생한 경우 인체(人體)의 복합·다양한 구조와 상호 연계성으로 인해 누구의 어떤 행위에 의하여 상해의 결과가 발생하였는가를 입증하는 것이 상당히 어렵기 때문에 입증의 곤란을 구제하기 위한 정책적 예외를 인정한 것이라고 할 수 있다.

동시범의 특례를 규정한 형법 제263조는 공동정범의 성립요건인 공동의 의사를 의제하기 때문에 책임원칙에 반하고, 인과관계의 입증에 관하여 in dubio pro reo의 원칙을 폐기한 것이므로 헌법의 무죄추정의 원칙에 위배한 위헌의 규정일 뿐만 아니라, 상해죄의 동시범에 대하여만 검사의 입증책임을 완화하는 것도 균형에 맞지 않으므로 폐지해야 한다는 주장도 있다. 그러나 동 조문이 공동의사를 의제한다고 할 수 없으며, 특수한 범죄에 대하여 법률의 규정에 의한 거증책임의 전환은, 합리적인 이유가 인정되는 한 무죄추정의 원칙에 반한다고 할 수는 없다.

헌법재판소는, “신체에 대한 가해행위는 그 자체로 상해의 결과를 발생시킬 위험을 내포하고 있으므로, 독립한 가해행위가 경합하여 상해가 발생한 경우 상해의 발생 또는 악화에 전혀 기여하지 않은 가해행위의 존재라는 것은 상정하기 어렵고, 각 가해행위가 상해의 발생 또는 악화에 어느 정도 기여하였는지를 계량화할 수 있는 것도 아니어서, 입법자는 피해자의 법익 보호와 일반예방적 효과를 높일 필요성을 고려하여 다른 독립행위가 경합하는 경우와 구분하여 형법 제263조를 마련한 것”이라고 하면서, “제263조를 적용하기 위하여 검사는 실제로 발생한 상해를 야기할 수 있는 구체적인 위험성을 가진 가해행위의 존재를 입증하여야 하므로 이를 통하여 상해의 결과에 대하여 아무런 책임이 없는 피고인이 해당 조항으로 처벌되는 것을 막을 수 있고, 피고인도 자신의 행위와 상해의 결과 사이에 개별 인과관계가 존재하지 않음을 입증하여 상해의 결과에 대한 책임에서 벗어날 수 있으며, 또한 법관은 피고인이 가해행위에 이르게 된 동기, 가해행위의 태양과 폭력성의 정도, 피해 회복을 위한 피고인의 노력 정도 등을 모두 참작하여 피고인의 행위에 상응하는 형을 선고하므로, 가해행위자는 자신의 행위를 기준으로 형사책임을 부담한다는 점을 종합하여 보면, 해당 조항은 책임주의원칙에 반한다고 볼 수 없다.”[2]고 판단하였다.[3]

2) 헌법재판소 2018. 3. 29. 선고 2017헌가10 전원재판부 결정.

3) 이에 대하여 재판관 이진성, 재판관 김창종, 재판관 서기석, 재판관 조용호, 재판관 이선애의 반대의견이 있다: 해당 조항은 독립행위가 경합하여 상해의 결과가 발생한 경우에는 원인행위가 밝혀지지 아니한 불이익을 피고인이 부담하도록 함으로써 인과관계에 관한 입증책임을 피고인에게 전가하고 있다. 수사권을 가진 검사도 입증할 수 없는 상황에서 수사권도 없는 피고인에게 인과관계를 입증하여 상해의 결과에 대한 책임에서 벗어나라고 하는 것은 사실상 불가능한 것을 요구하는 것이다. 이에 따라 독립행위가 경합하여 상해의 결과가 발생하기만 하면 가해행위자는 사실상 상해의 결과에 대하여 책임을 부담하게 될 위험이 있고, 이는 상해의 결과에 대해 책임이 없는 사람도 원인행위가 판명되지 않는다는 이유로 자신의 행위에 대한 책임 이상의 처벌을 받게 되는 것을 의미한다. 이러한 점을 모두 고려하여 보면, 해당 조항은 법치주의와 헌법 제10조의 취지로부터 도출되는 책임주의원칙에 반한다.

第263조는 정부초안에서는 제281조로 편제되었고 그 내용은 「독립행위가 경합하여 상해의 결과를 발생케 한 경우에는 그 원인된 행위가 판명되지 않은 때에는 공동정범의 예에 의한다.」(밑줄은 현행 형법과 다른 부분으로 필자가 한 것)[4]였는데, 국회 심의·의결과정에서 현재의 내용이 된 것으로 보인다.

형법 제263조와 유사한 취지의 규정인 일본 형법 제207조는 "2인 이상이 폭행을 가하여 사람을 상해한 경우에 각각의 폭행에 의한 상해의 경중을 알 수 없거나 그 상해를 발생시킨 자를 알 수 없는 때에는, 공동하여 실행한 자가 아니더라도 공범의 예에 의한다."라고 규정하고 있다.

(2) 법적 성질

상해죄에 대하여 동시범의 특례를 인정한 제263조의 법적 성질에 대해서는 견해가 대립하고 있다. 즉 ① 피고인에게 자기의 행위로 상해의 결과가 발생하지 않았음을 증명할 거증책임을 지운 것이라는 거증책임전환설(擧證責任轉換說), ② 입증의 곤란을 구제하기 위하여 공동정범에 관한 법률상 책임의 추정을 규정한 것이라는 법률상 추정설(法律上 推定說), ③ 인과관계를 추정하거나 거증책임을 전환하는 취지의 언명이 없기 때문에 인과관계의 존재 증명에 관한 문제에 초점을 맞추는 견해를 취할 수는 없고 공동가담의사를 의제한 것이라는 법률상 의제설(法律上 擬制說), ④ 공동정범처럼 일부실행·전부책임의 원칙에 의해서 상해죄의 기수범으로 법률상 추정한다는 의미라고 해석하는 기수범추정설 및 ⑤ 소송법상으로는 거증책임의 전환으로서의 성질을 가지며 실체법상으로는 행위자 사이의 의사연락을 의제함으로써 공동정범의 범위를 확장시키는 것이라는 이원설(二元說)이 그것이다.

법률상 추정설이나 법률상 의제설은 본조가 "공동정범의 예에 의한다"라고 규정하고 있으므로 이를 '공동정범으로 본다'는 의미로 해석해야 한다는 것을 이유로 들고 있다. 그러나 ① 법률상의 추정이나 의제를 인정하는 것은 형사소송법의 기본원칙인 자유심증주의와 실체진실주의에 반하고, ② 추정·의제는 증명절

4) 한국형사정책연구원, 형법제정자료집, 1991, 471면. 다만 동 자료집, 664면에는 정부초안 제281조의 내용이 「독립행위가 경합하여 상해의 결과를 발생케 한 경우에 그 원인된 행위가 판명되지 않을 때에는 공동정범의 예에 의한다.」라고 되어 있다(밑줄은 동 자료집, 471면의 내용과 다른 부분으로 필자가 한 것).

차를 거치지 않고 사실을 인정하는 것이라는 점에서 사실의 인정에 증명을 수반하는 거증책임의 전환과 구별되는 것이며, ③ 상해의 동시범의 경우 상해의 원인행위가 판명되지 아니하였다고 하여 상해에 대한 법률상 책임을 추정하거나 공동가담의사를 의제하는 것이 합리적이라고 할 수 없고, ④ 제263조는 「공동정범의 예에 의한다」고 하였을 뿐 추정(민법 제30조)[5]이나 의제·간주(민법 제28조[6]와 제826조의2[7])로 해석할 표현을 사용하지 않았으므로, 법률상 추정설이나 법률상 의제설 그리고 이를 전제로 하는 이원설은 타당하다고 할 수 없다.

기수범 추정설은 미수범으로 처벌한다(형법 19조)는 내용에 대한 예외는 기수범으로 처벌한다는 것이라는 점을 고려하여야 한다고 주장한다. 그러나 ① 검사의 입증을 기다리지 않고 기수범으로 추정하는 것은 형사소송법의 기본원칙인 자유심증주의와 실체진실주의에 반하며, ② 기수범 추정을 깨트리려면 자신의 행위가 상해를 야기하지 않았다는 점을 증명하여야 하므로 궁극적으로는 거증책임전환설과 동일한 결과가 된다.

제한적 거증책임전환설은, 책임원칙의 정신에 비추어 볼 때 제263조가 제19조의 예외로서 거증책임전환의 성격을 갖는 것은 제19조에 의할 때 생기는 처벌의 흠결을 피하기 위해 부득이 과실 부분에 한하여 제한적으로 인정하여야 한다고 하지만, ① 이에 따르면 제263조가 정작 상해죄에는 적용되지 않으며, ② 고의와 과실을 달리 취급할 근거를 찾을 수 없고, ③ 과실치상죄에 본조의 적용을 부정하는 입장에서는 애초부터 성립하기 어려운 견해이다.

증거제출책임설은 형사소송에서 최종적인 불이익 판단을 받는 지위인 거증책임을 피고인에게 부담시키는 것은 타당하지 않다는 점을 근거로 한다. 그러나 증거제출책임은 형사소송에서 증명되어야 할 모든 사실에 대하여 일반적으로 인정되는 것으로 제263조와 같은 특별 규정의 존재와 관계가 없으며, 이에 따르면 동조는 특별한 의미를 갖지 않게 된다.

"공동정범의 예에 의한다"는 것은, '공동정범으로 본다', 즉 공동정범으로 추정 또는 의제·간주한다는 것이 아니라 "공동정범인 것처럼 처리한다"는 의미라

5) 2인 이상이 동일한 위난으로 사망한 경우에는 동시에 사망한 것으로 추정한다.
6) 실종선고를 받은 자는 전조의 기간이 만료한 때에 사망한 것으로 본다.
7) 미성년자가 혼인을 한 때에는 성년자로 본다.

고 보아야 하며, 구체적으로는 ① 의사의 연락과 실행행위의 분담이 있다고 하는 방법과 ② 전부 책임, 즉 전체 결과에 대하여 책임을 인정하는 방법을 생각할 수 있다. 이 중 상해의 원인행위가 판명되지 않았다는 이유로 ①을 인정하는 것은 합리성과 정당성이 전혀 없다고 할 것이다. 형사소송의 기본원칙인 자유심증주의와 실체진실주의에 비춰볼 때 ②로 처리하되 자신의 행위가 상해의 원인이 아니라는 증명을 하면 공동정범의 예에 의하지 않게 -공동정범과 동일하게 책임을 지는 것을 면하게-, 즉 공동정범인 것처럼 처리되지 않게 하는 통로를 제공해야 정당한 형벌이라고 평가할 수 있을 것이다. 따라서 본조를 거증책임의 전환이라고 해석하는 다수설이 타당하다고 생각한다.

2. 제263조의 적용요건

형법 제263조의 동시범의 특례가 적용되기 위해서는 다음과 같은 요건이 충족되어야 한다.

(1) 독립행위의 경합

독립행위가 경합하여야 한다. 독립행위가 경합한다는 것은 두 개 이상의 행위가 서로 의사의 연락 없이 같은 객체에 대하여 행하여지는 것을 말한다. 따라서 가해행위 내지 폭행을 한 것 자체가 분명하지 않은 경우에는 본조는 적용될 여지가 없다.[8] 또한 상해를 발생시킬 위험성이 없는 행위인 경우에도 본조는 적용되지 않는다. 독립행위가 반드시 같은 시간에 행하여질 것을 요하지는 않지만 적어도 동일 시간 내지 근접한 시간에 걸쳐서 행하여질 것을 요한다는 견해도 있다. 그러나 형법 제19조는 이시의 독립행위가 경합한 때에도 동시범으로 규정하고 있고 본조의 입법취지에 비추어 이시의 독립행위인 경우를 제외해야 할 이유는 없다. 즉 이시의 독립행위가 경합한 때에도 본조가 적용된다고 해석해야 한다. 대법원도 같은 취지로 판시하고 있다.[9]

---

8) 대법원 1984. 5. 15. 선고 84도488 판결.
9) 대법원 1981. 3. 10. 선고 80도3321 판결; 대법원 2000. 7. 28. 선고 2000도2466 판결.

(2) 상해의 결과

상해의 결과가 발생하여야 한다. 상해란 생리적 기능의 훼손, 즉 육체적·정신적인 병적 상태의 야기와 증가를 말한다. 병적 상태는 병리학적 상태를 의미한다. 따라서 생리적 기능의 훼손은 질병을 일으키는 경우에 한하지 아니하고, 신체에 상처를 내거나 신체 일부를 박리하는 경우도 당연히 포함한다. 그러므로 외상이 있는 경우에는 그 정도와 치료일수를 묻지 아니하고, 질병 감염은 물론 외관상의 상처가 없다고 할지라도 실신하거나 보행불능·수면장애·식욕감퇴 등 기능의 장애를 일으킨 때에도 상해에 해당한다고 볼 수 있다.

상해는 폭행 등의 유형적 방법에 의하거나 협박과 같은 무형적 방법에 의하거나 묻지 않는다. 따라서 사람을 공포·경악하게 하여 외상후 스트레스장애(PTSD)와 같은 정신장애를 일으키는 경우도 상해가 된다.

폭행에 그쳤을 뿐 상해에 이르지 않았을 때에는 본조가 적용될 여지가 없다. 그러나 상해의 결과가 발생하면 족하므로 상해의 결과는 상해행위에 의한 것이건 폭행행위에 의한 것이건(폭행치상) 묻지 않는다.

(3) 원인의 불판명

원인된 행위가 판명되지 않아야 한다. 원인된 행위가 판명된 때에는 각자가 자기의 행위로부터 발생한 결과에 대하여 책임을 지게 될 뿐이다. 이 경우에 자기의 행위가 원인이 아니라는 거증책임은 피고인에게 있다(거증책임전환설). 피고인은 자기 행위가 피해자에게 상해를 일으킨 원인행위가 아니라는 점에 대해서만 거증책임을 질 뿐, 가해행위 자체와 가해행위를 하였다는 점 그리고 각 가해행위가 상해를 발생시킬 수 있다는 점에 대한 거증책임은 당연히 검사에게 있다.

문제는 동시범 중 한 사람이 결과에 대하여 죄책을 질 것이 명백한 경우에도 원인이 된 가해행위가 불명한 때에는 본조를 적용할 것인가이다. 예컨대 甲이 A에게 폭행을 가한 후 乙이 또 A를 폭행한 결과 A가 급성경막하혈종(急性硬膜下血腫)에 기한 급성뇌종창(急性腦腫脹)으로 사망하였는데, 甲의 폭행과 乙의 폭행은 어느 것이든 급성경막하혈종의 상해를 발생시키는 것이 가능한 것이었음에도 이

상해가 두 사람의 폭행 중 어느 것에 의해 생긴 것인지는 불분명한 경우이다. A가 乙의 폭행에 의해 비로소 사인이 된 상해를 입었든, 아니면 이미 발생하였던 급성경막하혈종이 乙의 폭행에 의해 더욱 악화하였든 관계없이 피해자의 사망에 乙의 폭행이 영향을 준 것은 명백하였다. 이 사안에서 일본 최고재판소는 "본건과 같이 누구인가의 폭행과 사망과의 사이에 인과관계가 긍정되는 때일지라도 다르게 해석할 이유는 없고, 제207조의 적용은 방해받지 않는다고 해야 한다."라고 하였다.[10]

생각건대 제263조의 입법취지와 문언(「원인된 행위가 판명되지 아니한 때」) 그리고 예외규정인 점을 고려할 때 결과에 대하여 죄책을 져야 할 자가 명백히 존재하는 경우에는 동조는 적용되지 않는다고 해야 한다.

3. 제263조의 적용 범위

(1) 상해치사죄·폭행치사죄

동시범의 특례가 상해치사죄에 대하여도 적용되느냐에 관하여는, ① 상해의 결과를 발생케 한 이상 상해의 범위를 넘어 상해치사에 이른 때에도 본조가 적용된다는 견해와 ② 본조는 동시범에 대한 예외규정이고, 상해의 결과를 발생케 한 경우라고 규정하고 있음에도 불구하고 사망의 결과가 발생한 경우에도 적용하는 것은 유추해석금지의 원칙에 반하므로 상해치사죄에는 적용될 수 없다는 견해가 대립하고 있다. 대법원은 상해치사[11]의 경우는 물론 상해행위나 폭행행위가 경합하여 사망의 결과가 발생한 때[12]에도 본조가 적용된다고 판시하고 있다.

생각건대 상해의 결과가 발생한 경우에 동시범 특례에 따라 공동정범의 예에 의하는 이상 상해치사죄의 공동정범이 될 수 있느냐는 결과적 가중범의 공동정범의 문제가 된다. 따라서 사망의 결과에 대하여 인과관계가 있고 제15조 제2항에 의하여 예견가능성이 있는 때에만 상해치사죄의 공동정범이 된다고 하겠다.

10) 최결 평성 28년3월24일(西田典之·山口 厚·佐伯仁志·橋爪隆, 判例刑法各論 제7판, 有斐閣, 2018, 44–46면).

11) 대법원 1981. 3. 10. 선고 80도3321 판결.

12) 대법원 2000. 7. 28. 선고 2000도2466 판결.

또한 폭행치사죄의 경우에도 견해가 대립하고 있고, 판례는 긍정설의 입장이다.[13] 그러나 폭행치사죄는 상해의 결과가 발생한 것이 아니므로 본조는 적용될 여지가 없다고 본다.

(2) 강간치상죄·강도치상죄

제263조는 상해와 폭행의 죄에 관한 특례규정이므로 상해 또는 폭행치상의 요소를 포함하더라도 그 보호법익을 달리하는 강간치상죄나 강도치상죄에는 적용되지 않는다고 해야 한다. 이러한 경우에도 본조가 적용된다고 해석한다면 명문의 규정을 벗어난 유추해석을 인정하는 결과가 되기 때문이다. 대법원도 강간치상죄에는 동시범의 특례가 적용되지 않는다고 판시하고 있다.[14]

(3) 과실치상죄

과실행위가 경합하여 상해의 결과가 발생한 경우(과실치상죄)에도 형법 제263조가 적용되는가에 관해서 긍정설와 부정설이 대립하고 있다.

긍정설은 ① 입법취지와 규정 내용으로 보아 상해의 결과발생은 반드시 상해의 고의행위에 의할 필요가 없고, ② 과실범의 공동정범은 성립할 수 없다는 전제하에 과실미수의 처벌도 불가능하므로 결국 과실행위자들을 처벌할 수 없게 된다는 흠결을 보충하여 각자를 과실범의 정범으로 처벌할 수 있게 하는 점에 본 특례의 의미가 있다고 한다. 즉 과실치상죄도 독립행위가 경합하여 상해의 결과를 발생하게 한 경우라는 것이다.

이에 반하여 부정설은 ① 과실치상죄의 경우에는 '상해'의 결과가 발생한 경우이긴 하지만 상해나 폭행이 집단적으로 이루어진 경우가 아니므로 특칙규정의 적용대상에서 제외시키는 것이 타당하고, ② 제263조는 상해고의범을 대상으로 하기 때문에 상해과실범은 여기에 포함될 여지가 없으며, ③ 이를 긍정하는 것은 피고인에게 불이익한 방향으로 유추적용하는 것이 되고, ④ 과실행위가 경합하여 상해의 결과가 발생한 경우에는 그 원인된 행위가 판명되지 아니한 경우가 없을 뿐 아니라 과실치상죄에 관하여 형법 제263조가 적용된다는 학설을 취하지 아니

---

13) 대법원 1970. 6. 30. 선고 70도991 판결.
14) 대법원 1984. 4. 24. 선고 84도372 판결.

하여도 과실행위자들을 처벌할 수 없게 되지 아니한다는 점을 들고 있다.

생각건대 과실치상죄의 동시범[15]에 대해서도 제263조를 적용하는 것이 타당할 것이다. 그 이유는, ① 제263조는 법문상 고의에 의한 가해행위에 한정하고 있지 않고, ② 동조의 적용 여부는 과실범의 공동정범을 인정하는지와 직접적인 관련이 없으며, ③ 동조는 집단적인 상해나 폭행에 대응하기 위한 규정이 아니고, ④ 과실행위가 경합하여 상해의 결과가 발생한 때에도 상해의 원인에 대한 입증의 어려움은 고의 상해인 때와 똑같기 때문이다.

4. 공범이 개입된 경우

제263조가 승계적 공동정범의 경우에 적용되는지도 검토할 필요가 있다. 예를 들면 甲이 A에게 폭행을 가하고 있던 중에 乙이 공모가담하여 함께 폭행하여 그 결과 상해를 입혔는데 A의 상해가 乙의 가담 전후의 폭행 중 어느 것에 의한 것인지 불분명한 경우이다. 승계적 공동정범을 인정한다면 당연히 乙도 상해죄의 죄책을 부담하므로 문제가 없다. 그러나 승계적 공동정범을 부정하면 乙은 폭행죄의 죄책에 그치게 되는데, 이때 甲의 선행폭행과 甲·乙의 후행공동폭행을 동시범의 관계로 보아 제263조를 적용할 수 있는가? 일본의 하급심 판례 중에는 승계적 공동정범을 부정하면서 본조의 적용을 부정(다만 본조의 적용을 인정하는 견해도 있을 것으로 생각한다고 함)[16]한 것과 본조의 적용을 긍정[17]한 것이 있다. 일

15) 甲과 乙이 의사 연락 없이 각각 정상적인 주의를 기울이지 않고 돌멩이를 던졌고, A가 이들 돌멩이에 맞아 얼굴에 상처가 생겼는데 이 상처가 甲·乙 중 누가 던진 돌멩이에 맞아 생겼는지 증명되지 아니한 경우.

16) 大阪高判 昭和 62년 7월 10일.
"형법 제207조의 규정은 2인 이상이 폭행을 가하여 사람을 상해한 경우에 상해를 발생시킨 행위자를 특정할 수 없다거나, 행위자를 특정할 수는 있더라도 상해의 경중을 알 수 없는 때에는 그 상해가 누군가의 폭행(또는 쌍방)에 의하여 발생한 것이 명백함에도 공모가 입증되지 않는 한, 행위자의 누구에 대해서도 상해의 형사책임을 부담시킬 수 없게 된다는 현저한 불합리가 생기는 점에 착안하여 이러한 불합리를 해소하기 위하여 특별히 둔 예외규정이다. 이에 반해 후행자가 선행자와의 공모에 기해 폭행을 가한 경우에는 상해의 결과를 발생시킨 행위자를 특정할 수 없더라도, 적어도 선행자에 대해서는 상해죄의 형사책임을 물을 수 있으므로 형법의 위 특칙을 적용함으로써 해소하지 않으면 안 되는 것과 같은 현저한 불합리는 생기지 않는다. 따라서 이 경우에는 위 특칙의 적용 없이 가담 후의 행위와 상해와의 인과관계를 인정할 수 없는 후행자에 대해서는 폭행죄의 한도에서 그 형사책임을 물을 수 있게 되며, 이 결론이 부당하다고는 생각되지 않는다."

본 최고재판소는, 후행자가 공모가담 후에 폭행을 가한 부위에 대한 피해자의 상해를 상당한 정도 중하고 깊게 하였다는 점을 인정하면서도, 후행자의 공모가담 전에 선행자가 이미 발생시킨 상해 결과에 대해서는 후행자의 공모 및 그에 기한 행위가 이것과 인과관계가 있는 것은 아니므로 상해죄의 공동정범으로서의 책임을 지는 것은 아니고 공모가담 후의, 상해를 야기하기에 족한 폭행에 의하여 피해자의 상해의 발생에 기여한 것에 대해서만 상해죄의 공동정범으로서의 죄책을 부담한다고 해석하는 것이 상당하다고 한다.[18] 즉 이 판례는 승계적 공동정범을 부정하면서, 또한 선행폭행과 후행공동폭행과를 동시범의 관계로 파악하지 않았다.

승계적 공동정범의 인정 여부 및 죄책 범위에 대해서는 논란이 있으나 후행자는 자신이 가담한 이후의 행위 및 그로 인한 결과에 대해서만 형사책임을 지는 것이다. 그런데 제263조는 상해의 동시범에서 원인행위에 대한 입증의 곤란을 피하기 위한 예외적인 규정일 뿐 다른 사람의 행위 및 그로 인한 결과까지 책임을 물으려는 규정이 아니며, 선행행위 및 후행공동행위로 인한 상해에 대해서는 선행자가 상해죄로써 처벌되므로 상해 결과의 책임을 묻지 못하는 상황은 발생하지 않는다는 점에서, 승계적 공동정범이 개입한 경우에는 제263조를 적용할 수 없다고 할 것이다.

Ⅲ. 맺으며

형법 제263조는 상해의 동시범에 대해서 상해 결과를 발생시킨 원인행위가 밝혀지지 아니하면 공동정범의 예에 의한다고 함으로써, 상해 외의 범죄의 동시범을

17) 大阪地判 平成 9년 8월 20일.
"공모성립의 전후에 걸친 일련의 폭행에 의해 상해의 결과가 발생한 것은 명백하지만 공모성립의 전후 어느 폭행에 의해 생긴 것인가를 확정할 수 없는 경우에도 위 일련의 폭행이 동일기회에 행해진 것인 한, 형법 제207조가 적용되어 전체가 상해죄의 공동정범으로서 처단된다고 해석하는 것이 상당하다. 생각건대 위와 같은 경우에도 단독범의 폭행에 의해 상해가 발생했는가, 공동정범의 폭행에 의해 상해가 발생했는가가 불명확하다는 점에서, 역시 『그 상해를 발생시킨 자를 알 수 없는 때』에 해당하는 것에 변함은 없다고 해석되기 때문이다."

18) 最裁決 平成 24년 11월 6일.

미수범으로 처벌하는 것(제19조)에 대한 예외를 인정하고 있다. 이 규정은 공동정범으로 의제·간주하거나 법률상 책임을 추정하는 것이 아니라, 원인행위에 대한 거증책임을 피고인에게 전환시킨다고 해석되므로 헌법위반이라고는 할 수 없다.

다만 상해의 동시범 특례규정이 헌법위반은 아니라고 하더라도, 복수의 유무형의 힘이 사람에게 작용하여 상해를 초래한 경우 인체의 특성상 상해 원인에 대한 입증의 어려움을 피하기 위해 구성요건요소인 원인행위의 입증을 피고인에게 전가시키는 것이 타당하다거나 합리적이라고 할 수 없으며, 입증 곤란을 피고인에게 떠넘기는 것은 공평의 관점에서도 문제가 있다. 또한 미수가 임의적 감경사유(제25조 제2항)인 점에 비추어 특례규정이 상해죄의 동시범 처벌에 실제로 큰 차이를 가져오는 것도 아니다. 따라서 제263조는 입법론상 검토를 요하며, 입법취지와 문언에 맞춰 제한적으로 해석하여야 한다. 이러한 시각에서 위에서 검토한 내용을 요약하여 결론을 맺고자 한다.

독립행위는 의사의 연락이 없는 개별적인 행위로서 각자 상해를 야기할 수 있는 위험성이 있는 행위이어야 한다. 따라서 개별 독립행위가 상해의 결과를 초래할 수 없는 행위이었다면 그 행위에 대해서는 제263조를 적용할 수 없다. 경합이란 독립행위가 하나의 객체에 작용(실현)한 것을 말한다. 본조의 입법취지가 인체의 복합성과 생리적 기능의 상호영향성으로 인하여 상해의 원인을 판명하기 어렵다는 점에 있으므로, 독립행위 모두가 사람에게 명중하여야 한다. 따라서 두 사람이 돌멩이를 던졌는데 한 사람의 돌멩이가 빗나간 경우(가해행위를 한 것 자체가 불분명한 경우)에는 본조는 적용되지 않는다고 할 것이다.

본조가 적용되려면 상해의 결과가 발생하여야 하는데, 상해에는 사망은 포함되지 않는다. 즉 상해치사나 폭행치사에는 본조가 적용될 수 없다. 이런 점에서 상해치사죄와 폭행치사죄에도 본조가 적용된다는 판례의 일관된 입장은 타당하지 않다고 생각한다.

원인행위, 즉 어느 독립행위가 상해를 초래하였는지가 증명되지 않아야 한다. 이때 거증책임은 피고인에게 전환되므로 피고인이 자신의 행위가 피해자의 상해를 야기하지 않았다는 점을 증명하여야 한다. 본조는 추정규정은 아니므로 일단 검사가 원인행위의 증명을 위하여 최대한 노력하여야 한다. 그리고 상해의 원인행위에 대한 증명이 아닌, 가해행위의 작용 및 가해행위자 그리고 가해행위의 위험성에 대해서는 검사가 증명하여야 하는 것은 당연하다. 그리고 상해에 대하여 책임을 질 것이 명백한 사람이 있는 경우나 승계적 공동정범의 경우에는 제263조가 적용되지 아니한다고 보아야 한다.

19. 명예훼손죄의 공연성 판단기준 문제

—전파가능성 이론—

원혜욱 교수(인하대학교 법학전문대학원)*

[대상판결]

대법원 2020. 11. 19. 선고 2020도5813 전원합의체 판결

[판결요지] **(다수의견)** 명예훼손죄의 공연성에 관하여 개별적으로 소수의 사람에게 사실을 적시하였더라도 그 상대방이 불특정 또는 다수인에게 사실을 전파할 가능성이 있는 때에는 공연성이 인정된다. 공연성에 관한 전파가능성 법리는 대법원이 오랜 시간에 걸쳐 발전시켜 온 것으로서 현재에도 여전히 법리적으로나 현실적인 측면에 비추어 타당하므로 유지되어야 한다.

(가) 공연성은 명예훼손죄의 구성요건으로서, 특정 소수에 대한 사실적시의 경우 공연성이 부정되는 유력한 사정이 될 수 있으므로, 전파될 가능성에 관하여는 검사의 엄격한 증명이 필요하다. 나아가 대법원은 '특정의 개인 또는 소수인이라고 하더라도 불특정 또는 다수인에게 전파 또는 유포될 개연성이 있는 경우라면 공연하다고 할 수 있다'고 판시하여 전파될 가능성에 대한 증명의 정도로 단순히 '가능성'이 아닌 '개연성'을 요구하였다.

(나) 공연성의 존부는 발언자와 상대방 또는 피해자 사이의 관계나 지위, 대화를 하게 된 경위와 상황, 사실적시의 내용, 적시의 방법과 장소 등 행위 당시의 객관적 제반 사정에 관하여 심리한 다음, 그로부터 상대방이 불특정 또는 다수인에게 전파할 가능성이 있는지 여부를 검토하여 종합적으로 판단하여야 한다. 발언 이후 실제 전파되었는지 여부는 전파가능성 유무를 판단하는 고려요소가 될 수 있으나, 발언 후 실제 전파 여부라는 우연한 사정은 공연성 인정

* 원혜욱 인하대학교 법학전문대학원 교수는 독일 Frankfurt대학교에서 법학박사학위를 받았고, 한국피해자학회 회장, 한국보호관찰학회 회장, 인하대학교 부총장 및 대법원 양형위원회 양형위원, 대검찰청 검찰개혁위원회 위원 등을 역임하였다.

여부를 판단함에 있어 소극적 사정으로만 고려되어야 한다.

(다) 추상적 위험범으로서 명예훼손죄는 개인의 명예에 대한 사회적 평가를 진위에 관계없이 보호함을 목적으로 하고, 적시된 사실이 특정인의 사회적 평가를 침해할 가능성이 있을 정도로 구체성을 띠어야 하나, 위와 같이 침해할 위험이 발생한 것으로 족하고 침해의 결과를 요구하지 않으므로, 다수의 사람에게 사실을 적시한 경우뿐만 아니라 소수의 사람에게 발언하였다고 하더라도 그로 인해 불특정 또는 다수인이 인식할 수 있는 상태를 초래한 경우에도 공연히 발언한 것으로 해석할 수 있다.

(라) 전파가능성 법리는 정보통신망 등 다양한 유형의 명예훼손 처벌규정에서의 공연성 개념에 부합한다고 볼 수 있다. … 특정 소수에게 전달한 경우에도 그로부터 불특정 또는 다수인에 대한 전파가능성 여부를 가려 개인의 사회적 평가가 침해될 일반적 위험성이 발생하였는지를 검토하는 것이 실질적인 공연성 판단에 부합되고, 공연성의 범위를 제한하는 구체적인 기준이 될 수 있다. 이러한 공연성의 의미는 형법과 정보통신망법 등의 특별법에서 동일하게 적용되어야 한다.

(사실관계) 피고인이 甲의 집 뒷길에서 피고인의 남편 乙 및 甲의 친척인 丙이 듣는 가운데 甲에게 '저것이 징역 살다 온 전과자다' 등으로 큰 소리로 말하였다.

(대법원의 판단) 甲과 丙의 친분 정도나 적시된 사실이 甲의 공개하기 꺼려지는 개인사에 관한 것으로 주변에 회자될 가능성이 큰 내용이라는 점을 고려할 때 丙이 甲과 친척관계에 있다는 이유만으로 전파가능성이 부정된다고 볼 수 없고(甲과 丙 사이의 촌수나 구체적 친밀관계가 밝혀진 바도 없다), 오히려 피고인은 甲과의 싸움 과정에서 단지 甲을 모욕 내지 비방하기 위하여 공개된 장소에서 큰 소리로 말하여 다른 마을 사람들이 들을 수 있을 정도였던 것으로 불특정 또는 다수인이 인식할 수 있는 상태였다고 봄이 타당하므로 피고인의 위 발언은 공연성이 인정된다.

I. 문제점

형법 제307조는 '공연히 사실 또는 허위의 사실을 적시하여 사람의 명예를 훼손'한 행위를 명예훼손죄의 행위로 규정하고 있다. 형법은 명예훼손죄의 객관적 구성요건으로 '공연성'을 요구하고 있는데, 이는 사회에 유포되어 사회적으로 유해한 명예훼손 행위만을 처벌함으로써 헌법 제21조에서 보장하고 있는 기본권적 권리인 개인의 표현의 자유를 보장하기 위함이다. 이와 같이 '공연성'은 명예훼손죄의 성립에 있어서 중요한 요소임에도 공연성의 의미와 그 판단기준에 대해서는 지속적으로 문제가 제기되어 왔다. 특히 다수 학자들의 비판에도 불구하고 대법원은 공연성의 판단기준으로 전파가능성 이론을 현재까지 유지하고 있다. 대상판결의 다수의견 역시 전파가능성 이론을 공연성의 판단기준으로 확고하게 인정하고 있다. 전파가능성 이론은 명예훼손죄에서 새로운 쟁점은 아니나, 대상판결이 전원합의체 결정을 통해서 제시하고 있는 기준이 과연 명예훼손죄의 공연성을 판단하는 일반원칙으로 자리해야 하는가에 대해서는 여전히 문제가 제기되고 있다. 즉, 전파가능성 이론이 공연성이라는 구성요건요소를 무의미하게 하여 처벌범위를 확대시키기 때문에 죄형법정주의에 위배되며, 헌법상 권리인 표현의 자유를 지나치게 제한한다는 비판이 제기되고 있다. 이에 이하에서는 전파가능성 이론에 대한 쟁점을 검토하여 대법원 다수의견의 문제점을 지적하면서, 전파가능성 이론을 폐기하고 형법이 규정하고 있는 문언의 범위 내에서 '공연성'이 해석되어야 하는 것이 타당함을 주장하고자 한다.

Ⅱ. 쟁점 및 검토

1. 공연성의 의미

명예훼손죄의 구성요건으로서의 '공연성'은 '불특정 또는 다수인이 인식할 수 있는 상태'를 의미한다는 데에는 의견이 일치하고 있다. 따라서 수의 다소를 불문한 불특정의 경우나 특정 여부를 불문한 다수인의 경우가 모두 공연성의 요건을 충족시킨다. 여기서 불특정인은 상대방이 구체적으로 특정되어 있지 않다는 의미가 아니라 수의 다소와 상관없이 사실적시를 행한 것이 공개된 장소이기 때문에 상대방이 한정되어 있지 않다는 의미이다. 다수는 단순히 복수만을 의미하는 것이 아니라 상당한 다수임을 요한다. 다수의 구체적인 숫자는 일정 정도 수의 사람에게 알려지면 사회적으로 명예가 훼손된다고 판단될 만큼의 수를 의미한다. 따라서 획일적으로 결정될 수는 없고, 구체적인 사정 속에서 판단된다. 불특정과 다수는 선택적으로 존재하면 되는데, 불특정인과 다수인은 전자가 사람의 숫자와 상관없는 '장소의 공개성', 후자는 불특정성은 없더라도 사람 숫자의 '상당 다수'에 따라서 공연성이 결정된다는 의미라고 할 수 있다.[1)]

공연성을 의미하는 '공연히' 또는 '공공연하게'의 사전적 의미는 '세상에서 다 알 만큼 떳떳하게', '숨김이나 거리낌이 없이 그대로 드러나게'이다. 형벌법규는 '공연성'을 의미할 때 '공연히'뿐만 아니라 '공공연히'라는 문언도 사용한다. 정보통신망법 제70조는 '공공연하게 사실 또는 거짓의 사실을 드러내어'라고 규정함으로써 '공공연히'라는 문언을 사용하고 있다. 정보통신망법상의 명예훼손죄는 입법 초기에는 '공연히'로 규정되었으나 2008. 6. 13. 정보통신망법을 개정하면서 '공연히'를 '공공연하게'로 변경하였다. 이는 법 문장의 어려운 용어를 쉬운 용어로 바꾸어 국민이 법 문장을 이해하기 쉽게 정비하려는 의도에 따른 것이다. 이러한 개정 의도를 고려할 때 공공연하게는 공연성의 의미를 한층 더 명확히 한 것으로 "공연히 또는 공공연하게는 그 뜻을 아무리 확장해석하더라도 소수의 친구나 직장동료 등에게 사적으로 말한 것을 두고 '세상에서 다 알 만큼 뚜렷하고 떳떳하게' 또는 '숨김이나 거리낌이 없이 그대로 드러나게' 발언한 것으로 할 수 없다"는 대상판결의 반대의견이 설득력을 가진다.

2. 공연성 판단기준에 대한 견해의 대립

명예훼손죄는 추상적 위험범으로 보는 것이 일반적이기 때문에 공연성은 불특정 또는 다수인이 현실적으로 인식할 것을 요하는 것이 아니라, 인식할 수 있는 상태에 도달하면 족하다. 여기서 어느 정도에 이르러야 인식 가능한 상태라고 할 것인가에 대하여는 직접인식가능성설[2)]과 전파성가능성 이론[3)]이 대립한다. 대법원은 대상판결 다수의견과 같이 전파가능성 이론을 일관되게 유지하고 있다.

1) 김혜정·박미숙·안경옥·원혜욱·이인영. 형법각론(제3판), 도서출판 정독, 2023, 214면; 배종대, 형법각론(제10전정판), 홍문사, 2018, 188면; 이재상·장영민·강동범, 형법각론(제10판 보정판), 박영사, 2017, 187면; 이형국·김혜경, 형법각론(제2판), 법문사, 2019, 240면.

2) 김성돈, 형법각론(제5판), SKKUP, 2018, 210면; 김일수·서보학, 새로쓴 형법각론(제9판), 박영사, 2018, 159면; 김혜정 외, 214면; 배종대, 190면; 이재상 외 188면; 이형국·김혜경, 241면.

3) 김성천·김형준, 형법각론(제6판), 소진, 2017, 248면; 박상기, 형법각론(제8판), 박영사, 2011, 182면; 신동운, 형법각론(제3판), 법문사, 2023, 835면.

(1) 직접인식가능성설

직접인식가능성설은 인식할 수 있는 상태란 불특정 또는 다수인이 직접 인식할 수 있는 상태를 의미한다고 보는 견해로서, 명예훼손죄가 추상적 위험범이라고 하여 행위의 양태인 공연성을 전파가능성으로 대체할 수는 없으며, 공연성은 불특정 또는 다수인이 현실적으로 인식할 것을 요구하지는 않더라도 적어도 직접 인식할 수 있는 상태에 있을 때 인정된다고 해석한다. 여기서 직접은 물리적 공간에서의 대면성을 요구하는 것은 아니며, 불특정 또는 다수인이 언제든지 '직접' 인식할 수 있는 상태가 되었을 때 공연성이 인정된다는 의미로 해석한다. 예컨대 행위자가 피해자의 명예를 훼손하는 내용의 이메일을 다수인에게 전송하였다면, 수신자들이 메일의 내용을 확인하지 않았더라도 언제든지 그 내용을 확인할 수 있으므로 '직접 인식할 수 있는 상태'로서 공연성이 인정된다는 것이다.[4] 직접인식가능성설을 취하게 되면 사적인 대화나 정보교환 등은 공연성의 범위에 포함되지 않는다.

직접인식가능성설은 전파가능성 이론에 대해서 ① 불특정 또는 다수인이 아닌 1인에 대한 사실적시도 전파가능성을 이유로 공연성을 인정함으로 인하여 형법의 보충성 원칙에 반하며, 개인의 표현의 자유가 지나치게 침해되고, ② 공연성의 인정 여부가 상대방의 전파의사에 좌우되어 법적 안정성을 해칠 수 있고, ③ 공연성의 판단 과정에 법관의 자의가 개입될 여지가 있고, ④ 명예훼손죄의 보호법익에 대한 보호 정도와 그 행위 양태에 대한 해석 논리를 구별하지 못한다고 비판하고 있다.

(2) 전파가능성 이론

전파가능성 이론은 비록 개별적인 한 사람에게 유포하였더라도 순차적인 방법 등으로 불특정 또는 다수인에게 전파될 가능성이 있으면 공연성 인정된다고 보는 견해이다. 대법원은 1968년 피고인이 이웃 사람 2명에게 순차적으로 피해자가 자신과 동침한 적이 있다고 말한 사건에서 "비밀이 잘 보장되어 외부에 전파

4) 윤지영, "명예훼손죄의 '공연성'의 의미와 판단 기준", 형사판례연구 제29권, 한국형사판례연구회, 2021, 251면.

될 염려가 없는 경우가 아니면 비록 개별적으로 한 사람에 대하여 사실을 유포하였더라도 연속하여 수인에게 사실을 유포하여 그 유포한 사실이 외부에 전파될 가능성이 있는 이상 공연성이 있다"고 판시하여[5] 최초로 전파가능성 이론을 적용하여 공연성을 인정하였다. 이후 현재에 이르기까지 대법원은 특정 소수인에게 사실을 적시했더라도 그 상대방이 해당 사실을 불특정 또는 다수인에게 전파할 가능성이 있는 때에는 공연성이 인정된다는 견해를 일관되게 유지하고 있다. 대법원은 더 나아가 개인 블로그에서 상대방으로부터 비밀을 지키겠다는 말을 듣고 비공개로 일대일 대화한 사안에서도 정보통신망법상의 공연성을 판단하는데 전파가능성 이론을 적용하였다.[6] 이와 같이 대법원은 전파가능성 이론을 형법상의 명예훼손죄뿐만 아니라 정보통신망법상의 명예훼손죄나 공직선거법상의 후보자비방죄 등의 공연성 판단에도 동일하게 적용하고 있다.

3. 전파가능성 이론에 대한 검토

(1) 죄형법정주의 원칙 위반의 문제

공연성의 의미를 전파가능성으로 해석하는 것은 그 어의의 한계를 넘어선 확장해석으로 죄형법정주의 원칙에 위반할 소지가 있다. 명예훼손죄의 구성요건인 '공연성'을 규정한 입법 취지는 사람의 인격적 가치에 대한 평가를 떨어뜨릴 수 있는 행위, 그중에서도 사적인 대화나 정보전달의 차원을 넘어 '사회적으로' 또는 '공개적으로' 사실을 적시하는 행위만을 처벌하려는 데 있다. 이는 헌법상 표현의 자유를 최대한 보장하면서 그 한계로 타인의 명예를 훼손할 수 있는 행위가 공연성의 요건을 충족하였을 때 명예훼손죄로 처벌하겠다는 의미이다. 입법 취지를 고려할 때 공연성의 의미를 사전적 의미를 넘어서 전파가능성으로 파악하는 것은 법률해석의 출발점인 문언해석에 부합하지 않는다. 즉, 형벌법규의 해석은 가능한 문언의 의미 내에서 당해 규정의 입법 취지와 목적 등을 고려한 법률체계적 연관성에 따라 그 문언의 논리적 의미를 분명히 밝히는 체계적·논리적 해

---

5) 대법원 1968. 12. 24. 선고 68도1569 판결.
6) 대법원 2008. 2. 14. 선고 2007도8155 판결.

석방법을 취하여 그 규정의 본질적 내용에 가장 근접하게 해석하여야 한다. 이러한 해석이 죄형법정주의 원칙에도 부합한다. 따라서 "전파가능성이 있다는 이유로 공연성을 인정하는 것은 문언의 통상적 의미를 벗어나는 것으로 피고인에게 불리한 확장해석에 해당한다"고 판단한 대상판결의 반대의견이 적정하다. 더욱이 명예훼손죄는 제307조 제1항에 의해 진실한 사실을 적시한 경우에도 성립하기 때문에 '공연성'은 문언의 범위에서 엄격하게 해석되어야 한다.7)

또한 전파가능성 이론은 결과가 현실로 발생하지 않았지만 명예를 훼손하는 사실이 전파될 가능성이라는 추측을 처벌의 근거로 삼고 있기 때문에 처벌범위가 확대될 수 있다는 문제도 있다. 처벌범위가 확대될 수 있는 가벌성의 기준을 해석할 때에는 매우 신중해야 한다. 대상판결의 다수의견은 전파가능성 이론이 명예훼손죄의 처벌범위를 확대시킬 수 있다는 비판을 의식하여 불특정 또는 다수인에게 전파 또는 유포될 '가능성'이 아니라 '개연성'이 있어야 공연성이 인정된다고 판시하고 있다. 그러나 개연성 역시 '고도의 가능성'을 의미하는 것으로 추측 또는 강한 추측을 처벌의 근거로 삼는 것이기에 공연성을 판단하는 명확한 기준이라고 하기 어렵다. 개념의 불명확성은 범죄의 성립 여부가 법관의 자의적인 판단에 의해 결정되는 결과로 이어질 수밖에 없다. 법률전문가들조차 공연성이 인정되는 사안인지 아닌지 구분하기 어렵다면, 심지어 법원의 1심, 2심에 따라 의견이 나뉠 정도로 복잡한 '개연성'에 대한 판단이라면 수범자인 국민의 입장에서 '공연성'을 판단하는 것은 거의 불가능하다. 수범자인 국민의 입장에서 과연 어떠한 행위가 일반적·구체적인 경우에 전파가능성이 인정되어 금지되는 것인지 예측할 수 없다면, 이는 죄형법정주의 명확성의 원칙에 반하는 해석으로 법적 안정성을 침해하는 것이다.

(2) 형법의 보충성 원칙 위반의 문제

명예훼손죄를 추상적 위험범으로 이해한다면 행위의 양태가 범죄성립 여부를 판단하는 중요한 요소가 된다. 이에 행위의 양태를 엄격하게 한정해야 처벌범

7) 한성훈, "판례를 통해서 본 명예훼손죄의 공연성의 의미와 판단기준에 관한 소고 –대법원 2020. 11. 19. 선고 2020도5813 전원합의체판결을 중심으로–", 전남대학교 법학논총 제14권 제2호(2021), 222면.

위가 지나치게 확대되는 것을 방지할 수 있다. 특히 형법 제307조 제1항은 사실을 적시한 경우에도 명예훼손죄로 처벌하고 있기 때문에 가벌성의 범위를 제한할 필요가 있다. 명예훼손죄의 행위 양태로 요구되는 공연성을 전파가능성으로 대체하는 것은 명예가 현실적으로 침해되지 않아도 침해될 위험만으로 성립하는 추상적 위험범인 명예훼손죄의 보호법익이나 그 정도를 행위의 양태와 혼동하는 것이다. 추상적 위험범이라고 하여 행위의 양태로 요구되는 공연성을 전파가능성으로 대체할 수는 없는 것이다. 명예훼손죄는 공연히 적시된 사실로 인하여 피해자의 명예가 훼손될 위험이 있는 경우를 처벌하는 것이지, 적시된 사실이 공연하게 될 위험이 있는 경우까지 처벌하는 것은 아니다. 그러나 전파가능성 이론에 따르게 되면, 명예가 훼손될 위험이 발생하기 전(前) 단계에서의 불법성까지 인정하는 결과가 된다. 특정 소수와의 사적 대화나 정보전달의 경우에도 공연성이 인정될 수 있다면 모든 사실적시 행위가 명예훼손죄의 구성요건에 해당할 수 있다는 불합리한 결과로 이어질 수 있다. 따라서 전파가능성 이론은 가벌성의 범위를 지나치게 확장하는 결과를 초래하여 형벌은 최후수단으로 적용해야 한다는 형법의 보충성 원칙에 위배된다.

(3) 책임주의 원칙 위반의 문제

전파가능성 이론은 공연성의 기준을 결과의 전파가능성에서 찾는 이론이라 할 것이다. 따라서 특정된 한 사람에게 한 말도 그것이 '결과적으로' 불특정 또는 다수인에게 전파될 가능성이 있으면 공연성이 인정될 수 있다. 이에 전파가능성 이론에 대해서는 명예훼손죄의 객관적 구성요건인 '공연히 사실을 적시한 행위'에 대한 불법성 평가는 도외시한다는 비판이 제기된다. 전파가능성 이론은 적시한 사실이 결과면에서 전파될 가능성이 있는가를 공연성의 기준으로 삼음으로써 수범자의 법치국가적 예견가능성을 벗어나게 한다. 일반적으로 행위자는 행위 당시에 자기의 사실적시 행위가 시간적으로 나중에 뒤따르게 될 불특정 또는 다수인에게 전파될 수 있는 가능성이 있는지 없는지 판단할 수 없다. 그것은 미래에 속하는 문제이기 때문이다. 한 사람에게 행한 사실적시가 결과적으로 전파되었으면 공연성이 있고 다행히 전파되지 않았으면 공연성이 없다는 결론이 된다. 이는 결과책임 또는 우연책임과 다를 것이 없다. 이와 같이 전파가능성 이론은 명예훼손죄에 대한 불법성 평가를 결과반가치에 두고 있다고 할 수 있다. 이러한 평가방식은 형사법의 일반적인 평가방식인 행위반가치에 대한 평가방식에 부합하지 않는다. 행위자의 행위에 대한 불법평가가 아닌, 그 사실을 나중에 전해 들은 제3자의 지위나 역할을 고려하여 행위자의 불법성을 판단하는 것은 형법상 책임주의 원칙에 위배된다. 또한 전파가능성 이론에 의하면 거의 모든 사실적시가 공연성이 인정될 수 있는 위험성을 안게 되기 때문에 수범자가 취할 수 있는 유일한 대안은 결과 면에서 조금이라도 전파가능성이 있는 사실의 적시를 하지 않는 것뿐이다. 그러나 이러한 요구는 국민의 표현의 자유를 부당하게 제한하는 것으로서 정당성을 가지기 어렵다.[8)]

이와 같은 비판을 의식하여 대상판결의 다수의견은 "발언 이후 실제 전파되었는지 여부는 전파가능성 유무를 판단하는 고려요소가 될 수 있으나, 발언 후 실제 전파 여부라는 우연한 사정은 공연성 인정 여부를 판단함에 있어 소극적 사정으로만 고려되어야 한다"고 판시하고 한다. 이는 행위자의 명예훼손 발언 후 그 발언이 실제 전파되지 않았다는 사정은 전파가능성을 부정할 수 있는 소극적 사정이 된다는 것을 뜻한다. 그러나 범죄의 성립과 처벌은 행위시의 법률에 따라야 한다. 행위시법주의에 따를 때 명예훼손죄와 같은 거동범에서는 행위시 이후의 사정은 적극적인 것이든 소극적인 것이든 고려의 대상이 되어서는 안 된다. 공연성은 행위시에 요구되는 행위 양태이기 때문에 다수의견은 행위시에 행위자에 대한 책임 여부를 판단하는 책임주의 원칙에 위배된다.

(4) '공연성'을 규정하고 있는 범죄구성요건 해석에 있어서 불일치의 문제

형벌법규는 가능한 문언의 의미 내에서 해석하는 것이 적절하기 때문에 같은 법 내에서 같은 용어는 특별한 사정이 없는 이상 동일하게 해석되어야 한다. 이러한 통일적 해석이 각 규정의 입법 취지와 형사법의 체계적인 해석에 합치되며, 법률 수범자인 국민의 입장에서도 법적 안정성을 보장받는 것이 된다. 형법 구성요건에 공연성의 개념을 사용한 규정은 형법 제243조 음화 등 전시·상영죄,

8) 배종대, 190면.

형법 제245조 공연음란죄와 제307조 이하의 명예훼손죄, 모욕죄가 있다. 음화 등 전시·상영죄에서 '공연히'란 불특정 또는 다수인이 관람할 수 있는 상태에 두는 것이라고 해석되고, 공연음란죄에서의 '공연히'도 불특정 또는 다수인이 알 수 있는 상태를 의미한다고 해석된다. 따라서 공연음란죄, 음화 등 전시·상영죄와는 달리 명예훼손죄의 공연성 개념에 전파가능성을 적용하는 것은 형법의 통일적 해석을 무너뜨리는 것이다. 즉, 전파가능성 이론은 공연성을 구성요건으로 하는 형법상 다른 범죄의 성립 여부를 판단함에 있어서 일관되고 체계적인 해석에 장애요인이 된다.

대상판결의 다수의견에 대한 보충의견은 "음화 등 전시·상영죄와 공연음란죄의 보호법익인 선량한 성풍속에 대한 침해의 위험성은 말이 아닌 물건의 상태나 행위에 의한 것이어서 명예훼손적 사실이 전파됨에 따라 타인의 명예가 훼손될 위험성이 발생할 것을 구성요건으로 하는 명예훼손죄와는 차원을 달리할 수밖에 없다"라는 이유로 음화 등 전시·상영죄와 공연음란죄의 공연성과 명예훼손죄의 공연성은 달리 해석될 수 있다고 한다. 그러나 공연성은 행위를 할 때 요구되는 행위 양태이므로 각 범죄의 구성요건에 따라 달리 해석할 이유는 없다. 법은 사회질서를 유지하기 위한 규범으로서 통일적이고 보편타당성을 지니고 있어야 하기 때문이다. 이에 동일한 법제 내에서 동일한 구성요건에 대해서는 규범의 구조나 내용 면에서 서로 상충되거나 모순되지 않게 '체계의 정당한 원리'가 적용되어야 한다. 그러한 면에서 전파가능성 이론은 '공연성'을 규정하고 있는 형법상 범죄 상호간에 법체계상의 정합성 문제를 발생하게 한다.

(5) 전파가능성 법리를 제한하는 개별 요소에 대한 판단

1) 인적 관계

그동안 대법원은 일반적으로 특정 소수인에 대하여 사실을 적시한 경우에 예외적으로 특정 소수인이 그 사실을 전파하지 않을 인적 관계나 사안의 내용상 비밀이 보장될 만한 특수한 관계에 있을 때에는 전파가능성을 인정하지 않았다. 그런데 대법원은 피고인이 동호회 회원 4명과 카카오톡 대화방에서 비밀로 하기로 약속한 후 피해자에 대한 욕설을 한 사안에서 인적 관계와 비밀 보장이 전제되었음에도 전파가능성을 이유로 공연성을 인정하기도 하였다.[9] 대법원은 수십 년간 전파가능성에 관한 판결들이 축적되었음에도 상대방과의 인적 관계 등이 유사한 사안에서 전파가능성에 대해 서로 다르게 판단하는 등 전파가능성의 예외를 인정하는 명확한 기준을 여전히 제시하지 못하고 있다. 대상판결의 다수의견 역시 상대방이 피고인 또는 피해자와 특수한 신분관계에 있기 때문에 전파가능성이 부정될 수 있는 예외 사유인 인적 관계에 있음에도 불구하고 피고인의 발언에 공연성을 인정하였다. 이와 같이 대법원이 전파가능성을 판단하면서 인적 관계 등 전파가능성의 예외를 인정하는 사유에 대한 적용이 일관적이지 않다는 것은, 수범자의 입장에서는 사실을 적시하는 행위에 상당한 제약을 받을 수밖에 없으며, 이는 표현의 자유에 대한 위협으로 이어질 수밖에 없다.

2) 혼합적인 기준

대상판결은 '공연성'이라는 객관적 구성요건인 사실관계를 판단하는 기준으로 "발언 경위와 발언 당시의 상황, 행위자의 의도와 발언 당시 태도, 발언을 들은 상대방의 태도, 행위자·피해자·상대방 상호 간의 관계, 발언의 내용, 상대방의 평소 성향 등 여러 사정을 종합하여 구체적 사안에서 객관적으로 판단해야 한다"는 혼합적인 기준을 제시하였다. 그러나 이와 같은 혼합적인 기준을 고려하는 것은 오히려 어떤 경우에 전파가능성이 있는지 명확한 기준을 설정하기 어렵게 한다. 또한 형법이 '공연히 사실 또는 허위사실을 적시한 행위'를 처벌하도록 명확히 규정하고 있음에도 사실적시 행위 자체가 아닌 혼합적인 기준을 고려하여 적시된 사실에 대한 전파가능성 여부를 판단하는 것은 범죄구성요건을 엄격하게 해석해야 한다는 원칙에도 부합하지 않는다. 형법에 규정된 공연성은 행위의 성격이나 모습을 분석하여 불특정 또는 다수인에 대한 것인지, 사실적시 행위가 공개된 장소 등에서 이루어져 불특정 또는 다수인이 이를 인식하였거나 인식할 수 있었는지, 그와 같은 상태가 사회적 또는 공개적으로 유포되었다고 볼 수 있는지를 판단해야 하는 것이지 그 이외에 다양한 사정들을 고려하여 판단해야 하는 것은 아니다.

---

9) 대법원 2008. 2. 14. 선고 2016도4699 판결.

3) 주관적 구성요건

대상판결 다수의견은 전파가능성이 명예훼손죄의 성립범위를 확대한다는 비판적 견해를 고려하여 명예훼손죄의 공연성을 인정하는 경우에도 주관적 구성요건요소로서 공연성에 대한 고의가 필요하기 때문에 전파가능성에 대한 인식과 그 위험을 용인하는 내심의 의사가 있어야 한다고 판단하고 있다. 즉 전파가능성이 인정되더라도 공연성에 대해 최소한 미필적 고의를 요건으로 하여 명예훼손죄의 성립을 제한하고 있다. 그러나 이는 '공연성'이라는 객관적 구성요건요소에 대한 직접적인 범위 제한이 아니라 주관적 구성요건을 통한 간접적인 제한에 불과하기[10] 때문에 공연성을 판단하는 기준으로 고려해서는 안 된다.

Ⅲ. 맺음말

대법원이 '공연성'을 판단하는 기준으로 '전파가능성'을 적용하는 것은 논리적인 비약이라고 할 것이다. 특히 특정 개인이나 소수에 대한 발언이라도 전파가능성이 있으면 범죄가 성립한다고 함으로써 범죄구성요건을 부당히 확장하여 처벌범위를 확대하게 되므로 죄형법정주의에서 금지하고 있는 유추해석이나 확장해석에 해당한다. 이는 수범자인 일반 국민들에게 어떠한 행위가 명예훼손죄에 해당할 것인가에 대한 명확한 기준을 제시하지 못함으로 인하여 법적 안정성을 침해하는 결과로 이어지게 한다. 이와 같이 전파가능성 이론은 명예훼손죄의 가벌성의 범위를 확대하고, 민사적으로 해결할 수 있는 사건도 고소하는 현상으로까지 이어질 수 있게 한다. 전파가능성 이론을 적용하고 있기 때문에 수사기관에서도 다수인이 직접 인식하고 있는지 명확하게 수사하지 않고 전파가능성이 있다면 쉽게 기소할 수 있다는 우려도 제기되고 있다. 이에 명예훼손죄의 객관적 구성요건요소인 '공연성'은 입법 취지에 부합하게 엄격하게 해석해야 한다. 명예훼손죄의 구성요건인 '공연성'을 문언의 의미에 충실하게 해석·적용하고, 형사처벌의 범

10) 송시섭, "명예훼손죄에 있어 공연성의 개념 —대법원 2020. 11. 19. 선고 2020도5813 전원합의체판결을 중심으로—", 법과 정책연구 제21권 제1호(2021), 114면.

위에 해당하지 않지만 문제가 될 소지가 있는 명예훼손적 행위는 민사적으로 해결하는 것도 고려할 수 있다. 전파가능성을 근거로 사적인 대화의 경우까지 명예훼손죄의 처벌영역에 포함시킨다면 사람의 사회적 평가라는 법익은 보다 두텁게 보호될 수 있지만, 형법의 과잉개입이라는 비판은 면하기 어렵다. 이와 같이 전파가능성 이론을 적용하게 되면 일반적 행동의 자유를 가지는 사람이 개인 사이에서 제3자의 명예를 훼손하는 자유로운 사적인 대화에 대해서도 법적으로 규율하여 금지하는 것이 되기 때문에 표현의 자유를 본질적으로 침해할 수 있다. 이는 형법은 최후의 수단으로 적용해야 한다는 형법의 보충성 원칙에 위반하는 것이다. 대법원은 대상판결 이후의 판결에서도 전파가능성 이론을 통해 공연성을 판단하고 있으므로, 향후에도 명예훼손죄의 성립 여부를 판단함에 있어서는 전파가능성 이론에 대한 비판이 제기될 것이다. 전파가능성 이론은 명예훼손죄의 처벌범위를 확대시키는 이론으로서 더이상 형법의 범죄성립 여부를 판단하는 논증의 도구로 사용되어서는 안 된다. 명예훼손죄의 입법 취지인 개인의 명예와 표현의 자유가 조화를 이룰 수 있도록 전파가능성 이론을 폐기하고 공연성을 엄격하게 해석하는 대법원의 전향적인 태도의 변화가 필요하다.

20. 폭력범죄에서 '위험한 물건을 휴대하여'의 문제

노수환 교수(성균관대학교 법학전문대학원)*

[대상판결]

대법원 1997. 5. 30. 선고 97도597 판결

> 폭력행위등처벌에관한법률 제3조 제1항에 있어서 '위험한 물건'이라 함은 흉기는 아니라고 하더라도 널리 사람의 생명, 신체에 해를 가하는 데 사용할 수 있는 일체의 물건을 포함한다고 풀이할 것이므로, 본래 살상용·파괴용으로 만들어진 것뿐만 아니라 다른 목적으로 만들어진 칼·가위·유리병·각종공구·자동차 등은 물론 화학약품 또는 사주된 동물 등도 그것이 사람의 생명·신체에 해를 가하는 데 사용되었다면 본조의 '위험한 물건'이라 할 것이며, 한편 이러한 물건을 '휴대하여'라는 말은 소지뿐만 아니라 널리 이용한다는 뜻도 포함하고 있다.

Ⅰ. 문제점

"20톤 트럭을 '휴대한' 범인이 '위험한 물건'인 휴대폰을 손에 쥐고 대치하던 중 검거되었습니다?"

벌써 20년도 더 지난 판사로 재직하던 시절을 회상해 본다. 폭력행위등처벌에관한법률(이하 '폭처법'이라고 함) 제3조 제1항이 위헌결정을 받고 폐지되기 훨씬

* 노수환 성균관대학교 법학전문대학원 교수는 사법연수원 제24기를 수료(대법원장상 수상)하고, 서울중앙지방법원 판사, 사법연수원 외래교수, 대법원 양형위원회 전문위원, 대한변협 법학전문대학원평가위원회 평가위원 등을 역임하였다.

이전이니, 야간에 위험한 물건을 휴대하여 폭력행위(상해, 폭행, 체포, 감금, 협박, 주거침입, 권리행사방해, 공갈, 손괴)를 범한 사람에 대해서는 5년 이상(주간이라면 3년 이상)의 징역형에 처해야 했다.[1] "집단적 또는 상습적으로 폭력행위 등을 자행하여 사회질서를 문란케 하고 사회적 불안을 조성하는 자등을 처벌"한다(1961년 폭처법 제정이유), 내지 "조직폭력 사범"을 엄벌하여 민생치안확립에 이바지한다(1990년 폭처법 개정이유)는 문구에서 바로 알 수 있듯이, 폭처법은 기본적으로 조직폭력에 대처하고자 만들어진 법률이다. 그리고 이처럼 폭처법이 만들어진 지 60여 년이 지난 지금까지 폭처법 제3조의 해석과 관련하여 법원이 조직폭력을 일망타진하는데 혁혁한 공을 세웠는지도 모른다.

법원의 혁혁한 공(功)은 크게 3가지의 점에서 확인할 수 있다. 첫째, 수십 년간 폭처법 제3조 제1항은 위헌이 아니라고 해 왔다. 둘째, '위험한 물건'을 사실상 모든 물건으로 그 범위를 확대하였다. 셋째, 물건의 '휴대'의 의미에 대해 물건을 '널리 이용'하는 것이라고 천명하였다. 판례의 '위험한 물건의 휴대'에 관한 이러한 광범위한 인정태도로 인하여 폭처법이 위헌결정을 받기 이전의 시절은 검사가 폭처법 제3조를 공소장의 죄명과 적용법조에 기재하느냐 기재하지 않느냐의 여부에 따라 피고인에게 선고되는 형량이 결정되는 셈이나 마찬가지여서 피고인에 대한 생사여탈권이 검사에게 있다고 농담하던 시절이었다.

첫 번째 공(功)은 헌법재판소의 위헌결정으로 해결되었지만 두 번째와 세 번째의 공(功)은 여전히 현재 진행형이다. 위의 위헌결정으로 폭처법의 적용에는 제동이 걸렸지만, 형법에는 특수폭행(제261조)이나 특수상해(제258조의2) 등과 같이 '위험한 물건을 휴대'하여 폭행 등을 하는 경우의 가중처벌규정이 남아있기 때문이다. '위험한 물건', 그리고 '휴대'. 고등학생이면 누구든지 그 의미를 이해할 수 있다고 보이는 이 두 개의 단어에 대하여 전국의 법관 중 어느 누구도 수십 년 동안 이어져 내려온 요지부동의 대법원 판결에 대하여 이의를 제기하지 않고 있다. 이러한 법원의 판단은 바로, 법조문에 규정된 법정형을 가볍게 여긴 채, 가중적 구성요건적 사실을 쉽게 인정하더라도, 당해 사건의 구체적 타당성 있는 결론은

1) 제정 당시 폭처법은 위험한 물건을 휴대하여 폭행 등을 한 경우 2년 이상, 야간일 경우 3년 이상의 징역형에 처하는 것으로 하였으나, 1990년 개정법은 "조직폭력사범, 상습폭력사범, 집단폭력사범 및 흉기사용폭력사범을 엄벌하여 민생치안확립에 이바지"한다는 이유를 들어 법정형을 각 3년 이상, 5년 이상으로 대폭 높인 것이다.

법관의 적절한 양형을 통해서 도출할 수 있다고 생각하는, 잘못된 사고가 그 원인 중의 하나가 아닐까 짐작해 본다. 하지만 '위험한 물건을 휴대하여' 저지른 특수상해죄의 경우에는 과거의 폭처법에서와 마찬가지로 벌금형이 없고, 단기 1년 이상의 징역형으로 처벌하여야 하기 때문에(형법 제258조의2 제1항) 단순히 양형으로 해결할 수 없는 부분이 있다. 그럼에도 법원은 사실상 '물건'을 사용하여 상해를 입힌 거의 모든 경우를 아주 쉽게 특수상해죄로 처벌하는 과감함을 보이고 있다. 위험한 물건을 휴대한 경우라고 볼 수 없는 사건에서도 검사가 특수상해죄를 공소장의 죄명과 적용법조에 적어 과감한 기소를 하는 것 자체도 문제이지만, 이러한 공소장에 별다른 의문을 품지 않은 채 쉽게 특수상해의 유죄를 인정하고 있는 법원의 태도는 훨씬 더 큰 문제라고 할 수 있다.

이 글에서는 형법의 폭력범죄에 관한 조문 중 가중처벌의 표지로 규정하고 있는 '위험한 물건을 휴대하여'에 관하여 법원이 지금까지 해 온 해석의 부당성을 간명하게 지적해 보고자 한다.

Ⅱ. 무엇이 '위험한 물건'인가!

1. '흉기'와 '위험한 물건'

구 폭처법(2016. 1. 6. 법률 제13718호로 개정되기 전의 것)은 "흉기나 그 밖의 위험한 물건을 휴대"하여 폭행 등의 범죄를 범한 경우 가중처벌하였다(제3조 제1항). 이에 폭행이나 상해 등과 관련하여 '흉기나 기타 위험한 물건의 휴대'가 문제될 경우 구 폭처법의 가중구성요건을 고려해야 했다. 하지만 헌법재판소는 2015. 9. 24. 구 폭처법상 폭행죄가 "형벌체계상의 정당성과 균형을 잃은 것이 명백"하다는 등의 이유를 들어 위헌결정을 하였다.[2] 형법도 "위험한 물건을 휴대"하여 폭행을 한 경우 가중처벌하도록 하는 규정(제261조)을 두고 있었기에, 구 폭처법상 폭행죄 조항은 형법 제261조에 비해 가중적 구성요건의 표지가 전혀 없이 법적용을 오직 검사의 기소재량에만 맡기게 되어 불합리하다는 점이 위 위헌결정의 주

2) 헌법재판소 2015. 9. 24. 선고 2015헌가17 전원재판부 결정.

된 이유였다. 이에 2016. 1. 6. 개정으로 구 폭처법상 제3조 제1항은 삭제되기에 이른다.[3] 그에 따라 현재 성폭력범죄, 군형법상 상관폭행·협박, 노인복지법상 특수상해 등 일부 경우를 제외[4]하고는 위험한 물건 등을 휴대하였음을 이유로 형을 가중할 경우 기본적으로 '형법'상 가중구성요건이 문제된다.

흉기 내지 위험한 물건과 관련한 형법의 규정방식은 크게 2가지로 나누어 볼 수 있다. 하나는 "흉기를 휴대"한 경우 가중하는 규정이고,[5] 다른 하나는 "위험한 물건을 휴대"한 경우 가중하는 규정이다.[6][7] 흉기와 위험한 물건의 사전적 의미를 살펴보면 양자의 관계를 쉽게 알 수 있다. 우리말샘[8] 사전에 의하면, 흉기는 "사람을 죽이거나 '해치는데' 쓰는 도구"라고 정의되고, 위험한 물건은 "제조한 목적과 상관없이 그 물건의 객관적 성질과 사용 방법에 따라 몸을 '크게 다치게 하거나' 숨지게 할 수 있는 물건"이라고 정의되어 있다. 즉 흉기 내지 위험한 물건

3) 이러한 법개정에도 불구하고 현행 폭처법 제1조는 여전히 "이 법은 집단적 또는 상습적으로 폭력행위 등을 범하거나 흉기 또는 그 밖의 위험한 물건을 휴대하여 폭력행위 등을 범한 사람 등을 처벌함을 목적"으로 한다고 하는데, 본문에서 보듯이 흉기 기타 위험한 물건을 휴대한 경우의 가중처벌 규정이 삭제되었으므로 이러한 폭처법의 목적이 과연 타당한 것인지는 의문은 있다. 다만 이러한 의문은 이 글의 목적을 넘어서는 것이기에 그 당부를 별도로 논하지는 않겠다.

4) "흉기나 그밖의 위험한 물건을 지닌 채" 행한 강간, 강제추행, 준강간·강제추행과 관련해서는 성폭력범죄의 처벌 등에 관한 특례법 제4조의 가중구성요건이 남아 있는데 형법상 특수강간 등의 구성요건이 별도로 존재하지 않는 점에서 구 폭처법상 폭행죄 조항에서 발견되는 위헌성 문제(즉, 특별법상 구성요건이 형법상 구성요건에 비해 아무런 가중적 구성요건의 표지 없이 형벌만 상향조정해두어 발생하는 문제)는 없다고 판단된다; 다른 한편, "위험한 물건을 휴대"하고 상해를 범한 경우 가중처벌하는 개별 벌칙규정(노인복지법 제55조의3 제3항)이 아직 남아있고, "흉기나 그 밖의 위험한 물건을 휴대"하고 상관에 대한 폭행·협박 등을 한 경우 가중처벌하는 벌칙규정(군형법 제50조 이하)도 있다. 양자는 형법상 특수상해 내지 특수폭행 등에 비해 다른 가중적 구성요건 표지(범행객체에 있어 전자는 "노인보호전문기관의 직원"일 것을 요하고, 후자는 "상관"일 것을 요함)를 두고 있다는 점에서 구 폭처법상 폭행죄 조항에서 발견되는 위헌성 문제는 없다고 판단된다.

5) 여기에는 특수강도죄(제334조 제2항), 특수절도죄(제331조 제2항)를 들 수 있다.

6) 여기에는 특수공무방해죄(제144조), 특수상해·중상해죄(제258조의2), 특수폭행죄(제261조), 특수강요죄(제324조 제2항), 특수공갈죄(제350조의2), 특수체포·감금죄(제278조), 특수협박(제284조), 특수주거침입죄(제320조), 특수손괴죄(제369조)를 들 수 있다.

7) 형법전은 '흉기－위험한 물건'에 관하여 어느 하나만을 택일적으로 규정하고 있으나, 다른 특별법 규정에서는 여전히 '흉기－위험한 물건'을 병렬적으로 규정하고 있다. 경비업법 제29조, 군형법 제50조 이하, 스토킹처벌법 제18조 제2항 등 참조

8) 일반 사용자가 어휘를 등록하고 편집할 수 있는 사용자 참여형 온라인 국어사전. 국립 국어원에서 2016. 10. 5.에 개통하여 시범운영 중이다. 보통은 표준국어대사전을 인용하는데 위험한 물건은 한 단어가 아니어서 표준국어대사전에 나오지 않는다.

과 관련한 입법론은 별론으로 하고,[9] 위험한 물건 중에서 사람을 죽이거나 해치는 데 쓰는 도구 예컨대 총, 칼, 도끼 등과 같은 물건을 흉기라고 할 수 있겠다. 판례도 흉기는 '본래 살상용·파괴용으로 만들어진 것이거나 이에 준할 정도의 위험성을 가진 것'으로 해석하되, "사회통념에 따라 객관적으로 판단"하고 있다.[10] 예컨대, 제331조 제2항(흉기휴대절도)의 취지에 비추어 살펴보면, "피고인이 사용한 이 사건 드라이버는 일반적인 드라이버와 동일한 것으로 특별히 개조된 바는 없는 것으로 보이고, 그 크기와 모양 등 제반 사정에 비추어 보더라도 이 사건 범행이 흉기를 휴대하여 절취한 경우에 해당한다고 보기는 어렵다"는 것이다.[11] 결국 형법에 의하면, 동산인 물건은 위험한 물건과 그렇지 않은 물건으로 나눌 수 있고, 위험한 물건은 흉기와 그 밖의 위험한 물건으로 구성되어 있다고 하겠다.

2. '위험한 물건'은 신체에 해를 가하는 데 사용할 수 있는 모든 물건인가?

대법원은 위험한 물건을 다음과 같이 정의하고 있다. 즉 "위험한 물건이라 함은 흉기는 아니라고 하더라도 널리 사람의 생명·신체에 '해'를 가하는 데 사용할 수 있는 일체의 물건을 포함한다. 본래 살상용·파괴용으로 만들어진 것뿐만 아니라 다른 목적으로 만들어진 칼·가위·유리병·각종 공구·자동차 등은 물론,

---

9) '위험한 물건'이라고만 규정하면 족하다는 취지로, 박찬걸, "'흉기 기타 위험한 물건을 휴대하여'의 개정방안", 법학논총 제17권 제3호, 조선대학교 법학연구원, 2010, 295쪽; 반대로 입법론적으로 '흉기'만 규정되어 있는 특수절도나 특수강도죄의 경우 '흉기 기타 위험한 물건'으로 변경해야 한다는 주장으로, 문채규, "절도와 강도의 죄에 관한 형법 및 특별법의 개정과 정비방안", 비교형사법연구 제11권 제2호, 한국비교형사법학회, 2009, 123쪽 이하.

10) 대법원 2012. 6. 14. 선고 2012도4175 판결, "형법은 흉기와 위험한 물건을 분명하게 구분하여 규정하고 있는바, 형벌법규는 문언에 따라 엄격하게 해석·적용하여야 하고 피고인에게 불리한 방향으로 지나치게 확장해석하거나 유추해석해서는 아니 된다. 그리고 형법 제331조 제2항에서 '흉기를 휴대하여 타인의 재물을 절취한' 행위를 특수절도죄로 가중하여 처벌하는 것은 흉기의 휴대로 인하여 피해자 등에 대한 위해의 위험이 커진다는 점 등을 고려한 것으로 볼 수 있다. 이에 비추어 위 형법 조항에서 규정한 흉기는 본래 살상용·파괴용으로 만들어진 것이거나 이에 준할 정도의 위험성을 가진 것으로 봄이 상당하고, 그러한 위험성을 가진 물건에 해당하는지 여부는 그 물건의 본래의 용도, 크기와 모양, 개조 여부, 구체적 범행 과정에서 그 물건을 사용한 방법 등 제반 사정에 비추어 사회통념에 따라 객관적으로 판단할 것이다."

11) 위 대법원 2012. 6. 14. 선고 2012도4175 판결.

화학약품 또는 사주된 동물 등도 그것이 사람의 생명·신체에 '해를 가하는 데 사용되었다면' 본조의 위험한 물건이라 할 것"이라고 한다.[12] 그리고 이러한 판시는 지금까지 약 40년 동안 반복되고 있다. 요건대, "위험한 물건이란 널리 사람의 신체[13]에 해를 가하는 데 사용할 수 있는 일체의 물건"이라고 한다.

그런데 세상의 모든 물건(動産) 중에서 "널리 사람의 신체에 해를 가하는 데 사용할 수 '없는' 물건"이 무엇이 있단 말인가. 필자가 보기에는 '널리 사람의 신체에 해를 가하는 데 사용할 수 없는' 물건은 1만 가지 물건 가운데 단 10가지도 생각해 내기 어렵다.

- '초등학교 국어책 또는 은행통장' : 이 경우 책 또는 통장을 둥글게 말아 모서리 부위로 사람의 얼굴을 세게 때리는 방법으로 사람의 신체에 해를 가할 수 있다.
- '베개 또는 화장지' : 이 경우 역시 잠자고 있는 사람의 얼굴을 베개 또는 물에 적신 화장지로 세게 눌러 질식시켜 사람의 생명에 해를 가할 수 있다.
- '플라스틱 컵이나 그릇, 리모컨' : 이 경우에도 컵, 그릇, 리모컨의 모서리 부분으로 눈이나 입 부위를 반복하여 세게 때리는 방법으로 신체에 위험을 발생시킬 수 있다.

요컨대, 대법원의 판시는 무엇인가 그럴듯하게 위험한 물건에 관하여 정의를 하고 있는 것처럼 보이지만, 실상은 세상의 모든 물건을 위험한 물건으로 정의하고 있는 것과 다를 바 없다. 이러한 판시는 형법상 가중적 구성요건의 표지로 삼고 있는 위험한 물건의 휴대를 무의미한 문구로 만들고 있는 것이다.

어떤 물건을 이용하여 저지른 범죄가 상해죄라면, 그 물건으로 신체에 위험을 발생시켜 실제로 상해의 결과까지 야기하였다는 이유로, 곧바로 위험한 물건에 해당한다고 할 것인가? 만일 그것이 위험한 물건에 해당한다면, 위험한 물건의 휴대를 통한 폭력범죄의 가중적 구성요건에서는 모두 동일하게 위험한 물건에 해당한다고 보아야 할 것인데, 특수상해죄가 아닌 특수협박이나 특수강요, 특수주거

12) 대법원 1984. 10. 23. 선고 84도2001 판결(형법 제144조의 특수공무방해죄에 대한 판결).

13) '생명·신체'는 '생명 또는 신체'의 의미인데, 생명에 대해서는 이론의 여지가 없으므로, 주로 문제되는 '신체'만 집중하여 기재함.

침입 등 생명·신체가 보호법익이 아닌 범죄의 경우에는, 신체에 해를 가할 수 있는 물건이라도 위험한 물건으로 보이지 않는 경우가 허다하게 발견되지 않는가? 예컨대, '피고인은 위험한 물건인 플라스틱 컵(또는 그릇, 리모컨)을 들어 피해자를 협박하였다.'는 공소사실이 과연 고개가 끄덕여지는 공소사실인가?

물론 대법원은 "위험한 물건의 위험성 여부는 구체적인 사안에 따라서 '사회통념에 비추어' 그 물건을 사용하면 그 '상대방이나 제3자가 곧 위험성을 느낄 수 있'으리라고 인정되는 물건인가의 여부에 따라 이를 판단하여야 할 것"이라고 한다. 예컨대, "피해자가 먼저 식칼을 들고 나와 피고인을 찌르려다가 피고인이 이를 저지하기 위하여 그 칼을 뺏은 다음 피해자를 훈계하면서 위 칼의 칼자루 부분으로 피해자의 머리를 가볍게 쳤을 뿐이라면 피해자가 위험성을 느꼈으리라고는 할 수 없으니" 위험한 물건에 해당하지 않는다고 한다.[14)]

하급심 판결은 대법원의 이러한 판시에 따라 결과적으로 매우 광범위하게, 사실상 거의 모든 물건에 대해 위험한 물건이라고 인정하고 있다.[15)]

3. 위험한 물건, 이제 제대로 해석하자!

(1) 위험한 물건의 사전적 의미

최근 뜨거운 감자라고 할 수 있는 것은 바로 '휴대폰'이다. 실제로 수많은 하급심 사건들에서, 휴대폰을 이용하여 상해를 가한 경우에 휴대폰을 위험한 물건으로 인정하여 특수상해죄의 구성요건을 충족하는 것으로 판시하고 있다.[16)] 더

14) 대법원 1989. 12. 22. 선고 89도1570 판결.

15) 위험한 물건을 위험성이 없게 사용하면 위험한 물건이 아니라고 하고, 반면에 위험하지 않은 물건도 구체적인 사건에서 그 사용으로 신체에 위험을 발생시켰으면 위험한 물건이라고 하게 되니, 위험한 물건의 인정범위가 넓어지게 되는 것이다.

16) 특수상해를 인정한 대구지방법원 2023. 2. 8. 선고 2022고단4581－1(분리) 판결; 특수상해를 인정한 부산지방법원 2022. 11. 9. 선고 2022고단17 판결; 특수상해를 인정한 부산지방법원 서부지원 2022. 8. 31. 선고 2022고단1150 판결(삼성 갤럭시 S20 휴대전화의 모서리부분을 특정하고 있음); 특수폭행을 인정한 울산지방법원 2022. 6. 9. 선고 2022고단347등 판결; 폭처법상 상습특수상해를 인정한 광주지방법원 2022. 5. 13. 선고 2021고합546 판결(LG Q52 휴대전화의 모서리부분을 특정하고 있음); 특수폭행을 인정한 대구지방법원 2022. 3. 29. 선고 2021고단4724 판결; 특수상해를 인정한 수원지방법원 2021. 9. 10. 선고 2021고단336 판결; 특수상해를 인정한 수원지방법원 2018. 10. 26. 선고 2018고합407 판결; 구 폭처법상 흉기등 상해를 인정한

나아가, '물이 반정도 찬 페트병',[17] '물이 가득 찬 500ml 생수병'[18]의 경우에도 위험한 물건이라고 판시하고 있다. 일상생활의 필수품인 휴대폰이나 작은 물병마저도 위험한 물건으로 인정하는 하급심 실무를 보고 필자는 쓴웃음을 금할 수가 없다.

판례가 잘못되었다면 위험한 물건은 어떻게 해석하여야 하는가? 그 해결방법은 아주 간단하다. 위험한 물건이라는 문언과 관련하여, '문리해석에 충실하면 그것으로 충분하다.' 즉, 앞에서 본 바와 같이 "우리말샘 사전의 정의 규정을 그대로 따르기만 하면 된다." 우리말샘 사전에 따르면, 위험한 물건은 "제조한 목적과 상관없이 그 물건의 객관적 성질과 사용 방법에 따라 몸을 '크게 다치게 하거나' 숨지게 할 수 있는 물건"이다. 여기서 위험한 물건 여부는 흉기의 경우와는 달리 제조한 목적과 상관 없이, 그 물건의 객관적 성질과 사용 방법에 따라 결정된다는 것이지만, 가장 핵심되는 '위험한'의 사전적 의미는 물건의 '단순한 신체침해의 가능성'이 아니라 '크게 다치게 할 가능성,' 즉 '큰 신체침해의 가능성'을 뜻한다는 것이다. 위험성이 크다는 것은 단순히 '결과발생 자체의 확률이 높거나 크다'는 것이 아니라 '발생가능한 결과의 심각성에 중점이 있다'는 것이고, 이는 곧 '양적 또는 질적으로 중한 결과발생의 가능성', 즉 '중한 신체피해의 가능성'을 의미하는 것임을 쉽게 알 수 있다는 점이다. 환언하면, 판례의 표현처럼 "널리 사람의 신체에 (단순히) '해'를 가하는 데 사용할 수 있는 일체의 물건"이 아니라, "사람의 신체에 '중한 신체피해'(크게 다치게 하는 피해)를 가하는 데 사용할 수 있는 물건"이라야 한다는 것이다. 이러한 물건이라면 적어도 합리적인 사고를 하는 통상인의 기준에서는 다소간의 두려움이나 적지 않은 경계심이 아니라 '충분한 두려움'이나 '충분한 경계심'을 갖도록 하는 물건이라야 될 것이다. 판례는 간혹 "사회통념에 비추어 상대방이나 제3자로 하여금 생명 또는 신체에 위험을 느낄 수 있도록 하기에 '충분한' 물건"[19]이라고 하여 '충분한'이라는 표현을 사용하고 있는데, 이는 바로 위험한 물건의 요체가 '단순한 피해가능성'이 아니라 '중대한 피해가능성'임

의정부지방법원 2015. 4. 17. 선고 2014고단3712 판결 등 다수의 판결.

17) 특수폭행이 인정된 부산지방법원 2022. 7. 22. 선고 2022고합110, 2022고합160(병합) 판결.

18) 특수공무집행방해치상이 인정된 울산지방법원 2022. 2. 11. 선고 2021고합300 판결.

19) 대법원 2014. 6. 12. 선고 2014도1894 판결.

을 암묵적으로 의식하고 이를 간접적으로나마 시사한 것이라고 볼 여지가 충분하다.

따라서 예컨대, 쇠파이프, 벽돌, 야구방망이, 송곳, 깨어진 소주병, 식칼 등 각종 칼, 쇠망치, 낫, 전기충격기 등은 위험한 물건이라고 할 수 있으나, 하급심에서 위험한 물건으로 인정한 휴대폰, 페트병, 생수병이나, 스크래퍼(껌 등을 제거하는 납작한 칼모양의 것), 손거울,[20] 볼펜,[21] 깨지지 않은 유리컵,[22] 고무망치, 의자[23] 등은 위험한 물건이라고 볼 수 없다.

물론, 위험한 물건인지 여부에 관하여 경계선상에 있는 물건이 상당수 있어 그 판정이 쉽지 않은 경우들도 있을 것이다. 그러나 적어도 지금처럼 법원이 위험한 물건을 위험성을 발생시킨 물건으로 확대해석해서는 안 된다. 이 경우 필자는 다음과 같은 기자의 리포팅 문구에 대입해서 판단해 볼 것을 제안한다. "경찰은 위험한 물건인 ○○○을 들고 대치하던 범인을 검거하였습니다." 이 리포팅 문구를 수긍할 수 있다면 위험한 물건이고, 수긍할 수 없다면 위험한 물건이 아니다.

예컨대, "위험한 물건인 500ml 페트병을 들고 대치하던 범인을 검거하였습니다."와 "위험한 물건인 슬레지 해머를 들고 대치하던 범인을 검거하였습니다." 판례의 기준보다 훨씬 이해하기 쉽지 않은가. 나아가 이제 휴대폰을 들고 상해를 가한 행위가 더 이상 특수상해죄로 법정형 1년 이상의 징역형에 처해야 하는 범죄가 아님을 더욱 쉽게 알 수 있지 않은가.

(2) 위험한 물건의 형법이론적 의미

위험한 물건을 휴대한 경우 성립하는 특수범죄 유형은 그 기본범죄 내지 단순범죄 유형을 막론하고 일률적으로 기본범죄에 비하여 법정형이 상당히 가중되어 있다. 이는 위험한 물건의 휴대라는 구성요건표지가 불법의 측면에서 상당한 의미를 갖고 있으며, 형법해석의 관점에서 그 의미에 대한 구체성과 명확성이 요

---

20) 반면에 하급심 실무는 특수상해를 긍정했다(부산지방법원 2023. 2. 13. 선고 2022고합462 판결).

21) 반면에 하급심 실무는 특수공무집행방해 내지 특수상해를 긍정했다(울산지방법원 2021. 7. 9. 선고 2021고단690, 1304(병합) 판결).

22) 반면에 하급심 실무는 특수상해를 긍정했다(서울북부지방법원 2016. 10. 6. 선고 2016고단3342 판결).

23) 특수상해가 인정된 대구지방법원 2021. 8. 13. 선고 2020노3171 판결.

구된다는 것을 의미한다.

위험한 물건의 휴대는 이에 수반된 범죄행위의 불법성을 특별하게 가중시키는 불법가중사유이며,[24] 이는 수단과 방법에 있어 위험성이 더 크기 때문이다.[25] 즉, 특수범죄에서 위험한 물건의 휴대라는 특수성은 단순히 기본범죄의 불법에 대한 부수적, 보조적 개념이 아니라, 단순범죄의 불법과는 분리되고 독립된 독자성이 있는 개념으로, 단순범죄의 불법과 대등하고 그와 별도로 일체화된 독자적인 불법을 표상하는 가중구성요건 표지라는 것이다. 따라서 해당 물건의 위험성은 신체에 대한 그 위해적 성격이 통상적인 피해가능성의 정도를 넘어 크게 다치게 할 가능성 내지 큰 피해가능성, 즉 양적 또는 질적으로 중대한 피해를 초래할 수 있는 정도에 이르러야 하며, 이는 가중구성요건 표지의 독자성에 비추어 당연한 논리적 귀결이다. 즉, 위험한 물건에서의 위험성은 단순히 법익침해에 대한 통계적 차원의 가능성이 아님은 물론, 평균적 일반인의 관점에서 '통상적으로 다치게 할 가능성'을 넘어 '크게 다치게 할 가능성'을 의미한다는 것이다.

한편, 위험은 개인의 입장에서 보면 주관적인 것이나, 이러한 위험에 대해 규범적 관점에서 확인하고 승인하기 위해서는 이를 객관화하는 것이 필요하다.[26] 위험개념이 객관성을 갖춘 규범적 개념이어야 하므로, 규범적 판단의 주체는 특정한 당사자 개인이 아닌 사회일반인이 되며, 이는 당해 사회 구성원 개개인의 주관적 인식에 의해 나온 결과를 취합하여 추론하는 방법을 통하여 이를 객관화한다는 것을 의미한다. 즉 규범적으로 승인된 위험은 객관화된 사회구성원의 주관적 인식의 총체 또는 주관적 인식의 총합을 객관화하는 과정의 결과라고 표현할 수 있으며, 이는 곧 주관적 위험인식의 객관화라는 형법적 위험개념 판단방식에 부합한다.[27] 따라서 판례가 "위험한 물건의 위험성 여부는 구체적인 사안에 따라 '사회통념에 비추어' 그 물건을 사용하면 그 '상대방이나 제3자가 곧 위험성을 느낄 수 있'으리라고 인정되는 물건인가의 여부에 따라 이를 판단"하는 것은 주관적 위험인식의 객관화 측면에서 그 타당성이 있다. 또한 위험한 물건에서의 위험성

24) 대표적인 문헌으로 류부곤, "특수폭행죄의 해석에 있어 '위험한 물건'의 의미", 형사판례연구 (25), 박영사, 2017, 233쪽.

25) 류부곤, 앞의 논문, 243-244쪽.

26) 류부곤, 앞의 논문, 242쪽.

27) 류부곤, 앞의 논문, 242, 252쪽.

은 신체에 대한 중한 피해의 가능성을 의미한다는 점에서 그 위험의 방향이 사람에 대한 것이고 그 정도가 중한 신체침해의 가능성인 이상 해당 물건의 사용 방법을 고려하는 것은 어느 정도 그 타당성이 있다.

그러나 다양한 생활용품이나 일상 생활환경에서 흔히 접할 수 있는 '통상적인 신체침해 가능성의 정도'에 불과한 모든 물건을 광범위하게 위험한 물건이라고 인정하는 것은, 불법가중사유인 '위험한 물건을 휴대하여'라는 가중구성요건표지를 그 문언에 맞게 양적 또는 질적으로 큰 피해가능성의 정도 여부를 불문하고, 사실상 '물건을 단순히 위험하게 사용'한 모든 경우로 바꾸어 읽는 것이 되어, 형법해석의 기본인 문리적 해석에 반하게 된다. 더구나 행위자의 사용의도 또는 실제로 행하여진 행위의 결과만을 중시하여 판단하는 것은, 주관적 인식의 객관화 관점에서 타당하다고 볼 수 없다. 왜냐하면 행위자의 사용의도만을 중시하는 것은 객관적 위험성이 해석의 영역에서 완전히 배제되어 '위험한 물건'이라는 객관적 구성요건요소에 대한 해석이 공허해지는 한편, 법관의 자의적 평가작용에 의존하는 결과가 되기 때문이다. 또한 행위의 결과만을 중시하여 판단하는 것은, 위험한 물건에서의 위험성인 '크게 다치게 할 가능성'이 어디까지나 위험 자체에 대한 객관적인 평가 사항이고, 특히 여기서는 물건의 위험성 자체가 문제되는 것이지 물건의 위험한 사용이 문제되는 것은 아니기 때문이다.

Ⅲ. '휴대하여'는 '널리 이용하여'라는 뜻이다?

1. 대법원의 선언

대법원은 승용차로 사람을 충격한 행위가 위험한 물건을 '휴대'한 경우에 해당한다고 판시한다. 그 이유로는 '휴대'하여는 "소지뿐만 아니라 널리 이용한다는 뜻도 포함"한다고 선언하고 있다.[28] 승용차가 위험한 물건인가라고 하는 점에 대해서도 논쟁이 될 수 있겠지만, 대상판결에서 가장 문제되는 부분은 바로 이 '휴

28) 대법원 1984. 10. 23. 선고 84도2001, 84감도319 판결부터 시작된 이 문구는 대법원 및 하급심 실무가 아무런 의문 없이 받아들이는 것이 되어 있다.

대'의 해석 부분이다.

대법원은 많은 형사사건에서 "형벌법규의 해석은 엄격하여야 하고, 명문의 형벌법규의 의미를 피고인에게 불리한 방향으로 지나치게 확장해석하거나 유추해석하는 것은 죄형법정주의의 원칙에 어긋나는 것으로서 허용되지 아니한다"라고 판시해 왔다.[29] 사전적 의미를 보면 휴대란, '손에 들거나 몸에 지니고 다닌다'는 것을 의미한다(위 우리말샘 국어사전 참조). 그런데 이와 같이 '들거나 지니고 다닌다'는 의미를 가진 휴대에 왜 갑자기 '널리 이용'한다는 것까지 포함된다고 보는 것인지, 대법원의 판결에서는 아무런 단서도 찾아볼 수 없다. 어떠한 논증도 없이 '선언'하고 있을 뿐이다. 그러나 위에서 본, 대법원이 즐겨 사용하고 있는 형벌법규의 '엄격한' 해석원칙을 구태여 거론하지 않더라도, 지니고 다닌다는 의미를 가진 휴대에 널리 이용한다는 의미가 당연히 포함된다고 해석하는 것은, 지나친 확장해석이거나 유추해석이어서 형사재판뿐 아니라 민사나 행정사건의 재판에서도 허용될 수 없는 해석이다.

법관이 헌법이 부여한 사법권을 올바르게, 즉 법률에 '의하여' 행사한다고 하기 위해서는, 판결문에 자신이 수행한 '법발견' 작업이 무엇이었는지 정치하게 녹아 들어 있어야 한다. 다시 말해 법을 해석하고 적용하는 법원으로서는, 자의적인 판결에 이르러서는 안 된다. 법원에 의해 작성되는 "형사판결은 종이 위가 아니라 사람의 살갗에 쓰이는 것"(Gustav Radbruch)[30]이기 때문에 더욱 그러하다. 그러므로 법원이 이러한 자의적 판단에 이르지 않기 위해서는, 학계는 물론이거니와 유사 사건을 접하게 된 다른 법관들이 비판적 검증활동을 할 수 있도록 자신이 그러한 결론에 이르게 된 과정을 판결문에 최대한 담을 것이 요구된다.[31] 하지만 위험한 물건의 '휴대'에 관한 한, 대법원은 자신의 결론에 이르게 된 경위 등

---

29) 대법원 1992. 10. 13. 선고 92도1428 전원합의체 판결; 대법원 2004. 2. 27. 선고 2003도6535 판결; 대법원 2011. 8. 25. 선고 2011도7725 판결; 대법원 2013. 11. 28. 선고 2012도4230 판결; 대법원 2016. 3. 10. 선고 2015도17847 판결; 대법원 2017. 12. 21. 선고 2015도8335 전원합의체 판결; 대법원 2023. 1. 12. 선고 2019도16782 판결 등 다수.

30) 박은정 편역, 라드부르흐의 법철학, 문학과 지성사, 1989, 33-34쪽.

31) 법실무에 있어서도 1) 합리적으로 근거지워진 확립된 지식에 기반해야 하고, 2) 학문공동체에서 승인된 방법에 따라야 하며, 3) 비판적 검증이 가능하여야 하고, 4) 진리(객관성)가 추구되어야 한다, 김성돈, "법이해, 법발견 방법, 그리고 직권남용죄", 형사법연구 제33권 제4호, 2021, 146쪽.

에 대하여 일언반구도 없다.[32)]

그러나 위험한 물건의 '휴대'에 관한 대법원의 태도는 형벌법규의 '문언'을 문언 그대로 보았을 때 도저히 도출되기 어려운 결론임은 자명하다.[33)]

아마도 대법원은, 차량이 비록 살상의 목적으로 제작된 것은 아니지만, 기계적 동력을 사용하는 자동차의 객관적 성질과 사용방법에 따라서는 사람을 크게 다치게 하거나 숨지게 할 수 있는 위험한 물건이고, 또한 과학기술의 발달과 더불어 새로이 출현한 다양한 위험물들이 범행의 수단으로 사용되고 그것이 피고인이 "휴대하여" 범한 위험물이 아닌 경우에도 위험성이 더 크게 증대하여 가중처벌할 형사정책적 필요성이 충분하며, "휴대하여"를 문언 그대로 해석할 경우에는 처벌의 공백이 발생하므로 그 입법적 흠결을 보완하기 위하여 위와 같이 선언한 것이 아닐까 미루어 짐작해본다. 또한 독일형법의 제223조a(위험한 상해)도 '위험한 도구'를 '사용하여' 범한 경우를 가중처벌하고 있고, 독일의 학설과 판례가 자동차도 여기의 위험한 도구에 포함된다고 해석하고 있으므로, 우리 법의 해석에 있어서도 독일법의 해석을 참조하여 자동차를 이용한 범죄를 가중처벌하는 것이 적절하다고 판단한 것은 아닐까 짐작해 본다.[34)]

그러나 법발견자인 법원으로서는 처벌 필요성의 목소리가 크더라도, '법'에 의하여 판단했어야 한다. 비교법적인 해석론을 참고하더라도 독일 법률의 문언을 정확히 따져보았어야 한다('휴대하여'가 아닌 '사용하여').[35)] 하지만 대법원은 이러한 법발견자로서의 기본적인 자세를 경시한 채 '휴대는 널리 이용하는 개념을 포함한다'라고 하는, 납득하기 어려운 결론에 이르고 말았다.

물론 학계에서도 대법원의 태도를 긍정적으로 평가하는 입장이 없었던 것은 아니다. 예컨대 사회변화에 따라 '위험한 물건을 휴대하여'가 재정의된 사건으로

32) 제시할 수 있는 어떠한 논거도 없었기 때문에 아무런 설명이나 논거 제시도 없이 그냥 선언적으로 적고 말았던 것은 아닐까?; 대법원이 논거제시 없이 단정적 결론에 이르렀다는 점에 대한 비판으로, 장영민, "유추금지와 목적론적 축소해석", 형사판례연구(7), 박영사, 1999, 4쪽 이하.

33) 같은 취지의 평가로, 신양균, "죄형법정주의에 관한 한국판례의 동향", 동북아법연구 제3권 제2호, 전북대학교 동북아법연구소, 2009, 444쪽; 최준혁, "위험한 물건을 휴대하여의 해석", 경찰법연구 제8권 제1호, 한국경찰법학회, 2010, 188쪽.

34) 같은 취지의 평가로, 강용현, "자동차를 이용한 폭행과 「위험한 물건의 휴대」", 형사판례연구(7), 박영사, 1999. 249쪽.

35) 독일형법 제223조 a 제1항은 '사용하여'라고 규정하고 있어 '휴대하여'라는 단어를 사용하고 있지 않다.

구체적 타당성을 갖춘 태도라는 평가가 있기도 했다.[36] 하지만 어떤 법문과 관련하여, 현실과 규범의 공백을 메꾸기 위해 아무리 구체적 타당성을 추구한다고 하더라도, 법문이 설정하고 있는 테두리를 송두리째 무너뜨릴 수는 없다. 형벌법규의 해석에 있어서 이러한 테두리는 이른바 ‘문언의 가능한 의미’라고 표현되어 왔다. 그리고 여기서 휴대를 ‘널리 이용’하는 것도 포함하는 것으로 본 것은, 휴대가 가지는 문언의 가능한 의미를 초월한 것이다.

2. 문언의 가능한 의미, 판례 변경의 필요성

대법원은 다수 사건에서 해석의 한계로서 “가능한 문언의 의미 내”일 것을 요구해왔다.[37] 여기서 가능한 문언의 ‘의미’란, 기본적으로 법문언이 가진 통상적 의미, 특히 법문외한들도 알 수 있는 ‘일상적’ 의미를 말한다. 그리고 법관으로서는 단순히 자신이 살아온 삶의 경험에 반추하는 것을 넘어, 객관적으로 검증된 사전, 용례집과 같은 자료를 통해 법 문언의 일상적 의미가 무엇인지 진지하게 고찰할 필요가 있다.

그런데 ‘휴대’의 일상적 의미를 돌아보았을 때 과연 널리 이용한다고 하는 뜻이 들어갈 수 있을까?

과거 우리의 문헌 중 하나에서 지적[38]하였듯이 ‘사용－이용－휴대－소지’의 각 사전적 의미는 다음과 같이 구분된다.

- 사용(使用) : 일정한 목적이나 기능에 맞게 씀
- 이용(利用) : 대상을 필요에 따라 이롭게 씀
- 휴대(携帶) : 손에 들거나 몸에 지니고 다님
- 소지(所持) : 물건을 지니고 있는 일

위와 같이 국어사전만 찾아보더라도 휴대란 이용 개념과는 확연히 다름을

36) 한상훈, “쿤(T. Kuhn)의 과학적 방법론이 법학 방법론에 주는 의미－사회변화와 법적 삼단논법의 재구성”, 법철학연구 제22권 제1호, 한국법철학회, 2019, 258쪽.

37) 대법원 2007. 6. 14. 선고 2007도2162 판결; 대법원 2017. 12. 7. 선고 2017도10122 판결; 대법원 2018. 5. 11. 선고 2018도2844 판결; 대법원 2023. 5. 18. 선고 2022도10961 판결 등 다수.

38) 대표적으로, 최준혁, 앞의 논문, 179쪽.

알 수 있다. 결국 휴대란 그 일상적 언어의 용법상 손에 들거나 몸에 지니고 다닐 수 있음을 의미하고, 또 그 객체는 '손에 들거나 몸에 지닐 수 있는' 동산(動産)에 국한되어야 함을 알 수 있다. 대법원의 태도는 휴대가 가진 가능한 문언의 의미를 한참 벗어난 해석으로, 해석의 기본인 문리해석에 위배된다. "범인이 20톤 트럭을 휴대하고 피해자를 협박하였습니다."라는 문장을 상식 있는 시민이 제대로 된 문장이라고 이해해 주기를 바랄 수는 없는 일이다. 휴대에는 널리 이용한다는 개념도 포함한다고 보는 대법원의 태도는 '독자적인 주장으로서 받아들일 수 없다.'

법원은 자신의 사명감만을 강조한 채, 삼권분립의 이념을 넘어, '입법부를 자처하는 법원' 내지 '행정부를 자처하는 법원'으로 탈바꿈하는 경우가 있다. 그러나 법원은 법률에 대한 정당한 법발견 작업을 통해 얻어진 규범의 내용을 그 구체적 사안에 적용함으로써 심판해야 한다. 형사판결에서 법관의 법률구속성 원칙은 헌법상 요청이다. 그러므로 어떤 사명감 때문에 법에 '의하지 않은' 채 피고인에게 불이익한 판결을 하는 것은 결코 허용될 수 없다. 만약 현행법에 의할 때 처단형의 범위가 만족스럽지 않거나 무죄판결을 하는 것이 꺼림칙하게 느껴지더라도, 그러한 문제는 입법자가 새로운 범죄구성요건을 창설할 것인가라고 하는 입법론으로 해결해야 하는 것일 뿐 법원의 무리한 해석론으로 해결할 문제는 아닌 것이다.

현행법상 규정된 휴대 개념에 대해 '널리 이용'한다는 의미를 포함하는 대법원의 기존 태도는, 법발견자로서의 법원, 특히나 최종적 해석권한을 가진 대법원의 태도를 통해 변경되어야 마땅하다. 대법원이 다수의 형사사건에서 반복해서 보이고 있는 판시인, "형벌법규의 해석은 엄격하여야 하고 명문규정의 의미를 피고인에게 불리한 방향으로 지나치게 확장해석하거나 유추해석하는 것은 죄형법정주의의 원칙에 어긋나는 것으로서 허용되지 아니한다"[39]는 부분이 단순한 기계적·형식적인 표현에 그치지 않기 위해서, 또 더 나아가 법규범의 해석이 아닌 '창설'에 이르러 사법부의 권한을 넘어버리는 우를 범하지 않기 위해서, 자동차와 결부된 여러 사건들에서 반복되고 있는 '휴대' 개념에 대한 해석을 지금이라도 바꿀 필요가 있다.[40]

---

39) 대법원 2004. 2. 27. 선고 2003도6535 판결; 대법원 2006. 10. 19. 선고 2004도7773 전원합의체 판결 등 다수의 판결.

Ⅳ. 맺으며

지금까지 위험한 물건과 관련한 형법상 가중구성요건을 중심으로 크게 2가지의 쟁점을 살펴보았다.

우선, 대법원은 위험한 물건을, 흉기는 아니라고 하더라도 널리 사람의 생명, 신체에 해를 가하는 데 사용할 수 있는 일체의 물건이라고 하면서, 구체적인 사안에서 사회통념에 비추어 그 물건을 사용하면 상대방이나 제3자가 생명 또는 신체에 위험을 느낄 수 있는지 여부에 따라 판단한다고 한다. 그러나 위험한 물건은 국어사전적 의미에서 보듯이 "그 물건의 객관적 성질과 사용 방법에 따라 몸을 '크게 다치게 하거나' 숨지게 할 수 있는 물건"이라고 제한적으로 해석하여야 한다. 현재 위험한 물건으로 인정되고 있는 많은 물건들은, '크게 다치게 할 가능성'이 아니라 '단순한 피해가능성'에 불과하여 위험한 물건으로 볼 수 없다. 단언컨대 하급심과 대법원의 실무례는 잘못되었으므로 변경되어야 한다.

다음, 대법원은 휴대에는 널리 이용한다는 뜻도 포함한다고 판시함으로써 그 개념을 매우 확장시키고 있다. 그러나 이러한 해석은 형법규정상 문언의 의미를 넘은 확장해석 또는 유추해석으로 죄형법정주의에 정면으로 반하는 것이다. 이러한 판시는 대법원이 행한 자의적 해석을 은폐하는 시도에 다름없다. 따라서 '자동차 운전'과 관련하여 특수폭행죄의 문언을 개정하는 등의 입법론적 조치가 수반되지 않는 한 휴대개념은 이처럼 이용에까지 무단히 확장되어서는 안 된다. 법률문언은 해석의 한계로서 항상 존중되어야 한다.[41] 입법의 흠결이 있다고 여겨져 필요하다면 법률을 개정해야 할 일이다.[42]

---

40) 입법론적으로는 독일형법 제177조와 같이 위험한 물건을 '지닌' 경우(bei sich führt)와 '사용'(verwendet)한 경우를 나누고 있는 것을 참고할 수 있다. 또한 수십년 동안 반복되어 온 대법원 판결로 인하여 자동차를 이용한 폭력행위를 가중처벌하는 것으로 사실상 입법을 한 것과 마찬가지의 결과가 되었지만 지금이라도 판례를 변경하는 것은 그 자체로 큰 의미가 있다고 생각한다. 다만 반성적 고려로 이 부분 대법원 판결을 변경하되 동시에 법률 개정을 통한 입법적인 해결을 같이 도모하여야 할 것이다.

41) 최준혁, 앞의 논문, 188쪽.

42) 예컨대 최근에 시행되고 있는 스토킹범죄의 처벌 등에 관한 법률 제18조에서는 흉기 기타 위험한 물건을 '휴대하거나 이용하여' 스토킹범죄를 저지른 사람을 가중처벌하는 규정을 두고 있다.

21. 사자(死者)의 점유 문제

신양균 명예교수(전북대학교 법학전문대학원)*

[대상판결]

대법원 1993. 9. 28. 선고 93도2143 판결

[판결내용] 피고인이 피해자를 살해한 방에서 사망한 피해자 곁에 4시간 30분쯤 있다가 그곳 피해자의 자취방 벽에 걸려 있던 피해자가 소지하는 물건들을 영득의 의사로 가지고 나온 경우 피해자가 생전에 가진 점유는 사망 후에도 여전히 계속되는 것으로 보아야 한다.

(사실관계) 피고인은 피해자를 살해한 후 그 방에서 술에 취하여 잠들었다가 피해자 곁에 4시간 30분쯤 있다가 일어나 (피고인의 피묻은 옷을 벗고) 그곳 피해자의 자취방 벽에 걸려 있던 피해자가 소유 잠바 1개, 바지 1개 및 그곳 서랍장에 있는 피해자 소유 양말 1켤레를 입고 나왔다. 검사는 이를 (살인죄 외에) 절도죄로 공소제기하였다.

(대법원의 판단) 피고인의 위 행위(살해 후 재물을 절취한 부분)는 피해자의 점유를 침탈한 것으로서 절도죄에 해당하므로, 점유이탈물횡령의 범행을 절도로 오인한 잘못이나 절도죄의 고의에 관한 법리를 오해한 위법이 있다는 논지는 받아들일 수 없다.

Ⅰ. 문제점

대상판결은, 피해자가 생전에 가진 점유는 사망 후에도 여전히 계속되는 것

---

* 신양균 전북대학교 명예교수는 연세대학교에서 법학박사학위를 받았고, 한국형사법학회 회장, 전북대학교 법학전문대학원 원장 및 법학교육위원회 위원장 등을 역임하였다.

으로 보아 이를 보호함이 법의 목적에 맞는 것이고, 따라서 피고인의 행위는 피해자의 점유를 침탈한 것으로서 절도죄에 해당한다고 한 것으로, 사자의 생전 점유가 사망 후에도 계속된다고 한 종래의 판결(대법원 1968. 6. 25. 선고 68도590 판결)을 확인한 것이다.

1) 대상판결은 행위자가 피해자를 '직접 살해'한 경우 피해자의 점유가 사망 후에도 계속된다는 표현을 피하고, "사자가 생전에 가진 점유가 사망 후에도 계속된다"고 하여 '사자의 생전 점유'의 계속을 근거로 절도죄의 성립을 인정한 점에 특징이 있다. 즉, 생전 점유가 사망 이후에도 계속적인 의미를 가지는 경우에 한해 사자의 점유를 긍정해야 한다는 것으로서, 피해자를 살해한 후에야 재물에 대한 영득의사를 가진 경우 이러한 전제 아래 사자의 점유를 인정한다는 취지이다. 굳이 표현하자면 사자도 자연인과 마찬가지로 점유를 가진다는 의미가 아니라, 일정한 요건 아래 점유를 제한적으로 인정하는 견해라고 할 수 있다. 따라서 논의의 핵심은 언제 생전 점유가 사망 이후에도 계속적인 의미를 가진다고 할 수 있는가 하는 점이다.

대상판결에 인용된 판결(위 68도590 판결) 이전에도 대법원은 피해자의 사망 후 재물을 절취한 사안에 대해 '사자의 점유'를 정면에서 인정한 바 있다. 즉, 피고인이 경찰인 피해자에게 복수하기 위해 소지한 권총으로 그를 살해하고 피해자가 즉사하자 그가 소지한 장총과 실탄을 탈취한 사안에 대해, "사람을 살해하고 그 소지의 재물을 탈취함은 강도죄를 구성하는 것이요, 소론과 같이 살인죄와 점유이탈물횡령죄를 구성함이 아니므로 취지는 이유 없다"고 하여 사자의 점유를 인정하면서, 강도살인죄의 성립을 긍정하였다.[1] 또한 재물탈취의 목적으로 수면제를 귓병 특효약이라고 속여 복용케 한 후 피해자가 사망하자 소지 중이던 현금 등을 탈취한 사안에 대해서도 강도살인죄의 성립을 긍정한 판결이 있다.[2] 위 1968년 대법원판결은, "피고인에게 피해자 A를 살해할 범의가 있었음을 넉넉히 인정할 수 있으며 피고인이 피해자를 살해한 현장에서 피해자의 소지하는 물건을 영득의 의사로서 점유를 취득함은 피해자의 점유(이 경우에 피해자의 점유는 사망후

1) 대법원 1949. 11. 15. 선고 4282형상16 판결. 이 판결은 뒤에 소개하는 1941년 일본 대심원 판결(大判昭和16年11月11日刑集20卷598頁)의 영향 아래 사자의 점유를 인정한 것으로 보인다.
2) 대법원 1954. 6. 29. 4286형상1110 판결(大刑原901集264面).

에도 계속되는 것으로 볼 것이다)를 침해한 것"이라고 하여 살해 현장에서 피해자의 재물을 탈취한 경우에 사자의 점유를 정면에서 긍정하고, 살해행위 후 재물을 탈취한 경우에는 강도살인죄가 성립한다고 보았다.[3)]

이후의 판례들도 사자의 점유를 긍정하고 있으나, 일반적으로 사자의 점유를 인정하기보다는 일정한 요건 내지 한계를 두어 사자의 점유를 긍정하고 있다. 즉, 1999년 대법원판결은, 술값 지불을 요구하는 피해자에 대해 채무를 면탈할 목적으로 살해한 후 즉석에서 피해자가 소지하고 있던 현금을 탈취한 사안에 대해, "서로 밀접하게 관련되어 있기 때문에 살인행위를 이용하여 재물을 탈취한 행위라고 볼 수 있으니 … 일련의 행위에 대해 강도살인죄가 성립한다"고 하여 살인행위와 재물탈취행위가 밀접하게 관련되어 있어, '일련의 행위'라고 할 수 있는 경우에는 사실상의 점유를 인정하고 있다.[4)] 같은 취지에서 "강도살인죄는 강도범인이 강도의 기회에 살인행위를 함으로써 성립하는 것이므로, 강도범행의 실행중이거나 그 실행 직후 또는 실행의 범의를 포기한 직후로서 사회통념상 범죄행위가 완료되지 아니하였다고 볼 수 있는 단계에서 살인이 행하여짐을 요건으로 한다"고 판시한 판결도 있다.[5)]

2) 또한 2012년 대법원판결[6)]은, 피해자와 내연관계에 있는 피고인이 피해자와 동거하다가 피해자가 사망한 후에 아파트에서 부동산 등기권리증 등 서류가 든 피해자의 가방을 가지고 나온 사안에 대해, 민법상의 (추정)상속인은 형법에서의 사실상의 점유를 개시하기 전에는 점유자로 볼 수 없다는 점을 강조함으로써, 점유의 유무에서 사실상의 지배가 결정적인 기준이 됨을 명백히 하는 한편, "피고인이 가방을 들고 나온 시점에 乙 및 丙이 아파트에 있던 가방을 사실상 지배하여 점유하고 있었다고 볼 수 없어 피고인의 행위가 乙 등의 가방에 대한 점유

3) 대법원 1968. 6. 25. 선고 68도590 판결. 이 사안은 처음부터 재물탈취의 의도로 피해자를 살해하였다는 점에서 대상판결과 차이가 있다.

4) 대법원 1999. 3. 9. 선고 99도242 판결.

5) 대법원 1996. 7. 12. 선고 96도1108 판결; 대법원 2004. 6. 24. 선고 2004도1098 판결. 2004년 판결은 강도살인죄의 경우 살해행위와 재물취거행위의 밀접한 관련을 요구한 판결이나, 불법영득의사를 부인한 점에서 차이가 있다.

6) 대법원 2012. 4. 26. 선고 2010도6334 판결. 점유의 상속과 관련한 이 판례에 대한 해설로 박영호, "절도죄에 있어서 점유의 상속이 인정되는지 여부", 대법원판례해설 92호(2012), 862-873면 참조.

를 침해하여 절도죄를 구성한다고 할 수 없"다고 판시하여, 상속인뿐만 아니라 피해자인 사자의 점유도 원칙적으로 부정됨을 전제로 하고 있어 사자의 점유가 예외적으로 인정됨을 시사하고 있다. 또한 2013년 대법원판결[7]은 피고인이 피해자의 주거에 침입할 당시 피해자는 이미 사망한 상태였고 피고인은 그 사망과는 관련이 없으며 정확한 사망시기도 밝혀지지 않아 피고인이 위 주거에 있던 재물을 가지고 나올 때까지 사망 이후 얼마나 시간이 경과되었는지도 분명하지 않았던 사안에 대해, "이러한 사정으로 볼 때, 원심이 사자(死者)의 점유를 인정한 종전 판례들은 이 사건에 적용될 수 없다고 하여 주거침입절도 후 준강제추행 미수의 점을 무죄라고 판단한 것은 정당한 것으로 수긍이 된다"고 지적하여, 역시 사자의 점유가 예외적으로만 인정됨을 밝히고 있다. 다만 2012년 대법원판례와 2013년 대법원판례는 모두 피고인이 피해자의 사망을 직접 야기하지 않거나 피해자의 사망과는 무관한 제3자였다는 점에서, 피고인이 피해자를 직접 살해한 사안에 대해서도 마찬가지 태도를 취하는 것인지 명확하지 않다.

3) 정리하면, 대상판결은 피고인이 피해자를 살해한 다음 재물을 영득한 사안에서, 침해행위 전체를 종합적으로 평가하여 '피해자의 사망 직후'라는 시간적 범위 내에 있으면 −생전 점유가 계속된다고 하여− 한정적으로 사자의 점유를 긍정해야 한다고 판단한 점에 특징이 있다.

Ⅱ. 쟁점 및 검토

1. 우리나라의 학설

(1) 개관

1953년 형법제정 직후 발간된 교과서에서도 절도죄의 행위객체인 '타인의 점유'와 관련하여 사자의 점유에 대한 문제를 언급한 것이 보인다.[8] 예컨대 김용식

---

7) 대법원 2013. 7. 11. 선고 2013도5355 판결.

8) 다만 당시의 논의는 일본의 판례와 학설의 입장을 거의 그대로 옮긴 것이어서 학문적으로 높은 평가를 하기에는 한계가 있다.

변호사는 1953년 발간한 교과서에서 소지(점유)에 대해 설명하면서 '사자의 소지(점유)'를 다루고 있다. 먼저 야외에서 피해자를 상해하여 사망에 이르게 한 직후에 그의 수중에서 금품을 꺼내어 영득한 사안에 대해, 절도죄의 성립을 긍정한 1941년 일본 대심원 판결(大判昭和16年11月11日刑集20卷598頁)을 인용하면서, 이는 "피해자로부터 그 재물의 소지를 이탈케 한 자기의 행위의 결과를 이용하여 그것을 탈취한 행위는 타인인 피해자의 사망이라는 외부적 행위에 의하여 전후 구별되는 바 없이 객관적으로는 물론 주관적으로는 이용의도의 매개에 의하여 전후불가분적으로 일체를 이룬 것으로 보는 것이 상당하므로, 이러한 행위 전체에 대한 형법상의 효과를 종합적으로 평가하여 그 피해자의 재물 소지는 그 사후 직후에도 오히려 계속적으로 보호하여야 한다는 입장"이라고 정리하여, 사자의 점유를 긍정하는 일본 판례의 입장을 소개하였다.[9] 한편, 저자는 이 판례에 대해 찬반양론이 있음을 지적하고, 오노(小野)교수의 견해를 인용하여 긍정설은 이러한 경우에 피해자가 비록 도중에 생리적으로 사망하여도 적어도 피해자에 대해서는 도의적으로는 생존한 자로서의 상대방이라고 보는 것이라고 지적한다. 그러나 저자는, 형법상 소지의 개념을 정하면서 도의적이라는 입장에서 하는 것에 찬동할 수 없고, 소지라는 것은 도의적인 가치를 떠나서 관찰되는 사실상의 관계 그것이고 소지자가 사망하면 현실적인 지배관계는 소멸되는 것이며, "사자의 소지라는 것은 법률적으로 바꾸어 말하자면, 사람 아닌 자에게 소지를 인정하는 것이거나 주체 없는 소지라는 것을 인정하게 된다"고 지적하면서, 산 사람이 소지물을 떨어뜨린 직후의 경우와 비교하여 별로 다른 점이 없다고 비판한다. 따라서 사망 직후라도 소지의 주체라는 것을 생각할 수 없고, 다만 위의 판례가 다룬 사안에서는 "자기가 점유를 이탈하게 한 물건에 대하여는 그 행위와 영득의 행위를 결합시켜 생각함으로써 절도죄의 예에 의할 것으로 해석할 수 있는 바"라고 주장하였다. 즉, 사자의 점유는 부정해야 하지만, 살해행위와 영득행위가 밀접한 관련을 가지는 경우에는 절도죄가 긍정된다는 입장을 표명한 것이다.[10]

이후 학설은 초기 판례의 입장과는 달리 사자의 점유를 부정하는 견해[11]가

9) 김용식, 대한민국신형법론 하권(각론), 1953, 310-311면.
10) 위의 책, 311-312면.
11) 1980년대 이전에 부정설의 입장인 학자로, 김종원, 형법각론 상권(3정판), 1973, 207면.; 남홍

다수를 점하고 있으나, (살인죄와 경합범으로서) 절도죄 내지 강도살인죄의 성부에 관해서는 유형별로 다양한 입장을 보이고 있다. 또한 사자의 점유를 대부분 지배의사의 문제로 다루지만,[12] 점유주체의 문제로 다루거나,[13] 지배사실과 지배의사의 문제로 다루는 견해[14]도 있다.

한편, 사자의 점유에 대한 논의 자체가 무의미하다는 견해[15]도 있다. 첫째, 피해자를 살해하고 재물을 취득하는 경우는 살해행위가 영득의 수단으로 이용되었으므로 결국 생존자의 점유를 침해하였다고 보고 강도살인죄의 본질과 관련하여 해결해야 하고, 둘째, 재물을 취거하는 자가 피해자의 사망을 객관적·주관적으로 이용한 경우에는 전후불가분의 행위로서 평가되어야 하고, 이에 대응하여 피해자의 생전점유가 계속하고 있다고 볼 수 있으며, 또 이러한 이해가 점유의 본질에 비추어 보아 결코 부당한 것이 아니라고 할 때에는 생전점유를 침해하였다고 보면 충분하며, 셋째, 사자의 휴대품을 영득한 경우에는 새로운 사실상의 지배를 할 자가 있을 때까지는 원칙적으로 점유이탈물로 보아야 하나, 이때에도 점유의 본질에 비추어 사실상의 지배관계로 관념할 수 있느냐 없느냐에 따라 판단의 기준을 정해야 할 것이라는 점을 근거로 한다.

아래에서는 사자의 점유의 인정 여부에 관한 학설들을 개관하고, 사안의 유

우, 형법강의 각론, 1965, 159면; 염정철, 형법각론강의, 1959, 396면; 유기천, 형법학[각론강의 상], 1967, 241면; 정창운, 형법학각론, 1960, 144면. 이에 반하여 사자의 점유를 긍정하면서, 강도살인죄의 성립을 인정한 견해로는, 서일교, 형법각론, 1963, 143면; 유병진, 한국형법 각론, 1956, 292면; 황산덕, 형법각론(6정판), 1992, 249면.

12) 예컨대, 김일수/서보학, 새로쓴 형법각론(9판), 228면; 김태명, 판례 형법각론(3판), 2018, 255면; 김혜정외 4인 공저, 형법각론(3판), 2023, 269면; 박동률/임상규, 판례중심 형법각론, 2015, 239면; 손동권, 형법각론(3판), 2010, 279면; 오영근, 형법각론(8판), 2023, 234면; 원혜욱, 형법각론, 2017, 187면; 이재상/장영민/강동범, 형법각론(13판), 2023, 264면; 이정원/류석준, 형법각론, 2020, 221면; 이형국/김혜경, 형법각론(2판), 2019, 384면; 정영일, 형법각론(3판), 2011, 306-307면; 정웅석/최창호, 형법각론, 2018, 520면; 정진연/신이철, 형법각론(2판), 228면; 최철환, "사자의 점유 및 사자명의의 문서", 형사판례연구 제3권, 1995, 190면.

13) 신동운, 형법각론, 916면. 사망과 동시에 모든 권리의무관계가 소멸한다는 점을 지적하는 경우도 여기에 포함되지만, 이 경우에도 점유의사를 인정할 수 없다는 점도 함께 사자의 점유를 부정하는 근거로 들고 있다. 도중진/박광섭/정대관, 형법각론, 2014, 388면. 또한 김일수/서보학, 앞의 책, 230면.

14) 김성돈, 형법각론(8판), 2022, 314면; 박영규/조태엽/강영진, 312면; 박찬걸, 형법각론(2판), 2022, 361면; 임웅, 형법각론(12정판), 2021, 341면; 정성근/정준섭, 형법강의 각론(2판), 2022, 203면.

15) 정성근, ""형법상의 점유", 현대형사법론(김기두교수화갑기념), 1980, 209면.

형별로 사자의 점유가 어떻게 논의되고 있는지를 살펴보기로 한다.

(2) 사자의 점유에 관한 학설

1) 긍정설

형법상 점유나 소지는 민법상의 점유와는 달리 보다 현실적인 관념이므로 피해자가 사망한 후에도 그 점유는 계속된다고 보아 사자로부터의 재물탈취는 바로 사자의 점유를 침해하는 것으로서 절도죄가 성립한다고 보는 견해[16]로서, 우리 판례도 같은 입장이다. 사자의 경우에는 점유의 주관적 요소(지배의사)의 인정범위가 규범적 요소에 의하여 조정된다고 보는 것이다.[17]

형법 제정 초기에도 판례와 마찬가지로 사자의 점유를 긍정하는 견해가 일부 있는데, 이 견해에 따르면, 피해자의 사망 전후를 나누어 절도나 점유이탈물횡령으로 보는 것은 지나친 분석적 사고결과이므로, 점유의 보호는 피해자의 사망 후에도 계속되지 않으면 안되고, 형법상의 개념으로서는 피해자의 사후에도 계속된다는 것이다.[18] 따라서 비재산적 동기에 의하여 살인한 후 그 현장에 있는 금품을 취거하는 것도 점유이탈물횡령이 아니라 절도죄로 논해야 한다고 하였다.

현재 긍정설에 따르면, 사람이 죽더라도 사회적·규범적 견지에서 그 죽은 사람의 점유가 보호되는 것이 마땅하다고 인정되는 범위 내에서는 지배의사가 인정되어야 하며, 죽은 사람의 지배의사가 인정될 수 없다는 것은 사실이지만, 죽은 후에도 생존시의 지배의사가 잠재적인 형태로 얼마간 지속된다고 한다.[19] 형법상 점유의 사실 개념을 중시하여 사자도 구체적인 사건에 따라 사망 후 일정 시간

16) 김경선, 주석 형법[각칙5], §313－346. 2017, 374면; 김성천, 형법각론(3판), 2023, 845면; 박상기, 형법각론(8판), 2011, 252; 배종대, 형법각론(14판), 2023, [61]38.

17) 정영일, 앞의 책, 257면. 같은 취지로는, 김성천, 앞의 책, 332면; 박상기, 앞의 책, 252면; 배종대, 앞의 책, [61]38; 임웅, 앞의 책, 341면; 정성근/박광민, 290면; 진계호/이존걸, 324면.

18) 유병진, 앞의 책, 292면. 긍정설을 취하는 학자 중 한 사람으로서, 황산덕 교수를 들고 있으나, 1961년 교과서에서는 이와 관련된 언급이 없고, 1972년 제4정판에서도 사자의 생전 점유를 인정하는 1966년 일본 대법원 판례를 최근의 경향으로 소개하고 있을 뿐이며, 1984년 제6정판에도 같은 설명에 그치고 있다. 다만 강도살인죄의 경우에 한해 살해와 탈취가 일련의 행위로써 행하여진 경우에는 비록 살해되었을지라도 피살자의 소지는 계속되는 것으로 보아야 한다고 지적하고 있다(앞의 책, 1961, 151－152면; 1974, 279면; 1984, 297면).

19) 박상기, 앞의 책, 251－252면; 정성근/박광민, 204면; 정성근/정준섭, 앞의 책, 276면; 최철환, 앞의 논문, 195면.

재물에 대한 지배의사가 연장되는 것으로 보아야 할 현실적 필요성이 있다는 점을 근거로 제시하기도 한다.[20]

긍정설에 따르면, 사자의 점유 인정 여부는 피해자의 사망시점을 기준으로 하는 것보다는 비록 사망하였다고 하더라도 시간적·장소적 근접성이 인정되는 동안에는 사자의 생전의 점유가 계속된다고 인정하는 것이 타당하다고 한다.[21] 즉 사자의 점유를 인정하는 경우에도 사자에 대한 점유보호가 현실적인 사회관념에 합치되는 경우에 한하며, 죽고 나서 상당한 시간이 지난 뒤에는 지배의사가 인정되지 않고 상당한 시간이 경과한 사체에 대해서까지 점유의 계속을 인정하는 것은 아니라고 한다.[22]

2) 부정설

점유는 자연인만 그 주체가 될 수 있으므로 사자는 점유를 가질 수 없다거나, 사자는 점유의 주관적 요소로서 잠재적 점유의사도 가질 수 없으므로 재물을 점유할 수 없다는 견해이다.[23] 형법에서는 물리적·현실적 요소를 중시하므로 사자의 점유나 사자의 생전점유를 인정할 수 없다는 지적[24]도 있다.

실무에서는 부정설을 (i) 사자의 점유는 사망자의 상속인에게 승계되므로 설

---

20) 배종대, 앞의 책, [61]38; 이영란, 형법학 각론강의(3판), 2013, 285면. 다만 이교수는 강도살인죄에 대한 논의에서 살해 후 영득의 고의로 재물을 영득한 때에는 살인죄와 점유이탈물횡령죄의 경합범이 된다고 하면서, 사람은 사망과 동시에 권리와 의무를 상실하므로 사자의 점유는 인정할 수 없다고 설명한다(325면).

21) 박상기, 앞의 책, 252면. 한편 다른 측면에서, 사자의 점유는 그 침해행위 전체의 형법상 효과를 종합적으로 평가하여 피해자의 사망 직후에 있어서도 피해자의 점유를 계속 보호함이 범죄의 구체적 사실과 현실적인 사회관념에 합치되는 경우에 인정한다는 의미라고 설명하기도 한다. 김경선, 주석 형법, 329면.

22) 김경선, 주석 형법, 329면; 김성규, 형법각론, 2010, 41면; 김성천, 앞의 책, 332면; 박상기, 앞의 책, 252면; 이영란, 앞의 책, 285면; 이회창, 주석 형법 각칙(Ⅲ), 1994, 69면.

23) 김선복, 신 형법각론, 2016, 258면; 김일수/서보학, 앞의 책, 230면; 김혜정외4인, 앞의 책, 269면; 도중진/박광섭/정대관, 앞의 책, 388면; 박동률/임상규, 앞의 책, 239면; 박영규외2인, 형법각론, 2009, 312면; 박찬걸, 앞의 책, 361면; 백형구, 131면; 손동권/김재윤, 새로운 형법각론, 2022, 279－280면; 오영근, 형법각론(7판), 2022, 240면; 원형식, 판례중심 형법각론, 개정판, 2022, 164면; 이용식, 형법각론, 2019, 24면; 이재상/장영민/강동범, 앞의 책, 16/27; 이정원/유석준, 형법각론, 2020, 221면; 이형국/김혜경, 앞의 책, 320면; 정웅석/최창호, 앞의 책, 520면; 정진연/신이철, 앞의 책, 228면; 진계호/이존걸, 앞의 책, 324면; 최철환, 앞의 글, 194면. 또한 안경옥, "최근 5년간의 주요 재산범죄 판례의 동향", 형사판례연구 25, 2017, 326면 참조.

24) 오영근, 앞의 책, 240면

령 상속인이 상속개시사실을 모르고 있는 경우에도 사망 당시 사자가 소지하고 있던 물건의 점유는 법률상 당연히 상속인에게 승계된 것으로서 그 물건의 탈취는 상속인의 점유침해라고 보는 견해(일본 판례의 과거의 입장), (ii) 재물강취의 의사를 가지고 사람을 살해한 이상 그 살해행위와 동시에 사망자로부터 범인에게 즉시 재물의 점유이전이 이루어진 것으로 보는 견해, (iii) 사자의 생전에 가지고 있던 점유가 침해의 객체라고 보는 견해 등으로 분류하기도 하나,[25] 본래의 부정설이란 사자의 점유를 부정하면서 점유가 다른 사람에게 이전되지 않은 경우, 따라서 점유이탈물이 되는 경우를 말하는 것이므로 적절한 설명이라고 보기 어렵다.

결국 사자의 재물을 취거하는 행위는 절도가 아니라 통상 점유이탈물횡령에 해당하는데, 이 경우 사자의 재물이 점유이탈물인지 또는 다른 사람에게 점유가 이전되었는지는 구체적인 상황에 따라 결정되어야 한다. 민법상 상속에 의한 점유이전은 인정되지 않고, 상속에 의한 점유이전을 인정하게 되면 상속인이 있는 경우인지 여부에 따라 절도죄 내지 강도살인죄의 성부가 달라지게 되는 문제가 있다. 다만 구체적인 사정에 따라 상속인이 사자의 재물을 사실상 지배하고 있는 것으로 볼 수 있는 때에는 이를 취거하면 상속인의 점유를 침해한 것으로 보아야 할 것이다.

한편 부정설의 입장을 취하면서도, 예외적인 경우에는 사망 직후에도 다소간 '계속'된다고 하는 것이 '사회통념에 맞는다'고 보아 절도죄의 성립을 긍정하는 견해[26]나 사자의 점유를 부정하면서도 재물의 존재상태, 발견 · 회수의 난이, 점유의사의 강약, 사망 후의 시간 등을 종합하여 개별적으로 판단하여야 한다는 견해[27]도 있다. 이에 따르면 자신의 집이나 야외에서 사망한 경우라도 살해 직후 피해자의 재물을 영득한 경우에는 살인죄 외에 점유이탈물횡령죄가 아닌 절도죄에 해당하게 된다. 절도죄의 시간적 장소적 근접성과 절취행위에 대한 살해결과의 이용

25) 김경선, 주석 형법, 372－373면.

26) 임웅, 앞의 책, 341면, 407면. 같은 취지로 김태명, 앞의 책, 255면; 원혜욱, 앞의 책, 187면; 정영일, 앞의 책, 257면; 진계호/이존걸, 앞의 책, 324면; 최호진, 형법각론, 2022, 357면; 홍영기; 형법 총론과 각론, 2022, 345면. 하태훈 교수도 "원칙적으로 사자의 점유를 부정하지만 재물취거행위의 시간과 장소를 고려하여 사망 직후에 사자의 생전의 배타적 지배범위 내에 있는 재물이라면 사자의 점유가 여전히 계속된다고 보는 것이 타당하다"고 지적한다(하태훈, "중지미수, 사자의 점유 및 사자명의의 문서", 고시계 96/9, 33면).

27) 정성근, 앞의 논문, 206면.

등을 근거로 제시한다.

(3) 유형별 검토

1) 처음부터 탈취의사로 살해하고 재물을 영득한 경우

강도살인죄가 성립하려면 먼저 강도죄가 성립해야 하고, 강도죄가 성립하려면 불법영득(또는 불법이득)의 의사가 있어야 한다. 또한 강도살인죄는 강도범인이 강도의 기회에 살인행위를 함으로써 성립하는 것이므로, 강도범행의 실행 중이거나 그 실행 직후 또는 실행의 범의를 포기한 직후로서 사회통념상 범죄행위가 완료되지 아니하였다고 볼 수 있는 단계에서 살인이 행하여질 것을 요한다.[28] 그러나 강도의 실행에 착수하여 사망의 결과가 발생했다면 강도죄에 그친 경우라도 －재물탈취의 유무를 불문하고－ 강도살인죄는 기수로 된다는 것이 다수설과 판례의 입장이다.[29]

다만 누구의 점유를 침해했는지에 대해서는 견해대립이 있다. 첫째, 이미 피해자가 사망했으므로 그 상속인의 점유가 침해되었다는 견해가 있을 수 있으나, 사실상의 지배관계가 없는 한 상속에 의한 점유의 이전이 인정되지 않는다는 것이 지배적인 견해이므로 현재로는 이러한 견해를 취하는 학자는 없다. 둘째, 사자의 점유가 침해되었다고 보는 견해로서, 여기에는 (i) 사자의 점유를 긍정하는 입장에서, 사자도 구체적 사건에 따라서 사망 후 일정 시간, 즉 시간·장소적 근접성의 범위 안에서 재물에 대한 지배의사가 연장되는 것이라고 하여 강도살인죄의 성립을 긍정하는 견해[30]와, (ii) 사자에게는 점유의사가 없으므로 이 경우에도 사자의 점유를 침해한다고 볼 수는 없지만, 사자가 생전에 가지고 있던 점유가 사망

---

28) 대법원 2014. 9. 26. 선고 2014도9567 판결. 같은 취지로 대법원 1996. 7. 12. 선고 96도1108 판결; 대법원 2004. 6. 24. 선고 2004도1098 판결.

29) 강도살인죄는 강도가 기수에 이른 경우에만 인정되므로 강도가 기수에 이르기 전에 피해자가 사망한 이상 강도미수와 살인죄의 경합범이 될 뿐이고, 그 이후에 재물을 취득한 것은 점유이탈물횡령죄에 불과하다는 견해(김성룡, "형법에서 사자의 점유", 형사판례연구 제21권(2013), 217－219면)나 강도의 고의로 폭행 또는 협박을 가한 것은 강도죄의 실행에 착수한 것이라고 할 수 있고, 살해행위로 점유의 배제는 인정되지만, 점유의 취득이 이루어지기 전에 피해자가 사망했으므로 강도살인죄의 미수, 살인죄 및 점유이탈물횡령죄의 경합범이 된다는 견해(김경락, "강도미수범이 사람을 살해한 후 재물을 취득한 행위의 형사책임", 법조 제663호, 2011/12, 165－166면)도 있다.

30) 배종대, 앞의 책, [65]12.

직후에도 다소간 '계속'된다는 견해[31]가 있다. 셋째, 사자의 점유를 부정하는 입장에서, 강도살인죄의 실행의 착수시점인 살인행위시에 강도의 객체인 타인이 점유하는 타인 소유의 재물이 존재하면 족하므로,[32] 이후에 피해자가 사망하여 타인의 점유가 소멸되었더라도 강도살인죄의 성립에는 영향이 없고 따라서 '산 자의 점유'를 침해한 것'으로서 이 유형의 경우에는 사자의 점유 자체를 논할 필요가 없다는 견해이며, 현재 다수설[33]이기도 하다. 한편 판례는, 채무면탈목적 살인의 경우 "채무면탈의 목적으로 채권자를 살해하고 동인의 반항능력이 완전히 상실된 것을 이용하여 즉석에서 동인이 소지하고 있던 재물까지 탈취하였다면 살인행위와 재물탈취행위는 서로 밀접하게 관련되어 있어 살인행위를 이용한 재물탈취행위라고 볼 것이므로 이는 강도살인죄에 해당한다."고 판시하여[34] 누구의 점유를 침해하였는가(사자의 점유인가 생전의 점유인가)보다 살인행위와 재물탈취행위가 밀접한 관련을 가진다는 점을 근거로 삼고 있다.

2) 살해 후 비로소 영득의사가 생긴 경우

이때는 살해행위가 처음부터 탈취의 수단으로 사용된 것이 아니라는 점에서 첫 번째 유형과 구별되지만, 이미 피해자의 사망 이후에 탈취가 이루어짐으로써 사자의 점유를 긍정할 것인지, 이를 부정하더라도 살해행위와 탈취가 일련의 행위로써 이루어진 점을 어떻게 평가할 것인지에 따라 결론이 달라지게 된다.

사자의 점유를 부정하는 견해는 논리적으로 보면 피해자의 사망으로 점유가

---

31) 임웅, 앞의 책, 407면. 그러나 이미 살해행위로 점유가 침해되었다면 생전의 점유가 침해된 것이지, 생전의 점유가 탈취를 한 사망 시점 이후에 '계속'된다는 설명이 왜 필요한지 의문이다. 뒤에 설명하는 두 번째 유형과의 차이점을 간과한 설명이 아닌가 생각한다.

32) 유기천, 앞의 책, 221-222면 각주 1501), 1502) 참조.

33) 오영근, 앞의 책, 386면. 일반적으로는 피해자(사자)의 '생전의 점유'라고 표현한다. 김일수/서보학, 앞의 책, 230면; 손동권, 앞의 논문, 289-290면; 손동권/김재윤, 349면(채무면탈 목적 살인의 예로 설명한다); 박양빈, "사자의 점유 및 피해자의 처분행위", 고시연구 1994.9, 132면; 안동준, 앞의 책, 169면; 원형식, 앞의 책, 221면; 이영란, 앞의 책, 316면; 이재상/장영민/강동범, 앞의 책, 394면; 이형국/김혜경, 앞의 책, 394면; 정성근/박광민, 각론, 289-290면; 정성근/정준섭, 앞의 책, 203면; 정영일, 앞의 책, 307면 등. 강도살인죄의 구성요건적 특징을 고려하여, 살해와 강취 등 일련의 행위를 전체적으로 고찰하여 피해자의 생전 점유를 침해한 것이라고 설명하는 견해(김성돈, 앞의 책, 260면; 정웅석/백승민, 앞의 책, 1085면; 진계호/이존걸, 각론, 324면)도 여기에 속한다.

34) 대법원 1985. 10. 22. 선고 85도1527 판결; 대법원 1999. 3. 9. 선고 99도242 판결.

소멸하므로, 그의 재물을 영득하더라도 절도죄가 아니라 점유이탈물횡령죄가 성립하는데 그친다고 본다.[35] 그러나 첫 번째 유형과 마찬가지로 피해자의 생전의 점유가 사망 후에도 (다소) 계속되는 경우에는 절도죄가 성립한다는 견해[36]도 유력하다. 즉 피해자의 사망과 시간적·장소적으로 근접한 위치에 있고 살인행위와 재물의 영득행위가 전체적으로 고찰하여 피해자의 생전의 점유를 침해한다고 할 수 있는 한 −사자의 생전의 배타적 지배범위 내에 있는 재물이라면− 살인죄와 절도죄가 성립한다고 하면서, '살해한 직후'에 '그 장소에서' 영득한 경우에는 절도죄가 성립한다는 것이다.[37]

한편 사자의 점유를 긍정하는 견해들도 아무런 제한 없이 점유를 긍정하는 것이 아니라, 위에 언급한 일정한 제한 아래 사자의 점유를 근거로 절도죄의 성립을 인정한다. 즉 사자의 점유는 그 침해행위 전체의 형법상 효과를 종합적으로 평가하여 피해자의 사망 직후에 있어서도 피해자의 점유를 계속 보호함이 범죄의 구체적 사실과 현실적인 사회관념에 합치되는 경우에 인정해야 한다고 한다.[38]

3) 피해자의 사망 후 제3자가 영득한 경우

앞에 소개한 1941년 일본 대심원판결도 타인을 상해하여 사망에 이르게 한 직후에 그 피해자의 수중에서 금품을 꺼내 영득한 사안에 대해 사자의 점유를 인

35) 권오걸, 앞의 책, 368면; 김선복, 앞의 책, 258면; 김성돈, 앞의 책, 314면; 김순태/이창호, 형법각론, 2005, 123면; 김일수/서보학, 앞의 책, 230면; 김혜정외3인, 앞의 책, 269면; 손동권/김재윤, 앞의 책, 279−280면, 349면; 안동준, 앞의 책, 169면; 오영근, 앞의 책, 386면; 원형식, 앞의 책, 221면; 이영란, 앞의 책, 316면; 이재상/장영민/강동범, 앞의 책, 394면; 이정원/유석준, 앞의 책, 215면; 이형국/김혜경, 앞의 책, 394면; 정웅석/백승민, 앞의 책, 1085면; 정진연/신이철, 앞의 책, 228−229면.

36) 박양빈, 앞의 논문, 130면; 원혜욱, 앞의 책, 187면; 정성근/박광민, 각론, 276면; 정성근/정준섭, 앞의 책, 203면; 정영일, 앞의 책, 307면; 진계호/이존걸, 앞의 책, 324면; 최정학/도규엽, 135면; 하태훈, 앞의 논문, 33면. 황산덕, 앞의 책, 1984, 297면은 "강도의 의사 없이 살해한 후에 피해자의 소지품을 영득하는 것은 물론 살인죄와 점유이탈물횡령죄의 경합범이 되는 것"이라고 하여, 사자의 점유가 일반적으로 긍정되는 것은 아니라고 보면서, 살해와 탈취가 일련의 행위로서 행하여진 경우에는 비록 살해되었을지라도 피살자의 소지는 계속되는 것이라고 보아야 한다고 언급한다.

37) 박양빈, 앞의 논문, 130면.

38) 김경선, 주석 형법, 374면. 김성규, 앞의 책, 41면; 김상호, 형법각론, 2004, 148면(생전점유 침해설?); 김성천, 앞의 책(7판), 332면; 이회창, 주석, 69면. 이영란, 앞의 책, 285면은, 사자의 점유를 인정할 것인가는 피해자의 사망시점을 기준으로 하기보다는 사망 후에도 시간적·장소적으로 근접성이 인정된다면 사자의 점유를 인정해야 한다고 지적한다.

정하면서도, "만일 피고인 이외의 제3자가 이러한 금원을 탈취하였다고 하면 그는 절도죄가 아니라 점유이탈물횡령죄를 구성할 것은 물론"이라고 하면서, "제3자는 이 금원에 위 피해자의 소지를 이탈한 사실에 대하여 주관적으로나 객관적으로나 하등의 관련을 가지지 아니하고 갑자기 점유이탈물에 직면한 것에 반하여, 이 사건 피고인은 스스로 위 점유이탈물 원인되는 피해자의 사망을 객관적으로 야기시켰을 뿐 아니라 다시 그 사실을 주관적으로 인증하고 있었던 것이므로 양자 사이에는 범죄실질상의 스스로 천양지차가 있기 때문이다. 뿐만 아니라 위와 같은 실정에 더하여 자기의 위 의식적 행위의 결과를 고의로 이용하여 자기가 그 점유를 이탈케 한 물(건)을 그 후 곧 탈취한 것인즉 이러한 경우와 위에 언급한 제3자가 우연히 노상에서 만난 사체로부터 금원을 영득하든지 하는 경우와는 그 형법상의 평가를 달리함은 우리가 가지는 도의적 법률이념과 전통적 정의감정에 비추어 진실로 타당한 바이다"이라고 판시하였다. 즉 사자의 점유를 부정하는 경우는 물론이고 사자의 점유를 긍정하더라도 피해자의 사망이 행위자와 관계가 없는 경우 사체에 부착된 물건을 영득하더라도 그것이 가족 기타의 자의 점유에 속한다고 볼 사실관계가 없는 한 항상 점유이탈물횡령죄밖에 되지 않는다는 것이 지배적인 견해이다.

그러나 이는 민법상 점유 주체의 관념에 너무 집착한 견해로서, 예컨대, 교통사고 현장에서 사고로 사망한 피해자의 재물을 사망 직후 사체로부터 탈취하는 경우와 같이 사자의 현실적 소지 침해를 인정하는 것이 타당할 때가 있으므로 이러한 타당성을 가려 판단할 일이며, 피해자의 사망이 절취자의 행위와 무관하다는 것만으로는 항상 점유이탈물횡령이라고 단정할 것이 아니라는 견해가 있다.[39] 또한 제3자가 영득한 경우에 대해서도 위 두 유형과 마찬가지로 사자의 '생전의' 점유가 사망 직후에도 다소간 '계속'된다고 할 수 있는 경우에는 '사회통념'에 맞는다고 보아 절도죄의 성립을 긍정하는 견해[40]도 있다.

---

39) 김경선, 주석형법, 374면.

40) 정성근/박광민, 앞의 책, 276면; 임웅, 앞의 책, 406면. 다만 임웅 교수가 각주 57)에서 인용하고 있는 견해들은 강도살인죄의 성부에 대한 첫 번째, 두 번째 유형에 관한 것이므로, 세 번째 유형에 대해서 같은 취지로 인용한 것은 의문이다.

2. 학설의 검토

(1) 논의의 전제로서 형법상 점유의 개념(침해의 대상으로서 점유)

형법상 탈취죄에 해당하는 절도죄나 강도죄의 경우, 행위객체로서 타인의 '재물'이라고 언급하고 있을 뿐 타인이 '점유'하는 재물임을 명시하고 있지 않지만, 점유이탈물횡령죄에서는 '타인의 점유를 이탈한 재물'을 행위객체의 하나로 나열하고 있다. 바꾸어 말하면, '타인의 점유'를 이탈하지 않고 타인이 점유하고 있는 재물에 대해서만 탈취죄가 성립한다고 할 수 있다. 따라서 절도나 강도의 행위태양인 '절취'나 '강취'는 모두 타인의 점유를 박탈하고 새로운 점유를 설정(취득)하는 것을 내용으로 하며,[41] 따라서 점유의 이전(Gewahrsamsverschiebung)을 통해 타인의 물건에 대한 사실상의 지배가 이루어져야 한다.

1) 민법상 점유와 구별

형법상 탈취(Wegnahme) 개념에서 도출된 점유(Gewahrsam: 이하에서 단지 「점유」라고 할 때는 이것을 가리킨다)는 민법상의 점유(Besitz[42]))와는 다른 개념이다.

민법상 점유는 점유를 정당화시켜주는 본권과 구별되며, 물권으로서 외관을 가지는 기능을 담당하므로 형법의 경우와 마찬가지로 일차적으로 사실적 지배(힘)의 성격을 가진다. 민법 제192조 제1항은 "물건을 사실상 지배하는 자는 점유권이 있다"고 규정하고, 동조 제2항 본문은 "점유자가 물건에 대한 사실상의 지배를 상실한 때에는 점유권이 소멸한다"고 규정하고 있다.[43] 여기서 '사실상 지배'란

---

41) Schönke/Schröder/Bosch, Strafgesetzbuch Kommentar, 30. Aufl., 2019, § 242 Rn.22. 새로운 점유자는 통상 행위자 자신이지만, 제3자 영득의 경우에는 제3자일 수도 있다. 우리 판례도 같은 취지이다. 대법원 2007. 6. 28. 선고 2007도1921 판결; 대법원 2012. 4. 26. 선고 2010도11771 판결; 대법원 2018. 8. 30. 선고 2017도13329 판결.

42) 민법상의 점유(Besitz)가 사용되는 조문으로서, 예를 들면 독일민법 제854조 제1항은 "물건의 점유(Besitz)는 물건에 대한 사실상의 힘(tatsächliche Gewalt)을 얻음으로써 이것을 취득한다"고 규정한다.

43) 점유는 물건에 대한 사실상의 지배를 내용으로 하지만, 특정한 물건에 대한 사실상의 지배를 하고 있는 권리주체와 불가분적으로 연결되는 개념이기 때문에 민법상 점유와 점유권은 실질적 내용이 동일하다고 할 수 있다. 다만 민법에서는 물건에 대한 지배를 정당화할 수 있는 권원의 유무를 불문하고 물건에 대한 사실상의 지배라고 하는 사실상태를 하나의 권리로서 보호하기 위하여 점유권이라는 법률효과를 부여하고 있어 점유권에 중점을 둔다면, 형법에서는 권리나 권원의 유무와 관계없이 범죄의 성부 및 처벌의 정도를 정하는 기준이라는 점에서 사실상 재물

사회관념상 어떤 물건이 누군가의 지배하에 있다고 인정되는 객관적인 관계를 의미하며, 판례는, "사실상의 지배가 있다고 하기 위하여는 반드시 물건을 물리적, 현실적으로 지배하는 것만을 의미하는 것이 아니고, 물건과 사람과의 시간적, 공간적 관계와 본권관계, 타인지배의 배제 가능성 등을 고려하여 사회통념에 따라 합목적적으로 판단하여야 할 것"이라고 판시하고 있다.[44] 한편 민법 제192조제1항에 따라 사실상 지배만 있으면 점유권이 인정되므로, 점유를 인정하기 위해 점유의사가 있어야 하는 것은 아니지만, 적어도 사실적 지배관계를 가지려는 의사, 즉 점유설정의사를 요한다는 것이 지배적인 견해이다.[45] 형법상 점유도 사실적 지배를 요하는 점,[46] 사회통념에 따라 합목적적 판단을 요하는 점, 점유(설정)의사를 요구하는 점에서 기본적으로 민법의 경우와 차이가 없다.

다만 민법상 점유는 사실상 지배에 대한 예외가 인정된다. 즉, 점유를 목적론적으로 판단하게 되면 '점유의 관념화'가 되어 사실상의 지배 없이 점유가 인정될 여지가 생기고, 이에 따라 현실적인 물건의 인도가 없어도 점유가 이전될 수 있다.[47] 예컨대 간접점유(민법 제194조), 상속인에 의한 점유의 포괄승계(동 제193조)가 여기에 해당한다. 한편 반대로 사실상 지배가 있더라도 점유가 인정되지 않는 경우로서 점유보조자에 의한 점유(동 제195조)가 있다. 특히 민법은 점유권의

에 대한 지배상태에 중점을 둔다.

44) 대법원 1992. 6. 23. 선고 91다38266 판결; 대법원 1999. 6. 11. 선고 99다2553 판결; 대법원 2001. 1. 26. 선고 98다20110 판결; 대법원 2013. 7. 11. 선고 2012다201410 판결; 대법원 2015. 2. 12. 선고 2014다44017 판결; 대법원 2020. 5. 14. 선고 2018다266105 판결; 대법원 2020. 7. 29. 선고 2020다200993 판결; 대법원 2021. 2. 4. 선고 2019다202795 판결; 대법원 2022. 2. 10. 선고 2018다298799 판결; 대법원 2022. 4. 28. 선고 2019다272053 판결; 대법원 2023. 7. 13. 선고 2023다223591 판결.

45) 일본민법 제180조가 "점유권은 자기를 위하여 하는 의사로 물건을 소지함으로써 취득한다."고 규정하여 점유의사를 명시적으로 요구하는데 비하여, 우리 민법은 '사실상 지배'라는 표현만을 사용하고 있으나, 학설은 점유의사는 아니더라도 점유설정의사(사실적 지배관계를 가지려는 의사)를 요한다는 입장을 취하고 있다. 곽윤직/김재형, 물권법(8판 (전면개정)보정), 2015, 188면; 김준호, 물권법(15판), 2021, 113-114면; 송덕수, 물권법(5판), 2021, [86]. 불요설을 취하는 학자는, 이은영, 물권법, 2006, 338면.

46) 형법상 점유도 마찬가지로 재물에 대한 사실적 지배를 의미하며, 이러한 현실적인 지배상태를 강조하기 위해 과거에는 「소지」라고 표현을 사용하는 학자들이 있었다(예컨대 서일교, 형법강의각론, 1957, 139면). 그러나 소지란 일반적으로 '수중에 지니고 있는 것'을 의미하기 때문에 그 개념범위가 좁을 수 있어 최근에는 민법상 점유와 혼동할 수 있음에도 불구하고 그 공통점을 고려하여 점유라는 개념을 주로 사용하는 듯하다.

47) 송덕수, 앞의 책, [86].

취득원인 중의 하나로서 상속을 인정하고 있다. 점유는 물건의 사실상의 지배라고 하는 사실일 뿐이므로, 사실상의 관계로서의 점유는 점유자가 사망하게 되면 실질적으로 그 관계는 종료하게 되며 상속법의 법리에 의해서도 상속인에게 승계될 수 없게 되기 때문에, 민법 제997조는 "상속은 사망으로 인하여 개시된다."고 규정하고. 민법 제1005조는 "상속인은 상속개시 된 때로부터 피상속인의 재산에 관한 포괄적 권리의무를 승계한다. 그러나 피상속인의 일신에 전속한 것은 그러하지 아니하다."고 예외적인 규정을 둔 것이다. 즉 민법 제193조는 일반적인 점유의 이전과는 달리, 사실상의 지배관계의 이전 없는 관념적 형태의 점유권 이전을 인정하고, 이로써 상속인은 포괄적으로 권리의무를 승계하게 된다(동 제1005조).

그러나 형법에서는 이러한 관념적 점유를 인정하지 않는다. 따라서 점유자가 사망한 경우에도 점유는 이전되지 않고, 상속인에게 상속이 개시된 후라도 사실상의 지배관계가 이전된 때에만 비로소 (사자가 아닌) 상속인의 점유가 인정되는 것이다.[48] 예컨대 보행자가 공원에서 산책하던 도중에 심장마비를 일으켜 사망하자 현장을 목격한 사람이 그의 곁으로 가서 지갑을 훔친 경우를 생각해 보자. 비록 사망과 함께 상속이 개시되고 그 지갑은 상속인의 소유이며, 상속인이 민법상 지갑의 점유자인 것처럼 보이지만, 여기서 상속인이 점유한다는 말은 법적 의제로서 지갑에 대한 사실상 지배와 연결되지 않고 따라서 타인의 점유를 인정하기에 충분하지 않은 것이므로 민법상 점유도 인정되지 않는다.[49]

2) 형법상 점유의 요소

점유란 자연적 지배의사를 수반하는 물건에 대한 사실적 지배상태이며, 그것은 사실적 개념이지만, 사회적 내지 규범적 측면을 가지고 있다.[50] 우리 판례도 "절도죄는 재물에 대한 타인의 사실상의 지배를 침해함으로써 성립하는 것으로,

48) 박영호, 앞의 논문, 865면, 871면.

49) Vgl. Kudlich, "§ 242 StGB und das Erbrecht", JA 2010, S.778f.

50) 독일의 경우 제국법원(RG) 판례 이래 판례와 일부 학설은 순수하게 사실적인 점유개념을 토대로 점유를 판단해왔으나, 이로 인해 종종 적절한 결론을 얻을 수 없었기 때문에 규범적으로 수정된 점유공식이 등장하여, '일상생활의 입장'(Verkehrsauffassung)을 고려하거나, 지배의사를 확정하는 경우에도 일반적 지배의사나 단순히 잠재적인 지배의사도 포함시켜 점유를 확정하고 있다. 이를 사실적·사회적 점유개념(faktisch-sozialer Gewahrsamsbegriff)이라고 부르기도 한다(Vgl. Rengier, Strafrecht BT I, 18.Aufl. 2016, §2 Rn. 27; BGHSt 40, 23).

침해행위 당시 그 재물에 대하여 타인의 사실상의 지배가 있었는지 여부는 재물의 종류와 형상 등 객관적 상태와 더불어 소유자 등 지배주체와의 연계 관계 등을 종합하여 사회통념에 비추어 결정할 것"이라고 판시함으로써 객관적 상태와 재물과 지배주체의 연계관계에 대한 사회통념을 기준으로 한 판단을 강조함으로써 유사한 태도를 취하고 있다.[51]

가) 객관적 · 물리적 요소

형법상 점유는 재물에 대한 사실상의 지배를 요하며, 점유자는 점유하는 물건을 사실상으로 자유롭게 처분할 수 있어야(Verfügen－Können) 한다.[52] 따라서 반드시 물건을 물리적, 현실적으로 지배해야 하는 것은 아니지만, 점유자와 재물 사이에 밀접한 시간적·장소적 관계가 있어야 한다. 예컨대 집안이나 가게, 공장 안에 있는 물건에 대해서는 점유자가 사실상의 지배를 하는 것으로 인정된다. 민법상 점유를 갖지 못하는 점유보조자도 물건을 사실상의 지배 아래 두고 있다는 점에서 형법상 점유자가 될 수 있다. 그러나 민법상 점유로 인정되는 상속으로 인한 점유나 간접점유는 형법상 점유가 되지 못한다. 재물에 대한 사실상의 지배는 사실적인 처분가능성을 의미하며 법적 지배가능성을 의미하지 않는다. 따라서 점유가 적법한 권원에 의한 것일 필요는 없으므로, 절도범인이 탈취한 장물에 대해서도 절도범인이 점유를 갖기 때문에 이를 절취하면 절도가 성립한다.[53]

나) 주관적 · 정신적 요소

형법상 점유는 재물에 대한 지배의사를 필요로 한다.[54] 여기서 지배의사란 재물을 자기의 의사에 따라 처리하려는 의사를 말하며, 반드시 법적 처분권이나 영득의 의사를 요하지 않는다. 이러한 의사는 자연적인 지배의사이며 행위능력과는 별개이므로, 아동이나 정신병자와 같은 책임무능력자도 지배의사를 가질 수

---

51) 대법원 2013. 7. 11. 선고 2013도5355 판결. 같은 취지로 대법원 1981. 8. 25. 선고 80도509 판결; 대법원 2012. 4. 26. 선고 2010도6334 판결. 하급심판례로는 인천지방법원 2017. 9. 22. 선고 2017노3 판결; 대구지방법원 2017. 8. 10. 선고 2016고단421 판결; 대구고등법원 2018. 4. 19. 선고 2017노648 판결; 서울고등법원 2019. 3. 12. 선고 2018노2689 판결 등.

52) Schönke/Schröder/Eser/Bosch, a.a.O., §242 Rn. 25. 사실적 점유개념을 취하는 학자 중에도 점유를 '언제든지 방해 없이 물건을 손에 넣을 수 있는 가능성'이라고 이해하기도 한다. Mitsch, Strafrecht BT 2, 3.Aufl., 2015, S.13.

53) 대법원 1966. 12. 20. 선고 66도1437 판결.

54) 대법원 1981. 8. 25. 선고 80도509 판결.

있다.

점유의사는 특정한 개별 물건에 대한 구체적인 지배의사일 필요는 없고, 소위 일반적 의사(genereller Gewahrsamswille), 즉 해당 물건의 일반적인 유무와 장소에 대한 인식만 있으면 충분하다.[55] 일상생활의 견지에서 보면, 우편함에 있는 우편물이나 그물망에 있는 고기처럼 지배하고 있는 영역 전반에 대해 점유가 존재한다. 또한 렌트카 차량을 미리 약속한 장소에 반환했으나 렌트카 소유주가 이를 알지 못했더라도, 그가 그 물건을 취득하리라고 예상하고 있었다면(antizipierter Erlangungswille) 그의 점유가 인정된다.[56]

지배의사는 잠재적 의사(potentieller Gewahrsamswille)로도 충분하다. 점유의사 자체가 법률효과를 발생시키는 의사가 아니라 사실상의 의사이기 때문에, 수면 중이거나 의식을 잃은 사람도 점유를 가지며,[57] 점유소지자가 사망함으로써 그러한 의사가 소멸한다. 아직 사망하지는 않았지만 의식이 없고 불가역적인 상태인 경우에도 사실상의 지배의사가 있다고 할 수 있는지에 대해 논란이 있으나, 범죄를 실행하는 시점에서 사회적 의미에서 점유가 존재해야 한다는 점에서 보면, 법적으로 사망하지 않은 이상 여전히 점유를 긍정하는 것이 타당하다.[58] 무의식 상태라는 이유로 자연적 지배의사가 없다고 볼 수는 없고, 일상생활의 견지에서 지배의사가 부정될 수는 없기 때문이다.

다) 규범적 · 사회적 요소

형법상 점유는 순수하게 객관적 혹은 주관적 요소만으로 판단할 수 없다. 이러한 이유에서, 점유를 사람과 물건 사이의 규범적 관계로 이해하여, '물건이 소재하는 영역이 타인으로부터 지켜지고 있는가'라는 관점에서 점유의 유무를 판단하여, 사회적 · 규범적으로 물건이 귀속된 사람은 누구나 점유를 가진다고 보는 것을 규범적 · 사회적 점유개념(normativ-sozialer Gewahrsamsbegriff)이라고 부른다.[59]

---

55) Fischer, StGB, 67.Aufl., 2020, §242 Rn. 13; Rengier, Strafrecht BT I, 22.Aufl., 2020, §2 Rn. 27; Wessels/Hillenkamp Strafrecht BT II, 42.Aufl., 2019, §2 Rn. 87.

56) Schönke/Schröder/Eser/Bosch, a.a.O., §242 Rn. 26.

57) 대법원 1956. 8. 17. 선고 4289형상170 판결: "설사 피해자가 졸도하여 의식을 상실한 경우에도 현장에 일실된 피해자의 물건은 자연히 그 지배하에 있는 것으로 보아야 할 것이다."

58) Vogel, LK-StGB, 12.Aufl, 2010, §242 Rn. 69. 손동권, 앞의 논문, 290면.

59) Welzel, "Der Gewahrsamsbegriff und die Diebstähle in Selbstbedienungsläden," GA 1960, S.257; Kindhäuser, NK-StGB, 5.Aufl., 2017, §242, Rn.28; Samson, SK-StGB, 4.Aufl., 1990,

사실상의 재물지배와 점유의사는 사회적·규범적 요소에 의하여 확대되거나 제한될 수 있다. 사회적·규범적 요소에 의하면 일단 개시된 점유는 시간적·장소적 지배관계가 분리된 경우라도 상실되지 않는다. 따라서 점유자의 점유를 이탈한 물건의 경우에도 점유자가 그 소재를 알고, 이를 찾을 수 있다면 점유를 상실하지 않는다. 다만, 다른 사람의 지배범위에 물건을 두고 온 경우에는 새로운 점유가 개시될 수 있다.

한편 불가역적인 의식상실의 경우 잠재적 지배의사를 근거로 점유를 긍정하더라도, 사실상 점유를 침탈하는 시점에서 지배의사를 긍정하기는 어렵고 따라서 점유를 긍정한다면 그것은 일종의 의제(fingieren)이며, 비록 사회적 관점을 우선적으로 고려하더라도 마찬가지라고 하면서, 이를 긍정하기 위해서는 규범적 관점을 통한 판단이 필요하다는 지적이 있다.[60] 즉 이 경우에 통설의 점유 개념을 적용하지 않고 일정한 물건을 사회규범적으로 그 지배영역을 정해서 '자연적'이거나 단지 잠재적 또는 가상의 현재 지배의사(hypothetisch-gegenwärtige Herrschaftswille)에 중점을 두지 않고, 어떤 물건이 사회적으로 누군가에게 귀속되는 경우, 그 물건은 그 사람의 점유 안에 있다고 보는 것이다.[61] 이러한 의미에서는 단지 사망한 자만이 그러한 규범적인 의미의 지배도 행사할 수 없으므로 점유가 소멸하게 된다.

(2) 쟁점에 대한 검토

1) 죽은 자도 점유를 할 수 있는가?

논의의 출발점은 사망한 자가 물건을 사실상 지배할 수 있는가하는 문제이다. 자연적으로는 물론 사회적으로도 점유가 끝나는 것은 자연인의 지위가 상실되는 시점이다. 그럼에도 일상생활의 관점에서 볼 때 사자가 예외적으로 점유를 가질 수 있는가에 대한 다양한 논의가 있다.

그러나 사자의 점유는 일률적으로 부정하는 것이 타당하다.[62] 점유라는 법

---

§242 Rn.20ff.; Schmitz, MK-StGB, 4.Aufl., 2021, §242 Rn.55ff.; Wessels/Hillenkamp/Schuhr, Strafrecht BT 2, 43.Aufl. 2020, Rn.82.

60) Rönnau, "Grundwissen-Strafrecht: Gewahrsam," JuS 2009, S.1089.

61) Martin, "Gewahrsamsbruch in und vor Selbstbedienungsläden", JuS 1998, S.893.

62) 앞에서 소개한 것처럼, 일부 학자는 사자의 점유에 대한 논의가 무의미하다는 지적을 하는데(정

적인 이익은 어디까지나 그 주체가 존재해야 비로소 생각할 수 있는 것이다. 따라서 예를 들면 피해자가 사망한 직후라든가 또는 아직 살아 있는 것같이 볼 수 있다고 해도, 재물의 취득을 절도죄로 처벌하는 것은 법익침해가 없는 곳에 범죄의 성립을 인정하는 결과로 된다.[63)]

자연인만이 점유의 주체가 된다는 것은 자연인이 가지는 지배의사와 사실상의 지배에 중점을 둔 것이라고 할 수 있다. 특히 지배의사와 관련하여 독일의 판례가 지배의사를 부차적인 것으로 보고 사실상의 처분권한(Verfügungsgewalt)과 사회생활상의 관점(Verkehrsanschauung)에 초점을 맞추고 있는 것도 점유의 개념을 확장하려는 것과 무관하지 않다.[64)] 또한 사실상의 지배에서도 사실상의 접근가능성(faktische Zugriffsmöglichkeit)이라는 사실적 요소를 거의 제거해 버린다면 죽은 사람은 더 이상 어떻게든 물건에 영향을 미칠 수 없다는 문제를 해소할 수도 있을 것이다. 즉 점유개념의 완전한 규범화는 사자의 점유를 긍정할 가능성을 열어놓을 수 있을 것이다.[65)] 비유적으로 말하면 죽은 사람을 살릴 수 있는 것은 사실이 아니라 규범일 뿐이다.[66)] 그러나 규범은 사실을 토대로 하여야 하며, 권원과 관계없이 일차적으로 외관으로 인정되는 점유의 개념도 사실적 토대를 벗어날 수 없다.[67)] 점유 개념의 경우 사실적 토대가 되는 것이 지배사실과 지배의사라고 할 수 있으며, 지배사실과 지배의사는 상호보완적인 것이며 완전히 대체적인 성격을 가진 것이 아니며, 심지어 이러한 사실상 지배 없이 규범적 지배만으로 점유

성근, 앞의 논문, 209면), 그것은 점유는 자연인에 대해서만 인정된다는 전제 아래 절도나 강도살인과 같은 개별 구성요건의 해석을 통해 문제를 해결하는 것으로서, 사자의 점유를 부정하는 것과 같은 맥락이라고 할 수 있다.

63) 今井猛嘉＝小林憲太郎＝島田聡一郎＝橋爪隆,「刑法各論」2007, 119頁.

64) Vgl. BGH NStZ－RR 2009, 22 (23); NJW 1985, 1911; NStZ 1981, 435; BGHSt 16, 271 (273) = NJW 1961, 2266; BGHSt 4, 210 = NJW 1953, 1400. vgl. Schmitz, in: MK－StGB, § 242 Rn. 60

65) 같은 취지에서, 사자의 점유를 인정하는 것은 점유의 관념화에 속한다는 이유로 사실적 관점을 중시한다면 사자의 점유를 인정하지 않는 것이 타당하다고 지적하는 견해(권오걸, 앞의 책, 182면)도 있다.

66) 사람의 종기에 대한 학설의 변화(맥박종지설에서 뇌사설로)가 사망의 시점을 변경시키는 점을 생각해보면 될 것이다.

67) 독일의 경우 지배의사와 관련된 문제가, 사자가 지배의사를 가질 수 있는지에 중점이 있는 것이 아니라, 자연인을 전제로 사망으로 이어질 개연성이 큰 의식상실의 경우에 지배의사를 인정할 수 있는지에 중점이 있다는 사실은, 점유자의 사망이 점유가 소멸하는 기본적인 토대가 됨을 보여주는 것이다.

를 파악하더라도 사망 이후에도 점유를 인정하거나 사망을 새로운 점유의 설정으로 보는 것은 점유의 본질에 반한다고 보아야 할 것이다.

2) 생전점유가 쟁점 사례들을 해결하는 도구가 될 수 있는가?

처음부터 탈취의사를 가지고 피해자를 살해하고 재물을 탈취한 경우에는 재물을 현실적으로 취득하지 않더라도 강도살인죄가 성립한다고 보는 것이 다수설과 판례의 입장이고, 따라서 사자의 점유를 굳이 별도로 문제삼을 필요가 없는 것처럼 보인다.[68] 그런데 다수설은 사망 이후의 재물취득 부분을 강도살인죄에 포섭하기 위해 피해자가 생전에 가지고 있던 재물에 대한 점유(탈취)의사가 살해행위를 통한 점유 침해(배제)와 영득행위를 통한 새로운 점유의 개시(취득)를 연결하는 역할을 한다고 보아, 사자의 '생전' 점유가 살해와 탈취라는 일련의 행위를 통해 침해된 것이라는 논리를 전개하는 것으로 보고 있다. 그러나 비록 주관적으로 점유(탈취)의사를 가졌다 하더라도 아직 객관적으로 점유를 취득하지 않은 상태에서 생전 점유가 침해되었다는 것은 일종의 의제이며, 생전점유가 침해된 것이 아니라 위태롭게 된 데 그쳤다고 보아야 한다. 따라서 처음부터 탈취의사를 가진 경우라 하더라도 생전점유는 강도살인죄의 성립을 긍정하는 근거가 되기 어렵다. 오히려 살해행위의 시점까지를 강도살인죄의 미수로 보고, 재물탈취의 부분에 대해서는 별도로 사자의 점유를 논하는 것이 논리적이라고 할 수 있다.

다음으로 사후에 영득의사가 생겨 재물을 탈취한 경우에는 생전 점유 자체를 침해한 것이 아니라 생전 점유가 사망 후에 계속된다고 보는 것이 일반적이다. 여기서 '생전 점유가 계속된다'는 것은 살해행위를 통해 피해자의 점유를 배제하는 행위는 피해자가 생존해 있는 상태에서 이루어졌지만, 이후에 재물을 탈취하는 행위는 피해자가 사망한 이후에 행해졌으므로 사자의 점유를 인정하지 않는 이상 점유이전을 긍정할 수 없고, 따라서 사망 이후에 재물을 탈취한 시점까지 생전의 점유가 이어진 것으로 본다는 것이다. 또한 생전 점유의 계속이라는 제한을 두지 않게 되면 살해행위 이후에 재물을 탈취한 행위는 모두 아무런 제한 없이 점유의 이전으로 보게 된다는 점도 고려한 것이며 그 계속성의 판단기준은 시간

68) 물론 이 경우에도 살해행위로 이미 기수로 된 강도살인 이후에 행해진 재물의 탈취를 별도로 법적 평가의 대상으로 삼는 경우에는 여전히 사자의 점유가 문제될 수 있다.

적 · 장소적 근접성이라고 보고 있다.

그러나 사망의 시점을 기준으로 점유의 유무를 판단하는 부정설에 따르면, 강도살인의 유형에 한정하여 그 시점을 연장하여 살해행위와 시간적·장소적 근접성이 있는 경우까지 확대하는 것은 점유의 문언의 의미에 반하여 피고인에게 불리한 방향으로 작용하게 되는 유추해석이 된다는 점에서 타당하다고 할 수 없다.[69] 긍정설에 따르더라도, 시간적 · 장소적 근접성이란 기준으로서 너무 불명확하고, 원래 이용의사에 의해 취득행위와 결부되는 것은 침해결과뿐이고 침해행위(살해행위)에 미치는 것은 아닌 이상 이용의사로 침해행위 시에 존재하지 않았던 고의(재물탈취의사)를 보완할 수는 없다. 따라서 일련의 행위를 전체적으로 고찰하는 것은 불가능하다.

관련하여, 생전의 점유가 계속된다는 논의는 점유개념을 합목적적으로 해석한 결과로 보는 듯하다. 이미 독일에서도 점유를 사실적 지배관계로 파악하는 입장이 점유의 개념범위를 적절하게 설정하지 못하며 해석론으로서도 설득력이 없는 경우가 있음이 확인된다. 그러나 이러한 사실적 지배를 완화하거나 자연적 지배의사를 어느 정도 확대하는 견해는 사회적 지배개념에 의존함으로써 사회적 견해(Verkehrsanschauung)라는 규범적 기준이 점유의 실질적인 요건으로서의 역할을 수행하게 하는 것으로 보인다. 우리 판례나 학설이 사용하는 '사회통념'도 같은 맥락이라고 할 수 있다. 이러한 견해는 사회 일반의 판단을 토대로 하는 것인데, 그것만으로는 임의의 내용을 점유개념에 포함시킬 수 있는 완전한 백지개념(Blankettbegriff)이며, 거의 모든 귀결을 도출하기 위한 수단으로 원용될 수 있다. 이러한 불명확한 개념에 의존하는 것은 형법상 명확성의 원칙에 위반할 수 있다.[70]

3) 강도살인죄의 경우 재물의 영득은 사자의 점유 문제와 무관한가?

이미 언급한 것처럼, 탈취죄는 재물에 대한 피해자의 점유를 박탈하여 자기 또는 제3자가 그 점유를 취득함으로써 성립한다. 다만 탈취의 목적으로 살해행위를 하고 재물을 영득한 경우, 강도살인죄가 예정하고 있는 구성요건적 행위에 살

69) 김경락, 앞의 논문, 156면.

70) Bittner, Gewahrsamsbegriff: und seine Bedeutung für die Systematik der Vermögensdelikte, 2009, S. 85; Werling, Der Gewahrsam als räumliches Phänomen, 1983, S. 205f.

해행위 후에 행해진 재물취득행위가 포함되는지 여부가 문제된다. 이 점이 긍정된다면 사자의 점유 문제를 별도 다룰 필요 없이 강도살인죄의 성립을 긍정할 수 있게 될 것이다.

이 경우 피해자는 '산 자'(생존한 자)로서 재물에 대한 지배를 하고 있었으나, 사망으로 재물에 대한 지배를 상실하게 되었으므로, 살해행위 자체를 점유의 박탈로 볼 수 있고, 또한 피해자를 살해함으로써 행위자가 피해자가 소유했던 재물을 취득할 수 있는(배타적으로 이용할 수 있는) 상황이 되므로, 그것이 전체로서 재물에 대한 지배의사를 가지고 피해자를 살해함과 동시에 재물에 대한 점유를 취득한 것으로서 강도살인죄가 될 수 있다는 것이다.[71]

그러나 첫째로 재물을 강취하기 '전'에 사람을 살해한 강도미수범의 살인행위를, 폭행·협박을 하고 재물을 강취한 '후'에 사람을 살해하는 강도기수범의 살인행위와 동일하게 강도살인죄로 취급하는 것은 의문이며, 둘째로 강도미수의 경우에도 강도살인죄의 성립을 긍정하더라도 강도가 사람을 살해한 후 재물을 취득한 행위에 대하여 강도살인죄 이외에 사후에 재물을 취득한 부분에 대해 별도의 형사책임을 묻지 않고 강도기수범과 살인죄의 결합범인 강도('기수')살인죄의 성립만을 인정하는 학설과 판례의 입장도 의문이라는 유력한 주장이 있다.[72] 요컨대, 강도살인죄는 강도가 기수에 이를 것을 요건으로 한다고 보아야 한다. 강도살인의 주체인 '강도'는 강도가 기수에 이른 경우를 말하며, 강도가 미수에 그친 경우에는 강도미수와 살인의 실체적 혹은 상상적 경합에 해당하게 된다.[73] 따라서 살해행위 이후에 재물을 탈취한 경우에는 강도가 미수에 그친 것으로서 강도살인죄가 성립하지 않는다고 봄이 타당하다.[74] 또한 피해자의 사망 이후에 재물을 탈취

71) 일본에서는 재물을 수중에 넣어야 점유의 취득이 인정된다고 하더라도, 탈취죄가 성립하기 위해서 피해자의 점유의 박탈과 행위자의 점유의 취득이 반드시 동시에 이루어져야 할 필요는 없고, 피해자의 점유를 박탈한 후에 일시적인 점유이탈상태를 거쳐 행위자가 점유를 취득한 경우에도 탈취죄가 유형적으로 예정하는 범위 내에 있는 것이라는 지적도 있다. 松原, "刑法各論の考え方―13「窃盗罪その1」", 法セ694号(2012年), 112頁.

72) 김경락, 앞의 논문, 131면.

73) 강도살인죄의 구성요건표지인 살해는 반드시 강도의 수단인 폭행으로 인한 것임을 요하지 않으므로, 죄수의 문제는 폭행이 살해행위의 일환으로 이루어졌는지에 따라 달라질 것이다. 따라서 강도의 폭행과 살해행위가 별개로 행해졌다면 강도미수와 살인죄는 실체적 경합이 되지만, 일반적인 경우에는 양자의 실행행위의 부분적 동일성이 인정되어 강도미수죄와 살인죄의 상상적 경합에 해당한다고 할 수 있다.

한 부분은 사자의 점유를 긍정하는 경우 절도죄에 해당하지만, 이를 부정하는 경우에는 점유이탈물횡령죄에 해당한다고 보아야 할 것이다. 결과적으로 첫 번째 유형(처음부터 탈취의사로 살해하고 재물을 영득한 경우)은, 강도미수와 살인죄의 상상적 경합, 그리고 그것과 점유이탈물횡령죄의 실체적 경합에 해당한다고 보아야 할 것이다.

한편 살해행위 후 영득의사가 생겨 재물을 탈취한 경우는, 살해행위 시에 강취에 대한 고의가 없어 살해행위의 고의와 재물탈취의 고의가 별개이므로 객관적인 측면에서 탈취를 전체로서 하나의 실행행위로 보아 강도살인죄의 성립을 인정하는 것은 타당하지 않고, 나아가서 사자의 점유를 탈취한 부분에 대하여 피해자의 생전의 점유가 사후에도 어느 정도 계속된다는 것이 의제임은 이미 설명한 바 있다. 다른 한편으로, 채무면탈 목적 살인의 경우 재산상 이익이 사실상 피해자에 대하여 불이익하게 범인 또는 제3자 앞으로 이전되었다고 볼 만한 상태가 이루어져야 하므로, 일시적으로 채권자측의 추급을 면한 것에 불과하여 재산상 이익의 지배가 채권자측으로부터 범인 앞으로 이전되었다고 보기는 어려우면 강도살인죄가 성립하지 않는다는 것이 판례의 입장이다.[75] 따라서 피해자를 살해한 후 영득의사가 생겨 재물을 탈취한 경우에도 재물에 대한 지배가 행위자에게 이전되었을 것을 요하며, 살해행위로 피해자가 사망한 다음 이미 점유를 상실한 피해자로부터 재물에 대한 지배가 행위자에게 이전될 수 없는 상태에서는 탈취행위가 있다고 볼 수 없어 강도살인죄가 성립한다고 보기 어렵다 하겠다.

결국 강도살인의 경우 사전에 탈취의사를 가진 경우라 하더라도 피해자가 사망한 이상 사자의 점유 문제와 무관한 것은 아니라고 하겠다.

4) 사자의 점유를 부정하는 것은 자기목적적이며 비현실적인가?

점유의 요소로서 지배의사를 요구하는 원칙을 고수하면 사자는 점유의 주체가 될 수 없고 따라서 사람을 살해하고 재물을 탈취하는 경우에도 재물탈취는 절도죄가 성립하지 않고 점유이탈물횡령죄에 그치게 된다. 그러면 긍정설의 지적처럼 사자의 점유를 부정하는 것이 자기목적적인가? 점유를 위해 지배의사와 지배

74) 김성룡, 앞의 논문, 218면. 통설과 판례처럼 강도미수도 강간살인의 주체가 된다고 하면 이는 법문의 의미를 넘어서는, 적어도 체계적 해석을 넘어서는 법관의 법 창조라고 비판한다.

75) 대법원 2004. 6. 24. 선고 2004도1098 판결.

사실을 요구하는 것은 점유의 본질이며, 따라서 이러한 요소들이 결여된 경우에 점유를 부정하는 것이 자기목적적이라고 할 수도 있다. 그러나 반대로 긍정설이 목적으로 하는 바는 무엇일까? 지배의사의 유연한 해석을 통해 점유의 개념을 완화함으로써 불법의 평가에 대해 구체적 타당성이 있는 결론에 이르게 되며 현실에 맞게 탈취죄를 인정하는 것이라고 할 수 있을 것이다.

그렇다면, 긍정설이 지적하는 것처럼 사자도 구체적인 사건에서 사망 후 일정 시간 재물에 대한 지배의사가 연장되는 것으로 보아야 할 현실적 필요성[76]은 무엇인가? 바로 '산 자'의 경우와 비교해서 양형상의 불균형을 피하는 것이라고 할 수 있다. 동일한 상황에서 피해자가 사망했는지 여부에 따라 점유의 존부가 달라지게 되고, 그 결과 절도인가 점유이탈물횡령인가 하는 불법에 대한 평가도 달라지게 되는데, 아직 사망하지 않은 경우에는 비록 의식상실로 깨어날 가망성이 거의 없는 경우라도 '산 자'의 점유가 긍정되어 절도가 되는 데 비하여, 일단 사망한 경우에는 점유가 소멸되어 점유이탈물횡령이 되는 데 양자의 법정형에는 현저한 차이가 있기 때문이다. 즉 사자의 재물을 영득하는 중한 행위태양에 대해 점유이탈물횡령이라는 경한 불법을 인정하는 것으로서 불합리하다는 지적이 가능하다. 그러나 사자의 점유를 부정함에 따른 결과적인 불법의 차이는 이미 그 원인행위인 살인행위의 미수와 기수의 불법의 차이를 통해 해소될 수 있는 문제이다. 또한 살해행위를 한 자는 사자의 점유를 인정해서 점유이탈물횡령죄로만 처벌하더라도 경합범 처벌례에 따라 살인죄로 처벌될 것이므로 절도가 아닌 점유이탈물횡령을 인정한다고 해서 양형상 큰 문제가 생기는 것은 아니라고 할 수 있다.

오히려 중요한 것은, 사망 직후에 이르기까지 점유를 인정한다고 할 때 그것이 언제까지 지속되는지에 대한 한계 설정이 과연 사망이라는 기준보다 명확한지 의문이고, 나아가 살해 후에 점유의사가 생긴 경우에 점유를 인정하게 되면 살인이라는 결과를 이용했던 점에서 살인죄와 절도죄의 경합범보다 강도살인죄로 보는 것이 오히려 논리적이지 않을까 하는 의문이 남는다. 따라서 사자의 재산에 대한 법적 보호라는 합목적성은 명확한 기준이 없는 한 법적 안정성의 관점에서 사망 자체를 기준으로 점유의 존부를 결정하는 것이 타당하다고 보아야 한다.

76) 배종대, 앞의 책, 281면.

Ⅲ. 결 론

점유는 물건에 대한 사실상의 지배를 핵심 내용으로 하고 있다. 그러나 점유는 객관적·사실적 요소, 주관적·의사적 요소 그리고 사회규범적 요소를 가지고 있다는 것이 일반적인 견해이다. 그리고 이러한 요소들은 서로 밀접한 관련을 가지고 있기 때문에, 서로 사실적·물리적 지배로서의 점유의 개념을 확장하는 역할을 할 수 있다. 즉, 물건에 대한 물리적 지배(객관적·사실적 요소)가 강하면 정신적 지배(주관적·의사적 요소)가 약하더라도 점유가 긍정될 수 있고, 반대로 물리적 지배가 약하더라도 정신적 지배가 강하다면 점유를 긍정하는 것이 우리 판례의 태도라는 지적도 있다.[77] 나아가 판례가 사자의 점유를 긍정하는 것은 물리적·정신적 지배가 결여된 경우라도 규범적 관점에서 점유의 존재를 인정할 수 있음을 보여주는 것이라고 한다. 또한 이러한 세 가지 요소는 그중 하나라도 갖추어지지 않으면 점유가 부정된다는 병렬적인 위치에 서 있는 것이 아니라, 어느 하나가 아니라면 다른 하나로도 점유를 긍정할 수 있는 보충적인 관계를 이루고 있다는 것이다.[78]

점유의 세 가지 요소가 상호보완적 관계에 있다는 지적에 동의하지만, 사실적 내지 주관적 요소와 달리 사회규범적 요소는 지배사실과 지배의사가 완전히 결여된 경우까지 점유의 개념을 확장 또는 축소하는 기능을 가진 것은 아니다. 규범적 요소를 지나치게 강조하게 되면 점유 자체가 가지는 사실적 측면이 약화되고 결과적으로 점유의 개념범위가 불명확해질 수밖에 없기 때문이다. 그러나 객관적 내지 주관적 요소가 결여된 경우에도 사회통념이라는 규범적 관점에서 점유를 인정하는 것이 사자의 점유 내지 사자의 생전 점유에 관한 문제라고 할 수 있다. 이와 함께 사자의 점유에 관한 문제를 우회하여 절도죄나 강도살인죄의 구성요건표지에 대한 해석의 문제로 파악하는 것도 같은 관점을 가지고 있다고 할 수 있다.

---

77) 김준호, "형법상 점유의 존부와 귀속에 관한 이론적 일고찰", 저스티스 제144호(2014/10), 324면.

78) 김준호, 앞의 논문, 325면.

초기 판례나 일부 학설들이 사자의 점유를 긍정하면서 '도의적 법률이념과 전통적 정의감정'을 전체적 고찰이나 생전의 점유의 근거로 내세운 것은 나름의 이유가 있는 것처럼 보인다. 조금 직설적으로 표현하면, 수면 중이거나 의식을 잃어버린 사람의 물건을 절취해도 절도죄가 성립하는데, 죽은 사람의 물건을 가져가는 것은 '도덕적으로' 더 비난받아 마땅한 일임에도 단지 점유이탈물횡령죄만 성립한다고 보는 것은 타당하지 않고, 이미 죽어서 저항할 수도 없는 사람의 물건을 빼앗는 것은 정의감정에 따르더라도 중하게 처벌하는 것이 마땅하다는 생각일 것이다. 또한 사망이라는 행위상황을 단지 사후에 이용하는 데 불과한 사람과 스스로 그 결과를 야기하거나 자신이 야기한 결과를 점유탈취에 이용하는 사람을 동등하게 취급하는 것도 정의의 관념에 맞지 않는다는 취지일 것이다.

그러나 탈취죄에서 핵심적 의미를 가지는 점유의 유무는 물건 자체에 대한 지배 유무에 관한 문제이지, 물건을 지배하는 과정(사실상 지배를 취득하는 과정)에서 어떤 의도를 가지고 있었는지, 어떤 상황을 이용한 것인지, 사전에 어떤 불법을 저질렀는지를 기준으로 판단할 문제는 아니다. 이런 점에서 전체적 관찰이나 생전 점유라는 것은 도구적 개념에 불과하고, 사실상 사자의 점유를 긍정하기 위한 편법이라고 하지 않을 수 없다.

재산죄, 특히 탈취죄로서의 성격을 가지는 절도나 강도살인의 경우에 합목적성을 이유로 점유 개념을 지나치게 규범화하여 점유 개념의 한계를 불분명하게 만드는 것은 법관에 의한 법창조를 허용하는 결과로 된다는 점도 염두에 두어야 할 것이다. 사자의 점유가 그런 도구로서의 역할을 더 이상 감당하지 않도록 판례의 변경을 촉구한다.

22. 특수강도 중 야간주거침입강도죄 실행의 착수시기 문제

최준혁 교수(인하대학교 법학전문대학원)*

대상판결

1. 대법원 1991. 11. 22. 선고 91도2296 판결
2. 대법원 1992. 7. 28. 선고 92도917 판결

[대상판결 1] 대법원 1991. 11. 22. 선고 91도2296 판결: 형법 제334조 제1, 2항 소정의 특수강도의 실행의 착수는 어디까지나 강도의 실행행위 즉 사람의 반항을 억압할 수 있는 정도의 폭행 또는 협박에 나아갈 때에 있다 할 것이고, 위와 같이 야간에 흉기를 휴대한 채 타인의 주거에 침입하여 집안의 동정을 살피는 것만으로는 동 법조에서 말하는 특수강도의 실행에 착수한 것이라고 할 수 없다.

(사실관계) 甲이 야간에 타인의 재물을 강취하기로 마음먹고 흉기인 칼을 휴대한 채 시정되어 있지 않은 V1의 집 현관문을 열고 마루까지 침입하여 동정을 살피던 중 마침 혼자서 집을 보던 V1의 손녀 V2(14세)가 화장실에서 용변을 보고 나오는 것을 발견하고 갑자기 욕정을 일으켜 칼을 V2의 목에 들이대고 방안으로 끌고 들어가 밀어 넘어뜨려 반항을 억압한 다음 강제로 1회 간음하여 V2를 강간하였다.

(대법원의 판단) 특수강도에 착수하기도 전에 저질러진 위와 같은 강간행위가 위 구 특정범죄가중처벌등에관한법률 제5조의6 제1항 소정의 특수강도강간죄에 해당한다고 판단한 원심판결에는 동 범죄의 성립에 관한 법리를 오해하여 판결에 영향을 미친 위법이 있다.

* 최준혁 인하대학교 법학전문대학원 교수는 독일 Freiburg대학교에서 LLM, 서울대학교에서 법학박사학위를 받았고 현재 『비교형사법연구』와 『형사정책』의 편집위원장, 대법원 양형위원회 전문위원으로 일하고 있다.

[대상판결 2] 대법원 1992. 7. 28. 선고 92도917 판결: 형법 제334조 제1항 소정의 야간주거침입강도죄는 주거침입과 강도의 결합범으로서 시간적으로 주거침입행위가 선행되므로 주거침입을 한 때에 본죄의 실행에 착수한 것으로 볼 것인바, 같은 조 제2항 소정의 흉기휴대 합동강도죄에 있어서도 그 강도행위가 야간에 주거에 침입하여 이루어지는 경우에는 주거침입을 한 때에 실행에 착수한 것으로 보는 것이 타당하다.

(사실관계) 甲, 乙, 丙이 야간에 V1의 집에 이르러 재물을 강취할 의도로 甲이 출입문 옆 창살을 통하여 침입하고 乙은 부엌의 방충망을 뜯고 들어가다가 V1의 헛기침에 발각된 것으로 알고 도주함으로써 뜻을 이루지 못했다. 그리고, 甲, 乙, 丙이 야간에 V2의 집에 이르러 甲이 담을 넘어 들어가 대문을 열고 다른 피고인들이 집에 들어가 乙이 부엌에서 식칼을 들고 방안에 들어가는 순간 비상벨이 울려 도주함으로써 뜻을 이루지 못했다.

(대법원의 판단) 甲, 乙이 위와 같이 야간에 주거에 침입한 이상 특수강도죄의 실행에 착수한 것으로서 그 미수범으로서 처단되어야 할 것이고 현장에서 함께 행동한 丙으로서도 같은 죄책을 져야 함은 더 말할 나위도 없다.

Ⅰ. 문제점

1. 야간주거침입강도의 실행의 착수시기에 관한 서로 다른 판결의 존재

[대상판결 1]은 의용형법에는 존재하지 않았으나 형법 제334조가 신설한 특수강도의 착수시기를 최초로 밝혔다는 점에 그 의의가 있다.[1] 이 판결은 이 죄의 실행의 착수시기에 관한 폭행협박시설을 따르고 있음을 분명히 하고 있는데, 바로 그 다음 해에 선고된 [대상판결 2]는 반대로 주거침입시설을 따르고 있다.

[대상판결 1]과 [대상판결 2] 중 어느 쪽이 대법원의 입장인지는 분명하지 않다. 상습절도와 주거침입죄의 관계에 관한 대법원 1984. 12. 26. 선고 84도1573 전원합의체 판결에 대한 2015. 10. 15. 선고 2015도8169 판결의 관계와 비

1) 최진갑, "특수강도죄의 실행의 착수시기", 대법원판례해설 제16호, 법원도서관, 1991, 748면.

교해 보면, 2015도8169 판결의 내용변경은 헌법재판소의 위헌결정 이후 폐지된 구 특가법 제5조의4 제1항과의 관계 때문이나[2] [대상판결 1]과 [대상판결 2]이 설시하고 있는 내용의 차이는 관련된 법조문의 변경 등의 이유 때문이라고 볼 수 없으며, [대상판결 1]과 [대상판결 2] 중 어느 한쪽이 전원합의체 판결도 아니기 때문이다.

2. [대상판결 2]의 쟁점: 야간주거침입강도의 실행의 착수시기에 관한 주거침입시설이 제334조 제2항에도 적용되는지

[대상판결 2]의 판시 중 형법 제334조 제1항에 관한 부분은 야간주거침입절도죄에 대한 대법원의 입장과 동일하다고 보인다. 주거침입죄와 제334조 제1항의 관계에 대해서도 대법원은 "형법 제334조 제1항 특수강도죄는 '주거침입'이라는 요건을 포함하고 있으므로 형법 제334조 제1항 특수강도죄가 성립할 경우 주거침입죄는 별도로 처벌할 수 없고, 형법 제334조 제1항 특수강도에 의한 강도상해가 성립할 경우에도 별도로 주거침입죄를 처벌할 수 없다고 보아야 할 것"이라고 판단한다.[3]

그런데 [대상판결 2]는 소위 합동강도에서도 그 행위가 야간에 타인의 주거에 침입하여 이루어진 경우에는 주거침입을 실행의 착수시기로 보아야 한다고 판결한다. 이 판결은 합동절도에 대한 대법원의 판단과도 다른데, 심지어 행위자가 주간에 타인의 주거에 침입하여 행한 흉기휴대·합동강도죄의 실행의 착수시기를 강도행위를 한 때로 본다는 반대해석도 가능하게 만든다.[4]

합동절도에 대한 대법원 2009. 12. 24. 선고 2009도9667 판결은 "특수절도에 있어서 주거침입은 그 구성요건이 아니므로, 절도범인이 그 범행수단으로 주거침입을 한 경우에 그 주거침입행위는 절도죄에 흡수되지 아니하고 별개로 주거침입죄를 구성하여 절도죄와는 실체적 경합의 관계에 있게 되고, 2인 이상이

2) 판례변경의 기준에 관하여 최준혁, "지난 10년간(2011~2021) 대법원 형법판례의 변화: 총칙 분야", 형사판례연구 제31권, 박영사, 2023, 163면.

3) 대법원 2012. 12. 27. 선고 2012도12777 판결.

4) 이창섭, "야간에 합동하여 주거에 침입하여 재물을 절취한 자의 형사책임", 홍익법학 제16권 제1호(2015), 416면.

합동하여 야간이 아닌 주간에 절도의 목적으로 타인의 주거에 침입하였다 하여도 아직 절취할 물건의 물색행위를 시작하기 전이라면 특수절도죄의 실행에는 착수한 것으로 볼 수 없는 것이어서 그 미수죄가 성립하지 않는다"고 한다. 이 판결은 주거침입과 합동절도를 구별하여 해당사건에서 주거침입이 있다고 하더라도 합동절도죄는 성립하지 않는다고 판단하겠다는 취지로 보이는데[5] 합동절도의 실행의 착수시기에 대한 대법원의 기준은 물색행위시이기 때문이다. 2009도9667 판결은 주간에 이루어진 주거침입과 합동절도만 판단하고 있어서 야간주거침입과 합동절도에 대해서 대법원이 분명한 입장을 취하고 있지 않다고 생각할 수도 있지만, 대법원의 판결 중 야간에 주거침입해 합동절도한 경우에도 물색행위시를 실행의 착수의 기준으로 삼는 판결을 찾을 수 있다. 예를 들어 대법원 2010. 4. 29. 선고 2009도14554 판결은 성명불상의 공범과 합동하여 2009. 5. 20. 22:15경 아파트 신축공사현장에서 V 소유의 건축공사용 자재인 동파이프를 절취하려다가 미수에 그쳤다는 공소사실로 기소된 甲에 대하여, 甲이 이 사건 공사현장 안에 있는 건축자재 등을 훔칠 생각으로 성명불상의 공범과 함께 마스크를 착용하고 위 공사현장 안으로 들어간 후 창문을 통하여 건축 중인 아파트의 지하실 안쪽을 살폈을 뿐이고 나아가 위 지하실에까지 침입하였다거나 훔칠 물건을 물색하던 중 동파이프를 발견하고 그에 접근하였다는 등의 사실을 인정할 만한 증거가 없는 이상, 비록 甲이 창문으로 살펴보고 있었던 지하실에 실제로 값비싼 동파이프가 보관되어 있었다고 하더라도 甲의 위 행위를 위 지하실에 놓여 있던 동파이프에 대한 V의 사실상의 지배를 침해하는 밀접한 행위라고 볼 수 없다고 판단하였다.[6]

3. 범죄의 성질과 실행의 착수시기 판단: 결합범과 신분범

아래에서 다시 논의하겠지만, 제334조 제1항의 실행의 착수시기를 주거침입시로 판단하는 주된 논거는 이 조문의 구조가 야간주거침입절도죄와 동일하다는

5) 김태명, 판례형법각론(3판), 피엔씨미디어, 2018, 296면.

6) 이 판결에 대하여 이창섭, 앞의 글, 411면; 최준혁, "절도죄의 가중구성요건 상호간의 관계에 대하여 —주거침입죄와 손괴죄를 중심으로—", 형사법연구 제31권 제4호(2019), 287면.

점이다. 그리고 야간주거침입절도죄의 실행의 착수시기를 주거침입시로 보는 이유는 이 조문이 주거침입과 절도의 결합범이고 결합범은 제1행위가 있을 때 전체의 실행의 착수가 있다고 보기 때문이다.

형법의 가중구성요건들 중에는 행위자에게 있는 업무라는 신분으로 인하여 기본구성요건의 법정형을 가중하는 범죄들이 있다. 행위자의 일신전속적 신분인 상습성을 이유로 법정형을 가중하는 처벌조문들도 있으며 피해자가 행위자의 존속일 때 법정형을 가중하는 구성요건도 위헌 여부에 관한 논의와 무관하게 남아있다. 행위의 측면에서는 단체 또는 다중의 위력을 보이거나 흉기 기타 위험한 물건을 휴대하여 행위한 경우 행위방법의 위험성으로 인해 가중되는 구성요건들이 여기저기에 흩어져있다. 2인 이상이 합동 또는 공동으로 해당구성요건을 실현하였을 때 행위방법의 위험성을 이유로 가중처벌하는 조문도 형법, 폭력행위 등 처벌에 관한 법률, 성폭력범죄의 처벌에 관한 특별법 등에 규정되어 있다. 결과적 가중범에서는 행위로 인하여 발생한 결과를 이유로 형을 가중한다. 절도죄에서 행위방법의 위험성을 이유로 하는 가중구성요건요소는 합동, 야간주거침입, 건조물손괴, 흉기휴대가 있는데 이들 중 주거침입 및 손괴가 절도와 함께 규정되어 있으면 결합범이다.[7)]

형법에는 결합범 또는 신분범으로 볼 수 있는 여러 처벌조문이 있다. 어떠한 범죄가 결합범이라면 그때의 실행행위는 각 범죄의 구성요건적 실행행위 그 자체라고 할 것이므로 행위관련적이며, 각각의 행위는 수평적, 병렬적으로 결합되어 있는 반면 신분범에서의 신분은 행위자관련적 요소이므로, 결합범에서라면 제1행위로 볼 부분은 신분범에서는 선행행위이며 신분범에서의 실행행위는 제2행위에 한정된다는 것이다. 그러므로 어떠한 행위가 결합범인 동시에 신분범이라고 보면 결합범에서의 제1행위에 대한 형법적 평가가 전혀 달라지게 되는 문제가 발생하며 이 두 관점은 통상의 경우에는 양립할 수 없다.[8)] 그렇다면, 舊성폭력범죄의 처벌 및 피해자보호 등에 관한 법률 제5조 제2항, 형법 제298조의 특수강도강제

7) 최준혁, “절도죄의 가중구성요건 상호간의 관계에 대하여 －주거침입죄와 손괴죄를 중심으로－”, 262면.

8) 한상훈, “결합범의 구조와 신분범과의 관계 －준강도죄와 강도강간죄를 중심으로－”, 법조 제580호(2005. 1.), 120면; 최준혁, “동승자가 특가법상 도주차량죄의 공동정범이 될 수 있는가? －도주차량죄의 구조에 대한 해석론－”, 비교형사법연구 제19권 제4호(2018), 43면.

추행죄는 특수강도죄와 강제추행죄의 결합범으로서 특수강도의 신분을 가지게 된 자가 강제추행이라는 새로운 고의 아래 강제추행에 나아갈 때 성립하는 범죄라고 하는 대법원 2006. 8. 25. 선고 2006도2621 판결은 이해하기 어렵다. 이 판결을 문언 그대로 읽으면, 현행 성폭력범죄의 처벌 등에 관한 법률 제3조 제1항의 죄에서의 특수강도는 신분인 동시에 결합범의 일부로서 이 범죄가 신분범이면서 결합범이라고 설명한다고 보이기 때문이다.

범죄의 성격이 결합범과 신분범 중 어느 쪽인지에 대해서는 결합범으로 해석하는 입장이 범죄의 실행의 착수시기, 사후가담 공범의 처벌, 범죄체계론 등의 문제들을 보다 효과적이고 합리적으로 해결할 수 있다. 하지만, 어떠한 범죄가 결합범이라는 설명이 곧 그 범죄에서 제1행위라고 볼 수 있는 부분의 실행의 착수가 전체행위의 실행의 착수라는 판단이라고 보기는 어렵다. 결합범의 개념 자체가 불분명하기 때문에 어떠한 범죄가 결합범이라는 설명으로부터 실행의 착수시기에 관한 일반적인 기준을 도출하기 어렵기 때문이다.[9] 즉, 개별 구성요건을 해석해서 제1행위가 전체 범죄의 보호법익에 미치는 위태화의 정도가 그 구성요건 전체의 실행의 착수에 미치지 못한다고 평가할 수 있다면 제1행위의 시작이 아니라 제2행위의 시작이 전체의 실행의 착수로 볼 수 있으며[10] 강도살인죄나 강도강간죄에서 보듯이 대법원의 판결에서도 이러한 해석을 찾을 수 있다. 예를 들어 앞에서 살펴보았던 2006도2621 판결은 성폭력범죄처벌법 제3조 제1항이 결합범이면서도 제2행위의 실행의 착수가 전체범죄의 실행의 착수라고 설명하고 있다.

9) 홍영기, "특수강도죄의 실행의 착수시기 －결합범과 실행 착수시기 도그마틱의 단순화－", 성균관법학 제21권 제1호(2009), 424면.
10) 류부곤, "특수강도죄의 실행의 착수시기 －결합범의 구조적 유형화에 기반한 모색－", 비교형사법연구 제13권 제1호(2011), 82면.

Ⅱ. 쟁점 및 검토

1. 제334조 제1항의 실행의 착수 시기에 관한 학설

(1) 주거침입시설

주거침입시설의 논거는 제334조 제1항과 야간주거침입절도죄(제330조)의 구조적 유사성이다. 이 죄는 야간주거침입죄와 강도죄의 결합범이므로 야간주거침입절도와 동일하게 주거침입시를 실행의 착수로 보는 것이 일관성 있는 해석[11]이라는 설명이 그러하다.

다만, 강도의 고의를 가진 자가 주거에 침입하면 바로 특수강도의 미수죄가 성립하면 지나치다는 비판이 가능한데, 강도의 목적은 있었으나 폭행협박이 없었다면 기껏해야 강도예비죄로 처벌받는 것과 비교할 때 형량의 차이가 크다고 보이기 때문이다.[12]

(2) 폭행협박시설

다수설은 야간주거침입절도에서와 다르게 폭행협박시설이며, 논거는 세 가지 정도이다.

범죄의 본질과 연결하여 강도죄의 불법의 핵심이 폭행협박에 의한 재물강취이므로 폭행협박시를 실행의 착수로 보아야 한다는 설명[13]이다. 강도의 의사가 폭행협박시에 확실하게 표현되어야 한다는 설명[14]은 고의를 논거로 제시한다. 고의의 입증과 관련하여 주거침입시에 실행의 착수가 있다고 보면 야간에 주거침입한 시점에서 체포된 경우에 야간주거침입절도인지 야간주거침입강도인지가 오로

11) 편집대표 김신·김대휘, 주석형법 각칙 5(5판), 한국사법행정학회, 2017, 495면; 신동운, 형법각론(3판), 법문사, 2023, 1094면; 최호진, 형법각론, 박영사, 2022, 418면.

12) 홍영기, 앞의 글, 419면.

13) 김혜정·박미숙·안경옥·원혜욱·이인영, 형법각론(2판), 정독, 2021, 306면; 배종대, 형법각론(13판), 홍문사, 2022, 326면; 손동권·김재윤, 새로운 형법각론(2판), 율곡출판사, 2022, 330면; 이상돈, 형법강론(4판), 박영사, 2023, 523면; 이형국·김혜경, 형법각론(2판), 법문사, 2019, 369면.

14) 임웅, 형법각론(13판), 법문사, 2023, 391면.

지 행위자의 내심의 의사만으로 결정되는 불합리함이 있으므로 강도의 의사가 외부로 표출되는 폭행협박시를 실행의 착수로 보아야 한다는 설명[15]도 있다.

2. 관련문제

(1) 야간주거침입절도죄의 실행의 착수시기

야간주거침입절도는 결합범이므로 실행의 착수는 주거침입시이며[16] 실행의 착수는 절도의 의사로 주거 등에 침입하는 시점[17]이라는 설명이 통설이다. 그런데, 야간주거침입절도죄의 성격이 결합범이라는 점이 제334조 제1항의 실행의 착수시기에 대한 주거침입시설의 근거이므로, 야간주거침입절도죄에 대한 설명이 달라진다면 제334조 제1항에서의 주거침입시설의 설명도 달라질 가능성이 있다.

준강도죄의 기수 및 미수 판단기준에 관한 논의에서도 준강도죄가 신분범 또는 결합범 중 무엇에 해당하는지가 논거로 제시되기도 한다. 그러나 준강도죄의 기수와 미수의 구분에 관한 결합설이 보여주듯이 여기에서 범죄의 성질 외에도 준강도죄의 입법취지 및 강도죄와의 형의 불균형, 준강도죄의 본질(강도죄의 특수유형설, 절도죄의 가중유형설, 독립범죄설), 준강도치사상죄와의 관계, 준강도죄의 목적과의 관계, 준강도죄에서의 폭행·협박의 정도에 대한 대법원의 입장과의 관계 등 다양한 논점이 등장한다[18]는 점에서 야간주거침입강도의 실행의 착수시기를 언제로 볼 것인가 라는 질문과 바로 연결된다고 보기는 어렵다.

---

15) 김성돈, 형법각론(8판), SKKUP, 2022, 356면; 김일수·서보학, 형법각론(8판), 박영사, 2015, 266면.

16) 편집대표 김신·김대휘, 주석형법 각칙 5, 414면; 김일수·서보학, 형법각론, 247면; 배종대, 형법각론, 300면; 오영근, 형법각론(7판), 박영사, 2022, 262면; 이상돈, 형법강론, 514면; 임웅, 형법각론, 368면; 최호진, 형법각론, 388면.

17) 김혜정·박미숙·안경옥·원혜욱·이인영, 형법각론, 282면; 손동권·김재윤, 새로운 형법각론, 305면; 신동운, 형법각론, 1063면; 이재상·장영민·강동범, 형법각론(13판), 박영사, 2023, 287면; 이형국·김혜경, 형법각론, 350면. 특수강도죄가 결합범이라고 설명하면서도 특별한 근거제시 없이 폭행협박시설을 따르는 입장으로 이재상·장영민·강동범, 앞의 책, 320면.

18) 이천현, "준강도죄의 기수 및 미수 판단기준", 형법판례 150선(3판), 233면.

(2) 성폭력처벌법의 구성요건에 관한 해석과 범죄의 성격

성폭력범죄의 처벌 등에 관한 법률 제3조 제1항에 관한 대법원의 판결에 의문점이 있음은 이미 지적하였다. 그런데 최근의 한 대법원 판결은 이 조문에 규정된 범죄의 성질에 대한 판단을 결론을 이끌어내는 주된 논거로 사용한다.

대법원 2021. 8. 12. 선고 2020도17796 판결은 "주거침입강제추행죄 및 주거침입강간죄 등은 사람의 주거 등을 침입한 자가 피해자를 간음, 강제추행 등 성폭력을 행사한 경우에 성립하는 것으로서, 주거침입죄를 범한 후에 사람을 강간하는 등의 행위를 하여야 하는 일종의 신분범이고, 선후가 바뀌어 강간죄 등을 범한 자가 그 피해자의 주거에 침입한 경우에는 이에 해당하지 않고 강간죄 등과 주거침입죄 등의 실체적 경합범이 된다. 그 실행의 착수시기는 주거침입 행위 후 강간죄 등의 실행행위에 나아간 때"라고 판결한다.

이 판결은 주점에서 술을 마시던 중 자신을 남자화장실 앞까지 부축해 준 V를 건조물인 위 주점 여자화장실로 끌고 가 용변 칸으로 밀어 넣은 후, 자신의 성기를 V의 구강에 넣으려고 하고 손가락을 V의 성기에 넣으려고 하였으나 그 뜻을 이루지 못하고 미수에 그쳤다는 공소사실로 기소된 甲이 성폭력처벌법상 주거침입유사강간죄에 해당하는가라는 쟁점에 관하여, 甲은 여자화장실에 들어가기 전에 이미 유사강간죄의 실행행위를 착수하였기 때문에 성폭력처벌법상 주거침입유사강간죄를 범할 수 있는 지위, 즉 '주거침입죄를 범한 자'에 해당되지 아니한다는 결론을 내기 위해서 이 죄가 신분범이라고 판단하였다.

이 판결에서 대법원의 결론이 타당한지와 무관하게, 과연 이 죄를 신분범으로 보아야만 이 쟁점을 해결할 수 있는지는 의문이다. 성폭력처벌법 제3조에 대한 기존의 해석론은 이 조문이 결합범이라는 전제에서 개별범죄에 대한 해석론을 그대로 활용하고 있어서,[19] 형법전에 규정하고 있는 유사한 결합범인 야간주거침입절도죄 및 그와 연결된 야간주거침입강도죄의 해석론을 그대로 원용해 이 사건을 해결할 때의 불합리한 점이 존재하였기 때문에 대법원이 이 조문을 결합범이 아니라 신분범이라고 판단하였다고 보인다. 하지만, 이 조문을 결합범이라고 하면

19) 최준혁·조지만, "성폭력범죄의 처벌 등에 관한 특례법에서의 주거침입강간죄의 적용범위", 형사정책 제27권 제3호(2015), 186면.

서도 반드시 제1행위를 시작할 때 전체 구성요건의 실행의 착수가 있다고 볼 필요가 없다면 이 조문을 신분범이라고 해석할 이유는 많지 않다. 이는 신분 개념이 무엇인가에 대한 대법원 판결이 이해하기 어렵다는 것[20]과는 다른 문제이다.

(3) 검토

1) 결합범의 실행의 착수시기: 반드시 제1행위시에 실행의 착수가 있다고 보아야 하는지

실행의 착수시기란 행위자가 언제 실행의 착수를 하였는가를 정하는 구체적이고 역동적인 개념으로서 예비와의 구별기준이 된다.[21] 실행의 착수시기에 관한 설명으로 형식적 객관설은 구성요건을 일부라도 실현하기 시작할 때 실행의 착수가 있다고 보는 견해이며, 실질적 객관설은 구성요건이 보호하려는 법익에 직접적으로 위험이 발생할 때 실행의 착수를 인정하는 견해이며 주관설은 행위자의 주관적 의사가 행위에 의하여 확정적으로 나타난 때 또는 범의의 비약적 표동(表動)이 있을 경우 실행의 착수가 인정된다는 입장이다.

다수설은 객관적 요소와 주관적 요소를 결합하여 실행의 착수시기를 결정하여야 한다는 절충적인 입장으로 주관적 객관설 또는 절충적 객관설이다. 실행의 착수가 있는지를 판단하는 기준은 행위의 객체 또는 구성요건의 실현에 대한 직접적 위험이지만 여기에 해당하는가의 여부는 주관적 표준, 즉 행위자의 개별적 행위계획에 의하여 결정되어야 한다는 것이다. 이러한 일반적 기준을 구체화하는 것은 결국 각칙의 개별적인 구성요건의 실행행위에 대한 해석의 문제이나 직접 구성요건이 실현될 수 있는 구성요건에 해당하는 실행행위와 밀접한 행위가 있으면 실행의 착수가 있다고 인정할 수 있으며 대법원이 절도죄에서 제시하고 있는 물색행위시설도 여기에 속한다.[22]

구성요건실현을 위한 직접적 행위란 구성요건의 일부를 실현시키는 행위일 필요는 없으며, 구성요건을 실현시키는 행위에 직접적으로 선행하고 있어서 자연

20) 구성요건요소의 분류상 객관적(외부적) 행위자관련적 요소만을 신분으로 보아야 한다는 설명으로 김성돈, 형법총론(8판), SKKUP, 2022, 723면.

21) 김성돈, 형법총론, 458면.

22) 김성돈, 형법총론, 459면; 신동운, 형법총론(14판), 법문사, 2022, 508면; 이재상·장영민·강동범, 형법총론(11판), 박영사, 2022, 27/28.

적 관찰방법에 의해 아무런 중간행위가 개입하지 않고도 구성요건의 실현에 이르게 되는 행위는 구성요건의 실현을 위한 직접적 개시행위이다.[23] 그 단계를 넘어서 구성요건의 일부가 실현되어 이미 구성요건적 행위가 개시된 때에는 실행의 착수를 인정하는데 문제가 없다는 설명이 일반적[24]인데 결합범은 이러한 설명과 연결된다. 어떠한 구성요건이 구성요건적 행위를 구체적으로 기술하고 있을 때만 구성요건이 실행의 착수시기를 판단하는 기준이 될 수 있는데[25] 결합범이 이에 해당한다고 생각할 수도 있기 때문이다.

결합범은 각기 독립된 수 개의 구성요건에 해당할 수 있는 여러 개의 행위를 하나의 독자적인 제3의 구성요건으로 결합시키고 있는 범죄유형이라는 설명이 일반적[26]이다. 그리고 결합범은 포괄일죄이기 때문에 그 일부분에 대한 실행의 착수는 원칙적으로 전체에 대한 실행의 착수라는 것이다.[27] 그러나 이 설명에서도 결합범에서의 결합의 방식에 따라 단순히 일부의 실행이 있었다는 것만으로 전체의 실행의 착수를 인정할 수 없는 경우가 있다고 한다. 예로 강도살인죄는 살해행위를, 준강도죄와 인질강도죄는 폭행협박을 개시해야 한다는 것이다.

이러한 설명의 문제점은 절도죄의 가중요건과 강도죄의 가중요건 양쪽 모두에서 드러난다고 생각한다. 절도죄의 가중구성요건의 실행의 착수시기를 판단할 때 그 범죄가 결합범이라는 점을 기준으로 활용한다면 제331조 제1항도 손괴시에 실행의 착수가 있다고 보아야 한다.[28] 반면 흉기휴대절도나 합동절도에서는 밀접행위설에 따르는 설명이 일반적이며 이렇게 되면 절도죄의 어느 가중구성요건을 인정하는지에 따라서 실행의 착수 시기가 달라진다는 문제가 있다.

하지만, 구성요건의 부분실행이 그 자체로 실행의 착수시기를 판단하는 기준이 될 수 없다는 점은 결합범에서도 마찬가지이며,[29] 실행의 착수시기에 대한 절

---

23) 김성돈, 형법총론, 460면; 신동운, 형법총론, 512면; 이재상·장영민·강동범, 형법총론, 27/32.
24) 이는 바로 앞의 설명, 즉 실행의 착수를 인정하기 위해 구성요건의 일부가 실현되어야 할 필요는 없다는 설명을 뒤집은 것이다. Roxin, Strafrecht Allgemeiner Teil II, C.H.Beck 2003, 29/110.
25) Roxin, Strafrecht AT II, 29/109.
26) 김성돈, 형법총론, 750면; 신동운, 형법총론, 776면; 이재상·장영민·강동범, 형법총론, 38/24.
27) 이재상·장영민·강동범, 형법총론, 27/31.
28) 대법원 1977. 7. 26. 선고 77도1802 판결.
29) 이하의 설명은 최준혁, "절도죄의 가중구성요건 상호간의 관계에 대하여 –주거침입죄와 손괴죄를 중심으로–", 286면.

충설에 따른다면 결합범에서도 선행한 구성요건적 행위의 착수로 무조건 전체범죄의 실행의 착수가 있다고 인정하는 것이 아니라 해당범죄의 보호법익에 대한 직접적 위험에 이르는 단계에서 실행의 착수가 있다고 보아야 한다.

야간주거침입절도죄에서도 주거침입죄의 실행에 이르는 현실적 위험이 없는 단계라면 아직 실행의 착수가 있다고 보기는 어렵다고 보는 견해[30]가 원용하는 대법원 2008. 3. 27. 선고 2008도917 판결은 "주거자, 관리자, 점유자 등의 의사에 반하여 주거나 관리하는 건조물 등에 들어가는 행위 즉 구성요건의 일부를 실현하는 행위까지 요구하는 것은 아니지만, 주거침입의 범의로 예컨대, 주거로 들어가는 문의 시정장치를 부수거나 문을 여는 등 침입을 위한 구체적 행위를 시작함으로써 범죄구성요건의 실현에 이르는 현실적 위험성을 포함하는 행위를 개시할 것"이 필요하다고 보아, 야간에 다세대주택 가스배관을 타고 올라가다가 경찰관에게 발각되어 뛰어내린 행위는 야간주거침입절도의 실행의 착수가 아니라고 보았다. 이 판결이 보여주듯이 위요지에 들어간 행위가 이미 주거침입죄의 실행의 착수라고 본다면 야간주거침입절도죄의 실행의 착수시기는 매우 앞당겨진다. 하지만 행위자의 범행계획이 아파트의 특정한 가구에 피해자의 의사에 침입하여 절도하는 것이라면, 아파트 엘리베이터나 주차장, 복도에 들어가는 행위는 행위태양에 따라 그 자체로 건조물침입죄가 성립할 수는 있으나 야간주거침입절도죄의 실행의 착수가 있다고 보기는 어렵다.[31]

주거침입이 구성요건의 일부로 규정되어 있는 제331조 제1항에 대해서도 같은 기준을 적용할 수 있다. 이 조문의 구조는 주거침입을 위한 손괴-주거침입-절도로 되어 있어 손괴와 주거침입, 주거침입과 절도는 각각 견련범의 관계로 볼 수 있다. 그런데 아파트 등의 위요지를 생각해 보면 위요지 등의 주거침입-현관문을 열기 위한 손괴-현관문을 열고 난 후의 주거침입과 절도로 구분할 수 있으며 이 사안에서 주거침입은 두 번 등장하는데, 첫 번째 주거침입은 현관문의 손괴와 다시 견련범의 관계이다. 결합범의 실행의 착수에 대한 통상의 설명처럼 최초의 주거침입에서 이미 전체범죄의 실행의 착수를 인정할 수는 없으며, 보호법익

30) 신동운, 형법각론, 1063면.

31) 같은 취지로 판단하는 BGH, Beschl. v. 20. 09. 2016 - 2 StR 43/16에 대해 Satzger, "Unmittelbares Ansetzen beim Wohnungseinbruchsdiebstahl", JURA 2017, 1238.

의 직접적 위험이 어느 단계에서 발생하는지가 기준이 될 것이다.[32]

이러한 설명은 야간주거침입강도죄의 실행의 착수시기에 대한 판단기준으로 사용하기 더 쉽다. 제334조 제1항의 실행의 착수시기를 폭행협박시설로 보는 다수설도 실행의 착수시기에 대한 주관적 객관설을 따른 결론으로 보인다. 강도죄의 특성을 고려한다면 비록 결합범의 제1행위에 착수하였다고 보이더라도 그 행위가 동시에 전체 범죄의 실행의 착수로 보기는 어려우며, 보호법익에 대한 직접적 위험은 폭행협박시에 발생한다고 보아야 한다.[33]

2) 성폭력처벌법 제3조 제1항의 성격

2020도17796 판결의 사안에서 주거침입강제추행이 성립하지 않는다고 판단하기 위해 대법원은 이 죄가 일종의 신분범이라는 논거를 제시하였다. 그러나 신분에 관한 일반적 설명에 맞지 않아 이 죄는 신분범이라고 볼 수 없으며, 이 죄는 결합범의 형태이므로 그 일부인 각 구성요건에 대한 설명이 곧 제3조에 대한 설명이 된다고 볼 수 있다.

결합범이라는 설명에 기반하여 제1행위인 주거침입시에 전체 범죄의 실행의 착수가 있다고 설명할 필요가 없다는 설명은 이미 하였으며 이러한 관점에 따르면 폭행협박시에 전체 행위의 실행의 착수가 있다고 보아야 한다. 이 사안이 주거침입강제추행에 해당하지 않는다고 설명하기 위해서 이 죄가 신분범이라고 볼 필요도 없다. 2020도17796 판결의 피고인은 피해자를 화장실로 끌고 들어갈 때 이미 유사강간 등의 성범죄를 의욕하였다고 보인다. 그런데 성폭력처벌법 제12조와 형법의 주거침입죄 조문을 체계적으로 해석해 보면, 여자화장실은 성폭력처벌법이 규정한 다중이용장소이지 주거침입죄의 행위객체라고 보기 어렵다. 그렇다면 화장실의 용변칸에 밀고 들어간 행위는 어떻게 파악할 것인가? 대법원 1984. 6. 26. 선고 83도685 판결의 피고인은 자신이 남편이라고 가장하여 여자화장실 용변칸의 문을 잠그고 들어간 피해자가 속아서 문을 열게 한 후 피해자를 강간하였다.

---

32) 최준혁, "절도죄의 가중구성요건 상호간의 관계에 대하여 －주거침입죄와 손괴죄를 중심으로－", 287면.

33) 미수범의 처벌은 구성요건의 실현을 전제로 하므로, 미수의 범위는 가능한 한 기수에 가깝게 설정하는 편이 법치국가적 요청에 합치한다는 설명으로 Roxin/Greco, Strafrecht AT I, 5. Aufl., C.H.Beck 2022, 15/22.

이 사건의 피고인이 피해자가 점유하기 시작하여 현재 점유하고 있는 내밀한 사적 공간에 침입하여 강간죄를 저질렀기 때문에 주거침입강간죄로 처벌해야 한다는 대법원의 결론은 타당하다고 보이는데 그 이유는 두 가지이다. 하나는 이때 문제가 되는 공간이 비록 화장실 전체에 대한 시정장치가 있다고 하더라고 화장실의 공용부분이 아니라 그와 구별된 용변칸이기 때문이며, 다른 하나는 피해자가 피고인의 행위 이전에 화장실의 용변칸을 이미 평온히 점유하고 있었기 때문이다. 그런데 2020도17796 판결의 사실관계에 따르면 피고인이 피해자를 유사강간하기 위하여 용변칸으로 밀고 들어갔기 때문에, 피해자는 피고인과 동시에 함께 주거침입죄의 행위객체가 될 수 있는 용변칸에 들어가기는 했으나 그 공간에 대한 주거권 또는 사실적 평온이 있다고 보기 어렵기 때문에 피고인의 행위는 주거침입죄에 해당하지 않는다.

Ⅲ. 맺으며

[대상판결 1]과 [대상판결 2] 이후 이 쟁점에 대한 대법원 판결은 찾을 수 없다. 이 문제와 관련된 사건을 대법원이 다룰 기회가 없었기 때문이겠으나, 이러한 사건을 다시 다룬다면 대법원은 야간주거침입강도의 실행의 착수시기에 관한 기준을 분명히 할 필요가 있다.

[대상판결 2]가 대법원의 입장이라면 이 판결에서 제시하는 기준이 제334조 제2항에도 적용되는지 여부도 분명히 할 필요가 있다. 그런데 제334조 제2항의 실행의 착수시기를 주거침입시설에 따라 판단할 것인지의 문제는 결국 제334조 제2항의 불법에 주거침입이 포함되어 있는지 여부에 따라 판단할 수 있다. 이는 상습절도와 주거침입죄의 관계에 관한 대법원의 판결에서 분명히 드러나는데, 형법 제334조 제2항은 제331조 제2항과 동일한 형태이며 기본범죄가 절도와 강도인지의 차이만 있다고 보이기 때문에 실행의 착수 시기에 대한 다른 해석을 할 이유는 분명하지 않다. 즉, 기본범죄의 실행의 착수를 가중구성요건의 실행의 착수 시기를 판단하는 기준으로 활용한다면 절도죄는 물색행위시, 강도죄는 폭행협박시를 기준으로 해야 한다. 나아가, 강도죄의 본질 또는 위험성이 합동강도에 야

간주거침입이 수반한 경우의 실행의 착수 시기를 주거침입시로 앞당겨야 한다는 논거가 되기도 어렵다고 생각한다. 한편으로 강도죄의 본질이 실행의 착수시기를 폭행협박시로 보아야 하는 논거가 되기 때문이며, 다른 한편으로 강도죄는 절도죄와 달리 예비에 대한 처벌규정이 있어서 야간에 강도의 목적으로 주거에 침입하였으나 아직 강도죄의 실행의 착수인 폭행협박이 있다고 보기 어려운 경우에는 주거침입죄와 강도예비죄의 상상적 경합이라고 판단할 수 있기 때문이다.[34]

34) 류부곤, 앞의 글, 73면 이하.

23. 배임죄의 법적 성격 및 손해 발생의 구체적 위험 판단기준 문제

김재윤 교수(건국대학교 법학전문대학원)*

[대상판결]

1. 대법원 2000. 12. 8. 선고 99도3338 판결
2. 대법원 2017. 7. 20. 선고 2014도1104 전원합의체 판결

[대상판결 1] 배임죄에서 '임무에 위배하는 행위'라 함은 처리하는 사무의 내용, 성질 등 구체적 상황에 비추어 법률의 규정, 계약의 내용 혹은 신의칙상 당연히 할 것으로 기대되는 행위를 하지 않거나 당연히 하지 않아야 할 것으로 기대하는 행위를 함으로써 본인과 사이의 신임관계를 저버리는 일체의 행위를 포함하며, '재산상의 손해를 가한 때'라 함은 현실적인 손해를 가한 경우뿐만 아니라 재산상 실해 발생의 위험을 초래한 경우도 포함되고 일단 손해의 위험성을 발생시킨 이상 사후에 피해가 회복되었다 하여도 배임죄의 성립에 영향을 주는 것은 아니다.

(사실관계) 승려로서 재단법인 불교방송의 이사장 직무대리인인 甲은 1997. 5. 2. 후원회 기부금을 정상 회계처리하지 않고 자신과 친분관계에 있는 신도 A에게 확실한 담보도 제공받지 아니한 채 2억 원을 대여하였다. 그런데 1997. 6.경 법인회계에 대한 반기결산을 하게 되어 위 대여사실이 알려져 甲의 대여행위가 문제되자 甲은 A에게 대여금반환을 요구하였다. 한달 후 A는 타인으로부터 돈을 빌려 대여금 전액을 반환하였다.

(대법원의 판단) 그 신도가 이자금을 제때에 불입하고 나중에 원금을 변제하였다 하더라도 배임죄가 성립한다.

---

* 김재윤 건국대학교 법학전문대학원 교수는 독일 Trier대학교에서 법학박사학위를 받았고, 한국형사법학회, 한국비교형사법학회, 한국형사정책학회 각 상임이사 및 법무부 인권강사의 직을 맡고 있다.

[대상판결 2] 주식회사의 대표이사가 대표권을 남용하는 등 그 임무에 위배하여 회사 명의로 의무를 부담하는 행위를 하더라도 일단 회사의 행위로서 유효하고, 다만 상대방이 대표이사의 진의를 알았거나 알 수 있었을 때에는 회사에 대하여 무효가 된다. 따라서 상대방이 대표권남용 사실을 알았거나 알 수 있었던 경우 그 의무부담행위는 원칙적으로 회사에 대하여 효력이 없고, 경제적 관점에서 보아도 이러한 사실만으로는 회사에 현실적인 손해가 발생하였다거나 실해 발생의 위험이 초래되었다고 평가하기 어려우므로, 달리 그 의무부담행위로 인하여 실제로 채무의 이행이 이루어졌다거나 회사가 민법상 불법행위책임을 부담하게 되었다는 등의 사정이 없는 이상 배임죄의 기수에 이른 것은 아니다. 그러나 이 경우에도 대표이사로서는 배임의 범의로 임무위배행위를 함으로써 실행에 착수한 것이므로 배임죄의 미수범이 된다.

그리고 상대방이 대표권남용 사실을 알지 못하였다는 등의 사정이 있어 그 의무부담행위가 회사에 대하여 유효한 경우에는 회사의 채무가 발생하고 회사는 그 채무를 이행할 의무를 부담하므로, 이러한 채무의 발생은 그 자체로 현실적인 손해 또는 재산상 실해 발생의 위험이라고 할 것이어서 그 채무가 현실적으로 이행되기 전이라도 배임죄의 기수에 이르렀다고 보아야 한다.

주식회사의 대표이사가 대표권을 남용하는 등 그 임무에 위배하여 약속어음 발행을 한 행위가 배임죄에 해당하는지도 원칙적으로 위에서 살펴본 의무부담행위와 마찬가지로 보아야 한다. 다만 약속어음 발행의 경우 어음법상 발행인은 종전의 소지인에 대한 인적 관계로 인한 항변으로써 소지인에게 대항하지 못하므로(어음법 제17조, 제77조), 어음발행이 무효라 하더라도 그 어음이 실제로 제3자에게 유통되었다면 회사로서는 어음채무를 부담할 위험이 구체적·현실적으로 발생하였다고 보아야 하고, 따라서 그 어음채무가 실제로 이행되기 전이라도 배임죄의 기수범이 된다. 그러나 약속어음 발행이 무효일 뿐만 아니라 그 어음이 유통되지도 않았다면 회사는 어음발행의 상대방에게 어음채무를 부담하지 않기 때문에 특별한 사정이 없는 한 회사에 현실적으로 손해가 발생하였다거나 실해 발생의 위험이 발생하였다고도 볼 수 없으므로, 이때에는 배임죄의 기수범이 아니라 배임미수죄로 처벌하여야 한다.

(사실관계) 피고인은 甲회사, 乙회사의 대표이사이고, 乙회사의 丙은행에 대한 대출금채무를 담보하기 위해 丙은행에 甲회사 명의로 액면금 29억 9천만원의 약속어음을 발행하여 줌으로써 丙은행에 29억 9천만원 상당의 재산상 이익을 취득하게 하고 甲회사에 같은 액수 상당의 손해를 가하였다고 하여 특정경제범죄 가중처벌 등에 관한 법률 위반(배임)으로 기소되었다.

(대법원의 판단) 약속어음 발행행위가 배임죄의 기수에 이르렀음을 전제로 공소사

실을 유죄로 판단한 원심판결에 배임죄의 재산상 손해 요건 및 기수시기 등에 관한 법리오해의 잘못이 있다.

Ⅰ. 문제점

형법상 여러 구성요건 가운데 배임죄만큼 그 해석을 둘러싸고 논란이 큰 구성요건도 없다. "타인의 사무를 처리하는 자가 그 임무에 위배하는 행위로써 재산상의 이익을 취득하거나 제3자로 하여금 취득하게 하여 본인에게 손해를 가한 때"로 규정한 배임죄 구성요건(형법 제355조 제2항)은 "타인의 재물을 절취한 자"를 처벌하는 절도죄 구성요건과 비교할 때 법문만 보면 절도죄보다 명확하고 상세하게 규정되어 있는 것처럼 보인다. 예를 들어 甲이 A의 자전거를 절취한 행위에 대해 절도죄가 성립한다는 데 피의자(피고인)나 그 변호인, 사법경찰관, 검사, 판사 모두 별다른 다툼이 없다. 하지만 동산 이중매매,[1] 부동산 이중매매,[2] 동산 또는 주식 이중 양도담보,[3] 대물변제예약 부동산 임의처분,[4] 부동산교환계약 위반,[5] 서면증여 부동산에 대한 근저당권설정,[6] 양도담보설정계약이 체결된 동산 또는 주식의 임의처분,[7] 부동산 이중저당[8] 등의 행위가 (업무상)배임죄에 해당하는지 여부는 피의자와 그 변호인은 물론이고 이를 기소하는 검찰이나 법원도 대법원까지 이르러서야 유무죄를 알 수 있을 만큼 불명확하고 모호하다. 이러한 배임죄 구성요건의 모호성으로 말미암아 배임죄는 다른 재산범죄와 비교할 때 검찰에 의한 불기소처분 비율이 상당히 높다. 즉 배임죄 불기소처분 비율은 2020년 72.1%(전체 배임죄 처리인원 8,355명 중 6,026명 불기소), 2021년 41.3%(전체 배임죄 처

1) 배임죄 불성립: 대법원 2011. 1. 20. 선고, 2008도10479 전원합의체 판결.
2) 배임죄 성립: 대법원 1988. 12. 13. 선고, 88도750 판결; 대법원 2008. 7. 10. 선고 2008도3766 판결; 대법원 2018. 5. 17. 선고, 2017도4027 전원합의체 판결 등.
3) 배임죄 불성립: 대법원 2020. 2. 20. 선고, 2019도9756 전원합의체 판결.
4) 배임죄 불성립: 대법원 2014. 8. 21. 선고, 2014도3363 전원합의체 판결.
5) 배임죄 성립: 대법원 2018. 10. 4. 선고, 2016도11337 판결.
6) 배임죄 성립: 대법원 2018. 12. 13. 선고, 2016도19308 판결.
7) 배임죄 불성립: 대법원 2020. 2. 20. 선고, 2019도9756 전원합의체 판결.
8) 배임죄 불성립: 대법원 2020. 6. 18. 선고, 2019도14340 전원합의체 판결.

리인원 2,089명 중 863명)에 달한다.9) 더욱 주목할 점은 불기소처분 사유 가운데 혐의 없음 비율이 2021년 기준 배임죄는 34.5%(717명)임에 비해 절도죄는 1.7%(1,299명)에 비해 월등히 높다.10) 이처럼 배임죄는 본래 민사영역의 문제임에도 불구하고 형사고소·고발에 의해 형사화되고 있으나, 고소·고발에도 불구하고 배임죄 구성요건의 모호성으로 말미암아 검찰 단계에서부터 혐의없음 불기소처분 비율이 높게 나타나고 있다. 또한 배임죄 해석론의 복잡성으로 인하여 배임죄로 기소된 피고인으로서는 자신의 유·무죄를 사전에 예측하기란 매우 어렵다. 예컨대 2021년을 기준으로 일반 범죄의 무죄선고율은 3.0%인 반면, 횡령·배임죄의 무죄선고율은 7.3%로 2배 이상 높다. 이는 절도·강도의 무죄선고율 1.3%, 사기·공갈의 무죄선고율 2.9%와 비교하더라도 훨씬 높은 비율임을 알 수 있다.11) 형법학계에서는 배임죄의 구성요건이 매우 모호하고 그로인한 폭넓은 처벌 가능성을 빗대어 '재산적 비행의 하수종말처리장'으로까지 언급되고 있다.12)

우리나라와 독일형법, 오스트리아형법, 스위스형법, 프랑스형법, 벨기에형법, 스페인형법, 일본형법을 제외하고 영국이나 미국13) 등 대부분의 선진 자본주의 국가에서 단순배임죄는 찾아보기 어렵다.14) 단순배임죄에 대한 형사처벌은 근대 시민사회의 핵심 원리인 개인의 사적 자치의 원칙을 침해할 소지가 크기 때문이다. 이에 우리나라 배임죄의 입법적 연혁으로 알려진 독일에서도 "독일형법 제266조는 언제나 통한다!(§266 StGB passt immer!)"15)라고 하여 매우 비판적이다. 배임죄는 구성요건의 모호성으로 인해 수사기관이 언제든 기소하고자 한다면 기소할 수 있는 범죄이기 때문이다.

---

9) 법무연수원, 2022 범죄백서, 2023.4, 246쪽.

10) 법무연수원, 위의 책, 263쪽.

11) 법무연수원, 위의 책, 308쪽.

12) 문형섭, "배임죄에 관한 연구", 호남대학교 대학원 박사학위논문, 2001, 2쪽.

13) 미국모범형법전의 규정에도 전형적인 배임죄에 관한 규정은 존재하지 않는다. 이에 관해서는 법무부, 미국모범형법·형사소송규칙, 법무자료 제50집, 1983, 111-130쪽 참조.

14) 배임죄의 입법례에 대해 상세한 소개로는 강동욱, "형사상 배임죄의 입법례와 주체에 관한 고찰", 법학논총 제37권 제1호, 단국대학교 법학연구소, 2013, 155-164쪽; 최준선, 배임죄 성립범위에 관한 연구(Ⅰ) - 소위 경영판단 원칙의 도입 찬성과 대안 중심으로, 한국기업법학회, 2015, 13-39쪽 참조.

15) A. Ransiek, "Risiko, Pflichtwidrigkeit und Vermögensnachteil bei der Untreue", ZStW Vol. 116 Iss. 3, Walter de Gruyter, 2004, S. 634.

배임죄가 형사재판에서 확대 적용된 배경에는 배임죄 구성요건이 불명확하다[16]는 근본적 이유도 있지만 대법원이 배임죄에 있어 손해를 [대상판결 1, 2]와 같이 침해범으로 해석하지 않고 “재산상 실해 발생의 위험을 초래한 경우”에도 손해를 인정하는 구체적 위험범으로 해석하여 배임죄 미수가 아닌 기수범으로 확대 적용하는 태도에서도 기인한다. 다만 [대상판결 2]는 [대상판결 1]과 달리 ‘재산상 실해 발생의 위험’을 보다 구체화하여 단지 막연한 가능성이 있다는 정도로는 부족하고 “경제적 관점에서 재산상 손해가 발생한 것과 같다고 평가될 정도에 이르렀다고 볼 수 있을 만큼 구체적·현실적인 위험이 야기된 경우”로 제한하는 종래 대법원의 입장을 수용하고 있으나,[17] 여전히 구체적 위험발생 유무의 판단기준이 모호하다는 문제가 있다.

따라서 이하에서는 죄형법정주의 관점에서 [대상판결 1, 2]와 같이 배임죄의 보호정도를 침해범이 아닌 구체적 위험범으로 해석하는 것이 타당한지, [대상판결 2]에서처럼 배임죄에서 재산상 손해 발생의 위험을 구체적 위험이 야기된 경우로 제한하더라도 구체적 위험에 대한 판단기준이 명확한지에 대하여 비판적 입장에서 검토하고자 한다.

16) 최근 헌법재판소는 “업무상 배임행위를 처벌하는 구 ‘특정경제범죄 가중처벌 등에 관한 법률’(1990. 12. 31. 법률 제4292호로 개정되고 2012. 2. 10. 법률 제11304호로 개정되기 전의 것) 제3조 제1항 중 형법 제356조 가운데 형법 제355조 제2항에 관한 부분(이하 ‘특별법 배임조항’이라 한다) 및 형법(1995. 12. 29. 법률 제5057호로 개정된 것) 제356조 중 제355조 제2항에 관한 부분(이하 ‘업무상 배임조항’이라 한다)이 죄형법정주의의 명확성원칙에 위배되는 않는다.”(헌법재판소 2015. 2. 26. 선고 2014헌바99 결정)라고 판시한 바 있다.

17) 이러한 제한의 시도는 대법원 2008. 6. 19. 선고 2006도4876 전원합의체 판결에서 “경제적 관점에서 재산상 손해가 발생한 것과 사실상 같다고 평가될 정도의 위험이 발생하였다고 판단되어야 한다.”라고 입장을 제시하면서 시작되었고, 대법원 2015. 9. 10. 선고 2005도6745 판결에서 “재산상 실해 발생의 위험이란 본인에게 손해가 발생할 막연한 위험이 있는 것만으로는 부족하고 경제적인 관점에서 보아 본인에게 손해가 발생한 것과 같은 정도로 구체적인 위험이 있는 경우를 의미한다. 따라서 재산상 실해 발생의 위험은 구체적·현실적인 위험이 야기된 정도에 이르러야 하고 단지 막연한 가능성이 있다는 정도로는 부족하다.”라고 판시하여 보다 구체화 되었다.

Ⅱ. 쟁점 및 검토

1. 배임죄의 법적 성격에 관한 학설

우리 형법은 횡령죄나 사기죄 등 다른 재산범죄와 달리 배임죄의 객관적 구성요건요소로 '본인에게 손해를 가한 때'를 명시하여 재산상 손해 발생을 요구하고 있다. 이러한 배임죄 특유의 입법 형식으로 말미암아 배임죄의 법적 성격을 어떻게 파악할 것인지에 대하여 위험범설과 침해범설이 대립하고 있다. 이러한 견해의 대립은 배임죄의 기수시기를 언제 인정할 수 있는가에 있어 결정적 차이를 발생시킨다.

(1) 위험범설

위험범설은 배임죄는 횡령죄와 마찬가지로 위험범으로서 배임행위에 의하여 재산상 손해 발생의 위험성을 초래한 이상 배임죄 기수가 성립한다고 본다. 판례에 따르면 [대상판결 1, 2]에서 보듯이, "재산상 손해를 가한 때라 함은 현실적인 손해를 가한 경우뿐만 아니라 재산상 실해 발생의 위험을 초래한 경우도 포함한다."라고 하여 위험범설을 따르고 있다. 다만 판례는 '재산상 실해 발생의 위험'이란 본인에게 손해가 발생할 막연한 위험이 있는 것만으로는 부족하고 경제적인 관점에서 보아 본인에게 손해가 발생한 것과 같은 정도로 구체적·현실적인 위험이 야기된 정도에 이르러야 한다고 한다. 따라서 판례는 배임죄를 추상적 위험범이 아닌 구체적 위험범으로 본다. 그런데 문제는 [대상판결 1, 2]를 포함하여 판례가 구체적 위험설이 타당하다는 구체적이고 명확한 근거를 밝히지 않고 있다는 데 있다. [대상판결 2]에서 박상옥 대법관만이 침해범설을 지지하는 별개의견에 대해 위험범설의 입장에서 보충의견을 제시하고 있을 뿐이다. 그 제시 논거의 타당성 여부는 후술한다.

(2) 침해범설

반면에 학계의 다수설과 [대상판결 2]의 별개의견은 배임죄를 침해범으로 이해한다. 침해범설에 따르면 재산에 대한 현실적 손해가 발생한 시점 또는 일련의 구성요건행위 결과로 본인에게 재산상의 손해가 발생한 때 비로소 기수가 된다고 보고, 손해 발생의 가능성 또는 손해 발생의 구체적·현실적 위험만으로는 아직 기수라고 할 수 없고 미수에 불과하다고 본다.

침해범설의 주요 논거로는 [대상판결 2]의 별개의견이 적절히 지적하고 있듯이 우리 형법은 '본인에게 손해를 가한 때'라고 하여 침해범의 형식으로 규정하고 있음에도 불구하고 '손해를 가할 위험성이 있는 때'라고 해석하는 것은 피고인에게 불리하게 유추해석하는 것으로 죄형법정주의 원칙에 반한다는 점, 배임죄의 본질에 대하여 판례가 배신설을 따르고 있어 성립범위가 넓어질 수밖에 없는데 위험범설과 결합함으로써 그 처벌 범위가 지나치게 확대된다는 점, 우리 형법은 배임죄 미수범을 처벌하는 규정을 두고 있는데, 위험범설을 따를 경우 미수범 처벌규정이 사문화된다는 점 등이 제시되고 있다. 죄형법정주의 관점에서 [대상판결 2]의 별개의견을 중심으로 판례가 따르고 있는 구체적 위험범설의 부당성을 살펴보면 다음과 같다.

(3) 검토: 죄형법정주의 관점에서 바라 본 구체적 위범설의 부당성

첫째, 판례가 따르고 있는 구체적 위험범설은 형법 규정의 문언에 일치하지 않는 유추해석으로 죄형법정주의 원칙에 반한다. 즉 형법 제355조 제2항은 사기죄와 달리 "임무에 위배하는 행위로써 재산상의 이익을 취득하거나 제3자로 하여금 이를 취득하게 하여 본인에게 손해를 가한 때"에 배임죄가 성립한다고 규정하고 있다. 여기서 '손해를 가한 때'란 그 문언상 '손해를 현실적으로 발생하게 한 때'를 의미한다. 그럼에도 불구하고 판례는 배임죄를 위험범으로 파악하기 시작한 대법원 1973. 11. 13. 선고 72도1366 판결에서부터 현재에 이르기까지 배임죄의 '손해를 가한 때'를 해석함에 있어 현실적인 손해 이외에 실해 발생의 위험을 초래한 경우까지도 포함된다고 하여 배임죄의 기수 성립범위를 넓히고 있다. '실해 발생의 위험을 가한 때'는 '손해를 가한 때'와 그 의미와 인정 범위가 상이할 수밖에 없는데도 불구하고 이 둘을 동일한 의미로 해석하는 것은 문언의 가능한 해석범위를 벗어난 것이다. 뿐만 아니라 이는 '손해를 가한 때'라는 객관적 구성요건의 의미를 피고인에게 불리한 방향으로 확장하여 유추해석하는 것으로 죄형법정주의 원칙에 반한다.

둘째, 구체적 위험범설은 입법자의 의사에 반하는 해석이다. 즉 우리 입법자는 배임죄의 본질을 타인의 신뢰를 배반하여 재산을 침해는 점에서 찾는 배신설을 따를 경우 신임관계의 범위가 무한정하게 확대될 위험이 있어 단순한 민사상 채무불이행까지도 배임죄에 해당할 수 있는 우려가 있으므로, 독일형법(제266조) 상 배임죄에 있어 미수범 처벌규정을 두지 않은 것과 달리 배임죄의 가벌성 확장의 문제를 해소하기 위해 배임죄 미수범 처벌에 대한 명시적 규정을 마련해 두었다. 즉 독일형법은 배임죄 미수범 처벌 규정이 없기 때문에 부실대출 유형과 같이 현실적인 손해가 발생하기 위해서는 여러 단계와 상당한 시간이 필요한 경우에 배임죄 처벌의 공백이 발생하기 때문에 이러한 처벌의 공백을 메꾸기 위해 독일형법 제266조의 '손해(Nachteil)'를 손해를 가하거나 손해와 동등한 재산상 위험, 즉 '손해동등위험(die schadensgleiche Vermögensgefährdung)' 또는 '위험손해(Vermögensgefährdung als Schaden)'로 해석하여 아직 현실적인 손해가 발생하지 않더라도 경제적 관점에서 이미 재산에 현재적인 저평가를 초래한 경우에 배임죄 기수로 의율할 형사정책적 필요성이 있었던 것이다. 반면에 우리 입법자는 배임죄의 가벌성 확장의 문제를 해소하기 위해 독일형법과 달리 미수범 처벌 규정을 마련해 두었음에도 불구하고 사법부의 일원인 대법관이 배임죄를 침해범이 아닌 구체적 위험범으로 해석하여 미수범 처벌규정을 사문화시키고 배임죄의 가벌성을 확장하는 것은 입법자의 의사에 정면으로 반하는 해석이 아닐 수 없다.

셋째, 일부 견해는 판례의 태도를 지지하면서 재산상 실해 발생의 위험이라는 관념이 필요한 이유를 부실대출 유형과 같이 "배임행위시를 기준으로 손해의 현실적인 발생까지 시간적 간격이 있으면서 배임행위자의 손해 발생을 위한 추가적 행위가 필요하지 않은 경우에 배임죄 기수범이 성립할 수 있다는 결론을 정당화하기 위한 것"에서 찾고 있다.[18] 하지만 이와 달리 배임행위시에 재산상 실해 발생의 위험만이 초래되고 상당한 시간적 간격이 지난 후에 현실적 손해가 발생된 경우에 배임죄를 침해범으로 보면 앞의 시점에서는 배임죄 미수범이 인정될

18) 이진수, "대표권 남용에 의하여 약속어음을 발행한 사례에 대한 형사법적 고찰 – 대법원 2017. 7. 20. 선고 2014도1104 전원합의체 판결에 대한 평석 –", 형사정책 제33권 제4호, 한국형사정책학회, 2022, 313쪽.

뿐이다. 이는 마치 살인범 甲이 피해자 A를 향해 총을 쏘았고, A가 총탄에 맞아 생명이 위독할 정도로 치명상을 입고 혼수상태로 중환자실에서 치료를 받다가 6개월 후에 사망한 경우 총을 쏜 시점에서 생명에 대한 실해 발생의 위험(구체적·현실적 위험)이 초래되었다고 하여 甲에게 살인죄의 기수를 인정해야 한다고 주장하는 것과 다름없다고 본다. 실제 검사로서는 甲에 대해 A가 사망하기 이전 단계에서는 살인죄 미수범으로 공소제기를 하고 제1심 혹은 항소심 재판 도중 A가 사망하였다면 그 시점에서 공소장을 살인죄로 변경하면 족하다. 마찬가지로 침해결과인 손해 발생을 하나의 독자적인 객관적 구성요건요소로 인정하고 있는 배임죄에 있어서도 재산상 실해 발생의 위험이 초래된 시점에서 검사는 배임죄 미수범으로 공소제기를 하고 제1심 혹은 항소심 재판 도중 본인(피해자)에게 현실적 손해가 발생하면 배임죄로 공소장을 변경하는 것이 해석론상으로 타당하고 피고인에게도 유리한다.

넷째, 대법원의 배임죄 해석, 즉 배임죄의 본질을 배신설로, 보호정도를 구체적 위험범으로, 재산상 손해를 전체가치설로 파악하여 배임죄 기수의 가벌성을 최대한 확장하는 입장은 국민들의 상식이나 법감정과 심각한 괴리를 불러일으키고 있다. 즉 판례는 "부실대출에 의한 업무상배임죄가 성립하는 경우에는 담보물의 가치를 초과하여 대출한 금액이나 실제로 회수가 불가능하게 된 금액만을 손해액으로 볼 것은 아니고, 재산상 권리의 실행이 불가능하게 될 염려가 있거나 손해 발생의 위험이 있는 대출금 전액을 손해액으로 보아야 한다."[19]라고 판시하고 있다. 그리하여 [대상판결 1]과 같이 부실대출 시점에서 구체적 위험범설에 따라 배임죄 기수를 인정하여 추후에 대출원금의 일부 혹은 전부나 이자가 회수되어도 그것은 피해의 회복에 불과하므로 그러한 사정은 배임죄의 성립에 영향이 없고, 그 금액을 손해액에서 공제하여야 할 것도 아니라고 한다. 이는 배임죄의 본질을 배신설로, 보호정도를 구체적 위험범으로, 재산상 손해를 범죄행위로 실제 취득하는 대상의 재산의 실질가치의 가액을 이득으로 파악하는 '실질가치설'이 아닌 취득한 재산상의 이익 전체를 하나의 단위로 인식하여 그 가액을 이득액으로 파악하는 '전체가치설'을 서로 결합하여 배임죄 기수의 가벌성을 최대한 확장한 해석

19) 대법원 2000. 3. 24. 선고 2000도28 판결.

의 결과이다. 이러한 대법원의 배임죄 해석은 피고인에게 지나치게 불리한 확장해석으로 국민들의 상식이나 법감정에 반한다. 부실대출 유형의 배임에서도 법익 보호의 정도는 구체적 위험범이 아닌 침해범으로 파악하여 부실대출 시점에서 배임죄의 실행착수를 인정하여 배임죄 미수범을 인정하여야 하고, 구체적인 재산상 손해는 실질가치설에 따라 부실대출 후 미변제된 금액만 손해라고 보는 것이 타당하다고 본다. 단지 임무위배행위를 통해 부실대출금채무가 발생한 뿐인 배임죄의 실행의 착수 단계에서 손해 발생의 구체적·현실적 위험을 토대로 부실대출금 전액을 손해라고 보고 배임죄 기수 또는 그 이득액(부실대출금)이 5억 원을 초과할 경우 곧바로 특정범죄가중처벌등에관한법률위반(배임)죄를 적용하여 가중처벌하는 것은 현실에서 발생하지도 않은 손해를 그 발생의 구체적·현실적 위험과 동일시하여 국민에게 가혹한 형벌을 부과하는 것이다. 한마디로 대법관이 법해석이라는 이름으로 재산권 침해도 아닌 그 전 단계에 불과한 구체적·현실적 위험을 침해로 둔갑시켜 피고인을 배임죄 기수로 형사처벌하는 행태를 현재까지 유지하고 있는 것이다.

이때 등장하는 대법관의 변명 중 하나가 "우리 형법과 같이 배임죄에 관해 미수범 처벌규정을 두고 있는 일본형법의 해석에서, 일본의 최고재판소도 배임죄는 위험범이라는 입장을 취하고 있다."[20]라는 것이다. 그런데 이러한 견해는 일본형법상 배임죄가 구체적 위험범설을 따르게 된 이유를 간과한 데서 비롯된 것이다. 일본 판례에서 재산상 손해에 실행 발생의 위험의 등장은 1933년 12월 4일 대심원 제1형사부가 "형법 제247조에서 소위 재산상 손해라 함은 현재 그 손해가격이 확정할 수 있는 것에 한하지 아니하고 재산상 권리의 실행을 불확실하게 할 우려가 있는 상태도 포함하는 것으로 해석함이 정당하다."[21]라는 데서 시작하여 1938년 10월 25일 대심원 제3형사부가 이를 보다 구체화하여 "형법 제247조의 '재산상 손해'라고 있는 것은, 모든 재산적 가치의 감소를 의미하고, 비단 재산적 실해(實害)를 발생시킨 경우만이 아니라 실해 발생의 위험을 발생시킨 경우도 지칭하는 것으로 한다."[22]라고 판시하여 이때부터 '실해 발행의 위험'을 재산적 실

20) [대상판결 2]에서 다수의견에 대한 대법관 박상옥의 보충의견.

21) 大審院 昭和8年12月4日 刑集12卷23號 2196頁.

22) 大審院 昭和13年10月25日 刑集17卷17號 735頁.

해를 발생시킨 경우에 포함시키게 되었다. 당시 일본 대심원의 이와 같은 판시는 배임죄의 재산상 손해는 위험(Gefährdung)에서도 찾을 수 있다는 독일 제국법원의 견해[23]를 수용하는 한편, 재산상 손해에 대한 평가를 경제적 관점이 아닌 법적 재산설의 관점을 다수설로 채택하고 있어 본인이 재산적 권리를 가지는 경우 그 권리가 침해되지 않는 한 원칙적으로 본인에게 손해가 있다고 할 수 없는 문제점이 있어 이러한 문제점을 교정하여 배임죄 기수시기를 적정화하기 위하여 독일형법과 달리 미수범 처벌 규정을 두고 있음에도 불구하고 '실해 발생의 위험'을 도입한 것이라고 한다. 다만 일본에서는 재산상 손해에 대한 평가방법에 대한 학설이 종래 법적 재산설에서 경제적 재산설로 변화되어 이러한 위험설에 대해 비판이 다수 제기되자 1983년의 최고재판소의 판결부터 '실해 발생의 위험'이라는 용어를 자제하는 방향으로 태도를 전환하고 있다고 한다.[24]

그런데 우리 대법원은 박상옥 대법관이 적절히 지적하고 있듯이 대법원 1973. 11. 13. 선고 72도1366 판결에서 처음으로 "업무상 배임죄에서 '본인에게 손해를 가한 때'라 함은 재산적 가치의 감소를 뜻하는 것으로서 이는 재산적 실해를 가한 경우뿐만 아니라 실해 발생의 위험을 초래케 한 경우도 포함한다."라고 판시한 바 있고, 대법원 1975. 4. 22. 선고 75도123 판결에서는 배임죄는 침해범이 아니고 위험범임을 명시적으로 판시한 바 있다. 문제는 대법원이 72도1366 판결이나 75도123 판결에서 왜 '실해 발생의 위험'을 '재산적 실해를 가한 경우'에 포함시켜야 하는지, 이로써 배임죄를 침해범이 아닌 위험범으로 해석해야 하는지 구체적 논거를 전혀 제시하지 않고 있다는 데 있다.

추측컨대, 당시 대법원이 일본의 1938년이나 1983년의 판결을 무비판적으로 수용한 것이 아닐까 한다. 만일 당시 대법원이 앞서 언급한 일본 판례를 무비판적 수용한 것이 사실이라면 이는 다음과 같은 관점에 비판받아 마땅하다. 즉 독일형법이나 일본형법상 배임죄의 구성요건과 미수범 처벌 규정의 존재가 서로 상이함에도 불구하고 왜 독일과 일본 판례가 배임죄의 법적 성격을 위험범으로 파악하고 있는지에 대한 고민과 뚜렷한 근거의 제시없이 일본 판례의 태도를 직수입했다는 것이다. 주지하듯이 독일형법상 배임죄의 구성요건은 법률, 관청의 위임 또

23) RGSt 16, 77 (81).

24) 이진수, 앞의 논문, 308-310쪽.

는 법률행위로 인정된 타인의 재산을 처분하는 '권한'이나 제3자에게 의무를 부과할 '권한'을 남용하는 '권한남용적 구성요건(Missbrauchstatbestand)'과 법률, 관청의 위임, 법률행위 또는 신임관계 등에 의하여 부과된 '타인의 재산상 이익을 보존해야 할 의무'를 위반하는 '배신적 구성요건(Missbrauchstatbestand)'으로 구분되어 있다. 이처럼 독일형법상 배임죄는 그 주체가 일본이나 우리나라 배임죄보다 구체화되어 있어 위험범으로 해석하더라도 제한적 적용이 가능하다. 또한 일본형법상 배임죄의 주체는 '타인을 위하여 그 사무를 처리하는 자'로, 우리 형법상 '타인의 사무를 처리하는 자'와 유사하나, 우리와 달리 "자기 또는 제3자의 이익을 도모하거나(図利목적) 본인에게 손해를 가할 목적(加害목적)"을 규정함으로써 図利·加害목적을 초과주관적 구성요건으로 하여 주관적 구성요건 단계에서 제한적 적용이 가능하도록 하고 있다. 이처럼 독일형법은 행위주체라는 객관적 구성요건 단계에서, 일본형법은 목적범 형식으로 주관적 구성요건 단계에서 배임죄를 축소하여 적용할 수 있는 구성요건요소를 포함하고 있으며, 독일형법은 배임죄 미수범 규정을 두고 있지 않으나 일본형법은 우리 형법과 마찬가지로 배임죄 미수범 규정을 두고 있다. 이와 같이 독일형법과 일본형법의 배임죄의 구성요건과 미수범 처벌 규정의 존재가 서로 상이함에도 불구하고 독일과 일본 판례가 배임죄의 법적 성격을 위험범으로 해석하고 있다니까 이를 무비판적으로 수용하여 우리 배임죄도 위험범이라고 해석하고 독일이나 일본과 달리 배임죄 기수를 가장 넓게 해석하여 적용함으로써 '재산적 비행의 하수종말처리장'이라는 비판의 원인을 제공하고 있다.

다섯째, 구체적 위험범설은 형법상 (업무상)배임죄와 특별관계에 있는 특정범죄가중처벌등에관한법률위반(배임)죄의 성립범위를 확대하여 가중처벌함으로써 죄형균형 원칙이나 책임주의 원칙에 반하게 한다. 특정범죄가중처벌등에관한법률위반(배임)죄는 취득한 이득액에 따라 가중처벌되므로 형법상 배임죄 기수범에 한하여 성립할 뿐이다. 그런데 대법원은 배임죄의 법적 성격을 침해범인 아닌 구체적 위험범으로 해석하여 기수시기를 앞당기는 한편, ① 주식회사의 대표이사가 대표권을 남용하는 등 그 임무에 위배하여 회사 명의로 연대보증이나 지급보증 등의 의무부담행위를 하였으나 실제 이행은 없는 경우인 '채무부담 배임', ② 금융회사의 임직원이 대출을 함에 있어 담보가 없거나 대출채권의 회수를 확실하게 하기 위한 충분한 담보를 제공받는 등 상당하고 합리적인 조치를 강구함이 없이 만연히 대출하는 경우인 '불량(부실)대출 배임', ③ 배임행위로 자금을 제공하는 경우인 '자금제공 배임' 사안에서 실질가치설이 아닌 전체가치설에 따라 손해 발생의 위험액으로 ①의 경우 채권액(액면금액) 전액[25] 또는 보증금액 전액,[26] ②의 경우 대출금 전액,[27] ③의 경우 거래대금 전액[28]을 이득액으로 산정하여 그 이득액이 5억 원을 초과할 경우 곧바로 특정범죄가중처벌등에관한법률위반(배임)죄를 적용하여 처벌할 수 있는 발판을 마련하고 있다.

그러나 이러한 이득액 산정방법으로서 전체가치설은 '재산이동범죄'로서 배임죄의 특수성을 반영하지 못하는 문제를 야기한다. 즉 배임죄에 있어 이득액을 별도로 요구하지 않는 독일형법이나 일본형법과 달리 우리 입법자는 배임죄가 단순한 배임적 범죄의 차원을 넘어 이득죄로서의 성질도 갖고 있음을 나타내기 위해 의도적으로 '본인에게 손해를 가한 때' 외에 '재산상 이득의 취득'도 객관적 구성요건요소로 명시하였다. 입법자는 비록 임무위배행위를 통해 본인에게 손해를 가하더라도 재산상 이익의 취득이 없으면 또는 반대로 재산상 이익의 취득이 있더라도 본인에게 손해 발생이 없으면 배임죄가 성립되지 않게 함으로써 배임죄의 성립을 가급적 축소·제한하려는 입법의도를 분명히 한 것이다.[29] 따라서 우리 형법상 배임죄는 타인의 사무처리자가 임무위배행위를 함으로써 재산상 이익을 본인으로부터 배임행위자 자신 또는 제3자에게로 '이전'시키는 방식으로 취득하고 그로인해 본인에게 손해를 가한 때 성립하는 '재산이동범죄'의 형태로 규정되어 있다. 즉 배임죄는 본인의 전체적 재산가치의 감소(본인의 재산상 손해 발생) 및 배임행위자 자신 또는 제3자의 전체적 재산가치의 증가(재산상 이득의 취득)를 통해 본인의 재산가치가 배임행위자 자신 또는 제3자에게 '이전'될 것을 요구하는 '재산이동범죄'로서의 특징을 갖는다. 그럼에도 불구하고 판례가 앞서 언급한 '채무부담 배임' 등 사안에 있어 손해 발생의 위험액 전부를 곧바로 이득액으로 해석하

25) 대법원 2013. 4. 11. 선고 2012도15890 판결.
26) 대법원 2013. 2. 14. 선고 2011도10302 판결.
27) 대법원 1989. 4. 11. 선고 88도1247 판결; 대법원 1996. 7. 12. 선고 95도1043 판결; 대법원 2000. 3. 24. 선고 2000도28 판결; 대법원 2006. 4. 27. 선고 2004도1130 판결.
28) 대법원 2000. 4. 11. 선고 99도334 판결; 대법원 2005. 7. 29. 선고 2004도5685 판결.
29) 신동운, "횡령죄와 배임죄의 관계", 한국형사법학의 새로운 지평, 유일당 오선주 교수 정년기념 논문집 간행위원회, 형설출판사, 2001, 320-330쪽.

는 것은 현실에 있어 어떠한 재산이동이 없음에도 불구하고 '재산가치의 잠재적 이동가능성'이라는 일종의 법적 허구를 만들어 내어 이득액을 피고인에게 불리하게 해석하는 것으로 형평에 반할 뿐 아니라, 상식적으로 납득하기도 어려운 해석이 아닐 수 없다. 결국 특정범죄가중처벌등에관한법률위반(배임)죄의 이득액은 전체가치설이 아니라 재산이동범죄로서의 특수성을 반영하여 실질가치설의 관점에 따라 공허한 위험액을 제외하고 실제로 이동된 재산의 실질가치(객관적 교환가치 내지 실제 가치)만으로 축소·제한 해석할 필요가 있다.[30] 이와 달리 [대상판결 2]에서 다수의견에 대한 대법관 박상옥의 보충의견과 같이 "배임죄를 위험범으로 보는 것과 특정경제범죄법 제3조를 적용하는 것 사이에 법리적, 논리적 연관이 있는 것은 아니다."라고 보는 것은 전혀 동의하기 어렵다. 왜냐하면 특정범죄가중처벌등에관한법률위반(배임)죄는 배임죄 기수범의 성립을 전제로 하고 있는바, 배임죄를 구체적 위험범으로 파악하여 기수범의 성립범위를 확대하고, 아울러 '채무부담 배임' 등 사안에 있어 전체가치설에 따라 손해 발생의 위험액 전부를 곧바로 이득액으로 해석하여 침해범설과 실질가치설에 따르면 특정범죄가중처벌등에관한법률위반(배임)죄로 의율할 수 없는 사안도 손쉽게 특정범죄가중처벌등에관한법률위반(배임)죄를 적용하여 가중처벌하고 있으므로 배임죄와 특정경제범죄법 제3조는 법리적, 논리적으로 깊은 연관관계가 있다고 볼 수밖에 없기 때문이다.

여섯째, 우리 형법상 구체적 위험범으로 이해되는 범죄는 해당 법문에 '위험발생'을 객관적 구성요건요소로 적시하고 있는데,[31] 구체적 위험범설은 배임죄의 객관적 구성요건 어디에도 '위험발생'이라는 객관적 구성요건요소가 없음에도 불구하고 단지 해석을 통해 손해 발생에 구체적·현실적 위험을 포함시켜 구체적 위험범으로 보는 것으로, 이는 금지되는 유추해석을 넘어 법관에 의한 '법창조

30) 이주원, "특정경제범죄 가중처벌 등에 관한 법률위반(배임)죄에서 이득액 개념의 합리적 재해석 -과연 손해발생의 위험액이 곧 이득액인가?-", 인권과정의 통권 제436호, 대한변호사협회, 2013.6, 64-65쪽.

31) 이처럼 형법상 구성요건에 '위험발생'이 적시되어 있어 구체적 위험범으로 이해되는 범죄로는 자기소유일반건조물등방화죄(제166조 제2항), 일반물건방화죄(제167조), 실화죄(제170조 제2항), 폭발성물건파열죄(제172조 제1항), 가스전기등방류죄(제172조의2 제1항), 가스전기등공급방해죄(제173조 제1항), 일반건조물등일수죄(제179조 제2항), 과실일수죄(제181조), 중상해죄(제258조), 중유기죄(제271조 제3항 및 제4항), 중권리행사방해죄(제326조), 중손괴죄(제368조)가 있다.

(Gesetzesschaffung)' 내지 '법제정(Rechtssetzung)'으로 볼 수 있어 죄형법정주의 원칙에 반한다. 판례가 설시하고 있는 손해 발생의 구체적·현실적 위험은 그 자체로서 독자적인 의미를 가지는 것이 아니라 형법이 배임죄의 구성요건으로 명시한 현실적인 손해 발생에 도달하지 못한 마지막 단계에 지나지 않는다. 배임행위자가 임무에 위배하여 본인에게 손해를 가하는 일련의 과정 중 마지막 단계에 해당할 수 있는 손해 발생의 구체적·현실적 위험을 이미 현실적 손해를 가한 것으로 동일시할 법률상 근거를 어디에서도 찾아볼 수 없음에도 불구하고 해석을 통해 기수시기를 앞당기는 것은 법관의 해석을 통해 새로운 구체적 위험범 구성요건을 창설하는 것과 다름없다. 법관의 임무는 법문의 합헌적 해석에 있지 입법에 있지 아니하다.

마지막으로, 손해의 증명과 관련하여 판례와 같이 형법상 배임죄를 구체적 위험범으로 이해하면 검사와 법관은 특정범죄가중처벌등에관한법률위반(배임)죄의 경우 구성요건요소인 이득액을 엄격증명해야 하는 것과 달리 이득액과 손해액을 구체적으로 산정하지 않고 위험액수를 단지 추정하여 배임죄를 인정할 수 있다. 실제로 판례는 "배임죄에서 손해액이 구체적으로 명백하게 산정되지 않았더라도 배임죄의 성립에는 영향이 없다고 할 것이나, 본인에게 발생된 손해액을 구체적으로 산정하여 인정하는 경우에는 이를 잘못 산정하는 것은 위법하다."[32]라거나, 심지어 "피해자의 재산상 손해가 추상적으로 적시"되더라도 무방하다고 판시하고 있다.[33] 이처럼 손해 발생의 구체적·현실적 위험을 손해라고 해석해 온 대법원의 관행은 검사로 하여금 배임죄의 경우 손해액의 정확한 산정에 대해 엄격한 증명을 할 필요성을 없게 하는 편리함을 가져다주고, 이로 인해 죄형법정주의는 또 다시 훼손된다.[34]

32) 대법원 1999. 4. 13. 선고 98도4022 판결.

33) 대법원 1983. 12. 27. 선고 83도2602 판결.

34) 이정민, "계열사 부당지원과 업무상 배임죄", 2014 경영판례연구회 판례평석, 경영판례연구회, 2014, 39쪽; 허일태, "배임죄에서의 행위주체와 손해의 개념", 비교형사법연구 제6권 제2호, 한국비교형사법학회, 2004 155쪽.

2. 손해 발생의 구체적 위험의 판단기준으로서 '손해동등위험'

대법원은 재산상 손해 발생의 위험을 "경제적인 관점에서 보아 본인에게 재산상 손해가 발생한 것과 사실상 같다고 평가될 정도에 이르렀다고 볼 수 있을 만큼 구체적·현실적인 위험이 야기된 경우를 의미"한다고 보고 있는데, 이는 앞서 언급한 바와 같이 일본 판례가 독일형법상 미수범 처벌규정이 없어 손해의 현실적인 발생까지 시간적 간격이 발생하는 배임죄 사례에 있어 배임죄 미수범을 처벌할 수 없는 흠결을 해소하기 위해 손해 발생의 시기를 다소 앞당기기 위해 독일 판례에서 발전한 '손해동등위험' 또는 '위험손해'라는 개념을 차용한 것을 무비판적으로 수용한 데서 비롯된 것이다. 세 나라의 형법상 배임죄의 객관적 구성요건이 상이하고 미수범 처벌 규정 여부가 다름에도 불구하고 독일형법상 손해동등위험을 차용하여 배임죄의 기수시기를 확대해석하는 문제를 뒤로하더라도, 대법원이 제시하고 있는 재산상 손해 발생의 구체적·현실적인 위험의 판단기준으로서 손해동등위험이 독일 판례와 같이 동일하게 해석되고 있는지, 그리고 문제되는 사례를 해결하는 데 있어 명확한 기준으로 작동할 수 있는지를 검토할 필요가 있다.

독일 판례가 제시한 '손해동등위험'이란 재산의 현실적인 손해 발생과 동등한 정도의 재산위태화를 말한다. 독일 연방헌법재판소는 손해동등위험을 근거로 재산상 손해를 인정하는 것이 헌법상 명확성의 원칙에 반하는가에 대해 우리 헌법재판소[35)]와 마찬가지로 합헌을 선언했으나,[36)] 그 세부적인 내용을 살펴보면 상당한 시사점이 있음을 알 수 있다. 손해동등위험과 관련하여 독일 연방헌법재판소가 다룬 사건의 개요와 경과를 요약하면 다음과 같다.[37)]

---

35) 헌법재판소 2015. 2. 26. 선고 2014헌바99,153(병합) 전원재판부 : "업무상 배임죄에서의 재산상 손해라 함은 현실적으로 손해를 가한 경우뿐만 아니라 재산상 손해발생의 위험을 초래한 경우도 포함한다. 대법원은 손해발생 위험의 인정기준에 관하여 "재산상 실해 발생의 위험, 즉 경제적 관점에서 재산상 손해가 발생한 것과 사실상 같다고 평가될 정도의 위험"으로 판시하여, 손해의 개념과 범위를 엄격하게 해석하고 있다. 이처럼 특별법 배임조항의 이득액 개념과 업무상 배임죄에서 손해라는 개념은 합리적으로 명확하게 파악될 수 있으므로 죄형법정주의의 명확성원칙에 위배되지 않는다."

36) BVerfG, Beschluss des Zweiten Senats vom 23. Juni 2010 – 2 BvR 2559/08– <https://www.bundesverfassungsgericht.de/SharedDocs/Entscheidungen/DE/2010/06/rs20100623_2bvr255908.html>, 검색일 : 2023. 7. 20.

1996년 가을 베를린 소재 히포테켄 은행(Berlin－Hannoversche Hypothekenbank AG)의 간부직원이 업무상 임무에 위배하여 충분한 담보의 제공도 없이 아우비스(Aubis) 그룹 부동산업체에게 작센주의 플라우엔(Plauen)시에 위치한 조립식 건물(Plattenbauten) 구입을 위해 19.589.000 마르크의 대출을 허용하였다. 베를린 지방법원은 대출액에서 물적 담보에 의하여 확보된 3.029.000만 마르크를 공제한 16.560.000마르크에 상당하는 '위험동등손해'가 발생하였으며, 위험에 처한 약 16.560.000 마르크 전체가 재산상 손해라고 판단하였다.[38] 문제가 된 부분은 재산상 손해를 산정하는데 히포테켄 은행의 대출금상환청구권(특히 조립식 건물에서 기대할 수 있는 임대소득)을 전혀 고려하지 않음으로써 이를 무가치한 것으로 평가하였다는 점이다. 독일 연방대법원은 재산상 위험을 인정하는 근거로서 충분한 담보를 확보하지도 않고 신용대출을 허용함으로써 지나치게 과도한 위험을 감수하였다는 점을 들었다. 그리고 베를린 지방법원이 재산상 손해산정에서 대출금상환청구권을 완전히 무가치한 것으로 평가한 것은 잘못이지만, 이러한 잘못이 피고인에게 불리하게 작용하여 판결에 영향을 미친 것은 아니라고 판시하였다.[39]

그러나 독일 연방헌법재판소는 문제가 된 '위험동등손해'와 관련하여 재산상 가치 감소의 위험이 아니라 현실적인 재산상 가치감소를 전제로 하고 있기 때문에 그 표현 자체는 불명확하지만 단순한 추상적 위험과는 구분되는 충분하고 명확한 기준을 내포하고 있으므로 독일형법 제266조(배임)의 합헌성에 대한 의문제기는 근거가 없다고 판시하였다.[40] 하지만 베를린 지방법원이 재산상 손해를 "충분히 구체적으로 산정"하지 않고 임무위배로 인한 손해 발생의 위험만을 근거로 이를 인정함으로써 재산상 손해가 임무위배와는 구분되는 독자적인 구성요건요소로서 범죄의 성립범위를 제한하는 기능을 충분히 고려하지 않은 것은 독일기본법 제103조 제2항에 근거한 명확성의 원칙에 반하며, 이러한 취지는 연방대법원의 결정에도 적용된다고 판단하였다.[41] 독일 연방헌법재판소는 베를린 지방법원의

37) 이하의 논의는 원형식, "배임죄에서 '재산상 손해'의 개념", 법학논총 제32권 제3호, 국민대학교 법학연구소, 2020, 416－419쪽.

38) Urteil des Landgerichts Berlin vom 21. März 2007 – (536) 2 StB Js 215/01 (13/04) –

39) Beschluss des Bundesgerichtshofs vom 4. Februar 2009 – 5 StR 260/08

40) 상세한 내용은 BVerfG, Beschluss des Zweiten Senats vom 23. Juni 2010 – 2 BvR 2559/08 – Rn. 135 이하 참조

41) BVerfG, Beschluss des Zweiten Senats vom 23. Juni 2010 - 2 BvR 2559/08 – Rn. 155.

판결이 명확성의 원칙에 의해 요구되는 '정확화의 원칙(Präzisierungsgebot)'과 '구체화의 원칙(Konkretisierungsgebot)'[42]에 반하여 위헌이므로 부정대출로 인한 구체적인 손해를 수치화(beziffern)하여야 한다는 이유로 사건을 파기환송하였다.

이러한 독일 연방헌법재판소의 판결은 위 히포테켄 은행 사례에서 배임죄의 법적 성격을 우리 대법원과 동일하게 구체적 위험범로 이해하면서도 손해 발생의 구체적 위험을 판단함에 있어 위험동등손해를 판단기준으로 적용하고 실질가치설에 따라 부실 대출금 전액에서 물적 담보에 의해 확보된 금액과 히포테켄 은행이 조립식 건물의 임대소득을 통해 확보할 수 있는 대출금상환청구권을 공제하여 부정대출로 인한 구체적인 손해를 수치화할 것을 요구한 것이다.

따라서 대법원은 독일 판례의 위험동등손해라는 개념을 수용하여 손해 발생의 구체적 위험을 판단하면서도 히포테켄 은행 사례에 대한 독일 연방헌법재판소의 판시와 달리 '불량(부실)대출 배임' 사안에서 실질가치설이 아닌 전체가치설에 따라 그 손해액과 이득액을 대출금 전액으로 산정하는지 그 구체적 이유를 밝혀야 할 것이며, "배임죄에서 손해액이 구체적으로 명백하게 산정되지 않았더라도 배임죄의 성립에는 영향이 없다."[43]라는 판시는 독일 연방헌법재판소가 배임죄가 명확성의 원칙에 반하지 않기 위한 전제조건으로 제시한 '정확화의 원칙'과 '구체화의 원칙'에 정면으로 반하는 것은 아닌지 답해야 할 것이다.

다음으로 독일 연방대법원은 손해 발생의 구체적 위험을 인정하기 위한 판단기준으로 '위험동등손해'라는 개념을 제시하면서도 언제 현실적 손해와 동등하게 평가될 수 있는가를 구체화하기 위해 ① 시간적 관점에서 위험에 상응하는 손해의 '즉각적(alsbaldig)'인 발생이 예견되는지, ② 최종적인 손해 발생이 더 이상 피해자에 의하여 통제될 수 없고 행위자의 임의에 달려 있는지, ③ 손해와 동등한 재산상 위험을 근거 짓는 사실이 확정되어 있는지를 제시하고 있다.[44] 이와

---

42) BVerfG NJW 2010, 3211. 독일 연방헌법재판소는 정확화의 원칙을 명확성의 원칙에서 파생되는 것으로 보고 있다. 여기서 '정확화'는 '재산상 손해'와 같이 형법조문이 다소 광범위하고 불명확하게 규정되어 있더라도 법원은 해석을 통하여 그 조문의 적용범위를 예견할 수 있을 정도로 명확히 정함으로써 이러한 불명확성을 제거하여야 하는 것을 말한다. 그리고 '구체화'는 배임으로 인하여 발생한 재산상 손해의 추정액수를 구체적으로, 경우에 따라 가능한 경우에는 수치화(數値化)할 것이 요구됨을 의미이다(원형식, 앞의 논문, 각주 23)에서 재인용).

43) 대법원 1999. 4. 13. 선고 98도4022 판결.

44) BGH, Beschluss vom 2. September 1994 – 2 StR 381/94 –, StV 1995, S. 24.

관련하여 독일학설은 ① 위험상황이 피해자의 입장에서 지배가능한가에 의해 판단하는 견해, ② 민법상 기준에 의해 판단하는 견해, ③ 소위 '직접성의 원칙'에 따라 임무위배가 제3자에 의한 중간행위의 개입 없이도 실해로 이어지는가에 의해 판단하는 견해 등이 제시되고 있다고 한다.[45]

우리 판례는 '위험동등손해'를 손해 발생의 구체적 위험을 인정하기 위한 판단기준으로 제시하면서도 독일 판례와 같이 보다 구체적인 판단기준을 제시하고 있지 않다. 다만 [대상판례 2]에서 판례는 "어음발행이 무효라 하더라도 그 어음이 실제로 제3자에게 유통되었다면 회사로서는 어음채무를 부담할 위험이 구체적·현실적으로 발생하였다고 보아야 하고"라고 판시하여 앞서 언급한 독일학설 ③의 견해와 유사하게 약속어음을 제3자에 유통하였는지 여부, 즉 제3자에 의한 중간행위의 개입 여부를 하나의 판단기준으로 제시한 것으로 볼 수 있다.

그러나 독일 연방헌법재판소는 히포테켄 은행 사례에서 "100년 이상의 법적 전통에도 불구하고 장래의 재산상 손해 발생 위험이 이미 현재의 손해로 이어지는 경우에 대한 결정적인 질문에 대해 누구나 수긍할 만한 일반적 기준이 발견되지 않고 있다."[46]라고 판시하여 위험동등손해를 판단하는 구체적 기준 설정의 어려움을 토로하고 있다. 100년 이상의 법적 전통을 가진 독일에서도 형법상 배임죄에 있어 손해 발생의 구체적 위험을 판단하기 어렵다고 하는데, 만연히 독일형법상 위험동등손해를 차용하고 그 구체적 판단기준에 관한 치열한 논의조차 미흡한 상태에서 대법관이 해석이라는 이름으로 손해 발생의 구체적 위험을 판단하는 그 자체가 매우 위험(?)한 것은 아닌가 한다.

Ⅲ. 맺으며

독일의 저명한 형법학자였던 헬무트 마이어(Hellmuth Mayer)는 1954년 한 논문에서 "배임에 대한 전형적 선례가 있지 않으면 어떤 법원도 소추기관도 이 사례가 제266조(배임죄)에 해당하는지 알지 못한다(Sofern nicht einer der klassischen

45) 이에 대해 자세한 설명으로는 원형식, 앞의 논문, 424－425쪽 각주 51) 참조.

46) BVerfG, Beschluss des Zweiten Senats vom 23. Juni 2010 － 2 BvR 2559/08 － Rn. 50

Fälle der Untreue vor liegt, weiß kein Gericht und keine Anklagebehörde, ob § 266 vorliegt oder nicht.).”[47]라면서 배임죄 규정의 모호성을 지적했다. 이러한 문제점은 69년이 지난 현재 우리 형법상 배임죄 규정에도 그대로 나타나고 있다.

이러한 배임죄 규정의 모호성에 기대어 그동안 대법원은 배임죄의 법적 성격을 침해범이 아닌 구체적으로 위험범으로 해석하는 한편, 그로인해 배임죄 기수시기가 앞당겨지는 문제를 또 다시 손해 발생의 위험을 막연한 추상적 위험이 아닌 구체적·현실적 위험을 현실적 손해 발생에 포함시키는 해석에 의해 해결하고 있다.

그러나 [대상판결 1, 2]를 포함하여 대법원이 배임죄 해석과 관련하여 제시하고 있는 구체적 위험범설, 구체적 위험의 판단기준으로 ‘손해동등위험’, 이득액 산정방법으로 전체재산설 등은 일본형법과 독일형법상 배임죄 규정의 해석 이론을 무비판적으로 수용한 데서 비롯된 것이며, 명확성의 원칙이나 유추해석금지의 원칙에 위배되어 죄형법정주의 원칙에 반하는 해석이 아닐 수 없다.

외국의 이론을 무비판적으로 직수입하여 피고인에게 불리한 해석을 하기보다 우리 형법상 배임죄 객관적 구성요건의 특수성과 미수범 처벌 규정을 토대로 하여 배임죄를 구체적 위험범이 아닌 ‘침해범’으로, 재산이동범죄의 특징이 살아나도록 이득액을 전체재산설이 아닌 ‘실질가치설’에 따라 해석하여 피고인에게 유리한 방향으로 축소 적용하는 것이 죄형법정주의 원칙에 부합하는 해석인 동시에 배임죄 규정의 모호성에 비롯된 확대적용의 문제를 다소나마 해소할 수 있는 길이라고 본다. 배임죄를 침해범으로 해석하는 대법원의 사법적 결단이 조속한 시일 내에 이뤄지길 바란다.

47) H. Mayer, “Die Untreue”, in: Bundesminister der Justiz (Hrsg.), Materialien zur Strafrechtsreform, Bd. 1: Gutachten der Strafrechtslehrer, 1954, 333 (337).

24. 부동산 이중매매의 배임죄 인정 문제

박광민 명예교수(성균관대학교 법학전문대학원)*

[대상판결]

대법원 2018. 5. 17. 선고 2017도4027 전원합의체 판결[1]

[사실관계] 피고인은 2014. 8. 20. 피고인 외 3인 공동 소유 상가점포를 피해자들(이하 '제1매수인')에게 13억 8,000만원에 매도하는 계약을 체결하고, 제1매수인으로 부터 계약 당일 계약금 2억 원을, 2014. 9. 20. 중도금 6억 원을 지급받았다. 그런데 피고인은 제1매수인에게 그 소유권을 이전해 주기 전에 제3자(제2매수인)에게 이 사건 부동산을 15억 원에 이중으로 매도하고 소유권이전등기까지 마쳐주었다. 피고인은 위 상가점포 시가 15억 원에서 근저당권 채권최고액 3억 9,000만원을 공제한 금액인 11억 1,000만원에 상당하는 재산상 이익을 취득하고 제1매수인에게 같은 액수에 해당하는 손해를 가하였다는 혐의로 배임죄로 기소되었다.

[판결요지] **(다수의견)** 부동산 매매계약에서 … 중도금이 지급되는 등 계약이 본격적으로 이행되는 단계에 이른 때에는 계약이 취소되거나 해제되지 않는 한 매도인은 매수인에게 부동산의 소유권을 이전해 줄 의무에서 벗어날 수 없다. 따라서 이러한 단계에 이른 때에 매도인은 매수인에 대하여 매수인의 재산보전에 협력하여 재산적 이익을 보호·관리할 신임관계에 있게 된다. 그때부터 매도인은 배임죄에서 말하는 '타인의 사무를 처리하는 자'에 해당한다고 보아야 한

* 박광민 성균관대학교 명예교수는 성균관대학교에서 법학박사학위를 받았고, 한국형사법학회 회장, 한국피해자학회 회장, 성균관대학교 법학전문대학원 원장, 대법원 양형위원회 위원 등을 역임하였다.

1) 이하 사실관계, 판결요지 중 다수의견과 반대의견의 내용은 지면관계 등을 고려하여 필자가 임의적으로 축약한 것임.

다. 그러한 지위에 있는 매도인이 매수인에게 계약 내용에 따라 부동산의 소유권을 이전해 주기 전에 그 부동산을 제3자에게 처분하고 제3자 앞으로 그 처분에 따른 등기를 마쳐 준 행위는 매수인의 부동산 취득 또는 보전에 지장을 초래하는 행위이다. 이는 매수인과의 신임관계를 저버리는 행위로서 배임죄가 성립한다.

그 이유는 다음과 같다. ① 배임죄의 본질을 신임관계위배로 파악하는 배신설을 따른다는 것을 전제로 하고, 부동산 매매계약에서 중도금이 지급된 이후에는 매도인이 매수인의 재산보전에 협력하는 신임관계가 형성된다. 이러한 신임관계에 있는 매도인은 매수인의 소유권 취득 사무를 처리하는 자로서 배임죄에서 말하는 '타인의 사무를 처리하는 자'에 해당하게 된다. 나아가 그러한 지위에 있는 매도인의 부동산 이중매매 행위는 임무위배행위로 배임죄가 성립한다. ② 부동산 이중매매에서 중도금을 지급받은 이후 배임죄가 성립한다는 것은 대법원의 확립된 판례이고, 이러한 판례 법리는 (정책적인 관점에서) 부동산 이중매매를 억제하고 매수인을 보호하는 역할을 충실히 수행하여 왔고, 현재 우리의 부동산 매매거래 현실에 비추어 보더라도 여전히 타당하다.

(대법관 김창석, 대법관 김신, 대법관 조희대, 대법관 권순일, 대법관 박정화의 반대의견) 다수의견은 부동산 거래에서 매수인 보호를 위한 처벌의 필요성만을 중시한 나머지 형법의 문언에 반하거나 그 문언의 의미를 피고인에게 불리하게 확장하여 형사법의 대원칙인 죄형법정주의를 도외시한 해석일 뿐 아니라, 동산 이중매매와 부동산 대물변제예약 사안에서 매도인 또는 채무자에 대하여 배임죄의 성립을 부정하는 대법원판례의 흐름과도 맞지 않는 것이어서 찬성하기 어렵다.

배임죄에서 '타인의 사무'는 먼저 문언의 통상적 의미에 비추어 볼 때, 타인에게 귀속되는 사무로서 사무의 주체가 타인이어야 한다. 즉 본래 타인이 처리하여야 할 사무를 그를 대신하여 처리하는 것이어야 한다. 나아가 배임죄의 본질(을) … 고려하면, 신임관계에 기초하여 위와 같은 의미의 '타인의 사무'를 처리하게 된 것이어야 하고, 사무 자체의 내용이나 신임관계의 본질적 내용이 타인의 재산적 이익을 보호·관리하는 것이어야 한다. … 부동산 매매계약이 체결된 경우 계약 체결과 동시에 그 계약의 효력으로 매도인에게는 부동산 소유권이전의무가 발생하고, 매수인에게는 매매대금 지급의무가 발생한다. 매도인이나 매수인의 이러한 의무는 매매계약에 따른 각자의 '자기의 사무'일 뿐 '타인의 사무'에 해당한다고 볼 수 없다. … 설사 매도인에게 등기협력의무가 있다거나 매수인의 재산취득사무에 협력할 의무가 있다고 주장해도 그 '협력의무'의 본질은 소유권이전의무를 달리 표현한 것에 지나지 않(는다).

Ⅰ. 문제의 제기

부동산 이중매매에서 중도금을 수령한 경우 배임죄가 성립하는가? 다시 말하여 부동산 매매계약을 체결하고 계약금과 중도금을 수령한 이후 매도인이 매매목적물인 부동산을 제3자에게 이중으로 매도하고 소유권 이전등기를 마쳐준 경우 배임죄의 성부가 문제되어 왔다. 이 문제의 발단은 부동산물권변동에 관하여 형식주의를 채택하고 있는 현행 민법의 태도[2)]에 기인하기도 한다.[3)] 그러나 더 근본적으로는 형법상 배임죄(제355조 제2항)의 본질, 보호법익 및 성립요건에 관한 견해의 대립을 비롯하여 법정책적으로 부동산 이중매매를 어떻게 바라보느냐에 관한 정책적 결단 등이 서로 얽혀 있어 그리 간단한 문제만은 아니다. 위 대상판결도 전형적인 부동산 이중매매 사안으로 원심은 배임죄 공소사실에 대하여 무죄를 선고하였지만, 대법원은 판결 당시 기존의 판례가 바뀔 것이라는 주변의 많은 기대와는 달리 8대 5의 의견으로 배임죄 성립을 긍정하는 종래의 견해를 유지하였다. 그렇다면 이러한 대법원의 태도는 계속 유지되어야 할 것인가, 아니면 변경되어야 할 것인가?

주지하는 바와 같이 부동산 이중매매 사안에 관하여 종래 통설[4)]과 판례[5)]는 위 대상판결의 다수의견과 같이 배임죄의 성립을 긍정하여 왔지만, 최근 급격한 변화의 소용돌이 속에 빠져 있다. 특히 대법원은 2011년 동산의 이중매매에 관한

2) 민법 제186조 (부동산물권변동의 효력) 부동산에 관한 법률행위로 인한 물권의 득실변경은 등기하여야 그 효력이 생긴다.

3) 부동산물권변동에 관한 형식주의를 채택하고 있는 현행 민법(1960. 1. 1. 시행) 하에서는 의사주의를 취하였던 구민법과는 달리, 등기가 이전되기 전까지는 목적부동산은 매도인의 소유이므로 횡령죄의 문제는 생길 수 없고, 유효하게 등기를 마쳐 소유권을 취득한 제3자에 대하여 사기죄도 성립할 수 없다. 한편 우리와 같이 형식주의를 채택하고 있는 독일에서는 제1매수인이 제2매수인에 대하여 직접 등기청구권을 행사할 수 있고 부동산 이중매매의 경우에 배임죄를 적용하지 않으므로 이러한 문제는 발생하지 않는다(윤태석, "배임죄가 성립하는 부동산이중매매에 있어서 이익과 손해에 대한 검토", 법조 제69권 제3호, 법조협회 2020, 342면).

4) 김일수/서보학, 형법각론, 박영사, 2018, 387면; 이재상/장영민/강동범, 형법각론(12판), 박영사, 2021, 440면; 이형국/김혜경, 형법각론, 법문사, 2019, 438면; 임웅, 형법각론, 법문사, 2020, 535면; 정성근/박광민, 형법각론, SKKUP, 2019, 436면 등.

5) 대법원 1975. 12. 23. 선고 74도2215 판결; 대법원 1983. 10. 11. 선고 83도2057 판결; 대법원 2005. 10. 28. 선고 2005도5713 판결 등.

전원합의체 판결[6]에서 배임죄 성립을 부정한 이래, 대물변제예약 부동산의 이중매매,[7] 부동산·동산 이중저당,[8] 권리이전에 등기·등록을 요하는 동산 이중매매,[9] 동산 이중양도담보[10] 등에 대해 모두 종전의 입장을 변경하여 배임죄의 성립을 부정하고 있다. 다시 말하여 최근 판례의 경향은 부동산의 이중매매 사안을 제외하고는 유사한 구조의 사안에서 배임죄 성립을 제한하고 급격히 축소하고 있다. 학설도 2001년 배임죄 성립을 부정하는 견해[11]가 발표된 이후 주류적 태도가 바뀌고 있다.[12]

이 글의 목적은 이러한 상황변화 속에서 위 대상판결의 태도를 비판적 견지에서 검토하여 최근 학설과 판례변화의 근본원인을 찾고 향후 바람직한 판례변경을 촉구하고자 하는 데 있다. 이에 따라 우선적으로 위 대상판결의 다수의견과 반대의견에서 드러난 핵심쟁점의 법리적·정책적 타당성 여부를 중점적으로 검토하면서 필요한 경우 대립되는 학설의 주장내용을 살펴보기로 한다. 이하에서는 핵심쟁점 사항을, ① 매도인의 등기협력의무 불이행이 배임죄의 신임관계위배에 해당하는지 여부(매도인에게 매수인의 재산적 이익을 보호할 신임관계가 존재하는지 여부),

6) 대법원 2011.1.20. 선고 2008도10479 전원합의체 판결. 이 사건 자체는 동산의 이중매매에 대한 배임죄의 성립을 부정한 것이지만, 부동산의 이중매매를 배임죄로 처벌하고 있던 확립된 대법원 판례와의 관련성, 일관성, 논리적 정합성의 문제가 대두되었다(한상훈, "부동산의 이중매매와 배임죄의 성립에 관한 검토", 저스티스 통권 제192호(2022, 10), 200면).

7) 대법원 2014. 8. 21. 선고 2014도3363 전원합의체 판결.

8) 대법원 2020. 6. 18. 선고 2019도14340 전원합의체 판결; 대법원 2020. 10. 22. 선고 2020도6258 전원합의체 판결.

9) 대법원 2020. 10. 22. 선고 2020도6258 전원합의체 판결.

10) 대법원 2020. 8. 27. 선고 2019도14770 전원합의체 판결; 대법원 2020. 2. 20. 선고 2019도9756 전원합의체 판결.

11) 문형섭, "배임죄에 관한 연구", 호남대 박사학위 논문(2001) ; 허일태, "부동산 이중매매와 배임죄", 형사법연구 제15권(2001), 327면 이하.

12) 안경옥, "배임죄의 '타인의 사무를 처리하는 자'의 의미 : 동산· 부동산의 이중매매 · 이중양도 등을 중심으로– 대법원 2015.3.26. 선고 2015도1301판결", 법조(2016), 599면; 강동욱, "형사법상 부동산 이중매매 매도인의 지위에 관한 논의의 검토", 법학논총 제29권 제1호(2016), 33면; 김혜정, "부동산 이중매매에서 배임죄의 성립 여부에 대한 판단ㅎ대법원 2018. 5. 17. 선고 2017도4027 전원합의체 판결", 2018; 박찬걸, "부동산 이중매매가 과연 형사처벌의 대상인가", 형사정책 30권 1호(2018), 30면 이하; 이정민, "부동산 이중매매와 배임죄에서 '타인의 사무–물권변동의 형식주의와 신임관계를 중심으로", 인권과 정의(2021. 9), 49면; 하태인, "부동산 이중매매와 배임죄", 한국공안행정학회보 78호(2020), 255면; 오영근, 형법각론, 박영사, 2021, 383면 등.

② 배임죄의 주체인 '타인의 사무를 처리하는 자'의 해석과 관련하여 매도인의 등기협력의무가 '타인의 사무'인지 '자신의 사무'인지 여부, 더 나아가 이러한 해석론이 죄형법정주의의 유추적용금지원칙에 위반하는지 여부, ③ 법정책적 관점에서 부동산 이중매매행위를 처벌할 필요성이 있는지 여부 등으로 나누어 순차적으로 검토하기로 한다.[13)]

Ⅱ. 핵심쟁점의 검토

1. 등기협력의무 불이행이 신임관계위배에 해당하는지 여부

(1) 먼저, 본격적인 논의에 앞서 배임죄의 본질과 배임행위의 내용과 범위 등을 간략히 살펴보기로 한다. 배임죄의 본질에 관해서는 권한남용설, 배신설 및 사무관리설(사무처리의무위반설) 등이 주장되어 왔으나, 현재 권한남용설은 주장자가 없어 소멸된 학설이라고 할 수 있다. 사무관리설은 타인의 재산을 관리할 법률상의 의무에 위배하여 타인에게 재산상의 손해를 가하는 데에 배임죄의 본질이 있다는 견해이다.[14)] 그러나 이 견해는 사무처리의 범위를 법률상·계약상 재산관리의무로 한정하므로 배임죄의 성립범위가 지나치게 제한된다는 비판이 제기된다. 배신설은 신의성실의무의 위배 내지 신뢰를 배반하여 타인에게 재산상의 손해를 가하는데 배임죄의 본질이 있다는 견해로, 현재 우리나라의 통설과 판례의 입장이다. 우리 형법은 독일 형법(제266조 제1항)과는 달리 배임죄의 주체를 재산관리의무로 한정하지 않고 있으므로 사무처리의 범위를 법률·법률행위에 의한 재산관리의무로 한정할 근거도 없으며, 배임죄를 횡령죄와 같은 장에 규정하면서 "임무에 위배하는 행위"라고 하고 있을 뿐이므로 배신설이 타당하다고 생각한다.

위 대상판결의 다수의견과 반대의견도 동일하게 배신설을 전제로 하고 있지

13) 부동산 이중매매에서 배임죄 성립여부에 관한 논점은 이외에도 "배임죄의 객관적 구성요건요소인 '이익'과 '손해'에 대한 산정의 잘못"에서 구하는 견해(윤태석, 앞의 논문, 331면 이하), "법경제학에서 말하는 효율적 계약파기"의 관점에서 구하는 견해(홍진영, "법경제학의 시각에서 바라본 부동산 이중매매의 형사처벌", 법경제학연구 16권 3호, 2019) 등이 있으나, 여기에서는 생략하기로 한다.

14) 허일태, 앞의 논문, 31면; 김혜정, 앞의 논문, 832면 등.

만, 다수의견은 신임관계가 존재한다고 보고 있음에 반하여 반대의견은 신임관계를 부정하고 있다. 그 주된 이유는 배신설이 안고 있는 문제점에 기인한다. 즉, 배신설에 따르면 법률행위뿐 아니라 신뢰관계를 배신하는 사실행위에 대해서도 배임죄가 성립되는 등 신뢰관계의 근거가 제한이 없어 단순한 채무불이행까지도 배임행위로 인정할 위험이 있고[15] 배임죄의 한계가 애매해지는 문제점이 있기 때문이다. 따라서 이러한 문제점을 극복하기 위해서는 신뢰관계의 범위와 내용을 합리적으로 제한하고 그 판단기준을 명확히 할 필요가 있다.[16]

(2) 다음으로, 등기협력의무 불이행이 신임관계위배에 해당하는지 여부를 위 대상판결을 중심으로 구체적으로 살펴보기로 한다.[17] 위 대상판결의 다수의견은 배임행위의 내용 내지 신임관계 판단의 기준을 먼저 제시한다. 즉, "계약관계에 있는 당사자 사이에 어느 정도의 신뢰가 형성되었을 때 형사법에 의해 보호받는 신임관계가 발생한다고 볼 것인지, 어떠한 형태의 신뢰위반 행위를 가벌적인 임무위배행위로 인정할 것인지는 계약의 내용과 이행의 정도, 그에 따른 계약의 구속력 정도, 거래 관행, 신임관계의 유형과 내용, 신뢰위반의 정도 등을 종합적으로 고려하여 타인의 재산상 이익 보호가 신임관계의 전형적·본질적 내용이 되었는지, 해당 행위가 형사법의 개입이 정당화될 정도의 배신적인 행위인지 등에 따라 규범적으로 판단해야 한다"고 한다. 이와 같이 다수의견이 배임행위의 내용 내지 신임관계 판단의 기준을 먼저 제시하고, 또 기준으로 종합적·규범적 태도를 취하는 것은 신뢰관계의 적용범위를 신중하고 제한적으로 하고자 하는 취지로 보

15) 통상적으로 타인의 재산적 이익이 자기의 반대이익과 상호 급부관계가 있는 채무, 예컨대 담보물권설정자, 양도계약·임대차계약의 일방, 고용계약·공급계약 일방의 경우는 채무불이행이 될 뿐이고 배임행위가 되지 않는다.

16) 이러한 관점에서 필자는 신뢰관계와 사무처리자의 범위를 제한하는 '제한적 배신설'을 주장한다. 즉, ① 신뢰관계는 단순한 계약이행에서 요구되는 일반적 의무가 아니라 거래상 중요한 신뢰관계로 한정해야 하고 신뢰관계의 본질적 내용도 재산관리의무라야 한다. ② 사무처리를 직접 위탁받은 자와 그 사무를 대행하는 자, 위탁받은 자와 그 대행자의 위탁에 의해 보조하는 자 등 독립적으로 활동할 수 있는 사무처리자에 대해서만 배임죄를 인정해야 한다. 정성근/박광민, 앞의 책, 421면 참조.

17) 위 대상판결은 매도인을 '타인의 사무를 처리하는 자'에 해당한다고 하고, 그러한 지위에 있는 매도인의 부동산 이중매매 행위는 임무위배행위로 평가할 수 있다는 논증구조를 취하고 있다. '타인의 사무처리자'와 임무위배행위는 서로 밀접한 관련을 맺고 있지만, 배임죄의 본질과 관련된 임무위배행위를 먼저 밝히는 것이 더 중요하다고 생각되어 여기에서는 임무위배행위를 먼저 검토하기로 한다.

여 앞에서 검토한 이론적 관점과 일치하는 것으로 경청할 가치가 있다고 본다.

(3) 그런데 위 대상판결의 다수의견은 스스로 제시한 배임행위의 내용 내지 판단기준을 구체적으로 부동산 이중매매행위에 적용하는 과정에서는 논리적·법리적으로 잘못된 판단을 내리고 있다. 즉, 다수의견에 의하면, "부동산 매매계약에서 중도금이 지급된 단계부터는 매도인이 매수인의 재산보전에 협력하는 신임관계가 당사자 관계의 전형적·본질적 내용이 되고, 이러한 신임관계에 있는 매도인은 매수인의 소유권 취득 사무를 처리하는 자로서 배임죄에서 말하는 '타인의 사무를 처리하는 자'에 해당하게 된다. 나아가 그러한 지위에 있는 매도인의 부동산 이중매매 행위는 배임죄에서 말하는 임무위배행위로 평가할 수 있다"고 한다. 그러나 이러한 해석론은 임무위배행위의 적용범위를 제한하고자 하는 종합적·규범적 태도가 아니며, 계약 당사자가 서로 대가적 의미를 가지는 채무를 부담하는 쌍무계약의 본질 등에 비추어보아 논리적·법리적으로도 타당하지 않다. 그 논거는 다음과 같다.

먼저, 전형적인 쌍무계약의 일종인 부동산 매매계약에서 쌍무계약의 본질에 반하는 해석을 한다는 점이다. 계약 당사자가 서로 대가적 의미를 가지는 채무를 부담하는 쌍무계약의 본질상 부동산 매매계약에서 전형적·본질적 내용이 되는 것은 매도인의 재산권이전의무와 매수인의 대금지급의무이다.[18] 다시 말하여 부동산 이중매매에서 중도금이 지급된 이후 발생하는 매도인의 등기협력의무는 매매계약의 전형적·본질적 내용이 아니라는 점이다. 매도인의 등기협력의무는 "이익대립관계에 있는 통상의 계약관계에서 채무자의 성실한 급부이행에 의해 상대방이 계약상 권리의 만족 내지 채권의 실현이라는 이익을 얻게 되는 관계"에 있거나 "계약을 이행함에 있어 상대방을 보호하거나 배려할 부수적인 의무"에 불과한 것이다.[19] 위 대상판결의 반대의견도 이를 정확하게 지적하고 있다. 즉, "매도인의 재산권이전의무나 매수인의 대금지급의무는 매매계약에 의하여 발생한 것으로 본래부터 상대방이 처리하여야 할 사무도 아니고, 신임관계에 기초하여 상대방에게 위탁된 것이라고 볼 수도 없으며, 계약상대방의 재산적 이익을 보호·관리

18) 민법 제563조(매매의 의의) 매매는 당사자 일방이 재산권을 상대방에게 이전할 것을 약정하고 상대방이 그 대금을 지급할 것을 약정함으로 그 효력이 생긴다.

19) 대법원 2020. 2. 20. 선고 2019도9756 판결; 대법원 2015. 3. 26. 선고 2015도1301 판결 등 참조.

하는 것이 매매계약의 전형적·본질적 내용이라고도 볼 수 없기 때문이다. 매매계약에서 당사자들은 각자의 계약상 권리의 만족을 위해 상대방에게 그 반대급부를 이행하여야 하는 대향적 거래관계에 있을 뿐이다. 설사 매도인에게 등기협력의무가 있다거나 매수인의 재산취득사무에 협력할 의무가 있다고 주장해도 그 '협력의무'의 본질은 소유권이전의무를 달리 표현한 것에 지나지 않(는다)." 요컨대, 등기협력의무위배는 부동산 매매계약의 전형적·본질적 내용이 아니어서 배임죄로 처벌할 만한 임무위배행위에 해당하지 않는다.

(4) 더 나아가 매도인의 등기협력의무위배를 임무위배행위로 보아 배임죄로 처벌하는 것은 매수인만 두텁게 보호하는 것이며, 선순위 매수인과 후순위 매수인에 대하여 배임죄 성립에 있어서 보호 정도를 달리하는 것으로 형평성에 어긋나고 논리적으로 타당하지도 않다. 이는 법정책적 관점과도 관련을 맺고 있어 뒤에서 상론하기로 한다.[20]

2. 매도인의 등기협력의무가 '타인의 사무'에 해당하는지 여부

(1) 형법상 배임죄(제355조 제2항)가 성립하기 위해서는 '타인의 사무를 처리하는 자'라는 신분이 있어야 하므로, '타인의 사무를 처리하는 자'의 해석과 누가 여기에 해당하는가를 밝히는 것이 배임죄 성립 여부를 검토하기 위한 핵심과제이다. 부동산 이중매매에서 배임죄 성립 긍정설과 부정설의 핵심쟁점도 "부동산 이중매매에서 중도금을 수령한 이후 매도인은 '타인의 사무처리자'라고 할 수 있는가? 이의 해석과 관련하여 매도인의 등기협력의무가 '타인의 사무처리자'의 전제가 되는 '타인의 사무'인가 아니면 '자기의 사무'인가가 문제된다.

이 논의의 밑바탕에는 형법상 배임죄 조항(제355조 제2항)의 불명확성과 배임죄의 본질에 대한 배신설의 문제점이 깔려 있다. 다시 말하여 형법은 배임죄의 주체를 '타인의 사무를 처리하는 자'라고만 규정하여 배임죄를 처벌하는 독일 형법 제266조 제1항[21]처럼 조문에서 구체적으로 배임죄의 주체가 제한되지 않고, 배

20) 이에 대한 자세한 설명은 후술하는 "3. 법정책적으로 부동산 이중매매행위를 처벌할 필요성이 있는지 여부" 참조.

21) 독일 형법 제266조(배임) ① 법률, 관청의 위임이나 법률행위를 통해 인정된 타인의 재산을 처분하거나 타인에게 의무를 부과할 권한을 남용하거나 법률, 관청의 위임, 법률행위 또는 신용관

임죄의 본질에 대하여 배신설을 따르게 되면 '타인의 사무처리자'의 범위가 확대될 위험을 내포하고 있기 때문이다. 여기서 주체의 불명확성의 문제는 다소 불명확성이 있기는 하나 형법상 규범적 구성요건요소의 일종으로 통상적인 해석 작용에 의하여 충분히 보완될 수 있는 정도의 표현이므로 죄형법정주의의 명확성의 원칙에 반한다고는 볼 수 없으며, 독일 형법과는 다른 우리 배임죄 규정형식의 특성의 하나로 볼 수 있다.

(2) 문제는 '타인의 사무처리자'라는 배임죄 성립주체의 범위제한과 관련하여 죄형법정주의의 유추적용금지원칙의 위배문제가 제기된다. 형법의 적용(해석)에 있어 금지되는 유추적용은 '문언(文言)의 가능한 의미'의 범위를 초월하여 법문에 규정이 없는 사실에까지 형법규범의 타당성을 인정하는 방법이다. 그렇지만 법창조 내지 새로운 입법의 일종으로 금지되는 유추적용과 목적론적 해석의 일종으로 허용되는 확장해석의 구별이 반드시 용이하지 않다는 것도 한몫하고 있다.[22] 가장 일반적으로는 '문언(文言)의 가능한 의미'의 범위 내에 있는가 없는가에 따라 구별한다. 그러나 형법 해석상 조문의 의미를 일상용어적 의미보다 어느 정도 넓게 해석할 필요가 있는 경우에는 해당 조문의 객관적 의미를 고려하면서도 그 해석이 피고인에게 유리한가 아닌가를 신중히 고려하여야 한다. 배임죄의 '타인의 사무'에 한정하여 보면, '타인의 사무'에 원래 타인에 속하는 사무뿐만 아니라 '타인에 관한 사무' 나아가 '타인을 위한 사무'도 포함한다고 확장해석하는 것이 허용되려면 그 해석이 피고인에게 유리한 것인가를 따져 물어보아야 한다.

위 대상판결의 다수의견과 배임죄 성립을 긍정하는 긍정설은 "부동산 이중매매에서 중도금이 지급된 이후에는 매도인은 매수인의 재산보전에 협력하는 신임관계가 발생하고, 이러한 신임관계에 있는 매도인은 매수인의 소유권 취득 사무를 처리하는 자로서 배임죄에서 말하는 '타인의 사무를 처리하는 자'에 해당하게 된다."고 한다. 다시 말하여 다수의견과 긍정설은 '타인의 사무'의 의미를 확대하여 등기협력의무와 같이 매매, 담보권 설정 등 자기의 거래를 완성하기 위한 자

계 등에 의하여 부과되는 타인의 재산상 이익을 꾀해야할 의무에 위반하고 그로 인하여 재산상 이익을 보호하여야 할 자에게 손해를 가한 자는 5년 이하의 자유형 또는 벌금형에 처한다.

22) 우리나라에서는 피고인에게 유리한 확장해석을 허용하는 것이 일반적이나, 독일에서는 양자 구별의 불명확성 때문에 확장해석도 허용하지 않는 것이 일반적이다. 정성근/박광민, 형법총론(전정3판), 2020, SKKUP, 47면 참조.

기의 사무인 동시에 상대방의 재산보전에 협력할 의무와 같이 '타인을 위한 사무'까지도 포함하여 '타인의 사무'를 해석하고 있다.[23]

그러나 이러한 해석론은 '타인의 사무'라는 '문언(文言)의 가능한 의미'의 범위를 벗어나거나, 피고인에게 불리한 확장해석으로 죄형법정주의의 유추적용금지 원칙에 위반된다. 해석론상 조문의 의미를 일상용어적 의미보다 어느 정도 넓게 해석할 필요가 있는 경우라고 하더라도 그 문언의 의미를 피고인에게 불리하게 확장하는 것은 허용되지 않기 때문이다. 위 대상판결의 반대의견과 배임죄 성립을 부정하는 부정설도 정확하게 이를 지적하고 있다. 즉, "배임죄에서 '타인의 사무'는 먼저 문언의 통상적 의미에 비추어 볼 때, 타인에게 귀속되는 사무로서 사무의 주체가 타인이어야 한다. 즉 본래 타인이 처리하여야 할 사무를 그를 대신하여 처리하는 것이어야 하며, 사무 자체의 내용이나 신임관계의 본질적 내용이 타인의 재산적 이익을 보호·관리하는 것이어야 한다. 부동산 매매계약의 효력으로 발생하는 매도인의 소유권이전의무와 매수인의 매매대금 지급의무는 매매계약에 따른 각자의 '자기의 사무'일 뿐 '타인의 사무'에 해당하지 않는다."고 한다.

이에 대해 다수의견의 보충의견에서는 "'타인의 사무'의 의미를 타인에게 귀속되는 사무로서 그 타인을 대신하여 처리하는 것으로 한정적으로 해석할 근거가 없다"[24]고 주장하기도 한다. 그러나 '타인의 사무'는 당연히 타인이 해야 할 사무를 타인이 대신하여 처리하는 사무로 해석하는 것이 문언의 통상적 의미에 맞는 것이며, 이를 목적론적으로 넓게 해석하는 것이 피고인에게 유리한 해석도 아니어서 오히려 타당한 해석이 아니다.

(3) 또한 '자기의 사무'인가 '타인의 사무'인가 여부는 그 사무의 고유한 성질과 내용에 따라 결정되는 것이지 상황에 따라 달라지는 것은 아니다. 예컨대 부동산매매에서 계약단계에는 본래 자기의 사무였던 등기협력의무가 중도금을 수령한 단계 이후에 이르면 새롭게 발생한 신뢰관계에 의해서 타인의 사무로 변질되는 것은 아니라고 보아야 한다. 실제로 매도인이 매수인으로부터 중도금을 지급받았

---

23) 이와 같이 종래 판례와 다수설이 '타인의 사무'에 재산보존에 협력할 의무와 같이 '타인을 위한 사무'까지 포함하여 해석하는 것은 일본 형법의 영향도 없지 않다고 본다. 일본 형법 제247조 배임죄에서는 그 주체를 우리 형법과는 달리 "타인을 위하여 그 사무를 처리하는 자"라고 규정하고 있다.

24) 대상판결의 다수의견에 대한 대법관 박상옥, 대법관 김재형의 보충의견.

거나 잔금전액을 지급받은 경우라고 하더라도 매도인의 선순위 매수인에 대한 등기이전협력의무는 사무의 성질상 원래부터 매도인에게 속한, 매도인 자신이 처리해야 할 '자기의 사무'인 것이다. 다소 양보하더라도 문언상 매수인을 위한, 즉 '타인을 위한 사무'는 될 수 있을지는 몰라도 '타인의 사무'와 동일하다고는 보기 어렵다.[25]

종래 대법원도 "타인을 위한 자기의 사무"라는 개념을 인정하면서 이는 '타인의 사무'가 아니라고 한다. 즉, 부동산 이중매매에서 매도인이 선매수인에게 소유권이전의무를 이행한 경우, "여기에서 '타인의 사무를 처리하는 자'라고 하려면 … (만약) 그 사무가 타인의 사무가 아니고 자기의 사무라면, 그 사무의 처리가 타인에게 이익이 되어 타인에 대하여 이를 처리할 의무를 부담하는 경우라도, 그는 타인의 사무를 처리하는 자에 해당하지 않는다."[26]라고 한다. 그럼에도 불구하고 위 대상판결에서 다수의견이 매수인을 위한 매도인의 등기협력의무를 '타인의 사무'로 보아 배임죄를 인정하는 것은 논리의 일관성이 없다.[27] 따라서 타인이 해야 하는 일이지만 자신이 대신하는 일은 타인의 사무가 될 수 있다. 그러나 타인을 위한 일이지만 사무의 성질상 타인이 해야 하는 일이 아니라, 자신이 해야 하는 일은 -자신이 직접 하든지 타인에게 위임해서 시키든지 상관없이- '타인의 사무'가 아니라 '자기의 사무'라고 해야 할 것이다. 요컨대, '타인의 사무'의 범위를 '타인을 위한 사무'까지로 확대하는 위 대상판결의 다수의견과 긍정설의 견해는 죄형법정주의의 유추적용금지원칙에 위배된다.

3. 법정책적으로 부동산 이중매매행위를 처벌할 필요성이 있는지 여부

(1) 위 대상판결의 다수의견은 부동산 이중매매행위의 배임죄 성립을 긍정하는 가장 강력한 논거의 하나로 법정책적 필요성을 강조하고 있다. 즉, "우리나라에서 부동산은 경제활동의 근저를 이루고 있고, 부동산이 경제생활에서 차지하는

25) 동지 : 허일태, 앞의 논문, 146면; 문형섭, 앞의 논문, 327면; 김혜정, 앞의 논문, 835면 등.
26) 대법원 2009. 2. 26. 선고 2008도11722 판결.
27) 동지: 박찬걸, 앞의 논문, 26면; 김혜정, 앞의 논문, 838면.

비중(상당히 크고)이나, 이를 목적으로 한 거래의 사회경제적 의미는 여전히 크다." 그럼에도 불구하고 "매수인이 매도인에게 매매대금의 상당부분에 이르는 계약금과 중도금까지 지급하더라도 매도인의 이중매매를 방지할 보편적이고 충분한 수단은 마련되어 있지 않다." 이러한 상황논리를 앞세워 대법원은 일관되게 부동산 이중매매행위에 대해 배임죄 성립을 긍정하여 왔다. 그리고 "이러한 판례 법리는 부동산 이중매매를 억제하고 매수인을 보호하는 역할을 충실히 수행하여 왔고, 현재 우리의 부동산 매매거래 현실에 비추어 보더라도 여전히 타당하다. 이러한 법리가 부동산 거래의 왜곡 또는 혼란을 야기하는 것도 아니고, 매도인의 계약의 자유를 과도하게 제한한다고 볼 수도 없다."고 주장한다.

그러나 법정책적 필요성이란 새로운 입법을 위한 하나의 근거가 될 수 있을지는 몰라도 현행법의 적용범위를 결정짓는 필요불가결한 근거가 되지는 못한다. 더욱이 다수의견이 제시하는 위와 같은 법정책적 관점들은 다음과 같은 문제점을 갖고 있으므로 부동산 이중매매행위의 배임죄 성립을 부정하는 방향으로 정책을 변경하는 것이 오히려 법정책적 측면에 부합한다.

(2) 다수의견이 제시하는 법정책적 필요성의 문제점은 다음과 같다. 먼저, 법리적으로 유사한 구조를 가진 다른 사안들과는 달리 부동산 이중매매 경우만을 형사법에 의하여 특별히 두텁게 보호해야 할 이유가 없다. 물권변동의 효력은 동산과 부동산 모두 당사자 사이의 합의 및 공시방법의 구비에 의하여 발생한다는 점에서 그 기본구조는 동일하다. 다만, 공시방법에 있어 동산은 '인도'를 요하므로 인도의무가 발생하고, 부동산은 "등기"를 요하므로 등기협력의무가 발생한다는 점에서 차이가 난다. 다시 말하여 부동산의 물권변동에 있어서 등기이전 이전에 매수인에게 등기청구권이라는 채권이 발생하다면, 동산의 경우에는 인도 이전에 매수인에게 인도청구권이라는 채권이 발생한다.[28] 그런데 위 대상판결의 다수의견에 의하면, 등기협력의무에 관한 채무불이행에는 배임죄가 성립하고, 인도의무에 관한 채무불이행에는 배임죄가 성립하지 않는다는 것이다. 이는 실질적인 내용과 구조가 유사한 채무불이행 사안들 사이에 배임죄의 성립 여부를 다르게 보는 것으로 형평성에 부합하지도 않고 적절하다고 보기도 어렵다. 이에 따라 최근

28) 권오걸, "동산의 이중매매와 배임죄 - 부동산 이중매매와의 비교를 통해서-", 비교형사법연구(제13권 제2호), 한국비교형사법학회(2011), 412면 이하; 김혜정, 앞의 논문, 839면.

판례는 부동산의 이중매매 사안을 제외하고는 동산의 이중매매 등 부동산의 이중매매와 실질적인 내용과 구조가 유사한 사안에서 배임죄 성립을 제한하고 급격히 축소하고 있는 경향이다. 앞에서도 언급한 바와 같이 최근 대법원은 2011년 동산의 이중매매에 관한 전원합의체 판결에서 배임죄 성립을 부정한 이래, 대물변제예약 부동산의 이중매매, 부동산·동산 이중저당, 권리이전에 등기·등록을 요하는 동산 이중매매, 동산 이중양도담보 등에 대해 모두 종전의 입장을 변경하여 배임죄의 성립을 부정하고 있다.[29] 따라서 법정책적으로도 부동산 이중매매에 대해 배임죄 성립을 부정하는 것이 오히려 판례법리의 일관성을 유지하는 방법이기도 하다.

또한 오늘날 동산도 부동산 못지않게 경제적 가치가 큰 경우도 있고, 이를 목적으로 한 거래의 사회경제적 의미도 부동산 못지않으며, 그 불법성이나 비난의 정도가 다르다고 할 수도 없다. 만약 이러한 문제가 민사상 구제수단의 부족 내지 그에 관한 입법의 불완전으로 발생하는 것이라면, 이를 보완하기 위해 공증인제도 활성화 등과 같은 민사적 해결방안 내지 민사적 제도도입[30] 등을 모색해야 하는 것이 바람직하다. 이 문제를 형사법을 적용하여 형벌을 부과하는 방법으로 해결하는 것은 형법의 겸억성의 원칙 내지 보충적 성격과도 부합하지 않으며, 민사법의 형사화를 가속화하는 것으로 결코 바람직하지 않다.[31]

(3) 다음으로, 계약자유 및 사적자치의 원칙에 대한 위배문제가 발생한다. 부동산 매매계약에서 매도인은 누구에게 소유권을 이전할 것인지를 자유롭게 결정할 자유를 가지고 있다. 그럼에도 불구하고 부동산 이중매매에 대하여 일률적으로 배임죄로 의율하는 것은 민사법의 대원칙인 계약자유의 원칙에 위배되는 것이며, 매도인에게 지나치게 불리한 해석을 함으로써 형평성에도 어긋나는 것이다.

또한 쌍무계약의 본질상 매도인이 제1매수인에게 중도금을 지급받은 이후 제2매수인에게 소유권 이전등기를 완료하는 경우는 제1매수인에 대하여 채무불

29) 앞의 주)6~주)10 참조.

30) 부동산 이중매매 예방을 위한 형사법 이외의 대안으로는, ① 소유권보전 등을 위한 가등기제도의 활용, ② 부동산 매매계약 체결 후 권리이전과 대금지불을 제3의 독립적인 회사가 제공하는 ESCROW제도의 도입, ③ 중도금 해제조항의 도입, ④ 부동산 매매계약시 중도금 지급 관행의 소멸 등이 제시되기도 한다. 박찬걸, 앞의 논문, 29면 이하 참조.

31) 동지 : 김혜정, 앞의 논문, 842면; 안경옥, 앞의 논문, 601면 이하; 하태인, 앞의 논문, 284면 등.

이행에 의한 손해배상책임이 발생하는 것이 원칙이다. 이러한 채무불이행으로 인한 손해배상책임은 전적으로 민사상의 문제이며, 자신의 소유권을 제1매수인이 아닌 제2매수인에게 이전했다 하더라도 손해배상 이외의 형사처벌을 하는 것은 형법이 지나치게 사적 자치의 영역에 개입하는 것이며, '민사사건의 형사화'를 초래하는 것이다. 위 대상판결의 반대의견에 대한 보충의견에서 김창석 대법관도 "(다수의견에 따르면) 형벌이라는 최종적 수단을 통하여 매도인의 계약의 자유는 물론 신체의 자유에 대한 침해로 이르는 길을 지나치게 넓게 열어주고 있다는 부정적 측면도 갖고 있다. … 형벌을 감수하지 않는 한 매도인의 계약 해소의 자유는 부정된다. 매수인에게 발생될 수 있는 손해를 충분히 배상하는 경우라고 하더라도 마찬가지이다. 매수인의 권리를 지켜주기 위하여 매도인의 계약 해소의 자유는 물론 신체의 자유가 침해되는 것까지 용인하는 것이다."고 지적하면서 이를 우려하고 있다.

한편, 배임죄 성립을 긍정하는 견해 중에는 '계약의 구속력'을 강조하며, "이중매매 사례에서 … 이후에 계약위반 및 배신행위에 대하여 손해배상이나 형사처벌을 부과한다고 하여도 이는 계약의 구속력과 관계된 것이므로, 계약자유의 원칙과는 관련이 없다." 더 나아가 "이러한 계약위반이나 배신행위가 타인의 법익과 신뢰에 대한 중대한 침해가 있는 경우에는 형사적 제재가 제한적으로 허용될 수 있으며, 이는 공공복리를 보장하기 위한 사회의 규범적 결단의 결과"라고 주장하기도 한다.[32] 부동산 이중매매에서 중도금이 납입된 이후라면 계약 이행에 대한 민사적 강제성(구속력)이 발생하는 것은 사실이다. 그러나 이러한 구속력은 어디까지나 계약불이행이라는 당사자의 민사적 책무에 대한 법적 평가내용의 변경일 뿐이므로 이에 대한 위배는 민사법상 채무불이행에 대한 손해배상책임이 발생하는 것이 원칙이다. 그럼에도 불구하고 여기서 형법이 지나치게 사적 자치의 영역에 개입하여 매도인에게 민사상 손해배상 이외의 형사처벌을 가할 만큼의 심각한 법익침해가 발생했다거나, 결코 형벌이 개입할 만큼의 '사회의 규범적 결단력'이 존재한다고도 생각되지 않는다. 이는 앞에서도 언급한 바와 같이 유사한 구조의 사안인 부동산·동산 이중저당, 동산 이중매매 등에 대해 최근 대법원이 형

32) 한상훈, 앞의 논문, 217면.

사처벌을 배제하고 배임죄의 성립을 부정하고 있는 태도에서도 잘 나타난다.

(4) 그 다음으로, 쌍무계약의 본질상 매수인만 특별히 두텁게 보호해야 할 합리적 이유를 찾기가 어렵다. 위 대상판결의 반대의견에서 적절히 지적한 바와 같이 "만약 매도인에게 매수인의 재산보전에 협력할 의무가 있다고 가정하면, 쌍무계약의 본질에 비추어 상대방인 매수인에게도 매도인의 재산보전에 협력할 의무가 있다고 보아야" 균형이 맞다. 그러나 판례는 유사한 구조의 사안에서 매수인에게는 배임죄가 성립하지 않는다고 판단하고 있다. 즉, "잔금을 지급하기 전에 소유권을 먼저 이전받은 매수인이 부동산을 담보로 대출을 받아 매매잔금을 지급하기로 한 약정을 이행하지 않고 다른 용도로 근저당권을 설정한 사안"에서 매수인에게 배임죄 성립을 부정한 바 있다.[33]

또한 선순위 매수인과 후순위 매수인 사이에 보호정도를 달리 보아야 할 합리적 이유가 없다. 위 대상판결의 반대의견에서 적절히 지적한 바와 같이 "소유권이전등기를 마쳐 물권을 취득하기 전에는 채권자로서 대등한 법적 지위를 보장받아야 할 선순위 매수인과 후순위 매수인에 대하여 배임죄 성립에 있어서 보호정도를 달리할 논리적 근거는 없다." 즉, 매도인이 선순위 매수인이 아니라 후순위 매수인으로부터 중도금을 받았다면, "후순위 매수인에 대한 관계에서도 (선순위 매수인과) 마찬가지로 그 재산보전에 협력하여 재산적 이익을 보호·관리할 신임관계에 있다고 보아야" 한다. 그런데 판례는 이러한 경우에는 배임죄 성립을 부정하고 있다. 즉, "매도인이 후순위 매수인에게 소유권이전등기를 마쳐 준 경우에는 선순위 매수인에 대한 관계에서 배임죄의 성립을 인정하는 반면, 선순위 매수인에게 소유권이전등기를 마쳐 준 경우에는 후순위 매수인으로부터 중도금 또는 잔금까지 받았다고 하더라도 그에 대한 관계에서는 배임죄가 성립하지 않는다"고 한다.[34] 다수의견의 이와 같은 모순된 태도 또한 형평성에 어긋나고 논리적으로 타당하지도 않으며 법정책적 오류를 범하고 있다.

---

33) 대법원 2011. 4. 28. 선고 2011도3247 판결.
34) 대법원 2009. 2. 26. 선고 2008도11722 판결.

Ⅲ. 맺음말

부동산 이중매매행위가 배임죄에 해당하는가 아닌가에 대한 오래된 논쟁은 이제 종지부를 찍어야 할 때가 되었다고 본다. 물론 그 결론은 당연히 배임죄 성립을 부정하는 방향이다. 이러한 방향이 법리적으로 타당하고 법정책적으로도 오히려 합리적이며 유사한 사안과 관련한 최근 대법원의 전향적 태도 등과도 일치하기 때문이다. 이제 부동산 이중매매에 관하여도 대법원의 전향적인 태도변화를 기대한다.

이하에서는 위에서 검토한 내용을 다시 한번 강조함으로써 맺음말에 갈음하고자 한다. 형법상 배임죄가 성립하기 위해서는 타인의 사무를 처리하는 자의 임무위배행위가 있어야 한다. 그런데 배임죄의 본질에 관하여 배신설을 취하게 되면 필연적으로 배임죄의 성립범위가 확대되는 문제점이 발생하므로, 이를 합리적으로 제한하기 위해서는 '타인의 사무처리자'와 '배임행위'의 범위를 제한적으로 해석할 필요가 있다. 그런데 위 대상판결의 다수의견은 쌍무계약의 본질에 반하여 배임행위의 범위를 넓게 파악하고, '타인의 사무처리자'의 전제가 되는 '타인의 사무'의 범위를 '타인을 위한 사무'까지도 포함하여 해석하는 등 유추적용금지원칙에 위배되는 우를 범하고 있다.

또한 위 대상판결의 다수의견은 법정책적 필요성을 내세워 법리상의 부족한 부분을 메꾸려 한다. 그러나 법정책적 필요성이란 현행법의 적용범위를 결정짓는 필요불가결한 근거가 되지는 못하며, 어느 정도 정책적 효과를 거두었다고 할지라도 오늘날의 시점에서 보면 오히려 부동산 이중매매의 배임죄 성립을 부정하는 쪽이 법정책적 필요성이 더 크다고 할 수 있다. 즉, 부동산 이중매매 경우만을 형사법에 의하여 특별히 두텁게 보호해야 할 이유가 없으며, 이는 동산의 이중매매 등 유사한 구조의 사안에서 배임죄 성립을 제한 내지 축소하고 있는 최근 대법원의 변화된 판례의 경향에서 잘 드러난다. 따라서 판례 법리의 일관성을 유지하기 위해서라도 부동산 이중매매행위를 처벌하지 않는 결단이 필요하다. 더 나아가 부동산 이중매매에 대하여 일률적으로 배임죄로 의율하여 형사처벌을 하는 법정책은 바람직하지도 않다. 이는 형법이 지나치게 사적 자치의 영역에 개입하여 민사법의 대원칙인 계약자유의 원칙에 위배되는 것이며, 공증인제도 도입등 민사적 해결방안 내지 민사적 제도도입을 저해하고, 형법의 겸억성의 원칙 내지 보충적 성격과도 부합하지 않으며, '민사사건의 형사화'를 초래하기 때문이다.

25. 사전자기록등위작죄에서 '위작'에 무형위조 포함 문제

류부곤 교수(경찰대학 법학과)*

[대상판결]

대법원 2020. 8. 27. 선고 2019도11294 판결

(사실관계) 피고인 1은 가상화폐 거래소 운영업체인 '★★코인'의 대표이사로서 회사 업무 전반을 총괄하였고, 피고인 2는 이 회사의 사내이사로서 회사의 자금 등을 관리하는 자로, 2018. 1. 5.경 '★★코인'이라는 상호로 인터넷상 가상화폐 거래소를 개장하면서, 마치 많은 회원들이 회사가 구축·설치하여 위 거래소에서 사용 중인 가상화폐 거래시스템을 이용해 매매주문을 내고 그에 따라 매매거래가 활발히 이뤄지는 것처럼 꾸미기 위하여, 위 거래시스템상 차명계정을 생성하고, 그 차명계정에 실제 보유하고 있지도 않은 원화(KRW)와 가상화폐를 보유하고 있는 것처럼 원화 포인트와 가상화폐 포인트를 허위 입력한 다음, 속칭 '봇 프로그램' 내지 '마켓메이킹 프로그램'으로 불리는 자동주문 프로그램을 이용하여 위 차명계정을 주문자로 하고 위와 같이 허위 입력한 원화 포인트 등에 대한 매매주문을 내었다.

(대법원의 판단) [1] 전자기록에 관한 시스템에 '허위'의 정보를 입력한다는 것은 입력된 내용과 진실이 부합하지 아니하여 그 전자기록에 대한 공공의 신용을 위태롭게 하는 경우를 말한다.

[2] 형법 제232조의2에서 말하는 '사무처리를 그르치게 할 목적'이란 위작 또는 변작된 전자기록이 사용됨으로써 전자적 방식에 의한 정보의 생성·처리·저장·출력을 목적으로 구축·설치한 시스템을 운영하는 주체인 개인 또는 법인

* 류부곤 경찰대학 법학과 교수는 서울대학교에서 법학박사학위를 받았고, 한국형사법학회, 한국비교형사법학회, 한국형사정책학회 각 상임이사 및 대법원 양형연구회 운영위원, 환경부 과징금 심의위원회 위원의 직을 맡고 있다.

의 사무처리를 잘못되게 하는 것을 말한다.

[3] 법인이 컴퓨터 등 정보처리장치를 이용하여 전자적 방식에 의한 정보의 생성·처리·저장·출력을 목적으로 전산망 시스템을 구축하여 설치·운영하는 경우 위 시스템을 설치·운영하는 주체는 법인이고, 법인의 임직원은 법인으로부터 정보의 생성·처리·저장·출력의 권한을 위임받아 그 업무를 실행하는 사람에 불과하다. 따라서 법인이 설치·운영하는 전산망 시스템에 제공되어 정보의 생성·처리·저장·출력이 이루어지는 전자기록 등 특수매체기록은 그 법인의 임직원과의 관계에서 '타인'의 전자기록 등 특수매체기록에 해당한다.

[4] [다수의견] 형법 제227조의2의 공전자기록등위작죄는 사무처리를 그르치게 할 목적으로 공무원 또는 공무소의 전자기록 등 특수매체기록을 위작 또는 변작한 경우에 성립한다. 대법원은, 형법 제227조의2에서 위작의 객체로 규정한 전자기록은 그 자체로는 물적 실체를 가진 것이 아니어서 별도의 표시·출력장치를 통하지 아니하고는 보거나 읽을 수 없고, 그 생성 과정에 여러 사람의 의사나 행위가 개재됨은 물론 추가 입력한 정보가 프로그램에 의하여 자동으로 기존의 정보와 결합하여 새로운 전자기록을 작출하는 경우도 적지 않으며, 그 이용 과정을 보아도 그 자체로서 객관적·고정적 의미를 가지면서 독립적으로 쓰이는 것이 아니라 개인 또는 법인이 전자적 방식에 의한 정보의 생성·처리·저장·출력을 목적으로 구축하여 설치·운영하는 시스템에서 쓰임으로써 예정된 증명적 기능을 수행하는 것이므로, 위와 같은 시스템을 설치·운영하는 주체와의 관계에서 전자기록의 생성에 관여할 권한이 없는 사람이 전자기록을 작출하거나 전자기록의 생성에 필요한 단위정보의 입력을 하는 경우는 물론 시스템의 설치·운영 주체로부터 각자의 직무 범위에서 개개의 단위정보의 입력 권한을 부여받은 사람이 그 권한을 남용하여 허위의 정보를 입력함으로써 시스템 설치·운영 주체의 의사에 반하는 전자기록을 생성하는 경우도 형법 제227조의2에서 말하는 전자기록의 '위작'에 포함된다고 판시하였다. 위 법리는 형법 제232조의2의 사전자기록등위작죄에서 행위의 태양으로 규정한 '위작'에 대해서도 마찬가지로 적용된다.

Ⅰ. 문제점

1. 구성요건상 문서의 '위조'와는 달리 전자기록에 대해서는 '위작' 이라고 표현

이 사건은 가상화폐[1]의 거래소 운영자가 자신의 거래소 운영실적을 실제보다 많아 보이게 하기 위하여 거래소의 운영시스템에 있는 차명계좌에 허위의 가상화폐나 원화 포인트를 입력하여 표시한 사건으로, 자신이 운영에 관한 권한을 가지고 있는 전산정보시스템의 전자기록을 허위로 작성한 행위가 형법 제232조의2에서 규정하고 있는 "사무처리를 그르치게 할 목적으로 권리·의무 또는 사실증명에 관한 타인의 전자기록등 특수매체기록을 위작"한 경우에 해당하는지 여부가 쟁점이 된 사건이다.

형법 제232조의2는 '권리·의무 또는 사실증명'에 관한 '타인'의 전자기록등 특수매체기록을 객체로 하여, '사무처리를 그르치게 할 목적'이라는 초과 주관적 구성요건을 전제로 '위작'한 행위를 구성요건으로 하고 있어서 비교적 다양한 해석상의 논점을 내포하고 있다. 공전자기록위작·변작죄와 달리 '권리·의무 또는 사실증명'에 관한 전자기록으로 그 대상이 한정되어 있고 위작의 대상이 되는 전자기록은 '타인성'을 요건으로 한다. 물론 이러한 구성요건은 사문서위조의 경우에도 동일하게 요구되는 것으로 새로운 쟁점이라고는 할 수 없지만, 후술하는 바와 같이 전자기록의 경우는 종전의 문서와는 다른 여러 가지 형태적·기능적 특성을 보이고 있고 그러한 점이 전자기록에 대한 행위를 문서의 경우와는 달리 해석해야 할 현실적 압력으로 작용하고 있다는 점에서 구체적인 검토의 대상이 되고 있다고 할 수 있다.

무엇보다도 형법 제232조의2 사전자기록위작·변작죄에 대해서는 '위작'의 의미가 무엇인지에 대해 논란이 있다. 문서죄에서의 '위조'와 달리 '위작'이라는

---

1) 현재의 관련 법률에 의하면 비트코인과 같은 가상화폐는 '가상자산'이라고 지칭되며 가상화폐의 거래소를 운영하는 사업자를 '가상자산사업자'라고 한다. 「가상자산 이용자 보호 등에 관한 법률」 제2조(정의) 참조. 다만 이 글에서는 대상판결에서와 같이 '가상화폐'라는 용어를 그대로 사용하기로 한다.

용어를 사용한 것에 대해, 위조와 동일하게 작성권한 없는 자의 유형위조행위로 보아야 할지, 위조와는 다르게 작성권한 없는 자의 유형위조뿐만 아니라 작성권한이 있는 자가 허위의 내용을 작성하는 무형위조도 포함하는 개념으로 이해해야 하는지의 문제이다.

대상판결의 사안은 가상화폐 거래소를 운영하는 회사의 대표이사가 직접 자신이 운영하는 거래시스템에 허위의 거래정보를 입력하였다는 점에서 외형상 '작성권한이 있는 자가 허위의 내용을 작성한 행위'로 보이고, 따라서 위와 같은 '위작'의 개념이해에 따라 형법 제232조의2 사전자기록위작죄에 해당하는지 여부가 달라질 수 있는 사안이다. 그러므로 형법 제232조의2가 규정하는 사전자기록위작죄에서 위작의 의미를 어떻게 해석해야 하는지가 가장 중요한 쟁점이라고 할 수 있다.

2. 위작의 의미에 대해 위조와는 달리 '무형위조'도 포함하는 대상판결의 해석태도

1995년 형법개정으로 형법에 공·사전자기록에 대한 위작·변작죄가 도입된 이래로 여기서의 '위작'의 개념이 무엇인지에 대해서는 이미 2005년 대법원 판결로 한 차례 논의가 이루어진 바 있다. 당시 대법원은 경찰범죄정보시스템에 허위사실을 입력한 경찰관의 행위에 대해 "시스템의 설치·운영 주체로부터 각자의 직무 범위에서 개개의 단위정보의 입력 권한을 부여받은 사람이 그 권한을 남용하여 허위의 정보를 입력함으로써 시스템 설치·운영 주체의 의사에 반하는 전자기록을 생성하는 경우도 형법 제227조의2에서 말하는 전자기록의 '위작'에 포함된다고 보아야 할 것이다"[2]라고 판시하여 '권한의 남용'이라는 조건이 붙기는 하였으나 권한있는 자의 무형위조도 '위작'의 개념에 포함된다는 입장을 취하였고, 공전자기록에 대해서는 이러한 입장이 유지[3]되고 있는 것으로 보인다. 그러나 사전자기록에 대해서는 대상판결 이전까지는 명확한 입장을 찾아볼 수 없었는데, 대상판결은 공전자기록에서의 '위작'개념에 대한 해석론이 사전자기록에도 그대

2) 대법원 2005. 6. 10. 선고 2004도6132 판결.
3) 대법원 2013. 11. 28. 선고 2013도9003 판결 참조.

로 적용된다는 확인을 하고 있는 것이다.

대상판결의 다수의견은 형법 제227조의2의 공전자기록위작죄에서의 위작개념에 대한 법리는 형법 제232조의2의 사전자기록위작죄에서 행위의 태양으로 규정한 '위작'에 대해서도 마찬가지로 적용되고, 따라서 피고인들의 행위는 사전자기록위작죄에서의 위작행위에 해당한다고 결론을 내리면서, 위작개념의 판단을 위해서 다음과 같은 논점들을 제시·분석하였다 : ① 용어의 사전적 정의와 일반국민의 이해, ② 사전자기록위작죄의 보호법익과 전자기록의 특성, ③ 공·사전자기록위작죄를 신설할 당시의 입법자의 의사, ④ 동일한 용어의 동일해석 필요성, ⑤ 사회의 변화에 따른 현실적 처벌필요성, ⑥ 비슷한 범죄규정을 가지고 있는 일본형법의 태도.

그러나 이러한 다수의견에 대해서는 다음과 같은 반대의견이 있다. 우선 용어의 정의와 입법자의 의사에 대해서는 그 내용이 불분명하여 해석의 결정적인 근거가 될 수 없고, 일본형법의 태도를 참고해야 한다는 점에 대해서도 용어가 다른 상황에서 그러한 태도를 참고하는 것은 불필요하다. 특히 사문서위조죄의 구성요건과 비교하여 볼 때 '위작'이 '위조'와는 다른 단어라고 하여 그 의미를 확대하는 것은 죄형법정주의에 위배될 소지가 크고, 전자기록의 특성상 현실적으로 처벌의 필요성이 크다고 하더라도 이것은 입법의 이유이지 사법적 해석의 결과가 되어서는 안된다는 것이다.

법률용어의 사전적 의미나 입법자의 의사 등은 법률의 해석에서 용이하게 사용할 수 있는 논거이기는 하지만 규범적 해석방법론에서 그것이 결정적인 근거가 되지는 못한다. 또한 비교법적인 자료 역시 우리 법을 해석하는 데 있어서 하나의 관점을 제공할 수는 있으나 해석의 결론을 내려주지는 못한다고 할 수 있다. 이러한 점을 고려하여 이하에서는 죄형법정주의라는 큰 틀에서 '위작'을 '위조'와 달리 확장하여 해석해야 할 정당성 내지는 가능성이 있는지를 중심으로 검토해 보고자 한다.

Ⅱ. 쟁점 및 검토

1. 작성명의인과 관련한 전자기록의 특성에 대하여

대상판결의 다수의견은, “전자기록은 작성명의인을 특정하여 표시할 수 없고, 생성 과정에 여러 사람의 의사나 행위가 개재됨은 물론 개개의 입력한 정보가 컴퓨터 등 정보처리장치에 의하여 자동으로 기존의 정보와 결합하여 가공처리됨으로써 새로운 전자기록이 만들어지므로 문서죄에서와 같은 작성명의인이란 개념을 상정하기 어렵다”[4]는 점을 문서에 대한 죄와는 달리 형태상 무형위조와 같이 보이는 행위도 전자기록 위작의 개념에 포함시켜야 한다는 중요한 이유로 제시하고 있다.

(종이나 기타 물리적 형태의) 문서의 경우 문서가 사용되는 과정에서 사용자가 문서의 명의인을 육안 등으로 비교적 간단하고 분명하게 식별할 수 있고 그에 따라 실제 문서작성자와 명의인의 관계가 명확하게 확인될 수 있어서(문서 명의인이 A로 표기되어 있을 경우 실제 작성자가 A인지 아닌지만 사실의 차원에서 규명하면 된다) 잘못된 문서의 경우 문서의 명의가 도용당한 유형위조의 경우인지 내용의 허위성이 문제가 되는 무형위조의 경우인지를 범죄불법의 내용이라는 차원에서 분명히 구별할 수 있지만, 전자기록의 경우 정보의 입력단계에서 여러 사람의 의사나 행위가 개재된다는 것이나 정보의 입력 이후 시스템의 일정한 메커니즘에 의해서 새로운 형태의 전자기록이 생성된다는 사실은 해당 전자기록의 명의인을 누구로 보아야 하는 것인지에 대해 문제가 발생하거나 개별적인 시스템에 대한 전문적 이해가 필요함을 의미하는 것으로 명의인의 확정과 그에 대한 침해(도용)를 전제로 하는 유형위조와 무형위조의 불법을 행태상으로 명확히 구별하기 어렵다는 이해로 보여진다.

그러나 이에 대해서는 다음과 같은 반박이 가능하다. 다수인이 정보를 입력·변경할 수 있는 정보처리시스템의 경우에도 특정인이 그러한 정보입력행위를 하기 위해서는 반드시 일정한 신분을 검증하기 위한 아이디(ID)와 비밀번호(Password)

---

4) 대상판결 판시사항 중 [4]다수의견 (다)항.

의 생성과 입력절차가 필요하고,[5] 사전자기록이라고 하더라도 증명적 기능을 가진 전자기록을 생성하는 데 있어서는 시스템의 설치·운영주체가 정보의 입력권한을 특정인으로 제한하여 설정·운영한다는 사실은 자명하다.[6] 그리고 이러한 신분확인과 권한부여의 절차를 거쳐서 일정한 목적으로 전자기록 시스템에 정보의 입력행위를 하는 주체는 자신이 입력한 정보가 누구의 명의로 표시·활용될 것이며 어떠한 형태의 전자기록으로 생성될 것인지 알고 있는 것(혹은 알고 있어야만 하는 것)이 대부분이라고 할 수 있다. 이 역시 공전자기록이냐 사전자기록이냐로 달리 볼 사유는 없다. 이러한 상황은 시스템의 설치·운영 주체와 개별 정보의 입력주체가 다르고 여러 사람이라고 하더라도 시스템의 설치·운영 주체는 전자기록이 표시·활용되는 과정에서의 명의인과 그 명의인으로부터 일정한 권한을 부여받은 보조적 주체들의 실체를 얼마든지 확인하고 구별할 수 있는 상황이라고 할 수 있으며, 정보 입력의 보조자들도 구체적 권한의 유무에 따라 자신의 행위가 전자기록 명의자의 명의를 도용하여 명의자 아닌 다른 주체의 의사표시를 하는 행위인지, 명의도용의 문제와는 상관없는 허위정보의 생성·표시행위인지를 쉽게 구별할 수 있다. 전자기록을 활용하고자 하는 상대방의 입장에서도 공전자기록의 경우 해당 공공전자기록을 작성·발행하는 주체로 전자기록 자체에 표기된 국가 혹은 공공기관(혹은 그 기관의 장)이 전자기록의 명의인이라는 점을 쉽게 인식할 수 있으며 사전자기록의 경우에도 표시와 공개의 주체는 대부분 전자기록 자체에 명시(법인 혹은 개인사업자 등)되어 있으므로 그 주체를 명의인으로 인정할 수 있을 것이고, 해당 시스템의 설치·운영 주체로부터 각자의 직무범위 내에서 개별적인 단위정보를 입력할 수 있는 권한을 부여(위임)받은 사람들은 모두 작성명의인에 해당한다고 볼 수 있다.[7] 따라서 공전자기록이든 사전자기록이든 일반적인 경우에 전자기록의 명의를 특정하기 곤란한다는 점은 전자기록을 종전의 문서에 대한

5) 류석준, “전자기록 위작·변작행위의 규제법규에 관한 연구”, 형사법연구 제23호, 2005, 142면; 신상현, “사전자기록 위작죄의 ‘위작’에 허위작성 행위가 포함되는지 여부”, 아주법학 제14권 제3호, 2020, 111면.

6) 신상현, 위의 논문, 111면.

7) 전자기록 내의 개별적 기록이 하나의 문서성을 가지는 경우에도 마찬가지이다. 강동범, “공전자기록 위작·변작죄에서 위작·변작의 개념”, 형사판례연구 제24권, 박영사, 2016, 515면; 신상현, 앞의 논문, 111면. 물론 전체의 전자기록에 대한 명의인이 있는 경우 부분 기록을 입력한 사람이 ‘독자적으로’ 명의인이 되는 것이 아니라 전체 전자기록 명의인의 ‘대리인’으로 될 것이다.

관념으로 지나치게 추상적인 관점으로 바라본 것이라고 할 수 있다.

2. 허위 전자기록의 입력과 권한의 남용에 대하여

대상판결의 다수의견은 전자기록의 입력권한이 있는 사람이 허위의 정보를 입력하는 모든 행위가 전자기록위작죄에서의 위작에 해당하는 것이 아니라 허위의 정보입력행위가 권한의 남용에 해당하는 경우에 한정된다는 입장으로 보인다. 즉 형법 제232조의2에서 정한 '위작'에 단순히 '허위의 전자기록을 생성하는 행위'가 포함된다고 하지 않고, "권한 있는 사람이 그 권한을 남용하여 허위의 정보를 입력함으로써 시스템 설치·운영 주체의 의사에 반하는 전자기록을 생성하는 행위"를 포함하는 것이라고 하고 있으며, 이를 위작개념을 무형위조의 형태까지 확장하여 포섭하는 해석을 정당화시켜 주는 논리의 하나로 사용하고 있다.

이러한 해석태도는, 반대의견이 적절히 지적하고 있는 바와 같이, 우리 형법의 구성요건상 존재하지 않는 요건을 사실상 추가하는 것이라는 점에서 그 자체로 적절치 않은 태도이다. 구성요건상의 행위를 '부정작출'이라고 하여 '부정'이라는 개념을 사용하고 있는 일본형법[8]과 달리 '부정'이라는 표현이 없는 우리의 형법규정상으로는 이와 같이 해석할 근거가 없는 것이다. 다만 구성요건에 존재하지 않더라도 현실적인 근거에 의하여 이와 같이 특정한 기준을 제시하여 범죄규정의 적용대상을 축소하는 해석을 하는 것은 피고인에게 유리한 축소해석이 되므로 죄형법정주의의 정신에 부합하여 허용될 수는 있을 것이다. 문제는 '권한의 일탈·남용'이라는 요건을 사전자기록에까지 부가할 경우 해결곤란한 해석의 문제를 새롭게 야기할 수 있다는 점이다.

권한의 '일탈'과 '남용'은 분명히 구별되어야 할 개념인데, 사인 간의 업무관계에서 특정 업무를 분담하는 자의 행위가 권한을 일탈하였는지 혹은 남용한 것

8) 일본형법 제161조의2는 '전자적 기록의 부정작출 및 공용'이라는 표제하에 "타인의 사무처리를 그르치게 할 목적으로 그 사무처리에 제공되는 권리의무 또는 사실증명에 관한 전자적 기록을 **부정하게 작성한 자**는 5년 이하의 징역 또는 50만엔 이하의 벌금에 처한다."고 규정하고 있다. 이와 같은 일본형법의 '부정작출'이라는 용례는 다수의견에서는 우리 형법의 위작 개념을 규명하는데 참고자료가 된다는 입장인 반면, 반대의견은 '부정작출'이라는 용어는 그 자체로 무형위조를 포함하는 용어일 수 있으나 우리 형법은 그와는 다른 '위작'이라는 용어를 사용하고 있으므로 일본형법과 동일하게 해석할 수는 없다는 입장이다.

인지를 판단하는 자체가 기준이 불분명하고 해석상의 곤란함을 초래한다. 오늘날 전자기록의 기능과 형태가 복잡·다양해지고 그 변화와 발전의 속도가 굉장히 빠름으로 인해 새로운 유형의 활용형태가 나타나는 경우가 빈번해짐에 따라 권한일탈 판단의 전제가 되는 '권한의 범위'에 대한 판단의 기준자체가 논란의 대상이 되는 경우가 생겨나고 있어서 쉽지 않은 문제라고 할 수 있다. 사실 그러한 문제가 직접적으로 현실화한 것이 대상판결의 사례라고도 할 수 있다. 가상화폐 거래소를 운영하는 회사의 대표이사가 거래소의 운영을 위한 전자기록 시스템에 거래에 관한 정보를 입력하는 경우, 그러한 입력행위가 권한 내의 행위인지 여부는 단순히 회사의 대표이사는 회사의 운영에 관한 포괄적 권한을 가지고 있다는 사실로 판단할 수 있는 문제가 아니다. 가상화폐의 생성방식과 거래방식, 그러한 거래에 있어서 거래소의 역할과 기능, 거래소 전산정보시스템에 공시되는 전자기록의 법적 의미, 거래소 운영 회사와 거래소 이용자 간의 관계 등에 대한 복합적인 이해가 필요하다. 그리고 이러한 이해를 통하여 시스템 설치·운영 주체의 의사가 법적으로 무엇인지 해석하거나 혹은 나아가 거래소 이용자와의 관계에서 거래소의 운영주체의 재량은 어떻게 규정되거나 제한될 수 있는지를 해석하는 과정이 필요하다.[9] 하지만 비록 이러한 과정이 일반적인 이해가 어렵고 예측가능성이 부족한 '깜깜한 법적용'의 영역이라고 할지라도 현행 형법에 의하여 전자기록의 유형위조가 처벌됨은 분명하고 권한을 일탈한 전자기록의 생성은 유형위조로 평가될 수밖에 없다는 점에서 이러한 해석과 적용의 과정은 불가피하다고 할 수 있다.

그러나 '권한 남용'이라는 요건을 정당성의 표지로 세워 무형위조의 형태까지 위작에 포섭하려는 시도는 권한의 일탈보다 한층 더 어려운 해석의 문제를 야기할 수 있다. 일반적인 법률 용례에서, '권리남용'은 외형상 권리 행사로 보이나 실질적으로 권리의 공공성·사회성에 반하는, 권리 본래의 사회적 목적을 벗어난 것이어서 정당한 권리행사로 볼 수 없는 행위를 의미[10]한다거나 '재량권의 남용'은 재량권의 행사가 형식적인 요건은 갖추었으나 입법자의 수권목적에 부합하는 권한행사로 볼 수 없는 경우를 말한다[11]고 하여 권리행사의 형식적 적법성과 함

9) 이러한 과정을 상세히 기술하고 있는 문헌으로 김진, "사전자기록 위작의 개념과 허위작성의 법적 평가", 법조 제69권 제4호, 2020, 446면 이하.

10) 곽윤직, 민법총칙(민법강의 Ⅰ), 박영사, 1998, 99면.

께 사회적·법적 정당성의 결여가 '남용'의 구체적 내용이 되고 있는 것으로 보인다. 즉 실질적인 측면 혹은 권리행사의 효과의 측면에서 사회적 혹은 법적 정당성이 결여되었다는 것인데 이것은 달리 말하면 권리나 권한을 설정하거나 부여한 본래의 목적이나 취지에서 벗어난 경우를 의미하는 것이라고도 할 수 있다. 그런데 복잡다단한 사적 업무관계에서 이러한 사회적 정당성이나 본래의 목적, 취지 등을 구체적으로 규명하는 것은 다양한 사회적 가치관을 혼합하여 조정해야 하는 –그 자체로 새로운 학문의 영역이라고도 할 수 있을 것 같다– 매우 어려운 일일 뿐만 아니라 사적인 업무관계에 임하는 사람에게 무엇이 권한의 남용에 해당하는지 예측하는 것을 불가능에 가깝게 만드는 문제가 있다.

3. 보호법익과 처벌의 필요성이라는 관점에 대하여

대상판결의 다수의견은 "형법 제232조의2에서 정한 사전자기록등위작죄는 전자기록 등 특수매체기록에 대한 공공의 신용을 보호법익으로 하는 범죄이다. 위 형벌규정이 보호하고자 하는 전자기록 내용의 진정성에 대한 공공의 신용은 권한 없는 사람이 전자기록의 작성 등에 관여한 경우뿐만 아니라, 권한이 있는 사람이 그 권한을 남용하여 허위의 정보를 입력하는 경우에도 위험성이 발생될 수 있다. 나아가 시스템 관리자라고 하더라도 그가 시스템 설치·운영자로부터 부여받은 권한을 초월하거나 남용하여 전자기록의 작성 등을 한 경우에는 위 형벌규정이 보호하고자 하는 법익이 침해된다고 보기 충분하다"[12]고 설시하여, 전자기록의 무형위조는 사전자기록위작죄가 보호하고자 하는 공공의 신용이라는 보호법익을 침해하는 행위로 볼 수 있고, 그 점이 사전자기록위작죄에서의 위작개념에 무형위조의 형태를 포함시켜 해석해야 하는 근거의 하나로 제시되고 있다.

그러나 '신용'이라는 용어가 가지는 의미는 대단히 다양하며,[13] 여기에 더해

11) 류지태, "재량행위이론의 이해", 공법연구 제34집 제4호 제2권, 2006, 366면.

12) 대상판결 판시사항 본문 중 1.–마–1)–다)항.

13) 일반적인 사전과 시사용어로서의 '신용'은 주로 경제적인 지불능력을 의미하고(대표적으로 '신용'카드), 형법 제313조 신용훼손죄에서의 신용도 '사람의 경제적 활동에 대한 사회적 평가로서, 사람의 지불능력과 지불의사에 대한 사회적 신뢰'라고 설명된다. 일상생활에서의 신용이라는 말도 주로 특정한 업무나 과제의 실행능력이나 의사의 진실성 등을 평가하는 말로 사용된다.

지는 '공공'의 의미도 매우 포괄적이고 추상적이다.[14] 위조범죄와 공공의 신용에 대한 역사적 연구[15]의 결과도 공공의 신용이라는 보호법익의 실체를 찾을 수 없으며, 공공의 신용은 규범이전에 선재하는 어떤 것이 아니라 규범적 보호에 의해서 생겨나는 것이라는 관점을 받아들여 공공의 신용은 '기망적 행위'를 통해서 '진실을 왜곡'하는 범죄적 행태를 포괄하는 상징적 의미이고 법적인 보호를 통해서 '공공의 신용'이 창출된다[16]는 결론에 이르고 있다. 그러므로 공공의 신용을 보호하는 형법규범은 수범자인 일반시민들에게 "공공의 신용과 신뢰를 훼손하지 말라"는 금지규범을 제시하는 것이고, 공공의 신용은 사회에서 형성되고 널리 이용되는 공공의 신용의 대상물을 위조범죄의 적용대상으로 포함하기 위한 보호법익으로 이해해야 한다는 것이다.[17] 그렇다면 위조범죄에서 입법과 해석의 지침이 되는 것은 공공의 신용이라는 추상적인 개념이 아니라 '사회에서 형성되고 널리 이용되는 신용의 도구'가 무엇인지가 될 것이고 이것은 현실을 구성하는 일반인의 관점이 형법규범의 형성과 해석에 중요한 결정인자가 되어야 한다는 점을 시사한다. 즉 위조범죄의 입법과 해석에는 현재 사회의 법적 거래의 현실이 중요하게 반영되어야 한다는 점이 공공의 신용이라는 보호법익이 가지는 의미라고 할 수 있다.

실제 문서와 관련한 죄의 적용대상은 이와 같은 현실적인 변화에 따른 보호의 필요성이나 처벌의 필요성이라는 취지에 의해 변화·확대되어 왔다고 평가된다. 현재와 같이 복사문서가 문서의 한 예로 입법화되어 있지 않았던 당시 복사문서의 문서성을 인정한 대법원 판결은 "오늘날 일상거래에서 복사문서가 원본에

14) '공공'이라는 단어의 의미에 대해서는 영어(public)나 독일어(öffentlich)의 번역어라는 맥락(주로 열려있고 공개된 공간적 의미), '공사(公私)'의 구분이라는 측면에서 사회구성적 원리의 맥락 또는 '시장'에 반대되는 개념으로 국가를 중심으로 하는 사회영역이라는 맥락 등의 세 가지로 분석해 볼 수 있다고 한다(구연상, "공공성(公共性)의 우리말 뜻 매김", 동서철학연구 제96호, 2020, 435-439면 참조). 형법에서도 명예훼손죄에 대한 위법성조각사유 규정인 제310조에서 '공공의 이익'이라는 표현을 사용하고 있는데 이때 공공의 의미에 대해서는 국가, 사회 기타 일반 다수인 혹은 특정한 사회집단이나 그 구성원을 포함하며 내용적으로도 공적 생활에 관한 사실이든 개인적 생활에 관한 사실이든 묻지 않는다고 한다(대법원 1996. 4. 12, 선고 94도3309 판결 참조).

15) 류전철, "보호법익으로서 공공의 신용의 형법해석론상 의미", 형사법연구 제18호, 2002, 311-318면.

16) 류전철, 위의 논문, 318면.

17) 류전철, 위의 논문, 324면.

대신하는 증명수단으로서의 기능이 증대되고 있는 실정에 비추어 볼 때 이에 대한 '사회적 신용을 보호할 필요'가 있다"[18]고 하여 복사문서가 원본과 같은 기능을 하게 되었다는 현실적인 측면을 반영하여 공공의 신용에 대한 실질적 보호필요성을 이와 같은 확대해석의 근거로 제시하였다. 이와 같이 현실을 반영한 실질적 보호필요성을 적극적으로 고려한 사례는 타인의 운전면허증을 신분확인의 용도로 제시한 행위에 대해 종전의 판례를 변경하여 공문서부정사용죄의 적용대상으로 인정한 2001년의 대법원 판결[19]에서도 찾아볼 수 있으며, 임시 기억장치인 램(RAM)에 올려진 전자기록이 사전자기록위작·변작죄에서 말하는 전자기록 등 특수매체기록에 해당한다고 본 대법원 판결[20]도 현상의 기술적 이해에 근거한 현실적 고찰을 보호법익과 처벌필요성의 범위에 적극적으로 반영한 결과라고 할 수 있다. 이러한 흐름은 법원이 문서 및 전자기록에 관한 죄의 규율대상과 그 범위를 정하는데 있어 보호법익을 중요한 판단지표로 삼으며, 법익의 해석에 있어 사회현실의 변화를 반영하고자 하였음을 보여준다고 평가할 수 있으며, 아울러 대상판결은 이러한 맥락에서 형법의 조문체계에 대한 분석 대신 문서와 다른 전자기록의 특성을 강조하면서 전자기록의 증명적 기능을 어떻게 보호할 것인가에 초점을 둔 것이라고 평가할 수 있다.

그러나 이러한 법원의 법해석 태도는 학계의 지속적인 비판의 대상이 되어왔다. 복서문서의 문서성을 인정한 대법원 판결에 대해서는 죄형법정주의와 관련

---

18) 대법원 1989. 9. 12. 선고 87도506 전원합의체판결.

19) 대법원 2001. 4. 19. 선고 2000도1985 전원합의체 판결.
"우리 사회에서 운전면허증을 발급받을 수 있는 연령의 사람들 중 절반 이상이 운전면허증을 가지고 있고, 특히 경제활동에 종사하는 사람들의 경우에는 그 비율이 훨씬 더 이를 앞지르고 있으며, 금융기관과의 거래에 있어서도 운전면허증에 의한 실명확인이 인정되고 있는 등 현실적으로 운전면허증은 주민등록증과 대등한 신분증명서로 널리 사용되고 있다. 따라서, 제3자로부터 신분확인을 위하여 신분증명서의 제시를 요구받고 다른 사람의 운전면허증을 제시한 행위는 그 사용목적에 따른 행사로서 공문서부정행사죄에 해당한다고 보는 것이 옳다."

20) 대법원 2003. 10. 9. 선고 2000도4993 판결.
"비록 컴퓨터의 기억장치 중 하나인 램(RAM, Random Access Memory)이 임시기억장치 또는 임시저장매체이기는 하지만, 형법이 전자기록위·변작죄를 문서위·변조죄와 따로 처벌하고자 한 입법취지, 저장매체에 따라 생기는 그 매체와 저장된 전자기록 사이의 결합강도와 각 매체별 전자기록의 지속성의 상대적 차이, 전자기록의 계속성과 증명적 기능과의 관계, 본죄의 보호법익과 그 침해행위의 태양 및 가벌성 등에 비추어 볼 때, 위 램에 올려진 전자기록 역시 사전자기록위작·변작죄에서 말하는 전자기록 등 특수매체기록에 해당한다."

하여 "전자복사본에 의한 부정서류의 범람으로부터 진정문서에 대한 사회적 신용의 보호필요성을 강조하여 복사문서의 문서성을 인정함으로써 '문서'개념과 더 나아가 문서'위조'의 문언의 가능한 의미를 벗어나 목적론적 해석의 한 형태로 허용된 확장해석의 한계를 넘어서는 것이다"[21]는 비판이 제기되었고 그에 따라 복사한 문서 또는 도화의 사본도 문서 또는 도화로 본다는 형법 제237조의2[22]가 신설되었다는 것은 주지의 사실이다. 타인의 운전면허증을 신분확인의 용도로 사용한 행위를 형법 제230조의 공문서 부정사용행위로 해석한 대법원 판결에 대해서도 마찬가지로 "이러한 해석은 개별법규가 보호하고자 하는 법익이 무엇인가라는 규범의 목적을 고려하는 기능적·목적론적 해석이 아니라 단순히 많은 사람이 소지하고 있는 실생활에서 신분확인용으로 널리 사용되고 있다는 현실을 반영하여 처벌해야 한다는 정책적 의미 밖에 없는 것으로서 법해석이라고 볼 수 없다"[23]고 법해석의 한계를 넘어섰다는 비판이 제기되고 있으며 "대법원이 도로교통법의 운전면허관련규정에 운전면허증을 신분증명서로 간주하는 명문의 규정이 없는 것을 단지 운전면허증이 신분증명의 일환으로도 사용되고 있다는 현실을 근거로만 동일인증명을 운전면허증의 본래용도에 해당한다고 해석하는 것은 법률언어의 가능한 의미를 넘어선 법해석으로서 자유법치국가의 주요원칙의 하나인 유추적용금지에 반한다고 할 수 있다"[24]와 같이 죄형법정주의 원칙에 반하는 해석론이라는 비판이 이어지고 있다. RAM에 올려진 전자기록을 사전자기록위작·변작죄의 객체로 파악하는 해석도 전자기록에 대한 상세한 기술적 이해[25]를 근거로 하는 것이지만 RAM은 원래 컴퓨터 파일작업의 편의를 위하여 작동·기능하는 것일 뿐이어

21) 하태훈, "복사문서의 문서성", 형사판례연구 제1권, 박영사, 1993, 211면.

22) 형법 제237조의2(복사문서등) 이 장의 죄에 있어서 전자복사기, 모사전송기 기타 이와 유사한 기기를 사용하여 복사한 문서 또는 도화의 사본도 문서 또는 도화로 본다.

23) 천진호, "공문서부정행사죄에 있어서 부정행사", 형사법연구 제17호, 2002, 177면.

24) 윤영철, "형법 제230조(공문서부정행사죄)에 있어서 '부정행사'의 개념", 비교형사법연구 제5권 제1호, 2003, 660면.

25) 이 사건은 피고인들이 전자기록을 저장된 서버로부터 불러온 후 모니터에 전자기록의 내용이 표현되고 있는 상태에서 키보드 등의 입력장치를 이용하여 모니터에 보이는 전자기록의 특정 부분을 사실과 다르게 변경한 행위를 한 것으로 보이는데, 대법원은 전자기록 파일을 열어서 모니터에 표현되도록 하는 상태에서도 컴퓨터는 일단 해당 전자기록을 RAM에 저장하여 두고 있다는 점과 파일의 내용을 변경한 후 저장버튼을 누르면 그 RAM에 저장된 내용이 고스란히 전자기록이 본래 저장된 저장매체로 복사된다는 점에서 램에 올려진 전자기록은 원본파일과 불가분적인 것으로 원본파일의 개념적 연장선상에 있는 것으로 파악하였다.

서 저장공간이라기보다는 '작업대'에 가까운 것이고, RAM에 저장되어 열려진 파일은 저장매체에 저장된 원본파일과는 별개의 복사본으로 '작업'의 대상이 될 뿐이고 작업이 종료되어 작업자가 저장버튼을 누르면 비로소 컴퓨터는 RAM에 저장된 정보를 바탕으로 저장매체의 정보를 변경·저장하게 된다. 그러므로 RAM에 올려진 전자기록을 변경하였다고 전자기록의 원본을 변경하는 '변작'행위를 했다고 해석하는 것도 변작의 의도만을 지나치게 고려한 주관적 관점이거나 '전자기록의 변작'이라는 문언적 의미를 벗어나 처벌필요성만을 강조한 법적용이라는 비판을 피하기 어려워 보인다.

그러므로 오늘날 과학기술의 발달로 전산시스템의 사용이 보편화되었고 이에 따라 전자기록의 신뢰가치가 매우 높아졌으니 사전자기록의 무형위조도 공공의 신용이라는 보호법익의 관점에서 처벌의 필요성이 높아졌다는 점은 새로운 입법의 이유는 될 수 있지만 이미 존재하는 처벌규정의 문언적 의미를 일반인이 예상할 수 없거나 규범의 체계에 맞지 않는 영역까지 확장하여 해석해야만 하는 결정적인 근거가 되기는 어렵다. 규범과 관련한 현실은 규범의 해석방향을 결정하는 요인이 될 수 있음은 원칙적으로 인정된다. 그러나 그 현실이 실제적 규범내용을 결정하는 것은 허용되지 않는 법형성이며 이는 입법적 해결의 문제일 수 있다. 규범은 항상 규범의 바탕이 되는 현실로부터 이해해야 하지만 중요한 점은 사회적 현실을 단순히 받아들일 것이 아니라 형법은 자신의 법적 범주에 따라 평가해야 한다. 현실은 규범내용을 확정하기 위한 유일한 결정인자가 아니고 현실은 단지 해석의 필요적인 사실인자일 뿐이라는 점이다.[26] 그러므로 사회에서 사실상 보호가치 있는 것으로서 간주되고 실현되어지고 있다는 것만으로 이미 형법적 법익의 대상이라고 할 수는 없고, 이와 반대로 형법적 법익을 사실상의 보호가치에서 구하는 해석론은 죄형법정주의의 근본취지에 반하는 것이라고 할 수 있다.

---

26) Hassemer, W., Theorie und Soziologie des Verbrechens, Europäische Verlagsanstalt, 1980, S. 107 ff.

Ⅲ. 맺으며

대상판결의 다수의견은 '권한을 남용하여 허위의 정보를 입력함으로써 시스템의 설치·운영 주체의 의사에 반하는 전자기록을 생성하는 행위'는 오늘날 발달한 기술로 인한 사회의 변화를 고려할 때 충분히 처벌할 필요성이 있는 행위이며 그러한 해석태도는 위작이라는 용어의 가능한 문언적 의미, 입법자의 의사에 부합하는 것이라고 판단하고 있다. 그런데 다수의견의 이와 같은 태도는 문언적 해석의 한계, 입법자의 의사가 무엇인지에 대한 논란을 차지하고라도 다음의 점에서 상당한 문제점을 드러내고 있다. 우선 공전자기록위작죄에서의 위작의 법리를 그대로 가져오면서 '권한의 남용', '주체의 의사에 반함'이라는 표현을 별다른 고민없이 사전자기록에도 적용함으로써 사전자기록에 있어서 유형위조와 무형위조의 개념과 그 구별에 대한 심각한 해석상의 혼란을 초래하고 있다. 반대의견은 이러한 권한남용이라는 요건을 위작의 적용범위를 제한하는 일종의 절충적 선택으로 이해하고 있지만, 그러한 절충적 태도의 타당성과는 별개로 권한의 남용이라는 개념을 사전자기록에서의 일정한 행태요건으로 사용하는 것은 형법 구성요건에 대한 해석의 방식으로 적절하지 못하다. 또한 사전자기록의 경우 '권한의 남용'과 작성명의 '주체의 의사에 반'한다는 것은 엄연히 구별해야 할 법적 행태임에도 이를 같은 맥락에서 기술하고 있는 다수의견은 대상판결에서 제시하고자 하는 법리가 무엇인지 알 수 없게 만들고 있다.

대상판결의 다수의견이 중점적으로 제시하고 있는 전자기록위작죄의 보호법익의 내용과 그에 따른 전자기록 무형위조행위의 현실적 처벌 필요성은 충분히 공감할 수 있는 내용이다. 그러나 그것이 현재 형법에 규정되어 있는 '위작'의 개념을 결정하는 해석상의 결론이 될 수 있는지는 의문이다. 문서위조죄의 일반적인 보호법익이라고 인정되는 공공의 신용이라는 개념은 사실 형법이 위조범죄에 관한 규정을 설정함으로써 비로소 구체화되는 개념이고, 공공의 신용이라는 보호법익이 위조범죄규정으로 보호되어야 할 보호의 대상을 현실의 필요성을 고려하여 설정하도록 하는 의미가 있다고 하더라도 이것은 목적적 해석론의 출발점이지 죄형법정주의나 권력분립의 원리를 극복할 수 있는 절대기준은 아니다. 사전자기록위작·변작죄가 사문서위조·변조죄 및 행사죄 등의 체계연장선상에 규정되어 있고 유형위조만을 한정하는 위조라는 용어와 위작의 관계가 불분명한 상황에서 현실적 처벌의 필요성으로 위작의 개념을 위조와 달리 설정하여 처벌의 영역을 확대하는 것은 죄형법정주의의 제한을 받는 사법부가 할 수 있는 것이라고는 생각되지 않는다. 첨언하면 공전자기록의 경우에는 공문서에 대한 무형위조도 처벌하고 있다는 점에서 위작의 개념에 무형위조를 포함하는 해석론이 지지를 받을 수 있는 여지가 있어 보이지만, 이 역시도 죄형법정주의에 반한다는 원론적 비판으로부터 자유로워지기 위해서는 공전자기록에 대한 무형위조형태를 처벌의 대상에 추가하는 입법적인 조치가 필요해 보인다.

26. 직권남용죄의 '직권 없이 남용 없다'는 해석 문제

김혜경 교수(계명대학교 경찰행정학과)*

[대상판결]

대법원 1991. 12. 27. 선고 90도2800 판결[1)]

[판결요지] 직권남용죄의 "직권남용"이란 공무원이 그의 일반적 권한에 속하는 사항에 관하여 그것을 불법하게 행사하는 것, 즉 형식적, 외형적으로는 직무집행으로 보이나 그 실질은 정당한 권한 이외의 행위를 하는 경우를 의미하고, 따라서 직권남용은 공무원이 그의 일반적 권한에 속하지 않는 행위를 하는 경우인 지위를 이용한 불법행위와는 구별되며, 또 직권남용죄에서 말하는 "의무"란 법률상 의무를 가리키고, 단순한 심리적 의무감 또는 도덕적 의무는 이에 해당하지 아니한다.

---

* 김혜경 계명대학교 경찰행정학과 교수는 연세대학교에서 법학박사학위를 받았고, 법무부 범죄피해자보호기금운용심의회 위원, 양형위원회 전문위원 및 한국형사법학회, 한국피해자학회 및 한국보호관찰학회 편집위원장 등을 역임하였고, 현재 대법원 양형위원회 양형위원이다.

1) 사실관계는 다음과 같다. 피고인 갑은 공소외 F를 부검한 B연구소 의사 G에게 직접 기자간담회용 메모의 작성을 지시하고 두 차례에 걸쳐 부검소견에 어긋나는 내용을 메모에 기재토록 요구하여 이를 교부 받았다는 점에 부합하는 검사 작성의 G, H에 대한 각 진술조서, 그들이 작성한 각 진술서 및 G의 일기장은 동인들이 원심법정에서 한 번복진술에 비추어 믿을 수 없고, 달리 이를 인정하기에 충분한 증거가 없으며, 나아가 피고인이 제4차장 I를 통하여 위 G로 하여금 이 사건 메모를 작성토록 하여 이를 교부 받았다 하더라도 이 사건메모의 성격이 그 작성자 명의로 대외적으로 발표되는 것이 아니라 단순히 1987.1.16. 08:30경으로 예정된 기자간담회에서 피고인이 참고하기 위한 자료에 불과하여 위 메모작성행위가 위 G의 직무상 의무에 해당한다고 보기 어렵고, 위 G가 위 메모를 작성한 것도 동인이 4차장의 요청을 받아들여 호의적으로 작성한 것에 불과하며, 위 G는 사후에 정식감정서를 작성하면서 처음의 부검소견대로 작성하였을 뿐만 아니라, 피고인 역시 기자간담회에서 위 G가 작성한 대로 정서된 이 사건 메모를 사용하지 아니하고 자신이 별도로 만든 자료를 이용하였으므로, 피고인이 직권을 남용하여 G로 하여금 의무없는 일을 하게 한 것이라고 볼 수는 없다.

[참고판결 1] 대법원 2020. 2. 13. 선고 2019도5186 판결]

- **일반적 직무권한의 의미:** 직권남용권리행사방해죄는 공무원이 일반적 직무권한에 속하는 사항에 관하여 직권을 행사하는 모습으로 실질적, 구체적으로 위법·부당한 행위를 한 경우에 성립한다. '직권남용'이란 공무원이 일반적 직무권한에 속하는 사항에 관하여 그 권한을 위법·부당하게 행사하는 것을 뜻한다. 어떠한 직무가 공무원의 일반적 직무권한에 속하는 사항이라고 하기 위해서는 그에 관한 법령상 근거가 필요하다. 법령상 근거는 반드시 명문의 규정만을 요구하는 것이 아니라 명문의 규정이 없더라도 법령과 제도를 종합적, 실질적으로 살펴보아 그것이 해당 공무원의 직무권한에 속한다고 해석되고, 이것이 남용된 경우 상대방으로 하여금 사실상 의무 없는 일을 하게 하거나 권리를 방해하기에 충분한 것이라고 인정되는 경우에는 직권남용죄에서 말하는 일반적 직무권한에 포함된다. 남용에 해당하는가를 판단하는 기준은 구체적인 공무원의 직무행위가 본래 법령에서 그 직권을 부여한 목적에 따라 이루어졌는지, 직무행위가 행해진 상황에서 볼 때 필요성·상당성이 있는 행위인지, 직권행사가 허용되는 법령상의 요건을 충족했는지 등을 종합하여 판단하여야 한다.
- **공무원이 한 행위가 직권남용에 해당한다는 이유만으로 상대방이 한 일이 '의무 없는 일'에 해당하는지 여부:** 공무원이 한 행위가 직권남용에 해당한다고 하여 그러한 이유만으로 상대방이 한 일이 '의무 없는 일'에 해당한다고 인정할 수는 없다. '의무 없는 일'에 해당하는지는 직권을 남용하였는지와 별도로 상대방이 그러한 일을 할 법령상 의무가 있는지를 살펴 개별적으로 판단하여야 한다. 직권남용 행위의 상대방이 일반 사인인 경우 특별한 사정이 없는 한 직권에 대응하여 따라야 할 의무가 없으므로 그에게 어떠한 행위를 하게 하였다면 '의무 없는 일을 하게 한 때'에 해당할 수 있다.
- **공무원이 퇴임 전에 범행을 공무하였으나 공직에서 퇴임한 경우 공범성립 여부:** 직권남용권리행사방해죄는 공무원에게 직권이 존재하는 것을 전제로 하는 범죄이고, 직권은 국가의 권력 작용에 의해 부여되거나 박탈되는 것이므로, 공무원이 공직에서 퇴임하면 해당 직무에서 벗어나고 그 퇴임이 대외적으로도 공표된다. 공무원인 피고인이 퇴임한 이후에는 위와 같은 직권이 존재하지 않으므로, 퇴임 후에도 실질적 영향력을 행사하는 등으로 퇴임 전 공모한 범행에 관한 기능적 행위지배가 계속되었다고 인정할 만한 특별한 사정이 없는 한, 퇴임 후의 범행에 관하여는 공범으로서 책임을 지지 않는다고 보아야 한다.

Ⅰ. 문제점

1. 직무와 지위의 구별

[대상판결]과 [참고판결 1]은 “‘직권의 남용’이란 공무원이 일반적 직무권한에 속하는 사항을 불법하게 행사하는 것, 즉 형식적, 외형적으로는 직무집행으로 보이나 실질적으로는 정당한 권한 이외의 행위를 하는 경우를 의미하고, 공무원이 그의 일반적 직무권한에 속하지 않는 행위를 하는 경우인 지위를 이용한 불법행위와는 구별”된다고 본다. 그리고 대법원은 한결같이 지위를 이용한 불법행위는 별도로 처벌규정이 없으므로 범죄가 성립하지 않는다고 한다.

반면 학설들은 직무란 지위 또는 직책으로부터 수임되는 업무를 의미한다거나, 공무원의 지위는 직무권한의 행사가능성을 의미한다거나, 국민의 입장에서 공권력의 행사라고 할 만한 외형 또는 외관의 존재로 직권의 행사 유무가 판단되어야 한다고 본다.

따라서 직권 없이 남용 없다는 단순한 논리가 직권남용죄를 적용하는 한계로서 타당한지에 대한 검토가 필요하다.

2. 퇴임 전 공모한 범행에 대한 퇴임 이후 범죄성립 여부

[참고판결 1]에서 “공무원이 퇴임 전에 범행을 공무하였으나 공직에서 퇴임한 경우 공범성립 여부: 직권남용권리행사방해죄는 공무원에게 직권이 존재하는 것을 전제로 하는 범죄이고, 직권은 국가의 권력 작용에 의해 부여되거나 박탈되는 것이므로, 공무원이 공직에서 퇴임하면 해당 직무에서 벗어나고 그 퇴임이 대외적으로도 공표된다. 공무원인 피고인이 퇴임한 이후에는 위와 같은 직권이 존재하지 않으므로, 퇴임 후에도 실질적 영향력을 행사하는 등으로 퇴임 전 공모한 범행에 관한 기능적 행위지배가 계속되었다고 인정할 만한 특별한 사정이 없는 한” 공범이 성립하지 않는다고 본다.

그러나 퇴임 이후에도 실질적으로 영향력을 행사할 수 있는 이유는 퇴임 전의 직무 및 공모에 의한 것이므로 인과성이 결여된다거나 퇴임 이후에는 퇴임 전부터 행해진 직권남용행위에 대한 주체가 될 수 없다고 판단할 수 있는지 문제된다.

3. 결과범인지 여부

[참고판결 1]은 "공무원이 한 행위가 직권남용에 해당한다고 하여 그러한 이유만으로 상대방이 한 일이 '의무 없는 일'에 해당한다고 인정할 수는 없다."고 하여 직권남용행위가 있다고 하더라도 의무 없는 일을 하게 하여 상대방의 권리를 침해하는 결과발생을 요구하는 결과범으로 해석하고 있다. 그러나 직권남용죄의 보호법익은 국가적 법익에 속하고, 구체적으로는 국가기능의 공정한 행사라는 점에는 이견이 없다. 이처럼 국가적 법익에 해당함에도 불구하고 이를 상대방의 법익침해가 반드시 발생해야지만 범죄가 성립하는 결과범으로 해석함이 타당한지 검토할 필요가 있다.

Ⅱ. 쟁점 및 검토

1. 직권 없이 남용 없다/지위이용은 범죄가 아니다

(1) 일반적 직무권한의 의미와 지위의 남용

대법원은 직권남용에 대하여 공무원의 일반적 직무권한에 속하는 사항에 관하여 실질적으로는 정당한 권한 이외의 행위를 하는 것이라고 본다. 이러한 대법원의 태도는 외견상 공무원의 직무권한을 일반적/구체적으로 구분하고, 행위를 정당한 권한 내/권한 외로 구분한 다음 일반적 직무권한에 속하는 사항에 대하여 정당한 권한 내의 행위, 일반적 직무권한에 속하는 사항에 관하여 정당한 권한 외의 행위, 구체적 직무권한에 속하는 사항에 관하여 정당한 직무권한 내의 행위, 구체적 직무권한에 속하는 사항에 관하여 정당한 직무권한 외의 행위라는 조합을 나누어서 살펴보는 것과 같은 인상을 심어 준다. 그러나 일반적 직무권한에 속한다는 문언에 있어서 일반적 직무권한이 아닌 것은 구체적인 것인지, 즉 일반적/구체적으로 나눈 것인지 아니면 일반적/추상적으로 나눈 것인지 조차 명확하지 않다. 또한 실질적으로는 정당한 권한 이외라는 것이 이와 구별되는 것으로 실질적으로 부당한 권한을 의미하는 것인지 아니면, 실질적으로 정당한 권한 내의 행위와 실질적으로 정당한 권한 이외의 행위로 구분하여 범죄성립 여부는 논하고자 하는 것인지 명확하게 확인할 수 없는 법문언을 사용하고 있다.

이에 더하여 대법원은 "일반적 직무권한에 속하지 않는 행위를 하는 경우인 지위를 이용한 것"은 아예 직권남용죄에서는 논할 가치가 없는 것으로, 이 때에는 범죄가 결코 성립될 수 없다고 단정한다. 여기에서 다시 "일반적" 직무권한에 속하지 않는다는 것이 어떤 의미인지는 다시 "일반적"의 의미를 확정하여야만 가능하다는 점에서 앞선 불명확성의 문제와 다시 중첩되지 않을 수 없다.

(2) 학설의 대립

이에 대하여 학계에서는 서로 상이한 논거를 근거로 하여 대법원의 판단이 잘못되었음을 지적하고 있지만, 결론적으로는 지위를 이용한 행위가 직권남용죄에서 배제되는 것은 타당하지 않다는 점에서는 견해가 일치한다. 이에 관한 학계의 다양한 논의들을 개괄적으로 살펴보면 다음과 같다.

1) 준 월권적 남용을 포함하는 견해

직권남용죄의 체계와 남용이라는 개념의 사전적 정의를 고려한다면, 모든 월권적 남용을 예외 없이 배제한다고 볼 수 없다고 본다. 따라서 해당 공무원의 직무권한과 전적으로 무관하게 순수한 지위를 이용한 경우와 달리, "마치 일정한 직무권한이 있는 것과 같은 형식과 외관을 가진 경우의 직무집행, 특히 직무권한 범위 내에 있는 직무집행과 관련성을 가지고 있는 경우"를 "준 월권적 남용"이라고 칭하면서 이때에는 직권남용죄가 성립한다고 보는 견해이다.[2] 그 결과 구체적인 직무권한 범위를 형식적으로 넘어서서 추상적 직무권한(제도로서의 해당 공무원에게 이론적으로 귀속될 수 있는 권한)을 행사하였거나 추상적 직무권한 범위를 초과하더라도 그 초과 부분에 해당하는 것이 외형적으로 권한 있는 자의

2) 김성돈, "직권남용죄, 남용의 의미와 범위", 법조 제68권 제3호, 법조협회, 2019/6, 221면.

직무권한을 행사하는 것과 같은 외관을 보이는 경우에도 직권남용죄가 성립할 수 있다고 본다.

이처럼 준 월권적 남용개념을 인정하면, 어떤 직무집행이 일반적 직무권한 범위 내인지 여부에 대하여 다툴 필요가 없고, 재량권 남용과 같이 기준이나 본래 목적을 벗어난 것인지 심사할 필요가 없는 이점이 있다고 주장한다.

2) 지위에 수반된 직무권한으로 보는 견해

불법성의 경중을 비교할 때, 권한은 있지만 해당 권한을 부당하게 행사하는 경우보다 권한도 없으면서 상대방으로 하여금 의무 없는 일을 하게 하는 등을 행하는 경우가 더욱 불법하다는 점을 전제로 하는 견해이다.[3] 공무원이 가지는 직무권한은 지위로부터 비롯된 것이므로, 만일 직권남용을 부정한다면 이는 상대방이 의무 없이 행하는 것을 직권과 혼동한 것이라고 본다. 즉, 지위란 직무권한의 행사가능성을 의미하는 것이고, 공무원이 특정인으로 하여금 의무 없는 일을 행하게 하는 등의 행위를 하였고 그러한 이유가 공무원의 지위에 수반된 직무권한의 행사가능성에 있다면, 그와 같은 지위에 수반된 직무권한의 행사는 직권남용이 된다고 보는 것이다.

다만 이 견해에 대하여는 지위와 직무권한을 명확히 구분하지 않는 점에 대하여 비판이 있을 수 있으며, 지위를 이용한 행위와 직권을 이용한 행위가 언제나 동가치적으로 평가될 수 있는지에 대한 의문이 제기된다.[4]

3) 목적과 수단 관계 여부를 고찰하는 견해

직권남용죄는 의무 없는 일을 행하게 하거나 권리행사를 방해하는 것으로서, 강요죄의 그것과 같다는 점에 착안하여 독일 형법상 강요죄의 불법판단에 있어서 고려되는 기준 중에서 목적과 수단 관계를 고찰하여 직권남용죄의 성립범위를 확장하고자 하는 견해이다.[5] 목적과 수단 관계를 고려한다면 실질상 정당한 목적이

3) 최병천, "직권남용권리행사방해죄 －공무원의 직권남용을 중심으로－", 경찰법연구 제17권 제2호, 한국경찰법학회, 2019/6, 41면.

4) 조기영, "직권남용죄의 개정방향", 비교형사법연구 제23권 제2호, 한국비교형사법학회, 2021/7, 87면.

5) 조기영, "직권남용과 블랙리스트", 비교형사법연구 제20권 제2호, 한국비교형사법학회, 2018/7, 41면 이하.

면서 외형상 정당한 수단에 해당하는 행위를 한다면 당연히 범죄가 성립하지 않는다. 반대로 실질상 부당한 목적으로 외형상 위법·부당한 행위를 수단으로 한다면 직권남용죄가 성립하게 된다. 문제는 실질상 정당한 목적을 위해 외형상 위법·부당한 수단을 행사하였을 때와 실질상 부당한 목적을 위해 외형·형식상 정당한 수단을 행위로 삼은 경우인데 전자는 다른 범죄가 성립할 수 있지만, 후자는 직권남용죄가 성립할 수 있다고 본다. 그리고 외형상 정당/부당한 수단인지의 구별은 법질서 전체에 비추어 금지하는 행위유형인지 여부를 기준으로 한다고 본다. 다만 이를 주장하는 견해는 궁극적으로는 지위남용을 추가하는 개정을 통해 법조문의 불명확성을 개선할 것을 촉구한다.[6]

4) 외관상 국민의 신뢰를 기준으로 하는 견해

일반적 직무권한이라는 기준에 대하여 직무를 행함이나 직권남용을 형식적으로 해석할 것이 아니라, 국민의 입장에서 "외관상, 외형상 자유의 제한을 초래할 만한 수준의 공권력 행사로서의 외형·외관" 유무를 기준으로 할 것을 제시하는 견해이다.[7] 그리고 일반적 직무권한의 외연 확장은 개별적·구체적으로 그 유형화를 시도하면서, 직무의 외관·형식을 일차적 기준으로 하고 직권의 유형별로 엄격한 해석이 필요한 경우와 완화된 해석이 가능한 경우를 구분하여야 한다고 한다.[8] 그러나 한편으로는 그와 같은 고려요소들이 다수 존재한다면 이는 해석자의 자의적 판단의 우려가 있다는 비판을 면하기는 어려울 것이다.

(3) 결론

이 외에도 다양한 견해들이 제시되고 있으나 학설의 입장은 그 근거에 차이가 있을 뿐, 대법원이 지금까지 공무원이 지위를 이용하여 행하는 불법행위는 직

6) 조기영, 각주 4), 89면 이하.

7) 오병두, "직권남용죄의 성립범위－법관·검사의 형사책임 논의를 위한 단초", 일감법학 제44호, 건국대학교 법학연구소, 2019, 128면.

8) 오병두, 앞의 논문, 129－130면은 이를 위해서 구체적으로 "공무원이 담당하는 직권과 관련된 직무의 기능과 성격(법률상 명시적 근거가 있는지 아니면 법질서 전체를 종합적·합리적으로 판단하여야 하는지, 법령이 정한 엄격한 형식을 취하고 있는지, 상대방에게 침해적인지 아니면 수익적인지, 기속행위인지 아니면 재량행위인지 등), 그리고 실행하는 '직권'이 미치는 사실상·법률상 효과와 범위(공익적 효과와 그 범위와 크기, 정책결정의 영향력이 가지는 지속성, 대상자의 범위, 국민의 자유와 권리에 미치는 효과와 범위 등)가 고려"될 수 있다고 본다.

권남용죄가 성립할 수 없다고 견해를 제시한 것과 직권남용죄를 인정한 사례와 그렇지 않은 사례의 구분이 모호하다는 점에 대한 비판이라는 점에서는 모두 일치한다.

대법원은 치안본부장이 국립과학수사연구소 법의학 1과장에게 고문치사사건에 있어서 사인에 대한 기자간담회에 참고할 메모작성 요구행위는 치안본부장의 일반적 직무권한에 속하는 사항이 아니라고 보거나[9] 국정원 국장과 기업 담당 정보 담당관에게는 사기업에 보수단체에 대한 자금지원을 요청할 수 있는 일반적 직무권한이 없으므로 직권남용죄는 성립하지 않는다고 보거나[10] 대통령의 지시를 받은 경제수석비서관이 광고 발주를 요구한 것은 대통령과 경제수석비서관의 직권의 행사가 아니라고 보거나[11] 대통령의 회사의 미국소송지원 및 재산상속관련 지시는 사적 업무에 대한 지시에 불과하고, 대통령이 국정현안 관리업무에 대한 일반적 직무권한을 행사한 것이 아니라고 본 경우 등이 대표적인 사례이다.

나아가 단체장이나 상부 공무원이 자신의 고위직이라는 지위를 악용하여 인사권 행사에 직접 관여한 경우에도 직권남용죄를 부정하고 있다. 예컨대, 지방자치단체의 장이 미리 승진후보자명부상 후보자들 중에서 승진대상자를 실질적으로 결정한 다음 그 내용을 인사위원회 간사, 서기 등을 통해 인사위원회 위원들에게 제시하여 자신이 특정한 후보자들을 승진대상자로 의결하도록 유도한 행위,[12] 법무부 검찰국장이 검찰국이 마련하는 인사안 결정과 관련하여 검사인사담당 검사로 하여금 부치지청에 근무하던 경력 검사 을을 다른 부치지청으로 다시 전보시키는 내용의 인사안을 작성케 한 경우[13] 등이 그 예이다.

학계에서 최근 직권남용죄와 관련한 연구들이 집중된 이유들도 바로 이와 같은 사례들에 대하여 공무원이 지위를 이용(악용)하여 그와 같은 행위를 한 것은 직권남용죄에 해당하지 않는다고 그동안 대법원이 판시하였기 때문이다.

---

9) 본 연구의 대상판결이다.

10) 대법원 2019. 3. 14, 선고 2018도18646 판결.

11) 대법원 2019. 8. 29, 선고 2018도14303 전원합의체 판결.

12) 대법원 2020. 12. 10, 선고 2019도17879 판결. 특정인을 승진시키기 위해 승진예정인원을 위법하게 과다 산정한 후 그 사람을 승진추천자로 호명한 행위는 직권남용죄라고 판단하였다.

13) 대법원 2020. 1. 9, 선고 2019도11698 판결. 원심은 인사안을 작성하게 한 것이 법령에서 정한 검사 전보인사의 원칙과 기준을 위반하여 의무없는 일을 하게 한 때에 해당하므로 직권남용죄라고 판단하였다.

그러나 그와 같은 사례들이 공무원의 일반적 직무권한에 속하는 사항으로 직권남용죄를 인정한 사례와 명확히 구분되기 어려운 점, 일반적 직무권한에도 속하지 않는 것을 공무원 자신의 지위를 악용하여 행하였다면 불법성은 더욱 가중된다는 점, 일반인의 입장에서는 직무집행의 기준과 절차가 구체적으로 명시된 법령의 내용을 모두 알 수 없다는 점, 직권남용죄는 국가기능의 공정한 행사와 이에 대한 국민의 신뢰까지도 법익으로서 보호하여야 한다는 점 등을 고려할 때 그와 같은 단순논리는 더 이상 타당성도 설득력도 없고 논리적이지도 않다.

2. 퇴임 전 공모한 범행에 대한 퇴임 이후 범죄성립 여부

(1) 문제점

[참고판결 1]은 직권남용죄는 공무원의 직권을 전제로 하는 범죄이므로, 행위주체는 현직인 공무원에 한정된다는 점을 기초로 하여 퇴임 이후에는 직권이 존재할 수 없으므로 원칙적으로 범죄가 성립할 수 없고 공범자가 될 수도 없다고 본다. 다만, 퇴임 전부터 공모하여 계속된 범행에 퇴임 이후에도 실질적으로 영향력을 행사함으로써 기능적 행위지배가 "계속"되었다고 인정할 만한 특별한 사정이 있을 때에만 공범이 될 수 있다고 한다.

이는 직권남용죄가 직권행사에 가탁할 것을 요구하기 때문에, 퇴임자는 직무권한이 없는 자에 해당하고 따라서 퇴임 이후에는 범죄가 성립될 수 없기 때문이다. 그런데, 참고판결은 퇴임 이후에는 공범자도 될 수 없다고 보기 때문에, 공범자가 될 수 없는 이유가 비신분자로서 신분자에게 가담하더라도 공범이 될 수 없다는 의미인지 아니면 비록 신분자였다고 하더라도 퇴임 이후에는 신분이 없으므로 정범적격이 없다는 것인지 여부 및 정범적격이 없는 이유가 직무권한이 없기 때문이라면 퇴임 전의 지위의 실질적 영향력을 퇴임 이후에도 불법하게 행사한 경우에는 직권남용죄가 성립하지 않는다는 것인지 등을 명확하게 제시하지 않고 있다.

(2) 퇴임자의 공범성립 여부의 문제

해당 참고판결이 근거로 든 것은 소위 '문화예술계 지원배제 등 관련 직권남용권리행사방해 사건에 관한 전원합의체 판결[14]이다. 동 판결에서는 피고인이 비서실장에서 퇴임한 이후에는 직권이 존재하지 않으므로 퇴임 후의 범행에 관하여는 공범으로서 책임을 지지 않는다고 보아야 한다고 판시하였다.

그러나 이에 대하여는 다음의 몇 가지 논점을 살펴볼 필요가 있다.

첫째, 행위자가 공무원의 공직에서 퇴임하였다고 하더라도 범행에 가담하는 일방이 여전히 공무원으로서 직권행사를 행할 수 있는 자라면 해당 정범에 가담하는 공무원은 퇴임자라 하더라도 형법 제33조 본문에 따라서 진정신분범의 공범이 될 수 있다. 예컨대 공범관계에 있던 甲과 乙이 모두 직권을 행사하는 공무원이고 이 중 乙이 퇴임을 하였다고 하더라도 여전히 甲이 직무권한을 행사하는 공무원이므로 乙은 비신분자로서 진정신분범의 공범이 된다.

둘째, 퇴임한 자가 정범이고 이에 가담한 자가 비신분자인 경우에는 퇴임 이전에 행하던 직권남용행위가 퇴임 이후에 여전히 계속되고 있는가는 사실관계를 명백히 하여야 할 것이다. 만일 직권을 남용하여 의무 없는 일을 행하게 한 행위가 퇴임 이전에 있었고, 상대방의 의무 없는 일의 행함이 퇴임 이후의 시점이라면 이는 실행의 착수 시점을 기준으로 하여 퇴임 전의 범행의 성립에 아무런 법적 하자가 발생하지 않는다고 보아야 할 것이다. 예컨대, 甲이 공무원으로서 퇴임 전에 일반 시민인 V에게 자신의 일반적 직무권한에 속하는 사항에 관하여 그 권한을 위법·부당하게 행사하였다면, 그로 인하여 일반 시민인 V가 의무 없는 일을 행하게 된 시점이 甲의 퇴임이후라 하더라도 甲에게는 직권남용죄가 성립한다.

참고판결의 사실관계를 살펴보면, 甲은 2014. 6. 13. 퇴임하였다. 그리고 공범자들과 순차공모하여 전경련에 특정 보수단체에 대한 자금지원 요구라는 직권남용행위를 한 것은 퇴임 전인 2014.1.경이고, 2014. 3. 18. V에게 직접 자금지원을 재차 요구(직권남용행위)를 하였고, 2014. 5. 직권남용에 해당하는 지시를 하였으며, 2014년 퇴임 전후의 범행을 포함한 2014년도 범행 전체에 대하여 다른 피고인들과의 공동정범을 인정하였다. 그렇다면 甲의 직권남용행위 그 자체는 퇴임 전에 모두 이루어지고 이로 인한 V의 의무 없는 일의 수행은 퇴임 이후에 이루어진 것인지 판결문만으로는 그 시점이 정확히 확인되기 어렵지만, 만일 그와 같다

14) 대법원 2020. 1. 30, 선고 2018도2236 전원합의체 판결.

면 요구시점(직권남용행위)은 퇴임 전이므로 당연히 직권남용죄가 성립한다고 보아야 할 것이지 퇴임 후에도 실질적 영향력의 행사라는 기능적 행위지배가 있었기 때문에 범죄성립이 가능한 것은 아니라고 보아야 할 것이다.

셋째, 공무원이 공직에서 퇴임한 이후라 하더라도 자신이 퇴임 전에 가지고 있었던 지위는 여전히 사회적으로 무형의 힘이 될 수 있다. 판결에서는 "퇴임한 이후에는 직권이 존재하지 않으므로" 공범이 될 수 없다고 판시하고 있는데, 만일 지위의 불법한 행사도 직권남용에 해당한다고 외연을 확장하여 해석한다면 이 때에도 퇴임 이후 직권은 존재하지 않으나 사회적 지위는 여전히 남아 있다고 볼 여지가 없는 것은 아니다.

넷째, 판결에서는 퇴임 이후의 공범성립 문제를 논하고 있는 바, 원칙은 공범성립을 부정하되 예외적으로 퇴임 이후에도 실질적 영향력을 행사하는 등 기능적 행위지배가 계속되었을 때에는 공범이 된다고 본다. 여기에서는 "기능적 행위지배"를 언급하고 있으므로 공범이란 공동정범을 의미한다고 볼 것이다. 그리고 퇴임 이후에도 실질적 영향력을 행사하였다는 "기능적 행위지배"의 방식, 즉 실질적 영향력이란 결과적으로 퇴임 이후이므로 직권을 행사할 수는 없는 것이고 퇴임 전의 지위를 '실질적 영향력'으로써 행사였다고 해석할 수 밖에 없다. 이러한 해석은 지위는 직권남용죄에 해당하지 않는다는 대법원의 견해와는 양립할 수 없는 결과를 초래한다.

따라서 위 4가지 경우에 대한 분석을 근거로 하여 대법원은 "퇴임한 이후에는 직권이 존재하지 않지만, 실질적 영향력을 행사"한다는 것이 어떠한 의미인지 명확하게 제시하여야 할 것이다.

3. 기수시기의 문제: 미수범 처벌규정의 부존재

(1) 문제점

판례는 "직권남용권리행사방해죄에서 권리행사를 방해한다 함은 법령상 행사할 수 있는 권리의 정당한 행사를 방해하는 것을 말한다고 할 것이므로 이에 해당하려면 구체화된 권리의 현실적인 행사가 방해된 경우라야 할 것이고,[15] 또한 공무원의 직권남용행위가 있었다 할지라도 현실적으로 권리행사의 방해라는 결과가 발생하지 아니하였다면 본죄의 기수를 인정할 수 없다"[16]고 보아, 직권남용죄는 결과범이자 침해범임을 확인하였다.

그러나 직권남용죄는 국가적 법익을 해하는 범죄군에 속하고, 국가적 법익이란 그 법익의 추상성으로 인하여 실제로 결과가 발생하였는지 여부를 판단할 수 없는 속성을 가지고 있다. 또한 이를 결과범으로 보는지 아니면 거동범으로 볼 것인지에 따라서 기수시점이 달라질 수 있다는 점에서 범죄성립 시점, 즉 기수시점과 관련하여 구성요건 특성을 판단할 필요가 있을 것이다.

(2) 결과범인지 거동범인지 여부

직권남용죄는 개인적 법익 중에서 강요죄와 동일하게 "사람으로 하여금 의무 없는 일을 하게 하거나 사람의 권리 행사를 방해한 때"를 구성요건으로 기술하고 있다. 구체적으로 강요죄와 비교하면, 강요죄가 그와 같은 의무강요나 권리행사방해를 폭행 또는 협박이라는 사람의 의사를 제압하여 의사결정의 자유를 침해할 수 있는 강제하에서 행하는 것과 달리 직권남용죄는 "공무원이 직권을 남용"함으로써 상대방의 의사결정의 자유를 해할 수 있는 상태를 이용한다는 점에서 차이가 있다.

나아가 직권남용죄는 강요죄와 달리 미수범 처벌규정이 없다. 따라서 강요죄가 폭행 또는 협박으로 그와 같은 일을 행하게 하였으나 상대방의 의사결정의 자유를 현실적으로 침해하지 않은 때에는 행위 자체가 기수에 이르지 아니하거나 인과관계가 결여되어 미수가 된다. 반면, 직권남용죄는 미수범을 처벌하지 않는다는 점에서 "구체화된 권리의 현실적인 행사가 방해되는 결과 또는 의무 없는 일을 상대방이 실제로 행하는 결과"가 반드시 실현되어야만 기수가 되는지 여부가 문제될 수 있다.

이에 관하여 국가기능의 공정한 행사라는 법익이 현실적으로 침해될 필요는 없으므로 추상적 위험범이라고 보는 견해[17]가 있고, 이에 더 나아가 직권을 남용

---

15) 대법원 1986. 6. 30. 자 86모12 결정.

16) 대법원 2006. 2. 9, 선고 2003도4599 판결.

17) 이형국/김혜경, 형법각론 제3판, 법문사, 2023, 812면; 정영일, 형법각론 제3판, 학림, 2017,

한 공무원의 강요행위가 존재하더라도 피강요자가 이를 거부한 경우나 권리행사 방해가 일어나지 않은 때에도 이미 공무원의 직권남용에 의하여 국가권력의 공정한 행사 또는 행사 가능성이라는 국가기능의 위태화는 충분히 인정되므로 직권남용죄는 성립한다고 보는 견해도 있다.[18] 이러한 견해들은 강요죄와는 달리 직권남용죄는 국가적 법익을 보호하기 위한 처벌규정에 해당하고 법익보호기능의 실현은 직권남용에 있는 것이지 상대방의 의사결정의 자유침해에 있는 것은 아니기 때문이라고 한다.

또는 제123조 후단의 의무의 강요나 권리행사의 방해는 결과범의 요소가 아닌 객관적 처벌조건이라고 주장하는 견해도 있다.[19] 직권의 남용과 후단의 의무강요나 권리방해가 "통합적 행위불법"이므로 "권리행사의 현실적 방해라는 요건까지는 필요하지 않"으며, 이렇게 해석하는 것이 강요죄와 달리 미수범 처벌규정이 없는 직권남용죄의 해석에 부합한다고 보는 것이다.

판례는 아무런 이론적 논의 없이 마치 강요죄를 판시하듯이 서술하고 있다. 강요죄는 "사람의 자유를 침해하는 행위에 대한 형벌규정"[20]으로, "겁을 먹게 하여 의사결정 및 의사실행의 자유를 침해한 것"[21]으로 결과범에 해당한다.

물론 추상적 위험범이나 거동범으로 해석하면 국가적 법익이라는 법익보호기능에는 충실할 수 있으나, 상대방의 직무집행으로 귀결되는 의무의 이행에 불과한 경우에도 일단 직권남용행위만 존재한다면 기수가 된다고 보아야 하기 때문에 전혀 문제가 없는 것은 아니다. 또한 직권의 남용과 의무의 강요 또는 권리행사의 방해라는 요건 때문에 "국가권력의 공정한 행사라는 국가적 기능"과 의무의 강요 또는 권리행사방해로 인하여 침해되는 "의사결정 또는 활동의 자유"와 관련하여 학계에서는 두 법익의 관계 및 보호정도에 관하여 다양한 해석과 설명들이 쏟아지고 있다.[22]

605면.

18) 이정원, 형법각론, 신론사, 2012, 716면.

19) 김성돈, 앞의 논문, 227면 이하.

20) 대법원 1974. 5. 14, 선고 73도2578 판결.

21) 대법원 2013. 4. 11, 선고 2010도13774 판결.

22) 이들에 대한 구체적인 비교는 오병두, "직권남용죄의 성립요건에 관한 검토", 형사법연구 제32권 제2호, 한국형사법학회, 2020/6, 170면 각주 129) 참조. 여기에서는 그 자세한 내용은 생략하기로 한다.

학계에서 이렇게 다양한 논의들이 제시되는 것에 반하여 판례는 아무런 논거를 제시하지 않은 채 결과범으로 단정해 버리고 있는 것이다. 그러나 대법원이 직권남용죄를 결과범으로 해석하려면 미수범처벌규정의 부존재, 보호법익의 추상성, 형법의 법익보호기능 등을 면밀히 고찰하여 그 논거를 반드시 제시하여야 한다.

Ⅲ. 맺으며

직권남용죄가 최근 많은 논의가 이루어진 점, 그리고 대법원에서 전원합의체 판결까지 동원하여 그 해석과 적용에 힘을 쏟은 점은 형법 제123조가 가지는 힘의 무게를 느꼈기 때문일 것이다.

그러나 본 연구에서 다루었던 것과 같이 첫째, 직권 없으면 남용없다 또는 지위를 이용하는 것은 불법하기는 하지만 직권남용죄는 아니라는 단순한 논거는 이제 더 이상 유지되기 어렵다. 판례가 문언해석에 충실하기 위해서라고 하지만, 법조문의 해석은 문언해석뿐만 아니라 법의 체계와 입법목적 등을 종합적으로 고려하여야 할 것이다.

둘째, 퇴임 전에 공무원으로서 직무를 행하는 자가 일반적 직무권한을 남용하다가 퇴임한 경우, 또는 퇴임 이후에도 전직 공무원이었다는 지위를 이용하여 의무강요 등을 행한 때에는 퇴임 이후라서 시기적으로 직권이 없으므로 남용도 없다는 논리가 타당한지 검토가 요구된다.

셋째, 직권남용죄는 강요죄와 달리 미수범처벌규정이 없는 점, 보호법익이 국가적 기능의 공정한 행사라는 추상적인 국가적 법익이라는 점, 직권을 남용하였지만 상대방의 의사결정의 자유침해 여부와 인과성이 반드시 존재하여야 하는지에 대하여 강요죄와 구조가 완전히 일치하지 않는다는 점 등을 고려한다면 직권남용죄가 결과범인지 아닌지 여부를 논리적으로 판단할 필요가 있다.

국민 전체의 봉사자인 공무원이 공무수행과 관련하여 범행을 함으로써 적정하게 이루어져야 할 국가의 기능과 이에 대한 국민의 신뢰까지도 저버리는 범죄가 바로 직권남용죄이다. 또한 형사절차에서 고소인에게 인정되는 재정신청권을 유일하게 제3자의 고발에도 인정하는 것이 바로 형법 제123조에서 제125조의 단 3개 조문, 즉 직권남용죄에 대해서만 인정한 이유가 바로 그와 같은 해당 범죄의 법익보호기능 때문이기도 하다. 나아가 직권남용죄가 고위 공무원의 지위를 악용한 범죄들에서 더욱 사회적 파장이 크다는 점을 고려한다면 대법원은 직권남용죄 해석에 더욱 철저한 고민을 하여야 할 것이다.

27. 범인의 자기은닉 · 도피 교사, 범인의 자기범죄증거 인멸 교사 문제

김재봉 교수(한양대학교 법학전문대학원)*

[대상판결]

1. 대법원 2014. 4. 10. 선고 2013도12079 판결
2. 대법원 2016. 7. 29. 선고 2016도5596 판결

[대상판결 1] 범인 스스로 도피하는 행위는 처벌되지 아니하므로, 범인이 도피를 위하여 타인에게 도움을 요청하는 행위 역시 도피행위의 범주에 속하는 한 처벌되지 아니하며, 범인의 요청에 응하여 범인을 도운 타인의 행위가 범인도피죄에 해당한다고 하더라도 마찬가지이다. 다만 범인이 타인으로 하여금 허위의 자백을 하게 하는 등으로 범인도피죄를 범하게 하는 경우와 같이 그것이 방어권의 남용으로 볼 수 있을 때에는 범인도피교사죄에 해당할 수 있다.

[대상판결 2] 증거은닉죄는 타인의 형사사건이나 징계사건에 관한 증거를 은닉할 때 성립하고 자신의 형사사건에 관한 증거은닉 행위는 형사소송에 있어서 피고인의 방어권을 인정하는 취지와 상충하여 처벌의 대상이 되지 아니하므로 자신의 형사사건에 관한 증거은닉을 위하여 타인에게 도움을 요청하는 행위 역시 원칙적으로 처벌되지 아니하나, 다만 그것이 방어권의 남용이라고 볼 수 있을 때는 증거은닉교사죄로 처벌할 수 있다. 방어권 남용이라고 볼 수 있는지 여부는, 증거를 은닉하게 하는 것이라고 지목된 행위의 태양과 내용, 범인과 행위자의 관계, 행위 당시의 구체적인 상황, 형사사법작용에 영향을 미칠 수 있는 위험성의 정도 등을 종합하여 판단하여야 한다(대법원 2014. 4. 10. 선고 2013도12079 판결 참조).

---

* 김재봉 한양대학교 법학전문대학원 교수는 서울대학교에서 법학박사학위를 취득하였고, 한국형사법학회 회장, 한양대학교 법학전문대학원 원장 등을 역임하였다.

Ⅰ. 문제점

1. 판례의 법리와 학설의 현황

판례는 범인이 자기사건에서 타인을 교사하여 범인은닉·도피나 증거인멸을 하는 경우 종래에는 별다른 근거의 제시 없이 또는 단순히 방어권의 남용에 해당한다고 하면서 교사범을 인정하였다.[1] 그러나 근자에는 대상판결에서 보듯이 자기은닉이나 자기증거인멸의 교사행위가 정당한 방어권의 남용에 해당하는지를 구체적으로 따져 그에 해당하는 경우에 한하여 교사죄를 인정하는 입장을 취하고 있다. 즉 범인이 타인을 이용하여 자기은닉·도피나 자기증거인멸을 하는 것이 타인에게 도움을 요청하는 행위로서 범인 스스로 은닉·도피나 증거인멸을 하는 것으로 보아 처벌할 수 없지만 타인을 이용하는 행위가 방어권의 남용으로 볼 수 있을 때에는 교사죄에 해당할 수 있다는 입장이다.[2]

2. 변경을 요하는 이유

범인의 자기은닉이나 자기증거인멸에 대한 교사죄를 인정할 것인지에 대하여 학설은 갈린다. 먼저 긍정설은 범인의 자기은닉·도피 또는 자기증거인멸의 교사는 자기비호권의 한계일탈이고 방어권의 남용이며, 범인 스스로 숨거나 도피하는 경우와 달리 기대가능성이 없다고 할 수 없고 새로운 범인창출은 비난가능성이 있으며, 정범에게 범죄가 성립하는 이상 공범종속성에 따라 교사범이 성립한

1) 범인은닉·도피죄에 대하여는, 대법원 2000. 3. 24. 선고 2000도20 판결; 대법원 2006. 5. 26. 선고 2005도7528 판결 등이 있고, 증거인멸죄에 대하여는, 대법원 1965. 12. 10. 선고 65도826 전원합의체 판결; 대법원 2000. 3. 24. 선고 99도5275 판결; 대법원 1982. 4. 27. 선고 82도274 판결 등이 있다.

2) 일본의 경우 범인은닉죄에서 1933년에 대심원이 방어의 남용을 이유로 자기은닉에 대한 교사죄를 인정한 이래[大判昭和8(1933). 10. 11. 刑集12巻 1820面] 최고재판소도 같은 입장을 견지하고 있고[最決昭和35(1960). 7. 18. 刑集14巻9号 1189面 등), 증거인멸죄에서는 1912년에 대심원이 공범의 종속성을 근거로 자기증거인멸에 대한 교사죄를 인정한 처음으로 인정하였고[大判明治45(1912). 1. 15. 刑錄18輯 1面] 이후 최고재판소는 별다른 근거의 제시없이 교사죄를 인정하였다[最決昭和40(1965). 9. 16. 刑集19巻6号 679面].

다는 등의 논거를 제시한다.[3] 반면 부정설은 다수설로서 타인을 교사하여 자기은닉·도피나 자기증거인멸은 자기비호권의 연장이고, 자기은닉·도피나 자기증거인멸의 교사는 기대불가능한 행위이며, 정범이 될 수 없는 자는 공범도 될 수 없다는 등의 논거를 제시한다.[4] 이밖에 제한적 긍정설(절충설)은 자신을 은닉·도피시키는 타인의 행위에 통상적으로 협력·가담하는 경우에는 자기비호의 연장에 불과하므로 교사범이나 방조범이 될 수 없지만 자신을 은닉·도피시키는 타인의 행위를 적극적으로 야기하는 등 방어권의 남용으로 볼 수 있는 경우에는 불가벌적 대향자로서의 자격을 상실하게 되어 타인의 불법에 종속할 뿐 아니라 독립적 불법도 갖추게 되어 교사범으로서 처벌된다고 한다.[5] 증거인멸죄의 경우에도 적극적으로 타인에게 증거인멸을 교사한 경우에는 자기비호권의 범위를 넘어선 것으로서 증거인멸교사죄가 성립한다고 한다.[6]

이처럼 범인 자신이 은닉·도피하거나 자신의 증거를 인멸하는 행위는 범인은닉·도피죄나 증거인멸죄의 구성요건해당성이 부정되어 처벌되지 않지만 이를 타인에게 교사하는 경우에 교사범으로서 처벌가능한지에 대하여 학설이 갈리고 있고, 판례는 방어권의 남용을 근거로 하여 처벌의 가능성을 열어 두고 있다. 학설 중 긍정설(또는 제한적 긍정설)과 부정설은 정범적격 흠결자의 공범적격 여부, 일방처벌(편면적) 대향범에서 불가벌적 대향범의 처벌가능성 여부, 공범의 처벌근거에 따른 자기은닉이나 자기증거인멸 교사의 성립 여부, 소극적 신분자의 공범

---

3) 백형구, 형법각론, 개정판, 청림출판, 2002, 627면; 신동운, 형법각론, 법문사, 제3판, 2023, 243면; 정영일, 형법각론, 제3판, 박영사, 2011, 865면, 893면.

4) 김일수·서보학, 새로쓴 형법각론, 제9판, 박영사, 2018, 714, 721면; 박상기·전지연, 형법학, 제4판, 집현재, 2018, 874, 884면; 오영근, 형법각론, 제8판, 박영사, 2023, 785, 801면; 이재상·장영민·강동범, 형법각론, 제13판, 박영사, 2023, §45/25. §46/41; 임웅, 형법각론, 제13정판, 법문사, 2023, 1027, 1049-1050면; 정성근·박광민, 형법각론, 제2판, 성균관대학교 출판부, 2015, 883, 909면.

5) 김성돈, 형법각론, 제8판, 성균관대학교 출판부, 2022, 859면.

6) 김성돈, 위의 책, 879면. 방어권 남용을 기준으로 정당행위로서 위법성조각 여부를 판단하는 견해도 절충설로 볼 수 있는 바, 이는 자기은닉이나 자기증거인멸을 교사하는 것은 구성요건해당성이 인정되지만 방어권의 행사로서 정당한 범위 내의 것이면 정당행위에 해당하여 위법성조각을 인정하고 정당한 범위를 넘어서는 것이면 방어권의 남용으로서 위법성이 조각되지 않는다고 한다(이효진, "범인은닉·도피죄와 방어권의 관계", 강원법학, 강원대학교 비교법학연구소, 2021, 484면 이하). 이러한 위법성조각의 가능성은 일본최고재판소결정[最決昭和 60(1985). 7. 3.]의 반대의견에서 谷口판사가 제시한 바 있다.

성립 여부에 대하여 반대의 입장을 보이고 있고 그에 따라 교사범의 성립 여부에 대한 결론을 달리한다. 아래에서는 위의 각 논점에 대한 긍정설의 입장을 비판하고, 특히 판례가 방어권 남용을 기준으로 처벌의 가능성을 열어 두는 것은 기준의 불명확성과 자의적 처벌가능성으로 인해 이론적으로나 정책적으로 바람직하지 않다는 점을 지적해 보기로 한다.

Ⅱ. 쟁점 및 검토

1. 정범적격의 흠결과 공범적격의 가능성 검토 – 기대가능성 여부

(1) 쟁점

범인은닉죄에서 범죄의 주체는 본범 이외의 모든 사람이다. 범인은닉죄의 법조문이 '… 죄를 범한 자를 은닉 또는 도피하게 한 자'라고 규정하여(형법 제151조 제1항) 범인 이외의 자를 은닉 또는 도피시키는 것을 전제로 하고 있기 때문에 본범은 본죄의 주체가 될 수 없다. 증거인멸죄에서도 법조문이 '타인의 형사사건 또는 징계사건에 관한 증거를 은닉 …'이라고 규정하여(형법 제15조 제1항) 명문에 의해 본범을 본죄의 주체에서 배제하고 있기 때문에 본범은 본죄의 주체가 될 수 없다. 이처럼 본범은 범인은닉죄나 증거인멸죄의 주체가 될 수 없고 정범적격이 부정되어 스스로 자기은닉이나 자기증거를 인멸하면 처벌되지 않는데 타인을 교사하여 이러한 행위를 하는 것이 교사범으로 처벌될 수 있는지가 문제된다.

(2) 정범적격 흠결자의 공범적격에 대한 논의

범인은닉죄나 증거인멸죄의 정범적격이 부정되는 본범이 타인에 대한 교사범으로서 범죄실행이 가능한지에 대하여 견해가 대립한다. 긍정설은 소극적인 자기은닉이나 증거인멸은 적극적인 타인교사와 구별되고[7] 정범과 공범의 불법은 달리 평가해야 하므로 정범적격이 없는 자도 공범적격이 있으며 새로운 범인을

7) 이효진, 앞의 논문, 481면.

창출하거나 방어권을 남용하는 것은 기대가능성과 비난가능성이 있다고 한다.[8] 반면 부정설은 법익에 중한 침해방법인 정범적격이 부정되면 가벼운 침해방법인 공범적격도 부정해야 하며,[9] 정범으로 기대불가능한 행위는 공범으로서도 기대불가능한 것이라고 해야 한다는 것을 근거로 제시한다.[10] 생각건대 긍정설은 적극적인 타인교사와 소극적인 자기은닉은 구별해야 한다고 하나 어느 경우에나 국가의 처벌에 대한 방어행위로서 소극적 성격을 갖는 점은 차이가 없고 개별적인 사건에서 타인교사에 의한 자기은닉이나 증거인멸이 비난의 정도가 큰 경우가 있더라도 이는 구성요건이 예정하는 자기은닉이나 자기증거인멸의 범위 내에 있는 것으로 보아야 한다는 점을 간과하고 있다고 할 수 있다.[11] 이에 대하여는 아래에서 본범의 자기은닉이나 자기증거인멸의 불법 근거와 성격에 대한 검토를 바탕으로 자세히 살펴보기로 한다.

(3) 자기사건에서 범인은닉 · 증거인멸의 불법의 근거와 성격

본범은 범인은닉죄나 증거인멸죄의 주체가 될 수 없고 본범이 자기사건에서 범인은닉이나 증거인멸을 할 경우 범죄가 성립될 수 없는데 그 성격에 대해서는 견해가 갈린다. 본범이 법문상 범죄의 주체가 되지 않는다는 것을 이유로 구성요건해당성조각사유로 파악하는 견해와[12] 기대불가능성을 이유로 책임조각사유로 파악하는 견해[13]가 있다. 생각건대 본범이 범인은닉죄나 증거인멸죄의 주체에서

---

8) 정영일, 앞의 책, 893면.

9) 책임무능력자를 이용한 자기증거인멸은 간접정범으로서 처벌되지 않지만 책임능력자를 책임무능력자로 착오한 경우 이론상 증거인멸의 교사범이 되는데 이를 처벌하면, 타인을 이용하는 유사한 사례에서 더구나 중한 범죄형식인 간접정범은 처벌되지 않고 경한 범죄형식인 교사범은 처벌하는 불합리한 결론이 되기 때문에 자기은닉의 교사범에 대한 가벌성을 부정해야 한다는 견해로는, 이창섭, "자기도피행위 등에 관여한 행위자의 형사책임", 형사정책 제31권 제3호, 2019, 259－260면.

10) 누구도 자기에게 불리한 말이나 행동을 강요받아서는 안된다는 nemo tenetur(자기부죄금지) 원칙은 형사법의 보편적 원리로서 실체형법에서는 기대불가능한 행위를 처벌할 수 없다는 원리로 구현되며, 범인의 자기은닉이나 자기증거인멸의 교사에도 nemo tenetur원칙이 적용되어 처벌할 수 없다는 견해로는 홍영기, "형사사법에서 nemo tenetur원칙의 구체화", 고려법학 제67호, 2012, 고려대학교 법학연구원, 263－264면.

11) 이창섭, 앞의 논문, 257－258면.

12) 오영근, 앞의 책, 2023, 780

13) 독일의 경우 우리 형법상 범인은닉죄나 증거인멸죄에 해당하는 처벌방해죄(제258조)에서 자기사건에 대한 처벌방해는 처벌하지 않는다는 명문의 규정을 두고 있는데(제258조 제5항), 그 성

배제되는 이유는 형식적으로만 보면 구성요건해당성이 부정되는 것이지만 실질적으로 볼 때 사회적 유해성이나 우월적 이익 등의 흠결을 이유로 하는 불법조각 때문이 아니라 적법행위의 기대불가능성 때문이라고 할 수 있다. 범인의 처벌에 대한 두려움이나 처벌의 위험을 피하기 위한 자기은닉이나 자기증거인멸은 자기에 대한 위난을 피하려는 면책적 긴급피난과 유사한 상황에서의 피난행위로 볼 수 있기 때문에 범인이 스스로 자신을 사법당국의 손에 맡기도록 강요할 수 없고,[14] 범인 자신의 자기비호는 자기보존의 자연적 본성에 부합하는 것이라고 할 수 있다는 점[15]이 구성요건해당성을 배제하는 바탕이 된다고 할 수 있다. 판례도 범인도피죄와 관련하여 "공범자 중 1인이 다른 공범을 도피하게 하는 것이 자신의 범행 은닉과 밀접불가분 관계를 가졌다면 자기도피와 마찬가지로 적법행위에 대한 기대가능성이 없다"고 판시하여[16] 자기도피를 처벌하지 않는 이유로 기대불가능성을 제시하고 있다. 증거인멸죄의 경우 판례는 "범인 자신이 한 증거인멸의 행위는 피고인의 형사소송에 있어서의 방어권을 인정하는 취지와 상충하므로 처벌의 대상이 되지 아니한다"고 판시하여[17] 불벌의 근거로 방어권의 보장을 제시하고 있으나 자기증거인멸을 방어권의 행사로서 보장해 주어야 하는 이유는 그것이 기대불가능한 행위이기 때문이라고 할 수 있다.

(4) 검토

일정한 범죄의 범인은 자기은닉 및 자기증거인멸의 주체에서 제외되어 정범적격이 부정되고 공범은 정범보다 경하거나 변형된 침해형식으로서 본범의 타인에 대한 교사가 스스로 하는 행위의 불법내용을 초과하는 것으로 평가할 수도 없기 때문에 공범적격도 부정된다고 할 수 있다. 한편 앞에서 살펴본 바와 같이 범

격에 대해 인적처벌조각사유로 보는 견해(Lackner · Kühl · Heger, StGB, 30. Aufl. 2023, § 258 Rn. 16)와 면책사유로 보는 견해(Roxin · Greco, Strafrecht AT I, § 22 Rn. 138)가 있으나 어느 견해나 그 실질적 근거는 면책적 긴급피난과 유사한 상황에서의 기대불가능성에 있다고 보고 있다. 일본의 경우도 범인의 자기은닉이나 자기증거인멸이 처벌되지 않는 근거는 기대불가능성에 있다는 것이 일반적 입장이다(大谷實, 刑法講義各論, 第4版, 2015, 602面 ; 西田典之, 刑法各論, 第4版, 2009, 423面).

14) Roxin · Greco, Strafrecht AT 1, § 22 Rn. 138.

15) 김일수, 한국형법 IV(각론 하), 1997, 692면.

16) 대법원 2018. 8. 1. 선고 2015도20396 판결.

17) 대법원 1965. 12. 10. 선고 65도826 전원합의체 판결.

인은닉죄나 증거인멸죄에서 본범의 정범적격이 부정되는 실질적 근거는 기대불가능성에 있다고 할 수 있는데, 그 범인이 자기은닉과 자기증거인멸의 수단으로 타인을 이용하는 행위 또한 기대불가능한 것으로 보아야 한다. 정범은 공범보다 개념상 중한 불법형태라 할 수 있고 중한 불법에 기대가능성이 없다면 경한 불법에도 당연히 기대가능성이 부정해야 할 것이기 때문이다.[18] 독일의 경우도 다수설은 우리 형법상 범인은닉이나 증거인멸에 해당하는 처벌방해죄(독일형법 제258조)에 있어서 본범이 본범에 가담하지 않은 타인을 교사하여 자기은닉이나 자기증거의 인멸을 하더라도 처벌되지 않는다는 입장을 취하고 있다.[19] 그 근거는 우선 타인을 교사하는 행위도 기대불가능성의 범위에 있다는 점[20]과 범죄비호죄 규정(제257조 제3항)에서는 본범에 가담한 자는 범죄비호를 이유로 처벌되지 않지만, 본범에 가담하지 않은 자에게 범죄비호를 교사한 자는 처벌된다는 명문의 규정을 두고 있는 반면, 처벌방해죄(제258조)에는 이러한 예외적 처벌규정을 두고 있지 않기 때문에 반대해석을 하면 처벌방해죄에서는 타인을 교사하더라도 처벌하지 않는다는 것이 입법자의 의사라고 할 수 있다는 점을 들고 있다.[21] 이처럼 범인은닉죄나 증거인멸죄에서 본범의 정범적격을 부정하는 실질적 근거를 기대불가능성에서 찾고 본범 스스로 자기은닉이나 자기증거를 인멸하는 행위가 기대불가능한 것이라면 타인을 교사하는 행위도 기대불가능한 것으로 보아 처벌을 부정하는 것이 타당하다고 할 수 있다.

2. 일방처벌(편면적) 대향범의 법리에 따른 검토

(1) 쟁점

일방처벌(편면적) 대향범의 내부참가자 사이에서 형법총칙상 공범규정이 적

18) 高橋則夫, 刑法各論, 初版, 2011, 623면; 大谷實, 刑法各論, 第5版, 成文堂, 2018, 390면.

19) 반면 독일 판례는 도주죄와 처벌방해죄와 관련하여 후술하는 대향범에서 최소협력의 기준에 따라 본범에게 교사범을 인정하였다[BGH 4 400 f., 17 373(§§ 120, 26); BGH 5 81, 17 236 (§§ 257 aF, 26)]

20) Lackner · Kühl · Heger, StGB, 30. Aufl. 2023, § 258 Rn. 16 ; Schönke · Schröder, StGB, 30. Aufl. 2019, Rn. 40.

21) Schönke · Schröder · Heine · Weißer, StGB, 30. Aufl., 2019, Vorbem. § 25 Rn. 44.

용될 수 있는지에 대하여 다수설[22]과 판례[23]는 부정하는 입장이다. 반면 일부 학설은 처벌되지 않는 대향자가 처벌되는 대향자의 행위가 구성요건실현에 필요한 최소협력의 정도에 그치면 총칙상 공범규정의 적용이 배제되어 불가벌이지만 그 정도를 초과하여 구성요건실현에 적극적으로 기여한 경우에는 형법총칙상 공범규정이 적용되어 처벌될 수 있다고 한다.[24] 다만 처벌긍정설에서도 청소년성보호법(제13조)상 청소년의 성을 사는 행위에서 아동·청소년처럼 불가벌적 대향자가 보호법익의 주체인 경우 또는 범인은닉죄, 위증죄, 증거인멸죄의 범인처럼 불가벌적 대향자가 기대불가능성이라는 특별한 동기에 의해 처벌되지 않는 경우에는 불가벌적 대향자의 적극적 기여가 있더라도 공범규정은 적용되지 않는 예외를 인정하고 있다.[25]

범인은닉·도피죄나 증거인멸죄에서 정범적격이 없는 본범이 타인을 교사하여 자기은닉이나 자기증거인멸을 하도록 하는 경우, 처벌되지 않는 본범인 교사자와 처벌되는 피교사자는 필요적 공범 중 일방처벌(편면적) 대향범에 해당하여 앞에서 살펴본 대향범의 법리에 따라 교사행위의 처벌 여부를 판단할 수 있는지를 검토할 필요가 있다.

(2) 범인은닉죄 · 증거인멸죄와 대향범 법리의 적용 여부

범인은닉죄나 증거인멸죄에서 대향범의 법리가 적용되는지를 판단하기 위한 전제로서 먼저 범인은닉죄가 대향범에 해당하는지를 검토할 필요가 있다. 이에 대하여 범인은닉죄의 경우 범인이 은닉을 원하지 않음에도 의사에 반하여 은닉이 이루어진 경우는 필요적 공범이 아니지만, 은닉을 의도한 경우에는 필요적 공범으로 볼 수 있기 때문에 부진정 필요적 공범[26] 중 일방처벌(편면적) 대향범으로서

---

22) 이재상·장영민·강동범, 형법총론, 제11판, 박영사, 2022, 448면; 임웅, 형법총론, 제13정판, 법문사, 2019, 433면.

23) 대법원 1985. 3. 12. 선고 84도2747 판결; 대법원 1988. 4. 25. 87도2451 판결; 대법원 2011. 4. 28. 선고 2009도3642 판결 등

24) 김성돈, "대향범과 공범", 법조 65권 제9호(720호), 법조협회, 2016, 567면 이하.

25) 김일수·서보학, 새로 쓴 형법총론, 제13판, 박영사, 2018, 637면; 원형식, "불가벌적 필요적 공범", 형사법연구 제24호, 한국형사법학회, 2005, 88-91면; 이정원, "대향범인 필요적 공범에 대한 임의적 공범규정의 적용가능성", 형사법연구 제20권 제3호, 한국형사법학회, 2008. 113-115면.

26) 2인 이상의 관여나 협력이 있어야만 성립하는 범죄가 진정 필요적 공범이고 1인에 의해서도 성

필요적 공범의 법리가 적용되어 자기은닉을 교사한 범인을 처벌할 수 없다는 견해가 있다.[27] 그러나 대향범을 비롯한 필요적 공범은 반드시 2인 이상의 협력이 있어야 성립하는 범죄로 한정하는 것이 타당하다. 다수설이나 판례가 대향범에 형법총칙상 공범규정의 적용을 부정하는 주된 근거는 일방만 처벌하는 법률규정을 반대해석하면 타방을 어떠한 형태로든 처벌해서는 안된다는 것이 입법자의 의사라는 점에서 찾고 있는데, 일방만 처벌하는 명문의 규정이 없는 범죄까지 대향범을 확대하는 경우 판례나 다수설의 논거가 더 이상 유지될 수 없기 때문이다.[28] 범인은닉죄나 증거인멸죄의 경우 범인과의 소통이나 협력없이 범인은닉이나 증거인멸을 할 수 있으므로 대향범에 해당하지 않는다고 할 수 있다.[29] 이처럼 범인은닉죄나 증거인멸죄는 필요적 공범 또는 대향범이 아니기 때문에 불가벌적 대향범에 형법총칙상 공범규정을 적용할 수 있는지를 검토하는 대향범 내지 필요적 공범의 법리는 적용될 여지가 없다고 보아야 한다.

한편 범인은닉죄나 증거인멸죄를 대향범으로 보거나 대향범의 법리를 적용하여 공범의 성립 여부를 판단하는 견해도 있는데 이들 중 대부분은 공범의 성립을 부정한다. 즉 최소협력의 정도를 넘어서 적극적인 불법을 창출할 경우에는 공범으로 처벌할 수 있다는 견해도 있지만,[30] 전술한 바와 같이 범인은닉죄를 부진정 필요적 공범으로 파악하면서 필요적 공범이론을 적용하여 본범을 처벌할 수 없다거나,[31] 범인은닉죄나 증거인멸죄는 대향범에 해당하지만 본범인 대향자가

립할 수 있지만 2인 이상의 관여나 협력에 의해서도 성립하는 범죄를 부진정 필요적 공범이라고 한다(김종원, “필요적 공범”, 고시계 1968. 2. 71면).

27) 윤동호, “범인도피죄가 아니라 범인도피원조죄로서 필요적 공범의 새로운 유형인 원조범”, 비교형사법연구 제21권 제1호, 2019, 한국비교형사법학회, 193면.

28) 판례도 구성요건상으로는 단독으로 실행할 수 있는 형식으로 되어 있는데 단지 구성요건이 대향범의 형태로 실행되는 경우에도 대향범에 관한 법리가 적용된다고 볼 수는 없다고 하면서 마약거래방지법 제7조 제1항에서 정한 ‘불법수익 등의 출처 또는 귀속관계를 숨기거나 가장하는 행위’는 처벌규정의 구성요건 자체에서 2인 이상의 서로 대향된 행위의 존재를 필요로 하지 않으므로 정범의 이러한 행위에 가담하는 행위에는 형법 총칙의 공범 규정이 적용된다고 하며(대법원 2022. 6. 30. 선고 2020도7866 판결), 사생활 조사 등을 업으로 하는 행위에 그러한 행위를 의뢰하는 대향된 행위의 존재가 반드시 필요하다거나 의뢰인의 관여행위가 당연히 예상된다고 볼 수 없고, 따라서 사생활 조사 등을 업으로 하는 행위와 그 의뢰행위는 대향범의 관계에 있다고 할 수 없다고 판시하였다(대법원 2012. 9. 13. 선고 2012도5525 판결).

29) 이정원, 앞의 논문, 114-115면.

30) 김성돈, 앞의 논문, 565면; 김태명, “편면적 대향범에 가담한 자에 대한 형법총칙상 공범규정의 적용가부”, 형사판례연구 제21권, 한국형사판례연구회, 2013. 82-84면.

특별한 동기 때문에 정범으로 처벌될 수 없는 상황일 때에는 최소협력의 원칙이 적용되지 않아 공범으로 처벌할 수 없다고 하고,[32] 또한 범인은닉죄는 필요적 공범은 아니지만 사실상 필요적 공범과 상황이 유사하므로 필요적 공범 이론이 적용되어, 자기은닉을 교사하는 행위는 자기비호의 연장에 불과하므로 최소협력의 원칙이 적용되지 않아 공범으로 처벌할 수 없다는 입장[33]을 취하고 있다.

(3) 검토

범인은닉죄나 증거인멸죄는 대향범 또는 필요적 공범에 해당하지 않기 때문에 대향범 법리에 따라 자기은닉이 자기증거인멸의 처벌 여부를 판단하는 것은 적절하지 않지만 대향범이나 필요적 공범으로 보는 경우에도 면책적 긴급피난과 유사한 상황에 놓인 본범의 경우에는 범죄실현에 최소협력의 정도를 넘어 적극적 기여를 했더라도 기대불가능을 이유로 교사 등 공범의 성립을 부정하는 것이 타당하다.

3. 공범의 처벌근거에 따른 검토

(1) 쟁점

범인이 타인을 교사하여 자기은닉이나 자기증거를 인멸한 경우 교사범을 긍정하는 견해의 논거 중의 하나가 공범의 종속성이다. 즉 정범에게 범인은닉죄나 증거인멸죄가 성립하면 이를 교사한 본범은 공범종속성의 원칙에 따라 교사범이 된다는 것이다. 이처럼 형식적으로 공범의 종속성을 근거로 교사범을 인정하는 것이 타당한 것인지를 아래에서 공범의 처벌근거를 살펴보고 이를 바탕으로 검토해 보기로 한다.

(2) 공범의 처벌근거

공범처벌의 근거에 대한 이론으로 크게 가담설과 야기설을 들 수 있다. 가담

31) 윤동호, 앞의 논문, 199면.
32) 김일수 · 서보학, 새로 쓴 형법총론, 제13판, 박영사, 2018, 482면.
33) 원형식, “불가벌적 필요적 공범”, 형사법연구 제24호, 한국형사법학회, 2005. 89면.

설은 공범의 불법과 정범의 불법을 질적으로 구별하여, 정범의 불법은 해당 구성요건의 실현 또는 법익의 침해에서 찾을 수 있지만 공범의 불법 내지 처벌근거는 정범으로 하여금 범죄를 하도록 한 것, 즉 정범에 대한 침해에서 찾는다. 여기에는 공범이 정범으로 하여금 윤리적으로 비난받을 수 있는 유책한 행위를 하도록 유인한 것에서 처벌근거를 찾는 책임가담설과 공범이 정범으로 하여금 불법을 저지르게 하여 사회로부터 해체시켜 법적 평화를 침해한 것에서 처벌근거를 찾는 불법가담설이 있다.[34] 이러한 가담설은 우리나라,[35] 독일, 스위스[36]의 일부 학자가 따르고 있다.

야기설은 공범과 정범의 불법을 질적으로 구별되는 것으로 보지는 않고 공범의 처벌근거를 정범(직접적 법익침해)을 통한 구성요건 실현 또는 법익침해(간접적 법익침해)에서 찾는다. 여기에는 다시 정범과의 관련성에 따라 학설이 나뉜다. 순수야기설은 공범의 불법을 정범의 불법에 의존하지 않고 구성요건 결과의 야기라는 독자적 불법에서 찾는다. 종속적 야기설은 공범 불법의 독자성을 부정하면서 정범의 불법을 전용하여 정범의 불법으로부터 처벌근거를 도출한다. 혼합적 야기설은 공범불법의 일부는 정범에서 도출하고 일부는 공범 자신으로부터 도출하는 입장으로, 여기에서는 다시 공범의 간접적 법익침해라는 독자적 불법과 정범의 법익침해라는 종속적 불법의 결합이 공범의 처벌근거가 된다는 종속적 법익침해설과 정범의 범행을 야기·촉진하는 행위반가치가 공범의 독자적 불법이 되고 정범의 법익침해인 결과반가치가 공범의 종속적 불법이 되어 양자의 결합이 공범의 처벌근거가 된다는 행위반가치·결과반가치 혼합설이 있다.[37] 우리나라와 독일의 다수설은 종속적 야기설[38]이고 혼합적 야기설[39]을 주장하는 학자도 적지 않다.

34) 김일수, 한국형법 II(총론 하), 개정판, 박영사, 1997, 316−324면; Roxin, Strafrecht AT II, § 26 Rn. 16. 17.

35) 우리 형법상 공범의 처벌근거로 야기설을 채택할 수 없고 책임가담설과 불법가담설을 고려할 수 있다고 하면서 극단적 종속형식을 주장하는 견해로는, 신동운, 형법총론, 제15판, 법문사, 2023, 661면 이하.

36) 독일의 Keller가 수정된 책임설을 주장하고 스위스의 Trehsel이 불법가담설을 따른다(Roxin, Strafrecht AT II, § 26 Rn. 17).

37) 김일수, 앞의 책, 314−315면; Roxin, Strafrecht AT II, § 26 Rn. 16. 17.

38) 이재상·장영민·강동범, 형법총론, 제11판, 2022, 467면.

39) 종속적 법익침해설(김일수·서보학, 새로 쓴 형법총론, 제13판, 박영사, 2018, 476−477면)과 행위반가치·결과반가치 혼합설(김성돈, 형법총론, 제6판, 성균관대학교 출판부, 2020, 603면)이

(3) 검토

공범의 처벌근거에 대한 학설에 따라 자기은닉이나 자기증거인멸 교사의 가벌성에 차이가 있게 된다. 먼저 가담설에 의하면 책임가담설이나 불법가담설 모두 공범의 불법은 정범의 불법과 분리되고 해당 구성요건의 실현 또는 법익침해도 고려하지 않으면서 정범을 범인으로 만드는 것에서 처벌의 근거를 찾기 때문에 자기은닉이나 자기증거인멸을 타인에게 교사하여 범인이 되도록 하는 것에 공범의 불법이 인정되어 교사범이 성립하게 될 것이다.[40] 반면 야기설에 따르면 그에 속하는 학설에 따라 입장의 차이가 있을 수 있다. 순수야기설[41]이나 혼합적 야기설 중 종속적 법익침해설에 따르면 공범의 독자적 불법으로서 간접적 법익침해는 불가능하므로 공범의 성립을 부정하게 될 것이다. 종속적 야기설에 의하면 정범의 불법에 중점을 두기 때문에 공범이 가능할 수 있고, 혼합적 야기설 중 행위반가치 · 결과반가치 혼합설은 행위반가치의 내용을 어떻게 파악하느냐에 공범의 성립 여부가 달라질 수 있다.[42]

본범의 자기은닉이나 자기증거인멸의 교사에 있어서 교사범의 성립 여부는 공범의 처벌근거의 관점에서 볼 때 어느 학설을 따르냐에 따라 결론이 달라질 수 있고 일률적인 판단은 어렵다고 볼 수 있다.

4. 소극적 신분과 공범의 성립 여부에 대한 검토

(1) 쟁점

범인은닉죄 및 증거인멸죄에서 본범은 그 주체가 될 수 없는 바 이러한 본범의 지위가 범죄성립을 조각하는 소극적 신분에 해당하는지가 문제되고, 소극적

주장된다.

40) 대법원 판례와 같은 입장을 취하는 일본 판례가 책임공범설(책임가담설)에 따른 것이라는 견해로는, 西田典之, 刑法各論, 第4版, 弘文堂, 2009. 423면.

41) 高橋則夫, 앞의 책, 623면.

42) 판례의 입장을 순수야기설로 이해하는 견해도 있고(홍영기, 앞의 논문, 262면), 혼합적 야기설로 설명하는 견해도 있는데(정재희, “범인도피죄와 위증죄에서 자기 사건 교사의 처벌가능성”, 저스티스 통권 제171호,한국법학원, 2019, 125면), 이는 공범의 처벌근거에 대한 이해가 매우 다양하다는 것을 보여준다. .

신분에 해당한다면 그 성질은 무엇이고 교사범 등 공범 성립에 어떠한 영향을 미치는지를 검토할 필요가 있다.

(2) 범인은닉죄 · 증거인멸죄의 소극적 신분범 여부 및 공범 성립 여부

범인은닉죄와 증거인멸죄에서 본범에게 범죄성립이 부정되는 이유에 대하여 본범은 범죄성립을 부정하는 소극적 신분을 갖기 때문이라는 견해[43]와 본범의 지위는 소극적 신분이 아니고 객체적격이 부정되기 때문에 범죄성립이 부정된다는 견해[44]가 있다. 생각건대 신분이란 행위자와 관련된 특수한 인적 요소를 말하고,[45] 본범의 지위는 범죄성립을 조각하는 요소이기 때문에 소극적 신분으로 이해해도 무방할 것이며, 소극적 신분 중에서도 기대불가능성을 본질로 하는 소극적 신분이라고 할 수 있다. 본범의 지위를 소극적 신분으로 파악하지 않고 객체적격의 부정에 따른 범죄불성립을 주장하는 견해에 따르더라도 그 실질은 기대불가능성에 있다는 것은 달라지지 않는다.

소극적 신분자가 비신분자에게 가담한 경우 형법 제33조의 적용 여부에 대하여 논란이 있으나,[46] 책임조각 소극적 신분의 경우 책임개별화 원칙에 따라 소극적 신분자에게는 책임조각을 인정하는 것이 타당하다.[47] 판례도 친족의 정치자금수수를 처벌하지 않는 규정(정치자금법 제45조 제1항 단서)은 책임조각사유에 해당하고 “친족관계에 있는 자가 그러한 친족관계 없는 자와 공모하여 정치자금법에 정하지 아니한 방법으로 정치자금을 기부한 경우에는 형법 제33조 본문에서 말하는 ‘신분관계로 인하여 성립될 범죄에 가공한 행위’에 해당한다고 볼 수 없으며, 친족관계에 있는 자의 책임은 조각된다”고 판시하였다.[48]

---

43) 이정원, 앞의 논문, 115면.
44) 이창섭, 앞의 논문, 264면.
45) 임웅, 형법총론, 13정판, 법문사, 2022, 535면.
46) 긍정설(오영근, 형법총론, 제6판, 2021, 444면)도 있으나 다수설은 부정하며, 2020년 개정형법의 문언에 따를 때 부정하는 것이 타당하다.
47) 김정환, “소극적 신분과 공동정범에서 불법조각신분과 책임조각신분의 구별”, 형사법연구 제24권 제3호, 한국형사법학회, 2012, 330－331면; 손동권, “형법 제33조에 관한 연구”, 일감법학 제5권, 건국대학교 법학연구소, 2000, 135면.
48) 대법원 2007. 11. 29. 선고 2007도7062 판결

(3) 검토

본범의 자기은닉이나 자기증거인멸은 기대불가능성을 실질근거로 하여 범죄성립을 부정하는 것이고, 타인을 교사하여 자기은닉이나 자기증거인멸을 한 경우 교사범의 성립 여부에 대하여는 기대불가능성을 본질로 하는 책임조각 소극적 신분에 준하여 판단할 수 있다. 즉 이 경우에도 본범에게는 책임개별화 원칙을 준용하여 교사범의 성립을 부정하는 것이 타당하다.

5. 방어권남용 기준의 불명확성과 자의적 적용 가능성

(1) 방어권 개념의 불명확성

판례가 자기은닉이나 자기증거인멸의 교사범 성립 여부를 판단하는데 활용하는 방어권은 그 개념이나 범죄체계론상의 지위가 명확하지 않다. [대상판결 2]에서 판례는 "자신의 형사사건에 관한 증거은닉 행위는 형사소송에 있어서 피고인의 방어권을 인정하는 취지와 상충하여 처벌의 대상이 되지 아니"한다고 하여 형사소송법상 방어권을 보장하는 취지를 교사범 성립 여부를 판단하는데 고려한다. 그러나 형사절차법상의 개념인 방어권이 형사실체법상 개념인 교사범의 성립에 어떠한 역할을 하는 것인지는 자세히 밝히고 있지 않다. 형사절차법상의 방어권은 형사절차가 개시된 이후 피의자나 피고인의 지위에서 인정되는 것인데 범인은닉이나 증거인멸이나 그에 대한 교사나 방조는 형사절차가 개시되기 전에도 가능하다는 점에서 형사절차 개시 전의 행위를 방어권의 행사로 파악하는 것이 적절한지는 의문이다. 또한 형사절차상 인정되는 방어권의 행사나 남용이 범죄성립의 요소로 고려되는 과정이나 근거도 불명확하다.[49] 판례를 선해하면 처벌의 위험에 직면한 범인이 처벌을 피하기 위한 행위는 자기방어이며 이러한 행위는 보장되어야 한다는 의미로 이해할 수는 있다. 다만 이 경우에도 그 행위의 성질이나 범죄체계상 지위에 대한 설명이 없는 것은 아쉽다. 앞에서 살펴본 바와 같이 범인의 자기은닉이나 자기증거인멸은 처벌의 위험에 직면한 범인이 그 위험을 피하기

49) 이창섭, 앞의 논문, 251－252면.

위한 행위로서 이를 하지 말라는 것은 기대불가능한 것이고 범인의 행위는 비난할 수 없는 것이 된다. 즉 범인의 자기은닉이나 자기증거인멸은 면책적 긴급피난에 유사한 상황에서 위험을 피하기 위한 피난행위 또는 피난권의 행사에 유사한 행위로 파악하는 것이 타당하다.

(2) 방어권 남용 기준의 자의적 적용 가능성

판례가 자기은닉이나 자기증거인멸의 교사범을 부정하는 기준인 방어권남용은 매우 불명확하다. 판례에 따르면 타인에게 도움을 요청하는 것은 원칙적으로 정당한 방어권의 행사이지만 그것이 방어권의 남용이면 교사범으로 처벌된다는 추상적인 기준을 제시하면서, [대상판결 1]에서는 하위 자백의 교사를 방어권 남용에 해당한다고 하고, [대상판결 2]에서는 행위의 태양과 내용, 범인과 행위자의 관계, 행위 당시의 구체적인 상황, 형사사법작용에 영향을 미칠 수 있는 위험성의 정도 등을 종합적으로 판단하여 방어권 남용을 판단해야 한다고 하지만 여전히 방어권남용이 무엇인지는 판단하기 힘들다. 이에 따라 판례의 입장을 이해하는 견해도 갈리고 있다. 즉 일방처벌(편면적) 대향범의 법리에 따라 접근하면서 교사범의 성립을 원칙적으로 부정하고 예외적으로 결정적 기여를 한 경우 교사범을 인정하는 입장[50]이 있는 반면, 자기은닉·도피의 가벌성이 원칙적으로 인정되지만 예외적으로 가벌성이 부정되는 것이고 방어권남용은 범죄성립요소가 아니라 방어권의 소극적 한계라는 견해[51]도 있다.

이러한 견해의 차이는 기준의 불명확성에서 비롯되는 것이며, 이는 피의자나 피고인의 자기비호활동을 위축시키게 된다.[52] 타인에게 단순히 도움을 요청하는 행위가 어느 경우에는 교사범이 되고 어느 경우에는 그렇지 않을 수 있는 상황에

50) 김성돈, 앞의 논문, 566면.

51) 이효진, 앞의 논문, 483면.

52) 형사절차상 피의자·피고인의 진술거부권, 출석권, 증거동의권, 반대신문권 및 증인대면권과 변호인의 변호권 등을 방어권으로 파악하면서 이들 권리를 제한하기 위한 방어권 남용론은 국가중심의 권위주의적 사고와 국가의 효율적인 통치를 정당화하는 도구의 역할을 한다는 비판(김인회, “방어권 남용론 비판”, 법학연구 제18집 제1호, 인하대학교 법학연구소, 2015, 342-343면)도 형사절차상 방어귀남용론에 대한 비판이지만 범인은닉죄나 증거인멸죄에서 방어권 남용의 기준이 처벌의 확대와 범인의 자기비호를 위축시키는 역할을 한다는 점에서 일맥 상통하는 점이 있다.

서 교사범으로서의 처벌을 피하기 위해서는 타인에게 도움을 요청하는 행위 자체를 하지 말하는 메시지를 주는 것으로 볼 수 있다. 처벌의 위험에 직면한 범인으로는 스스로든 타인을 이용하든 위험을 피하기 위한 행위를 하는 것이 인간의 본성이라 할 수 있는데 타인과 관련해서는 사실상 아무 일도 하지 말라는 것은 자기에게 불리한 것을 강요하는 것으로 소위 nemo tenetur원칙에 반한다고 할 수 있다.[53] 타인을 이용한 범인은닉이나 증거인멸에 의해 형사사법기능이 침해될 우려가 있을 수 있으나 이는 피교사자인 정범을 처벌하는 방법으로 대응해야 한다.[54] 형사사법기관으로서는 범인이 직접 또는 타인을 통하여 자기은닉이나 자기증거를 인멸하리라는 것을 당연한 것으로 예정하고 그에 대한 대비를 해야 하며 이러한 노력 없이 피의자나 피고인에게 위험을 감수하도록 떠넘기는 것은 바람직하지 않다.[55] 판례가 제시하는 방어권 남용의 기준은 다분히 형사사법기관 중심의 사고가 뒷받침된 것이라는 비판을 받기에 충분하다.

Ⅲ. 맺으며

대상판결을 비롯한 판례가 범인은닉죄나 증거인멸죄에서 본범이 타인을 이용하여 자기은닉이나 자기증거인멸에 대하여 방어권남용을 근거로 교사범의 성립을 인정하는 것은 이론적으로나 정책적으로 타당하다고 할 수 없다. 범죄를 저지른 범인은 범인은닉죄나 증거인멸죄에서 기대불가능성을 바탕으로 구성요건해당성이 부정되어 정범적격이 없으므로 타인을 교사하더라도 공범적격도 부정해야 하며, 범인은닉죄는 필요적 공범 중 대향범이 아니지만 대향범으로 보더라도 범

53) 홍영기, 앞의 논문, 263면 이하 참조.

54) 강도치상죄의 범인은닉교사에 대한 1991년 일본 최고재판소 결정[最高裁1小決 令和3(1991). 6. 9. 集刑 第329号 85面]에서 山口 재판관의 소수의견 참조. 범인이 타인을 교사하여 새롭게 생겨난 불법 부분은 피교사자인 정범이 해당 범죄로 로서 처벌을 받게 되는 것으로 상쇄된다는 견해(홍영기, 앞의 논문, 264면)는 피교사자의 처벌이 교사범 불성립의 요건이 된다는 의미라면 타당할 수 없지만 피교사자의 처벌로 자기은닉이나 자기증거인멸에 대한 대책이 될 수 있다는 의미라면 타당하다고 할 수 있다.

55) 설령 형사사법기능을 현저하게 침해하더라도 국가형벌권력에 비하여 현저하게 열세인 피의자나 피고인에게 무기평등의 원칙에 따라 더 많은 방어권을 주기 위해 교사행위를 처벌해서는 안 된다는 견해로는 이정원, 앞의 논문, 116면.

죄은닉죄나 증거인멸죄처럼 기대불가능성과 같은 특별한 동기로 본범을 처벌하지 않는 경우에는 불가벌적 대향범에게 최소한 협력을 초과하는 경우에도 형법총칙상 공범규정을 적용하여 처벌할 수 없다. 또한 범인은닉죄나 증거인멸죄에서 본범의 지위를 소극적 신분으로 보는 경우 책임조각적 신분자의 공범 성립 여부에서 책임개별화 원칙을 준용하여 기대불가능성이 인정되는 본범에게는 교사범의 성립을 부정해야 한다. 판례가 추상적이고 불명확한 방어권남용의 기준에 의해 교사범 처벌의 가능성을 열어두는 것은 타인을 이용하는 자기비호활동을 원천적으로 봉쇄하는 효과를 갖게 되며 이는 형사사법기관이 져야 할 부담을 피의자나 피고인에게 떠넘기는 국가중심 사고의 발로라고 할 수 있다. 판례는 방어권남용이라는 기준에 의해 본범의 자기은닉이나 자기증거인멸의 교사범을 인정하는 입장의 변경을 통해 이러한 비판으로부터 자유로울 수 있다.

28. 양벌규정의 역적용 문제

—해석을 통한 수범자 범위의 확대—

서보학 교수(경희대학교 법학전문대학원)*

[대상판결]

대법원 1997. 7. 15. 선고 95도2870 전원합의체 판결

구 건축법(1991. 5. 31. 법률 제4381호로 전문 개정되기 전의 것) 제54조 내지 제56조의 벌칙규정에서 그 적용대상자를 건축주, 공사감리자, 공사시공자 등 일정한 업무주로 한정한 경우에 있어서, 같은 법 제57조의 양벌규정은 업무주가 아니면서 당해 업무를 실제로 집행하는 자가 있는 때에 위 벌칙규정의 실효성을 확보하기 위하여 그 적용대상자를 당해 업무를 실제로 집행하는 자에게까지 확장함으로써 그러한 자가 당해 업무집행과 관련하여 위 벌칙규정의 위반행위를 한 경우 위 양벌규정에 의하여 처벌할 수 있도록 한 행위자의 처벌규정임과 동시에 그 위반행위의 이익귀속주체인 업무주에 대한 처벌규정이라고 할 것이다. 이와 일부 달리 구 건축법 제57조의 양벌규정은 행위자 처벌규정이라고 해석할 수 없는 것이므로 위 규정을 근거로 실제의 행위자를 처벌할 수 없다고 한 대법원 1990. 10. 12. 선고 90도1219 판결, 1992. 7. 28. 선고 92도1163 판결 및 1993. 2. 9. 선고 92도3207 판결의 견해는 이와 저촉되는 한도에서 변경하기로 한다.

(사실관계) 이 사건 아파트 공사는 부산광역시 도시개발공사가(이하 발주자) 발주하고 남도개발 주식회사가(이하 시공사) 시공한 것으로, 시공사 소속 건축 기사인 피고인 甲이 대표이사인 피고인 乙의 포괄적 위임에 따라 아파트 공사의 현장소장 겸 현장대리인으로서 자신의 책임하에 위 아파트 공사의 시공전반을 지휘·감독하면서 위 발주자 측 현장 감독인인 피고인 丙과 공모하여 이 사건 아

* 서보학 경희대학교 법학전문대학원 교수는 독일 Köln대학교에서 법학박사학위를 받았고, 한국형사정책학회 회장, 경찰수사심의위원회 위원장, 대법원 양형위원회 위원 등을 역임하였다.

파트의 지하 주차장 시공의 순서와 방법을 그르치고 그것이 원인이 되어 위 아파트가 기울어짐으로써 안전한 구조를 가지지 못하게 되었다.

이에 원심은 피고인 甲과 乙은 건축물 구조의 안전확인의무를 위배하였다는 이유로 구 건축법 제57조, 제44조 제4호, 제10조, 형법 제30조 등을 적용하여 위 피고인들을 건축법 위반의 공동정범으로 처벌하였다. 그리고 피고인 乙은 이 사건 아파트의 공사 시공사의 대표이사로서 그 건축공사를 철저하게 감독하지 아니한 일반적, 추상적 지휘감독상의 과실은 인정되나, 이 사건 범행을 직접 지시하였다거나 이를 알면서 묵인, 방치한 사실이 인정되지 않아 이 사건 건축법위반의 죄책을 지울 수 없다고 판단하였다.

Ⅰ. 문제점

건축법에서 의무규정 수범자와 실제 의무위반자가 일치하지 않는 경우 양벌규정을 근거로 실제 의무위반 행위자를 처벌하는 것이 가능한지가 문제되었던 사례이다. 구 건축법(1991. 5. 31. 법률 제4381호로 전문 개정되기 전의 것) 제54조 내지 제56조의 벌칙규정은 그 적용대상자를 건축주, 공사감리자, 공사시공자 등 일정한 업무주로 한정하고 있었는데, 업무주가 아니면서 당해 업무를 실제로 집행하는 자가 의무에 위반되는 행위를 한 경우에 제57조의 양벌규정을 근거로 행위자를 처벌할 수 있는지가 쟁점이었다. 종래 대법원은 구 건축법의 양벌규정이 행위자처벌규정이 아니라는 입장에서 해석을 통한 수범자 범위의 확대가능성을 부정하는 입장(대법원 1990. 10. 12. 선고 90도1219 판결; 대법원 1993. 2. 9. 선고 92도3207 판결 등)이었으나 위의 전원합의체 판결에서 양벌규정이 행위자처벌규정임을 인정하는 방향으로 견해를 변경하였다. 구 산업안전보건법의 양벌규정과 관련해서도 같은 문제가 있었는데 앞의 전의합의체판결의 취지가 그대로 유지되었다.[1)]

1) 대법원 2010. 9. 9. 선고 2008도7834 판결 : “구 산업안전보건법(2007. 5. 17. 법률 제8475호로 개정되기 전의 것) 제68조 제1호, 제29조 제2항에 정하여진 벌칙규정의 적용 대상은 사업자임이 규정 자체에 의하여 명백하나, 한편 위 법 제71조는 법인의 대표자 또는 법인이나 개인의 대리인, 사용인(관리감독자를 포함한다) 기타 종업원이 그 법인 또는 개인의 업무에 관하여 제67조 내지 제70조의 위반행위를 한 때에는 ’그 행위자를 벌하는 외‘에 그 법인 또는 개인에 대하여도 각 본조의 벌칙규정을 적용하도록 양벌규정을 두고 있고, 이 규정의 취지는 각 본조의 위반행위를 사업자인 법인이나 개인이 직접 하지 아니하는 경우에는 그 행위자나 사업자 쌍방을 모두 처벌하려는 데에 있으므로, 이 양벌규정에 의하여 사업자가 아닌 행위자도 사업자에

대법원은 구 건축법 및 구 산업안전보건법의 양벌규정상 행위자를 벌칙조항에서 규정하고 있는 신분이 있는 자가 아닌 자에게도 확장하여 해석함으로써 동 법률상 안전조치의무 등의 주체가 아닌 자에게도 양벌규정을 근거로 형사책임을 부과하였다. 그런데 벌칙조항이 신분범의 형식으로 규정되어 있음에도 대법원과 같이 확장해석을 통해 －양벌규정의 '행위자를 벌하는 외에'라는 문언을 근거로－ 그 벌칙조항의 해당 의무를 위반한 신분 없는 행위자를 형사처벌한 것이 죄형법정주의에 반한 것이라는 비판이 제기된다. 해당 양벌규정 법문의 취지가 실제 행위자를 처벌하려는데 있는 것인지 명확하지 않음에도 불구하고 법률의 개정 방법을 통하지 않고 법원이 확장해석을 통해 처벌범위를 확대한 것이 판례에 의한 법형성에 해당하여 유추해석금지 등 죄형법정주의에 반하는 것이 아니냐는 의문이 제기되고 있는 것이다. 이러한 문제의식을 갖고 전의합의체판결의 타당성 여부를 비판적으로 검토해 본다.

Ⅱ. 쟁점 및 검토

1. 법정의견의 논거

대법원 전원합의체판결의 법정의견은 구 건축법 제54조 내지 제56조의 벌칙규정이 그 적용대상자를 건축주, 공사감리자, 공사시공자 등 일정한 업무주로 한정한 경우에 있어서, 같은 법 제57조의 양벌규정은 업무주가 아니면서 당해 업무를 실제로 집행하는 자가 있는 때에 위 벌칙규정의 실효성을 확보하기 위하여 그 적용대상자를 당해 업무를 실제로 집행하는 자에게까지 확장함으로써 그러한 자가 당해 업무집행과 관련하여 위 벌칙규정의 위반행위를 한 경우 위 양벌규정에 의하여 처벌할 수 있도록 한 행위자의 처벌규정임과 동시에 그 위반행위의 이익귀속주체인 업무주에 대한 처벌규정이라고 하였다. 즉 구 건축법 제57조의 양벌규정이 위반행위의 이익귀속주체인 업무주에 대한 처벌규정임과 동시에 행위자의 처벌규정으로 본 것이다. 핵심 근거는 다음의 두 가지이다.

대한 각 본조의 벌칙규정의 적용 대상이 된다."

첫째, 양벌규정의 실효성 확보이다. 종래의 대법원 판결과 같이 구 건축법 제57조의 양벌규정이 업무주가 아니면서 당해 업무를 실제로 집행하는 자에게는 적용되지 않는다고 해석하게 되면 실제 업무집행자를 처벌하지 못하게 됨으로써 양벌규정을 근거로 그 위반행위의 이익귀속주체인 법인·업무주에 대한 처벌도 불가능하게 된다. 양벌규정은 실제 행위자의 처벌을 전제로 그 이익귀속주체인 법인·업무주에 대한 처벌을 가능하도록 하는 규정이기 때문이다. 때문에 구 건축법 제57조 벌칙규정의 실효성을 확보하기 위해서는 그 적용대상자를 실제행위자에게까지 확장하는 것이 불가피하다는 것이다. 법정의견을 따르는 보충의견도 "적용대상자가 업무주 등으로 한정된 벌칙규정임에도 불구하고 양벌규정에서 '행위자를 벌'한다고 규정한 입법 취지는, … 업무주를 대신하여 실제로 업무를 집행하는 자임에도 불구하고 벌칙규정의 적용대상자로 규정되어 있지 아니하여 벌칙규정만으로는 처벌할 수 없는 위반행위자를 양벌규정에 의하여 처벌할 수 있도록 함으로써 벌칙규정의 실효성을 확보하고자 하는 데에 있음이 분명하다 할 것이다."라고 하였다.

둘째, 다른 양벌규정과의 통일적 해석을 위해 판례변경이 필요하다는 것이다. 종래 대법원은 구 건축법 제57조와 같은 유형의 양벌규정인 구 건설업법(1995. 12. 30. 법률 제5137호로 개정되기 전의 것) 제63조, 구 산업안전보건법(1996. 12. 31. 법률 제5248호로 개정되기 전의 것) 제71조, … 등에 대하여, 그 취지가 벌칙규정의 위반행위를 그 적용대상자인 업무주 등이 직접 하지 않은 경우에도 행위자와 업무주 등 쌍방을 모두 처벌하려는 데에 있으므로 위 양벌규정에 의하여 업무주 등이 아닌 행위자도 벌칙규정의 적용대상이 된다고 해석하여 왔고(대법원 1997. 6. 13. 선고 97도534 판결 등), 구 건축법의 양벌규정과 다른 법률의 양벌규정들을 비교했을 때 입법기술적인 면에서 비롯된 규정형식상의 차이가 있을 뿐 어느 경우든 의무규정·금지규정의 위반행위에 관한 벌칙규정의 적용대상자가 업무주 등으로 한정된다는 점에 있어서는 실질적인 차이가 없으므로 각각의 경우에 있어서 동일 형식의 벌칙규정에 대한 양벌규정의 의미가 달라진다고 볼 수 없다고 한다. 따라서 적용대상자가 업무주 등으로 한정된 벌칙규정임에도 불구하고 양벌규정에서 '행위자를 벌'한다고 규정한 입법 취지는 벌칙규정의 적용대상자로 규정되어 있지 아니하여 벌칙규정만으로는 처벌할 수 없는 위반행위자를 양벌규정에 의하여 처벌할 수 있도록 함으로써 벌칙규정의 실효성을 확보하는 데에 있음이 분명하다는 것이다.

2. 소수의견의 반대논거

대법원 전원합의체판결의 법정의견에 대한 소수의견의 반대의견은 다음과 같은 논거에 근거하고 있다.

첫째, 구 건축법 제57조의 양벌규정과 대법원이 행위자 처벌규정으로 해석하고 있는 다른 법률의 양벌규정은 규정내용에 차이가 있기 때문에 동일하게 해석할 수 없다고 한다. 즉 다수의견이 들고 있는 다른 법률의 양벌규정은 모두 그 벌칙 본조에서 그에 선행하는 의무규정·금지규정과 별도로 처벌대상자의 범위에 관하여 규정하고 있지 아니한데 비하여, 구 건축법 제57조의 양벌규정은 그 벌칙 본조인 같은 법 제54조 내지 제56조에서 그에 선행하는 의무규정·금지규정상 이미 그 적용대상자의 범위가 건축주 등으로 제한되어 있는 같은 법 제7조의2와 제7조의3 및 제29조 위반행위에 대하여는 처벌대상자에 관하여 별도로 규정함이 없이 단지 그 각 조에 위반한 자를 처벌한다고 규정하면서도(제55조 제3호), 그 의무규정·금지규정에서 적용대상자의 범위를 명시적으로 제한하고 있지 아니한 경우에는 그 벌칙 본조 자체에서 명시적으로 처벌대상자를 건축주, 설계자, 공사감리자 또는 공사시공자로 한정함으로써 다른 법률에 있어서의 벌칙 본조와는 규정내용을 명백히 달리하고 있기 때문에(구 건축법 제55조 제4호), 다른 법률의 양벌규정을 행위자 처벌규정이라고 해석하여 왔다고 하여 위와 같이 벌칙 본조의 내용을 달리하고 있는 구 건축법의 양벌규정의 해석을 그와 같이 하여야 할 이유가 없다는 것이다. 즉 구 건축법은 다른 법률과는 달리 처벌대상자(업무주)를 선행하는 의무규정·금지규정에서 한정하고 있거나 그렇지 않다면 후행하는 벌칙 본조에서 명시적으로 한정하고 있기 때문에 법문의 앞·뒤 어디에도 명시적으로 처벌의 대상자로 지정되어 있지 않은 실제 행위자를 단지 양벌규정의 표현('그 행위자를 벌하는 외'에)만을 근거로 처벌의 대상에 포함되는 것으로 해석할 수는 없다는 것이다.

둘째, 환경범죄의처벌에관한특별조치법 제5조의 양벌규정이나 법무사법 제

76조의 양벌규정은 구 건축법 제57조의 양벌규정과 유형을 같이 하고는 있지만 각 법률의 적용에서 실제행위자의 처벌은 각 벌칙 본조에 근거하는 것으로 해석해야 하고 양벌규정을 행위자 처벌규정으로 해석할 수 없기 때문에, 구 건축법의 양벌규정이 다수의견이 들고 있는 다른 법률의 양벌규정과 그 유형을 같이하고 있다고 하여 벌칙 본조와 관계없이 행위자 처벌의 근거가 된다고 해석할 수는 없다고 한다.

셋째, 형사법의 대원칙인 죄형법정주의는 범죄와 형벌은 법률로 정하게 하고 그러한 법률이 없으면 형벌을 부과할 수 없게 함으로써 국민의 법적 안정성을 보호하고 국민에게 예측가능성을 보장하여 국가형벌권의 자의적 행사로부터 국민의 자유와 권리를 보장하려는 법치국가적 형법의 기본원칙으로서 그 내용의 하나인 명확성의 원칙은 형벌법규의 해석은 가능한 한 엄격하게 하여야 한다는 법률해석의 원리라고도 할 수 있는데, 구 건축법의 양벌규정에서처럼 단지 그 소정의 '행위자를 벌하는 외에'라고만 규정하여 그 규정에서 행위자 처벌을 새로이 정한 것인지 여부가 명확하지 않은 위와 같은 규정을 들어 형사처벌의 근거 규정이 된다고 해석하는 것은 죄형법정주의의 원칙에 배치되는 온당치 못한 해석이라는 것이다.

넷째, 우리 법제와 같은 성문법주의 아래서는 최고법원의 판례라고 하더라도 바로 법원이 되는 것은 아니지만, 실제의 법률생활에 있어서는 특히 최고법원 판례가 사실상 구속력을 가지고 국민에 대하여 행동의 지침을 부여하는 역할을 수행하는 한편 당해 사건을 최종적인 판단에 의하여 해결하는 기능뿐만 아니라 법령해석의 통일이라는 제도적 기능도 아울러 가지고 있음을 고려할 때, 종래 대법원 1990. 10. 12. 선고 90도1219 판결 등 다수의견이 변경하고자 하는 대법원판례가 구 건축법의 양벌규정이 행위자 처벌의 근거 규정이 될 수 없다고 일관되게 해석하여 옴으로써 국민의 법의식상 그러한 해석이 사실상 구속력이 있는 법률해석으로 자리잡게 되었다고 할 수 있음에도 불구하고, 단지 다른 법률의 양벌규정과 해석을 같이 하려는 취지에서 국민에게 불이익한 방향으로 그 해석을 변경하고 그에 따라 위와 같은 대법원판례들을 소급적으로 변경하려는 것은 형사법에서 국민에게 법적안정성과 예측가능성을 보장하기 위하여 소급입법 금지의 원칙을 선언하고 있는 헌법의 정신과도 상용될 수 없다는 것이다.

3. 구 건축법 및 구 산업안전보건법의 양벌규정을 행위자 처벌규정으로 보는 대법원 판결에 대한 찬·반 입장

(1) 양벌규정을 근거로 행위자에 대한 처벌을 긍정하는 견해

양벌규정을 근거로 실제 행위자에 대한 처벌을 긍정하는 견해는 양벌규정상의 '행위자를 벌하는 이외에'라는 문언을 의무를 위반한 실제 행위자를 처벌하는 근거로 해석한다.

- 실제 행위자의 처벌을 부정하는 경우 처벌의 흠결이라는 커다란 약점이 발생할 것이고, '행위자를 벌하는 이외에'라는 문언을 불완전하기는 하지만 행위자 처벌을 지시하는 것으로 해석함으로써 특별형법 영역에서 처벌의 공백을 메울 수 있다는 견해,[2]
- 산업안전보건법의 양벌규정과 관련된 해석론으로서 산업안전보건법의 입법취지가 산업재해를 예방하여 근로자의 안전·보건을 유지·증진하려는 것으로서, 산업재해의 방지라는 입법목적을 달성하기 위해서는 사업주만을 처벌하는 것으로는 부족하고 행위자에 대하여도 그 처벌의 필요성이 있다는 점과 부족하기는 하지만 '행위자를 벌하는 외에'라는 문언이 처벌의 근거가 될 수 있다는 견해,[3]
- 양벌규정은 법인의 처벌이나 이와 관련한 법인의 범죄능력에만 의의가 있는 것이 아니고 부수형법상의 이른바 수범자영역과 관련하여 형벌의 공백을 메워주는 충전물로서 의미를 가진다고 하는 견해,[4]
- 양벌규정이 구성요건을 수정하고 행위주체를 확대하는 기능을 가진다는 견해,[5]
- 양벌규정 실제 행위자의 처벌을 창설하는 규정이 된다고 하는 견해,[6]

---

2) 김재봉, 법인을 위한 행위와 행위자처벌의 근거, 법학연구 통권 제42집, 전북대 법학연구소, 2014, 49면. 다만 해석론과는 별개로 독일형법 제14조(타인을 위한 행위)와 같은 입법적 해결이 필요하다는 점을 지적한다(앞의 글, 50면).

3) 이주원, 산업안전보건법상 양벌규정에 의한 사업주와 행위자의 처벌, 고려법학 제51권, 고려대 법학연구소, 2008, 292면.

4) 조병선, 양벌규정과 법인의 형사책임, 형사판례연구[3], 한국형사판례연구회, 1995, 15면.

5) 이인규, 양벌규정에 관한 고찰, 법학연구 제36권 제1호, 부산대 법학연구소, 1995, 232면.

6) 손동권, 법인의 범죄능력과 양벌규정, 안암법학 제3집, 안암법학회, 1995, 346면.

- 수범자를 한정하고 있는 각 본조의 처벌조항은 양벌규정에 의하여 수범자 범위가 확대되게 되고 결국 대표자나 종업원 등의 행위자는 각 본조의 벌칙조항과 양벌규정의 결합에 의하여 비로소 처벌되게 된다고 하는 견해,[7)]
- 실제 행위자의 처벌을 긍정하면서 그 근거를 양벌규정이 아니라 독일에서 주장된 소위 사실적 고찰방법이라는 해석론적 관점을 통하여 근거하는 견해로 부수형법상 벌칙 본조의 구성요건에 전제된 적격을 갖추지 못한 자라도 사실적 내지 실질적으로 고찰하여 그가 의무주체를 위하여 실제로 행위한 자인 경우에 각 벌칙조항의 행위주체에 포함될 수 있다는 견해.[8)]

(2) 처벌을 부정하는 견해

양벌규정상의 '행위자를 벌하는 외에'라는 문언에도 불구하고 실제 행위자의 처벌을 부정하는 입장이다.

- 법률의 사업주 이외의 직접 행위자를 수범자로 하지 않으면서 갑자기 양벌규정에서 '행위자를 벌하는 외에'라는 표현에 기대어 이를 처벌근거 규정으로 삼는 것은 벌칙규정의 예측가능성에 비추어 부당한 것이며, 양벌규정의 규정형식은 형벌 없는 범죄를 규정한 것으로 '입법실수'로 평가하는 견해,[9)]
- 특별한 법적 근거 없이 양벌규정의 해석을 통해 직접 행위자 처벌이라는 창설적 효력을 인정하는 것은 문언의 가능한 범위를 넘어 피고인에게 불리한 가벌성을 확장하는 유추해석이라는 견해,[10)]
- 벌칙조항이 신분범으로 행위주체를 한정함에도 불구하고, 그러한 행위주체에 해당하지 않는 자를 양벌규정에서 행위자로 추가하는 것은 해석의 범위를 벗어나는 유추해석에 해당하며, 벌칙조항의 적용 없이 행위자도 양벌규정을 적용하고 법인도 양벌규정을 적용하는 것은 정범 없는 '누군가의' 범죄성립을 인정하는 결과로 부당하다는 견해,[11)]

---

7) 이철, 양벌규정에 관한 고찰, 법조, 1987.2, 14면 이하.
8) 김대휘, 양벌규정의 해석, 형사판례연구[10], 한국형사판례연구회, 2002, 29면 이하.
9) 이순욱, 법인의 양벌규정에 관한 연구, 서울대 박사학위논문, 2016, 132면.
10) 김재윤, 기업의 형사책임, 마인드탭, 2015, 133면.
11) 김혜경, 양벌규정상 처벌되는 행위와 행위자간의 불일치, 그리고 법인의 범죄능력 인정, 형사정

- 양벌규정에서 일정한 신분자만 범죄주체로 하고 있는 경우 이 규정이 비신분자인 직접 행위자까지 행위주체로 인정하고 있는 것이 아님은 분명하며 따라서 독일형법 제14조의 '타인을 위한 행위'와 같은 규정이 없는 이상 처벌을 부정할 수밖에 없다는 견해,[12]
- 양벌규정상 행위자는 법인의 대표자, 법인 또는 개인의 종업원 등으로 규정되어 있는 반면 양벌규정상 위반행위를 규정하고 있는 벌칙조항의 행위자는 사업주 등으로 규정되어 있으므로, 실제 행위자가 벌칙조항의 행위자가 아니라면 벌칙조항 또는 양벌규정을 근거로 처벌될 수 없고 형법 제33조 본문에 따라 처벌되어야 한다는 견해,[13]
- 양벌규정의 입법목적과 관련하여 양벌규정은 업무주를 벌하는 것을 초점으로 하는 것이지 실제 행위자를 벌하기 위한 것으로 볼 수 없으며 또한 어떤 법령에 의무부과의 상대방이 한정되어 있다는 것은 바로 신분자인 업무주만을 처벌하여도 입법목적을 달성할 수 있다는 입법자의 결단의 표시로 볼 수 있기 때문에 업무주 처벌의 전제로서 실제 행위자인 종업원의 행위는 완전히 범죄로서 성립할 필요가 없고 각 금지규정의 위반행위가 발생하면 업무주는 처벌될 수 있다는 견해,[14]
- 수범자 범위를 구체적으로 제한한 각 본조에서의 행위자의 범위를 양벌규정이라는 하나의 포괄적인 규정에 의하여 이유없이 확장하는 것은 부당하다는 견해,[15]
- 양벌규정의 취지가 타인을 사용하여 행위하는 법인에게 그 종업원 등의 위반행위를 전제로 일정한 형사책임을 인정하여 규범력을 확보하기 위함에 있는데 실제 의무위반자인 종업원은 신분 결격으로 인하여 행위규범 위반이 인정될 수 없다는 견해.[16]

책연구 제29권 제1호, 한국형사정책연구원, 2018, 226면 이하.

12) 김성돈, 형법총론 제2판, SKKUP, 2009, 156면.

13) 우희숙, 양벌규정과 수범자의 처벌범위에 관한 해석론, 법학논고 제40집, 경북대 법학연구원, 2012, 680면.

14) 전정훈, 양벌규정에 의한 신분 없는 행위자처벌의 문제점, 판례연구 제1집, 제주판례연구회, 1997, 213면 이하.

15) 박기석, 양벌규정에 관한 판례분석, 형사정책연구소식 제33호, 1996, 33면.

16) 차종진, 양벌규정 적용에 있어 의무규정의 수범자와 실제 의무위반자의 불일치 - 개정 산업안

4. 검토의견

기본적으로 전원합의체판결의 소수의견에 동의하면서 몇 가지 관점에서 법정의견의 문제점에 대해 살펴본다.

(1) 양벌규정의 입법 취지와 역적용의 허용 여부

양벌규정의 취지는 타인을 사용하여 행위하는 법인·사업주에게 그 종업원 등의 위반행위를 전제로 일정한 형사책임을 인정하여 규범력을 확보하기 위함에 있다.[17] 이와 같은 양벌규정의 취지를 감안하면 구 건축법·구 산업안전법의 양벌규정에 명시된 '행위자를 벌하는 외에'라는 문언은 행위자도 처벌하고 법인도 처벌하겠다는 의미보다는 실제 의무를 위반한 행위자의 처벌을 전제로 그에 더하여 혹은 추가적으로 규범력을 확보하려는 목적으로 그 사용인인 법인·사업주도 처벌하겠다라는 의미로 해석하는 것이 타당하다.[18] 따라서 이때 추가적 혹은 보완적인 법인·사업주의 처벌은 실제 행위자의 의무위반행위를 전제하는 것으로 이해된다. 그런데 구 건축법·구 산업안전법의 규정 체계상 실제 행위자는 의무규정의 적용대상자가 아니기 때문에 신분 결격으로 인하여 행위규범위반의 주체가 될 수 없다.[19] 양벌규정의 본래 취지가 종업원의 범죄성립을 전제로 법인·사업주를 처벌하는데 있다고 해석하게 되면 양벌규정을 적용하기 위하여는 종업원의 범죄행위가 먼저 성립하여야 하는데, 오히려 양벌규정을 근거로 그 적용의 전단계인 행위자의 범죄성립근거를 찾는 것(역적용 하는 것)은 이론적 모순이라는 비판이 가능한다.[20] 결론적으로 실제 행위자인 종업원이 의무위반행위의 주체가 될 수 있음이 법적으로 명확하게 규정되어 있지 않은 사안에서 신분 없는 행위자에 대하

전보건법상 양벌규정을 중심으로 –, 형사정책 제31권 제4호, 한국형사정책학회, 2020, 142면.

17) 대법원 2010. 9. 30. 선고 2009도3876 판결 : "폐기물관리법에서 위와 같이 양벌규정을 따로 둔 취지는, 이 사건 법률 조항이 적용되는 위반행위는 통상 개인적인 차원보다는 법인의 업무와 관련하여 반복적·계속적으로 이루어질 가능성이 크다는 점을 감안하여, 법인의 대표자가 그 업무와 관련하여 위반행위를 저지른 경우에는 그 법인도 형사처벌 대상으로 삼음으로써 위와 같은 위반행위 발생을 방지하고 위 조항의 규범력을 확보하려는 데 있다."

18) 차종진, 앞의 글, 142면.

19) 차종진, 앞의 글, 142면.

20) 강대석, 개정 수질환경보전법, 대기오염방지법상 방지시설 등의 비정상운영, 검찰 1999년 제1집(통권 제107호), 1999, 33면.

여 의무위반과 가벌성을 인정하는 것은 오로지 행위자를 벌하기 위한 목적으로 무리하게 처벌규정의 한계를 확장한 금지된 유추해석이라고 평가하지 않을 수 없다.[21]

(2) 양벌규정을 행위자처벌규정으로 이해하지 않을 경우 처벌의 공백이 발생하는지 여부

전원합의체판결의 법정의견이 건축법 제57조의 양벌규정을 행위자에 대한 처벌규정이라고 판단한 핵심적인 이유는 처벌규정의 실효성을 확보하는 데 있다. 양벌규정에 대한 일반적인 해석에 따르면 구 건축법 제57조의 양벌규정이 행위자 처벌규정이 아니라고 할 경우 실제 업무집행자를 처벌하지 못하게 됨으로써 양벌규정을 근거로 위반행위의 이익귀속주체인 업무주에 대한 처벌도 불가능하게 된다는 것이다. 그러나 양벌규정을 행위자처벌규정으로 이해하지 않더라도 형법 제33조에 의한 신분범의 법리를 적용하거나 업무주 처벌의 독립성을 인정할 경우 처벌의 공백은 발생하지 않는다는 주장도 강력하다.

1) 형법 제33조 신분범 법리의 적용

형법 제33조 본문은 "신분이 있어야 성립되는 범죄에 신분 없는 사람이 가담한 경우에는 그 신분 없는 사람에게도 제30조부터 제32조까지의 규정을 적용한다"고 규정하여 신분이 없는 자라 할지라도 신분범의 범죄에 가공한 경우에 정범 및 공범으로 처벌할 수 있는 근거를 마련해 놓고 있다. 이에 따르면 구 건축법의 사례에서 의무규범의 수범자가 아닌 −즉 신분이 결여된− 실제 행위자가 신분을 가진 업무주와 공동정범 혹은 공범관계에서 법을 위반 경우에는 업무주에 대한 처벌조항을 근거로 업무주에 대한 공동정범 혹은 공범으로 처벌이 가능하다. 따라서 전원합의체판결의 법정의견과 같이 무리하게 양벌규정을 확장해석하여 수범자의 범위를 확장할 필요성이 없는 것이다.[22] 일반적인 상식으로는 실제 행위자인 종업원 등이 업무상 고용·지휘 관계에 있는 그리고 이익의 귀속주체인 업무주와 독립적으로 법위반행위를 한다는 것은 상상하기 쉽지 않다. 따라서 대부분

21) 같은 견해 차종진 142면.
22) 우희숙, 앞의 글, 674면.

의 사례에서 하위직인 종업원 등 실제 행위자는 업무주와의 상호교감(모의 또는 지휘·지시를 받는 관계)하에서 행위한다고 보는 것이 상식적일 것이다. 그렇다면 형법 제33조 신분범의 법리를 적용할 경우 업무주 및 실제 행위자에 대한 처벌의 공백은 거의 발생하지 않을 것으로 보는 것이 옳다.

2) 법인·업무주 처벌의 독립성

양벌규정을 근거로 법인의 업무주를 처벌하기 위해서는 반드시 실제 행위자를 처벌해야 하는가? 그런데 이 문제와 관련해 대법원은 1999년의 전원합의체 판결 이전에도 법인·업무주 처벌의 독립성을 인정한 판례를 내놓고 있었다. 즉 양벌규정을 근거로 사업주인 법인 또는 개인을 형사처벌하기 위해서 반드시 종업원 등이 의무위반행위를 할 것을 전제로 하지 않아도 된다고 판단한 것이었다. 예컨대 미성년자보호법위반 사건에서 대법원은 양벌규정의 적용에 있어 업무주 처벌의 독립성을 인정하였다.

> "대법원 1987. 11. 10. 선고 87도1213 판결 : "양벌규정에 의한 영업주의 처벌은 금지위반행위자인 종업원의 처벌에 종속되는 것이 아니라 독립하여 그 자신의 종업원에 대한 선임·감독상의 과실로 인하여 처벌되는 것이므로 영업주의 위 과실책임을 묻는 경우 금지위반행위자인 종업원에게 구성요건상의 자격이 없다고 하더라도 영업주의 범죄성립에는 아무런 지장이 없다."

이런 관점에서 보면 실제 행위자인 종업원의 법위반행위와 업무주의 법위반행위의 성립은 독립적으로 판단하는 것이 가능하다. 이것은 형법상 책임주의원칙의 관점에서 볼 때도 당연한 것이다. 지난 2007년 헌법재판소가 양벌규정을 근거로 법인·업무주를 처벌함에 있어서도 법인·업무주 스스로의 고의·과실에 근거해서만 처벌이 가능하다는 책임주의를 천명(헌재 2007. 11. 29. 선고 2005헌가10 결정)한 이후 행정형법상의 모든 양벌규정은 법인·업무주에게 책임을 묻기 위한 근거 조항("법인 또는 개인이 그 위반행위를 방지하기 위하여 해당 업무에 관하여 상당한 주의와 감독을 게을리하지 아니한 경우에는 그러하지 아니하다")을 단서에 두고 있다. 이에 따르면 법인·업무주는 종업원의 의무위반행위에 종속하여 처벌받는 것이 아니라 종업원의 법위반행위를 제대로 관리·감독하지 못한 자신의 과실이 인정되는 경우에만 형사처벌을 받는 것이다. 그렇다면 실제 행위자인 종업원이 신분의 결여로 의무위반의 주체가 될 수 없다고 하더라도 종업원의 법위반행위를 예방하는 데 실패한 법인·업무주의 과실이 인정되는 경우에는 법인·업무주에 대한 처벌이 가능하다고 해석하는 것이 가능하다.[23] 이렇게 법인·업무주 처벌의 독립성을 인정한다면 법인·업무주 처벌을 위하여 양벌규정을 행위자처벌규정으로 확대해석해야 한다는 전원합의체판결의 법정의견은 그 중요한 논거 하나를 상실하지 않을 수 없다.[24] 결론적으로 실제 행위자의 처벌 여부와 관계없이 독립적으로 법인·업무주를 처벌할 수 있다면 법정의견처럼 굳이 양벌규정의 무리한 확장해석을 통하여 수범자의 범위를 확대할 필요가 없다.

한편 본 사건에서 전원합의체판결의 법정의견은 사업주인 피고인 乙에 대해서는 이 사건 아파트의 공사 시공사의 대표이사로서 그 건축공사를 철저하게 감독하지 아니한 일반적, 추상적 지휘·감독상의 과실은 인정되나, 이 사건 범행을 직접 지시하였다거나 이를 알면서 묵인, 방치한 사실이 인정되지 않아 이 사건 건축법위반의 죄책을 지울 수 없다고 판단하였다. 하지만 양벌규정의 적용과 관련해 시공사의 대표이사인 乙에 대해서는 건축공사에 대한 일반적·추상적 지휘감독상의 과실 여부가 아니라 실제 법위반행위자인 피고인 甲에 대한 선임 및 甲의 의무위반행위에 대한 지휘·감독상의 과실 여부가 검토되었어야 하고, 그러한 과실이 인정된다면 피고인 乙에 대한 형사처벌도 가능하다. 만약 피고인 乙이 실제 행위자인 피고인 甲의 법위반 행위를 직접 지시하였거나 이를 알면서 묵인, 방치한 경우에는 양벌규정이 아니라 형법 제33조의 법리(신분범과 공범의 법리)가 적용되어 처벌 여부가 검토되는 것이 옳다.

(3) 형벌의 자기책임원칙

행정형법상 법인·사업주의 형사책임을 규정하고 있는 양벌규정은 법인·사업주의 직접적인 행위책임이 아니라 종업원 등에 대한 선임·감독책임을 묻고 있

23) 역시 양벌규정에서 법인의 처벌을 위하여 실제 의무위반자의 처벌은 요하지 않는다는 견해로 김성돈, 법인의 형사책임과 양벌규정의 적용과 해석, 저스티스 통권 제168호, 2018, 312면.

24) 같은 견해 우희숙, 앞의 글, 670면.

다. 법인·사업주가 양벌규정에 근거해 처벌되는 것은 종업원에 대한 선임·감독 의무를 다하지 못한 자기책임에 따른 것이고 종업원의 행위책임에 종속하여 처벌되는 것이 아니다.[25] 이렇게 보면 실제 양벌규정에서 종업원 등 행위자의 책임과 법인·사업주의 책임은 그 내용과 실질이 다른 것으로서 각각 독립적으로 판단되어야 한다. 종업원 등 실제 행위자와 법인 또는 개인의 형사책임은 서로 별개의 문제이며 각자 자신의 위반행위에 대한 책임을 질 뿐이라는 견해[26]도 같은 취지로 이해할 수 있다. 양벌규정의 법문을 형식으로 이해하여 그 규정을 고리로 행위자인 종업원의 책임을 법인·사업주에게 전가한다면 이는 명백히 자기책임의 원칙에 반하는 것이 된다. 이렇게 본다면 전원합의체판결의 법정의견과 같이 구 건축법·구 산업안전보건법의 양벌규정에서 행위자의 의미를 확대해석하여 종업원의 형사책임을 긍정한 뒤 이를 근거로 서로 다른 성격을 갖는 업무주의 책임을 인정하는 방식으로 논리를 구성하는 것은 형벌의 자기책임원칙에 반하여 허용되지 않는다고 해야 한다.

(4) 법원 해석의 한계와 죄형법정주의 – 판례의 법형성 기능?

형법은 모든 법규범 중에서도 인권침해의 가능성이 특히 큰 법이다. 다른 법규범들이 인정하고 있는 어떠한 제재수단들도 형법이 규정하고 있는 생명·자유의 박탈에 비할 수는 없기 때문이다. 따라서 형법규범의 제정·해석·적용에는 죄형법정주의 원칙이 엄격하게 적용된다. 한편 3권분립에 기초한 자유민주주의 국가의 헌법은 법률을 제정하는 입법권과 입법자가 법으로 설정해 놓은 테두리 안에서 법규범을 해석하고 구체적인 사례에 적용하는 사법권을 엄격하게 구별하고 있다. 그런데 오늘날의 현대사회에서 성문으로 된 법은 고정되어 있고 시민들의

25) 대법원 2010. 9. 9. 선고 2008도7834 판결 : "형벌의 자기책임원칙에 비추어 보면, 위반행위가 발생한 그 업무와 관련하여 법인이 상당한 주의 또는 관리감독 의무를 게을리한 때에 한하여 위 양벌규정이 적용된다고 봄이 상당하며, 구체적인 사안에서 법인이 상당한 주의 또는 관리감독 의무를 게을리하였는지 여부는 당해 위반행위와 관련된 모든 사정 즉, 당해 법률의 입법 취지, 처벌조항 위반으로 예상되는 법익 침해의 정도, 그 위반행위에 관하여 양벌규정을 마련한 취지 등은 물론 위반행위의 구체적인 모습과 그로 인하여 실제 야기된 피해 또는 결과의 정도, 법인의 영업 규모 및 행위자에 대한 감독가능성 또는 구체적인 지휘감독 관계, 법인이 위반행위 방지를 위하여 실제 행한 조치 등을 전체적으로 종합하여 판단하여야 한다."

26) 우희숙, 앞의 글, 667면.

삶은 끊임없이 빠르게 변화하고 있기 때문에 법원은 창조적·유동적인 법해석을 통해 법규범과 현실 사이의 괴리를 메꾸는 중요한 기능을 담당하고 있다. 또한 법은 무엇이 금지·허용되는지에 대해 대강의 테두리만을 설정해 놓고 있고 법원의 판례가 금지규범의 구체적인 내용이 무엇인지, 구체적으로 무엇이 금지·허용되는지에 대해 말해줌으로써 법원의 판례가 시민들의 삶에 중요한 행위준칙기능을 담당하고 있는 것이 사실이다. 그러나 그렇다고 해서 법원의 판례에 일종의 '법창조활동'이라는 의미를 부여하거나 '엄격한 자기구속성'을 부여하여 입법자의 입법행위와 동등한 의미를 부여하는 것은 헌법이 엄격하게 구별하고 있는 입법권과 사법권의 구별을 무시하는 결과를 가져오게 된다. 법원이 법해석을 통해 수행하는 사법권의 기능은 입법자가 법으로 설정해 놓은 테두리 안에서 변화하고 있는 사회의 현실을 고려하여 구체적인 상황에 가장 타당한 입법자의 올바른 입법의도를 찾아 내고 그것을 바탕으로 법의 구체적인 내용을 충족시켜나가는 데에 그 본질이 있는 것이다. 반면 스스로 입법자의 위치에 서서 새로운 법규범을 창설하는 데에 있는 것은 아니다.[27)]

대법원은 형법규범을 해석·적용함에 있어서 죄형법정주의와 관련한 기본원칙을 천명하였다.

> 대법원 2017. 12. 21. 선고 2015도8335 전원합의체 판결 : "죄형법정주의는 국가형벌권의 자의적인 행사로부터 개인의 자유와 권리를 보호하기 위하여 범죄와 형벌을 법률로 정할 것을 요구한다. 그러한 취지에 비추어 보면 형벌법규의 해석은 엄격하여야 하고, 문언의 가능한 의미를 벗어나 피고인에게 불리한 방향으로 해석하는 것은 죄형법정주의의 내용인 확장해석금지에 따라 허용되지 아니한다. 법률을 해석할 때 입법 취지와 목적, 제·개정 연혁, 법질서 전체와의 조화, 다른 법령과의 관계 등을 고려하는 체계적·논리적 해석 방법을 사용할 수 있으나, 문언 자체가 비교적 명확한 개념으로 구성되어 있다면 원칙적으로 이러한 해석 방법은 활용할 필요가 없거나 제한될 수밖에 없다. 죄형법정주의 원칙이 적용되는 형벌법규의 해석에서는 더욱 그러하다."

---

27) 서보학, 형사판례변경과 신뢰보호, 경희법학 제34권 제1호, 경희법학연구소, 1999, 350면.

본건에서 전원합의체판결의 법정의견이 양벌규정 규범의 실효성을 확보한다는 명목으로 규범수범자의 범위를 확대해석하여 처벌대상자를 확대한 것은 대법원 스스로 세운 기본원칙에도 반하는 해석이라는 비판을 받지 않을 수 없다.

법정의견의 해석에 대해서는 다음과 같은 비판들도 역시 유효하다.

> "입법의 흠결에 의한 처벌의 흠결을 해석을 통해서도 메울 수 있다는 법적용자의 자신의 임무에 대한 오해에서 비롯된 것이다. 그러나 법형성에 있어서 입법자의 과오를 법관이 수정할 수 있는 것은 아니다. 그것은 법해석자의 권한을 넘어서는 일이다."[28]
>
> "해석의 출발점인 법률문언에의 구속은 엄격해야 한다. 입법상의 편집과오인 경우에도 문언에 반하지만 입법자료 등을 참고하여 입법자의 의도를 추론하고 이에 따라 해석하는 것은 죄형법정주의에 따라 정당화되지 않는다."[29]
>
> "처벌의 필요성(내지 불처벌의 불합리성)은 피고인의 가벌성을 인정하기 위한, 더 엄격하게 말하면 가벌성 인정의 방향으로 나아갈 소지가 많은 목적론적 해석의 주된 논거 중의 하나로 도입하는 것은 허용되어서는 안 된다. 형법에서 결과지향적 해석은 자제되어야 함이 마땅하다."[30]

결론적으로 입법자의 취지·의도가 명확하지 않은 법규에 대해 법원이 무리한 확장해석으로 처벌의 대상을 확대하는 것은 법원에 의한 법형성에 해당하는 것으로서 허용되지 않는 것으로 보는 것이 옳다. 그것은 기본적으로 입법론의 영역에 속하는 것이다.

(5) 대법원의 판례변경과 소급효금지원칙

법원의 해석기능의 본질은 법이 설정해 놓은 테두리 안에서 변화하고 있는 삶의 현실을 고려하되 입법자의 올바른 의사를 찾아내어 그것을 바탕으로 법의 구체

28) 하태훈, 형벌법규의 해석과 죄형법정원칙, 형사판례연구[11], 형사판례연구회, 2003, 20면.
29) 김일수, 형법해석의 한계 - 허용된 해석과 유추의 상관관계, 형사판례의 연구 I, 지송 이재상교수 화갑기념논문집, 2004, 55면.
30) 변종필, 대법원의 형법해석론에 대한 비판적 고찰, 비교형사법연구 제7권 제1호, 비교형사법학회, 2005, 21면.

적인 내용을 충족시켜나가는 데에 있다. 그리고 구체적인 사례에서 입법자의 올바른 의사를 찾아내기 위한 작업은 필연적으로 법원 자신의 견해의 변경가능성을 전제하지 않을 수 없다. 수정 가능성을 전제하지 않는 판례는 사실상의 입법에 해당하기 때문이다. 다만 법원이 선행 판례와는 다른 견해를 취한다고 해서 이것을 새로운 가벌성의 창설로 보아서는 안 되며 오히려 처음부터 존재하고 있던 입법자의 의사를 이제야 비로소 정확하게 찾아낸 것으로 보아야 한다. 따라서 대법원의 형사판례가 변경되는 경우 소급효금지원칙이 적용되는 것은 아니라고 해야 한다.[31]

다만 전원합의체 판결의 소수의견이 지적하는 바와 같이, 비록 우리 법제의 성문법주의에서 대법원 판례가 바로 법원이 되는 것은 아니지만, 실제의 법률생활에 있어서는 최고법원 판례가 사실상 구속력을 가지고 국민에 대하여 행동의 지침을 부여하는 역할을 수행하는 한편 당해 사건을 최종적으로 해결하는 기능뿐만 아니라 법령해석의 통일이라는 제도적 기능도 가지고 있음은 부인할 수 없다. 따라서 대법원이 일관되게 유지되어 오던 종전의 견해를 변경할 때에는 누구나 수긍할 수 있는 근거에 기초해야 한다. 특히 판례의 변경이 기존의 무죄 취지를 유죄 취지로 변경하는 것이어서 형사처벌의 범위를 확대하는 결과를 초래하는 경우에는 더욱 그러하다. 이런 관점에서 보면 본건과 같이 법문언의 취지가 명확하지 않고 논란이 많은 법규는 입법자에 의해 법정비가 이루어지기 전까지는 시민의 자유를 최대한 보장하는 방향으로 해석·적용되어야 한다. 그렇지 않고 법원이 입법자를 대신하여 나서서 시민들에게 불리한 방향으로 해석·적용을 변경하는 것은 법적 안정성과 신뢰보호의 관점에서 수용하기 어려운 무리한 판례변경이라고 비판하지 않을 수 없다. 비록 소급효금지원칙에 반하는 것은 아니라고 할지라도 "의심스러울 때는 시민의 자유의 이익으로"(in dubio pro libertate)라는 대원칙에 비추어 용납하기 어려운 판례변경이라고 할 것이다.

5. 입법론적 해결 필요성

행정형법의 실효성 확보 및 죄형법정주의 원칙을 고수하기 위해서는 이를

---

31) 서보학, 앞의 글, 350면.

입법적으로 명확하게 해결하는 방법이 가장 타당하다. 입법론적으로는 두 가지 방안이 고려될 수 있다.

첫째, 양벌규정에 "그 행위자를 해당 각 조의 형에 처하는 외에"라는 문구를 명시하는 방법이다. '사업주인 법인 또는 개인을 벌하는 외에 그 행위자에 대하여도 같은 조문의 형을 과한다'라고 규정함으로써 사업주의 처벌이 주된 대상이고, 행위자의 처벌은 부수적이라는 점을 분명히 해야 한다는 견해도 경청할만 하다.[32)]

둘째, 통일적인 규율을 위해 독일 형법 제14조와 같은 기관 및 대리인 책임에 관한 일반조항을 신설하는 방안이다.[33)] 독일형법 제14조는 신분이 결여된 대리인가 본인(피대리인)을 위하여 행위한 경우 대리인에게도 신분범 규정이 적용된다는 것을 명시하고 있다.[34)]

---

32) 최정학, "산업안전보건법 제66조의2의 처벌규정에 한 연구", 일감법학 제36호, 건국대학교 법학연구소, 2017, 345면.

33) 김재봉, 앞의 글, 50면; 손동권·김재윤, 형법총론, 2011, 107면; 이인규, 앞의 글, 238면. 독일의 법인처벌을 위한 질서위반법의 규정에 대한 상세한 소개로는 차종진, 앞의 글, 143면 이하 참조.

34) 독일형법 제14조【타인을 위한 행위(Handeln für einen anderen)】
① 다음 각호의 1에 해당하는 자격으로 행위한 경우, 특별한 인적 성질·관계 또는 상황(특별한 인적 요소)이 가벌성의 기초를 이루는 법률은 그와 같은 요소가 대리인에게는 존재하지 아니하고 본인에게만 존재하는 경우에도 그 대리인에 대하여 이를 준용한다.
1. 법인의 대표기관 또는 그 기관의 구성원
2. 권리능력 있는 인적회사의 대표권이 있는 사원
3. 타인의 법정대리인
② 사업주 또는 기타 사업권한을 가진 자로부터 다음 각호의 1에 해당하는 위임을 받고 그 위임에 근거하여 행위한 경우에는 특별한 인적 요소가 가벌성의 기초를 이루는 법률은 그와 같은 요소가 수임자에게는 존재하지 아니하고 사업주에게만 존재하는 경우에도 그 수임자에 대하여 이를 준용한다.
1. 사업소의 전부 또는 일부의 경영에 관한 위임
2. 사업주의 책임에 속한 임무를 자기 책임으로 임무를 담당하도록 하기 위한 명시적 위임
기업은 제1문에 의한 사업소로 본다. 위와 같은 위임에 근거하여 공공행정의 임무를 담당하는 기관의 경우에는 제1문을 준용한다.
③ 제1항과 제2항은 대리권 또는 위임관계에 기초하여 이루어진 법률행위가 무효로 된 경우에도 준용된다.

Ⅲ. 맺으며

이상에서 살펴본 바와 같이 구 건축법상의 양벌규정을 행위자처벌규정으로 이해하는 대법원 전원합의체의 법정의견은 여러 가지 측면에서 수용하기 어렵다.

즉, ① 행위자를 벌하기 위한 목적으로 양벌규정을 역적용하는 것은 양벌규정의 본래 취지를 벗어나는 무리한 확장해석이라는 점, ② 양벌규정을 행위자에 대한 처벌규정으로 이해하지 않더라도 형법 제33조에 의한 신분범의 법리를 적용하거나 업무주 처벌의 독립성을 인정할 경우 처벌의 공백은 발생하지 않는다는 점, ③ 법인·업무주의 형사책임은 종업원 등 실제 행위자의 책임을 전제로 하여 인정되는 부수적인 책임이 아니라 종업원에 대한 선임·감독의무를 다하지 못한 자기책임에 따른 것이기 때문에 양벌규정에서 행위자의 의미를 확대해석하여 종업원의 형사책임을 인정한 뒤 이를 근거로 업무주의 책임을 인정하는 것은 형벌의 자기책임원칙에 반한다는 점, ④ 양벌규정 법문의 뜻이 명확하지 않음에도 불구하고 규범의 실효성을 확보한다는 명목으로 대법원이 규범수범자의 범위를 확대해석하고 처벌대상자의 범위를 넓힌 것은 판례에 의한 법형성이 될 위험성이 크다는 점, ⑤ 대법원 형사판례의 변경에 소급효금지원칙이 적용되는 것은 아니지만 시민생활의 법적 안정성과 신뢰보호를 위해 최고 법원의 형사판례 변경은 가급적 자제하는 것이 바람직하다는 점 등을 고려할 때 전원합의체판결의 법정의견은 수용하기 어렵다.

행정형법의 실효성 확보 및 죄형법정주의 원칙을 고수하기 위해서는 국회가 입법적으로 명확하게 해결할 것이 요청된다.

대상판결 목록

※ 판례번호 옆의 [회색 고딕숫자]는 쟁점번호를, 그 옆의 숫자는 페이지를 나타낸다.

대법원 1968. 5. 7. 선고 68도370 판결 ········· [11] 183
대법원 1979. 7. 10. 선고 79도840 판결 ········· [17] 292
대법원 1984. 2. 28. 선고 83도3162 판결 ········· [14] 244
대법원 1984. 10. 5. 선고 84도1544 판결 ········· [14] 244
대법원 1991. 11. 12. 선고 91도2156 판결 ········· [14] 244
대법원 1991. 11. 22. 선고 91도2296 판결 ········· [22] 379
대법원 1991. 12. 27. 선고 90도2800 판결 ········· [26] 447
대법원 1992. 7. 28. 선고 92도917 판결 ········· [22] 379
대법원 1993. 8. 24. 선고 93도1674 판결 ········· [14] 244
대법원 1993. 9. 28. 선고 93도2143 판결 ········· [21] 352
대법원 1994. 12. 23. 선고 93도1002 판결 ········· [15] 262
대법원 1996. 7. 12. 선고 96도1181 판결 ········· [17] 292
대법원 1996. 9. 6. 선고 95도2551 판결 ········· [7] 121
대법원 1997. 5. 30. 선고 97도597 판결 ········· [20] 336
대법원 1997. 6. 13. 선고 97도703 판결 ········· [4] 71
대법원 1997. 7. 15. 선고 95도2870 전원합의체 판결 ········· [28] 479
대법원 2000. 3. 28. 선고 2000도228 판결 ········· [8] 137
대법원 2000. 5. 12. 선고 2000도745 판결 ········· [14] 245
대법원 2000. 7. 28. 선고 2000도2466 판결 ········· [18] 309
대법원 2000. 12. 8. 선고 99도3338 판결 ········· [23] 394
대법원 2003. 5. 30. 선고 2003도1256 판결 ········· [9] 146
대법원 2007. 2. 8. 선고 2006도6196 판결 ········· [16] 280
대법원 2007. 2. 8. 선고 2006도7900 판결 ········· [10] 163
대법원 2007. 4. 26. 선고 2007도428 판결 ········· [13] 224
대법원 2008. 11. 27. 선고 2008도7311 판결 ········· [6] 104

대법원 2011. 10. 13. 선고 2010도15260 판결 ······ [12] 209
대법원 2012. 5. 10. 선고 2010도5964 판결 ······ [15] 262
대법원 2014. 4. 10. 선고 2013도12079 판결 ······ [27] 462
대법원 2015. 11. 12. 선고 2015도6809 전원합의체 판결 ······ [7] 121
대법원 2016. 7. 29. 선고 2016도5596 판결 ······ [27] 462
대법원 2017. 7. 20. 선고 2014도1104 전원합의체 판결 ······ [23] 394
대법원 2017. 8. 24. 선고 2017도5977 전원합의체 판결 ······ [5] 86
대법원 2018. 5. 17. 선고 2017도4027 전원합의체 판결 ······ [24] 414
대법원 2020. 8. 27. 선고 2019도11294 판결 ······ [25] 431
대법원 2020. 11. 19. 선고 2020도5813 전원합의체 판결 ······ [19] 323
대법원 2022. 3. 24. 선고 2017도18272 전원합의체 판결 ······ [9] 146
대법원 2022. 12. 22. 선고 2020도16420 전원합의체 판결 ······ [3] 55

한국형사법학회
『죄형법정원칙과 법원 I』 간행위원회

간행위원장
이주원 교수(고려대학교 법학전문대학원 / 한국형사법학회 회장)

간행위원 (가나다 순)
김재윤 교수(건국대학교 법학전문대학원)
김혜경 교수(계명대학교 경찰행정학과)
노수환 교수(성균관대학교 법학전문대학원)
류부곤 교수(경찰대학 법학과)
최준혁 교수(인하대학교 법학전문대학원)

죄형법정원칙과 법원 I

초판발행 2023년 11월 22일
중판발행 2024년 1월 15일

지은이 한국형사법학회
펴낸이 안종만 · 안상준

편 집 윤혜경
기획/마케팅 조성호
표지디자인 이영경
제 작 고철민 · 조영환

펴낸곳 (주) 박영사
서울특별시 금천구 가산디지털2로 53, 210호(가산동, 한라시그마밸리)
등록 1959. 3. 11. 제300-1959-1호(倫)
전 화 02)733-6771
f a x 02)736-4818
e-mail pys@pybook.co.kr
homepage www.pybook.co.kr
ISBN 979-11-303-4587-1 93360

정 가 32,000원